FORMULAIRE

DES ACTES PRÉFECTORAUX

MIS EN RAPPORT AVEC LES LOIS NOUVELLES

À L'USAGE DES PRÉFECTURES, SOUS-PRÉFECTURES, CONSEILS DE PRÉFECTURE
ET DES SECRÉTARIATS DE MAIRIE

PAR

M. Victor ADVIELLE

Sous-chef de Division à la Préfecture de l'Aveyron
Membre du Conseil général et Lauréat de la Société française d'Archéologie

Publié avec l'approbation de M. le Ministre de l'Intérieur et de celle du
Conseil général de l'Aveyron

PARIS

IMPRIMERIE ET LIBRAIRIE A. P. ROCHETTE & C⁰

Boulevard Montparnasse, 72-81

1867

FORMULAIRE

D'ARRÊTÉS PRÉFECTORAUX

Dernières publications de M. VICTOR ADVIELLE

ÉTUDE SUR L'ADMINISTRATION EN SAVOIE AVANT ET DEPUIS L'ANNEXION, suivie d'un *Vocabulaire* explicatif des appellations et des principales locutions en usage, en Savoie, dans le langage administratif et judiciaire. Br. in-8.

DU BÉNÉFICE-CURE EN SAVOIE, sous les régimes sarde et français. Br. in-8.

L'EMPEREUR NAPOLÉON III A GRENOBLE et dans le département de l'Isère, les 5, 6 et 7 septembre 1860. In-4.

RECHERCHES SUR LA VIE ET LES TRAVAUX DE NICOLAS DE NICOLAY, géographe du roi Charles IX et de Catherine de Médicis, attaché à l'ambassade de d'Aramont à Constantinople, etc. In-4.

ABRAHAM PATRAS, 24e gouverneur des Indes-Orientales. Détails biographiques inédits, suivis de recherches sur quelques familles du nom de Patras, qui ont existé ou existent encore en Grèce, en Italie, en Hollande et en France. Br. in-8.

SUPPLÉMENT AU CATALOGUE DE L'ŒUVRE DE RUBENS. Br. in-8.

L'ABBÉ PROMPSAULT, chapelain de l'hospice impérial des Quinze-Vingts aveugles Paris, paléographe, jurisconsulte-ecclésiastique, etc. Notice biographique et littéraire. In-8, portr.

DISCUSSION HISTORIQUE SUR LE VÉRITABLE LIEU DE NAISSANCE DE JACQUES COYTIER, médecin du roi Louis XI. Br. in-12.

DES ABBAYES QUI, EN FRANCE, ONT LE PLUS CONTRIBUÉ AU DÉVELOPPEMENT DE L'AGRICULTURE DU NORD PENDANT LE MOYEN AGE. Br. in-8.

LE CHEVALIER BAYARD : ses prouesses et ses exploits chevaleresques dans le nord de la France. Br. in-12.

LA POÉSIE CHANTANTE dans l'ancienne province d'Artois. Br. in-8.

VICHY ET LES BAINS CHAUDS DU BOURBONNAIS AU XVI SIECLE. Br. in-8.

DESCRIPTION DU BERRY ET DIOCÈSE DE BOURGES, AU XVIe SIÈCLE. In-8.

SOUVENIRS D'UNE VISITE A L'ABBAYE DE SAINT-ANTOINE. Histoire. Archéologie. Br. in-8.

LE DAUPHINÉ A L'EXPOSITION UNIVERSELLE DE LONDRES. Br. in-8.

LES ARTISTES DAUPHINOIS AU SALON DE 1863. Br. in-8.

CAUSERIES DAUPHINOISES. Br. in-8.

BRÉVIAIRE DES DROITS, HONNEURS ET PRÉROGATIVES DU DAUPHIN DE VIENNOIS. Br. in-8.

LE ROUERGUE DANS SES RAPPORTS AVEC LE NORD DE LA FRANCE, DU XII AU XIXe SIÈCLE. Br. in-8.

LES ÉCOSSAIS EN ROUERGUE. Br. in-4.

BIOGRAPHIE DE MONSEIGNEUR DE GRIMALDI D'ANTIBES, évêque de Rodez. Br. in-8.

L'HOPITAL DE MILLAU, en 1667 et en 1867. Br. in-8.

LES ORIGINES DE LA GANTERIE DE MILLAU. Br. in-8.

POÉSIES FRANÇAISES RELIGIEUSES DES XIVe ET XVe SIÈCLES, publiées, pour la première fois, d'après un manuscrit de la bibliothèque de Rodez, avec notes bibliographiques et linguistiques. Br. in-8.

L'HOPITAL D'AUBRAC EN ROUERGUE. Br. in-8.

FORMULAIRE

D'ARRÊTÉS PRÉFECTORAUX

MIS EN CONCORDANCE AVEC LES LOIS NOUVELLES

A L'USAGE DES PRÉFECTURES, SOUS-PRÉFECTURES, CONSEILS DE PRÉFECTURE
ET SECRÉTARIATS DE MAIRIE

PAR

M. Victor ADVIELLE

SOUS-CHEF DE DIVISION A LA PRÉFECTURE DE L'AVEYRON, MEMBRE DU CONSEIL GÉNÉRAL

et Lauréat de la Société française d'Archéologie

———————

Ouvrage honoré de la souscription de S. Exc. M. le Ministre de l'Intérieur et de celle du
Conseil général de l'Aveyron.

———————

PARIS

IMPRIMERIE A.-E. ROCHETTE

72-80, boulevard Montparnasse, 72-80

1867

PRÉFACE

Ce ne sont point les livres de droit administratif qui manquent, et, néan-moins, entend-on dire chaque jour, dans les bureaux des Préfectures et des Sous-Préfectures, il en est peu qui soient d'une utilité vraiment pra-tique.

Entraîné, par vocation, à écrire sur des matières que nous avons pu, grâce à une résidence successive dans plusieurs départements, étudier en les comparant, nous avons résolu de grouper, en un corps d'ouvrage, le résultat de nos recherches, de nos observations.

Loin donc de réserver pour nous seul les documents que nous avons pé-niblement amassés, nous voulons les mettre à l'usage de tous, pour le plus grand profit de l'administration à laquelle nous avons l'honneur d'ap-partenir.

Telle est la pensée qui nous guide dans la création d'une Bibliothèque pratique de l'Administration française.

Nous en commençons la publication par un Formulaire d'arrêtés préfectoraux.

Ce livre, on le remarquera, est sans précédent. Il n'a rien été publié encore de semblable. Il s'adresse à ceux qui savent, comme à ceux qui ont besoin d'apprendre. N'eût-il d'autre mérite que de présenter, groupées et réunies, des formules éparses et dispersées, que nous nous croirions encore suffisamment dédommagé des peines que nous nous sommes données pour

a

les recueillir; car, dans ces conditions, ce livre serait encore utile :

A NOS COLLÈGUES DES PRÉFECTURES ET DES SOUS-PRÉFECTURES, en réduisant à sa plus simple expression, à l'aide de modèles, le travail de rédaction des arrêtés qui n'est point exempt de complications et de difficultés;

A MM. LES PRÉFETS ET SOUS-PRÉFETS, en leur permettant de contrôler, personnellement, sans recherches, le travail de leurs employés;

A MM. LES CONSEILLERS DE PRÉFECTURE, en leur facilitant le contrôle des bordereaux de pièces qui accompagnent les dossiers des affaires soumises, pour avis, à leur juridiction;

A MM. LES MAIRES, ADJOINTS ET SECRÉTAIRES DE MAIRIE, qui y trouveront, pour chaque affaire, la nomenclature des pièces qui doivent composer un dossier.

Nous avons fait de la *pratique pure*, en vue d'éviter aux employés, comme aux fonctionnaires de l'administration départementale et communale, depuis le Secrétaire de mairie jusqu'au Préfet, des recherches souvent longues et difficiles.

A l'aide de notre Formulaire, on ne sera plus embarrassé pour établir un dossier complet. On n'aura qu'à consulter ce livre, et on trouvera de suite, pour chacune des affaires qui sont de la compétence des Préfets et font l'objet de décisions prises en forme d'arrêtés, la nomenclature de toutes les pièces dont la production est exigée par des lois ou des instructions; la date de ces lois et instructions, et, pour certains cas spéciaux, des modèles de considérants.

La propagation de ce livre aura donc pour résultat et pour avantage de

1. L'un de nos collègues, Chef de division dans une Préfecture importante, nous a fait l'honneur de nous écrire :

« Je ne vous reprocherai pas de m'avoir pris mon idée, puisque nous ne nous connaissons
» point; pourtant j'allais entreprendre, pour mon service, le travail que vous venez de ter-
» miner pour tous. C'est vous dire que, dans ma pensée, vous avez fait un livre *fort utile*
» au point de vue de la prompte instruction des affaires. Tous les administrateurs, *les Maires*
» *surtout,* y puiseront de précieux et utiles renseignements. N'ai-je pas vu un Sénateur, an-
» cien Ministre et Maire de sa commune, venir chercher dans nos bureaux, les renseigne-
» ments que vous offrez : ce qu'il appelait, bien improprement à son égard, son guide-âne?
» Je vous promets que si votre livre répond à l'idée que je m'en fais, je ne négligerai rien
» pour le propager. »

Un autre de nos éminents collègues nous a écrit aussi :

« Il y a dix ans que je suis employé ou chef de division de Préfecture, et j'apprécie le
» véritable service que vous vous proposez de rendre à vos collègues et à tous ceux qui
» s'occupent des matières que vous allez résumer en formules. Je désire que vous réussis-
» siez complètement dans cette tâche difficile,... etc. »

simplifier et d'améliorer le travail des bureaux, d'abréger et de faciliter les recherches, de réduire notablement l'étendue de la correspondance administrative, puisque, de part et d'autre on n'aura plus à demander et à donner des renseignements en aussi grand nombre.

Ces considérations nous font espérer que notre ouvrage recevra un bienveillant accueil dans tous les départements.

La rédaction des arrêtés préfectoraux présente des difficultés; et il suffit d'appartenir à l'administration pour reconnaître qu'elle forme la partie la plus sérieuse du travail dans les bureaux. Une lettre s'écrit au courant de la plume; un arrêté, par cela seul qu'il est une décision, qu'il statue sur des matières importantes, exige, au contraire, une plus grande attention d'esprit, plus de pureté de style, plus de logique, plus de raisonnement. Chaque mot des considérants doit conserver sa valeur propre, et les considérants eux-mêmes doivent, sous peine de manquer à la logique, se succéder sans interruption, jusqu'à ce que la discussion soit épuisée. Ils sont, à la rédaction simple, ce qu'est, si je puis m'exprimer ainsi, la versification à la prose. Comme les vers, ils réclament une mesure, un rythme.

Sans prétendre avoir mieux fait que d'autres, sous ce rapport, nous avouerons cependant que nous avons, en diverses circonstances, apporté une attention exceptionnelle à la préparation d'arrêtés importants dont la rédaction nous était confiée. Notre goût prononcé pour ce genre de travail a beaucoup influé sur l'exécution de notre Formulaire. Nous avons puisé largement dans les Recueils (manuscrits) d'arrêtés de plusieurs Préfectures, mais nous avons fait un choix, et le choix fait, nous nous sommes cru encore obligé de réviser les formules, de rectifier ou de compléter celles, en très-grand nombre, qui nous paraissaient défectueuses.

Quant aux considérants, dont quelques-uns sont très-complets, ils sont presque tous notre œuvre.

Nous avons établi nos formules d'après ce principe, que les dossiers d'affaires étaient présentés réguliers. Il n'en est point malheureusement ainsi trop souvent, et ce n'est qu'après plusieurs renvois successifs que l'on parvient à terminer une affaire. On devra donc ajouter aux visas règlementaires que nous donnons, toutes les pièces qui, en cours d'instruction, sont produites comme justifications complémentaires dans des cas exceptionnels. C'est ainsi que la pratique, unie au bon sens, vient souvent en aide à la science purement règlementaire.

Enfin, l'instruction des affaires n'est pas toujours uniforme. Dans un département, certaines pièces sont exigées ; elles ne le sont pas dans un autre ; tel employé est paperassier, tel autre ne l'est point ; l'un surcharge un dossier de justifications, l'autre est plus expéditif, sans cesser d'être moins bon juge. Chacun donc, suivant l'usage et les habitudes de son département, complètera ce que nos formules lui paraîtront avoir de trop uniforme.

Nous donnons un canevas : à ceux qui feront usage de notre FORMULAIRE D'ARRÊTÉS PRÉFECTORAUX, à l'annoter, à le compléter.

Notre excuse, pour les défectuosités qu'on pourra y relever, sera dans la satisfaction que donne la certitude d'avoir fait un travail utile, sur des matières qui n'avaient point encore été coordonnées.

C'est, au reste, le cas de répéter ici, avec le fabuliste :

> Si mon œuvre n'est point parfaite,
> J'ai, du moins, ouvert le chemin :
> D'autres pourront y mettre une dernière main.

VICTOR ADVIELLE.

AVIS ESSENTIEL

POUR L'INTELLIGENCE DE CERTAINES PARTIES DU FORMULAIRE

Nos formules d'arrêtés commencent toutes par ces mots : LE PRÉFET. En adoptant cette formule, nous croyons ramener à un principe uniforme le libellé de l'entête des arrêtés. La formule LE, qui, suivant nous, est d'autorité absolue, doit être adoptée exclusivement pour les DÉCISIONS, en d'autres termes pour les arrêtés qui statuent dans la limite de la compétence du Préfet. Comme conséquence, la formule NOUS, PRÉFET, devrait être conservée pour les AVIS *en forme d'arrêté*.

Dans les Ministères et dans les Préfectures, on répète presque toujours le mot *Vu* au commencement de chaque mention de pièce. Nous avons cru devoir supprimer ce mot dans notre Formulaire, mais uniquement pour ménager l'espace, car nous reconnaissons que son maintien dans les arrêtés est utile et facilite la rédaction.

Le même motif nous a porté à ne jamais viser les budgets et comptes des communes et des établissements publics, dont la production est exigée dans un grand nombre de cas.

Nous nous sommes borné aussi à viser sommairement les résultats des enquêtes. Nous avons adopté cette formule générale : *Vu le registre de l'enquête à laquelle il a été procédé*, quand, régulièrement, nous aurions dû la libeller ainsi : *Vu le registre de l'enquête à laquelle il a été procédé ; ensemble les avis du Maire et du Commissaire enquêteur et le certificat de publication et d'affiches de l'enquête.*

On se souviendra de ces omissions volontaires.

Nous rappelons aussi, une fois pour toutes, que *l'avis du Sous-Préfet* doit être visé chaque fois qu'une affaire concerne un arrondissement autre que celui du chef-lieu.

Enfin, nous avons à peine besoin de dire que les formules d'arrêtés relatifs à des affaires intéressant les bureaux de bienfaisance et les hospices, peuvent être calquées sur celles applicables aux communes, en tenant compte des modifications nécessitées par les différences de dénominations des établissements et de dates de la législation qui les régit. Dans ce cas, l'avis du Conseil municipal doit être toujours visé à la suite de la délibération prise par la commission administrative.

De même, il n'a pu entrer dans notre pensée de donner des formules pour les refus d'autorisation, l'instruction étant la même que dans les cas de simple autorisation. Le dispositif de l'arrêté sera seul modifié, comme il suit : *N'est point autorisé... ou accueilli...*, etc.

Nous faisons ces réserves au début de notre travail pour ne point avoir à les renouveler.

Notre classification des arrêtés est faite sous des titres généraux, de façon à y grouper ensemble, sans distinction d'établissements, les affaires de même nature.

Ainsi, au mot *Aliénation*, on trouvera tout ce qui concerne la vente des biens et rentes appartenant aux communes, aux bureaux de bienfaisance, aux hospices, etc.

Ainsi, encore, sous le mot *Comptabilité*, on trouvera tout ce qui concerne la comptabilité générale, départementale et communale, ainsi que la comptabilité spéciale des chemins vicinaux.

Sous l'article *Voirie*, nous avons compris tout ce qui concerne (sauf la comptabilité) les routes et les chemins vicinaux et ruraux.

Nous aurions pu comprendre dans cette section, les chemins de fer ; mais il nous a paru préférable, à raison de la spécialité du service, d'en faire l'objet d'un article séparé, sous ce titre : *Chemins de fer*.

La table alphabétique et analytique qui se trouve à la fin du volume, fait connaître, au surplus, toutes les subdivisions des matières, et rendra la recherche des articles très-facile.

Les arrêtés préfectoraux sont pris en minute et il en est délivré des expéditions aux Maires et aux administrateurs des établissements publics.

Sur les observations de plusieurs Préfets, Son Exc. le Ministre des Finances a, par une décision du 6 février 1856, déclaré les expéditions de l'espèce exemptes du timbre, comme actes concernant l'ordre public ou dérivant de l'exercice de la tutelle administrative.

Par une autre décision du 9 juin de la même année, M. le Ministre des Finances a reconnu également que les expéditions des arrêtés d'autorisation et d'approbation délivrées sur papier non timbré aux Maires ou aux administrateurs des établissements publics, peuvent, comme les ampliations des décrets rendus dans le même but, être annexées aux contrats de vente et autres, sans qu'il soit nécessaire de les soumettre préalablement au timbre. Toutefois, lorsqu'une des parties intervenues au contrat réclame dans un intérêt privé, une copie des arrêtés préfectoraux qui s'y trouvent annexés, cette copie revêt le caractère d'une expédition délivrée dans un intérêt non public, et doit être écrite sur papier timbré, par application de l'art. 80 de la loi du 15 mai 1818.

Par application de la même loi, il y a lieu de soumettre au timbre (*Bulletin Intérieur*, 1856, p. 63) les expéditions d'arrêtés relatifs à des remboursements de cautionnement, à la fixation d'honoraires d'architectes, etc., attendu que ces expéditions sont délivrées à des particuliers dans un intérêt non public.

Les arrêtés des Préfets sont susceptibles de recours devant le Ministre compétent et de pourvoi devant le conseil d'État.

FORMULAIRE

D'ARRÊTÉS PRÉFECTORAUX

A

**Acquisition de rentes sur l'Etat par les Communes et les Etablis-
sements de bienfaisance.** — L'*Instruction générale* sur la comptabilité des finances
prescrit la simple production d'une copie certifiée de la délibération approuvée par le
Préfet, votant l'acquisition de rentes; mais, dans quelques départements, l'usage a prévalu
d'autoriser ces acquisitions par arrêté. Les Sous-Préfets sont compétents (Décret du 13 avril
1861, art. 6, § 17) pour autoriser les bureaux de bienfaisance à placer leurs fonds en rentes
sur l'Etat.

**— de rentes par les Fabriques des églises, au moyen de sommes sans
emploi provenant de remboursement de capitaux.** — Le Préfet, — Vu la délib.
en date du ..., par laquelle le Conseil de fabrique de l'église de ..., sollicite l'autorisation
de placer en rentes sur l'Etat, 3 %, une somme de ..., provenant du remboursement
d'une rente obituaire; — l'avis de Mgr l'Evêque de ..., en date du :...; — le budget de la
fabrique; — le D. du 13 avril 1861, et la Circul. du Ministre des cultes, du 20 août suivant; —
— Considérant que le mode d'emploi proposé est spécialement recommandé par les instructions, Arrête: — Art. 1. Le Trésorier de la fabrique de l'église de ..., en sadite qualité,
est autorisé à placer en rentes sur l'Etat, 3 %, une somme de ..., provenant du remboursement d'une rente obituaire. — Art. 2. Les arrérages de cette rente serviront à
assurer la perpétuité de la fondation qui y est attachée. — Art. 3. M. le Sous-Préfet
[*ou* Président de la Fabrique] est chargé, en ce qui le concerne, de l'exécution du présent
arrêté. — Fait à ..., en l'hôtel de la Préfecture, le ...

Acquisition d'immeuble par une Commune (1). — Le Préfet, séant en

---

(1) Lorsqu'en vertu d'une délib. d'un C. M. approuvée par un arrêté préfectoral, le Maire a fait, par
acte notarié, l'acquisition d'un immeuble au nom de la Comm., — un recours pour excès de pouvoirs —
formé devant le C. d'E. statuant au contentieux *postérieurement à l'acte notarié* contre l'arr. préf. et
motivé sur l'irrégularité de la délib. (irrégularité qui serait résultée, dans l'espèce, de la participation
à cette délib., en qualité de Conseiller municipal, de l'un des vendeurs de l'immeuble) est-il recevable?
— *Rés. nég.* — L'acquisition autorisée *était consommée. D'ailleurs* l'approbation donnée par le Préfet
ne fait pas obstacle à ce que la validité de l'acte qui constate l'acquisition puisse être contestée, s'il y a
lieu, par les demandeurs devant l'autorité judiciaire (C. d'E., *Noly, C. la comm. de Lunac* (Aveyron),
26 mai 1866. — Voir, dans un sens analogue, 4 avril 1861, *Gourraud*).

Conseil de Préfecture, où étaient présents MM. ...; — Vu la délibération en date du ..., par laquelle le Conseil municipal de ..., vote l'acquisition au prix de ..., d'une parcelle de terrain, [*ou* d'une maison, etc.], pour servir à ...; — la promesse de vente souscrite le ..., par M...; — le plan et le procès-verbal descriptif et estimatif dressé le..., par M..., désigné à cet effet par arrêté du ...; — le procès-verbal de l'enquête à laquelle il a été procédé le ...; — ensemble les avis du Maire et du Conseil municipal, et le certificat de publications et d'affichage de ladite enquête; — la loi du 18 juillet 1837, art. 46; — le décret du 25 mars 1852, T. A., § 41; — Considérant que le terrain dont il s'agit est nécessaire pour ...; — que le prix de la vente n'est point exagéré; — que lors de l'enquête il ne s'est produit aucune opposition contre le projet, et que la commune justifie de ressources suffisantes pour désintéresser le vendeur [*ou :* Considérant en ce qui concerne les oppositions consignées au registre d'enquête, qu'elles perdent de leur valeur à raison de ce qu'une partie des pétitionnaires appartient à la section de ..., et que ceux-ci n'ont, dès-lors, été guidés que par un intérêt direct et spécial; — que d'autres opposants sont même étrangers à la commune de ...; que quelques-uns sont domestiques ou mineurs, et ont pu, par conséquent, ne pas conserver leur libre arbitre; — Considérant que les motifs invoqués se réduisent aux quatre points suivants : — 1° Lorsque le C. M. vota le changement du cimetière, six des membres présents, dont trois cousins-germains, donnèrent leur adhésion, quatre autres votèrent contre le projet, les deux autres s'y opposent; — 2° Le terrain désigné pour le nouveau cimetière n'est pas propre au creusement des fosses, et le prix de vente est exagéré; — 3° On n'observe pas la distance prescrite relativement aux maisons habitées; — 4° On n'a pas pris l'avis du Conseil de fabrique; — Considérant, en ce qui concerne le premier point, que la loi du 5 mai 1855, art. 11, porte ce qui suit : « Dans les Comm. de 500 âmes et au-dessus, les parents au degré de père, de fils, de frère, » et les alliés au même degré, ne peuvent être, en même temps, membres du C. M. »; — Que cette exclusion n'a pas été, depuis, étendue aux *cousins-germains*, et que jamais il n'est venu à la pensée du législateur de rechercher pour fixer le nombre des votants, l'opinion des membres absents; — Qu'il a toujours suffi, pour régulariser une décision, qu'elle réunisse l'assentiment de la *majorité absolue* des membres présents; — que, dans l'espèce, le vote est parfaitement valable, puisque sur 10 membres présents, 6 ont adhéré au projet; — Considérant, en ce qui concerne le second point, que les allégations des opposants contre l'évaluation du terrain et la difficulté d'y creuser des fosses ne sont pas plus fondées; qu'il résulte, en effet, des renseignements officiels joints au dossier que le prix de vente de ce terrain n'est pas exagéré, et qu'il réunit toutes les conditions voulues pour l'établissement d'un cimetière; — Considérant, en ce qui concerne le troisième point, que le terrain choisi est à ... mèt. du bourg de ..., et, du côté opposé, à ... mèt. d'une maison isolée; qu'ainsi les distances ont été largement observées, puisque le D. du 23 prairial an XII prescrit que les nouveaux cimetières seront situés à au moins 35 à 40 mèt. de l'enceinte des bourgs; — Considérant, en ce qui concerne le quatrième point, qu'aucune loi n'oblige les Conseils municipaux à prendre l'avis des Conseils de fabrique sur les projets de changement de cimetière; que l'art. 2 de l'ord. du 6 déc. 1843, qui forme, avec le D. du 23 prairial an XII, la base de la législation sur cette matière, porte seulement que « la » translation du cimetière, lorsqu'elle deviendra nécessaire, sera ordonnée par un arrêté » du Préfet, *le Conseil municipal entendu.* » — Qu'ainsi les opposants ne sont pas fondés en leur réclamation. — Le Conseil de préfecture entendu, — Arrête : — Art. 1. La comm. de ... est autorisée à acquérir de M. ..., au prix de ..., fixé par le procès-verbal estimatif ci-dessus visé, pour servir à ..., une parcelle de terrain de la contenance de.... inscrite à la matrice cadastrale sous le n° ... de la section ... Il sera pourvu au paiement de cette acquisition au moyen ... — Art. 2. M. le Sous-Préfet de ... [*ou* M. le Maire de ...] est chargé, en ce qui le concerne, de l'exécution du présent arrêté.

N. B. La procédure est la même pour les *établissements de bienfaisance*. Toutefois, il y a lieu de viser, supplémentairement, l'avis du C. M. sur la délibération prise par la C. A.; et l'ord. du 6 juill. 1846, pour les *bureaux de bienfaisance*, et celle du 7 août 1851, pour les *hospices*. Le texte du dispositif de l'arrêté doit être aussi modifié comme suit : *La Commission administrative de... est autorisée*, etc.

   — d'immeuble faite, sans autorisation, par une commune. Régularisation. — Le Préfet, etc., séant en C. P.; — Vu la dél., en date du..., par laquelle le C. M. de... autorise M. le Maire de cette ville à acquérir, au prix de ... fr., des héritiers B..., une propriété dite de..., et décide que le paiement de cette somme aura lieu, en plusieurs annuités, au moyen de prélèvements sur les ressources ordinaires de la comm. ; — la promesse de vente souscrite le ..., par M..., agissant comme mandataire des héritiers B... ; — le procès-verbal d'expertise dressé, le...; par M..., expert-géomètre lequel procès-verbal constate que la propriété dont il s'agit a une contenance de..., et une valeur estimative de... ; — ensemble, un certificat de M. le Conservateur des hypothèques, à la résidence de..., constatant que cette propriété n'est grevée d'aucune inscription ; — le procès-verbal de l'enquête à laquelle il a été procédé, etc. ; — la délib., prise à la date du..., par le C. M. de..., assisté des plus imposés, pour renouveler le vote relatif à l'acquisition de la propriété dite... ; — une autre délib., en date du..., par laquelle le C. M. de..., à la suite des observations par nous adressées à la municipalité de cette ville, sur l'acquisition dont il s'agit, prend l'engagement de solder, en principal et intérêts, sur les fonds libres de la comm., et même, au besoin, au moyen de ressources extraordinaires, la différence qui pourrait exister entre le prix de revente et le prix d'achat ; — une lettre de M. le Maire de..., en date du..., de laquelle il résulte, notamment, que la commune de... a réellement, en 186..., acquis la propriété de..., sans autorisation ; qu'elle en a pris possession ; qu'elle l'a donnée à ferme, en a perçu les revenus ; a payé au vendeur l'intérêt du prix de vente ; lui a remboursé les contributions, etc., et que c'est pour régulariser cette illégale situation, qui est le fait de l'ancienne administration municipale, qu'on sollicite aujourd'hui l'autorisation qui motive les dél. précitées; — le relevé des recettes et des dépenses ordinaires de la comm. de..., d'après les comptes des trois derniers exercices, lequel relevé présente, en moyenne, un excédant annuel de... ; — l'état du passif de la comm., montant à...; — le D. du..., portant création de ressources spéciales pour l'amortissement de la dette précitée; — les budgets comm. de l'exercice courant; — la L. du 18 juill. 1837, art. 46, et le D. du 25 mars 1852. T. A, § 41 ; — Considérant, en principe, que l'ancienne administration municipale de..., en achetant des héritiers B... la propriété dite..., a eu surtout en vue d'éviter un procès qui était sur le point de s'élever entre ces derniers et la ville, au sujet d'un droit de lavoir qu'ils prétendaient exister, depuis longtemps, sur le ruisseau de..., qui traverse cette propriété ; — que la convention qui est intervenue, et aux termes de laquelle lesdits héritiers B..., cèdent, au prix de... fr., y compris l'indemnité de... fr., qui leur avait été offerte, pour cession d'une prise d'eau, dont la ville avait besoin, en même temps qu'elle mettait fin aux difficultés pendantes, donnait, à divers points de vue, satisfaction aux intérêts municipaux ; — qu'il résulte en effet, des pièces produites, que le prix de vente est de beaucoup inférieur à la valeur réelle de l'immeuble, puisque, déjà, la comm. a trouvé à le revendre, sans les eaux, au prix payé par elle ; et que, dans tous les cas, on peut, en prenant pour termes de comparaison, les affaires..., être amené à penser que si la comm. avait dû poursuivre l'expropriation de la prise d'eau..., elle eût payé les eaux seules aussi cher que lui a coûté la propriété tout entière ; — Considérant, en outre, que la propriété de... est attenante à des terrains achetés par la ville pour servir de promenade publique, et que tout porte à croire que c'est au milieu de cette propriété que la gare du chemin de fer de... sera établie ; qu'ainsi, ces terrains vont acquérir une plus-value considérable, et qu'il est dès-lors permis de supposer, avec la municipalité, que le prix des seuls terrains que la ville cèdera pour l'établissement de cette gare, sera suffisant pour désintéresser les héritiers B...; que le surplus des terrains, non cédés, pourra être aliéné avec avantage ou employé à l'établissement de boulevards et de rues; qu'ainsi, la ville de ... trouvera l'occasion de créer, sans frais, un quartier neuf aux abords de la gare; — Considérant, dès-lors, que l'acquisition dont il s'agit, bien que faite irrégulièrement, et en dehors du contrôle de l'Administration supérieure, est très-avantageuse pour la ville de..., et qu'elle n'a soulevé, pendant ni depuis l'enquête, aucune protestation; Arrête : Art. 1. L'acquisition faite, par l'ancienne administration municipale de..., et dont le vote est renouvelé par les délib. sus-visées du C. M., de la propriété, dite de..., est approuvée, pour régularisation, aux clauses et conditions indiquées dans lesdites délib. — Art. 2. Il sera passé acte public de cette acquisition. — Art. 3. Le prix d'acquisition, fixé à ... fr., sera payé, dans les formes tracées par le C. M.

Aliénation d'un terrain communal. — Le Préfet, séant en C. de P., où étaient présents MM...—Vu la délib. en date du...., par laquelle le C. M. de..., vote l'aliénation, aux enchères publiques, d'une parcelle de terrain [*ou* d'une maison, etc.]. —Le plan et le procès-verbal descriptif et estimatif de l'immeuble dont il s'agit, dressés le...., par M.... désigné, à cet effet, par arrêté du...; — le procès-verbal de l'enquête à laquelle il a été procédé; — la L. du 18 juillet 1837, art. 46; — le D. du 25 mars 1852, T. A., § 41; — Considérant que la parcelle de terrain dont il s'agit ne peut pas être affectée à un service public;—que la comm. n'en tire aucun revenu;—et que, lors de l'enquête, il ne s'est point élevé de protestation contre l'aliénation projetée [*ou :* Considérant que les parcelles de terrain dont l'aliénation est projetée ne représentent aucun caractère d'utilité publique; et que la dépense à l'exécution de laquelle doit en être consacré le prix répond à une nécessité incontestable; — que les seules oppositions discutables qui se sont produites à l'enquête, ont pour but d'obtenir que les travaux d'établissement de la fontaine seront acquittés au moyen d'une imposition extraordinaire; que cette proposition est contraire à l'intérêt bien entendu des comm., lesquelles, avant de demander aux sources de l'impôt les moyens de faire face aux besoins qui se présentent, doivent d'abord rechercher, si elles peuvent y affecter le produit de propriétés, dont, généralement, elles ne retirent aucun avantage direct, et qui, le plus souvent, ne profitent qu'à une minorité restreinte d'habitants;— le C. de P. entendu, Arrête : — Art. 1. La comm. de..., est autorisée à aliéner, aux enchères publiques, sur la mise à prix de..., montant de l'estimation, une parcelle de terrain, de la contenance de..., désignée au procès-verbal ci-dessus visé, sous le n°... de la section... — Art. 2. Le produit de cette aliénation sera employé à... — Art. 3. M. le Maire de la comm. de..., est chargé de l'exécution du présent arrêté.

N. B. Même procédure pour les *établissements de bienfaisance*, sauf les différences indiquées au mot : *Acquisition.*

— aux occupants de terrains communaux usurpés. — Le Préfet séant en C. de P. — Vu la délib. du C. M., etc.; — le procès-verbal descriptif et estimatif des terrains à occuper ; —l'Etat nominatif, arr. par le C. M. des communiers qui ont soumissionné pour l'acquisition des parcelles de terrain dont ils jouissent, et qui doivent participer à la vente projetée desdites parcelles;— le registre de l'enquête;—l'avis favorable de M. le Contrôleur des Contributions directes, etc. — Considérant que les terrains dont il s'agit sont jouis, sans redevance, par un certain nombre d'habitants et exposés, chaque jour, à des empiétements; —que leur conservation n'est pas utile à l'intérêt général, et ne peut qu'être onéreuse à la comm. de...;—que la vente de ces terrains procurera à ladite comm. les moyens d'acquitter les dettes qu'elle a contractées, et de faire face à des dépenses urgentes; — que, lors de l'enquête, il ne s'est produit aucune réclamation contre le projet;—le C. de P. entendu, Arrête:—Art. 1. M. le Maire de..., au nom de cette comm., est autorisé à concéder, par voie d'aliénation, aux personnes dénommées dans l'état ci-dessus visé, arrêté par le C. M... et aux prix fixés par ledit état, les parcelles de terrain désignées dans le procès-verbal d'expertise dressé à la date du..., par M... — Art. 2. Chacun des acquéreurs sera tenu de verser dans la caisse municipale, aux époques qui seront déterminées, le prix des lots qui leur auront été concédés, d'après l'estimation qui en a été faite, de payer, en outre, les frais nécessités par cette opération, et de faire opérer la mutation d'usage dans un délai de six mois, à partir de la date de l'acte qui leur conférera le droit de propriété sur les parcelles acquises par eux. — Art. 3. La somme à provenir de cette aliénation sera employée au paiement des dépenses énumérées dans la délib. municip. du... et, le surplus, placé en rentes sur l'Etat, 3 %.

— de biens sectionnaires. — Le Préfet, etc. ; — Vu (mêmes pièces que pour les aliénations ordinaires) ; — Considérant que la propriété des biens des communes et des sections ne peut être considérée comme résidant sur la tête de chaque habitant, et comme susceptible de se diviser entre eux ; — que ces biens constituent, quelles que soient leur nature et leur origine, la propriété indivise du corps de commune ou de section ; — que, dès-lors, le C. M. de... n'est pas en droit de demander que la plus-value des terrains qui seraient vendus aux enchères, c'est-à-dire la différence entre le prix d'estimation et celui de vente, *soit comptée à l'ayant-droit non acceptant ;* — Considérant, en ce qui concerne le mode d'aliénation proposé par le C. M., qu'il n'est pas établi que la cession, à titre onéreux, par portions égales, entre habitants, et par la voie du sort, des biens de la section de:..., offre à cette section, en faveur de qui elle sera prononcée, des avantages qui puissent, sinon égaler, du moins compenser les garanties de publicité et de concurrence devant résulter du mode des enchères publiques prescrit par les instructions réglementaires ; — que tout concourt, au contraire, à faire supposer que, par la vente aux enchères, la section de..., retirera de ses biens un prix supérieur à celui de l'estimation [*ou :* Considérant en principe que la L. du 18 juill. 1837 et les décisions interprétatives des Cours et des Tribunaux administratifs, ont attribué exclusivement au C. M. le droit de gérer, d'échanger, d'aliéner les biens des sections ; — que l'aliénation projetée des communaux de la section de..., est faite dans l'intérêt bien entendu de cette section ; — que l'utilité de l'aliénation desdits biens ressort notamment de ce qu'elle permettra, sans recourir à la voie de l'imposition extraordinaire, de faire face aux travaux de restauration projetés à l'église de..., et dont l'exécution devrait être ajournée indéfiniment, à raison du manque des ressources de la comm. ; — que dès-lors, les opposants à l'enquête, qui, presque tous, appartiennent à la section de..., ne sont pas recevables en leurs réclamations [*ou :* Considérant que les observations des opposants à l'enquête reposent sur une erreur généralement accréditée, que les biens communaux, et notamment ceux des sections, sont la propriété des indigents et, par conséquent, inaliénables; mais que la législation et la jurisprudence des Cours et des Trib. adm. ont attribué exclusivement aux C. M., le droit de gérer, d'échanger, d'aliéner ces mêmes biens ; —que, dès-lors, les réclamations qu'a fait naître l'enquête, ne sont pas fondées ; — Considérant, en outre, que la vente des biens sectionnaires de... profitera en totalité à ladite section, puisqu'elle facilitera l'exécution, dans cette partie du territoire comm., de travaux de voirie, reconnus indispensables, mais que l'insuffisance des ressources budgétaires n'eût permis d'entreprendre qu'ultérieurement et même avec difficulté ; — Par ces motifs, le C. de P. entendu, Arrête : — Art. 1. M. le Maire de..., en sadite qualité, est autorisé à aliéner, aux enchères publiques, etc.

— d'un droit d'usage sur les [secondes] herbes d'un pré communal. — Le Préfet, etc.; — Vu la délibération en date du..., par laquelle le C. M. de..., sollicite l'autorisation d'aliéner, aux enchères publiques, le droit de dépaissance que les habitants de la section de..., exercent sur les secondes herbes d'un pré dit..., appartenant aux héritiers d..., pour en employer le produit au paiement des frais laissés à leur charge dans un procès qu'ils ont soutenu contre les habitants du village de..., et dans lequel ils ont été condamnés aux deux tiers des dépens, par arrêt de la Cour imp. de..., en date du...; — le procès-verbal d'expertise, en date du..., clos le... du même mois, dressé par M...; — le plan des lieux; — le procès-verbal de l'enquête à laquelle il a été procédé le...; — la L. du 18 juillet 1837, et le D. du 25 mars 1852; — Considérant que la comm. de... est dénuée de toute ressource pour subvenir au paiement desdits frais, et qu'elle n'a d'autre moyen de s'en créer qu'en aliénant le droit d'usage dont il est question ci-dessus, lequel est, d'ailleurs, presque improductif pour les usagers; — Considérant que l'enquête n'a donné lieu à aucune réclamation; — le C. de P. entendu, Arrête : — Art. 1. La comm. de... est autorisée à aliéner, aux enchères publiques, sur la mise à prix de..., le droit d'usage que les habitants de la section de..., exercent sur le pré dit... — Art. 2. Le produit de cette aliénation sera employé à la destination qui lui est assignée par la délib. sus-visée, du...

— de droits de dépaissance appartenant à un village. — Le Préfet, etc. ; — Vu (même procédure que ci-devant); — Considérant que les propriétaires des prés dont il s'agit ont offert d'acquérir les droits de dépaissance dont ces prés sont grevés; — qu'il est, dès-lors, de l'intérêt de la comm. d'accepter leurs offres ; — Considérant que les habitants du village de... ne retirent que peu d'avantages de ces droits, et qu'ils sont presque unanimes pour en demander l'aliénation; — Considérant que les oppositions consignées au registre de l'enquête émanent d'individus étrangers à la section de.... par conséquent, désintéressés dans l'affaire, et qu'elles ne paraissent pas, au reste, dictées par l'intérêt général; — Considérant, enfin que l'estimation des droits précités permettra à la comm. de reconstruire ou réparer la passerelle de..., sur la rivière de..., qui depuis longtemps menace ruine. — Arrête : — Art. 1. La comm. de... est autorisée. etc.

Aliénés. — Admission dans un asile. — Le Préfet, etc. ; — Vu la demande formée le..., par..., pour obtenir l'admission dans un asile d'aliénés du nommé [ou de la nommée]..., domicilié à... ; — l'acte de naissance de l'aliéné ; — le procès-verbal d'enquête dressé le..., par... ; — le certificat dressé par M. le docteur..., constatant les actes de folie auxquels s'est livré le nommé...; — le certificat délivré par M. le Maire de la comm. de..., faisant connaître la position de fortune de cet aliéné et celle de sa famille; — la L. du 30 juin 1838 et les instr. sur la matière; — Considérant que l'état d'aliénation mentale du nommé... est avéré, et qu'il y a danger, pour la sûreté publique, à laisser cette personne en liberté, — Arrête: — Art. 1. Est ordonnée d'office l'admission dans l'asile public d'aliénés du nommé.... — Art. 2. La pension de cet aliéné sera payée... etc.

— (asile d'). — **Détermination du nombre des sœurs attachées à l'établissement.** — Vu les propositions de M. le Directeur-médecin de l'asile public d'aliénés de..., ayant pour objet de faire porter de quatre à six le nombre des sœurs préposées au service intérieur de cet établissement ; — la délibér. approbative de la commission de surveillance ; — la dépêche de M. le Min. de l'Int. ; — le traité passé avec les sœurs de la congrégation de... ; — Vu le D. du 25 mars 1852; — Considérant, etc. — Arrête : Art. 1. Le nombre des sœurs religieuses qui desservent l'asile d'aliénés de... est porté à...; — Art. 2. Les [...] nouvelles sœurs jouiront, dans l'établissement, des mêmes avantages que leurs compagnes. La dépense qu'elles occasionneront à l'asile sera couverte, pendant l'année..., au moyen des fonds libres du budget. — Art. 3. Le présent arrêté sera adressé, en ampliation, à M. le Min. de l'Int., et à M. le Directeur-médecin de l'asile, qui est chargé d'en assurer l'exécution.

— Contingent des familles. — Le Préfet, etc. — Vu la L. du 30 juin 1838 sur les aliénés; — Considérant qu'il résulte des renseignements recueillis que la famille..., du lieu de..., comm. de..., est dans une situation de fortune qui lui permet de fournir facilement tout ou partie de la dépense annuelle d'entretien et de traitement du nommé..., séquestré dans l'asile de... en vertu de notre arrêté du...; — Considérant qu'il résulte d'autre part, des mêmes renseignements, que les biens de la famille... sont grevés de dettes, et qu'il convient, dès-lors, de concilier, dans une juste mesure, les intérêts du département avec les ménagements que semble réclamer la situation de l'aliéné et la véritable position de fortune de sa famille; — Arrête : — Art. 1. La famille..., du lieu de..., comm. de ..., représentée par le sieur ..., contribuera annuellement pour une somme de ..., à la dépense d'entretien et de traitement de..., aliéné, séquestré dans l'asile de... — Art. 2. Le présent arrêté sera notifié au sieur ... par les soins de la commission de surveillance de l'asile, qui, en cas de refus de la part de cet individu, devra procéder, à la diligence d'un de ses membres, au recouvrement de ce contingent, conformément à l'art. 27 de la L. du 30 juin 1838 précitée.

Apppareils à vapeur. — Le Préfet, etc.; — Vu la demande formée, le..., par M..., domicilié à..., à l'effet d'obtenir l'autorisation d'établir, dans son établissement, un appareil à vapeur, de la force de... chevaux, destiné à mettre en mouvement des... s'alimentant dans la rivière de...; — Vu le plan annexé à la demande; — l'ord. du 22 mai 1843, et les instr. min. des 22 et 23 juillet suivants; — le procès-verbal d'enquête faite à la Mairie de..., du..., au... 186 , et les observations ou réclamations consignées dans ce procès-verbal; — l'avis du Conseil d'hygiène publique et de salubrité de l'arrondissement, en date du...; — le rapport de l'ingénieur des mines, du...; — l'avis de l'ingénieur en chef, du...; — Considérant que l'appareil à vapeur dont il s'agit ne peut [en raison de ses faibles dimensions], porter préjudice au voisinage et que les conditions prescrites donneront d'ailleurs des garanties suffisantes à l'intérêt public; — Arrête : — Art. 1. M..., (*qualité*), à..., est autorisé, dans les conditions ci-après, à établir à..., dans une dépendance de son établissement : 1' Une machine à vapeur horizontale à moyenne pression, sans détente ni condensation, destinée à mettre en mouvement des pompes élévatoires s'alimentant dans le...; 2' Une chaudière cylindrique à fond bombé, sans bouilleurs et dont la capacité est de..., laquelle chaudière a été éprouvée et timbrée pour une pression de... atmosphères. — Art. 2. La chaudière sera pourvue des appareils de sûreté suivants : 1' deux soupapes de sûreté placées, une vers chaque extrémité de la chaudière. Chacune des soupapes aura un diamètre de... au moins, correspondant à une surface de chauffe de... et au timbre de la chaudière. Elles seront chargées directement ou par l'intermédiaire d'un levier, d'un poids unique correspondant à... par centimètre carré de l'orifice. Les poids et leviers seront poinçonnés à la diligence de l'ingénieur des mines; la quotité des poids en kilogrammes et la longueur totale du levier, en décimètre, seront gravées sur ces pièces, avant l'application de l'empreinte du poinçon; 2' d'un manomètre à air libre, placé en vue du chauffeur, gradué en atmosphère et dixième d'atmosphère, ou bien de tout autre mónomètre bien gradué et bien fabriqué, à condition que, dans ce dernier cas, le tuyau qui amènera la vapeur de la chaudière au manomètre, ou bien la chaudière elle-même, soit pourvue d'un ajutage d'un centimètre de diamètre, muni d'un robinet terminé par une bride verticale, d'un centimètre et demi de largeur et de 5 millimètres d'épaisseur, à laquelle on puisse fixer au besoin un manomètre étalon portatif, qui permette de vérifier l'exactitude de l'instrument employé. Une ligne très-apparente sera tracée sur l'échelle, en face de la division correspondant à... atmosphères, que l'index ou le niveau du mercure ne devra pas dépasser; 3° un tube indicateur en verre ou deux robinets d'épreuve, étayés l'un au-dessus, l'autre au-dessous du niveau d'eau normal dans la chaudière, et placés en vue du chauffeur. Le robinet inférieur sera établi au-dessus de la partie la plus élevée des carneaux, tubes ou conduits de la flamme et de la fumée; 4° un flotteur d'alarme disposé de manière à faire entendre un bruit aigu, produit par l'échappement de la vapeur, dans le cas où le niveau de l'eau viendrait à s'abaisser dans la chaudière de cinq centimètres au-dessous de la ligne d'eau tracée sur le parement du fourneau, comme il sera dit ci-après. — Art. 3. Une ligne indiquant le niveau normal de l'eau dans la chaudière sera tracée sur le parement extérieur du fourneau. Cette ligne sera d'un décimètre au moins au-dessus de la partie la plus élevée des carneaux, tubes ou conduits de la flamme et de la fumée. La chaudière sera alimentée par une pompe, mue par la machine elle-même ou par tout autre appareil, reconnu propre à remplir ce but par l'ingénieur. — Art. 4. La chaudière sera placée dans le lieu désigné au plan fourni par le permissionnaire, dont une copie sera annexée à la minute du présent arrêté — Art. 5. Le combustible dont on fera usage sera la houille mêlée de résidus de tannerie. La cheminée sera placée au-dehors de l'axe de la chaudière, et son orifice sera élevé d'un mètre au moins au-dessus du faîte des bâtiments voisins. — Art. 6. Le permissionnaire sera tenu : 1° de laisser visiter ses appareils par l'ingénieur, le garde-mine et autres agents chargés de la surveillance des appareils à vapeur, toutes les fois qu'ils se présenteront ; 2° de nous donner avis de toutes les modifications ou réparations qui seraient faites à la chaudière, avant de la faire fonctionner de nouveau ; — 3° en cas d'explosion ou d'accident, de nous en informer sur-le-champ, et de ne faire aucune réparation au bâtiment, de ne déplacer ni dénaturer, avant la visite de l'ingénieur chargé de dresser le procès-verbal, aucun fragment de pièces rompues, sauf ce qui serait indispensable pour secourir les blessés et prévenir de nouveaux accidents ; — 4° de fournir la main-d'œuvre et les appareils nécessaires aux nouvelles épreuves qui seraient ordonnées par nous ; — 5° de se conformer à toutes les autres dispositions de l'ord. du 22 mai 1843 ; — 6° d'adapter aux chaudières et machines les appareils de sûreté qui seraient prescrits ultérieurement par des règlements d'administration publique ; — 7° D'exécuter, dans les délais prescrits, toute nouvelle mesure de sûreté publique qui serait imposée. — Art. 7. La conduite du feu sera confiée à un ouvrier soigneux et expérimenté. L'instruction ministérielle du 22 juill. 1843, sur les mesures de précautions habituelles à observer dans l'emploi des chaudières à vapeur établies à demeure, sera affichée dans le local de la chaudière. — Art. 8. En cas de contravention aux dispositions du présent arrêté, le permissionnaire et le mécanicien employé par lui, seront poursuivis conformément aux lois, et l'autorisation pourra être révoquée ou suspendue. — Art. 9. Le présent arrêté sera transmis à M. le Maire de..., chargé de le notifier au permissionnaire et de le faire afficher à la mairie pendant un mois. — Copie en sera déposée aux archives de la comm., pour être communiquée à toute partie intéressée qui en fera la demande. — Il sera également transmis à M. l'Ingénieur en chef des mines, chargé d'en assurer l'exécution.

N. B. — Même formule pour autoriser l'emploi d'une locomobile, dont l'usage est aujourd'hui fréquent dans les campagnes.

Archives communales. — Visite. — Vu les instr. de M. le M. de l'Int., en date des 16 juin 1842 et 25 août 1857, Arrête : — Art. 1. M..., archiviste dép., chargé de l'inspection des archives communales, visitera, pendant l'année 186..., pour nous rendre compte de leur situation, tant sous le rapport du classement des papiers et de leur conservation, que de l'état du matériel et du local, les archives des comm. de...—Art. 2. Les résultats de cette inspection nous seront transmis par des rapports spéciaux toutes les fois que l'état des archives visitées pourra l'exiger. — Art. 3. MM. les S.-P. et les Maires sont chargés, pour l'exécution du présent arrêté, de faciliter à M. l'archiviste. les moyens de remplir sa mission.

— départementales. — Vente de papiers inutiles. — Le Préfet, — Vu le rapport en date du... par lequel M. le Conserv. des Archives départ... fait connaître qu'il a procédé au triage et à la mise en état d'une certaine quantité de papiers inutiles existant aux arch. de la Préfect., et nous propose d'en faire effectuer la vente ; — la L. du 10 mai 1838 ; — les Circ. du Min. de l'Int., en date des 9 nov. 1835, 8 août 1839 et 24 juin 1844 ; — Considérant que l'encombrement qui existe au dépôt des archives départ., et le danger qu'il y aurait à surcharger outre mesure les planchers qui supportent les casiers où se trouvent classées ces archives, rendent indispensable la vente des pièces et documents inutiles qui en font encore partie ; — Considérant, toutefois, qu'on ne saurait apporter trop de circonspection dans le choix des papiers à conserver et dans la désignation de ceux qui peuvent être vendus, — Arrête : — Art. 1. Il est institué une commission spéciale, composée de cinq membres, à l'effet de vérifier les papiers et documents dont la vente est proposée par M. le conservateur des Archives. Cette commission, qui sera présidée par M. le Secrét. gén. de la préf., délégué par nous à cet effet, se réunira aux Archives de la préfecture, le... à... heures de l'après-midi et les jours suivants, s'il en est besoin. Les résultats de la vérification dont elle est chargée seront, au fur et à mesure de l'opération, consignés par son secrét. dans la colonne, à ce réservée, des inventaires explicatifs dressés par M. le Conservateur des Archives, conf. aux dispositions de la circ. de M. le Min. de l'Int., en date du 24 juin 1844 ; — Art. 2. Sont désignés pour faire partie de ladite commission, MM...

Associations syndicales.—Réglementation.—Le Préfet, —Vu les rapports en date des... par lesquels MM. les Ingénieurs proposent de soumettre le projet qu'ils ont dressé à une enquête de 20 jours, dans la com. de... ; — le projet de règlement et les plans à l'appui ; — notre arrêté du... qui a ordonné l'ouverture d'une enquête de 20 jours dans la comm. de... ; le certificat duquel il résulte que le projet de règlement et les plans y relatifs ont été soumis à une première enquête ; — le registre d'enquête ouvert le... et fermé le... — le certificat de M. le Maire constatant que le registre d'enquête est resté déposé au secrétariat de la Mairie pendant le délai prescrit par notre arrêté ; — à la suite d... registre d'enquête l... avis de M. le Maire de... commune précitée ; — le second rapport de MM. les Ingénieurs sur les résultats de cette enquête et leurs propositions pour la nomination des membres qui pourraient être chargés des fonctions de syndics ; — les L. des 20 août 1790, 6 oct. 1791, 4 mai 1803 et le D. du 25 mars 1852 ; — Considérant que..., Arrête : — Art. 1. Est et demeure approuvé le projet de règlement dressé le... par M. l'Ingénieur ordinaire et présenté le... par M. l'Ingénieur en chef pour... Ce règlement restera annexé au présent arrêté pour être exécuté dans toutes ses dispositions. —Art. 2. Une commission syndicale est instituée conformément au règlement ci-dessus visé. — Art. 3. Sont nommés membres de la commission syndicale, MM... — Art. 4. M... remplira les fonctions de directeur du syndicat, et M... de directeur adjoint... — Art... M... directeur du syndicat et M. l'Ing. en chef des ponts et chaussées sont chargés, etc.

Assurance contre l'incendie des bâtiments communaux. — Vu la dél. du C. M. de la comm. de..., en date du... ; — la police d'assurance passée le..., entre M. le Maire de... et la Compagnie [*à prime ou mutuelle*] dite..., laquelle a été autorisée par... (*indiquer la nature et la date de l'acte d'autorisation*) ; — Le D. du 25 mars 1852 ; —Considérant que la Compagnie... présente, à raison surtout de l'époque déjà reculée de sa fondation, toutes les garanties désirables, et que les conditions du traité passé entre elle et la comm. de..., sont satisfaisantes et de nature à sauvegarder les intérêts de cette dernière ; — Arrête : — Est approuvée la police susvisée ayant pour objet d'assurer contre l'incendie les [*ou divers*] bâtiments de..., (*et le mobilier s'il y a lieu*) à raison d'une valeur de..., et moyennant une prime annuelle de...

B

Bateau particulier (autorisation d'établir un). — Le Préfet, Vu la pétition, en date du..., par laquelle M..., domicilié à..., demande l'autorisation d'établir un bateau particulier sur la rivière..., pour le service de ses propriétés situées sur les deux rives, en amont du bac de...; — le cahier des charges de ce bac, notamment les art. ... et..; — l'avis de M. l'Ingénieur ordinaire de l'arrond. du..., en date du...; — l'avis de M. le Directeur des Contributions indirectes, en date du...;—la loi du 6 frimaire an VII; — la Circ. Minist. du 28 déc. 1839 et le D. du 25 mars 1852;—Considérant qu'il résulte des pièces de l'instruction que M... possède des propriétés sur les deux rives du...; —que ces propriétés sont situées à... mètres en amont du passage d'eau de...; — que...; — Arrête : — Art. 1. L'autorisation demandée par le pétitionnaire lui est accordée aux conditions suivantes : 1º les droits des tiers sont expressément réservés, principalement en ce qui concerne les abordages, dans le cas où le permissionnaire ne pourrait les établir sur ses propriétés ; 2º Le bateau ne devra servir qu'au demandeur, aux personnes de sa famille, aux domestiques et aux ouvriers employés à l'exploitation de ses propriétés, ainsi qu'au transport des récoltes, engrais et objets quelconques, relatifs à ladite exploitation; 3 Ledit sieur... ne pourra employer son bateau à passer, même gratuitement, toute personne qui ne se trouvera pas dans les conditions ci-dessus indiquées; 4º Il devra remettre dans le délai de huit jours, à partir de la notification qui lui aura été faite du présent arrêté, à M. l'Ingénieur en chef de la navigation du..., à M. le Directeur des Contri-butions indirectes et au concessionnaire du bac de..., l'état des personnes employées à l'exploitation de ses propriétés. Cet état devra être certifié par M. le Maire de...: 5º le bateau devra être constamment amarré au moyen d'une chaîne en fer, fermée par un cadenas, et munie d'une plaque indiquant la date de l'arrêté d'autorisation, les noms, prénoms et domicile du propriétaire. — Art. 2. Faute par le permissionnaire de se con-former aux dispositions qui précèdent, et à la première infraction constatée par l'autorité locale, par le service des Ponts-et-Chaussées, ou par celui des Contributions indirectes, l'autorisation de faire usage du bateau pourra lui être retirée, sans préjudice des pour-suites à exercer contre lui. — Art. 3. Le présent arrêté sera transmis à M. l'Ingénieur en chef de la navigation du..., à M. le Directeur des Contributions indirectes, et à M. le Maire de..., chargés d'en assurer l'exécution, chacun en ce qui le concerne.

Baux à donner par les Communes. — Le Préfet, Vu la délib. du C. M. de la comm. de..., en date du...;—le procès-verbal d'expertise dressé, le..., par le sieur..., désigné à cet effet par... [*le Préfet ou le Sous-Préfet*] par arr. du...;—celui de l'enquête à laquelle il a été procédé; — les Ordonn. des 7 oct. 1818 et 18 déc. 1838; — la Loi du 18 juill. 1837 et le D. du 25 mars 1852; — Considérant, etc., Arrête : — La comm. de... est autorisée à amodier aux enchères publiques, pour une durée de... et sur la mise à prix de... (*indiquer la nature et la contenance des immeubles*) désignés dans le procès-verbal susvisé.

— à donner par les Etablissements de bienfaisance. — Le Préfet, Vu la délib. de la commission administrative de l'hospice de... [*ou du Bureau de bienfaisance, du Conseil d'Administration du Mont-de-Piété*], en date du...; — le procès-verbal d'expertise, etc.; — celui de l'enquête, etc.; — l'avis du Commiss. enq. et du Maire — l'avis du C. M., en date du....; — la L. du 7 août 1851 (*en ce qui concerne les hospices*); — l'ordonnance du 6 juill. 1846 (*quand il s'agira d'un B. de bienf.*); — la loi du 24 juin 1851 (*quand il s'agira d'un Mont-de-Piété*); — le D. du 25 mars 1852; — Consi-dérant..., Arrête : — La Commission administrative de... est autorisé à amodier aux enchères publiques, pour une durée de... ans, et sur la mise à prix de... (*indiquer la nature et la contenance des immeubles*) désignés dans le procès-verbal d'expertise susvisé.

— à prendre par les Communes. — Le Préfet, Vu la délib. du C. M. de..., en date du...; — la promesse de bail souscrite par le sieur..., le...; le procès-verbal d'expertise, etc.; — celui de l'enquête, etc.; — la L. du 18 juill. 1837 et le D. du 25 mars 1852; —Considérant, etc., Arrête : — la comm. de... est autorisée à prendre à loyer du sieur..., pour une durée de..., et moyennant un prix annuel de... (*indiquer la nature et la contenance de l'immeuble*) désigné dans le procès-verbal d'expertise susvisé.

— à donner et à prendre par les Etablissements de bienfaisance. —Le Préfet, Vu la délib. de la Commission administrative du (*Bureau de bienfaisance ou de l'hospice*, etc.) de... en date du...; —Vu (mêmes pièces que pour les communes); la L. du 7 août 1851 (pour les hospices); [*ou* l'Ordonnance du 6 juill. 1846] (pour les bureaux de bienfaisance) [*ou* la loi du 24 juin 1851] (pour les Monts-de-Piété); — le D. du 25 mars 1852; — Considérant, etc., Arrête : — la C. A. [*ou* le Conseil d'Administration de...], est autorisée à amodier aux enchères publiques [*ou* à prendre à loyer] du sieur..., pour une durée de..., etc.

Biens communaux. — Amodiation par voie de partage. — Le Préfet, Vu une délib. du C. M. de la commune de ..., en date du ..., contenant l'amodiation pour ... ans, par voie de partage entre les habitants, des biens communaux y désignés ; — le procès-verbal d'expertise et de composition des lots, dressé le...., par M. ..., expert géomètre, désigné à cet effet ; — la délib. en date du ..., par laquelle le C. M. approuve ce procès-verbal et propose de fixer la redevance à payer annuellement par les co-partageants, en sus des contributions, à ... fr. par lot ; — le procès-verbal de l'enquête à laquelle il a été procédé ; — l'arrêté consulaire du 7 germinal an IX ; — la L. du 18 juill. 1837 et le D. du 25 mars 1852 ; — Considérant que la mesure proposée, tout en satisfaisant les intérêts des habitants, procurera des ressources à la commune, et aura notamment pour effet de mettre en culture, d'améliorer et de rendre productifs des biens qui, dans l'état actuel, ne donnent presque aucuns revenus, —Arrête :—Art. 1. M. le Maire de ..., en sadite qualité, est autorisé à amodier, par voie de partage, entre les habitants, et pour une durée de ... ans, les biens communaux, d'une contenance de ... h., ... a, ... c., désignés dans le procès-verbal d'expertise ci-dessus visé. — Art. 2. Ce partage sera fait aux conditions de la délib. mun. du ..., et à la charge, par les co-partageants, de payer à la comm. une redevance annuelle de ... fr. par lots, et d'acquitter, en outre, les contributions de toute nature établies, ou qui pourraient être établies sur ces biens. — Art. 3. Les frais d'expertise et tous autres résultant de l'amodiation ou partage dont il s'agit, demeurent à la charge des co-partageants.—Art. 4. Les redevances, contributions et frais mentionnés aux articles 2 et 3 ci-dessus seront recouvrés par le Percepteur-receveur municipal, sur des états dressés par le Maire et rendus exécutoires. --Art. 5. Le Maire, assisté de deux membres du C. M., et du Receveur de la comm., conformément à l'art. 16 de la L. du 18 juill. 1837, procédera, par devant notaire, et en présence des co-partageants, au tirage au sort des lots. Il sera dressé acte public de ce partage.

— Commissions syndicales chargées de défendre les intérêts des sections.— Le Préfet, Vu la dél. du C. M. de la comm. de..., en date du...;—la pétition de divers habitants de..., et la lettre de M. le S.-P. de..., du..., ayant pour objet la nomination de deux Commissions syndicales, pour défendre l'une, les intérêts de la section de..., et l'autre ceux de la section de..., dans une contestation intervenue entre ces deux sections, sur la propriété et la jouissance de biens communaux ; — les listes des électeurs municipaux et des citoyens les plus imposés desdites sections ; — l'arr. du Gouvernement du 24 germ. an XI, et les art. 56 et 57 de la L. du 18 juill. 1837.--Arrête : —Art. 1. Il est formé pour chacune des sections de... et de..., une Commission syndicale de cinq membres, lesquels sont chargés de défendre, respectivement, les intérêts des sections qu'elles représentent. — Art. 2. Sont nommés membres de ces Commissions, savoir : Pour la section de..., MM...; pour la section de..., MM... — Art. 3. L'action devant les tribunaux ne pourra être suivie qu'après l'accomplissement des formalités prescrites par les art. 2, 3 et 4 de l'arr. du Gouvernement du 24 germ. an XI.

— Commission syndicale pour leur mise en valeur.— Le Préfet, Vu la pétition, en date du..., par laquelle les habitants de la section de..., comm. de..., sollicitent le partage de jouissance temporaire des biens communaux appartenant à cette section; — la L. du 28 juill. 1860, sur la mise en valeur des biens communaux; — le D. du 6 février 1861, portant réglement d'administration publique pour l'exécution de cette loi; — Considérant que la section de... possède une étendue superficielle de biens communaux de... h., inscrits au cadastre, section..., sous les numéros..., et section... sous les numéros...; — qu'il importe de prendre des mesures pour la mise en valeur de ces propriétés; — Arrête : — Art. 1. Il sera formé, pour la section de..., dépendant de la comm. de..., une Commission syndicale de 5 membres, chargée de donner son avis sur la mise en valeur des biens communaux de cette section. — Art. 2. Les membres de cette Commission seront élus par les électeurs municipaux domiciliés dans la section, dans les mêmes formes que pour les élections municipales. — Art. 3. La Commission nommera son président et donnera son avis, dans le délai d'un mois, à dater de sa formation, sur le mode de mise en valeur, de jouissance ou d'administration des biens communaux de ladite section. Elle indiquera les parcelles qu'il y aurait lieu de laisser à l'état de jouissance commune, à la charge, par les usagers, de payer une taxe de pâturage par tête de bétail; celles qu'il y aurait lieu d'amodier aux enchères; celles qu'il y aurait lieu d'allotir ou de partager temporairement entre les habitants, moyennant une redevance au profit de la caisse municipale; celles qu'il y aurait lieu d'aliéner ou de concéder à leurs détenteurs. Elle proposera toutes les mesures d'administration ou de conservation qu'il pourrait y avoir lieu d'adopter. — Art. 4. Le C. M. de... sera ensuite appelé à délibérer sur les divers modes d'administration, de jouissance ou de mise en valeur des biens communaux de ladite section; il proposera, à son tour, telles mesures qu'il lui paraîtra convenable d'adopter, et fera connaître si la commune entend pourvoir par elle-même aux travaux d'amélioration qu'il pourrait y avoir lieu d'effectuer. Cette délibération sera prise dans le délai d'un mois, à dater de la réception, par le Maire, de l'avis de la Commission sydicale. Faute, par cette Commission, d'avoir délibéré dans le délai qui lui est imposé, il sera passé outre par le C. M. — Art. 5. En cas de refus ou d'abstention du C. M., comme en cas d'inexécution de la délib. par lui prise, il sera procédé d'office à la mise en valeur des biens de ladite section, conformément aux lois.

— Jouissance en nature, lorsqu'il s'agit d'apporter des changements à un partage de jouissance devant son origine à d'anciens édits, décrets ou ordonnances royales. — Vu (*l'édit, le D. ou l'ord. roy.*), en date du...; — la dél. du C. M., en date du..., portant vote d'un changement dans le mode de jouissance des biens communaux; — le procès-verbal de l'enquête à laquelle il a été procédé; — la L. du 18 juill. 1837; — le D. du 25 mars 1852 (T. A, § 40); — Considérant... — Arrête : —Art. 1. Est approuvée la délib. prise par le C. M. de..., relativement à la jouissance des terrains communaux, et de laquelle il résulte principalement que... (*indiquer les conditions du nouveau mode.*)

— Recherche des terrains usurpés. —Le Préfet, Vu la délib. du C. M. de..., en date du..., portant aliénation des biens communaux usurpés et la nomination d'une Commission chargée de faire la recherche des parcelles qui se trouvent indûment détenues par des particuliers; — Arrête : — Art. 1. Il sera procédé, dans la comm. de..., par une Commission spéciale, à la recherche des biens communaux usurpés. Cette Commission recevra la déclaration de toute partie intéressée, s'aidera de tous les titres et documents qui lui seront présentés ou qu'elle pourra découvrir, et recueillera tous les renseignements relatifs à l'objet de sa mission. Elle dressera, d'après la matrice cadastrale, un état contenant le relevé de tous les biens communaux, avec l'indication des usurpations commises sur ces propriétés. — Art. 2. Les détenteurs actuels des biens communaux, sans distinction, sont invités à se présenter, dans le délai d'un mois, à dater de la publication

du présent arrêté, devant M..., juge de paix, président de la Commission ci-après désignée, et à déclarer sur un registre qui sera ouvert, à cet effet, en quoi consistent les parcelles par eux détenues, et s'ils consentiraient, le cas échéant, à en acquérir la possession
définitive, moyennant un prix une fois payé. — Art. 3. Les détenteurs qui auront fait la
déclaration ci-dessus mentionnée dans le délai fixé, pourront, après que le C. M. en aura
délibéré, et que toutes les formes prescrites par les règlements auront été remplies, devenir propriétaires, légitimes et incommutables, des susdits biens, sous les conditions qui
seront ultérieurement stipulées. — Art. 4. Les détenteurs qui négligeraient de faire leurs
déclarations ou qui refuseraient de se soumettre aux conditions ci-dessus mentionnées,
seront tenus de délaisser immédiatement les communaux dont ils jouissent indûment,
sous peine d'être poursuivis suivant toute la rigueur des lois. — Art. 5. La Commission
de recherche des biens communaux est composée ainsi qu'il suit : MM... etc. Elle se réunira aux lieu, jour et heure qui seront ultérieurement indiqués par son président, et
donnera son avis, tant sur les demandes de concessions qui pourront être faites par les
détenteurs que sur les conditions à leur imposer, ainsi que sur le mode d'administration
qu'il conviendrait d'adopter pour les biens qui restent à la commune. — Art. 6. Le présent
arrêté sera publié et affiché pendant deux dimanches consécutifs dans la comm. de..., à
la diligence de M. le Maire.

— **Procès entre sections.** — **Réglement de frais.** — Vu l'arrêté préfectoral
en date du ..., portant nomination de deux Commissions syndicales pour défendre l'une
les intérêts de la section de ..., comm. de ..., l'autre ceux de la section de ..., même
commune, dans une contestation intervenue entre ces deux sections au sujet de la propriété de biens communaux ; — la délib. en date du ..., par laquelle les deux Commissions
syndicales ont nommé chacune un syndic pour les représenter, et leur ont donné mandat
de transiger ou de plaider ; — l'arrêté du C. de P. en date du ..., qui a autorisé 1° le
Maire de ..., au nom du village de ..., à introduire une action en justice contre la
section de ... ; 2° la section de ... à défendre à cette action ; — l'acte sous seing-privé
en date du ..., par lequel les habitants de la section de ... se sont engagés, personnellement et *solidairement*, à rembourser à M...., syndic de cette section, tous les
frais qu'il pourrait exposer dans le procès, à la réserve de la part qui pourrait incomber
à ce dernier comme habitant de ..., et ayant droit aux communaux de cette section ;
— le jugement en date du ..., par lequel le tribunal de ... a reconnu les habitants
de ... seuls propriétaires des terrains appelés ..., qui faisaient l'objet du procès, et a
condamné la section de ... aux dépens ; — le jugement du ..., par lequel, sur la poursuite dirigée par M...., contre MM...., le tribunal de ..., tout en reconnaissant que
ces trois signataires de l'obligation du ... sont tenus de rembourser à ... les frais et
dépens par lui exposés, a déclaré qu'il ne lui appartient pas de régler la somme due
aux demandeurs, puisqu'il s'agit d'une dépense faite pour une section de commune, et
a accordé à ce dernier un délai de trois mois pour faire régler par l'autorité administrative les sommes à lui dues, et dont il a fait l'avance ; — le mémoire présenté, en
exécution de ce jugement, par M...., le ..., à l'effet de faire régler à la somme de ...
les frais et dépens par lui avancés ; — les pièces justificatives produites à l'appui de ce
mémoire ; — la délib., en date du ..., par laquelle le C. M. est d'avis qu'il y a lieu
d'approuver le compte présenté par M...., et propose, en conséquence, de régler ses
avances à la somme de ..., sauf à laisser à sa charge celle de ..., représentant la
quote-part qui lui incombe comme habitant de ..., ayant droit aux communaux de
cette section ; — la liste des habitants chefs de famille ou de maison de la section de...,
intéressés dans le procès ; — Considérant que les avances faites par M. ... sont suffisamment justifiées ; mais que les habitants chefs de famille ou de maison de la section
de ... étant au nombre de [62], il y a lieu de déduire de la somme de ..., qu'il

réclame, la [62°] partie de cette somme, représentant sa quote-part dans la dépense, et montant à ..., ce qui réduit à ... la somme à lui définitivement due, —Arrête : — Art. 1. Le montant des frais et dépens dont M.... a fait l'avance, dans le procès qu'il a soutenu, dans l'intérêt de la section de ..., contre le Maire de ..., est fixé à la somme de ... —Art. 2. La part contributive de M. ..., dans le paiement de cette dépense, est fixée à la somme de ..., et sa créance envers les habitants de ... demeure ainsi réduite à ...

— **Taxe de pâturage.** — Le Préfet, Vu le mémoire présenté par M. ..., avoué à ..., au nom du syndic de la section de ..., comm. de ..., à l'effet d'obtenir le paiement des condamnations prononcées par jugement du ..., contre la section de ..., même comm., et qui consistent, savoir : pour restitution de fruits, sur une somme de .... pour frais de procès, en une somme de ... ; — l'état des contribuables, constatant que le principal des quatre contr. dir. payées par eux est de... ; — l'état des biens communaux possédés par les habitants de cette section, lesquels forment une contenance de ... hectares environ ; — la délib., en date du ..., par laquelle le C. M., appelé, ensuite de nos instructions, à délibérer sur la question dont il s'agit, nous laisse la faculté de déterminer les mesures qu'il serait convenable de prendre pour pourvoir au paiement des sommes dues à la section de ... ; — les renseignements produits par M. le Maire de ..., desquels il résulte que les biens appartenant à la section débitrice, n'étant pas susceptibles de culture, ne peuvent être utilisés que comme pâturages ; — l'état des bêtes à laine possédées par les habitants de la section débitrice, et envoyées en pâturage sur ces biens communaux, lequel état constate que ces bestiaux sont au nombre de ... ; — Considérant que le jugement qui a condamné la section de ... est passé en force de chose jugée, et que, dès-lors, cette section ne peut échapper au paiement de la restitution des fruits et des dépens mis à sa charge ; — que le seul moyen de pourvoir au paiement de ces frais est de percevoir une taxe sur les bestiaux envoyés en pâturage sur les biens communaux ; que ... ; — Arrête : — Art. 1. Il sera établi, pendant quatre ans, sur les habitants de la section de ..., une taxe de pâturage, à raison des bêtes à laine par eux introduites dans les biens communaux. — Art. 2. Cette taxe sera annuellement de ... fr. ... cent. par tête de bétail. Elle sera recouvrée par le Recev. munic. au moyen d'un rôle dressé par le Maire, et rendu par nous exécutoire.

Bois communaux. — Chemin d'accès rectifié par un particulier. — Le Préfet, Vu la pétition présentée par le..., à l'effet d'obtenir, sur le bois communal de..., la concession du terrain nécessaire pour rectifier et adoucir la pente du chemin qui conduit de son usine au chemin vicinal de...; — la délib. du C. mun. de..., en date du..., favorable à cette demande ; — le rapport du garde général des forêts, en date du...: — le plan annexé à ce rapport et les avis de l'Inspecteur et du Conservateur des forêts ; — le rapport en date du..., par lequel le sieur..., chargé d'évaluer le terrain à occuper par le chemin dont il s'agit, fixe l'indemnité à payer à la comm. par le sieur..., à la somme de...; — le plan-projet de rectification annexé à ce rapport ; — la soumission en date du..., par laquelle le sieur... s'engage à payer : 1° la somme de... pour indemnité de terrain à la commune ; 2° la somme de... pour frais de délimitation et de bornage. — Considérant que la rectification du chemin dont il s'agit, s'il est principalement utile au sieur..., facilitera aussi l'accès de sa fabrique aux habitants intéressés, et, loin de porter aucun préjudice à la commune, facilitera l'exploitation du bois de..., — Arrête : Art. 1. Le sieur... est autorisé à opérer la rectification, dans le bois comm. de..., du chemin qui conduit de son usine au chemin vicinal de..., à la charge par lui : 1° d'effectuer tous les travaux à ses frais, sous la direction et la surveillance des agents forestiers et des agents voyers ; 2° de payer à la commune une indemnité de...; 3° de payer, en outre, à l'agent forestier qui sera appelé à concourir au bornage du sol abandonné au chemin, une somme de...

— Chemin ouvert par une commune. — Le Préfet, Vu la demande de M. le Maire de..., en date du..., tendant à obtenir, pour les habitants de la section de... l'autorisation d'établir dans le bois comm. de... un chemin de vidange, sur une longueur de... mètres et une largeur de...; — le rapport du garde général local du...; — l'avis de M. l'Inspecteur des forêts, du..., adopté le... par M. le Conservateur; — la délib. conforme du C. M. en date du...; — Considérant que le chemin dont il s'agit est nécessaire à l'exploitation du bois, et que son établissement ne peut causer aucun dommage à la forêt, — Arrête : — Art. 1. Les habitants de la section de... sont autorisés à pratiquer, dans le bois de..., appartenant à cette section, un chemin de service sur une longueur de... mètres et une largeur de... pour la vidange des coupes. — Art. 2. Les travaux seront faits, par lesdits habitants, sous la direction et conformément aux indications des agents forestiers. — Art. 3. Les bois provenant des cépées qu'il sera nécessaire d'arracher, seront délivrés aux habitants à titre de supplément d'affouage. — Art. 4. M. le Conservateur des forêts est chargé d'assurer l'exécution du présent arrêté.

— Concession de vides à charge de repeuplement. — Le Préfet, Vu la pétition en date du..., par laquelle le sieur..., garde forestier à..., demande la concession temporaire de deux vides, formant ensemble une contenance de... dans la forêt de... appartenant à la commune de..., à la charge par lui de mettre ces vides en nature de bois après plusieurs récoltes; — la délib. du C. M. en date du..., favorable à cette demande; — le rapport du garde général local du...; — l'avis de l'Inspecteur des forêts du..; — celui du Conservateur, en date du...; — les Ord. des 1er août 1827 (art. 136) et 4 décembre 1844; — la circulaire de M. le Directeur général des forêts du 22 mars 1845; — Arrête : — Art. 1. Le sieur..., garde forestier à..., est autorisé à défricher et à mettre en culture pendant trois années consécutives, deux vides existant dans la forêt communale de..., au canton dit... et contenant ensemble... hect. — Art. 2. Le temps pendant lequel ledit sieur... jouira du terrain, sera compté du... 186. au... 186. — Art. 3. Au printemps de l'année qui suivra l'expiration de sa concession, le sieur... repeuplera le terrain concédé au moyen d'un semis de glands. Ce semis devra être repiqué pendant trois années consécutives, jusqu'à sa réussite complète. — Art. 4. Avant tous travaux de culture, le sieur... s'engagera, par écrit, à se soumettre aux conditions exprimées dans les articles qui précèdent, et à exécuter tous les travaux nécessaires pour assurer la réussite du repeuplement, dans le cas où il viendrait à changer de résidence ou à cesser ses fonctions, à défaut de quoi il y sera pourvu d'office, conformément aux dispositions de l'art. 41 du Code forestier. — Art. 5. M. le Conservateur des forêts est chargé, etc.

— Construction dans le rayon prohibé. — Le Préfet, séant en C. de préf., où étaient présents MM.... — Vu la pétition en date du... par laquelle le sieur... demande l'autorisation de construire un... à distance prohibée des bois communaux de...; — le procès-verbal de visite des lieux, dressé par le... des forêts, le...; — l'avis de M. l'Inspecteur des forêts, du..., adopté par M. le Conservateur, le...; — l'art. 157 du Code forestier; — le D. du 25 mars 1852 (art. 3, tableau C., § 8), et la Circ. de M. le Directeur général des forêts, du 29 mai suivant; — Considérant que la construction projetée est nécessaire au pétitionnaire pour l'exploitation de son usine; — que la surveillance des bois environnants ne présente aucune difficulté, et que, par sa moralité et sa fortune, le pétitionnaire est à l'abri de tout soupçon de fraude ou de délit; — le Conseil de préf. entendu, — Arrête : — Art. 1. Le sieur... est autorisé, sous les conditions prescrites par l'article 157 du Code forestier, les droits des tiers réservés, à construire 1... susdésigné, à la charge de s'engager préalablement, par acte notarié (dont expédition sera remise aux archives de l'Inspection), pour lui, ses héritiers ou ayants-droit, à 1. . démolir sur une sommation extrajudiciaire qui lui serait faite en vertu d'une décision statuant que la construction dont il s'agit est devenue préjudiciable au sol forestier, par suite des délits dont les tribunaux auront reconnu l'existence. — Art. 2. Ampliation du présent arrêté sera adressée à M. le Conservateur des forêts et à M. le Maire de..., chargés d'en assurer l'exécution, chacun en ce qui le concerne.

— Coupes extraordinaires.—Le Préfet, etc. —Vu la délib'ration en date du..., par laquelle le C. M. de la comm. de... sollicite la délivrance d'une coupe extraordinaire de bois ; — les avis des Agents forestiers en date des... ; — l'Ord. du 1er août 1827 ; — la déc. min. du 15 juill. 1845 ; — Considérant que la coupe dont il s'agit est destinée à des travaux urgents, et qu'elle peut être délivrée sans inconvénient ; —Arrête : — Art. 1. La commune de..., est autorisée à faire procéder à une coupe extraordinaire de... m. c..., d. c... à prendre parmi les arbres mûrs et dépérissants de la forêt communale, dans les cantons qui seront désignés par les Agents forestiers. — Art. 2. La délivrance aura lieu aux conditions suivantes : 1° L'exploitation sera faite par un entrepreneur responsable agréé par l'Administration forestière ; 2° Elle sera terminée, ainsi que la vidange, dans le délai d'un mois, à partir du jour de la remise du permis d'exploiter ; 3° La coupe sera concédée aux individus inscrits dans le tableau ci-après ; 4° Dans le cas où l'abattage des arbres martelés pourrait endommager les arbres voisins, ceux de la coupe autorisée seront ébranchés sur l'ordre des Agents forestiers ; 5° Ces Agents prescriront, s'il y a lieu, la coupe rez de terre ; 6° Les bois seront employés à... Ils ne pourront être détournés de leur destination, et justification de leur emploi devra être faite dans le délai d'un an à partir de l'expiration du délai de vidange. Les remanants et bois de feu de la coupe seront délivrés à la commune ou vendus à son profit. 7° Les concessionnaires seront solidairement responsables de tous délits commis dans la coupe et à l'ouïe de la cognée ; 8° Ils verseront à la caisse municipale la somme de... montant de la valeur des bois ; — 9° Si ce versement n'est pas opéré dans le délai de deux mois à dater du jour de la remise du permis d'exploiter, les concessionnaires seront considérés comme renonçant à la délivrance : 10° Le martelage n'aura lieu que sur la justification du versement de ladite somme à la Caisse municipale ; 11° La comm. paiera au Trésor, pour frais de régie, le vingtième de la valeur nette de la coupe. — Art. 3. Des expéditions du présent arrêté seront adressées à M. le Conservateur des forêts et à M. le Maire de... qui restent chargés, chacun en ce qui le concerne, d'en assurer l'exécution.

— Écobuage. —Le Préfet,—Vu la pétition en date du..., enregistré à..., le..., par laquelle M..., sollicite l'autorisation d'écobuer un terrain communal appelé le..., situé à proximité de la forêt de..., appartenant à la commune de... ; — les propositions de M. le Conservateur des forêts, en date du... ; — la déc. minist. du 29 mai 1830 ; — Arrête : — Art. 1. M..., demeurant à..., est autorisé à écobuer, sous la réserve des droits de la commune, et à la charge par lui de se conformer au mode de jouissance réglé par le C. M., le terrain communal qu'il détient, appelé..., et situé à proximité de la forêt communale de..., à la condition : 1° Que les fourneaux seront construits à feu couvert ; 2° Qu'ils ne seront allumés qu'en présence du garde du triage, ou ce préposé, dûment prévenu ; 3° Que ledit sieur... sera responsable des dommages qui pourraient résulter de l'opération en cas d'incendie ; 4°... — Art. 2. M. le Conservateur des forêts est chargé, etc.

— Recepage. — Le Préfet, — Vu le procès-verbal de reconnaissance dressé par le Garde général des forêts de... le..., et constatant qu'un incendie qui s'est manifesté le..., dans la forêt de..., appartenant à la comm. de..., a endommagé le taillis sur une superficie de..., et qu'un récépage immédiat est indispensable ; — la proposition de M. le Conservateur des forêts tendant à faire autoriser cette opération ; — la délib., en date du..., par laquelle le C. M. adhère à cette proposition ; — l'art. 136 de l'Ord. du 1er août 1837 ; — Arrête : — Art. 1. Il sera procédé, par un entrepreneur responsable et sous la direction des Agents forestiers, au recepage de... de bois incendiés dans la forêt de..., appartenant à la comm. de... — Art. 2. Les produits de cette opération seront délivrés en nature à la comm. à titre de supplément d'affouage. — Art. 3. M. le Conservateur des forêts est chargé, etc.

— **Réunion d'un bois à un triage.** — Le Préfet. — Vu le rapport en date du..., par lequel M. le Conservateur des forêts propose de réunir la forêt de... au triage domanial n°..., comprenant les cantons de...; — la dél., en date du..., par laquelle le C. M. de..., refuse d'adhérer à cette proposition, par le motif que le sieur..., garde du triage domanial n°..., est chargé d'une surveillance trop étendue, et demande que le bois de... soit confié au garde champêtre de la comm. ; — les procès-verbaux de reconnaissance dressés par le Garde général local, et les avis de M. l'Inspecteur des forêts ; — les art. 95 et suivants du Code forestier, et le D. du 25 mars 1852 ; — Considérant qu'il y a de graves inconvénients à confier aux gardes champêtres la surveillance des bois communaux ; — qu'il en résulte souvent des abus, et que des faits regrettables se sont manifestés dans la comm. de..., lorsque les deux fonctions étaient réunies sur la tête du sieur..., que la résidence du sieur..., garde du triage domanial n°..., n'est pas trop éloignée du bois de...; — qu'il pourra le surveiller avec facilité ; — que, etc. — Arrête : — Art. 1. Le bois de..., appartenant à la comm. de..., est réuni, pour la surveillance, au triage domanial n°..., confié au garde..., résidant à... — Art. 2. En conséquence, la somme de...., affectée annuellement par la comm. à la surveillance dudit bois de..., sera, à l'avenir, payée au sieur... — Art. 3. M. le Conservateur des forêts est chargé, etc.

— **Vidange.** — Le Préfet, séant en C. de P., où étaient présents MM... — Vu la lettre, en date du..., par laquelle M. le Maire de P... demande que la vidange des coupes de bois en exploitation, dans la forêt de la comm. soit opérée par le chemin du..., qui traverse la forêt de la comm. de R...; — le rapport des Agents forestiers, en date des..., proposant de faire droit à cette demande ; — la délibération prise le..., par le C. M. de..., pour s'opposer à ce que la vidange des coupes dont il s'agit soit effectuée par le chemin ci-dessus désigné ; — le rapport de M. le Conservateur des forêts du...; — la dél. du C. M. de..., en date du..., demandant qu'il soit passé outre à l'opposition formée par l'Administration municipale de...; les renseignements fournis par M. l'Inspecteur des forêts ; — l'art. 682 du Code Napoléon ; — le D. du 25 mars 1852. — Considérant que les coupes de bois exploitées par la comm. de P..., sont situées aux centres de la forêt de la dite commune ; — que les cantons, sans être complétement entourés par la forêt communale de R..., doivent néanmoins être considérés comme enclavés, dans le sens de l'article susvisé du Code Napoléon ; — Considérant que, pour opérer la vidange des produits provenant des cantons précités, il n'existe d'autres voies que celles dont le C. M. de R... refuse le passage ; — que dès lors il n'y a pas lieu de s'arrêter à ce refus qui n'est point justifié ; — l'avis du C. de P. entendu : — Arrête : — Art. 1. La comm. de P... est autorisée à effectuer, nonobstant l'opposition du C. M. de R..., les vidanges des coupes de bois de la forêt par le chemin dit..., et autres voies d'exploitation situées sur le territoire de cette dernière localité. Toutefois, conformément aux dispositions de l'art. 682 du Code Napoléon, la comm. de P... sera tenue de faire réparer, à ses frais, les dégats que l'opération pourrait occasionner auxdites voies d'exploitation, et de payer en outre, à la comm. de R..., une indemnité à titre de dommages. Le montant de cette indemnité sera fixé par nous sur l'avis des Agents forestiers, les C. M. entendus. — Art. 2. Des expéditions du présent arr. seront adressées à M. le Conservateur des forêts et à MM. les Maires des comm. de P... et de R..., qui demeurent chargés, chacun en ce qui le concerne, d'en assurer l'exécution.

Bois domaniaux. — Chauffage des gardes. — Le Préfet, — Vu le procès-verbal, en date du..., constatant l'adjudication faite au sieur..., domicilié à..., d'une coupe de bois, dans la forêt domaniale de..., à la charge entre autres, par l'adjudicataire, de fournir et de transporter, à ses frais, au domicile du garde..., à..., ... stères de bois et ... fagots ; — L'art. 1 du cahier des clauses spéciales, portant qu'il devra être satisfait à cette obligation avant le...; — la sommation d'avoir à effectuer ces travaux dans le délai de quinze jours, notifiée au sieur..., le....; — la lettre de M. le Conservateur des forêts, en date du..., constatant que l'adjudicataire n'a pas encore coupé les bois dont il s'agit, et que, par conséquent, la délivrance ni le transport au domicile du garde n'ont pu être effectués; — l'art. 41 du Code forestier portant qu'à défaut, par les adjudicataires d'exécuter, dans les délais fixés par le cahier des charges, les travaux qui leur sont imposés, il y sera procédé, à leurs frais, à la diligence des agents forestiers; — Arrête : — Art. 1. M. le Conservateur des forêts est autorisé à faire procéder, aux frais du sieur..., et dans l'étendue de la coupe adjugée à ce dernier, le..., à l'exploitation, au façonnage et au transport, au domicile du garde..., à..., de ... stères de bois de chauffage et de ... fagots; — Art. 2. Le mémoire des frais faits pour l'exécution de ces travaux nous sera présenté pour être exécutoire contre le sieur...

   — Concession de prise d'eau à titre de tolérance. — Le Préfet, séant en C. de P., — Vu la pétition par laquelle le sieur.., demeurant à..., demande l'autorisation d'ouvrir un fossé dans la forêt domaniale de.., pour conduire une partie de l'eau du ruisseau de... dans une de ses propriétés; — Vu le procès-verbal de reconnaissance dressé le..., par le garde général forestier local, le..., clos le... suivant; — l'avis de M. l'Inspecteur des forêts du..., celui de M. le Conservateur, en date du..., et de M. le Directeur des domaines du...; — le... D. du 25 mars 1852, la circ. de M. le Ministre des finances, du 29 mai suivant, et l'instruction adressée le même jour aux Conservateurs par le Directeur général des forêts; — Considérant qu'il est constaté que la prise d'eau dont la concession est demandée ne peut causer aucun préjudice au bois de l'État; qu'elle doit avoir pour effet d'améliorer la propriété du sieur...; que dès lors, il y a lieu, dans l'intérêt de l'agriculture, d'accorder cette concession, à titre de tolérance, et sous la réserve de pouvoir la révoquer à volonté; — Adoptant les propositions de M. le Conservateur des forêts et le rapport conforme de M. le Directeur des domaines; — Le C. de P. entendu ; — Arrête : — Art. 1. Le sieur..., propriétaire à..., est autorisé à pratiquer une prise d'eau sur le ruisseau de..., et à ouvrir un fossé dans la forêt domaniale de..., pour conduire cette eau dans une de ses propriétés, en nature de pré. — Art. 2. Cette concession n'est faite qu'à titre de simple tolérance, toujours révocable, pour neuf années seulement, sauf renouvellement ultérieur, s'il y a lieu. — Art. 3. Le fossé destiné à conduire les eaux sera creusé sous la direction des agents forestiers qui en indiqueront le tracé et les dimensions. — Art. 4. L'entretien du fossé et tous les travaux nécessaires pour réparer les dégradations qui pourraient provenir de l'exercice de la tolérance sont à la charge du concessionnaire, qui sera tenu de les exécuter à toute réquisition des agents forestiers; — Art. 5. Le sieur..., versera annuellement entre les mains du Receveur des domaines, une somme de... fr. Ce paiement aura lieu, pour la première année, dans le mois qui suivra l'acte de concession, et, ensuite, chaque année, à la même époque. Il paiera, en outre, avant de commencer les travaux, une somme de ... fr., représentant la valeur des souches qui seront arrachées sur le parcours du fossé. — Art. 6. En cas d'extinction de la tolérance sans renouvellement, ou de révocation prononcée avant l'échéance du terme fixé, le concessionnaire sera tenu de remettre les lieux dans leur état primitif; et faute par lui de satisfaire à cette condition dans le mois qui suivra sa mise en demeure, les travaux seront exécutés par les soins des agents forestiers, par voie de régie, et le recouvrement de la dépense sera poursuivi dans les formes déterminées par l'art. 41 du Code forestier. — Art. 7. Il sera passé dans la forme administrative devant M. le Sous-Préfet de ..., délégué à cet effet, un acte constatant l'acceptation, par le concessionnaire, des clauses et conditions qui précèdent. Les frais de cet acte seront à sa charge, ainsi que ceux de deux expéditions, qui seront délivrées, l'une, sur papier timbré, au Directeur des domaines, l'autre, sur papier libre, à l'Inspecteur des forêts.

— Concession de servitude à titre de tolérance. — Le Préfet, séant en C. de préfecture, — Vu la pétition par laquelle le sieur..., aubergiste à..., demande l'autorisation de pratiquer dans sa maison, contiguë à la cour de la maison forestière, deux croisées prenant jour sur cette cour;—le rapport du Garde général local, en date du..;—l'avis de M. l'Inspecteur, adopté par M. le Conservateur de... ; — celui de M. le Directeur des domaines du..;—le D. du 25 mars 1852; —le Conseil de préfecture entendu;—Considérant que les ouvertures que le sieur... se propose d'établir, ne peuvent porter, du moins quant à présent, aucun préjudice à l'Etat; — Arrête : — Art. 1. Le sieur... est autorisé à pratiquer dans sa maison, située à..., deux ouvertures donnant sur la cour de la maison forestière de cette localité. — Art. 2. Cette autorisation n'est accordée qu'à titre de simple tolérance, toujours révocable, et pour un terme qui ne pourra excéder neuf années, sauf renouvellement, s'il y a lieu. — Art. 3. Le sieur... versera annuellement dans la caisse du Rec. des domaines de la localité, tant que durera cette tolérance, une somme de [un] fr. à titre d'indemnité.— Art. 4. Les deux fenêtres autorisées devront être garnies d'un treillis de fer, dont les mailles auront un décimètre d'ouverture au plus, et d'un châssis à verre dormant.—Art. 5. Le sieur... exécutera, à toute réquisition de l'agent forestier local, les travaux nécessaires pour entretenir les châssis à verre dormant et le treillis en fer ci-dessus désignés, et réparera les dégradations qui pourraient provenir de l'exercice de la tolérance. — Art. 6. En cas d'extinction de cette tolérance sans renouvellement ou de révocation prononcée avant l'échéance du terme fixé, le concessionnaire sera tenu de fermer les deux ouvertures ou fenêtres autorisées par une bâtisse en moëllons, à chaux et à sable, et, faute par lui de satisfaire à cette condition dans le mois qui suivrait sa mise en demeure, les agents forestiers feront exécuter ces travaux par voie de régie, et le recouvrement de la dépense, ainsi faite, sera poursuivi contre le sieur..., dans la forme déterminée par l'art. 4 du Code forestier.—Art. 7. Il sera passé, dans la forme administrative, devant M. le Sous-Préfet de..., délégué à cet effet, et en présence d'un agent délégué par M. le Conservateur des forêts, et d'un préposé, délégué par M. le Directeur des domaines, un acte constatant l'acceptation, par le sieur ..., des clauses et conditions qui précèdent. Les frais de cet acte seront à la charge de ce dernier, comme aussi ceux de deux expéditions qui seront délivrées, l'une, sur papier timbré, à M. le Directeur des domaines, et l'autre, sur papier libre, à M. l'Inspecteur des forêts.

— Délimitation et bornage. — Le Préfet, — Vu le procès-verbal de la délimitation générale de la forêt de..., clos le...; — le jugement en date du..., par lequel le tribunal de..., a déterminé les droits respectifs de l'Etat et du sieur..., au sujet des parcelles dont la propriété était contestée; — la décision ministérielle du..., portant acquiescement audit jugement; — les propositions de M. le Conservateur des forêts, et l'avis conforme de M. le Directeur des domaines ; — Arrête : — Art. 1. Il sera procédé, par le Garde général des forêts à la résidence de..., chargé d'agir comme expert, dans l'intérêt de l'Etat, à la délimitation et au bornage de la forêt domaniale de..., sur les points où cette propriété, contiguë à celle du sieur..., a donné lieu au procès tranché par le jugement du ... — Art. 2. Cette opération commencera au jour et à l'heure qui seront convenus entre l'agent forestier et le riverain ; elle sera effectuée en présence de ces derniers qui signeront le procès-verbal. — Art. 3. Les frais seront supportés en commun. — Art. 4. Si les riverains adhèrent à la délimitation, les bornes seront immédiatement placées ; en cas de refus, il y sera pourvu par les voies judiciaires.

Bois des particuliers. — Cantonnement. — Le Préfet, séant en C. de P., où étaient présents MM...; — Vu la demande de MM... (*qualité*), à..., tendant à obtenir le cantonnement, par voie administrative, d'un pré dit..., leur appartenant, situé dans la comm. de..., dont les secondes et troisièmes herbes sont la propriété des habitants de la section de...; — une délib., en date du..., par laquelle le C. M. de ... a donné son adhésion à ladite demande; — le rapport contradictoire, dressé le..., par MM..., experts géomètres, pour déterminer la portion du pré qui doit être écartée en faveur des habitants de la section de..., en représentation de leurs droits; — l'adhésion à ce rapport, des demandeurs et du C. M.; — le procès-verbal de l'enquête à laquelle il a été procédé; — les L. des 28 août 1792 et 18 juill. 1837; — le D. du 25 mars 1852; — Considérant en principe que nul n'est tenu de rester dans l'indivision; — que la partie du susdit pré, de la contenance de..., écartée en faveur des habitants de..., paraît représenter exactement les droits d'usage qu'ils exerçaient sur cette propriété; — que l'enquête n'a soulevé aucune réclamation; — le C. de P. entendu; — Arrête: — Art. 1. Est approuvé, tel qu'il a été fait par les experts, le cantonnement du pré dit..., appartenant à..., situé dans la comm. de..., et sur lequel les habitants de la section de... ont le droit des secondes et troisièmes herbes. — Art. 2. Il sera passé acte public de ce cantonnement.

— Oppositions au défrichement. — Le Préfet, — Vu la délibération enregistrée à la Préfecture, le..., par laquelle le sieur ..., demeurant à..., annonce l'intention de défricher ... hectares d'un bois dit..., qu'il possède sur le territoire de la comm. de... — le procès-verbal de vérification des lieux, dressé par le Garde général des forêts, à..., le...; — l'avis de l'Inspecteur des forêts du... — l'opposition au défrichement, notifiée au déclarant, le...; — l'avis du Conservateur des forêts du...; — les dispositions du titre XV du Code forestier, et celles du titre XI de l'ord. réglementaire du 1er août 1827; — la L. du 21 juill. 1856. — Considérant que le bois dont le défrichement est projeté est en pente rapide; — que le défrichement occasionnerait l'éboulement des terres, et rendrait la montagne stérile; — que dès lors l'intérêt public exige la conservation des bois placés dans ces conditions; — Arrête : — Art. 1. L'opposition au défrichement de ... hectares du bois dit..., notifiée au sieur..., le..., est approuvée et maintenue. — Art. 2. Il est en conséquence défendu au sieur ... d'entreprendre ce défrichement, sous les peines portées par les lois. — Art. 3. Le présent arrêté sera notifié, dans le délai de huit jours, à l'Agent forestier supérieur de l'arrondissement, ainsi qu'au propriétaire du bois. Il sera soumis à l'approbation de Son Ex. le Ministre des finances.

C

Cahier des charges. — Approbation d'office. — Le Préfet, — Vu l'arrêté que nous avons pris à la date du..., pour autoriser le Maire de..., en sadite qualité, à aliéner, aux enchères publiques, les terrains communaux dits : ..., appartenant à la section de..., et à en affecter le prix, jusqu'à concurrence du montant de la dépense approuvée, aux travaux de restauration et d'agrandissement de l'église de cette section; —le cahier des charges et conditions sous lesquelles aura lieu l'aliénation desdits communaux, dressé par M. le Maire de..., le...; — les procès-verbaux, en date des..., constatant que le Conseil municipal de..., régulièrement convoqué à trois reprises différentes, a refusé de délibérer sur le cahier des charges précité, qui lui était soumis pour avoir son avis sur les conditions y insérées; — les lois des 18 juillet 1837 et 5 mars 1855; — Considérant en principe que les cahiers des charges dressés pour parvenir à l'aliénation des biens communaux sont des actes d'administration qui rentrent dans les attributions des Maires; que *les Conseils municipaux* doivent, s'ils le jugent nécessaire, déterminer les conditions particulières dans leurs délibérations, portant vote de l'aliénation; — Considérant dans l'espèce, que c'est conformément à la demande de son Conseil municipal que la commune de ..., a obtenu l'autorisation d'aliéner les biens sectionnaires de ...; que les délibérations prises par ledit Conseil à ce sujet ne contiennent aucune condition spéciale pour la vente ; que, néanmoins, l'Administration municipale a cru devoir soumettre à son appréciation le cahier des charges susvisé ; que le silence gardé par cette assemblée, et plus encore son abstention, démontrée par trois convocations successives, établissent suffisamment qu'elle n'a pas entendu user de la faculté qui lui était donnée de présenter des observations ; — Considérant, en outre, que le cahier des charges dont il s'agit ne renferme aucune clause contraire aux lois et aux règlements, et que les mises à prix sont conformes aux évaluations contenues dans le procès-verbal d'expertise qui a fait partie du dossier de l'enquête, dont les résultats ont été approuvés par le Conseil municipal de ..., dans sa séance du ...; — Arrête : — Art. 1. Le cahier des charges susvisé est approuvé pour sortir son plein et entier effet. — Art. 2. M. le Maire de ... devra procéder, dans un délai de trois mois, à la vente, aux enchères publiques, des terrains communaux de la section de ..., qui font l'objet de notre arrêté du ...

Chasse. — Arrêté permanent. — Le Préfet, —Vu l'art. 9 de la loi du 3 mai 1844 sur la police de la chasse ; — les circulaires de M. le Ministre de l'Intérieur, notamment celles des 20 mai 1844, 22 juillet 1851, 27 janvier 1858 ; — les arrêtés de nos prédécesseurs, des ...; — les derniers avis exprimés par le Conseil général de ..., dans ses sessions de ...; — la circulaire de M. le Ministre de l'Intérieur du 8 juillet 1861 ; — Arrête : — Art. 1. Des arrêtés spéciaux détermineront, chaque année, l'époque de l'ouverture et celle de la fermeture de la chasse à tir et à courre, pour toute espèce de gibier non compris aux articles suivants. — Art. 2. Toute demande en obtention de permis de chasse sera formulée sur papier timbré et devra, à peine de rejet, être accompagnée de la quittance *du percepteur* et de l'avis du *Maire du domicile réel*. — La quittance sera valable pour l'obtention du permis, quelle que soit sa date. Il est défendu de chasser en suppléant le permis par la présentation de la quittance du percepteur. — Art. 3. Sont déclarés animaux malfaisants ou nuisibles, et pourront être détruits en tout temps, sans autorisation préalable et sans permis, par les propriétaires, possesseurs ou fermiers, agissant sur leur propre fonds, et par leurs ayants droit, les animaux dont suit la nomenclature : L'ours, le loup, le renard, le rat d'eau, le milan, le duc, le faucon, le corbeau, la pie, le blaireau, la fouine, la taupe, le putois, la belette, le lapin. — Art. 4. A l'égard des sept premiers, tous les moyens de destruction sont autorisés, y compris l'emploi des armes à feu. L'usage de la glu et des lacets pour détruire le corbeau et la pie est interdit en temps de chasse. Le blaireau, la fouine, la taupe, le putois, la belette pourront être détruits à l'aide de chausses-trapes, traquenards et autres pièges, à l'exception des collets ou lacets. — Le lapin pourra être détruit au moyen de furets et de bourses. L'emploi du fusil pour la destruction du lapin ne sera toléré que pendant tout le temps où la chasse est permise. — Art. 5. Pendant tout le temps où la chasse restera prohibée, il est interdit de mettre en vente, d'acheter, transporter et de colporter du gibier autre que celui dont la chasse reste permise jusqu'au 31 mars. — La prohibition de colportage et de vente ne s'appliquera aux animaux nuisibles et malfaisants, que dans le cas où ces animaux auront en même temps le caractère de gibier. — Art. 6. La chasse au gibier d'eau, mais avec des *armes à feu* seulement, dans les marais et rivières de l'arrondissement de ..., et celle des bisets et des ramiers, avec des filets dont les mailles carrées auront au moins six centimètres de chaque côté, continuera d'être permise, dans les communes du littoral du même arrondissement, jusqu'au 31 mars de chaque année inclusivement. — Art. 7. La chasse aux alouettes sera autorisée au *fusil avec miroir, chouette et sifflet,* pendant toute la durée de l'ouverture de la chasse. — Art. 8. L'emploi des *chiens lévriers,* comme moyen de chasse, est défendu, *même pour la destruction des animaux nuisibles.* — Art. 9.

L'exercice de la chasse est prohibé sur les terrains couverts de neige. — Art. 10. Pour la chasse à tir, l'emploi des bourres d'étoupe est interdit dans les propriétés forestières. — Art. 11. — La chasse aux hirondelles et aux martinets, soit aux filets, soit au *fusil*, est *formellement interdite*. — Art. 12. La destruction, par quelque moyen que ce soit, des oiseaux autres que ceux dont les espèces sont indiquées au présent arrêté, est expressément interdite. Il est également défendu de détruire leurs nids et couvées. L'interdiction de détruire les nids et les couvées s'applique aussi aux espèces d'oiseaux qui, comme gibier, peuvent être tués aux époques où la chasse est ouverte. — Art. 13. Les pères, mères ou tuteurs sont civilement responsables des délits commis par leurs enfants ou pupilles. — Art. 14. Tous autres moyens de chasse non autorisés par les articles précédents sont formellement interdits, à l'exception des furets et des bourses destinés à prendre les lapins. — Art. 15. *Sauf l'exception* édictée par l'art. 2 de la loi du 3 mai 1844, en faveur des possesseurs des propriétés attenantes à une habitation et entourées d'une clôture continue faisant obstacle à toute communication avec les héritages voisins, *nul ne peut chasser*, quels que soient la nature et le mode de chasse, sans être muni du permis exigé par la loi. — Art. 16. Les arrêtés préfectoraux des..., et toutes les décisions concernant la chasse qui pourraient également avoir été prises par nous et nos prédécesseurs jusqu'à ce jour, sont et demeurent rapportés. — Art. 17. MM. les Sous-Préfets, Maires et Adjoints, les Commissaires de police, les Sous-officiers de gendarmerie, Gardes forestiers, Gardes champêtres, employés des Contributions indirectes et des Octrois, sont chargés, chacun dans la limite de ses attributions, de l'exécution du présent arrêté.

   — **Ouverture. Fermeture.** — Chaque département a ses formules imprimées.

   — **Annulation d'une formule de permis.** — Le Préfet, — Considérant qu'un permis de chasse a été délivré par erreur le ..., à M..., au lieu d'un passeport à l'étranger ; que la formule qui a servi à la délivrance de ce titre ne peut plus recevoir d'emploi et qu'elle doit dès lors être annulée ; Arrête : — Art. 1. La formule qui a été employée à la délivrance du permis de chasse désigné ci-dessus, en date du ..., au nom de M...., est annulée. — Art. 2. Cette formule sera adressée, avec le présent arrêté, à M. le Directeur de l'enregistrement et des domaines, pour être remplacée par une formule en blanc.

   — **Autorisation de tenir un débit de poudres.** — Le Préfet, — Vu la demande par laquelle le sieur ..., armurier à ..., sollicite l'autorisation de tenir un débit de poudres de chasse ; — l'avis favorable de M. le Directeur des contributions indirectes ; — le décret du 25 mars 1852, art 5, § 14 ; — Arrête : — Art. 1. La demande ci-dessus visée est accueillie. En conséquence, le sieur... est autorisé à tenir, dans la maison qu'il occupe à..., rue..., n° ..., un débit de poudres de chasse. — Art. 2. M. le Directeur des contributions indirectes est chargé d'assurer l'exécution du présent arrêté.

   — **Battue aux loups.** — Le Préfet, — Attendu qu'il résulte des renseignements parvenus à l'Administration que les loups se montrent en grand nombre dans les bois de... commune de..., et dans le quartier de ..., commune de... ; — l'arrêté du Directoire exécutif du 19 pluviôse an V ; — l'ordonnance du 30 août 1814, et les instructions ministérielles sur la matière ; — Arrête : — Art. 1. Des battues aux loups sont autorisées dans les bois de ... et de ... ; elles auront lieu à ..., le ..., et à ..., le ... de ce mois. — Art. 2. Ces battues seront dirigées par M ..., lieutenant de louveterie de l'arrondissement de ..., avec le concours d'un agent de l'Administration des bois et forêts et des Maires des communes de ... En cas d'empêchement, ces fonctionnaires devront se faire représenter par leurs Adjoints. Ils seront accompagnés de leurs gardes champêtres. — Art. 3. [Quarante] traqueurs et [trente] tireurs seront fournis pour la battue de ... ; — il sera fourni [cent] traqueurs et [soixante] tireurs pour celle de ... ; pour la battue de ..., le rendez-vous, tant pour les traqueurs que pour les tireurs, est fixé sur la route départementale, au-dessus et en face du village de... ; pour celle de ..., il est fixé au pont de...,

— La réunion aura lieu à [9] heures du matin très-précises ; — le plus grand silence est recommandé aux personnes qui seront désignées pour ces chasses, en se rendant aux lieux indiqués. — Art. 4. Les tireurs recevront une carte avec un numéro d'ordre sur laquelle sera indiqué le poste qu'ils devront garder. Ce poste sera assigné à chacun d'eux par le Commandant de la battue. Nul ne pourra se poster s'il n'est porteur de cette carte, qui devra être représentée à toutes réquisitions des gardes forestiers, gardes champêtres et gendarmes présents à la battue. — Art. 5. Il est formellement interdit de tirer aucune espèce de gibier. Il ne sera pas non plus tiré sur le renard, à moins d'autorisation du Commandant de la battue. — Art. 6. Les contraventions à cette disposition seront constatées par des procès-verbaux et poursuivies comme délits de chasse. — Art. 7. M. le Commandant de la battue demeure d'ailleurs chargé de prendre, en ce qui concerne son exécution, telles mesures de précautions qu'il jugera convenables pour en assurer le succès et prévenir tout accident. — Art. 8. Le présent arrêté sera adressé à MM. l'Inspecteur des bois et forêts, le Commandant de la gendarmerie, le Lieutenant de louveterie et les Maires des communes intéressées.

Chemin de fer (Établissement d'un) sur l'accotement d'une route. — Le Préfet, — Vu la pétition, en date du ..., par laquelle M. le Directeur de la Compagnie des houillères de C..., demande l'autorisation d'établir une voie ferrée sur le chemin de [moyenne] communication, n° ... de ..., à ...; entre le ..., et les ... de ..., sur une longueur de ... mètres ; — le plan des lieux ; — le rapport de l'agent voyer en chef ; — Considérant que la voie ferrée dont il s'agit peut être établie sur l'accotement du chemin précité, sans qu'il en résulte des inconvénients pour la facilité des communications et la sûreté publique : — Arrête : — L'autorisation demandée est accordée aux conditions suivantes : 1° la voie ferrée sera établie sur l'accotement gauche du chemin. La largeur de la voie, mesurée entre les rails, sera de soixante-cinq centimètres ; 2° l'axe de la voie sera établi à quarante-cinq centimètres de distance de la bordure gauche de l'empierrement. Le niveau des rails ne sera pas tenu à plus de cinq centimètres au-dessus du plan de l'accotement ; 3° les wagons, formant le matériel de roulement, auront, au plus, quatre-vingt-dix centimètres de largeur.

— Passages à niveau. — Classification et conditions de service. — Le Préfet, — Vu l'arrêté en date du ..., par lequel M. le Ministre de l'Agriculture, du Commerce et des Travaux publics, a fixé les bases de la classification des passages à niveau des chemins de fer de ..., ledit arrêté portant qu'il sera procédé à cette classification par le Préfet, sur les propositions de la Compagnie, et sur l'avis de l'Ingénieur en chef du contrôle ; — les propositions de la Compagnie ; — l'avis de M. l'Ingénieur en chef du contrôle ; — la Loi du 15 juillet 1845 et l'Ordonnance réglementaire du 15 novembre 1846 ; — Arrête : — Art. 1. Les passages à niveau qui traversent le chemin de fer de ... à ..., dans le département de ..., sont classés conformément au tableau ci-après : ... — Art. 2. Le service de ces passages s'effectuera conformément aux dispositions de l'art. 2 de l'arrêté ministériel du 29 juin 1860. — Toutes réserves sont faites quant à l'éclairage des passages de la 3e catégorie. — Le présent arrêté sera inséré au Recueil des Actes administratifs du département, notifié à la Compagnie, et affiché partout où besoin sera. — Les fonctionnaires et agents préposés à la surveillance des chemins de fer de ... sont chargés d'en assurer l'exécution.

N. B. Le Préfet de ... certifie que l'arrêté ci-dessus a été approuvé par une décision de M. le Ministre de l'Agriculture, du Commerce et des Travaux publics, en date du ...

— Passages à niveau. — Changement de classe. — Le Préfet, — Vu le rapport du ..., par lequel M. l'Ingénieur des mines, chargé de l'exploitation technique et du matériel du chemin de fer de ... à ..., demande que le passage à niveau, dit ..., établi par décision du ..., et inscrit sous le n° ... de la comm. de ..., soit élevé de la [troisième] catégorie à la [deuxième] ; — le rapport en date du ..., de M. l'Ingénieur ordinaire des ponts et chaussées attaché au contrôle des chemins de fer de ..., et tendant aux mêmes fins ; — la lettre par laquelle M. le sous-directeur de l'exploitation des chemins de fer de ..., adhère à cette proposition ; — l'avis conforme de M. l'Ingénieur en chef des ponts et chaussées, chargé du service du contrôle des chemins de fer de ...; — Considérant que cette proposition est justifiée, — Arrête : — Art. 1. Le passage à niveau du chemin de fer de ... à ..., dit ..., dans la commune de ..., établi par décision du ..., inscrit sous le n° d'ordre ..., et classé, dans la [3ᵉ] catégorie est élevé à la [2ᵉ] catégorie. — Art. 2. Le présent arrêté sera préalablement soumis à l'approbation de S. Exc. M. le Ministre des Travaux publics.

— Police des cours des gares et stations de chemins de fer. Règlement. — Le Préfet, — Vu le projet de règlement, proposé par M. l'Ingénieur en chef du contrôle, pour la police des cours dépendant des gares et stations comprises dans la traversée du département de ..;—l'art. 1 de l'ordonnance du 15 novembre 1846, sur la police, la sûreté et l'exploitation des chemins de fer ; — la loi du 15 juillet 1845 sur la police des chemins de fer ; — la circulaire ministérielle du 19 août 1865 ; la Compagnie entendue. Arrête : TITRE I. GARES ET STATIONS DE VOYAGEURS.—Art. 1. Les cours des gares et stations seront ouvertes une demi-heure au moins avant le départ ou l'arrivée du premier train du matin. Elles pourront être fermées après le départ ou l'arrivée du dernier train du soir. — Art. 2. Partout où cela sera jugé nécessaire, les lieux de stationnements des différentes sortes de voitures, telles que les diligences à diverses destinations, voitures de messageries, omnibus, fiacres, voitures à volonté, voitures particulières, seront désignés par le Chef de gare, de concert avec le Commissaire de surveillance administrative. A défaut de concert, l'Ingénieur en chef du contrôle statuera. — Art. 3. La mendicité et toute sollicitation importune pour l'indication d'hôtels, pour transport de bagages, pour offres de services, etc., sont interdites dans les cours des gares et stations, et, en général, dans toutes les dépendances du chemin de fer. Ceux qui troubleront l'ordre par des cris, des injures, des rixes ou par des attroupements gênant la circulation, seront poursuivis conformément aux lois. — Art. 4. A l'exception des voyageurs et des personnes qui les servent ou qui les accompagnent, les préposés de la Compagnie et les agents des services de correspondance agréés par elles peuvent seuls prendre et porter les bagages des voitures à l'intérieur de la station et de l'intérieur de la station aux voitures. Aucune rétribution ne devra être exigée pour ce service. Les cochers ne pourront quitter leurs chevaux pour s'occuper des bagages, qu'en se conformant aux dispositions de l'article suivant. — Art. 5. Les voitures qui entrent dans les cours des gares et stations doivent y circuler avec prudence et n'y stationner que sur les emplacements indiqués. Quand plusieurs voitures arrivent ou partent en même temps, elles doivent prendre la file sans essayer de se dépasser. — Il est interdit à tous charretiers, cochers ou postillons de voitures publiques ou particulières en stationnement dans ces cours : 1° de quitter leurs chevaux, à moins que ces animaux ne soient solidement attachés ou tenus à la main, ou du moins que les roues de la voiture ne soient maintenues au moyen d'une chaîne ou d'une forte corde les reliant à la caisse ; 2° de débarrasser entièrement leurs chevaux pour leur donner à boire ou à manger ; ils peuvent seulement leur enlever le mors de la bouche, et ils doivent alors se tenir à leur tête. — Art. 6. Les diligences et les voitures de messageries porteront sur les côtés extérieurs l'inscription apparente des localités qu'elles desservent et le nom de leurs propriétaires. Il en sera de même des omnibus, qui porteront également, à l'extérieur, l'inscription de leur service. — Art. 7. A l'intérieur de chaque compartiment de voiture publique, seront inscrits, d'une manière très-apparente, le nombre de places qu'il comporte, le prix de chacune d'elles, ainsi que celui du transport des bagages. Si le transport des voyageurs ou de tout ou partie des bagages a lieu gratuitement, un avis constamment affiché dans la voiture doit faire connaître cette gratuité aux voyageurs. — Art. 8. Les cochers et conducteurs des voitures publiques devront porter un uniforme ou tout autre signe distinctif. — TITRE II. GARES DES MARCHANDISES. — Art. 9. L'entrée des gares des marchandises n'est permise qu'aux expéditionnaires, destinataires et autres personnes venant pour affaires concernant le service du chemin de fer. Ne seront admises dans les cours de ces gares que les voitures venant y prendre ou y laisser leur chargement, et celles des personnes ci-dessus mentionnées. — Art. 10. Pour le stationnement, le chargement et le déchargement, les voitures se placeront le long des quais ou des voies de débord, de la manière et sur les points qui seront déterminés par la Compagnie. — Art. 11. Les animaux, à l'arrivée et au départ, devront entrer ou sortir par la barrière désignée par le Chef de gare. L'entrée des gares, pour les animaux, ne peut être requise par les expéditeurs qu'une demi-heure au plus avant le moment où doit commencer le chargement. Il est interdit, d'ailleurs, d'introduire, dans les gares, des animaux vicieux, dangereux ou malades, qui pourraient compromettre la sécurité publique et la santé des autres animaux à transporter par le chemin de fer. — TITRE III. DISPOSITIONS GÉNÉRALES. — Art. 12. Après le coucher du soleil, toutes les voitures qui entreront dans les gares ou stations devront être éclairées. — Art. 13. Toute infraction au présent arrêté, rendu en exécution de l'art. 1 sus-visé de l'ordonnance du 15 novembre 1846, sera réprimé conformément à l'art. 21 de la loi du 15 juillet 1845. — Art. 14. Notre arrêté du ..., réglant la police des cours des gares et stations dans le département de ..., est rapporté. Sont également rapportés tous arrêtés antérieurs concernant l'admission des voitures publiques, voitures à volonté, commissionnaires, etc., dans lesdites cours. — Art. 15. Le présent arrêté sera soumis à l'approbation de S. Exc. le Ministre de l'Agriculture, du Commerce et des Travaux publics. Il sera constamment affiché, aux frais de la Compagnie, dans les cours des gares et stations et dans les salles d'attente. — Art. 16. Les commissaires de surveillance administrative, les agents assermentés de la Compagnie et la Gendarmerie sont chargés, chacun en ce qui le concerne, de l'exécution du présent arrêté, dont une ampliation sera transmise à l'Ingénieur en chef du contrôle, au Directeur de la Compagnie, et au Commandant de gendarmerie.

— **Publication d'arrêté réglementaire.** — Le Préfet, — Vu la lettre à lui adressée par S. Exc. le Ministre de l'Agriculture, du Commerce et des Travaux publics, le ..., avec un arrêté, en date du même jour, portant fixation, pour l'année ..., du tarif [ou ...]; — Arrête : — Art. 1. L'arrêté ci-dessus visé sera imprimé et affiché dans le ressort de la préfecture de ..., pour y être exécuté selon sa forme et teneur. — Art. 2. Les contraventions audit arrêté seront constatées par des procès-verbaux ou rapports qui seront déférés aux tribunaux compétents. — Art. 3. Les fonctionnaires et agents spécialement préposés à la surveillance des chemins de fer existant dans le ressort du département de ..., sont chargés d'en assurer l'exécution.

— **Mise en circulation de deux machines à vapeur.** — Le Préfet, — Vu la demande formée le ..., par le Directeur de la Compagnie de ..., à l'effet d'obtenir l'autorisation de faire circuler sur le petit chemin de fer qui relie les mines de fer de la concession de ... à la station de ..., deux locomotives tenders destinées au service des transports, service fait précédemment par des chevaux ; — le dessin géométrique des chaudières de ces machines ; — le plan du chemin de fer de ... et les propositions du Directeur de la circulation des convois, sur les mesures de précaution à prendre dans l'intérêt de la sûreté générale et de celle des ouvriers employés aux transports ; — l'ordonnance du 22 mai 1843, et les instructions ministérielles des 22 et 23 juillet, même année ; — le rapport de l'Ingénieur ordinaire des mines, en date du ... ; — l'avis de l'Ingénieur en chef du ... même mois ; — Considérant qu'il lui appartient, aux termes des art. 55, 56 et 60 de l'ordonnance sus-visée, d'autoriser la mise en circulation des locomotives sur ledit chemin de fer, et de déterminer les conditions auxquelles cette circulation doit être assujettie, en tout ce qui concerne la sécurité publique ; — Arrête : — Art. 1. La Compagnie de ... est autorisée, sous les conditions ci-après, à faire circuler sur le chemin de fer d'exploitation de ... à ..., pour le service des transports de minerai, deux locomotives-tenders, n°s 1 et 2, dont la chaudière cylindrique et tubulaire, présentant une capacité totale de $0^m,804$, a été éprouvée et timbrée pour une pression maximum de 8 atmosphères. Ces machines, sorties des ateliers de M. ..., constructeur à ..., en ..., sont à cylindres extérieurs, dont le diamètre est de $0^m,24$, et la course des pistons de $0^m,40$. — Art. 2. Chacune de ces machines sera pourvue des appareils de sûreté suivants : 1 deux soupapes de sûreté, d'un diamètre d'au moins 46 millimètres, correspondant à une surface de chauffe de 24 mètres carrés et au timbre de la chaudière, et chargées par le moyen d'un ressort d'un poids équivalent, à 7 kilog. 231, par centimètre carré de l'orifice. La largeur de la surface annulaire de recouvrement ne dépassera pas 1 millim. 5 ; — 2 un manomètre placé en vue du chauffeur, gradué en atmosphères et dixièmes d'atmosphères, et dont le tuyau sera muni d'un robinet, terminé par une bride verticale de 1 cent. 1/2 de largeur, et de 5 millièmes d'épaisseur, à laquelle on puisse adapter, au besoin, un manomètre étalon, qui permettra de vérifier l'exactitude de l'instrument employé ; 3 un tube indicateur en verre, ou deux robinets d'épreuve placés l'un au-dessus, l'autre au-dessous du niveau normal de l'eau, dans la chaudière ; le robinet inférieur devant être établi au-dessus de la partie la plus élevée des tubes conducteurs de la flamme et de la fumée. — Art. 3. La chaudière sera alimentée par un injecteur du système Giffard. Un second injecteur devra pouvoir suppléer le premier, en cas de dérangement. — Art. 4. Le combustible dont on fera usage sera la houille du bassin de ... — Art. 5. La Compagnie permissionnaire sera tenue : 1 de laisser visiter ses machines par les Ingénieurs et Garde-mines, chargés de la surveillance, toutes les fois qu'ils se présenteront ; 2 de nous donner avis de toutes les modifications ou réparations qui seront faites aux chaudières, avant de les faire fonctionner de nouveau ; 3 en cas d explosion ou d'accident, de nous en informer sur-le-champ et de ne déplacer ni dénaturer, avant la visite de l'Ingénieur chargé de dresser le procès-verbal, aucun fragment des pièces rompues, sauf ce qui serait indispensable pour secourir les blessés et prévenir de nouveaux accidents ; 4° de fournir la main-d'œuvre et les appareils nécessaires aux nouvelles épreuves qui seraient ordonnées par nous ; 5° de se conformer à toutes les autres dispositions de l'ordonnance du 22 mai 1843 ; 6° d'adapter aux chaudières et machines les appareils de sûreté qui seraient prescrits ultérieurement par des règlements d'administration publique. — Art. 6. Aucune nouvelle machine ne pourra être mise en circulation sans un permis spécial qui la distinguera par un nom ou un numéro particulier. — Art. 7. La conduite des machines et des trains sera confiée à un mécanicien soigneux et expérimenté, aidé d'un chauffeur et d'un serre-frein. — Art. 8. Les machines, qui devront toujours être entretenues en bon état, seront pourvues d'un frein manœuvré par le chauffeur ; elles devront, en outre, être munies d'une grille placée dans la cheminée ou dans la boite à fumée, pour arrêter les flammèches et les morceaux de combustible embrasés. — Art. 9. Tous les wagons à minerai seront également pourvus de freins commandés par le serre-frein. — Art. 10. Les trains seront formés de vingt-quatre wagons au plus, et leur vitesse ne devra pas dépasser 15 kilomètres à l'heure. Environ 200 mètres avant d'arriver aux passages à niveau, la machine signalera son approche par des coups de sifflet prolongés. Dans le voisinage des passages n°s ..., comptés à partir de la station de ..., elle ralentira sa marche de manière à traverser ces deux passages à la vitesse de 5 kilomètres seulement. — Art. 11. Aux [6] passages à niveau que la voie traverse, de la station de ..., au plateau de ..., seront plantés des poteaux indicateurs portant défense de circuler sur la voie et de la traverser, quand les trains seront en vue ou entendus. L'inscription devra toujours être lisible et les poteaux tombés, par accident, seront rétablis sans délai. — Art. 12. La circulation exceptionnelle de quelques trains, pendant la nuit, ne pourra avoir lieu, sans que ces trains soient munis de fallots armés de réflecteurs puissants ; il ne pourra, d'ailleurs, être établi de service de nuit régulier, sans une autorisation spéciale. — Art. 13. La Compagnie de ... sera tenue de se soumettre pour la circulation des machines et des convois à toute mesure nouvelle qu'il serait reconnu nécessaire de prescrire dans l'intérêt de la sécurité publique. — Art. 14. En cas de contravention aux dispositions du présent arrêté, la Compagnie permissionnaire et les mécaniciens employés par elle, seront poursuivis conformément aux lois, et l'autorisation pourra être, en outre, révoquée ou suspendue. — Art 15. Expédition du présent arrêté sera transmise à M. le Maire de ..., chargé de le notifier à la Compagnie de ..., et de le faire afficher, à la Mairie, pendant un mois. Copie en sera déposée aux archives de la commune, pour être communiquée à toute partie intéressée qui en fera la demande. — Ampliation en sera adressée à M. l'Ingénieur en chef des mines, qui reste chargé d'en assurer l'exécution.

Chemin de fer départemental. — Autorisation aux agents voyers de traverser les propriétés. — Le Préfet, — Vu la délibération prise par le Conseil général du département, dans sa session ordinaire de..., tendant à la création de divers chemins de fer départementaux ; — le rapport de M. l'Agent voyer en chef du département, relatif aux études à faire, en conformité de cette délibération ; — la loi du 21 mai 1836, sur les chemins vicinaux, et les reglements pour son exécution ; — les lois des 28 pluviôse an VIII, 16 septembre 1807 et 3 mai 1841 ; l'art. 438 du Code pénal ; — Arrête : — Art. 1. MM. les Agents voyers du département, et leurs auxiliaires, sont autorisés à entrer dans les propriétés particulières, situées dans la direction des chemins de fer départementaux dont le Conseil général a voté la création, pour s'y livrer aux études des tracés à adopter. — Art. 2. Ces fonctionnaires devront préalablement justifier de leur qualité et de leur mission aux propriétaires ou fermiers des immeubles à traverser ou à occuper temporairement. — Art. 3. Après l'accomplissement de cette formalité, les personnes sur la propriété desquelles il y aura nécessité d'opérer des études seront tenues d'en permettre l'entrée. En cas de refus de leur part, les fonctionnaires chargés des études devront provoquer l'assistance du Maire, qui fera les réquisitions nécessaires. Toute opposition, par voie de fait, sera passible des peines édictées par l'art. 438 du Code pénal. — Art. 4. Les dommages de toute nature qui pourront être causés aux propriétés particulières, seront réparés sur réglement amiable, ou après décision du Conseil de préfecture, en cas de non accord. — Art. 5. MM. les Maires et M. l'Agent voyer en chef du département sont chargés, chacun en ce qui le concerne, d'assurer l'exécution du présent arrêté.

Cimetière communal. — Suppression. — Le Préfet, — Vu la délibération en date du ... par laquelle le Conseil municipal de ..., reconnaît la nécessité de transférer le cimetière de la paroisse de ce nom ; — les lois des 16-24 août 1790, 19-20 juillet 1791, 10 juillet 1837, l'ordonnance du 6 décembre 1843, et la circulaire ministérielle du 31 du même mois ; les décrets des 23 prairial an XII et 25 mars 1852 ; — Considérant que le cimetière de la paroisse de.., outre qu'il est situé au centre des habitations, n'est plus suffisant pour la population, et que, dès-lors il y a nécessité de le transférer ; — que ce transfèrement est d'autant plus urgent qu'une épidémie cholérique sévit dans les environs de cette commune ; — Arrête : — Art. 1. Le cimetière communal actuel de la paroisse de.... est supprimé. — Art. 2. M. le Maire de cette commune est, en conséquence, invité à faire les diligences nécessaires pour trouver un lieu de sépulture plus conforme à sa destination. — Art. 3. Le Conseil municipal est mis en demeure d'aviser aux moyens de subvenir aux frais de toute nature qu'occasionnera ladite translation, dans un délai de ... jours.

— **Translation et acquisition de terrain.** — Le Préfet, séant en Conseil de préfecture, où étaient présents MM. ...; — Vu la délibération, en date du ..., par laquelle le Conseil municipal de la commune de ... sollicite l'autorisation de transférer le cimetière actuel de ... dans un terrain appartenant au sieur ...; — la promesse de vente souscrite le ..., par ledit sieur ...; — le procès-verbal d'expertise dressé le ..., par M. ... expert géomètre, désigné par nous, à cet effet; — le certificat de M. le Maire de ..., constatant que pendant les cinq dernières années, le nombre des décès dans la paroisse de ..., a été de ..., en moyenne; — le rapport de M. le docteur ...; sur la convenance du terrain choisi pour l'établissement du nouveau cimetière; — le procès-verbal de l'enquête à laquelle il a été procédé le ..., tant sur la translation que sur l'acquisition projetées; ensemble le certificat de publication et d'affiches, et l'avis favorable du Commissaire enquêteur; — le plan des lieux; — la délibération prise à la date du ..., par le Conseil municipal de la commune de ..., pour donner son avis sur les évaluations du procès-verbal d'expertise, ainsi que sur les résultats de l'enquête, et voter, sur les fonds libres de la commune, une somme de ..., en vue de faire face à la dépense; ensemble les autres pièces relatives à ce vote; — les lois [*comme ci-dessus*]; — Considérant que le cimetière actuel de la paroisse de ... est d'une étendue insuffisante, et, par sa situation au centre du village, présente des causes sérieuses d'insalubrité; — que le terrain choisi pour l'emplacement du nouveau cimetière convient parfaitement à cette destination, et que le prix de vente n'est pas exagéré; — enfin, que le projet de translation dudit cimetière de ..., et d'acquisition de terrain n'a soulevé aucune opposition, et que le Conseil municipal a voté les ressources nécessaires pour en assurer la réalisation, — *ou* [en cas d'opposition] qu'il résulte des pièces de l'instruction que le cimetière actuel de ... est insuffisant; qu'il est adossé à l'église, au centre du village, et ne remplit aucune des conditions prescrites par le décret du 23 prairial an XII; que, dès lors, sa translation est devenue indispensable dans l'intérêt de la salubrité publique; — que le projet dont il s'agit a donné lieu, pendant l'enquête, à ... déclarations, dont une seule contraire, celle de Mme la supérieure du couvent de ..., propriétaire de l'enclos de l'abbaye, voisin du terrain choisi pour l'emplacement du nouveau cimetière; — que cette réclamation n'a d'autre mobile que l'intérêt privé, et que, contrairement aux assertions de son auteur, l'acquisition du terrain choisi n'occasionnera pas une dépense plus considérable que celle à laquelle donnerait lieu tout autre emplacement, s'il en existait un de convenable aux abords de ..., tous les terrains de la vallée de ..., aux environs de ..., ayant à peu près la même valeur; — que le chemin qui longera le nouveau cimetière ne sert nullement de promenade aux habitants de la ville de ..., qui en sont séparés par une distance de plus de ... kilomètres; que ce chemin, étant un lieu de passage obligé pour les voyageurs, l'établissement du nouveau cimetière ne pourrait diminuer la circulation qui s'y effectue journellement, pas plus que le cimetière de ..., situé à la bifurcation des deux routes impériale, n° ..., et départementale, n° ..., n'a diminué la circulation qui s'est établie sur ces deux routes; — que le nouveau cimetière, par sa position topographique, ne rendra nullement insalubre le village de ..., qui, situé au nord-est, ne saurait recevoir les émanations d'un terrain entièrement exposé aux vents d'ouest et de nord-ouest, si fréquents et surtout si froids dans ces contrées; que, d'ailleurs, il y a lieu de s'étonner que les Dames religieuses, en établissant leur cimetière dans leur enclos, contigu à l'emplacement choisi, n'aient pas eu pour elles-mêmes cette sollicitude qu'elles manifestent pour le village; — que l'emplacement indiqué par l'opposante, sur les bords de la ..., ne saurait être adopté, puisque la rive droite de ce ruisseau, à l'aspect du midi, très-exposée aux ardeurs du soleil, est bordée par un terrain en pente, où on ne trouve que le roc, et que, sur la rive gauche, le terrain coûterait aussi cher et même plus cher que la propriété de la famille de ..., puisqu'il faudrait construire à grands frais, à travers des jardins, un chemin pour y aboutir; — que si cette rive gauche est moins exposée aux ardeurs du soleil, elle est située à l'est et au nord du village de ..., et que les vents d'est et de nord-est, très-fréquents aussi dans ces contrées, ne manqueraient pas de porter les miasmes sur le village; et que l'établissement du nouveau cimetière sur cette rive entraînerait la destruction d'une excellente fontaine publique indispensable pour les besoins de la population ; — que, d'ailleurs, cet emplacement ne se trouve pas à la distance voulue des habitations, et que la couche de terre, sur ce point, ne présente pas un mètre de profondeur ; — que le chemin longeant le mur de l'abbaye, non-seulement n'est pas indispensable, mais n'est pas même nécessaire pour le service de l'enclos, qui s'est toujours fait et se fait encore par une grande porte établie à l'extrémité opposée de l'enclos, sur le chemin de moyenne communication, n° ... ; — que la petite porte, qui fait l'objet de l'opposition de la réclamante, ne dessert nullement l'enclos, mais seulement le petit cimetière que les Dames religieuses ont établi pour les inhumations de la communauté ; — que, d'ailleurs, cette petite porte ne donne pas directement sur la portion de chemin dont la suppression est projetée, mais bien sur la partie dudit chemin qui lui fait face, et qui longe la rivière de ..., partie plus large, plus en plaine et en bien meilleur état, et que la commune entend conserver pour le service du cimetière des Dames religieuses, en établissant, vers le fond, à son point de jonction avec le chemin n° ..., une rampe d'accès convenable ; — qu'enfin la suppression de la portion du chemin à incorporer au nouveau cimetière est d'autant plus nécessaire, que cette portion est complétement inutile et impraticable, soit parce qu'elle n'est qu'un dépôt d'ordures, soit parce qu'elle reçoit toutes les eaux du chemin de moyenne communication au moyen d'un aqueduc qui, étant prolongé jusqu'à la rivière de ..., servira, pour ainsi dire, de canal de drainage, recevra toutes les infiltrations qui pourraient se produire sur ce point, et mettra ainsi la propriété de l'opposante à l'abri de tout dommage ; — que l'emplacement choisi a une étendue de ... ares, en rapport avec les besoins d'une paroisse de ... habitants, où la moyenne des décès est de ... par an ; qu'il est situé à plus de 100 mètres des habitations, sources et puits les plus rapprochés ; qu'il est convenablement exposé, et que le sol, d'après les fouilles qui y ont été pratiquées, a une profondeur de plus de trois mètres ; — Considérant d'ailleurs, qu'il résulte de l'enquête et de l'avis du Commissaire enquêteur qu'il n'existe aux environs de ... aucun autre emplacement réunissant les conditions nécessaires pour l'établissement d'un cimetière ; — que le projet dont il s'agit a reçu l'adhésion unanime du Conseil municipal et celle du Commissaire enquêteur ; — enfin, que les ressources nécessaires pour faire face à la dépense que l'exécution de ce projet doit entraîner, sont assurées ; — le Conseil de préfecture entendu ; — Arrête : — Art. 1. Le projet de translation du cimetière actuel de la paroisse de ... (commune de ...), sur le terrain désigné par le Conseil municipal dans sa délibération susvisée du ..., est approuvé. En conséquence, le Maire de cette commune est autorisé à acquérir du sieur ..., au prix de ..., suivant l'estimation qui en a été faite, ... ares d'un terrain situé à l..., n° ... du plan cadastral, devant servir à l'emplacement d'un nouveau cimetière. — Art. 2. Cette somme, de même que tous droits d'enregistrement et autres, résultant de ladite acquisition, seront payés au moyen des fonds votés à cet effet par le Conseil municipal. — Art. 3. Aussitôt que le nouvel emplacement sera disposé pour recevoir les inhumations, le cimetière existant sera fermé et restera dans l'état où il se trouve, sans qu'on puisse en faire usage avant un délai de cinq ans. — Art. 4. A l'expiration de ce délai, le terrain servant maintenant de cimetière pourra être affermé, vendu ou échangé, après toutefois en avoir obtenu l'autorisation, mais sous la condition qu'il ne sera qu'ensemencé ou planté, sans qu'il puisse y être fait aucune fouille ou fondation pour des constructions de bâtiment, jusqu'à ce qu'il en soit autrement ordonné.

— **Tarif et règlement de concessions.** — Le Préfet, — Vu la délibération du Conseil municipal de ..., en date du ..., contenant règlement et tarif des concessions de terrains dans le cimetière communal ; — l'état des décès survenus dans cette commune pendant les cinq dernières années ; — le plan du cimetière ; — le décret du 23 prairial an XII ; — l'ordonnance du 6 décembre 1843, et l'instruction ministérielle du 31 du même mois ;

— la loi du 18 juillet 1837 et le décret du 25 mars 1852, tabl. A, § 47 ; — Considérant que le cimetière de ... est assez spacieux pour permettre d'y faire, sans inconvénient, des concessions de terrains pour l'établissement de sépultures privées, et que le prix de ces concessions, fixé par le Conseil municipal, est assez élevé pour prévenir le prompt envahissement du cimetière et procurer des ressources à la commune et au bureau de bienfaisance : — Arrête : — Art. 1. Est approuvé le tarif voté par le Conseil municipal de ..., dans sa délibération susvisée pour les concessions de terrains dans le cimetière communal. — Art. 2. Les actes de concessions seront passés dans la forme administrative.

— **Transport de corps.** — Le Préfet, — Vu la demande formée par M ..., dans le but d'obtenir l'autorisation de faire transporter à ... commune de ... pour être inhumés dans le cimetière de cette paroisse, les restes mortels de M. ..., décédé dans la paroisse de..., commune de ... ; — le décret du 23 prairial an XII et les instructions ministérielles des 10 mars et 25 avril 1856 ; — Arrête : — Art. 1. M. ... est autorisé à faire transporter à ..., commune de ..., pour être inhumés dans le cimetière de cette paroisse, les restes mortels de M. ..., à la charge par lui de s'entendre avec l'autorité municipale et de prendre toutes les mesures convenables pour garantir la salubrité publique et le respect dû aux morts. — Art. 2. Copie de cet arrêté sera adressée à MM. les Maires de ... et de ..., qui demeurent chargés d'en assurer l'exécution, chacun en ce qui les concerne. — Art. 3. Il en sera également ment adressé copie au pétitionnaire.

Cimetière particulier. — Autorisation pour une congrégation religieuse. — Le Préfet, — Vu la demande formée par Mⁿ la Supérieure du couvent de ..., établi à ..., à l'effet d'obtenir l'autorisation, pour toutes les religieuses de cette communauté, d'être enterrées dans une partie d'un pré dit ..., appartenant à l'établissement, et qui sera exclusivement affecté à cette pieuse destination ; — le plan des lieux ; — le procès-verbal d'enquête à laquelle il a été procédé ; — l'avis favorable du Conseil municipal de ..., en date du ... ; — le décret du 23 prairial an XII, art. 2 et 14 ; — l'instruction de M. le Ministre de l'Intérieur du 26 thermidor suivant ;—Arrête : —Art. 1. Les religieuses de la communauté de ..., établies à ..., sont autorisées à se faire enterrer dans la partie de terrain désignée ci-dessus et indiquée au plan par une teinte [verte]. — Art. 2. Ce terrain sera clos de murs, de hauteur suffisante, afin qu'aucune indécence ni violation ne puissent y être commises ; toutes les mesures de précaution propres à garantir la salubrité publique et qui pourront être jugées nécessaires seront exécutées aux frais de la communauté. — Art. 3. Les inhumations restent, d'ailleurs, soumises à l'accomplissement de toutes les formalités d'usage.

Comptabilité générale et départementale. — Contributions directes. — Sous repartement d'office. — Le Préfet, — Vu la loi de Finances du ... qui règle les contingents départementaux des contributions foncière, personnelle-mobilière, et des portes et fenêtres pour l'année ... ; l'état de repartement de ces contingents entre les arrondissements arrêté par le Conseil général dans sa séance du ... ; la loi du 10 mai 1838, art. 46 et 47 ; les circulaires de M. le Ministre des Finances, des 22 juillet 1840 et   juillet 186 ; la lettre de M. le Sous-Préfet de ..., en date du ..., de laquelle il résulte que, quoique régulièrement convoqué, le Conseil d'arrondissement ne s'est pas réuni pour tenir la seconde partie de sa session de ..., dans laquelle aurait dû être effectuée la répartition, entre les communes, des contingents assignés à cet arrondissement dans les contributions directes de 186 ; — Considérant qu'il nous appartient, en exécution des dispositions de l'art. 47 de la loi susvisée, d'effectuer cette répartition d'office, d'après les bases du sous-repartement précédent, sauf à tenir compte des augmentations ou diminutions résultant des nouvelles constructions ou démolitions et de toute autre cause légale de réduction ou d'accroissement d'impôt ; — Arrête : — Art. 1ᵉʳ. Sont répartis entre les communes de l'arrondissement de ..., suivant les chiffres inscrits dans les colonnes ... de l'état ci-joint, les contingents assignés audit arrondissement sur les contributions foncière, personnelle-mobilière, et des portes et fenêtres pour l'année .... — Art. 2. Les contingents portés en regard de chaque nom de commune dans ledit état, modifiés, s'il y a lieu, du montant des contributions nouvelles ou des démolitions, serviront de base à la confection des rôles de ladite année.

— Consignation de fonds. — Le Préfet, — Vu l'acte administratif, en date du ..., par lequel M. ..., a fait vente, au département, du terrain nécessaire pour la construction de la route départementale, nº ... de ... à ..., dans la partie comprise sur le territoire de la commune de ..., entre la ville de ..., et moyennant la somme de ... fr. ; — le certificat du Conservateur des hypothèques de l'arrondissement de ..., en date du ... ; — l'art. 54 de la loi du 3 mai 1811 ; — Considérant qu'il résulte du certificat précité que les biens susnommés sont grevés d'une hypothèque de ... fr., inscrite le ..., vol. ..., nº ..., au profit du sieur ... ; — que l'existence de cette hypothèque est un obstacle au paiement de l'indemnité due au vendeur ; — Arrête : — Art. 1. La somme de ... fr., revenant au sieur ..., pour les causes ci-dessus mentionnées, sera versée à la caisse des Dépôts et Consignations, entre les mains de M. le Trésorier-payeur général des finances du département, pour être ultérieurement distribuée ou remise selon qu'il y aura lieu ; — Art. 2. Le présent arrêté sera annexé au mandat de paiement qui sera délivré à l'ayant droit et qui sera payable sur l'acquit régulier du Trésorier-payeur général.

— Encaissement de fonds centralisés. — Le Préfet, — Vu le procès-verbal d'adjudication des travaux à effectuer sur la rivière du ..., à ..., à la limite des deux départements de ... et de ..., lequel constate que la dépense sera supportée par moitié, par l'un et l'autre département intéressé ; — l'art. 13 de la loi du 6 juin 1843 et l'art. 1 de la loi du 28 mai 1858 ; — l'art. 313 de l'Instruction générale sur le service de la comptabilité publique ; — Arrête : — Art. 1. M. le Trésorier-payeur général du département encaissera, au compte de *fonds de concours pour des travaux publics du département*, et déposera au Trésor, au compte des *produits éventuels*, 2ᵉ section du budget [186.], la somme de ..., à verser par le département d..., à titre d'à-compte sur sa part de dépense pour la construction du pont de ... — Art. 2. Le présent arrêté sera transmis à M. le Trésorier-payeur général, pour lui servir de titre de perception.

— Encaissement. — Le Préfet, — Vu la loi du ..., autorisant le département à contracter un emprunt de ... fr., pour les travaux des routes départementales ; — le prêt de [100,000 fr.] promis par la Caisse des dépôts et consignations pour la première annuité de cet emprunt ; — la loi du 28 mai 1858 et le décret du ... ; — Arrête : — Art. 1. M. le Trésorier-payeur général du département encaissera au compte des *produits éventuels du département*, [3ᵉ section du budget de 186.], la somme de [100,000 fr.], à verser par la Caisse des dépôts et consignations pour l'emprunt contracté par le département ; — Art. 2. Le présent arrêté sera transmis à M. le Trésorier-payeur général, pour lui servir de titre de perception.

— Porteurs de contraintes. — Fixation de leur nombre. — Le Préfet, — Vu la circulaire de S. Exc. le Ministre des Finances, en date du 29 septembre 1861 ; — l'art. 29 du règlement sur les poursuites en matière de contributions directes ; — sur la proposition de M. le Trésorier-payeur général ; — Arrête : — Art. 1. Le nombre d'agents de poursuites à employer dans chaque arrondissement, à dater du 1ᵉʳ janvier 186., est réglé ainsi qu'il suit : — Arrondissement de ..., etc. — Art. 2. Ces agents recevront immédiatement, chacun, une commission de porteur de contraintes. Toutes autres commissions délivrées jusqu'à ce jour sont annulées à partir du 1ᵉʳ janvier 186..

— Porteurs de contraintes. — Indemnités. — Le Préfet, — Vu l'état, d'autre part, présentant le montant des indemnités proposées en faveur des porteurs de contraintes y dénommés, conformément aux dispositions de l'arrêté de S. Exc. le Ministre des

Finances, du 14 septembre 1861 ; — le crédit ouvert pour cette dépense, en vertu de la loi de Finances de 186., par les ordonnances de délégation du Ministre des Finances ; — Arrête : — Art. 1. Le montant des indemnités dues aux porteurs de contraintes dénommés dans l'état, d'autre part, pour le ... trimestre de 186., demeure fixé à la somme de ..., suivant la liquidation individuelle qui en est faite dans ledit état. — Art. 2. Ladite somme de ..., sera portée en dépense par le Trésorier-payeur général sur le crédit ouvert pour les allocations précitées.

    — **Poursuites en matières de contributions.** — Le Préfet, — Vu l'arrêté du Conseil de préfecture de ce département, en date du... lequel dispose que les sieurs..., imposés pour...à la contribution des patentes, dans la commune de... en qualité de *négociants*, le premier, aux droits entiers, comme principal associé, et les deux autres, au demi-droit fixe, comme associés, seront imposés en qualité *de marchands de vins en gros* et qu'il leur est accordé décharge ou réduction, savoir : au sieur..., de la somme de ...; au sieur..., de celle de...; au sieur..., de celle de...; — le décret rendu, en conseil d'Etat le..., lequel annule l'arrêté précité et dispose que les sieurs... seront rétablis pour .... sur le rôle de la ville de... au droit fixe et aux demi-droits fixes de patente, auxquels ils avaient été imposés en qualité de négociant et de négociants associés ; — les décisions de M. le Ministre des Finances des 7 mai 1835 et 19 avril 1838 ; l'art. 104 du résumé des lois et règlements annexés à la circulaire du 31 mai 1849, n° 205, et la circulaire du 12 décembre 1850, n° 240 ; — Considérant que, par suite de l'annulation du Conseil de préfecture, les sieurs... sont tenus de rembourser la somme de... dont ils ont été mal à propos dégrevés ; — Arrête : — Art. 1. M. le Trésorier-payeur général des finances est chargé de réclamer des sieurs.... négociants à... et au besoin de poursuivre par les voies autorisées, la restitution par le sieur... de la somme de... et par les deux autres de la somme de... chacun, montant des dégrèvements sur patente que leur ont été indûment accordés par arrêté du Conseil de préfecture du... — Art. 2. Ces diverses sommes formant un total de... seront, aussitôt après recouvrement, portées par M. le Trésorier-payeur général au compte *des recettes accidentelles à différents titres.*

    — **Poursuites devant un tribunal civil**. — Le Préfet, — Vu le procès-verbal dressé le... par le sieur... porteur de contraintes en matières des contributions directes, le dit procès-verbal dûment enregistré, constatant que le sieur..., de..., commune de..., établi gardien d'une saisie-exécution faite au préjudice de son père...n'a pas représenté les objets saisis consistant en...; — les art. 75 et 76 du règlement sur les poursuites et l'art. 2060 du Code Napoléon ; — Arrête : Le percepteur de la réunion de... est autorisé à poursuivre le sieur... devant le tribunal civil de... à l'effet de le faire condamner par corps à la représentation des objets saisis sur son père, ou au paiement des contributions et des frais de poursuites dus par ce dernier, sans préjudice des poursuites criminelles qu'il pourrait y avoir lieu d'exercer, soit contre le gardien, soit contre le saisi, en cas de soustraction frauduleuse, par application des articles 379, 401 et 406 du Code pénal.

    — **Poursuites. — Sursis.** — Le Préfet ; — Vu la réclamation formée par plusieurs habitants de la commune de ..., au sujet du paiement des impositions pour la conservation des digues de ...; — la loi du 3 frimaire an VII et les instructions qui s'y rapportent ; — Considérant que le rôle établi est irrégulier en sa forme ; — Arrête : — Art. 1. Il sera sursis pendant [quinze] jours aux poursuites dirigées contre tous les imposés aux rôles des digues de ... — Art. 2. M. ..., géomètre, à ... est commis, pour déterminer, avec l'aide des répartiteurs la quotepart afférente à chacun des propriétaires intéressés, et pour confectionner sur de nouvelles bases un rôle rectificatif de celui qui a été mis en recouvrement pour l'exercice de 186.. — Art. 3. Ampliation du présent arrêté sera transmise à M. le Trésorier-payeur général et à M. le Maire de... chargés, chacun en ce qui le concerne, d'en assurer l'exécution.

— **Recouvrement d'office.** — Le Préfet, — Vu la loi du 30 juin 1838 sur les aliénés et les instructions ministérielles sur la matière, notamment celle du 5 mai 1852 ; — Considérant qu'il résulte des renseignements fournis par M. le Trésorier-payeur général à ..., que le sieur ..., de ..., malgré les demandes et avertissements réitérés qui lui ont été adressés, pour arriver à un paiement amiable, a formellement refusé de payer la pension de son frère (noms et prénoms,) à l'asile d'aliénés de ... ; — Arrête : — Art. 1. La somme due par le sieur ..., et montant à ..., sera recouvrée à la diligence des préposés des Domaines, et par toutes voies de droit. Elle sera versée entre les mains de M. le Trésorier-payeur général, sous le titre de *fonds destinés aux pensions des aliénés placés dans les maisons de santé.* — Art. 2. Le présent arrêté sera adressé à M. le directeur de l'Enregistrement et des Domaines, qui est chargé d'en assurer l'exécution.

— **Remboursement de cautionnement.** — Le Préfet, — Vu notre arrêté en date de ce jour prononçant la résiliation de l'adjudication consentie le..., au sieur ..., entrepreneur de travaux publics, demeurant à ..., pour la construction de la route départementale n° ... de à ..., entre ... ; — Considérant, dès lors, qu'il y a lieu de donner audit sieur ..., mainlevée du cautionnement par lui déposé à raison de cette entreprise... ; — Arrête : — M. le Trésorier-payeur général du département, préposé de la caisse des Dépôts et Consignations, à ..., remboursera, sur acquit régulier, cumulativement avec les intérêts échus, au sieur ..., la somme de ..., que ce dernier a versée à titre de cautionnement de son entreprise, le ..., suivant récépissé du même jour, n° ...

— **Remboursement de droits perçus.** — Le Préfet, — Vu la lettre en date du ..., par laquelle M. ... sollicite le remboursement des droits qu'il a versés le ..., pour l'obtention d'un permis de chasse qui lui a été refusé ; — les diverses instructions sur la matière ; — Considérant que cette réclamation est fondée ; — Arrête : — Art. 1. Les droits versés le ... par M. ... lui seront remboursés par les soins de M. le Trésorier-payeur général. — Art. 2. Ampliation du présent arrêté sera adressée à ce comptable pour être produite à l'appui du titre de remboursement, ainsi que la quittance du Percepteur constatant le versement des droits.

— **Remboursement de taxe de brevet d'invention.** — Le Préfet, — Vu le récépissé en date du ..., constatant le versement à la recette particulière des finances de ..., d'une somme de 100 fr. à valoir sur la taxe d'un brevet d'invention demandé par M. ... ; la lettre en date du . ., par laquelle S. Ex. le Ministre de l'Agriculture, du Commerce et des Travaux publics fait connaître que M. ... a renoncé à sa demande et autorise le remboursement de la taxe ci-dessus mentionnée ; — la circulaire ministérielle du 29 décembre 1833, et l'article 382 de l'instruction générale des Finances ; — Arrête : — Art. 1. M. le Trésorier-payeur général du département paiera, sur acquit régulier, à M. ..., la somme de cent francs qui lui est due pour les causes ci-dessus mentionnées. — Art. 2. Le présent arrêté et le récépissé ci-dessus visé du ..., seront transmis à M. ..., pour qu'il puisse se présenter chez M. le Trésorier-payeur général, à ..., qui opérera, par réduction de recette, la restitution de ladite somme de cent francs.

— **Rôles des contributions directes et rôles de prestations.** — **Émission.** — Ces formules étant imprimées à la suite des rôles, il nous paraît inutile d'en donner le texte. Chaque préfecture a également sa formule imprimée pour la *publication* et la *mise en recouvrement* desdits rôles.

— **Secours aux communes sur les fonds départementaux.** — **Répartition.** — Le Préfet, — Vu le budget départemental, exercice 186., sous-chapitre ..., art. ..., contenant un crédit de ...., destiné à des subventions aux communes pour [travaux de construction et de réparation d'églises et de presbytères, *ou* ...]. — Arrête : — Art. 1. Il sera prélevé, sur le crédit précité, de ..., une somme de ..., qui sera répartie en subventions aux communes désignées au tableau ci-après et pour les causes y mentionnées.

— Art. 2. Les subventions mentionnées au tableau qui précède seront mandatées, au nom dès Receveurs municipaux des communes intéressées, sur la production de certificats des Maires, constatant que les travaux, qui font l'objet de ces subventions, sont exécutés ou en cours d'exécution. — Art. 3. Une ampliation du présent arrêté sera remise à M. le Trésorier-payeur général.

— Succession d'un aliéné. — Revendication au profit du département. — Le Préfet, — Vu les lettres de M. le Sous-Préfet de . . ., en date des . . ., desquelles il résulte que le nommé . . ., de . . ., décédé à l'asile public de . . ., où il avait été sequestré, pour cause d'aliénation mentale, a laissé, en mourant, une somme de . . ., qui est déposée entre les mains de M. . . . ; — la loi du 30 juin 1838 et les instructions ministérielles sur la matière ; — Considérant que, par son séjour dans l'établissement, du . . ., au . . ., cet aliéné a occasionné une dépense de . . ., qui est restée à la charge du département ; — qu'en fixant le mode d'après lequel il doit être pourvu aux dépenses d'entretien et de traitement des aliénés, la loi du 30 juin 1838, a statué que ces dépenses seraient, en premier lieu, à la charge des personnes placées dans ces établissements ; — qu'en traçant cette règle, la loi n'a établi aucune distinction entre les revenus et le patrimoine des aliénés ; — que, dès lors, l'administration a le droit d'employer au paiement des dépenses, dont il s'agit, le patrimoine même des aliénés, et de poursuivre, sur leur succession, le remboursement des avances faites pour leur entretien ; — que, d'après ces principes, il y a lieu de revendiquer, au profit du département, la somme de . . . ci-dessus indiquée et qui ne sera qu'une faible compensation de la dépense qu'a occasionnée l'entretien de l'aliéné dont il s'agit ; — Arrête : — Art. 1. La somme de . . ., possédée par . . ., de . . ., au moment de son décès, sera versée, au profit du département, à la caisse du Receveur de l'asile public des aliénés de . . . — Art. 2. M. le directeur de l'Enregistrement et des Domaines est chargé d'assurer l'exécution, par toutes voies de droit, du présent arrêté.

— Visa des récépissés. — Le Préfet, — Vu la loi du 24 avril 1833, et la circulaire de S. Exc. le Ministre des Finances, du 20 mai suivant, relatives aux conditions et formalités indispensables pour rendre valables et libératoires les récépissés et autres titres délivrés par les comptables publics ; — Considérant que la loi précitée ayant imposé aux parties versantes, comme une condition nécessaire à leur libération, l'obligation de faire viser leurs récépissés dans les vingt-quatre heures, il en résulte, pour les administrateurs chargés de l'accomplissement de cette formalité, l'obligation non moins indispensable de ne jamais différer, pour quelque motif que ce soit, le contrôle et le visa des titres qui leur sont présentés. ; — que nos occupations et nos devoirs ne nous permettent pas toujours de remplir, avec exactitude, la formalité du visa ; — que la circulaire du 20 mai 1833 nous donne la faculté de faire accréditer un délégué en cas d'empêchement, et que cet empêchement existe réellement ; — Arrête : — Art. 1. M. . . ., [chef de division] à la préfecture, est autorisé à donner et à signer la formalité du visa aux récépissés délivrés par M. le Trésorier-payeur général, ainsi qu'aux extraits d'inscription de rentes immatriculées dans le département. Il se conformera ponctuellement à la loi et à la circulaire précitées. — Art. 2. Ampliation du présent arrêté sera adressée à M. le Trésorier-payeur général, lequel reste chargé d'en donner connaissance à MM. les Percepteurs.

Comptabilité communale. — Budgets des communes et des établissements de bienfaisance. — L'arrêté d'approbation est imprimé à la fin de ces documents ; je n'ai donc pas à le reproduire ici. Mais je prendrai la liberté d'engager ceux de mes collègues des préfectures qui s'occupent de la comptabilité des communes à ajouter, à la suite du budget primitif, la note ci-après, que j'ai fait entrer, avec l'autorisation de M. le Préfet, dans le cadre en usage à la préfecture de l'Aveyron. — OBSERVATIONS GÉNÉRALES : Messieurs les Maires sont priés d'indiquer exactement la nature des crédits dont les titres ne sont point imprimés. Si certains crédits exigent des explications que le cadre ne permet pas de donner, il convient d'accompagner le budget d'un *cahier d'observations*, dressé dans l'ordre numérique des articles de recettes et de dépenses. Les diverses copies d'un même budget ne sont pas toujours identiques. Quelquefois des chiffres sont omis sur l'une d'elles ou ne sont point placés exactement en regard du crédit auquel ils se rapportent. Dans l'un et l'autre cas, on a souvent à constater des erreurs regrettables, que lors du règlement des budgets, dans les sous-préfectures ou à la préfecture, on peut rarement prévenir. Il est donc indispensable *de collationner attentivement* toutes les copies d'un même budget. On doit veiller aussi à ce que chaque budget soit accompagné des pièces justificatives exigées par les instructions; et, en outre, en ce qui concerne le budget primitif, des délibérations spéciales portant vote d'impositions *annuelles* ou *extraordinaires*. Une circulaire de M. le Ministre des Finances, en date du 25 février 1865, porte ce qui suit : « Il y a une propension à peu près générale à soustraire aux règles de la compta- » bilité certaines opérations de recette ou de dépense. Ces abus ont pris, depuis quelques » années, une extension considérable, et il n'est guère de départements où l'inspection » générale des Finances n'ait eu l'occasion d'en constater. » L'attention de MM. les Maires est appelée tout particulièrement sur l'abus signalé par Son Excellence. Ils sont invités, en conséquence, à ne jamais tolérer aucune gestion occulte des deniers communaux. On rappelle encore à MM. les Maires que l'inscription d'un crédit au budget ne dispense pas des formalités d'instruction prescrites pour chaque affaire, et notamment des autorisations spéciales portant approbation de projets et sanction de dépenses.

    — Budget de commune. — Appprobation d'office. — Le Préfet, séant en Conseil de préfecture, — Vu les rapports de M. le Sous-Préfet de ...; en date des ..., desquels il résulte que, dans ses réunions des [12, 26 mai et 4 septembre] précédents, le Conseil municipal de ... a refusé de signer les comptes et budget supplémentaire de [186 .], sous prétexte que [les travaux de la fontaine récemment construite ont été irrégulièrement faits, et qu'en cours d'exécution, on a apporté des modifications au devis primitif] ; — les délibérations des [12 - 26 mai et 4 septembre 186 .] ensemble, un rapport explicatif de M. le Maire de ..., sur les faits qui ont donné lieu à ce refus ; — le projet de budget supplémentaire de 186 . de la commune de ...; — la loi du 18 juillet 1837, art. 39 ; — Considérant que le motif invoqué par le Conseil municipal de ..., pour refuser de voter les chapitres additionnels de l'exercice 186 ., ne saurait être admis, puisque l'inscription d'un crédit au budget n'a pas pour effet de dispenser les créanciers d'une commune des justifications d'usage ; que, dans l'espèce, il s'agit moins de résoudre la question que soulève l'établissement des fontaines publiques, laquelle est réservée, et sera ultérieurement examinée, lors de la réception définitive des travaux, que d'assurer le service municipal, par l'ouverture des crédits destinés à faire face aux *dépenses obligatoires ;* — Le Conseil de Préfecture entendu ; — Arrête : — Art. 1. Les comptes et chapitres additionnels de l'exercice 186 . de la commune de ..., sont approuvés *d'office*, conformément aux sommes portées dans la colonne réservée à notre décision, laquelle se compose des crédits suivants : ..., etc. — Art. 2. M. le Sous-Préfet de ... est chargé de l'exécution du présent arrêté, dont une expédition sera transmise à M. le Maire de ..., pour être, par ses soins, notifiée au Conseil municipal dans sa prochaine session, et une autre expédition adressée à M. le Receveur municipal, pour être jointe à l'appui de ses comptes.

    — Fixation de l'indemnité de logement à payer au pasteur protestant. — Le Préfet, — Vu les délibérations des Conseils municipaux de ... et de ..., relatives à l'indemnité de logement due au pasteur protestant, établi à ..., en date des ...; — la pétition du ... de ce mois, par laquelle M. ... pasteur actuel, demande que l'indemnité de [150 fr.] que touchait son prédécesseur, soit portée à [300 fr.,] montant du prix du loyer de la maison qu'il habite ; — les avis du consistoire et de M. le Sous-Préfet de ... en date des ...; — la loi du 18 juillet 1837; — l'ordonnance du 7 août 1842 ; — Considérant qu'une indemnité de logement est due aux ministres des cultes salariés par l'État; que cette dépense est obligatoire pour la commune ou les communes dans lesquelles ils exercent leur ministère; qu'elle doit être fixée à un chiffre convenable, et qu'il convient d'y faire contribuer les communes, proportionnellement à la population protestante qu'elles renferment et au plus ou moins de fréquence du service du pasteur dans chacune d'elles; — que d'après les renseignements fournis par le consistoire, M. le Pasteur actuel de ..., paye un loyer de [300 fr.] pour la maison qu'il occupe; que la population protestante de la commune de ..., est de [90] personnes, et celle de la commune de ..., de [28], que M. le Pasteur donne trois prédications par mois dans la première de ces deux communes, et une dans la seconde; — Arrête: — Art. 1. L'indemnité de logement à payer à M. le Pasteur protestant de ..., est fixée à [300 fr.] — Art. 2. Cette indemnité est répartie par égale part entre les deux communes. Ces sommes seront portées à leurs budgets respectifs.

— Inscription d'office à un budget. — Le Préfet, séant en Conseil de préfecture, — Vu la délibération du ..., par laquelle le Conseil municipal de S..., assisté des plus imposés, a voté un emprunt de ... et une imposition extraordinaire de la même somme pour subvenir, avec d'autres ressources, aux travaux de reconstruction de l'église de T..., paroisse dont le territoire embrasse une partie de ladite commune et une partie de la commune de P...; — les délibérations en date des ..., par lesquelles le Conseil municipal de P... a refusé de concourir à la dépense; — le devis estimatif des travaux à effectuer; — les budgets et comptes de la fabrique de T...; — l'état des contribuables des deux sections formant la paroisse de T... indiquant les contributions foncière et mobilière payées par chacune d'elles; — le décret du 30 décembre 1809; la loi du 14 février 1810, et les articles 30 et 39 de la loi du 18 juillet 1837; — les avis du conseil d'État des 25 novembre et 9 décembre 1858; — la décision de S. Exc. le Ministre de l'Intérieur du 12 avril 1859; — le Conseil de préfecture entendu; —Considérant que, d'après les articles 37, 92 et suivants du décret du 30 décembre 1809, combinés avec l'art. 30 (n° 14) de la loi du 18 juillet 1837, les travaux de construction ou de reconstruction d'une église, reconnue indispensable pour les besoins du culte, constituent, pour les communes, à défaut des ressources de la fabrique, une dépense obligatoire; — qu'aux termes de la loi du 14 février 1810, et de la décision ministérielle du 12 avril 1859, toutes les communes ou sections de commune réunies pour le culte sont tenues de concourir à cette dépense, et que la répartition doit en être faite, entre chaque commune ou section, au centime le franc des contributions foncière et mobilière payées par chacune d'elles; — que les Conseils municipaux de S... et de P... ont reconnu, l'un et l'autre, la nécessité et l'urgence de la reconstruction de l'église de T...; — que les travaux sont évalués à ...; — mais que les ressources déjà réalisées ou qu'on est en mesure de réaliser, soit au moyen des subventions de la fabrique, soit par souscriptions volontaires, secours ou autrement, s'élèvent à ...; et qu'il reste à pourvoir à un déficit de ..., lequel doit être réparti entre les deux communes dans la proportion ci-dessus indiquée; — que les contributions foncière et mobilière à la charge de la paroisse de T..., s'élèvent, savoir: pour la section qui appartient à la commune de S..., à ..., et pour la section appartenant à la commune de P..., à ...; — que la proportion entre cette somme et celle de .., montant du déficit à couvrir, est de ..., et, qu'en conséquence, la commune de S..., pour une contribution de ..., doit payer ..., et la commune de P..., pour une contribution de ..., doit fournir une subvention de ...; que la commune de S... a voté, pour concourir au paiement de son contingent, qui pourra être complété au moyen des ressources qu'elle trouvera dans son budget, une imposition extraordinaire de ... francs à recouvrer en ... ans; mais que le Conseil municipal de P... s'est obstinément refusé, jusqu'à présent, de pourvoir aux moyens d'acquitter sa part de contribution dans la dépense; — que les motifs allégués par le Conseil municipal de cette commune ne sont pas de nature à être pris en considération en présence surtout de la jurisprudence administrative actuelle; — que si la partie de cette commune, qui forme la paroisse de P..., a fait, à elle seule, en ..., les frais des travaux exécutés à l'église de P..., sans que la section appartenant à la paroisse de T... y ait contribué, ce fait trouve sa justification dans la jurisprudence de cette époque, qui admettait l'établissement d'impositions extraordinaires sur les sections des communes, mais que, d'après les nouvelles règles adoptées par le conseil d'État, le contingent attribué à chaque section co-paroissiale, dans la proportion ci-dessus indiquée, doit être acquitté par la commune entière dont elle dépend, et réparti, en cas d'imposition extraordinaire, sur l'ensemble de la commune, en prenant pour base le principal des quatre contributions directes; — que le contingent à fournir par la commune de P... est rangé au nombre des dépenses obligatoires, par l'art. 30 de la loi municipale du 18 juillet 1837, et que l'art. 39 de cette même loi autorise les Préfets à inscrire d'office ces sortes de dépenses aux budgets communaux, lorsque les Conseils municipaux ont refusé les fonds nécessaires; — Arrête: — Art. 1. Le contingent à fournir par la commune de P..., pour les travaux de construction de l'église de P... est fixé à la somme de ... — Art. 2. Cette somme sera inscrite d'office au budget de cette commune pour ..., et affectée à ladite construction, dans les formes prescrites par les règlements sur la comptabilité communale. — Art. 3. Ampliation du présent arrêté sera notifiée à M. le Maire de P..., qui devra convoquer le Conseil municipal, et, s'il y a lieu, les plus imposés, pour aviser aux moyens de payer la dépense dont il s'agit, à défaut de quoi, il y sera pourvu d'office conformément à la loi.

— Subvention communale pour assurer le traitement du vicaire. — Le Préfet, séant en Conseil de préfecture, — Vu la délibération en date du ..., par laquelle le Conseil de fabrique de l'église de ..., sollicite de la commune de ..., une subvention de [250 fr.], destinée à compléter le traitement du vicaire pour l'année ...; — le compte de ladite fabrique pour l'année ... et le budget de cet établissement pour ...; — la délibération en date du .... par laquelle le Conseil municipal de ..., assisté des plus imposés, tout en reconnaissant que les revenus de la fabrique sont insuffisants, a néanmoins refusé de voter une imposition extraordinaire sous le prétexte que c'est aux paroissiens à pourvoir à la dépense au moyen d'une souscription volontaire; — les art. 37 et 46 du décret du 30 décembre 1809, et les art. 30 [n° 14] et 39 de la loi du 18 juillet 1837; — les avis du conseil d'Etat des 25 novembre et 9 décembre 1858; — le Conseil de préfecture entendu; — Considérant qu'aux termes du décret du 30 décembre 1809 et de l'art. 30 [n° 14] de la loi du 18 juillet 1837, les communes sont tenues de payer le traitement des vicaires, en cas d'insuffisance des revenus des fabriques justifiée par leurs comptes et budgets; — qu'il s'agit donc d'examiner si les revenus de la fabrique de ... lui permettent de pourvoir aux frais ordinaires du culte énumérés dans l'art. 46 du décret précité, et de payer, en outre, le traitement du vicaire; — qu'à cet égard, il y a lieu de remarquer que le budget de la fabrique porte un crédit de 20 francs *pour réparations locatives du presbytère*, dépense qui est à la charge du curé, et que quelques dépenses, notamment celle relative au *blanchissage du linge* et la réserve *pour dépenses imprévues* sont exagérées; que ce n'est pas trop de supposer qu'il est facile à cet établissement d'économiser sur son budget une somme de 25 francs pour le traitement du vicaire, et que dès lors la subvention à fournir par la commune doit être réduite à 225 francs; — que, d'après les avis du conseil d'Etat des 25 novembre et 9 décembre 1858, les dépenses tant ordinaires qu'extraordinaires du culte sont, en cas d'insuffisance des revenus des fabriques, une charge communale qui incombe à toute la commune et ne peuvent être exclusivement imposées aux sections qui composent les circonscriptions paroissiales; — que ces subventions aux fabriques sont rangées au nombre des dépenses obligatoires des communes par l'art. 30 de la loi du 18 juillet 1837, et que l'art. 39 de cette même loi, autorise les Préfets à inscrire d'office ces sortes de dépenses aux budgets communaux, lorsque les Conseils municipaux ont refusé d'allouer les fonds nécessaires; — Arrête : —Art. 1. La subvention à fournir par la commune de ..., à la fabrique de l'église de ..., à l'effet d'acquitter le traitement du vicaire pour ..., est fixée à la somme de 225 francs. — Art. 2. Cette somme sera inscrite d'office au budget de la commune de ..., et payée dans les formes prescrites par les règlements sur la comptabilité communale.

— Mandatement d'office. — Nous Préfet, séant en Conseil de préfecture, — Vu l'arrêté que nous avons pris à la date du ..., pour inscrire d'office, aux budgets de la commune de ..., deux sommes, l'une de ..., l'autre de ..., représentant la part contributive de cette commune, dans le traitement de M. le vicaire de la paroisse de ..., pendant les années ...; — les budgets primitif et supplémentaire de la commune de ..., pour l'exercice 186 ., constatant que ces deux sommes y sont inscrites et que la situation budgétaire de la commune permet leur mandatement; — une lettre en date du ..., par laquelle M. le Maire de ..., fait savoir, en réponse à notre mise en demeure, qu'il persiste dans son refus de mandater, au profit de M. le vicaire de la paroisse de ..., les sommes dont l'inscription d'office aux budgets de sa commune a motivé l'arrêté précité, se fondant sur ce que [d'autres sections paroissiales ne tarderont pas à demander des secours pour construire ou réparer les églises, et que ces dépenses, qui frappent la commune entière, mécontentent les habitants]; — la loi du 18 juillet 1837, art. 15 et 61; — Considérant que la dépense dont il s'agit est liquide et qu'elle a été régulièrement autorisée; qu'ainsi, le refus persistant de M. le Maire de ... à l'ordonnancer, ne se justifie d'aucune façon; — Arrêtons : — Art. 1. M. le Percepteur receveur municipal de la commune de ..., est invité à payer, sans délai, sous les justifications d'usage, à M. le vicaire de la paroisse de ..., les deux sommes de ... qui figurent aux budgets de cette commune, exercice courant, pour le traitement de cet ecclésiastique, pendant les années .... — Art. ~. Le présent arrêté tiendra lieu du mandat du Maire.

Cotisations municipales. — Centralisation. — Nous Préfet, — Vu le présent état énonçant les prélèvements à opérer sur les revenus de diverses communes du département, pour acquitter pendant l'année ... En arrêtons le montant à la somme de ..., laquelle sera recouvrée, le plus tôt possible, à la diligence de M. le Trésorier-payeur général et de MM. les Receveurs particuliers des finances, pour être tenu à notre disposition.

Cotisations municipales. — Remboursement. — Le Préfet, — Vu une lettre de M. le Maire de S ..., de laquelle il résulte qu'un prélèvement de ... a été opéré sur la caisse municipale de sa commune, pour contingent dans la dépense d'entretien à l'asile de ..., du nommé ..., aliéné indigent; — Considérant que cet aliéné a conservé son domicile de secours dans la commune de A..., et que c'est par erreur qu'il a été attribué à celle de S ...; — Arrête : — Art. 1. Le prélèvement de ... effectué sur la caisse municipale de S ..., sera remboursé à cette commune, au moyen d'un mandat de pareille somme sur le fonds de cotisations municipales destiné aux dépenses des aliénés indigents. — Art. 2. La commune de A ... est déclarée débitrice de ladite somme de ..., représentant les frais de traitement de l'aliéné ..., laquelle sera versée au fonds des cotisations municipales. — Art. 3. Ampliation du présent arrêté sera transmise à M. le Trésorier-payeur du département pour l'exécution des dispositions de l'art. 2.

— Mandat de remboursement sur les fonds placés au Trésor avec intérêts, par les communes et établissements publics. — Le Préfet, — Vu : 1° les arrêtés de M. le Ministre des Finances des 25 novembre 1824, 26 décembre 1825 et 4 juillet 1839, sur le mode et les conditions des placements en compte courant faits au Trésor public par les communes et les établissements publics; — 2° la demande du receveur de ..., exposant que les besoins de l'établissement exigent le remboursement d'une partie de ses fonds placés au Trésor, à l'effet de pourvoir au paiement des dépenses allouées par le budget, savoir : ..., etc. ; — 3° le compte courant de l'établissement avec le Trésor public, d'où il résulte que le crédit actuel de l'établissement est de ... ; — 4° le budget de l'établissement, qui porte la recette ordinaire à ..., dont le douzième est de ... ; — Considérant que cette demande est fondée, — Arrête : — Le Receveur particulier des finances de l'arrondissement de ..., remboursera au Receveur de ..., la somme de ..., sur les fonds placés par cet établissement au Trésor public. — Le présent mandat, dûment acquité par ce dernier comptable, sera alloué en dépense au Receveur particulier.

— **Patentes.— Frais d'experts.** — Le Préfet,—Vu la pétition de M..., domicilié à ..., pour obtenir la décharge de la patente qui lui a été imposée pour ..., comme ..., ensemble la demande en vérification par experts formée par ce contribuable ; — les rapports des agents des Contributions directes et l'arrêté du Conseil de préfecture du..., desquels il résulte qu'il est dû à M ..., une somme de ..., pour sept journées qu'il a employées à la vérification de cette réclamation ; — les art. 18, 20 et 21 de l'arrêté du 24 floréal an VIII; — Considérant que la réclamation du sieur ... ayant été reconnue mal fondée, les frais d'expertise auxquels elle a donné lieu doivent être à sa charge, — Arrête : — Art. 1. Le Percepteur receveur municipal de la commune de ..., paiera à M ..., pour frais de vérification de la demande en décharge de patente formée par le sieur ..., une somme de ..., dont il fera l'avance sur le produit des centimes additionnels de la commune. — Art. 2. Cette somme lui sera remboursée par le sieur ..., sur la tête duquel le comptable est autorisé à en poursuivre le recouvrement dans les formes ordinaires employées pour la perception des contributions directes.

— **Remise d'amendes à un percepteur.** — Le Préfet, — Vu la pétition adressée à S. Exc. le Ministre de l'Intérieur, par M ..., ancien percepteur receveur municipal des communes composant la réunion de ..., à l'effet d'obtenir la remise de diverses amendes prononcées contre lui pour retards apportés dans la présentation de ses comptes de gestion ; — la lettre de renvoi de S. Exc. le Ministre de l'Intérieur, en date du ..., — les délibérations émises les ... derniers, par le Conseil municipal des communes et par la Commission administrative du bureau de bienfaisance de ...; — les arrêtés rendus par le Conseil de préfecture le ...; — la loi du 18 juillet 1837 ; — Considérant que les communes et les établissements intéressés ont consenti à renoncer au bénéfice des condamnations prononcées contre M. ...; — Arrête : — Art. 1. Il est fait remise à M. ..., ancien percepteur de la réunion de ..., du montant des amendes prononcées contre lui par le Conseil de préfecture pour retards apportés dans le dépôt de ses comptes de gestion. Lesdites amendes, s'élevant à la somme de .... seront réparties, entre les communes et établissements intéressés, dans les proportions suivantes, savoir ..., etc.

— **Impositions annuelles. — Dépenses communales ordinaires obligatoires.** — Le Préfet, — Vu les délibérations des Conseils municipaux des communes ci-après désignées, lesquelles délibérations, prises avec le concours des plus imposés, ont pour objet d'obtenir l'autorisation de s'imposer extraordinairement pour subvenir au paiement des dépenses ordinaires obligatoires de l'exercice 186. ; — les pièces justificatives d'usage ; — la loi du 18 juillet 1837 et la circulaire de M. le Ministre de l'Intérieur du 17 août suivant; — Arrête : — Art. 1. Les communes ci-après dénommées sont autorisées à s'imposer extraordinairement, par addition et au centime le franc du principal des *quatre contributions directes,* savoir : (suit un tableau). — Art. 2. Les impositions autorisées par l'article qui précède seront portées par le Directeur des contributions directes aux rôles des *contributions foncière, personnelle-mobilière,* des *portes et fenêtres* et des *patentes* de 186., et perçues par les Percepteurs receveurs municipaux des communes y désignées, jusqu'à concurrence et dans les proportions ci-dessus déterminées. — Art. 3. Les frais de perception seront ajoutés, à raison de 3 cent. par franc, au montant desdites impositions pour être recouvrés en même temps et versés dans les caisses des communes, à la charge par ces dernières d'en tenir compte aux Percepteurs à titre de dépense municipale.

— **Impositions annuelles.** — **Dépenses communales extraordinaires obligatoires.** — Le Préfet, — Vu les délibérations, etc., *comme ci-dessus, sauf la modification suivante :*... pour subvenir au paiement de diverses dépenses extraordinaires obligatoires.'

— **Impositions annuelles.** — **Salaires des gardes champêtres.** — Le Préfet, — Vu les délibérations des Conseils municipaux des communes ci-après désignées, lesquelles délibérations, prises avec le concours des plus imposés, ont pour objet d'obtenir l'autorisation d'impositions extraordinaires pour subvenir au paiement de diverses dépenses obligatoires... *ou* du traitement des gardes champêtres; — les pièces justificatives d'usage, — l'art. 26 de la loi du 17 août 1822, l'art. 19 de la loi du 21 avril 1832 (pour les gardes champêtres), la loi du 18 juillet 1837 ; — Arrête : — Art. 1. Les communes ci-après désignées sont autorisées à s'imposer extraordinairement, par addition et au centime le franc du principal de leur *contribution foncière*, à l'effet de subvenir au paiement des salaires des gardes champêtres, savoir : (*suit un tableau*). — Art. 2. Les impositions autorisées par l'article qui précède seront portées, par le Directeur des contributions directes, aux rôles de la contribution foncière de 186., et perçues par les Percepteurs receveurs municipaux des communes, jusqu'à concurrence et dans les proportions ci-dessus déterminées. — Art. 3. Les frais de perception seront ajoutés, à raison de 3 centimes par franc, au montant desdites impositions pour être recouvrés avec elles et versés dans les caisses des communes, à la charge, par ces dernières, d'en tenir compte aux Percepteurs, à titre de dépense municipale.

— **Impositions annuelles.** — **Service des chemins vicinaux.** — Le Préfet, — Vu son arrêté du ... inséré au *Recueil des actes administratifs*, n' ... portant mise en demeure pour les Conseils municipaux, d'aviser aux moyens de continuer, en 186 , les travaux de réparation des chemins vicinaux de grande, moyenne et petite communication, et de voter, indépendamment des ressources ordinaires disponibles, des prestations en nature et des centimes spéciaux dans les limites du maximum fixé par l'art. 2 de la loi du 21 mai 1836 ; — les délibérations prises à cet effet par les Conseils municipaux des communes ; — la loi du 21 mai 1836, l'instruction ministérielle du 24 juin suivant, et l'arrêté réglementaire du... relatif à l'exécution de la dite loi ; — Considérant... etc., — Arrête : — Art. 1. Il sera imposé, pour 186., dans les communes du département ci-après dénommées, à l'effet de subvenir à la confection et à l'entretien des chemins de grande, de moyenne et de petite communication : 1' sur chaque habitant, chef de famille ou d'établissement, à titre de propriétaire, de régisseur, de fermier ou de colon partiaire, porté aux rôles des contributions directes, d'après les bases portées dans l'art. 3 de la loi du 21 mai 1836, le nombre de prestations en nature indiquées dans le tableau suivant ; 2° par addition au principal des contributions directes, les centimes spéciaux dont le nombre, pour chaque franc, est également indiqué dans même tableau. — Art. 2. M. le directeur des Contributions directes, est chargé de faire confectionner les rôles des prestations en nature, d'après les bases et dans les proportions ci-dessus déterminées. Ces prestations seront converties en argent dans les rôles, conformément au tarif arrêté par le Conseil général. — Art. 3. Les centimes spéciaux à prélever sur les communes désignées dans le tableau qui précède, seront portés par M. le directeur des Contributions directes aux rôles généraux des contributions foncière, personnelle-mobilière, des portes et fenêtres et des patentes de 186 , et perçus par les Percepteurs receveurs municipaux des communes, jusqu'à concurrence et dans les proportions ci-dessus indiquées. — Art. 4. Les frais de perception seront ajoutés à raison de 3 %, au produit, etc. (*comme ci-dessus*).

— **Impositions annuelles.** — **Service de l'Instruction primaire.** — Le Préfet, — Vu les délibérations des Conseils municipaux des communes désignées en l'état ci-joint, portant vote de centimes spéciaux pour subvenir en 186 , aux dépenses de l'Instruction primaire ; ensemble les budgets desdites communes ; — la loi du 15 mai 1850, sur l'Instruction primaire et la loi des Finances du ..., portant fixation du budget des recettes pour 186 ; — Arrête : — Art. 1. Il sera établi en 186 , sur toutes les communes du département [à l'exception de celles de ...] une imposition spéciale de trois centimes additionnels au principal des quatre contributions directes, à l'effet de suppléer à l'insuffisance des ressources nécessaires à l'établissement et à l'entretien des écoles primaires communales. — Art. 2. Cette imposition sera portée par M. le directeur des Contributions directes aux rôles des contributions foncière, personnelle-mobilière, des portes et fenêtres et des patentes de 186 , et perçue, etc. (*comme ci-dessus*). — Art. 3. Les frais de perception, etc. (*comme ci-dessus*).

— Imposition extraordinaire. — Le Préfet, — Vu la délibération en date du..., par laquelle les membres du Conseil municipal de la commune de..., au nombre de..., assistés des plus imposés de la même commune, au nombre de ..., ont voté une imposition extraordinaire de la somme de..., recouvrable en..., années, à partir du..., pour...; — les pièces justificatives de la dépense montant à...; — le tableau des membres du Conseil municipal en exercice, lesquels sont au nombre de ; — la liste des plus imposés ; — le certificat du maire, constatant que les plus imposés ont été convoqués dans l'ordre du tableau, dix jours à l'avance, en nombre égal à celui des membres du Conseil municipal en exercice ; — le budget municipal de l'exercice courant ; — le chiffre des quatre contributions directes de la commune, montant à...; — le certificat du maire et du receveur municipal, constatant les impositions extraordinaires pour dépenses facultatives éventuelles qui pèsent sur la commune, savoir : ..., etc. ; — ce qui donne au total une charge annuelle de...' centimes extraordinaires, laquelle, réunie à la nouvelle imposition votée, qui représente annuellement ... centimes, n'excèdera pas la limite fixée pour la compétence des Préfets ; — la loi du 18 juillet 1837 ; — le décret du 25 mars 1852 (tableau A, § 36) ; — Considérant que la commune de ... est débitrice envers le sieur ..., de sommes s'élevant ensemble à ... francs ; que cette dette se trouve actuellement exigible, et qu'il importe à la commune d'éviter les charges nouvelles que viendraient ajouter à sa position déjà obérée, soit les frais des procès auxquels elle pourrait être exposée, soit l'accumulation des intérêts de cette dette, dont le service n'a été assuré par aucune ressource spéciale, et auxquels l'insuffisance des ressources ordinaires de la commune ne permet pas de satisfaire ; qu'ainsi, la dépense à laquelle il doit être pourvu au moyen de l'imposition proposée présente un caractère bien établi d'urgence et de nécessité ; — Arrête : — Art. 1. La commune de..., est autorisée à s'imposer extraordinairement, en ... années, à partir de..., par addition au principal de ses quatre contributions directes, la somme de..., représentant annuellement ... centimes additionnels, pour...

Comptabilité des chemins vicinaux. — Autorisation de dépense pour l'Agent voyer en chef. — Le Préfet, — Vu le budget départemental, exercice 186 ; — l'état, dûment approuvé, de la sous-répartition des fonds de toute nature affectés en 186 aux travaux des chemins vicinaux de ... communication ; — le rapport de M. l'Agent voyer en chef au sujet de l'emploi en régie du crédit de ... qui figure à l'art. ... de l'état de sous-répartition ; — Considérant que la majeure partie des ouvrages à faire sur les chemins vicinaux de ... communication, au moyen des fonds de subvention départementale ou autres ressources qui leur sont applicables, ne sont que la continuation ou le perfectionnement de travaux déjà commencés ou ébauchés ; qu'il est, dès lors, presque impossible de les apprécier d'avance et de les faire exécuter par entreprise ; — Arrête : — Art. 1. M. l'Agent voyer en chef est autorisé à faire dépenser, par voie de régie non-intéressée, le crédit ouvert audit état de sous-répartition pour travaux de ...

sur le chemin vicinal de ... communication, n° ..., de ... à ... — Art. 2. Le présent arrêté, dont il sera donné avis à M. l'Agent voyer en chef, sera joint, par extrait, à l'appui du mandat de paiement de premier à-compte délivré au régisseur.

— Contingents communaux. — Le Préfet, — Vu les délibérations du Conseil général portant classement des chemins vicinaux de grande communication, et désignation des communes qui doivent contribuer aux frais de leur construction et de leur entretien ; — les délibérations des Conseils municipaux de ces communes, portant vote de tout ou partie des prestations en nature et des centimes spéciaux, ensemble celle des Conseils municipaux des communes appelées à contribuer aux dépenses des chemins classés d'intérêt commun et les arrêtés de classement de ces chemins ; — la loi du 21 mai 1836, et le règlement arrêté le ... et approuvé le ..., pour l'exécution de cette loi ; — Après avoir pris communication des propositions de M. l'Agent voyer en chef, ainsi que des renseignements fournis par MM. les Sous-Préfets, sur les besoins du service ; — Arrête : — Article unique. Les contingents mis à la charge des communes pour les dépenses des chemins de grande communication et les chemins d'intérêt commun, pendant l'année 186 , et les ressources en prestations et centimes additionnels à employer sur les chemins vicinaux de petite communication, sont et demeurent fixés conformément aux indications du tableau ci-après ..., etc.

— Contingents en faveur d'un chemin de grande ou de moyenne communication. — Le Préfet, — Vu la délibération du Conseil général du département de ..., en date du ..., portant classement d'un chemin vicinal de grande [*ou de moyenne*] communication, sous le n° ..., de ... à ..., avec embranchement sur ..., et désignation des communes intéressées à la construction de ce chemin ; — les délibérations prises par les Conseils municipaux desdites communes pour adhérer à ce classement et voter les contingents mis à leur charge ; — la loi du 21 mai 1836 ; — Arrête : — Art. 1. Les délibérations dont il s'agit sont approuvées, et les contingents acceptés, le tout conformément au tableau ci-annexé. — Art. 2. Une expédition du présent arrêté sera adressée à chacune des communes intéressées.

— Secours à un ouvrier blessé. — Le Préfet, — Vu la pétition en date du ..., par laquelle le sieur ... sollicite un secours en raison des blessures qui lui auraient été occasionnées à la figure et aux mains par l'explosion d'une mine, en travaillant pour le compte de l'administration, sur le chemin de [grande] communication, n° ..., de ... à ...; — le certificat de M. ..., médecin à ..., en date du ...; — le rapport de M. l'Agent voyer d'arrondissement ; — l'avis de M. l'Agent voyer en chef, en date du ... — Arrête : — Il est accordé au sieur ..., de ..., un secours de ... francs, à prendre sur le crédit du chemin de [grande] communication, n° ..., exercice 186 .

— Secours aux communes pour travaux d'art sur les chemins. — Le Préfet, — Vu le budget départemental, exercice ..., sous-chapitre ..., article ..; — l'état de sous-répartition des fonds de subvention départementale alloués à cet article du budget pour les travaux à exécuter en ... sur les chemins de moyenne et petite communication ; — l'art. 8 de la loi du 21 mai 1836, disposant que, dans certains cas extraordinaires, tels que des travaux d'art à construire, les chemins vicinaux, autres que ceux de grande communication, pourront recevoir des subventions sur les fonds départementaux ; — la circulaire de S. Exc. le Ministre de l'Intérieur, du 30 mars 1848, relative à la distribution de ces secours ; — le décret du 25 mars 1852, et notamment le n° 55 du tableau A, y annexé ; — la circulaire de S. Exc. le Ministre de l'Intérieur, du 12 janvier 1856, disposant que les allocations comprises au budget départemental, à titre de subvention, pour des dépenses d'intérêt général ou d'intérêt communal, pourront être, par application de l'article 13 de la loi du 6 juin 1843, intégralement versées à la recette générale du département, pour être inscrites à tel compte qu'il appartiendra, et que cette règle concerne aussi les subventions à prélever sur les fonds départementaux pour le service vicinal; — les propositions de M. l'Agent voyer en chef; — Arrête : — Art. 1. Une somme de .... à prendre sur celle de ..., qui fait l'objet de l'article ..., sous-chapitre ... du budget départemental, exercice ..., sera répartie, pour travaux d'art, sur les chemins de [petite] communication, conformément au tableau ci-après. — A f. 2. En conséquence, la somme de ..., ci-dessus mentionnée, sera mandatée au nom du Trésorier-payeur général, et centralisée par lui, par chemin, dans sa caisse, au compte des cotisations municipales, et tenue à notre disposition. — Art. 3. Le présent arrêté, dont une ampliation sera jointe au mandat de subvention que nous aurons à délivrer, sera transmis à M. l'Agent voyer en chef et à M. le Trésorier-payeur général, chargés d'en assurer l'exécution, chacun en ce qui le concerne.

— Souscription en faveur d'un chemin. — Le Préfet, — Vu une liste de souscription volontaire consentie par les habitants de la section de ..., commune de ..., dans le but de hâter la construction [*ou* la réparation] du chemin vicinal de [moyenne] communication, n° ..., de .. à ..., dans la partie comprise sur le territoire de la commune de ...; — la loi du 21 mai 1836, et les instructions ministérielles relatives à l'exécution de cette loi; — Arrête : — Art. 1. Le produit de la liste des souscriptions volontaires consentie par les habitants de la section de ..., commune de ..., s'élevant à la somme de ..., et destiné à hâter la construction du chemin vicinal de [moyenne] communication, n° ..., de ... à ..., dans la partie comprise sur le territoire de la commune de ..., sera centralisé dans la caisse de M. le Trésorier-payeur général, au compte des *cotisations municipales*. — Art. 2. Le présent arrêté, dont il sera donné avis à M. l'Agent voyer en chef, sera transmis à M. le Trésorier-payeur général chargé d'en assurer l'exécution.

— Subvention industrielle. — Dégradations extraordinaires. — Nous, Préfet, séant en Conseil de préfecture; — Vu le relevé des dépenses effectuées en ... sur le chemin vicinal de [grande] communication, n° ..., de ... à ..., entre ... et ..., et sur le chemin de [grande] communication, n° ..., de ... à ..., soit entre ... et la route départementale n° ..., soit entre le chemin des ... et ...; — notre arrêté du ..., constatant le résultat de la conférence tenue à la préfecture le ... du même mois, et où étaient présents, avec M. l'Agent voyer en chef, M. ..., directeur de la Compagnie des forges de ..., et M. ..., directeur de la Régie des forges de ...; — le relevé du tonnage respectif des forges de ..., et de celles de ..., desquels il résulte : 1° qu'en ..., la Compagnie de ... a fait transporter, par le chemin de [grande] communication, n° ..., sur une longueur de ... kilomètres, entre ... et ..., [vingt mille huit cent trente-quatre] tonnes de castine (20,834 t.), et que la régie de ... en a fait transporter, par la même voie, entre la carrière de ... et la station de cette localité, sur une longueur de ... kilomètres [trois mille soixante-six] tonnes (3,066 t.), ce qui porte le tonnage des deux établissements métallurgiques, par le chemin de [grande] communication, n° ..., à [vingt-trois mille neuf cent] tonnes (23,900 t.); 2° que, pendant la même année, la Compagnie de ... a fait transporter, par le chemin de [grande] communication, n° ..., entre ... et le chemin des ..., sur une longueur de ... kilomètres, [quarante mille quatre-vingt-une] tonnes de minerai de fer (40,081 t.); que, de son côté, la régie de ... a fait transporter, dans le même temps et par le même chemin de [grande] communication, entre la route départementale n° ..., et ..., sur une longueur de ... kilomètres, [cinq mille huit cent soixante] tonnes de minerai de fer (5,860 t.), ce qui élève le tonnage des usines de ... et de ..., par le chemin de [grande] communication, n° ..., à [quarante-cinq mille neuf cent quarante-une] tonnes (45,941); — l'art. 14 de la loi du 21 mai 1836; — Considérant qu'il résulte, soit de la conférence tenue à la préfecture le ... dernier, ainsi qu'il est constaté par l'arrêté précité du ... de ce mois, soit des renseignements recueillis depuis, que la viabilité des deux chemins de [grande] communication dont il s'agit, dans les parties ci-dessus mentionnées, a été maintenue dans un état satisfaisant, et qu'il y a lieu, pour les établissements métallurgiques de ... et de ..., de prendre à leur charge une portion de la dépense effectuée par l'administration du ... au ..., pour l'entretien de ces mêmes portions de chemin ; — que c'est, en effet, aux nombreux et lourds transports de ces établissements qu'il faut attribuer l'excès de dépense occasionné par l'entretien des chemins de [grande] communication, nos ... et ..., dans les parties ci-dessus mentionnées, ainsi, d'ailleurs, que l'ont reconnu les ingénieurs des Compagnies ; — que la subvention spéciale à exiger de la Compagnie de ... et de la régie de ..., par application de l'art. 14 de la loi du 21 mai 1836, calculée suivant les bases adoptées dans cette conférence, et confirmées dans notre arrêté du ..., proportionnellement au tonnage respectif de chaque établissement et aux distances parcourues par leur roulage, doit être fixée ainsi qu'il suit, savoir : 1º pour les transports de la castine, trente-cinq millièmes (0 fr. 035) par tonne et par kilomètre, soit, en ce qui concerne la Compagnie de ..., pour le parcours de ... kilomètres, entre ... et ..., dix-sept centimes et demi (0 fr. 175) par tonne ; 2º pour les transports de minerai de fer sur le chemin de [grande] communication, nº ..., à trois centimes (0 fr. 03) par tonne et par kilomètre, soit, pour le parcours de ... kilomètres, entre ... et le chemin de ..., douze centimes (0 fr. 12) par tonne ; — le Conseil de préfecture entendu ; — Arrêtons : — Art. 1. La subvention spéciale imposée pour l'année ..., à la Compagnie de ..., pour les dégradations *extraordinaires* causées pendant cette même année aux chemins de ... nᶜˢ ..., est réglée à ... par tonne de ... (*indiquer la nature du minerai, etc.*) transportée par le chemin de ..., et à ..., par tonne de ..., transportée par le chemin de ... — Art. 2. En conséquence, cette subvention est fixée à la somme totale de ..., savoir : ... — Art. 3. M. le directeur de la Compagnie de ... est invité à verser ladite somme de ... avant le ... courant, entre les mains de M. le Trésorier-payeur général de ..., au *compte des produits éventuels du département* (... section du budget).

— Tarif des droits de voirie. — Le Préfet, — Vu le projet de tarif des droits de voierie à percevoir dans la commune de ..., tel qu'il a été arrêté par la délibération du Conseil municipal du ..., — l'arrêté du Maire de ..., portant règlement permanent en matière de construction, de réparation et de saillies fixes ou mobiles des bâtiments riverains des voies publiques de la ville dépendant de la voirie urbaine ; — l'arrêté préfectoral pris le ... sur les mêmes objets, après avis de l'ingénieur en chef du département, en date du ..., en ce qui concerne les rues formant traverse de routes impériales et départementales et de chemins vicinaux de [grande] communication ; — l'avis du Conseil des bâtiments civils institué près de la préfecture en date du ... ; — la loi du 18 juillet 1837 (art. 31) ; — le décret du 25 mars 1852 ; — la circulaire du Ministre de l'Intérieur, du 2 avril 1841, sur la marche à suivre pour la formation des tarifs de droits de voirie ; — Considérant que la commune de ... justifie de la nécessité où elle est de créer de nouvelles ressources ; que les droits de voirie sont classés par la loi au nombre des ressources ordinaires des communes ; que, d'ailleurs, les droits déterminés au tarif voté par le Conseil municipal sont modérés, et que les dimensions assignées aux saillies par les règlements ci-dessus visés sont analogues à celles indiquées dans l'ordonnance royale du 24 décembre 1823, spéciale à la ville de Paris, mais proposée comme modèle par la circulaire du 2 avril 1841 ; — Arrête : — Art. 1. Est autorisée la perception des droits de voirie dans la commune de ..., conformément au tarif inséré dans la délibération du Conseil municipal du ..., ci-annexé (1). — Art. 2. La perception des droits, en ce qui concerne les déli-

(1) La délibération doit être transmise à la préfecture au moins en triple expédition. Une de ces expéditions reste annexée à la minute de l'arrêté préfectoral ; la seconde est envoyée au Maire après avoir été certifiée conforme à l'original ; la troisième sert à l'insertion du tarif au *Bulletin administratif* de la préfecture.

vrances d'alignements, n'aura lieu qu'après que ces alignements auront été obtenus dans les formes déterminées par les lois et règlements sur la voirie. — Art. 3. Le Maire de … est chargé, etc.

Concours d'animaux. — Le Préfet, — Vu les propositions de M. l'Inspecteur général du … arrondissement du service des Haras ; — l'arrêté ministériel du … ; — Arrête : — Art. 1. Deux concours sont ouverts en 186 , l'un à … et l'autre à …, pour une distribution de primes aux pouliches de 3 ans de demi-sang et de pur sang arabe, et anglo-arabe. — Art. 2. Les éleveurs des arrondissements de … et de …, ainsi que ceux des cantons de …, sont admis à concourir pour les primes à distribuer à … ; — les éleveurs de l'arrondissement de …, et des cantons de…, concourront pour les primes distribuées à … — Art. 3. Les primes seront distribuées, à … (*désigner le lieu*), le … prochain, à midi précis, et la somme qui leur est affectée, sera répartie de la manière suivante : … etc. — Art. 4. Chaque concurrent, en présentant sa pouliche, devra fournir un certificat de naissance, et une déclaration constatant qu'elle a été saillie par un étalon de l'État, approuvé ou autorisé, ou l'engagement de la faire saillir en 186. par un reproducteur d'une de ces trois catégories, et de la soumettre aux épreuves spéciales dont le programme sera ultérieurement publié. Le propriétaire de la pouliche devra également fournir une déclaration constatant que la pouliche n'a pas été saillie à l'âge de 2 ans. — Art. 5. Tout propriétaire peut faire concourir une pouliche, à la condition de la posséder depuis un mois au moins, avant le concours. — Art. 6. Le droit à la prime ne sera définitivement acquis, qu'après l'épreuve de l'hippodrome. — Art. 7. Les primes seront décernées par un jury composé d'après les prescriptions de l'article … de l'arrêté ministériel du … — Art. 8. M. l'Inspecteur général des Haras visitera les poulains de deux ans, de demi-sang et leur délivrera des cartes d'aptitude, conformément aux prescriptions de l'art 1 de l'arrêté ministériel précité : à …, le … (*désigner le lieu*), à midi, et le …, à …, (*désigner le lieu*), à midi. Cette inspection aura lieu pendant que se fera l'inscription des pouliches. — Art. 9. MM. les Maires sont invités à faire publier et afficher immédiatement le présent arrêté.

N. B. — Nous n'insérons cet arrêté que pour mémoire, chaque préfecture possédant des formules imprimées spéciales, pour les divers concours qui intéressent l'agriculture.

Concours pour l'admission de surnuméraires - percepteurs. — Le Préfet, — Vu l'*Instruction générale* du 20 juin 1859, sur le service des receveurs généraux et particuliers des finances et des percepteurs des contributions directes ; — Considérant que l'expérience a démontré que certaines parties de l'examen auquel sont astreints les surnuméraires-percepteurs, tel qu'il a été jusqu'ici déterminé, peuvent, sans inconvénient, être supprimées, tandis que d'autres comportent un plus grand développement, — Arrête : — Art. 1. L'admission au surnumérariat dans l'administration des contributions directes (perceptions) aura lieu au concours. Tout aspirant au grade de surnuméraire devra, deux mois au moins avant l'époque fixée pour le concours, adresser au Préfet, par l'intermédiaire de M. le Trésorier-payeur général une demande d'admission à l'examen, rédigée par lui, et écrite en entier de sa main sur papier timbré. Cette demande devra être accompagnée des pièces ci-après : 1° une copie de l'acte de naissance du postulant ; 2° un certificat délivré par le maire de sa commune constatant qu'il possède la qualité de Français et qu'il est de bonne vie et mœurs ; 3° un certificat de médecin attestant qu'il jouit d'une bonne santé et qu'il n'est atteint d'aucune infirmité qui puisse l'empêcher de supporter les fatigues de la perception ; 4° un certificat constatant qu'il possède personnellement, ou par sa famille, un revenu annuel d'au moins 1,200 fr., pour subvenir à ses besoins pendant la durée de l'aspirance et du surnumérariat ; 5° l'engagement souscrit par le candidat, et accepté par ses père, mère, ou tuteur, de travailler, pendant la durée de l'aspirance au surnumérariat, dans les bureaux, soit de la recette générale ou des recettes particulières, soit de la préfecture ou des sous-préfectures, qui lui seront désignés par le Préfet, sur la proposition du Trésorier-payeur général. — Art. 3. Nul ne sera admis à concourir s'il n'est âgé de 18 ans au moins et de 28 ans au plus. — Art. 4. Tout candidat, qui aura pris part sans succès à un premier concours, devra faire une nouvelle demande pour prendre part aux concours ultérieurs. Cette demande devra, comme la première, être accompagnée des pièces énumérées dans l'art. 2 du présent arrêté et adressée à la préfecture deux mois avant l'époque fixée pour l'examen. — Art. 5. La commission chargée d'examiner les postulants sera composée ainsi qu'il suit : *Président :* le Préfet ou son délégué ; *Membres :* le Trésorier-payeur ou son délégué ; un membre du Conseil général ; un Receveur particulier des finances ou un Percepteur désigné par le Préfet ; un Inspecteur d'académie ou un Inspecteur primaire désigné par le Préfet ; un Professeur de mathématiques du lycée ; un secrétaire sans voix délibérative, désigné par le Préfet. — Art. 6. Le programme de l'examen est réglé ainsi qu'il suit : — 1ʳᵉ Partie. *Examen écrit.* — 1° Une page d'écriture, faite sous la dictée, sur papier non réglé, sans que le postulant puisse recourir à aucun livre ni à aucun secours étranger pour en corriger l'orthographe ; 2' la même page recopiée à main posée en anglaise et en ronde ; 3' solution raisonnée de plusieurs problèmes d'arithmétique, jusques et y compris les proportions ; 4' établissement d'un compte-courant, à intérêt, s'appliquant à trente opérations au moins ; 5° composition française sur un sujet donné. — 2ᵉ Partie. *Examen oral.* — 1° Théorie du plus grand commun diviseur ; théorie des fractions, des règles d'alliage, d'intérêts et de mélange. (Tous les calculs devront être faits par la réduction à l'unité) ; 2' notions générales sur la nature et l'assiette des différents impôts et sur les principaux devoirs des Percepteurs et des Receveurs municipaux. — Art. 7. Après chaque épreuve, la Commission fixera le nombre de points obtenus par les candidats. Tout candidat qui, dans les compositions de la 1ʳᵉ partie de l'examen n'aura pas obtenu le nombre de points qui sera fixé par la commission et qui devra correspondre à la note « *assez bien,* » sera éliminé et ne pourra continuer à prendre part au concours. Les pièces qu'il aura produites lui seront restituées. — Art. 8. Seront déclarés admissibles par la commission d'examen tous les candidats qui auront réuni à l'examen oral, comme à l'examen écrit, le nombre de points qui sera fixé par la Commission et qui répondra à la note *assez bien*. — Art. 9. Les aspirants surnuméraires qu'il sera nécessaire de désigner pour les besoins du service, seront choisis par le Préfet sur la liste d'admissibilité ainsi arrêtée.

— pour l'emploi d'Architecte de département. — Le Préfet, — Vu la délibération prise par le Conseil général du département dans sa dernière session, à la date du ... août ; — le budget départemental de l'exercice 186. ; — le décret du 13 avril 1861, — Arrête : — Art. 1. Le ..., il sera ouvert à ..., dans une des salles de l'hôtel de la Préfecture, un concours public pour l'emploi d'Architecte du département. — Art. 2. Les personnes qui désireront prendre part à ce concours devront nous en adresser la demande par écrit d'ici au ... Cette demande devra être accompagnée : 1° d'une expédition de l'acte de naissance du candidat ; 2' de l'indication de son domicile ; 3' d'une note faisant connaître les études qu'il a faites, les concours auxquels il aurait pris part, les emplois qu'il aurait occupés et les travaux principaux qu'il aurait projetés et fait exécuter, en précisant la situation de ces travaux, et produisant les documents qui pourraient permettre de juger de leur importance : 4° d'une note indiquant les titres, scientifiques, diplômes, brevets, certificats, etc., qu'il aurait obtenus. — Art. 3. Sur le vu de ces pièces, la liste des candidats admis à concourir sera dressée, et nous en donnerons immédiatement connaissance à chacune des personnes inscrites. — Art. 4. Les épreuves consisteront dans : 1° la rédaction d'un projet complet d'édifice public, d'après un programme donné, avec devis, sous-détails et mémoire à l'appui ; — 2° la composition d'un rapport sur une affaire contentieuse ; 3° des questions orales, théoriques et pratiques sur chacun des projets faisant l'objet du concours; 4° des questions orales sur les différents styles d'architecture et sur leur origine. — Art. 5. La Commission d'examen, qui sera ultérieurement instituée, fixera les délais des épreuves et dressera, d'après les résultats de ces épreuves, la liste des concurrents par ordre de mérite, sur laquelle l'architecte à nommer sera choisi par nous.

— pour l'examen des aspirants et aspirantes au brevet de capacité pour l'instruction primaire. — Le Préfet, — Vu l'article 46 de la loi du 15 mars 1850, l'article 50 du règlement du 15 février 1853, et les articles 6 et 7 du décret du 31 décembre suivant; — l'article 29 du décret du 22 mars 1855, — Arrête : — Art. 1. Les examens des aspirants au brevet de capacité pour l'enseignement primaire commenceront le ... prochain, à ... heures du matin, dans l'une des salles de l'hôtel de la Préfecture. Les examens des aspirantes s'ouvriront le ... à la même heure et au même lieu. — Art. 2. Tout candidat, aspirant et aspirante, est tenu de se faire inscrire dans les bureaux de l'Inspecteur d'Académie avant le ... pour tout délai. Il devra joindre à sa demande d'inscription : 1° un extrait de son acte de naissance constatant qu'il a dix-huit ans accomplis; 2° la déclaration qu'il ne s'est présenté devant aucune commission d'examen dans l'intervalle des quatre mois qui précèdent la session; 3° l'indication, s'il y a lieu, de celles des matières comprises dans la seconde partie de l'article 23 de la loi du 15 mars 1850, sur lesquelles il demande à être interrogé; et pour les aspirantes, la désignation de l'ordre d'enseignement pour lequel elles désirent obtenir le brevet de capacité. Les signatures devront être légalisées par les Maires des communes où résident les aspirants ou aspirantes. Les candidats sont invités, en outre, à fournir des certificats de moralité délivrés par les autorités locales.

N. B. — Les programmes des autres concours sont, comme ceux-ci, insérés dans les *Recueils des actes* des préfectures et publiés par les journaux. Il ne nous parait donc pas nécessaire de les reproduire. Nous ne donnons ceux qui précèdent que pour mémoire.

Conseil de préfecture. — Publicité des séances. — Règlement. — MM. les Préfets ont pris, dans les premiers mois de l'année 1863, des arrêtés pour réglementer la publicité des séances des Conseils de préfecture. Ces arrêtés sont reproduits dans les *Recueils administratifs.*

Conseil municipal.— Annulation de délibération. — Le Préfet, — Vu la délibération du Conseil municipal de ..., en date du ..., tendant à mettre en ferme, au profit de la commune, un pré dit ..., dont la jouissance avait été précédemment concédée au Curé de cette paroisse; — la lettre de M. le Maire de ..., du ..., et le certificat délivré par ce fonctionnaire le ..., constatant l'accomplissement des formalités d'annonces et de publication prescrites par l'ord. du 15 déc. 1838; — les délibérations du même Conseil municipal en date des ... relatives à la concession du pré dont il s'agit aux Curés de la paroisse; — l'ordonnance du 3 mars 1825 relative aux formalités à remplir lorsqu'il s'agit de la distraction de parties superflues des presbytères communaux, et les décisions de M. le Ministre de l'Intérieur des 4 octobre 1826 et 4 avril 1857, portant que les dispositions de cette ordonnance s'appliquent tant aux bâtiments qui constituent l'habitation des desservants qu'aux terrains qui y ont été réunis à titre de dépendances; — les articles 17 et 18 de la loi du 18 juillet 1837; — Considérant qu'il résulte de la délibération du Conseil municipal de ..., en date du ..., que le pré dont il s'agit a été concédé au Curé pour lui tenir lieu de jardin provisoirement, et jusqu'à ce que la commune soit en mesure de le remplacer par un jardin; — que, dès lors, ce même pré doit être considéré comme une annexe ou une dépendance du presbytère, tant que la commune n'a pas fourni un jardin; — qu'il n'est pas justifié que ce jardin ait été fourni; qu'ainsi la délibération du ... a été prise en violation de l'ordonnance du 3 mars 1825 précitée; — Arrête : — La délibération du Conseil municipal de ..., en date du ..., est annulée.

— **Délégation d'office.** — Nous Préfet, — Vu le mémoire en date du ..., ensemble les pièces justificatives à l'appui, par lequel M. ..., entrepreneur de travaux publics, demeurant à ..., nous demande d'intervenir en sa faveur auprès de l'administration municipale de ... pour lui faire payer une somme principale de ..., plus les intérêts de droit, dont ladite ville a été déclarée débitrice envers lui, suivant jugement du Tribunal civil de ..., en date du ...; — les diverses invitations par nous adressées à M. le Maire de ..., à l'effet d'obtenir que la réclamation de M. ... fût soumise au Conseil municipal avec proposition de voter les fonds nécessaires au paiement de la créance précitée; — spécialement notre lettre du ... portant mise en demeure d'avoir à remplir, dans le délai de quinze jours au plus tard, l'acte d'administration sus-indiqué; — la loi du 18 juillet 1837, articles 10 et 15; — Considérant que nos diverses lettres et la mise en demeure susvisées sont demeurées jusqu'à ce jour sans réponse; que ce silence prolongé et intentionnel de l'administration municipale de ..., constitue le cas de négligence prévu par la loi; — Arrête : — Art 1. M. ..., Conseiller de préfecture, est délégué pour, à défaut de M. le Maire de ..., convoquer le Conseil municipal de cette ville, dont la réunion extraordinaire est autorisée, soumettre à cette assemblée le mémoire de M. ..., et proposer telles mesures qu'il appartiendra.

— **Démission d'un Membre** (décret du 2 février 1852). — Le Préfet, — Vu un extrait du casier judiciaire de l'arrondissement de ..., duquel il résulte que le sieur ..., né le ..., à ..., canton de ..., a subi [quatre] condamnations prononcées par le Tribunal de ..., etc.; — les instructions de M. le Ministre de l'Intérieur, portant que le Conseiller municipal qui est privé de ses droits civils ou politiques, ou, spécialement du droit de vote et d'éligibilité, doit, par l'application des principes de droit commun, être exclu du Conseil municipal et que ce droit d'exclusion appartient au Préfet; — les articles 15 et 25 du décret du 2 février 1852, portant que les individus condamnés pour vol ne peuvent être électeurs; — Considérant que le sieur ... a perdu ses droits politiques par suite des condamnations précitées qui entraînent l'exclusion perpétuelle du droit de vote; — qu'en conséquence il est incapable et indigne d'être plus longtemps Conseiller municipal ; — Arrête : — Art. 1. Le sieur ..., Conseiller municipal de ..., cessera de faire partie du Conseil municipal de ladite commune et sera rayé de la liste des membres de cette assemblée. — Art. 2. M. le Maire de ... est chargé de notifier le présent arrêté au sieur ...

— **Démission d'office de plusieurs Membres** (art. 20 de la loi du 5 mai 1855). — Le Préfet, — Vu la proposition de M. le Maire de ..., en date du ..., tendant à faire déclarer démissionnaires MM. ..., membres du Conseil municipal de cette commune, qui ont manqué à plus de trois convocations successives; — un état certifié indiquant les séances ordinaires et extraordinaires tenues par le Conseil municipal de ..., depuis le ...;   un extrait de chacune des délibérations auxquelles n'ont pas pris part les Conseillers municipaux ci-devant dénommés; — l'art. 20 de la loi du 5 mai 1855; — Considérant que les absences des sieurs ... sont dûment constatées, — Arrête : — Art. 1. Les sieurs ..., Conseillers municipaux de la commune de ... sont déclarés démissionnaires.

— **Installation des membres.** — Le Préfet, — Vu la loi du 5 mai 1855, sur l'organisation municipale; — le procès-verbal des élections de la commune de ..., en date du ...; — Considérant qu'il n'a pas été élevé de réclamations fondées contre les opérations électorales de cette commune; que les formalités prescrites par la loi ont été observées et que les élus réunissent les qualités requises; — Arrête : — Art. 1. L'installation des membres du Conseil municipal élus dans la commune de ..., aura lieu le premier dimanche qui suivra la réception du présent arrêté. — Art. 2. — Le tableau des membres du Conseil municipal sera rempli *avec soin et exactitude* sur le cadre d'autre part et, conformément à l'art. 4, § 3, de la loi du 5 mai 1855, c'est-à-dire en commençant par les membres élus au premier tour de scrutin et en suivant l'ordre des suffrages obtenus. Ceux qui auront obtenu un nombre égal de suffrages seront inscrits dans l'ordre des âges, en commençant par le plus âgé. On procédera de la même manière pour les membres nommés au deuxième tour de scrutin. — Art. 3. Sur l'interpellation du Maire, présidant la séance, . chaque membre prêtera serment dans les termes suivants : « *Je jure obéissance à la Cons- titution et fidélité à l'Empereur.* » Le Maire déclarera alors le Conseil municipal ins- tallé dans ses fonctions. — Art. 4. Il sera dressé procès-verbal de ladite installation et de la prestation de serment, pour être transcrit au registre des délibérations du Conseil mu- nicipal avec le tableau des membres du Conseil. Si un ou plusieurs membres ne sont pas présents, ils n'en devront pas moins être inscrits sur le tableau ; le procès-verbal d'installation fera connaître leur absence, et il sera procédé à leur égard de la même manière pour la prestation de serment et pour l'installation lors de la première séance, à laquelle ils assisteront. — Art. 5. La notice personnelle des Maires, Adjoints et Conseil- lers municipaux sera établie à la même séance, avec le même soin, la même exactitude et dans le même ordre que le tableau des membres du Conseil municipal. Il est adressé, à cet effet, un imprimé qui sera renvoyé par les Maires à MM. les Sous-Préfets de ... pour ces arrondissements, et au Préfet pour l'arrondissement de..., avec un double du procès- verbal d'installation.

— **Mise en demeure de voter**. — Le Préfet, — Vu le mémoire, à nous présenté, le .... par M. ..., domicilié à ..., à l'effet d'obtenir le payement de la somme de ..., qui lui est due par la commune de ..., pour ... ; ensemble les pièces justificatives de cette créance ; — la loi du 18 juillet 1837, art. 30 et 39 (§§ 14 et 21) ; — Considérant que la créance dont il s'agit étant établie par un titre régulier et exécutoire, constitue une dépense obligatoire, susceptible d'être inscrite d'office au budget de la commune, — Arrête : — Art. 1. Le Conseil municipal de la commune de..., est mis en demeure d'avoir à déli- bérer, dans le délai de ... jours, sur les moyens à prendre pour acquitter la créance due à M. ... ; — Art. 2. M. le Maire de ..., est chargé, en ce qui le concerne, de l'exécution du présent arrêté.

— **Sessions ordinaires. — Ouverture.** — Le Préfet, — Vu l'art. 15 de la loi du 5 mai 1855, — Arrête : — Art. 1. La [première] session ordinaire des Conseils muni- cipaux s'ouvrira, dans toutes les communes du département, le ... prochain, et devra être close le ... au soir.—Art. 2. Pendant la durée de cette session, les Conseils municipaux pourront s'occuper de tous les objets qui intéressent les communes et qui rentrent dans les attributions municipales. — Art. 3. MM. les Sous-Préfets et MM. les Maires sont char- gés, chacun en ce qui le concerne, de l'exécution du présent arrêté.

N. B. — A l'occasion de la session de mai, il est presque toujours adressé aux Maires une circulaire spéciale à laquelle on ne saurait donner trop d'étendue.

— **Suspension.** — Le Préfet,— Vu la loi du 5 mai 1855, art. 13 et 14 ; — Considérant qu'il résulte de rapports officiels que le Conseil municipal de ... ne présente aucune garantie pour la bonne administration de la commune ; qu'il ..., etc. — Arrête : — Art. 1. Le Conseil municipal de... est suspendu pour deux mois. — Art. 2. Sont nommés membres de la Commission chargée de remplir les fonctions du Conseil municipal, M. M. ... — Art. 3. M. le Maire de ..., est chargé de l'exécution du présent arrêté.

Cours d'accouchement. — Règlement. — Le Préfet, — Vu le règlement général du 8 novembre 1840 pour l'École d'accouchement établie à l'hospice de la Mater- nité de Paris ; — la circulaire ministérielle du 19 mai 1845, relative à l'instruction des élèves sages-femmes ; — Considérant, etc., etc. — Arrête : — § 1. *Du cours et de la salle d'accouchement.* — Art. 1. Il sera ouvert à ... un cours théorique et pratique d'accou- chement où seront admises : 1° les élèves sages-femmes entretenues par le département ou par les communes ; 2° toutes celles qui pourvoieront elles-mêmes à leur entretien et qui

7

rempliront, d'ailleurs, les conditions requises. — Art. 2. Ce cours aura lieu du 1ᵉʳ novembre au 1ᵉʳ mars de chaque année. Il se composera de quatre leçons au moins par semaine; les leçons seront de deux heures et le cours complet de deux ans. L'enseignement y sera donné par un professeur nommé par le Préfet. L'exposé des principes sera, autant que possible, appuyé par des exemples et des opérations manuelles. — Art. 3. Dans ce but, le cours aura, pour annexe, une salle d'accouchement où seront reçues les filles ou femmes indigentes du département, qui, sur la demande des Maires, des Bureaux de bienfaisance ou des Comités de charité, obtiendront du Préfet l'autorisation d'y faire leurs couches. — Art. 4. Cette autorisation ne pourra être accordée avant le huitième mois de grossesse et sans prendre l'avis du professeur d'accouchement. Les filles ou femmes qui l'auront obtenue seront entretenues aux frais du département ou des communes dont les Conseils municipaux auront voté cette dépense. Elles seront renvoyées de l'établissement pour faire place à d'autres, aussitôt que leur état le permettra. — Art. 5. La salle d'accouchement annexée au cours sera desservie par une sage-femme nommée par le Préfet, sur la proposition du professeur. Cette sage-femme recevra les instructions de ce dernier et sera tenue de s'y conformer. Elle sera secondée par les élèves que le professeur désignera à tour de rôle. Son traitement, pour l'année entière, est fixé à .... — Art. 6. Le professeur présidera, pendant la durée du cours, à tous les accouchements. Il prêtera, en tout temps, son ministère pour les accouchements difficiles. Les opérations auront lieu en présence des élèves sages-femmes que le professeur jugera convenable d'admettre dans la salle d'accouchement. Le traitement du professeur d'accouchement est fixé à la somme de ... — § 2. *Du nombre des élèves et de leur admission.* — Art. 7. Le nombre des élèves sages-femmes entretenues aux frais du département est fixé à ... (deux pour chaque arrondissement). Elles seront placées, s'il est possible, dans une pension convenable, où elles recevront, sur les fonds départementaux, une subvention de ... fr. par mois pendant que le cours sera ouvert. — Art. 8. — Chaque commune, dûment autorisée, pourra, d'autre part, entretenir un nombre d'élèves proportionné à ses ressources et à ses besoins. — Art. 9. Le nombre des élèves non subventionnées est illimité. — Art. 10. Pour être admises au cours d'accouchement, n'importe à quel titre, les élèves sages-femmes devront réunir les conditions suivantes : 1° appartenir à une famille honnête; 2° jouir d'une bonne réputation; 3° être âgées de 21 ans au moins et de 36 ans au plus; 4° savoir lire et écrire. En conséquence, elles seront tenues de produire : 1° une demande écrite et signée de leur main; 2° leur acte de naissance; 3° un certificat de bonnes vie et mœurs délivré par le Maire de leur commune. Des dispenses d'âge pourront être accordées aux aspirantes âgées de moins de 21 ans qui résideront à ... avec leur famille. — Art. 11. Les élèves sages-femmes qui voudront jouir de la subvention départementale, devront signer l'engagement d'exercer leur profession dans les résidences que le Préfet leur assignera ultérieurement, sous peine de restituer au département les sommes dont elles auront profité. Celles qui seront entretenues ou subventionnées par une commune pourront être soumises à la condition de se fixer dans cette même commune, toujours sous peine de restitution. — Art. 12. Le professeur, assisté de la commission de surveillance, dressera la liste d'admissibilité, après examen et renseignements pris. Cette liste, arrêtée chaque année du ... au ..., sera remise au Préfet, qui prononcera les admissions et les fera notifier au professeur avant le .... — § 3. *Des examens et des distributions de prix.* — Art. 13. Le 1ᵉʳ mai de chaque année, il sera procédé à l'examen des élèves en présence du professeur et de la commission de surveillance, par des médecins et chirurgiens délégués à cet effet par le Préfet. Les examinateurs, réunis au professeur et aux membres présents de la commission de surveillance, dresseront, par ordre de mérite, la liste des élèves sages-femmes auxquelles devront être décernés un premier prix, un second prix et deux accessits. — Art. 14. Les objets donnés comme prix seront déterminés par le Préfet sur la proposition du professeur et l'avis de la commission de surveillance. La distribution aura lieu avec la solennité convenable. — Art. 15. Les élèves dont l'inaptitude sera reconnue pourront être rayées par le Préfet de la liste des pensionnaires du département ou des communes. Celles d'une incapacité bien constatée seront exclues des cours. — Art. 16. Les élèves qui, après avoir suivi le cours pendant deux ans, seront jugées capables d'exercer la profession de sages-femmes, recevront le certificat d'études nécessaires pour se présenter devant les Facultés ou les Écoles préparatoires de médecine, à l'effet d'obtenir leur diplôme. — § 4. *De la discipline.* — Art. 17. La police intérieure de la salle destinée au cours, celle de la salle d'accouchement et le traitement des femmes en couches sont dans les attributions du professeur. Il exercera, en outre, une surveillance active sur la conduite des élèves à l'extérieur et ne négligera rien pour prévenir ou réprimer les abus. — Art. 18. Indépendamment de la surveillance exercée par le professeur, il y aura une commission de trois membres nommés par le Préfet et spécialement chargés de veiller à l'exécution des règlements. Cette commission adressera au Préfet un rapport annuel, immédiatement après la clôture du cours, sur la marche de l'enseignement et sur les résultats obtenus. Elle lui signalera, en outre, toutes les fois qu'il y aura lieu, les abus à réprimer et les améliorations possibles. — Art. 19. Dans l'intérêt de la discipline et des mœurs, toutes les élèves sages-femmes seront inscrites sur un registre tenu par le professeur, avec l'indication précise de leur demeure. Elles ne pourront demeurer que dans des maisons bien famées et autorisées par le Préfet, sur la proposition du professeur et l'avis du conseil de surveillance. — Art. 20. Les punitions applicables aux élèves sages-femmes pour contravention au règlement, négligence ou inconduite, sont : 1° l'avertissement; 2° la réprimande en présence de la commission de surveillance; 3° la salle de discipline pendant 24 heures; 4° la privation totale ou partielle de la subvention départementale ou communale; 5° l'expulsion. Les trois premières punitions pourront être infligées par le professeur; les deux dernières seront prononcées par le Préfet, sur le rapport du professeur, la commission de surveillance entendue. — Art. 21. Les élèves qui seront expulsées pour inconduite pourront être forcées de rembourser, soit au département, soit aux communes, le montant des subventions dont elles auront joui. Même restitution pourra être exigée des élèves qui, après avoir suivi le cours moins de deux ans, se retireraient volontairement avant leur complète instruction. — Art. 22. Le présent règlement sera soumis à l'approbation de M. le Ministre de l'Intérieur pour être exécuté le ... prochain.

Cours d'adultes. — Règlement. — Le Préfet, — Vu les lois des 15 mars 1850 et 14 juin 1854; — la circulaire de S. Exc. le Ministre de l'Instruction publique, en date du 13 août 1863; — la délibération du Conseil général du département de ..., en date du ...; — le budget départemental de l'Instruction publique, en date du ...; — l'avis de M. l'Inspecteur d'Académie; — Arrête : — Titre Ier. *Ouverture de cours d'adultes dans les écoles communales.* — Art. 1. Sont autorisés à établir et à diriger une classe d'adultes, gratuite ou non gratuite, tous les Instituteurs communaux du département, sous la seule condition de nous adresser une déclaration indiquant les heures de classes et le local où les cours auront lieu. — Art. 2. L'enseignement des adultes comprend la lecture, l'écriture, les éléments de la langue française, le calcul, le système légal des poids et mesures, et, s'il y a lieu, le dessin linéaire. Les leçons de lecture seront données de manière à faire connaître aux élèves les principaux événements de l'histoire de France. — Art. 3. Il sera tenu, dans chaque classe d'adultes, un registre indiquant les noms et prénoms des jeunes gens admis, la date de leur naissance, leur profession, la date de leur entrée et celle de leur sortie. — Art. 4. L'appel des élèves sera fait chaque jour de classe; les absences seront constatées sur un registre spécial. — Art. 5. Les premières séances seront consacrées à l'examen des adultes admis au cours. Une dictée sera faite aux élèves sachant écrire. On leur donnera un exercice de calcul écrit et un exercice d'écriture à main posée. Les copies seront datées et signées par les élèves; elles seront conservées par l'Instituteur et représentées lors de l'examen qui aura lieu à la fin des cours. — Art. 6. A la clôture du cours, il sera procédé à un second examen des élèves dans la même forme que le premier. — TITRE II. *Ouverture de cours d'adultes par des Instituteurs libres.* — Art. 7. Aux termes des art. 27 et 55 de la loi du 15 mars 1850, tout instituteur libre qui veut ouvrir un cours d'adultes doit préaablement déclarer son intention au Maire de la commune où il veut s'établir, lui désigner le local et lui donner l'indication des lieux où il a résidé et des professions qu'il a exercées pendant les dix années précédentes. Cette déclaration doit être adressée par le postulant au Préfet, au Procureur impérial et au Sous-Préfet. Elle demeurera affichée, par les soins du Maire, à la porte de la mairie pendant un mois. A défaut d'opposition, le cours peut être ouvert à l'expiration du mois, sans autre formalité. — TITRE III. *Concours entre les adultes de 15 à 19 ans livrés aux travaux agricoles ou manuels. (Prix cantonal à décerner à celui qui aura le mieux conservé et le plus accru l'enseignement de l'école.)* — Art. 8. Chaque année, le prix créé par le Conseil général, consistant en un livret de [25 francs] sur la Caisse d'épargnes, sera décerné à l'adulte de 15 à 19 ans, livré aux travaux agricoles ou manuels, qui aura le mieux conservé et le plus accru l'enseignement de l'école. — Art. 9. Seront admis à concourir, qu'ils aient suivi les cours institués dans les écoles communales et libres ou qu'ils aient développé par eux-mêmes leur instruction élémentaire, les adultes réunissant les conditions d'âge et de profession indiquées dans l'article précédent et qui en auront fait la demande avant le 26 avril au Maire de la commune où ils résident. La liste des concurrents, dressée par le Maire avec l'aide de l'Instituteur communal, sera transmise à l'Inspecteur primaire, le 30 avril au plus tard. — Art. 10. L'examen aura lieu dans la salle d'école du chef-lieu de canton, au jour et à l'heure qui auront été indiqués au moins trois jours à l'avance par l'Inspecteur primaire. Cet examen sera public; il aura lieu sous la surveillance de l'autorité municipale. Il portera sur la lecture, l'écriture, la grammaire ou le calcul, et, selon les cas, sur le dessin linéaire. Il sera fait une dictée aux concurrents, qui devront résoudre, par écrit, une question de calcul. — Art. 11. Il n'y aura d'examen qu'autant que cinq concurrents, au moins, se présenteront dans le canton. Au-dessous de ce chiffre, les concurrents seront réunis à ceux des cantons les plus voisins de leur résidence. — Art. 12. Un procès-verbal constatera l'opération et les résultats du concours. Les candidats seront classés par ordre de mérite. Leurs copies seront jointes au procès-verbal d'examen qui sera transmis, dès qu'il aura été rédigé, à M. l'Inspecteur d'Académie, chargé de nous le faire parvenir avec ses propositions. — Art. 13. Sur le vu du procès-verbal d'examen et des pièces jointes, nous décernerons à l'adulte classé le premier dans chaque canton, le prix mentionné à l'art. 8 du présent arrêté. Dans chaque canton, un Conseiller général ou un autre fonctionnaire délégué par nous, remettra le prix dont il s'agit à l'adulte qui l'aura obtenu. — Art. 14. Le prix cantonal ne pourra être décerné deux fois au même adulte. — Art. 15. MM. les Maires, M. l'Inspecteur d'Académie, MM. les Inspecteurs primaires et les Instituteurs communaux sont chargés, chacun en ce qui le concerne, de l'exécution du présent arrêté.

Cours d'eau. — Chômage d'un canal. — Le Préfet, — Vu la demande formée par M. le Président du Conseil d'administration de la Compagnie des chemins de fer de..., tendant à obtenir l'autorisation de mettre en chômage le Canal de..., pendant [60] jours. — Les rapports et avis fournis par M. l'Ingénieur en chef, directeur du canal de..., et par M. l'Ingénieur en chef chargé du contrôle. — L'art. 195, § 2, du règlement du...; — la décision du..., par laquelle S. Exc. le Ministre de l'Agriculture, du Commerce et des Travaux publics a fixé à [60 jours] la durée du chômage. — Considérant qu'il résulte des documents susvisés, que le délai réclamé est nécessaire, tant pour l'exécution du [tunnel de ..., et de celui de la rigole d'alimentation, que pour divers travaux que la Compagnie du canal de..., doit exécuter sur tout son parcours], — Arrête : — Art. 1. Le chômage du canal de..., et de ses embranchements, aura lieu du,.., au.... — Art. 2. Les expéditions cesseront, sur toute la ligne navigable, le... prochain. — Art. 3. M. l'Ingénieur en chef du canal de... est chargé de l'exécution du présent arrêté, qui sera publié et affiché aux lieux accoutumés, et inséré, en outre, au *Recueil des actes administratifs*.

— Curage. — Redressement. — Le Préfet, — Vu le projet dressé pour l'élargissement et le curage de la rivière de..., sur le territoire de la commune de...; — la délibération en date du..., par laquelle le Conseil municipal de... donne son avis sur ledit projet et vote les ressources nécessaires pour subvenir à la dépense des travaux d'élargissement et au paiement des indemnités de terrains; — le procès-verbal de l'enquête à laquelle il a été procédé le...; — l'avis de la Commission d'enquête en date du...; — les lois du 12-20 août 1790 et 14 floréal an XI; — Arrête :

TITRE PREMIER. — Est approuvé le projet dressé pour l'élargissement et le curage de la rivière de..., sur le territoire de la commune de.... — Art. 2. L'élargissement dudit cours d'eau sera effectué conformément aux lignes rouges tracées sur le plan ci-annexé. — Art. 3. Le Maire, agissant au nom de la commune, est autorisé à acquérir les immeubles ou portions d'immeubles dont l'occupation sera nécessaire pour opérer les travaux d'élargissement projetés.

TITRE II. *De la commission syndicale.* — Art. 4. Une commission syndicale sera établie pour diriger et régulariser lesdits travaux. Elle sera composée de sept membres, qui seront nommés par le Préfet et choisis, quatre parmi les propriétaires riverains, deux parmi les propriétaires d'usines, et un parmi les propriétaires non riverains (1). — Art. 5. Les membres de la commission syndicale resteront trois ans en fonctions, et seront renouvelés deux par chaque année. Les deux premières années, les membres sortants seront désignés par le sort; ils pourront être renommés. — Art. 6. Un des syndics sera nommé, par le Préfet, directeur du syndicat : ses fonctions dureront deux ans; mais il pourra être maintenu pendant toute la durée de ses fonctions syndicales. — Art. 7. Le directeur sera chargé de la surveillance des intérêts de la communauté, ainsi que de la conservation des plans, registres et autres papiers appartenant à l'association. — Art. 8. Il sera nommé, en outre, par le Préfet, deux syndics suppléants pris également parmi les propriétaires intéressés, et qui remplaceront les syndics en cas d'empêchement ou d'absence. — Art. 9. Le directeur convoquera, toutes les fois qu'il le jugera convenable, et présidera l'assemblée syndicale. Il lui sera donné un adjoint nommé par le Préfet, lequel sera pris parmi les syndics et remplacera le directeur en cas d'empêchement ou d'absence. — Art. 10. Le syndicat sera nécessairement convoqué sur la demande de l'un des syndics, ou sur l'invitation du Préfet. — Art. 11. La commission syndicale est spécialement chargée : 1° de rechercher et indiquer les moyens de procurer le libre écoulement de la rivière ou du ruisseau de... 2° d'en ordonner le curage toutes les fois que cette opération sera reconnue nécessaire; 3° de régler la dimension et l'entretien des berges et d'y faire effectuer les plantations d'arbres qui seraient jugées utiles; 4° de régler tout ce qui concerne l'extraction, le dépôt et la destination des vases, matières quelconques et déblais provenant du curage; 5° de veiller à ce que les conditions imposées à tout établissement d'usine, de barrage, retenue ou prise d'eau quelconque soient strictement observées (2), et d'indiquer au Préfet les barrages qui devront être détruits. — Art. 12. La commission se fera, au besoin, assister d'un ingénieur ou d'un agent voyer, soit pour dresser les projets des travaux de curage, soit pour la levée des plans, l'établissement des devis et la direction

---

(1) La commission pourra n'être composée que de cinq ou même de trois membres, selon l'importance du cours d'eau. S'il n'existe que peu d'usines sur le cours d'eau, on n'appellera qu'un usinier à faire partie du syndicat.

(2) S'il n'existait ni usine ni barrage, ce paragraphe devrait être supprimé.

des travaux. Elle proposera le mode d'exécution des travaux, soit par adjudication, soi par marché, soit par régie. Elle présentera, s'il y a lieu, un expert qui sera chargé de procéder à la fixation de la part contributive de chaque intéressé. Elle répartira entre les intéressés le montant des taxes reconnues nécessaires pour le curage et tous les travaux autres que ceux d'élargissement. Elle contrôlera et vérifiera la comptabilité du receveur de la communauté. Enfin, elle donnera son avis sur tous les objets relatifs aux intérêts de la communauté, lorsqu'elle sera consultée par l'Administration. — Art. 13. Les membres de la commission ne pourront délibérer qu'au nombre de cinq au moins (1). Leurs délibérations ne seront exécutoires qu'autant qu'elles auront reçu l'approbation du Préfet.

TITRE III. *Des travaux, de leur exécution et de leur mode de paiement.* — Art. 14. L'exécution des travaux aura lieu sous la surveillance du directeur, auquel le syndicat pourra adjoindre un commissaire qui l'aidera dans cette surveillance. — Art. 15. Les paiements d'à-compte seront faits en vertu de mandats du directeur, délivrés sur les certificats du commissaire adjoint. Les paiements définitifs s'exécuteront également sur mandats du directeur, appuyés d'un procès-verbal de réception constatant que les travaux ont été faits conformément aux projets approuvés, et selon les règles de l'art. — Art. 16. Si les travaux ont été exécutés par adjudication, cette réception sera faite, en présence de l'entrepreneur, par le directeur, assisté des membres du syndicat, et, s'il y a lieu, de l'ingénieur ou de l'agent voyer. — Art. 17. Tous les ans, dans le courant du mois d'août, le syndicat déterminera les époques auxquelles le repurgement devra avoir lieu. — Art. 18. Le Préfet pourra, s'il le juge convenable, faire opérer d'office, ou sur la demande d'une des parties, les reconnaissances nécessaires, aux frais des intéressés, pour s'assurer que le lit du cours d'eau n'est gêné par aucun encombrement, et ordonner, s'il y a lieu, les dispositions nécessaires pour procurer le libre écoulement des eaux. Les frais occasionnés par la vérification seront au compte de la partie qui l'aura mal à propos demandée. — Art. 19. Les détenteurs d'usines sont tenus d'ouvrir, sans indemnités, leurs vannes pendant le temps nécessaire au curage; ils devront obtempérer, à cet égard, aux injonctions qu'ils recevront du directeur du syndicat (2). — Art. 20. Aucune réparation aux vannes de décharge, déversoirs et autres ouvrages constituant la retenue et le règlement des eaux ne pourra avoir lieu sans une autorisation donnée par le Préfet, sur l'avis du syndicat et des ingénieurs (3).

TITRE IV. *De la Comptabilité.* — Art. 21. Au 15 janvier de chaque année, le Directeur présentera au syndicat le compte détaillé des travaux exécutés, ainsi que de la recette et de la dépense effectuées pendant l'année précédente. Après cette communication, le Préfet arrêtera, s'il y a lieu, ledit compte. — Art. 22. Le recouvrement des rôles sera fait par le Percepteur de la commune de .... Ce comptable, au moyen de la remise qui lui sera allouée, sera tenu de dresser les rôles qui seront mis en recouvrement sur les documents qui lui seront fournis par la commission syndicale. Ces rôles, après avoir été vérifiés par le syndicat, seront rendus exécutoires par le Préfet. — La perception en sera faite dans les délais fixés par le Préfet, sur l'avis de la commission syndicale et dans la forme suivie pour les contributions directes. Le Percepteur sera soumis aux conditions suivantes : 1° de se conformer aux dispositions qui régissent la comptabilité des communes; 2° d'être placé, pour ce service, sous la surveillance et la responsabilité du Receveur des finances de l'arrondissement; ses comptes, après avoir subi l'examen de la commission syndicale, seront, quelle que soit l'importance des recettes annuelles, arrêtés

---

(1) Ou de trois si le syndicat n'était composé que de cinq membres.

(2 et 3) Cet article devra être supprimé s'il n'existe pas d'usine sur le cours d'eau. Il faut observer, en outre, que, dans le cas de l'article 20, il est essentiel que ce soit un ingénieur qui donne son avis, attendu que le règlement de tout ce qui concerne les usines ressortit au ministère des Travaux publics.

définitivemeut par le Conseil de préfecture, sauf recours, s'il y a lieu, à la cour des Comptes; 3' de verser au Trésor un cautionnement en numéraire, dont la quotité sera fixée par le Préfet, sur la proposition de la commission syndicale et l'avis du Receveur des finances de l'arrondissement. Toutefois, cette disposition ne sera obligatoire qu'autant que le syndicat en demandera l'exécution.   Art. 23. Le Percepteur sera responsable du défaut de paiement des taxes dans les délais fixés, à moins qu'il ne justifie de poursuites faites en temps utile contre les contribuables en retard. — Art. 24. Le Percepteur acquittera les mandats délivrés par le directeur, conformément aux dispositions du présent règlement. Il rendra compte, le 10 janvier de chaque année, des recettes et des dépenses qu'il aura faites pendant l'année précédente. Il ne lui sera pas tenu compte des payements irrégulièrement faits. Le syndicat vérifiera les comptes du Percepteur, les arrêtera provisoirement et les soumettra au Préfet pour être définitivement approuvés, s'il y a lieu. — Art. 25. Le directeur vérifiera, toutes les fois qu'il le jugera convenable, la situation de la caisse du Percepteur, qui sera tenu de lui communiquer toutes les pièces de la comptabilité relatives à cet objet, et de lui fournir en outre, tous les mois, si le directeur le demande, un bordereau des recettes et des dépenses.

TITRE V. *Dispositions générales.* — Art. 26. Il pourra être nommé un garde-rivière chargé de veiller à l'exécution des lois et règlements sur la police des eaux. Il agira sous la surveillance de l'autorité du syndicat et du Maire de la commune. Son traitement sera prélevé sur les fonds affectés aux travaux de curage et d'entretien. — Art. 27. Les délits et contraventions seront constatés par procès-verbaux et poursuivis conformément aux lois. — Art. 28. Toutes réclamations relatives aux cotisations comprises aux rôles, ainsi que toutes contestations concernant la confection des travaux, seront portées devant le Conseil de préfecture, conformément aux lois des 28 pluviôse an VIII et 14 floréal an XI.

— **Extraction de sable.** — Le Préfet, — Vu la pétition en date du ... par laquelle M ..., propriétaire à ..., demande l'autorisation de prendre dans la rivière de ... le sable qui lui est nécessaire pour des réparations qu'il se propose de faire à ... ; — le rapport de M. l'Ingénieur ordinaire de l'arrondissement du ..., en date du ....; — l'avis de M. l'Ingénieur en chef de la navigation du ..., en date du ... ; — Considérant qu'il résulte du rapport ci-dessus visé que des extractions de sable dans la rivière de ... peuvent être autorisées sans inconvénient pour le service de la navigation. — Arrête : — Art. 1. L'autorisation demandée par M ..., lui est accordée aux conditions suivantes : 1' le sable sera pris, soit sur le gravier compris entre la sortie de l'écluse de ... et le canal de fuite du moulin de ce nom, soit sur le versant droit du ..., formant ilot, situé en aval ; 2' aucune extraction ne pourra être faite dans le bras de la rivière qui sépare l'ilot de la rive gauche ; 3' avant de commencer l'extraction, le conducteur des ponts et chaussées chargé de la surveillance de cette partie de la rivière, désignera les points sur lesquels elle pourra avoir lieu. — Art. 2. Le présent arrêté sera transmis à M. l'Ingénieur en chef de la navigation du ..., chargé d'en faire notifier les dispositions au pétitionaire et d'en assurer l'exécution.

— **Restriction du droit de prise d'eau.** — Le Préfet, — Vu les pétitions qui nous ont été adressées sur la nécessité de restreindre, tant que durera la sécheresse actuelle, le droit qu'ont les propriétaires de détourner les eaux des rivières, ruisseaux et fontaines, afin que les moulins ne soient pas exposés au chômage ; — l'art. 18, titre 1er, de la loi du 19-22 juillet 1791 et l'art. 471 du Code pénal, modifié par la loi du 28 avril 1832 ; — Considérant que la mouture des grains est un objet de première nécessité et d'intérêt public et général. — Arrête : — Art. 1. Tant que durera la sécheresse actuelle, les propriétaires ne pourront détourner des rivières, ruisseaux ou fontaines, aucune partie des eaux indispensablement nécessaires pour faire fonctionner les moulins à céréales, que soixante heures par semaine, savoir : le samedi, depuis six heures du soir jusqu'au mardi, six heures du matin. — Art. 2. — Les contrevenants seront poursuivis conformément aux dispositions de la loi susvisée. — Art. 3. MM. les Maires sont chargés de l'exécution du présent arrêté.

— Travaux sur les rivières non navigables ni flottables. — (Formule applicable à tous les cas). — Le Préfet, sur le rapport de l'Ingénieur en chef des ponts et chaussées, — Vu les pièces de l'instruction régulière à laquelle l'affaire a été soumise conformément aux circulaires des 19 thermidor an VI, 16 novembre 1834 et 23 octobre 1851, et notamment : les procès-verbaux des deux enquêtes qui ont eu lieu dans la commune de . :., en exécution des arrêtés des ... et ... 186 ., la première du ..., au ..., la seconde, du ..., au ...; — les avis de M. le Maire de ..., en date des ...; — le procès-verbal de visite des lieux et les rapports dressés par les Ingénieurs des ponts et chaussées, les ...; — le plan des lieux et les profils y annexés ; — les lois des 20 août 1790 ; 6 octobre 1791 et l'arrêté du gouvernement du 19 ventôse an VI ; — le décret du 25 mars 1852, — Arrête : — Art. 1. Le sieur ..., [...], domicilié à ..., commune de ..., est autorisé à ·.... Cette autorisation est accordée aux conditions suivantes : ... — Art. 2. Il sera posé près de l'usine, en un point qui sera désigné par l'Ingénieur, un repère définitif et invariable, du modèle adopté dans le département. Ce repère, dont le zéro indiquera seul le niveau légal de la retenue, devra toujours rester accessible soit aux fonctionnaires publics, soit aux particuliers qui ont intérêt à vérifier la hauteur des eaux. Le permissionnaire ou son fermier seront responsables de la conservation du repère définitif, ainsi que des repères provisoires jusqu'à la pose du repère définitif. — Art. 3. Dès que les eaux dépasseront le niveau légal de la retenue, le permissionnaire ou son fermier seront tenus de lever les vannes de décharge pour maintenir les eaux à ce niveau, et de les ouvrir au besoin en totalité. Ils seront responsables de la surélévation des eaux, tant que leurs vannes ne seront pas levées à toute hauteur. En cas de refus ou de négligence de leur part d'exécuter cette manœuvre en temps utile, il y sera procédé d'office et à leurs frais, à la diligence du Maire de la commune, et ce, sans préjudice de l'application des dispositions pénales dont ils seraient passibles, ou de toute action civile qui pourrait leur être intentée, à raison des pertes et des dommages résultant de ce refus ou de cette négligence. — Art. 4. Le permissionnaire ou son fermier seront tenus d'effectuer le curage à vif fond du bief de l'usine dans toute l'étendue du remous, toutes les fois que la nécessité s'en fera sentir ou qu'ils en seront requis par l'autorité administrative, si mieux n'aiment les riverains opérer ce curage eux-mêmes et à leurs frais, sauf l'application des règlements locaux actuellement existants ou à intervenir. — Art. 5. Le permissionnaire sera tenu de se conformer à tous les règlements intervenus ou à intervenir sur la police, le mode de distribution et le partage des eaux. — Art. 6. Les droits des tiers sont et demeurent expressément réservés. — Art. 7. Les travaux ci-dessus prescrits seront exécutés sous la surveillance des Ingénieurs ; ils devront être terminés dans le délai de ..., à dater de la notification du présent arrêté. A l'expiration du délai ci-dessus fixé, l'Ingénieur rédigera un procès-verbal de récolement au frais du permissionnaire, en présence de l'autorité locale et des parties intéressées dûment convoquées. Si les travaux sont exécutés conformément à l'arrêté d'autorisation, ce procès-verbal sera dressé en deux expéditions. L'une de ces expéditions sera déposée aux archives de la Préfecture et la seconde à la Mairie du lieu. — Art. 9. Faute par le permissionnaire de se conformer, dans le délai fixé, aux dispositions prescrites, l'Administration se réserve, suivant les circonstances, de prononcer la déchéance du permissionnaire ou de mettre son usine en chômage, et, dans tous les cas, elle prendra les mesures nécessaires pour faire disparaître, aux frais du permissionnaire, toute cause de dommage provenant de son fait, sans préjudice de l'application des dispositions pénales relatives aux contraventions en matière de cours d'eau. Il en sera de même dans le cas où, après s'être conformé aux dispositions prescrites, le permissionnaire formerait quelque entreprise nouvelle ou changerait l'état des lieux sans y être préalablement autorisé. — Art. 9. Le permissionnaire ne pourra prétendre à aucune indemnité ni dédommagement quelconque si, à quelque époque que ce soit, pour l'exécution de travaux dont l'utilité publique aura été légalement constatée, l'Administration reconnaît nécessaire de prendre des dispositions qui le privent, d'une manière temporaire ou définitive, de tout ou partie des avantages résultant de la présente permission, tous droits antérieurs réservés.

— Construction d'un pontceau. — Le Préfet, — Vu la pétition en date du ..., par laquelle le sieur ... propriétaire à ..., demande l'autorisation d'établir un pont sur le ruisseau de ...; — le rapport de M. l'Ingénieur ordinaire et l'avis de M. l'Ingénieur en chef en date du ...; — le profil en long du ruisseau et son profil transversal au droit de l'ouvrage précité; — Considérant que la section des crues extraordinaires est de [21 m. 79] et le débouché du pont projeté [25 m. 12]; — que le remous produit par la surélévation des eaux au passage du pont ne saurait atteindre les propriétés riveraines; — que les dimensions données à l'ouvrage sont acceptées par le sieur ...; — Arrête : — Art. 1. L'autorisation demandée par le pétitionnaire lui est accordée aux conditions suivantes : 1° le pont à établir sur le ruisseau de ... sera à plein cintre et aura [8 m. 00 c.] d'ouverture entre les culées; 2° les droits des tiers sont et demeurent expressément réservés. — Art. 2. Le présent arrêté sera transmis à M. l'Ingénieur en chef chargé d'en faire notifier les dispositions au sieur ... et d'en assurer l'exécution.

— Établissement d'échelle à poisson. — Le Préfet, — Vu la pétition par laquelle le sieur ..., propriétaire au moulin de ..., commune de ..., demande à modifier l'échelle à poisson qu'il est tenu de construire le long du barrage de son moulin et à lui donner une direction droite au lieu de l'établir en courbe, conformément aux prescriptions de notre arrêté du ...; — le plan des lieux; — le rapport de M. l'Ingénieur ordinaire de l'arrondissement de ..., en date du ...; — l'avis de M. l'Ingénieur en chef, en date du ...; — Considérant qu'il résulte du rapport ci-dessus visé de M. l'Ingénieur ordinaire que la présence des rochers sur lesquels est construit le petit moulin de ... facilite la construction de l'échelle dans le sens proposé par le sieur ...; — que cette disposition ne peut qu'augmenter la solidité de l'échelle et la mettre à l'abri des accidents, et que, d'ailleurs, le fond de l'échelle sera plongé dans le courant et établi en contre-bas des plus basses eaux; — Arrête : — Art. 1. L'autorisation demandée par le sieur ..., lui est accordée aux conditions suivantes : l'échelle, établie en long, aura la même largeur et la même pente que celle déterminée dans l'arrêté ci-dessus visé; elle occupera l'emplacement marqué en rouge, modifié en bleu, sur le plan produit par les ingénieurs. Elle partira de dessus les roches situées près du moulin, et, après s'être dirigée obliquement vers le lit du ruisseau, elle retombera sur elle-même, conformément aux modifications indiquées en bleu sur ledit plan, afin d'en placer l'entrée sous la chute même du barrage, au point le plus agité, par où se dirigent de préférence les poissons voyageurs. — Art. 2. Le présent arrêté sera transmis à M. l'Ingénieur en chef, chargé d'en faire notifier les dispositions au sieur ..., et d'en assurer l'exécution.

— Honoraires des Ingénieurs. — Le Préfet, — Vu l'état des frais et honoraires dus aux Ingénieurs et Agents des ponts et chaussées pour le recolement de la prise d'eau que le sieur ..., propriétaire à ..., a été autorisé à établir sur le ruisseau de ..., pour l'irrigation de ses propriétés, ledit état ainsi conçu (*suit le texte entier de l'état*) ; — les décrets des 6 fructidor an XII, 10 et 27 mai 1854; — la décision de S. Ex. le Ministre des Finances, en date du 30 août 1854; — Arrête : — Art. 1. L'état des frais ci-dessus transcrit est réglé et homologué à la somme de ..., dont ... fr. pour M. ..., et ... fr. pour M. .... — Art. 2. Le présent arrêté, dont il sera donné avis à M. l'Ingénieur en chef du service ordinaire des ponts et chaussées, sera transmis à M. le Trésorier-payeur général des Finances du département, chargé d'opérer le recouvrement de la somme dont il s'agit, et de l'encaisser au compte des *produits éventuels du département*. Il sera également transmis à M. le Maire de ..., qui reste chargé d'en faire immédiatement notifier les dispositions au sieur ....

Courses de chevaux. — Le Préfet, — Vu les arrêtés réglementaires des 10 février 1861 et 7 février 1863 sur les encouragements à l'espèce chevaline; — les instructions de M. le Directeur général des haras, le budget départemental de 186 , et les propositions de M. l'Inspecteur général des haras du .. arrondissement. — Arrête : — Art. 1. Les courses de ..., pour ..., auront lieu le dimanche ... prochain sur l'hippodrome établi au champ de ..: — Art. 2. Les courses commenceront à deux heures de l'après-midi. — Art. 3. Le champ destiné aux courses devra être évacué à midi et demi. Passé cette heure, on ne pourra plus franchir la ligne de démarcation de la lice. — Art. 4. Il est défendu aux cavaliers, ainsi qu'aux conducteurs de voitures, d'aller au galop sur les routes et chemins conduisant à l'hippodrome. — Art. 5. Il est interdit de donner, pendant les courses, aucun signe d'approbation ou d'improbation qui puisse effrayer les chevaux ou être considéré comme un signal. — Art. 6. Défense est faite de conduire des chiens sur le champ de course ; ceux qui y seront trouvés seront abattus. — Art. 7. Aussitôt une course commencée, les voitures des spectateurs devront s'arrêter où elles se trouveront, jusqu'à ce que cette course soit terminée. Les cavaliers ayant satisfait au paiement des droits d'entrée pourront seuls circuler dans l'hippodrome. — Art. 8. Les contraventions aux articles qui précèdent seront constatées par des procès-verbaux, et les contrevenants seront traduits devant des tribunaux compétents. Les mesures de police à prendre dans la circonstance sont confiées aux soins de M. le Commissaire de police.

D

Débits de boissons. — **Ouverture.** — Le Préfet, — Vu la demande formée par le sieur ..., demeurant à ..., à l'effet d'être autorisé à ouvrir un débit [*temporaire*] de boissons, dans ladite commune, rue ..., n° ...; — l'avis de l'autorité locale; — le décret du 29 décembre 1851; — la circulaire ministérielle du 20 avril 1858, — et le décret du 13 avril 1861; — Arrête : — Art. 1. La demande ci-dessus est accueillie; *ou (pour les débits temporaires)* : Le sieur ... est autorisé à débiter temporairement des boissons dans la commune de ..., au lieu dit ..., le (*ou* les) ... 186 , à l'occasion de la fête patronale [*ou* la foire, etc.] — L'heure de fermeture de ce débit temporaire sera fixée par M. le Maire de ..., dans les limites déterminées par les règlements. Il en sera donné avis à la gendarmerie. — Art. 2. Une expédition sur timbre du présent arrêté sera délivrée au permissionnaire par les soins de M. le Maire de ....

— **Fermeture.** — Le Préfet, — Vu le décret du 29 décembre 1851 ; — Considérant qu'il résulte des renseignements recueillis que, dans la nuit du ... de ce mois, le sieur ..., cabaretier, à ..., avait, dans son établissement, grand nombre de consommateurs, parmi lesquels se trouvaient des jeunes filles étrangères à la commune, et même des mineurs de moins de seize ans ; — qu'il contrevient habituellement aux règlements relatifs à la police des cafés et cabarets, en tenant son établissement ouvert à des heures indues; — que des avertissements réitérés lui ont été adressés à ce sujet par le Maire, et qu'il n'en a tenu aucun compte ; — Considérant, enfin, qu'il est d'une moralité suspecte, que son établissement est mal famé, et que la fermeture en est réclamée par l'autorité locale dans le double intérêt de la morale et de l'ordre public; — *ou :* — Considérant qu'il résulte des renseignements recueillis que le sieur ..., cabaretier dans cette ville, a exigé d'un militaire de passage, qui était blessé, un prix supérieur à celui convenu, pour la nourriture que ce dernier avait reçue; que ce militaire n'ayant pu payer ce surcroît de dépense a été retenu prisonnier dans le cabaret de ..., ce qui, indépendamment des actes de violence dont il a été l'objet, lui a causé un préjudice notable, puisqu'il lui a été impossible de profiter, ce jour-là, du départ de la voiture qui devait le conduire chez lui; — que la femme ... n'a pas craint, dans une circonstance assez récente, de faire, devant le tribunal de ..., des déclarations mensongères en vue de l'acquittement d'un individu poursuivi pour coups et blessures ayant occasionné une incapacité de travail de plus de vingt jours;—Considérant, d'ailleurs, que cette femme tient une conduite scandaleuse, et que son cabaret est un lieu de débauche et de prostitution; — Arrête : — Art. 1. Le cabaret tenu au village de ..., commune de ..., par le sieur ..., sera immédiatement fermé. — Art. 2. Le présent arrêté sera notifié au sieur ... par les soins de M. le Commissaire de police de ..., et il sera donné avis de cette décision à M. le Directeur des contributions indirectes, ainsi qu'à M. le Maire de ....

— Réouverture. — Le Préfet, — Vu le décret du 29 décembre 1851; — notre arrêté du ..., prescrivant la fermeture du débit de boissons, tenu à ..., par le sieur ...; — les renseignements fournis le ..., par M. le Maire de ..., et sur la proposition de ce fonctionnaire; — Arrête : — Art. 1. Notre arrêté du ... est rapporté. En conséquence, le sieur ... est autorisé à rouvrir son débit de boissons. — Art. 2. Le présent arrêté, etc.

— Conversion en café chantant. — Le Préfet, — Vu la demande formée par le sieur ..., limonadier, à ..., à l'effet d'être autorisé à convertir son établissement en café chantant; — les avis de M. le Maire et de M. le Sous-Préfet de ..., — le décret du 29 décembre 1851, et les instructions ministérielles sur la matière;—Arrête : — Art. 1. La demande ci-dessus du sieur ... est accueillie. — Art. 2. Le tarif des objets de consommation et le programme du concert du jour, seront ostensiblement affichés dans l'intérieur de l'établissement. Tout chant contraire à l'ordre et à la morale, y est rigoureusement interdit. Ne devra être toléré, à l'orchestre, l'emploi d'aucun instrument bruyant, de nature à troubler le repos public. — Art. 3. Un double du programme de chaque concert sera remis, au moins vingt-quatre heures à l'avance, à M. le Commissaire de police. — Art. 4. L'établissement dont il s'agit reste, d'ailleurs, soumis à toutes les autres obligations résultant des règlements sur la police des lieux publics.

Distances légales. — Le Préfet, — Vu la loi, en date du ..., qui a érigé en commune distincte, sous le nom de ..., la section de ..., dépendant de la commune de ...; — la dépêche de S. Exc. M. le Ministre de la Justice, en date du ...; — le rapport de M. l'Ingénieur en chef des ponts et chaussées, en date du ...; — le rapport de l'Agent voyer en chef, en date du ...; — le tableau des distances du département publié en ...; — Considérant que depuis la publication de ce tableau, il a été créé une nouvelle commune dont il convient de fixer la distance légale qui la sépare des chefs-lieux de canton, d'arrondissement et de département. — Arrête : — Art. 1. Les distances légales de la commune de ..., aux chefs-lieux de canton, d'arrondissement et de département, sont fixées ainsi qu'il suit : ..., etc. — Art. 2. MM. les Procureurs impériaux près les tribunaux de première instance du département, MM. les Juges de paix, ainsi que MM. les Maires du département, sont chargés d'assurer, chacun en ce qui le concerne, l'exécution du présent arrêté qui sera inséré au *Recueil des Actes administratifs* de la préfecture.

Distraction de parties superflues d'un presbytère. — Le Préfet, — Vu la délibération du Conseil municipal de la commune de ..., en date du ..., tendant à obtenir la distraction de parties superflues du presbytère de la paroisse de ... pour servir à [l'établisse-

ment d'une salle d'asile] ; — celle du conseil de fabrique de l'église de ..., en date du...;
— le croquis visuel des lieux ; — le procès-verbal de l'enquête à laquelle il a été procédé
le ... ; — l'avis favorable de l'évêque diocésain, en date du ... ; — l'ordonnance du
3 mars 1825 ; — le décret du 25 mars 1852 ; — Considérant que l'enquête à laquelle ce
projet a été soumis n'a donné lieu qu'à une seule opposition, et que cette opposition est
mal fondée en ce qu'elle repose sur la prétention d'un droit de propriété pour la fabrique ;
qu'il résulte, en effet, de l'explication de la loi du 18 germinal an X, contenue dans le
décret du 6 pluviôse an XIII, et dans l'avis solennel du conseil d'Etat, en date du
3 novembre 1836, que les presbytères, rendus à leur ancienne destination, sont la propriété
des communes et non celle des fabriques ; — que, spécialement, en ce qui concerne le
presbytère de ..., l'acte de cession, à la date du [14 août 1811], a été consenti en faveur
de la commune, sans réserve d'aucun droit pour la fabrique ; — que la partie de ce
presbytère réservée pour le logement de M. le Curé est encore plus que suffisante, et que
l'affectation des parties superflues du presbytère à l'établissement d'une salle d'asile
donne satisfaction aux vœux et aux besoins de la population. — Arrête : — Art. 1. La
commune de ... est autorisée à distraire des dépendances du presbytère (*désignation de
la partie à distraire*), pour servir à ... (*énoncer ensuite les conditions, s'il en existe*).

Domaine. — Location d'immeubles appartenant à un contumax. — Le
Préfet, — Vu la lettre du ..., par laquelle M. le Directeur des domaines nous informe de
la prise de possession par M. le Receveur de ..., des immeubles appartenant au sieur ...,
déclaré contumax, et nous propose d'autoriser la location amiable de ces immeubles en
faveur du sieur ..., beau-frère du contumax, moyennant la redevance annuelle de ...,
et pour toute la durée du séquestre ; — le procès-verbal du ... constatant la prise de
possession desdits immeubles, lesquels consistent en quatre parcelles et une maison d'un
revenu cadastral de ..., le tout appartenant, par indivis, savoir : pour deux tiers au
contumax et pour l'autre tiers à ..., sa sœur ; — la soumission du ..., par laquelle le
sieur ... a offert, sous le cautionnement du sieur ..., de prendre, à bail à ferme pour toute
la durée du séquestre, la partie des biens appartenant au contumax, moyennant la somme
annuelle de ... fr. ; — Considérant que les formalités d'un partage judiciaire et celles qu'oc-
casionneraient ensuite la vente ou la mise à ferme par voie d'adjudication publique, nécessiteraient des frais considérables, nullement en rapport avec le peu d'importance des immeubles placés sous le séquestre ; qu'il est dès lors tout à la fois d'une bonne administration
et dans les sentiments de véritable humanité de concilier les intérêts de la famille du
contumax avec les mesures de juste sévérité prescrites par la loi, — Arrête ; — Art. 1. La
soumission souscrite le ..., par le sieur ..., domicilié à ..., est acceptée. En conséquence,
il lui sera consenti pour toute la durée du séquestre apposé sur les biens du sieur ...,
contumax, un bail à ferme de ces biens, sous la condition de verser annuellement, à la
caisse des domaines, une redevance de ... fr. — Art. 2. M. le Directeur des domaines est
chargé, etc.

**— Séquestre. — Mise en surséance indéfinie de deux créances irrécou-
vrables.** — Le Préfet, — Vu le rapport en date du ..., par lequel M. le Directeur des
domaines nous propose d'autoriser la mise en surséance indéfinie des deux créances ci-
après, provenant de la succession en déshérence du nommé ..., décédé à ..., le ..., sans
héritiers connus, savoir ..., etc. ; — les certificats délivrés par MM. les Maires de ... et
de ..., desquels il résulte que ces créances sont irrécouvrables par suite de l'insolvabilité
ou de la disparition des débiteurs ; — la décision de M. le Ministre des Finances, en date
du ... ; — Arrête : — M. le Directeur des domaines est autorisé à mettre en surséance
indéfinie les créances ci-dessus détaillées, lesquelles proviennent de la succession du
sieur ..., dévolue à l'Etat à défaut d'héritiers connus.

— Radiation d'une inscription hypothécaire. — Le Préfet, — Vu la lettre en date du ..., par laquelle M. ..., avocat à ..., agissant au nom des héritiers ..., lesquels représentent le sieur ..., demande la radiation d'une inscription hypothécaire prise par l'administration des domaines, le ..., rôle ..., n° ..., sur les biens dudit sieur ..., pour garantie d'une créance provenant de la succession en déshérence de ...; — la lettre en date du ..., par laquelle M. le Directeur des domaines expose que l'inscription dont il s'agit a été prise en vertu d'une subrogation consentie par le sieur ..., propriétaire à ..., commune de ..., débiteur envers la succession en déshérence de ..., d'une somme de ... fr.; que cette créance a été intégralement payée par le sieur ..., en capital, intérêts et frais, et que rien ne lui paraît dès lors s'opposer à ce qu'il soit donné mainlevée de l'inscription dont il s'agit; — la décision de MM. les Ministres des Finances et de la Justice, insérée dans la circulaire de l'administration des domaines du 3 messidor an XI; — Arrête : — M. le Conservateur des hypothèques au bureau de..., est autorisé à opérer la radiation, dans les formes de droit, de l'inscription hypothécaire prise au nom de l'administration des domaines, le ..., vol. ..., n° ..., sur les biens du sieur ..., en vertu d'une subrogation consentie par le sieur ..., suivant acte public du ..., pour garantie des sommes dues par ce dernier à la succession en déshérence de ....

— **Remise à une commune d'une parcelle de terrain.** — Le Préfet, séant en Conseil de préfecture, — Vu la lettre de M. le Directeur des domaines en date du ... relative à la remise à faire à la commune de ..., d'une parcelle de terrain d'une surface de..., laissée disponible lors de la rectification de la route impériale, n° ..., de ... à ..., dans la traversée de ...; — le plan des lieux indiquant, par une teinte jaune et par la lettre C, la parcelle de terrain dont il s'agit; — le rapport de M. l'Ingénieur ordinaire de l'arrondissement de ..., en date du ...; — l'avis de M. l'Ingénieur en chef en date du ...; — les avis du conseil d'État des 22 juillet 1858 et 23 novembre 1861; — Considérant qu'il résulte des pièces ci-dessus visées que la parcelle de terrain dont il s'agit provient d'un ancien chemin communal servant autrefois de route, sur la côte de ..., et que c'est à tort qu'elle a été remise à l'état matricule des domaines pour être vendue au profit de l'État; — le Conseil de préfecture entendu, — Arrête : — Art. 1. La parcelle de terrain ci-dessus mentionnée, d'une surface de ..., désignée sur le plan ci-dessus visé par une teinte jaune et par la lettre C, sera remise par l'administration des domaines à la commune de .... — Art. 2. M. le Directeur des domaines est chargé d'assurer l'exécution du présent arrêté.

— **Vente d'objets mobiliers appartenant au département** (1). — Le Préfet, — Vu l'état détaillé de divers meubles ayant fait partie du mobilier de l'hôtel de la préfecture de ce département [ou ...], et la délibération du Conseil général prononçant la réforme et ordonnant la vente desdits meubles; — la loi du 18 juillet 1866, la circulaire ministérielle du 5 avril 1862; — Arrête : — Art. 1. Il sera procédé le ..., par le ministère de M^e ..., commissaire-priseur à ..., à la vente des meubles désignés dans l'état susvisé. — Art. 2. Le produit brut de ladite vente sera versé dans la caisse de M. le Trésorier-payeur général du département, qui en fera recette sous le titre de *produits éventuels départementaux ordinaires.*

— **Vente au profit du Trésor.** — Le Préfet, — Vu la lettre de M. le Directeur des domaines, en date du ..., tendant à faire autoriser la vente de ...; — l'inventaire des objets à vendre; — l'ordonnance du 14 septembre 1822 et les instructions sur la matière; — Arrête : — Art. 1. M. le Directeur des domaines est autorisé à faire procéder à la vente aux enchères publiques, [des registres et papiers hors d'usage déposés aux recettes principales de contributions indirectes, ou provenant du service de l'administration des postes,

---

(1) « Les agents de l'administration s'abstiendront d'intervenir désormais dans les ventes du domaine départemental. » *(Instruction de la Direction générale de l'enregistrement, des domaines et du timbre, 20 avril 1866.)*

ou ..., etc.]. — Art. 2. Cette vente sera faite dans les formes prescrites par les lois et règlements en vigueur, devant MM. les Maires de ..., délégués à cet effet. Le jour et l'heure de l'adjudication seront fixés par ces fonctionnaires, de concert avec M. le Receveur des domaines.

 — **Vente d'armes. — Délégation.** — Le Préfet, — Vu la lettre du ..., par laquelle M. le Receveur des domaines, à ..., nous informe qu'il existe au greffe du tribunal civil de cette ville, des armes de diverse nature, dont la remise doit être faite au domaine, et nous propose de déléguer un fonctionnaire pour assister à l'inventaire et au classement des armes ; — l'arrêté de M. le Ministre des Finances du 6 mars 1852 ; — Arrête : — Art. 1. M. le Commissaire de police, à ..., est délégué pour assister à l'inventaire et au classement des armes de toute nature, déposées au greffe du tribunal de cette ville. — Art. 2. Ces opérations seront effectuées conformément aux dispositions de l'arrêté ministériel précité.

 — **Vente d'armes et autres objets déposés au greffe du tribunal.** — Le Préfet, — Vu la lettre de M. le Directeur des domaines, en date du ..., tendant à faire autoriser la vente, au profit de l'État, des armes de chasse et autres engins de pêche, saisis ou confisqués, provenant du greffe du tribunal de ... ; — l'inventaire desdits objets, dressé par le greffier du tribunal, le ... ; — notre arrêté du ..., par lequel nous avons délégué M. ..., pour assister à leur reconnaissance et à leur classement ; ensemble le procès-verbal de cette opération, constatant que sur ... armes à feu, ... fusils de guerre ont été remis à la Mairie de ..., pour être transportés dans les arsenaux de l'État, et que tous les autres, au nombre de ..., restent à la disposition du Receveur des domaines pour être brisés et vendus ; — les ordonnances des 22 février 1829 et 9 juin 1831 et l'arrêté de M. le Ministre des Finances du 6 mars 1852 ; — Arrête : — Art. 1. M. le Directeur des domaines est autorisé à faire procéder à la vente aux enchères des fusils de chasse et engins de pêche, déposés au greffe du tribunal civil de .... — Art. 2. Cette vente sera faite, dans les formes et sous les conditions prescrites par les lois et règlements, et notamment par l'arrêté ministériel du 6 mars 1852, en présence de M. ..., Commissaire de police, qui a concouru, comme délégué, au classement et à l'estimation des armes. — Art. 3. Le jour et l'heure de l'adjudication seront fixés par ce fonctionnaire, de concert avec M. le Receveur des domaines. M. le Maire de ..., sera invité à y assister ; mais son absence ne pourra empêcher ni retarder la vente. — Art. 4. Tous les fusils, ainsi que les engins de pêche et de chasse, dont la vente est autorisée, seront brisés avant l'adjudication. Les frais de cette opération seront compris dans les frais généraux de la vente.

 Donation entre vifs aux communes et aux établissements publics. — Vu l'acte public de donation entre vifs passé devant Me ..., notaire, à ..., le ... ; — le certificat constatant l'existence du donateur et sa position de fortune ; — la délibération du Conseil municipal (ou de *la Commission administrative*), en date du ..., et l'acceptation faite par le maire, à titre conservatoire, en vertu de cette délibération ; — le procès-verbal d'expertise (*s'il s'agit d'un immeuble*), en date du ... ; — l'avis du Sous-préfet de l'arrondissement en date du ... ; — la loi du 18 juillet 1837 et le décret du 25 mars 1852 (*pour les communes*) ; l'ordonnance du 6 juillet 1846 et le décret du 25 mars 1852 (*pour les bureaux de bienfaisance*) ; la loi du 7 août 1851 et le décret du 25 mars 1852 (*pour les hospices*) ; les ordonnances des 2 avril 1817, 7 mai 1826 et 14 janvier 1831, et les décrets des 25 mars 1852, 13 avril 1861 et 15 février 1862 (*pour les fabriques des églises*) ; la loi du 24 juin 1851 (*pour un mont-de-piété*) ; — Considérant ... etc. ; — Arrête : — Art. 1. Le Maire de ..., en sadite qualité, est autorisé à accepter la donation faite à cette commune par M ..., suivant acte public du ... (*indiquer la nature de l'objet donné et sa valeur*), aux charges, clauses et conditions imposées. — *Cas où il y a lieu de refuser à une commune l'autorisation d'accepter.* Les mêmes visas que pour le premier cas. — Considérant ... — Art. 1. N'est point approuvée la délibération du Conseil municipal de ..., en date du ..., portant acceptation de la donation faite à cette commune par le sieur ..., suivant acte public du ..., d'un immeuble ou somme d'argent ..., à la charge ... — *Cas où il y a lieu d'autoriser d'office l'acceptation d'une donation.* — Vu l'acte public ...; — le certificat constatant l'existence du donateur, etc. ; — la délibération du Conseil municipal, en date du ...; (*le reste comme dans les autres cas*) ; — Considérant ... Art. 1. N'est point approuvée la délibération du Conseil municipal de ..., en date du ..., portant refus d'accepter la donation faite à cette commune par le sieur ..., suivant acte public du ... (*d'un immeuble ou d'une somme de ...*), à la charge de... En conséquence, le Maire de ... est autorisé à accepter ladite libéralité, aux charges, clauses et conditions, énoncées dans l'acte public précité.

Droits d'abatage. — Le Préfet, — Vu l'art. 31 (n° 6) de la loi du 18 juillet 1837 ; — vu (*indiquer la nature de l'acte*), en date du ..., autorisant l'ouverture d'un abattoir public dans la commune de ...; le tableau indiquant, d'après un relevé de la consommation dans la commune pendant les trois dernières années, que le nombre moyen des animaux de chaque espèce qui seront abattus dans l'établissement peut être évalué à ... bœufs, ... vaches, etc., et que le produit annuel de l'abattoir devra s'élever à la somme de ...; — le tarif d'après lequel les droits d'octroi sur la viande dans ladite commune sont perçus à raison de ...; le décret du 25 mars 1852 (tableau A, §§ 34 et 55) ; — le décret du 1er août 1864, et la circulaire du Ministre de l'Intérieur du 17 septembre suivant; — Considérant qu'en principe les abattoirs ne doivent pas être établis en vue de procurer des revenus aux communes, mais qu'ils ont pour unique objet de pourvoir à la sûreté et à la salubrité publiques ; — qu'il est juste, toutefois, que lesdites communes trouvent, dans la perception des taxes d'abatage, une ressource suffisante pour les couvrir de leurs avances, à défaut d'autre moyen, et les indemniser des frais d'agence et d'entretien ; — que le tarif des droits à percevoir à l'abattoir de ... a été établi d'après les règles sur la matière ; — que le taux des taxes d'abatage, combiné avec le tarif des taxes d'octroi sur la viande dans la même commune, n'est pas de nature à restreindre la consommation et à nuire à la production ; — Arrête : — Est approuvé, etc.

Droits de pesage, mesurage, jaugeage, etc. — Le Préfet, — Vu la loi du 29 floréal an X ; l'arrêté du Gouvernement du 2 nivôse an XII ; la loi du 18 juillet 1837 (art. 31, n° 8) ; le décret du 25 mars 1852 (tableau A, § 34) ; — la délibération du Conseil municipal de la commune d ... contenant le vote d'un tarif des droits de pesage, mesurage et jaugeage publics, dont le produit annuel est évalué à ...; — le budget de la commune, présentant un total de recettes ordinaires montant à ..., un total de dépenses ordinaires montant à ..., d'où résulte un excédant annuel de [*recette, dépense*] de la somme de ...; — l'état du passif de la commune montant à..., à répartir en ... années : — Considérant que la commune fait usage de centimes spéciaux pour dépenses de l'instruction primaire, des chemins vicinaux et des gardes champêtres, et qu'elle épuise ainsi toutes les ressources mises à sa disposition ; — qu'elle est obligée de recourir à la création de nouvelles ressources pour équilibrer son budget (ou payer ses dettes) ; — que le tarif voté n'offre rien d'exagéré ou qui soit de nature à grever le commerce et à nuire à la consommation ; — que le recours au peseur, au mesureur juré n'est obligatoire qu'en cas de contestation. — Arrête : — Est approuvé, etc.

Droits de place aux foires et marchés. — Le Préfet, — Vu la délibération, en date du ..., par laquelle le Conseil municipal de ... vote l'établissement d'un tarif des droits de place à percevoir aux foires et marchés de cette commune; — les budgets de la commune présentant un total de recettes ordinaires, montant à ..., un total de dépenses ordinaires montant à ..., d'où il résulte un excédant annuel de dépense de la somme de ...; — l'état du passif de la commune montant à ...; — les art. 19, 20 et 21 de la loi du 15-28 mars 1790 et l'instruction du 12-20 août 1790 (chap. IV, art. 2) ; — l'art. 7 de la loi du 11 frimaire an VII ; — l'art. 2 de l'ordonnance du 30 décembre 1818 ; — la loi du 18 juillet 1837 (art. 31, n° 6) ; — le décret du 25 mars 1852 (tableau A. § 34) ; — Considérant, etc. (comme pour les droits de pesage), — Arrête : — Art. 1. Est approuvé... etc.

E

Eaux minérales. — Approbation de tarifs. — Le Préfet, — Vu le tarif des eaux minérales de ..., produit par le sieur ..., pour la saison de 186 ; — les art. 18 et 19 du règlement d'administration publique du 28 janvier 1860 ; — Arrête : — Art. 1. Est approuvé, pour 186 , tel qu'il est présenté par le sieur ..., l'un des intéressés dans l'établissement, le tarif des eaux minérales de la source ..., commune de ..., ledit tarif ainsi conçu (*pour exemple*) : — *Eaux bues à la source.* 1° Par abonnement : pour les hommes, 3 fr. 50; pour les femmes, 3 fr.; 2° sans abonnement : quinze centimes le litre. — *Eaux vendues pour être exportées.* 1° Le verre ou le fût étant fourni par les parties, quinze centimes le litre; 2° bouteilles capsulées, portant en relief le nom de l'établissement, prix d'une bouteille, cinquante centimes; 3° caisse de vingt bouteilles capsulées, verre, caisse et emballage compris, pris à la source, douze francs. — *Bains.* Prix d'un bain, un franc. Pendant le mois de juin, et du 15 septembre au 15 octobre, les eaux seront distribuées gratuitement à la source, aux malades de tous les pays, munis d'un certificat délivré par M. le curé et M. le Maire de leur commune et visé par le percepteur, attestant qu'ils sont dans l'impossibilité de payer le prix de l'abonnement. — Art. 2. Le tarif ci-dessus, uniquement applicable à la saison de 186 , sera maintenu constamment affiché à la porte principale et dans l'intérieur de l'établissement. Il ne pourra y être apporté aucun changement pendant la saison, sous aucun prétexte ; il ne pourra être exigé aucun prix supérieur à ceux portés à ce tarif pour l'emploi des eaux de cet établissement. — Art. 3. Le présent arrêté sera transmis à M. le ..., chargé de le faire notifier au régisseur de l'établissement et au médecin inspecteur, qui devra veiller à son exécution.

— Autorisation de construire un bassin de réserve. — Le Préfet, — Vu la demande par laquelle le régisseur des eaux minérales de ..., sollicite l'autorisation de construire un [quatrième] bassin de réserve, destiné à recevoir les eaux de la source basse, en avant du pavillon de cette source et sur un terrain appartenant au propriétaire de la source; — le plan du bassin à construire ; — le rapport de l'Ingénieur ordinaire des mines; — l'avis de M. l'Ingénieur en chef des mines; — la loi du 14 juillet 1856 ; — Considérant qu'il résulte des rapports des Ingénieurs qu'il ne s'agit, dans l'espèce, que d'une question d'aménagement extérieur des eaux, qui ne peut exercer aucun effet sur le régime de la composition de la source, pourvu que le bassin qu'on se propose de construire soit rendu parfaitement étanche ; — Arrête : — Art. 1. Le régisseur des eaux minérales de ... est autorisé à construire un [quatrième] bassin de réserve, conformément au plan qu'il a produit à l'appui de sa demande, sous la condition, néanmoins, que ce bassin sera rendu parfaitement étanche, de manière à ce que les eaux superficielles ne puissent altérer la pureté ou la composition de celle de la source. — Art. 2. Le présent arrêté, dont il sera donné avis au pétitionnaire par l'intermédiaire de M. le ..., sera transmis à M. l'Ingénieur en chef des mines, chargé d'en faire surveiller l'exécution.

— Dépôt. — Le Préfet, — Vu la pétition présentée le ..., par le sieur ..., marchand épicier à ..., tendant à obtenir l'autorisation de tenir un dépôt d'eaux minérales provenant de ...; — l'avis de M. le Maire de ..., en date du ...; — celui du conseil d'hygiène publique et de salubrité de l'arrondissement de ..., en date du ...; — l'ordonnance du 18 juin 1823, et la circulaire ministérielle du 8 juillet suivant; — le décret du 13 avril 1861; — Arrête : — Art. 1. L'autorisation demandée par le sieur ..., à ..., lui est accordée aux conditions suivantes : 1° Le sieur ... se conformera aux règlements sur la matière, et, notamment, à l'ord. du 18 juin 1823 ci-dessus visée; 2° Il acquittera régulièrement la taxe à laquelle il pourra être imposé, chaque année, pour frais d'inspection de son dépôt. — Art. 2. M. le (Sous-Préfet ou le Maire de ...) est chargé de faire notifier les dispositions de cet arrêté au sieur ..., et d'en assurer l'exécution.

— Examen des états de produits. — Le Préfet, — Vu le règlement d'administration publique du 28 janvier 1860, concernant les eaux minérales; — les états fournis par les propriétaires régisseurs, ou fermiers des établissements d'eaux minérales du département, et présentant les recettes et les dépenses de ces établissements en 186 ; — Arrête : — Art. 1. Les états des produits et dépenses des établissements d'eaux minérales, en 186 , seront soumis à l'examen d'une commission spéciale qui les appréciera, et, s'il y a lieu, les contrôlera. — Art. 2. Cette commission se réunira le ... courant, à ... heures d ..., à l'hôtel de la préfecture, sous notre présidence ou celle de notre délégué. Elle sera composée de MM. ... — M. ... remplira les fonctions de secrétaire. Les médecins inspecteurs des établissements thermaux de ... et de ... feront également partie de cette commission, où ils siégeront successivement, chacun pour l'examen des comptes de l'établissement plus particulièrement placé sous sa surveillance.

Échange d'immeubles entre une commune et un particulier. — Le Préfet, séant en Conseil de préfecture, — Vu la délibération en date du ..., par laquelle le Conseil municipal de la commune de ..., a voté l'aliénation [du presbytère actuel de la paroisse dudit lieu, contre une parcelle de terre et la moitié d'une grange situés en face de l'église, appartenant à M. ..., et devant servir à la construction du nouveau presbytère]; — la soumission de l'échangiste, en date du ...; — le procès-verbal d'expertise desdits immeubles, duquel il résulte que le presbytère et le jardin y attenant, ont une valeur de [582 fr.], et que les terrain et immeuble cédés à la commune ont une valeur de [2,050 fr.], d'où il résulte qu'une soulte de [1,468 fr.] devra être payée par la commune; — le plan des lieux; — le procès-verbal de l'enquête à laquelle il a été procédé; — le certificat de M. le Maire de ..., constatant qu'il détient un titre de ... fr. souscrit par M. ..., en faveur de la construction du nouveau presbytère ou du payement de l'emplacement; — la délibération en date du ..., par laquelle le Conseil de fabrique de l'église de ..., vote une somme de [468 fr.], qui, avec celle de [1,000 fr.], montant de la souscription volontaire faite par M. ..., formera le total de la soulte à payer pour l'échange sus-mentionné; — la délibération prise à la date du ..., par le Conseil municipal, pour accepter les offres de la fabrique et celles de M. ...; — l'avis de Mgr l'évêque de ..., en date du ..., et le décret du 25 mars 1852, tableau A, § 41; — Considérant que l'échange projeté est avantageux sous tous rapports à la commune de ...; — le Conseil de préfecture entendu; — Arrête : — Art. 1. M. le Maire de ..., est autorisé, au nom de cette commune, à céder en toute propriété [*s'il y a lieu :* sans soulte ni retour], au sieur ..., un immeuble et le jardin y attenant, à l'usage de presbytère, d'une contenance totale de [2 ares 43 c.] et d'une valeur de [582 fr. 25 c.], et à recevoir en échange une parcelle de terre et la moitié d'une grange appartenant à ce dernier, d'une contenance totale de [5 ares 77 c.] et d'une valeur de [2,050 fr.]. — Art. 2. La soulte à payer par la commune de ... au sieur ... est fixée à la somme de [1,468 fr.] — Elle sera acquittée à l'aide des ressources suivantes : 1,000 fr. provenant de la souscription de M. ..., 468 fr. votés par le Conseil de fabrique.

N. B. Même procédure pour les échanges intéressant les *bureaux de bienfaisance* et les *hospices*. — Il y a lieu, toutefois, de viser supplémentairement : 1° l'avis du Conseil municipal sur la délibération prise par la Commission administrative ; 2° l'avis du Comité consultatif des établissements de bienfaisance ; 3° l'ordonnance du 6 juillet 1846 pour les bureaux de bienfaisance ; 4° l'ordonnance du 7 août 1851, pour les hospices. — Le texte du dispositif de l'arrêté doit être aussi modifié comme il suit : *La Commission administrative de ... est autorisée,* etc.

Échenillage des arbres croissant sur des propriétés particulières.

— Le Préfet, — Vu la loi du 26 ventôse an IV (16 mars 1796), relative à l'échenillage des arbres ; — le décret du 1ᵉʳ mars 1854, art. 327, qui charge la gendarmerie de surveiller cette opération ; — l'art. 471 du Code pénal ; — Considérant qu'il importe, dans l'intérêt de l'agriculture, de prendre des mesures pour la destruction des chenilles, — Arrête : — Art. 1. Il est enjoint à tous propriétaires et fermiers, faisant valoir leurs propriétés ou celles d'autrui, d'écheniller ou de faire écheniller, dans le mois d'avril, les arbres, arbustes, haies et buissons, situés sur lesdites propriétés. La même obligation est imposée à tous fonctionnaires et agents de l'autorité chargés de l'administration des biens des communes ou de l'État. — Art. 2. Les bourses et toiles qui seront tirées des arbres, haies ou buissons, seront brûlées immédiatement dans un lieu où il n'y ait aucun danger de communication de feu, soit pour les bois, arbres et bruyères, soit pour les bâtiments. — Art. 3. MM. les Maires s'assureront, dans le courant du mois d'avril, par une visite rigoureuse des terrains garnis de plantations, de l'exécution des mesures prescrites par les articles qui précèdent. Les gendarmes exerceront, de leur côté, dans leurs tournées, une surveillance particulière sur l'échenillage. — Art. 4. En cas de non exécution, il sera dressé, contre les contrevenants, des procès-verbaux qui seront immédiatement transmis au magistrat remplissant les fonctions de ministère public près le tribunal de police du canton, pour l'application de la peine portée à l'art. 471 du Code pénal. MM. les Maires feront en même temps procéder à l'échenillage aux frais de ceux qui l'auront négligé. L'exécutoire des dépenses leur sera délivré par le Juge de paix sur la quittance des ouvriers qui auront exécuté les travaux. — Art. 5. Le présent arrêté sera transmis, par la voie du *Recueil administratif,* à MM. les Maires, qui demeurent chargés de le faire publier et afficher et d'en assurer la rigoureuse application par tous les moyens qui sont en leur pouvoir, concurremment avec les fonctionnaires ci-dessous désignés : la gendarmerie, les gardes champêtres et tous autres agents de la police. Il leur est expressément recommandé d'y veiller avec plus d'exactitude qu'ils ne l'ont généralement fait jusqu'à présent. — Fait à. ...

Échenillage et élagage des arbres et arbustes bordant les voies publiques.

— Le Préfet, — Vu la loi du 26 ventôse an IV (16 mars 1796), les arrêtés du gouvernement des 12 messidor an VIII et 3 brumaire an IX, l'art. 471 (n° 8) du Code pénal, relatifs à l'échenillage des arbres ; — les art. 102 et 103 du décret impérial du 16 décembre 1811, sur les plantations le long des routes impériales et départementales ; l'art. 9 de la loi du 21 mai 1836, et les art. ... et suivants du règlement général du ..., sur le service des chemins vicinaux ; — Considérant que les dommages causés à l'agriculture par les chenilles sont d'autant plus considérables que pendant longtemps l'échenillage a été mal effectué, ou ne l'a pas été du tout ; — que, de plus, la destruction des petits oiseaux qui se nourrissent principalement de chenilles a eu pour résultat une énorme et bien funeste multiplication des insectes ; — qu'il est donc d'un grand intérêt pour tous les propriétaires et cultivateurs d'assurer l'exécution ponctuelle et sévère des mesures relatives à l'échenillage ; — que les plantations établies le long des routes impériales et départementales, et les chemins vicinaux, forment souvent, par la longueur de leurs branches, un obstacle à la circulation de l'air, et entretiennent ainsi une humidité nuisible à la conservation et au bon état de viabilité des chaussées, — Arrête : — Échenillage. Art. 1. Il est enjoint à tout propriétaire, locataire ou colon, sous peine d'amende, de faire, *avant le 1ᵉʳ avril prochain*, écheniller les arbres et arbustes sur les propriétés qu'il exploite, et de faire brûler les bourses et toiles qui seront tirées des arbres, haies et buissons. Sont exceptées des dispositions qui précèdent les forêts communales et des particuliers. — Art. 2. Sur les arbres, arbustes qui existent le long des routes et chemins publics et sur le sol dépendant de ces routes et chemins, l'échenillage sera fait par les soins de l'administration des ponts et chaussées et des agents voyers. — Art. 3. Il sera procédé, à la diligence de l'autorité locale, à l'échenillage des plantations communales qui ne forment pas de massifs brisés. — Art 4. A l'expiration du délai ci-dessus fixé, MM. les Maires ou leurs Adjoints prescriront aux gardes champêtres de visiter, et ils visiteront eux-mêmes, les terrains garnis d'arbres, arbustes, haies ou buissons, pour s'assurer si l'échenillage a été fait exactement. Ils dresseront ou feront dresser par les commissaires de police, les gardes champêtres, la gendarmerie, des procès-verbaux contre les retardataires et feront procéder d'office à l'échenillage par des ouvriers qu'ils désigneront à cet effet et pour le salaire desquels ils provoqueront, de la part de M. le Juge de paix, la délivrance d'exécutoires contre les contrevenants, conformément aux art. 5 et 7 de la loi susvisée du 26 ventôse an IV. — Art. 5. Les contrevenants seront en outre traduits devant le Tribunal de simple police pour l'application de la peine portée par l'article 471 du Code pénal. — ÉLAGAGE. Art. 6. L'élagage des arbres, haies et buissons bordant les routes impériales et départementales, les chemins de grande et moyenne vicinalité, et tous autres dépendant de la voirie vicinale, aura lieu, *d'ici au 1ᵉʳ avril prochain*, par les soins des propriétaires des terrains où ils sont plantés, et par les soins de l'administration et des communes pour les terrains dont elles ont la propriété ou la surveillance. — Art. 7. L'élagage des arbres n'aura lieu que sur six mètres de hauteur, mesurés de leur pied; néanmoins, du côté de la route ou du chemin, l'élagage sera fait de manière à ce qu'après l'opération aucune branche n'avance sur la voie publique, si elle est plantée d'arbres, et ne soit à moins de six mètres de hauteur du sol lorsqu'il n'existera pas de plantations. L'élagage des haies et buissons sera fait sur toute la hauteur, de manière à ce qu'après l'opération, aucun branchage ne dépasse l'arête extérieure du fossé ou talus de la route ou du chemin. — Art. 8. Les branches à élaguer seront coupées à 0 m. 1 c. du tronc et bien récépées; elles appartiendront aux propriétaires des fonds où se trouvent les arbres et ne pourront être entreposées sur la voie publique. — Art. 9. Après l'expiration du délai fixé à l'art. 5, il sera fait état des propriétaires qui n'auraient pas satisfait aux prescriptions du présent arrêté concernant l'élagage, et les travaux seront exécutés à leurs frais par les soins de l'administration des ponts et chaussées et des agents voyers. — Art. 10. MM. les Maires publieront, dans la forme ordinaire et en exécution de l'art. 11 de la loi du 18 juillet 1837, un arrêté municipal ayant pour objet de rappeler les citoyens à l'observation des lois et des règlements de police susvisés sur l'échenillage et l'élagage des arbres. — Art. 11. Le présent arrêté sera inséré au *Recueil des actes administratifs* et publié dans les communes par les soins de MM. les Maires.

Élections législatives. — Publication du décret de convocation des électeurs. — Le Préfet, — Vu le décret impérial, en date du ..., qui convoque les électeurs de la ... circonscription du département de ..., à l'effet d'élire un député; — les décrets organique et règlementaire du 2 février 1852; — les ordonnances des 27 novembre 1816 et du 18 janvier 1817, concernant la promulgation extraordinaire des lois et décrets, — Arrête : — Art. 1. Le décret impérial susvisé du ..., sera immédiatement publié et affiché dans toutes les communes des arrondissements de ... — Art. 2. Les électeurs de ces deux arrondissements sont convoqués pour les ... et ... prochain, à l'effet d'élire un député pour la circonscription dont ils font partie. — Art. 3. L'élection aura lieu dans chaque commune et sur les listes arrêtées le 31 mars 186 , sauf les modifications résultant, soit de décisions de Juge de paix intervenues depuis la clôture, soit de décès, soit de jugements définitifs. — Art. 4. Le scrutin sera ouvert dans toutes les communes pendant deux jours : le dimanche, ... de huit heures du matin jusqu'à six heures du soir ; le lundi, ... de huit heures du matin jusqu'à quatre heures du soir. — Art. 5. La présidence des assemblées ou sections électorales appartient aux Maires, Adjoints et Conseillers municipaux ; à leur défaut, les présidents sont désignés par le Maire parmi les électeurs sachant lire et écrire. — Art. 6. Le recensement général des votes des ... arrondissements sera fait au chef-lieu du département, en séance publique, par une Commission composée de trois membres du Conseil général. — Art. 7. MM. les Sous-Préfets et Maires des arrondissements de ... et de ... sont chargés de l'exécution du présent arrêté.

— Nomination de la commission chargée d'opérer le recensement général des votes. — Le Préfet, — Vu l'article 34 du décret règlementaire du 2 février 1852, pour l'élection des députés au Corps législatif, lequel dispose : « Le recensement général des votes pour chaque circonscription électorale se fera au chef-lieu du département en séance publique. Il est opéré par une commission composée de trois membres du Conseil général ; » — le décret impérial en date du ... portant convocation des collèges électoraux pour les ... à l'effet d'élire les députés au Corps législatif ; — le décret impérial du ..., qui a divisé le département de ... en ... circonscriptions électorales dont il a déterminé la circonscription ; — notre arrêté en date du ..., relatif aux lieux de réunion des assemblées électorales et à la division de diverses communes en sections. — Arrête : — MM. ..., membres du Conseil général du département, sont désignés pour composer la commission chargée, par l'article 34 du décret règlementaire du 2 février 1852 susvisé, de faire le recensement général des votes qui seront exprimés les ... et ..., dans chacune des [quatre] circonscriptions électorales du département pour l'élection des députés au Corps législatif.

Élections départementales. — Renouvellement triennal du tiers des membres du Conseil général et de la moitié des membres des Conseils d'arrondissement. — Convocation des électeurs. — Le Préfet, — Vu la loi du 7 juillet 1852, sur le renouvellement des Conseils généraux et des Conseils d'arrondissement ; — l'instruction ministérielle du 8 juillet 1852 ; — le décret impérial du ... ; — le procès-verbal de la séance du Conseil de préfecture du ..., dans laquelle il a été procédé au tirage au sort des cantons pour le renouvellement triennal des membres du Conseil général et des Conseils d'arrondissement ; — Arrête : — Art. 1. Les électeurs des cantons ci-après désignés, inscrits sur les listes électorales arrêtées le 31 mars 186 , sont convoqués dans chaque commune desdits cantons à l'effet d'élire un membre du Conseil général : *Arrondissement de S... : (désigner les noms des cantons).* — Art. 2. Les électeurs des communes de .... qui ont une population de plus de 2,500 âmes, se réuniront pendant deux jours, savoir : les samedi ... et dimanche ..., pour les opérations du scrutin. Les électeurs des autres communes se réuniront pendant un seul jour, qui sera le dimanche ... — Art. 3. Aucun changement ne devra être opéré aux listes électorales arrêtées le 31 mars dernier, sauf néanmoins les changements qui auraient été ordonnés par décision des juges compétents et sauf aussi la radiation des noms des électeurs décédés ou privés des droits civils et politiques par jugement ayant force de chose jugée. — Art. 4. Les assemblées auront lieu dans la maison commune, et à défaut de maison commune, dans le local qui sera indiqué huit jours à l'avance par le Maire. — Art. 5. Dans chaque commune, le bureau est présidé par le Maire, ou, à son défaut, par les adjoint ou conseillers municipaux, selon l'ordre du tableau. Les scrutateurs, au nombre de quatre, sont pris aussi, suivant l'ordre du tableau, parmi les conseillers municipaux sachant lire et écrire ; à leur défaut, les assesseurs sont les deux plus âgés et les deux plus jeunes électeurs présents sachant lire et écrire. Le président et les scrutateurs choisissent le secrétaire. — Art. 6. Le scrutin sera ouvert, savoir : dans les communes de 2,500 habitants et au dessus, désignées en l'article 2, les samedi ... et dimanche ..., de huit heures du matin à six heures du soir. Dans les autres communes, il sera ouvert le dimanche ... seulement, de huit heures du matin à quatre heures du soir. — Art. 7. Dans les cantons où il doit être nommé un membre pour le Conseil général et un membre pour le Conseil d'arrondissement, l'élection aura lieu en *deux opérations distinctes*, mais *faites simultanément*. A cet effet, *deux boîtes* pour la réception des votes seront disposées dans la salle d'élection ; *elles porteront en gros caractères ces mots :* l'une : *Conseil général*, et l'autre, *Conseil d'arrondissement*. La première boîte sera placée devant le président du bureau, l'autre devant le plus âgé des assesseurs. A l'appel de son nom, chaque électeur se présentera devant le président et lui remettra son bulletin pour l'élection du conseiller général ; l'autre bulletin sera reçu par l'assesseur qui le déposera dans la boîte destinée à l'élection du conseiller d'arrondissement. Les membres du bureau devront donner de fréquents avertissements pour empêcher qu'il s'établisse quelque confusion entre les bulletins de l'une et de l'autre élection. Il ne sera rédigé qu'un seul procès-verbal des opérations. — Art. 8. Le papier du bulletin sera blanc et sans signe extérieur. — Art. 9. Le procès-verbal constatant le résultat des votes, arrêté et signé par le bureau dans chaque commune, sera immédiatement porté au chef-lieu du canton par deux membres du bureau. Le recensement général des votes sera fait le ..., à dix heures du matin, par le bureau central siégeant au chef-lieu de canton, qui proclamera membre du Conseil général et du Conseil d'arrondissement les candidats qui auront réuni le nombre de suffrages déterminé par la loi. — Art. 10. Nul n'est élu au premier tour de scrutin s'il n'a réuni : 1° la majorité absolue des suffrages exprimés ; 2° un nombre de voix égal au quart de celui des électeurs inscrits. Si cette double condition n'était pas remplie, il serait procédé à un nouveau tour de scrutin le samedi et le dimanche ou le dimanche seulement (selon la population des communes, art. 2) qui suivraient la proclamation du résultat du premier tour de scrutin. A cette seconde opération, l'élection a lieu à la majorité relative, quel que soit le nombre des votants. Si plusieurs candidats obtiennent le même nombre de suffrages, l'élection sera acquise au plus âgé. — Art. 11. Le scrutin, le dépouillement des votes et le recensement général des scrutins seront opérés dans la forme réglée par les articles 10 à 33 inclusivement du décret réglementaire du 2 février 1852. — Art. 12. Sont éligibles au Conseil général et au Conseil d'arrondissement les électeurs âgés de 25 ans accomplis au jour de l'élection et à la condition d'être, *pour le Conseil général*, domiciliés dans le département ou d'y payer une contribution directe ; *pour le Conseil d'arrondissement*, domiciliés dans l'arrondissement ou d'y payer une contribution directe. La condition d'une année de domicile n'est pas exigée. — Art. 13. Ne peuvent être élus membres du Conseil général et des Conseils d'arrondissement les citoyens qui se trouveraient compris dans les incompatibilités prononcées par l'article 5 de la loi du 22 juin 1833. — Art. 14. Les procès-verbaux des opérations de chaque commune, les listes de scrutin et les listes de dépouillement du vote seront immédiatement adressées par le Maire du chef-lieu de canton à la préfecture et aux sous-préfectures respectives, accompagnés des bulletins qui auraient été contestés, des réclamations qui auraient été faites, et des autres pièces concernant l'élection. — Art. 15. Le présent arrêté sera publié et affiché dans toutes les communes des cantons désignés en l'article 1er ; il sera placardé également dans le lieu de réunion des assemblées électorales.

Élection pour la nomination d'un membre du Conseil général ou du Conseil d'arrondissement. — Le Préfet, — Vu la loi du 7 juillet 1852 ; — l'instruction ministérielle du 8 juillet 1852 ; — Considérant que M. ... a donné sa démission, et qu'il y a lieu de pourvoir à son remplacement. — Arrête : — Art. 1. Les électeurs du canton de ... sont convoqués dans chacune des communes dudit canton à l'effet d'élire un [conseiller général]. — Art. 2. Les assemblées auront lieu, etc. (*comme dans les autres formules.*)

Élections municipales. — Renouvellement intégral des membres des Conseils municipaux. — Le Préfet, — Vu la loi du 5 mai 1855, sur l'organisation municipale ; — le décret impérial du ... qui fixe aux ... et ... prochain les opérations électorales pour le renouvellement intégral des Conseils municipaux de l'Empire ; — la circulaire de S. Exc. le Ministre de l'Intérieur, en date du ...; — Arrête : — Art. 1. Les électeurs du département de ... inscrits sur les listes électorales arrêtées le 31 mars 186 , sont convoqués dans chaque commune, pour procéder au renouvellement intégral des Conseils municipaux. — Art. 2. Le nombre des Conseillers municipaux à élire est, savoir : de 10 dans les communes de 500 habitants et au dessous ; de 12 dans celles de 501 à 1,500 habitants ; de 16 dans celles de 1,501 à 2,500 habitants ; de 21 dans celles de 2,501 à 3,500 habitants ; de 23 dans celles de 3,501 à 10,000 habitants ; de 27 dans celles de 10,001 à 30,000 habitants. Ces chiffres sont invariables, et lors même que le Maire est choisi en dehors du Conseil municipal quoiqu'il en fasse partie de droit, le nombre des conseillers à élire n'en est pas diminué. — Art. 3. Les assemblées auront lieu dans la mairie ou, à défaut de mairie, dans le local qui sera indiqué par le Maire au moins huit jours à l'avance. — Art. 4. Le scrutin sera ouvert pendant deux jours, les samedi ... et dimanche ..., de huit heures du matin à six heures du soir, dans toutes les communes qui comptent 2,500 habitants et au dessus, c'est-à-dire dans les communes de : (*les dénommer*). Il sera ouvert, le dimanche seulement, de huit heures du matin à quatre heures du soir, dans toutes les autres communes non désignées au présent article. L'heure de la clôture et celle de la fermeture du scrutin seront mentionnées avec soin dans les procès-verbaux. — Art. 5. Aucun changement ne devra être opéré aux listes électorales arrêtées le 31 mars dernier, sauf les modifications qui auraient été ordonnées par décision des juges compétents et sauf aussi la radiation des noms des électeurs décédés ou privés des droits civils et politiques par jugement ayant force de chose jugée. — Art. 6. Dans chaque commune, le bureau est présidé par le Maire ou, à son défaut, par l'Adjoint ou par un Conseiller municipal pris dans l'ordre du tableau. Les scrutateurs, au nombre de quatre, sont les deux plus âgés et les deux plus jeunes des électeurs présents à l'ouverture de la séance, sachant lire et écrire. Le président et les scrutateurs désignent le secrétaire ; ce dernier n'a que voix consultative dans les délibérations du bureau. Trois membres du bureau, au moins, doivent être présents pendant toute la durée des opérations. — Art. 7. Si la commune est divisée en sections électorales, la première section est présidée par le Maire ; les autres sont présidées successivement par les Adjoints dans l'ordre de leur nomination et par les Conseillers dans l'ordre du tableau. — Art. 8. Le papier des bulletins doit être blanc et sans signe extérieur. — Art. 9. Sont éligibles aux Conseils municipaux tous les citoyens âgés de 25 ans accomplis au jour de l'élection, jouissant de leurs droits civils et politiques et qui ne sont atteints par aucune des incapacités légales mentionnées dans les articles 15 et 26 du décret du 2 février 1852, et dans les articles 9 et 10 de la loi du 5 mai 1855. Aucune condition de domicile n'est exigée. Nul ne peut être membre de plusieurs Conseils municipaux. Dans les communes de 500 âmes et au dessus, les parents au degré de père, de fils, de frère, et les alliés au même degré ne peuvent être en même temps membres du Conseil municipal. — Art. 10. MM. les Maires feront connaître aux électeurs, par voie de publications et d'affiches, le nombre des Conseillers qu'ils auront à élire, en ajoutant que le vote a lieu par scrutin de liste, c'est-à-dire que chaque électeur devra inscrire sur son bulletin autant de noms qu'il y a de Conseillers à élire, et que les noms inscrits en plus de ce chiffre ne seront pas comptés. — Art. 11. Nul n'est élu au premier tour de scrutin s'il n'a réuni : 1° la majorité absolue des suffrages exprimés ; 2° un nombre de suffrages égal au quart de celui des électeurs inscrits. — Art. 12. Si, au premier tour de scrutin, le nombre des candidats qui auront réuni le chiffre de voix déterminé dans l'article qui précède est inférieur au nombre des Conseillers à élire, il sera procédé le samedi ou le dimanche suivant, ou le dimanche seulement (suivant la population de la commune, voir l'art. 4), à un second tour de scrutin pour compléter le Conseil municipal. Ce second scrutin sera annoncé, s'il y a lieu d'y recourir, par les soins du Maire, à la fin de la séance du ..., puis par publications et affiches, en la forme accoutumée, et enfin au moment de l'ouverture du scrutin. A cette seconde opération, l'élection a lieu à la majorité relative, quel que soit le nombre des votants. Si plusieurs candidats obtiennent le même nombre de suffrages, l'élection sera acquise au plus âgé. Cette règle est aussi bien applicable au premier qu'au second tour de scrutin. — Art. 13. Au second tour, le scrutin sera ouvert, comme au premier, savoir : Le samedi et le dimanche, de huit heures du matin à six heures du soir, dans les communes de 2,500 habitants et au dessus. Et le dimanche seulement, de huit heures du matin à quatre heures du soir, dans les communes qui comptent moins de 2,500 habitants. — Art. 14. — Le dépouillement du scrutin se fera au chef-lieu de chaque commune; le résultat en sera constaté par un procès-verbal dressé en double expédition (art. 38 à 44 de la loi du 5 mai 1855) et signé par les membres du bureau. Un double de ce procès-verbal nous sera transmis dès qu'il aura été arrêté, directement, pour l'arrondissement chef-lieu, et par l'intermédiaire de MM. les Sous-Préfets pour les autres arrondissements. A ce procès-verbal devront être joints les listes d'inscription des votants, les feuilles de dépouillement de votes, les bulletins mentionnés dans l'article 15 du présent arrêté, et les réclamations qui auraient pu être faites. — Art. 15. Les bulletins blancs ou illisibles, ceux ne contenant pas une désignation suffisante ou contenant une désignation ou qualification inconstitutionnelle ou dans lesquels les votants se seront fait connaître, n'entreront pas en compte dans le résultat du dépouillement. Ils seront annexés au procès-verbal. — Art. 16. Immédiatement après le dépouillement, le président proclamera le résultat du scrutin. — Art. 17. Les réclamations, s'il en est formé avant la clôture du procès-verbal, seront consignées dans ce procès-verbal. Sinon, elles pourront être déposées au secrétariat de la mairie, dans le délai de cinq jours à partir de l'élection. Elles pourront aussi être déposées directement à la préfecture ou à la sous-préfecture, dans le même délai. Il sera statué par le Conseil de préfecture, sauf recours au conseil d'État. — Art. 18. Le présent arrêté sera publié et affiché dans toutes les communes du département; il sera placardé dans le lieu de réunion des assemblées électorales.

Élections partielles de membres des Conseils municipaux. — Le Préfet, — Vu la loi du 5 mai 1855 (art. 7 et 8). — Considérant que MM ... et ... membres du Conseil municipal de ... sont décédés, que MM. ... et ... n'ont pas accepté les fonctions de membres du même Conseil et que MM. ... et ... ont donné leur démission ; — Arrête : — Art. 1. Les électeurs de la commune de ... sont convoqués pour le samedi ... et le dimanche ... courant, à l'effet de pourvoir au remplacement des membres du Conseil municipal ci-dessus désignés. — Art. 2. Le scrutin sera ouvert, etc. (*comme dans les autres formules*).

Élections. — Division de communes en sections. — Le Préfet, — Vu le décret du ..., portant convocation des colléges électoraux pour les ..., à l'effet de procéder au renouvellement du [Corps législatif]; — le décret du 2 février 1852; — les instructions ministérielles ; — Arrête : — Art. 1. Les assemblées électorales, convoquées par le décret impérial du ... courant, se tiendront les ..., au chef-lieu de chaque commune, dans la salle de la Mairie, ou, en cas d'empêchement, dans tout autre local que MM. les Maires auront désigné par un arrêté dûment publié et affiché. — Art. 2. En raison de l'importance de leur population, de la présence de bacs ou de ponts à péage, ou pour toute autre circonstance locale, il sera établi des sections électorales dans les communes suivantes : 1° La commune de ... sera divisée en deux sections. La première section, comprenant les électeurs des hameaux de ... et autres parties du territoire, le tout formant ensemble la section dite de ..., se réunira à ..., dans la salle de la Mairie. La deuxième section, comprenant les électeurs du village de ... et des quartiers de ..., se réunira au hameau de ..., dans le local qui sera désigné par M. le Maire. (*Et ainsi de suite.*)—Art. 3. Dans les communes divisées en plusieurs sections, le dépouillement du scrutin se fera dans chaque section. Procès-verbal en sera dressé. Le recensement général des votes émis dans la commune se fera dans le local de la première section, par le bureau de cette section, en présence des présidents des autres sections. Le président de la première section sera chargé de transmettre le travail. — Art. 4. MM. les Sous-Préfets et Maires du département sont chargés de l'exécution du présent arrêté, qui sera publié et affiché dans toutes les communes, immédiatement après sa réception.

— **Fixation du chef-lieu électoral.** — Le Préfet, — Vu la loi du 5 mai 1855 sur l'organisation municipale; — l'instruction ministérielle du 24 juin suivant; — Considérant qu'il résulte des renseignements produits que les localités de ..., dans la commune de ...; de ..., dans la commune de ...; de ..., dans la commune de ..., sont placées plus au centre de ces communes que les chefs-lieux, et sont en même temps plus convenables pour les réunions nombreuses; — Arrête : — Art. 1. Dans les communes de ..., les élections se feront aux lieux de ..., ... et ....

— **Fixation d'une heure exceptionnelle pour l'ouverture des opérations.** — Le Préfet, — Vu le décret impérial du ..., portant convocation des colléges électoraux pour [le renouvellement des membres du Corps législatif]; — le décret du 2 février 1852; — les instructions ministérielles; — Considérant que de nombreuses demandes nous ont été adressées tendant à ce que, pour faciliter aux électeurs l'accès du scrutin, il soit pris, eu égard aux habitudes de la population, des dispositions pour avancer l'heure des opérations électorales; — Arrête : — Art. 1. Dans les communes dont les noms suivent, les opérations électorales commenceront le ..., et le ..., aux heures ci-après indiquées : (*suit un tableau*). — Les scrutins seront fermés aux heures déterminées par le décret précité. — Art. 2. Le présent arrêté sera publié et affiché par MM. les Maires, dès qu'il leur sera parvenu.

— **Opérations électorales déférées au Conseil de préfecture.** — Nous, Préfet, — Vu les procès-verbaux des opérations électorales, qui ont eu lieu le ..., dans les communes du canton de ..., pour l'élection d'un [Conseiller général, Conseiller d'arrondissement, etc.]; — les [95] bulletins annexés au procès-verbal de la section de ..., et le bulletin, également annexé au procès-verbal de la section de ...; — le tableau récapitulatif dressé par les membres du bureau du chef-lieu de canton; — les lois des 22 juin 1833 (art. 50) et 5 mai 1855 (art. 46); — Considérant que les dispositions légales ne nous paraissent pas avoir été sainement interprétées, en ce qui concerne l'annulation des bulletins susmentionnés; — Déférons au Conseil de préfecture les opérations électorales du canton de ..., pour avoir à statuer au sujet de l'annulation des bulletins dont il s'agit.

Élections partielles des membres d'un tribunal de commerce. — Convocation des commerçants appelés à procéder à ces élections. — Le Préfet, — Vu le décret du 6 octobre 1809, la loi du 3 mars 1840, les articles 618, 619, 620, 621, 622 et 623 du Code de commerce; — le décret du 2 mars 1852; — Considérant qu'il y a lieu de procéder au renouvellement partiel du tribunal de commerce de ...; — Arrête : — Art. 1. Les commerçants patentés de l'arrondissement de ..., inscrits sur la liste dressée par nous, le ..., et approuvée par Son Exc. M. le Ministre de l'Agriculture, du Commerce et des Travaux publics, sont convoqués pour le ... (*jour, date et mois*) prochain, à ... heures du matin, à l'effet de procéder, suivant les formes prescrites, au renouvellement partiel du tribunal de commerce de .... — Art. 2. L'assemblée électorale se tiendra dans la salle d'audience dudit tribunal. — Art. 3. Le scrutin restera ouvert pendant deux heures au moins. — Art. 4. Le présent arrêté sera publié et affiché par les soins de MM. les Maires, dans les communes de l'arrondissement où sont domiciliés les électeurs convoqués.

Enfants assistés. — Secours temporaires. — Le Préfet, — Vu les pièces produites par la nommée ..., âgée de ... ans, née à ..., domiciliée à ..., constatant son indigence et ayant pour objet l'admission au secours temporaire de ..., son enfant, né à ..., le ...; — l'acte de naissance de cet enfant; — notre arrêté du ..., portant règlement sur le service des enfants assistés; — les lois et instructions sur les secours à accorder aux enfants nouveau-nés, — Arrête : — Art. 1. Un secours de ... francs, par mois, pendant ..., est accordé, sur les fonds départementaux, à l'enfant .... Ce secours aura son effet à partir du ... — Art. 2. Une layette sera délivrée immédiatement pour l'enfant dont il s'agit. — Art. 3. Expédition du présent arrêté sera adressée à M. le Président de la commission administrative des hospices de ..., chargé d'en assurer l'exécution en ce qui le concerne.

— Fixation du prix des mois de nourrice. — Le Préfet, — Vu la délibération, en date du ..., par laquelle le Conseil général du département a élevé de ... fr. à ... fr. le prix des mois de nourrice des enfants trouvés, abandonnés ou orphelins, âgés de moins d'un an, ainsi que l'allocation accordée pour les enfants de filles-mères, lesquels n'auront pas dépassé cet âge; — le règlement général du ..., sur le service des enfants assistés dans le département, — Arrête : — Art. 1. A partir du ..., le prix des mois de nourrice des enfants trouvés, abandonnés et orphelins pauvres, âgés de moins d'un an, et l'allocation accordée pour les enfants de filles-mères, lesquels n'auront pas encore atteint cet âge, sont fixés à ... fr. par mois. — Art. 2. Sont maintenues les fixations de l'art. ... du règlement général susvisé en ce qui concerne les mois de nourrice et les secours des enfants âgés de plus d'un an. — Art. 3. MM. les Maires et Percepteurs sont chargés, chacun en ce qui le concerne, de l'exécution du présent arrêté.

— Remise à leur mère. — Le Préfet, — Vu la demande présentée par la nommée ... demeurant à ..., tendant à obtenir la remise de son enfant né à ..., le ..., et admis à l'hospice de ..., le ...; — le certificat délivré par M. le Maire de la commune de ... constatant que la nommée ..., n'est point, par sa conduite, indigne de recevoir et d'élever son enfant; qu'on peut le confier à sa sollicitude maternelle; mais qu'elle se trouve dans l'impossibilité de rembourser les dépenses que ledit enfant a occasionnées au département de ...; — le décret du 19 janvier 1811; — notre arrêté du ... sur le service des enfants assistés, — Arrête : — Art. 1. L'enfant ..., sera rendu à sa mère, qui réside à .... — Art. 2. Remise est faite à la nommée ... des frais occasionnés par son enfant. — Art. 3. M. l'Inspecteur des enfants assistés demeure chargé de l'exécution du présent arrêté, dont une copie sera adressée à M. le Président de la commission administrative des hospices de ....

Enfants assistés. — Règlement (1). — Le Préfet, — Vu les lois des 15 pluviôse an XIII et 18 juillet 1866; — les décrets des 19 janvier 1811, 25 mars 1852; ensemble les règlements et instructions sur la matière; — les art. 55, 56 et 58 du Code Napoléon et les art. 345 à 353 du Code pénal; — Considérant qu'il importe de réunir, en les complétant, toutes les dispositions applicables au service des enfants assistés de notre département. — Arrête :

CHAPITRE 1. *Classification des enfants.* — Art. 1. Les enfants que recueille l'assistance publique sont : 1° les enfants trouvés; 2° les enfants abandonnés; 3° les orphelins pauvres. — Art. 2. Les enfants trouvés sont ceux qui ont été exposés dans un lieu quelconque et dont la filiation reste inconnue. — Art. 3. Les enfants abandonnés sont ceux qui, nés de père et mère connus, et d'abord élevés par eux ou par d'autres personnes à leur décharge, en sont délaissés sans qu'on sache ce que les père et mère sont devenus ou sans qu'on puisse recourir à eux, à raison de leur indigence absolue, d'infirmités graves dont

---

1. Voir la circulaire de M. le Ministre de l'Intérieur, du 4 août 1866, § 16.

ils seraient atteints ou d'autres circonstances spéciales. Sont assimilés aux enfants abandonnés : 1° les enfants des prévenus, accusés ou condamnés indigents. Toutefois, si le père ou la mère seulement est détenu, les enfants restent à la charge de celui d'entre eux qui est en liberté; 2° les enfants des indigents traités ou admis dans un établissement hospitalier jusqu'à la sortie du père ou de la mère. — Art. 4. Les orphelins pauvres sont ceux qui n'ont plus ni père ni mère et dont l'indigence est constatée. — Art. 5. Les enfants auxquels il reste des ascendants ne sont admis à l'assistance départementale qu'autant que ceux-ci les ont aussi abandonnés ou qu'on ne peut non plus recourir à eux, aux termes des art. 205 et suivants du Code Napoléon.

CHAPITRE 2. *Admissions.* — Art. 6. L'hospice de ... reste seul dépositaire pour tout le département. — Art. 7. Le bureau d'admission est ouvert de neuf heures du matin à cinq heures du soir. Les enfants y sont reçus par le préposé, sous la surveillance et l'autorité de la commission administrative, et sous la condition de l'observation des prescriptions des articles suivants. — Art. 8. Il est établi à l'hospice dépositaire un service gratuit de maternité pour les femmes indigentes. Sauf le cas d'urgence, elles n'y sont admises que dans le neuvième mois de leur grossesse. Elles doivent justifier de leur domicile habituel dans le département de ... — Art. 9. A moins que l'état de leur santé ou d'autres circonstances spéciales ne s'y opposent, ces femmes sont tenues d'allaiter leur enfant et de l'emporter à leur sortie de l'établissement. Selon les circonstances, ces enfants reçoivent les secours temporaires déterminés au chapitre III, ci-après. — Art. 10. En cas d'exposition d'un enfant, l'officier de justice ou de police qui en est informé se rend immédiatement sur les lieux et fait donner à celui-ci tous les soins nécessaires. Conformément à l'art. 58 du Code Napoléon, il dresse, en double expédition, un procès-verbal indiquant l'état de l'enfant, son âge apparent, son sexe, les nom et prénoms qu'il se propose de lui donner, les linges et hardes dont celui-ci est couvert, les circonstances de temps et de lieu, enfin tous les renseignements ou indices de nature à faire retrouver la mère, ou à mettre l'administration, et, s'il y a lieu, la justice, sur les traces des auteurs ou complices de l'abandon. Après avoir fait à l'état civil la déclaration prescrite par la loi, ce fonctionnaire adresse au procureur impérial de l'arrondissement une copie de son procès-verbal, et fait, avec les précautions convenables, transporter l'enfant à l'hospice dépositaire. La personne chargée de ce soin est munie de l'autre copie du procès-verbal et d'un extrait de la déclaration faite à l'état civil. Elle est remboursée par le receveur, de ses frais de transport, lesquels restent à la charge du budget départemental, si le recouvrement n'en peut être obtenu soit de la famille, soit de la commune où l'exposition a eu lieu. — Art. 11. En dehors du procès-verbal ci-dessus mentionné, mais sans préjudice des poursuites à diriger contre les auteurs de l'abandon, les employés de l'hospice dépositaire peuvent recueillir les enfants exposés à la porte de cet établissement. Aux termes de la circulaire ministérielle du 7 août 1852, l'administration hospitalière a un délai de dix jours pour s'enquérir si ces enfants n'ont pas déjà été inscrits dans quelque commune. Lorsque, à l'expiration de ce délai, elle n'a obtenu aucun résultat, elle déclare ces enfants à l'état civil de ..., et leur donne des noms et prénoms pris sur une liste préparée à l'avance. L'admission des enfants qui n'ont pas été exposés aura lieu sur la présentation qui en sera faite à ..., par les soins des commissaires de police et ailleurs par les Maires, lesquels devront faire suivre chaque enfant d'un bulletin de renseignements contenant des éléments d'appréciation suffisants pour mettre le bureau d'admission en mesure de statuer. Il est interdit aux sages-femmes de présenter ou faire présenter des enfants autrement que par l'intermédiaire des Maires ou des commissaires de police. — Art. 12. L'admission des enfants trouvés n'est autorisée par le bureau qu'à titre provisoire, et il y est statué définitivement par nous sur le vu d'une copie du procès-verbal de dépôt. Une expédition de notre arrêté est notifiée à la commission hospitalière. Les enfants abandonnés et les orphelins ne sont admis qu'en vertu d'un arrêté pris par nous sur une demande régulière et la production des pièces indiquées aux paragraphes 2 et suivants de l'article 13. — Art. 13. Toute personne, sage-femme ou autre, qui désire faire admettre un enfant abandonné ou un orphelin, est tenue de se faire connaître et de répondre verbalement ou par écrit aux questions qui lui sont faites. Elle produit, en outre, s'il s'agit d'un enfant abandonné : 1° l'acte de naissance de celui-ci ; 2° un certificat du Maire ou un procès-verbal du commissaire de police, constatant que les père et mère ont disparu sans qu'on sache ce qu'ils sont devenus et sans laisser de quoi pourvoir à l'existence de l'enfant, ou qu'à raison de circonstances spéciales ils sont hors d'état d'en prendre soin; que les ascendants de celui-ci sont morts ou dans l'impossibilité de lui fournir des aliments et qu'aucun collatéral ou ami ne consent à s'en charger ; 3° un extrait du rôle des contributions, ou un certificat du Maire relatant le chiffre de l'impôt payé par les parents ou ascendants, ou leur non-inscription au rôle. A l'égard d'un enfant de détenus : 1° l'acte de naissance ; 2° un certificat du Procureur impérial ou du Procureur général, constatant la détention des parents et le temps pendant lequel elle paraît devoir se prolonger ; 3° un certificat du Maire constatant leur indigence et l'impossibilité de recourir aux ascendants, collatéraux ou amis; 4° un extrait, s'il y a lieu, du rôle des contributions. S'il s'agit d'un enfant né hors mariage : 1° l'acte de naissance ; 2° un certificat du Maire constatant qu'à raison de son indigence, d'infirmités régulièrement constatées, ou d'autres circonstances spéciales, la mère ne pourrait, même avec un secours temporaire, élever cet enfant. A l'égard d'un enfant dont les parents sont traités dans un hôpital ou recueillis dans un hospice : 1° l'acte de naissance; 2° un certificat de l'administrateur de service, constatant la présence des parents dans l'établissement et l'espace du temps pendant lequel elle paraît devoir se prolonger. Enfin, pour l'admission d'un orphelin pauvre : 1° son acte de naissance et l'acte de décès de ses père et mère ; 2° un certificat du Maire, constatant l'indigence de l'enfant et l'impossibilité de recourir aux ascendants, collatéraux ou amis; 3° au besoin, un extrait du rôle des contributions directes. — Art. 14. Qu'il s'agisse d'obtenir leur admission aux secours ou à l'hospice, les enfants n'ont besoin d'être présentés ni à notre préfecture ni au bureau de l'hospice, surtout lorsqu'ils sont étrangers à la ville de . . . Sont aussi dispensées, dans le même cas, de se présenter, les personnes qui sollicitent l'un ou l'autre de ces modes d'assistance. Les demandes peuvent être formées, soit directement, soit, pour la plus grande célérité de l'instruction, par l'intermédiaire des autorités locales. — Art. 15. Préalablement à toute demande d'admission formée ou appuyée par eux, le Maire et l'officier de police judiciaire s'assurent qu'aucun des habitants de la commune ne consent à se charger, gratuitement ou moyennant un secours, de l'enfant trouvé, abandonné ou orphelin. — Art. 16. Toutes les pièces mentionnées dans le cours du présent règlement seront délivrées sur papier libre et sans frais.

CHAPITRE III. *Secours temporaires.* — Art. 17. Dans le but de prévenir ou de faire cesser les abandons, des secours temporaires peuvent être accordés par nous aux enfants naturels régulièrement reconnus, et, exceptionnellement, aux enfants légitimes, les uns et les autres âgés de moins de trois ans. Nous nous réservons la faculté de prolonger ces secours au-delà de la troisième année, comme aussi de les accorder aux enfants au-dessus de cet âge, qui ne les ont pas encore obtenus. — Art. 18. La quotité du secours est de 10 francs par mois pendant la première année, de 8 francs pendant la seconde année, et de 6 francs pendant la troisième. En cas de circonstances particulières, la durée en peut être prorogée. Ils sont réduits, suspendus ou retirés, si la mère voit sa position s'améliorer, ou si elle retombe dans l'inconduite. L'arrêté qui accorde ces secours peut prescrire le paiement immédiat du premier mois, et la délivrance, aux frais de l'hospice dépositaire, d'une layette et même d'une vêture.—Art. 19. La demande de secours est accompagnée : 1° d'un extrait de l'acte de naissance de l'enfant; 2° d'un certificat du Maire attestant que cet enfant est vivant et a été régulièrement reconnu ; qu'il est élevé par sa mère ou par une personne du choix de celle-ci ; que la mère est indigente et réside dans la commune. Ce certificat doit, en outre, indiquer si la mère en est à sa première faute et si, d'après le repentir qu'elle témoigne, il y a lieu d'espérer son retour à une bonne conduite.—Art. 20. Les secours temporaires sont payables par trimestre. A cet effet, dans les dix derniers jours de chaque trimestre et par l'intermédiaire de la préfecture, les Maires reçoivent des formules de certificats de vie pour les enfants placés dans leurs communes. Après les avoir remplies et signées le dernier jour du trimestre, ces fonctionnaires nous les renvoient immédiatement et nous faisons dresser, par commune et par circonscription de perception, les décomptes relatifs aux enfants secourus. Le montant de ces décomptes est mandaté par le payeur du département au nom du Trésorier-payeur général qui les fait acquitter par les percepteurs du domicile des mères, dans les dix jours de la délivrance du mandat. — Art. 21. Les parents qui demandent la remise d'enfants abandonnés peuvent obtenir les secours temporaires, si ceux-ci remplissent les conditions exigées. — Art. 22. Toute mère qui, pendant la durée du secours, contracte mariage dans les conditions déterminées par l'article 331 du Code Napoléon, peut recevoir une allocation de 50 francs, qui lui est payée en vertu d'un arrêté pris par nous sur la production d'une expédition de l'acte de mariage, constatant la reconnaissance du père. A défaut de reconnaissance dans ledit acte, il devra être justifié que l'enfant a été antérieurement reconnu. Cette allocation met fin aux secours temporaires. — Art. 23. Les enfants secourus temporairement sont placés sous la même surveillance que les enfants trouvés, abandonnés et orphelins.

CHAPITRE IV. *Registres d'inscription.*—Art. 24. Sont tenus, à l'hospice dépositaire, les sept premiers registres prescrits par la circulaire ministérielle du 31 octobre 1861.—Art. 25. Le registre n° 1, intitulé journal ou main courante, comprend tous les enfants, sans distinction d'âge, de sexe ou de catégorie, qui sont admis dans cet établissement. Les registres n°ˢ 2, 2 bis, 2 ter sont applicables, le premier aux enfants trouvés, le second aux enfants abandonnés légitimes ou naturels, et le troisième aux orphelins naturels ou légitimes. Ces trois registres, dits registres matricules, relatent, chacun pour la catégorie à laquelle ils sont affectés, tous les détails possibles sur la vie de l'enfant, depuis son entrée à l'hospice jusqu'à l'accomplissement de sa douzième année ; l'état de sa santé, la situation dans laquelle il se trouve chez ses nourriciers, sa conduite, son intelligence, le degré de son instruction morale et religieuse. En un mot tous les faits qui le concernent, ainsi que les dépenses auxquelles il donne lieu, doivent y être mentionnées avec précision. — Art. 26. Le registre n° 3, dit *registre de tutelle*, est destiné à recevoir le nom de tous les enfants trouvés, abandonnés ou orphelins qui ont accompli leur douzième année. Il fait connaître pour chacun d'eux le lieu où il est placé et les conditions dans lesquelles il se trouve, le taux du salaire qu'il gagne, les conditions suffisantes ou insuffisantes de ce salaire eu égard à son âge ou à son aptitude, enfin le montant des économies qu'il a réalisées. En cas de changement de maître ou patron, le même registre indique la cause de ce changement, la durée du séjour fait intermédiairement à l'hospice dépositaire, et enfin les conditions du nouveau placement. — Art. 27. Le registre n° 4 est estiné à constater avec précision les décès survenus dans chaque catégorie des élèves de l'hospice. Les décès y sont portés en chiffres dans la colonne affectée à chaque âge, et ils sont additionnés au 31 décembre de chaque année, de manière à mettre la commission hospitalière à même d'établir le *quantum* de la mortalité pour chacune des douze premières années de la vie des enfants ; au 1ᵉʳ janvier suivant, les numéros d'ordre reprennent le n° 1. — Art. 28. Le registre n° 5 est la récapitulation sommaire de la vie de l'enfant, depuis le moment où il est entré à l'hospice jusqu'à sa sortie de la tutelle hospitalière : toutes les phases de son existence doivent y être mentionnées. Les résultats qu'il présente doivent balancer : 1° les résultats du journal de première inscription ; 2° ceux des registres matricules nᵒˢ 2, 2 bis et 2 ter; 3° ceux du registre de tutelle n° 3; 4° ceux du registre de décès n° 4. — Art. 29. Le registre n° 6 est consacré à l'inscription des enfants temporairement secourus; il est coté et paraphé par nous ou par une personne que nous déléguons à cet effet. Il est tenu par l'Inspecteur, lequel doit, en outre, avoir par devers lui un double du registre de tutelle. — Art. 30. A partir de 1863, dans la première quinzaine du mois de janvier, ce fonctionnaire adressera, par notre intermédiaire, au Ministère de l'Intérieur, six tableaux séparés, relevant, suivant l'ordre de la distribution de chaque registre, les résultats constatés du 1ᵉʳ janvier au 31 décembre de l'année précédente, et appuiera d'un rapport celui de ces états dont le livre de tutelle aura fourni les éléments.—Art. 31. Chaque enfant trouvé, abandonné, ou orphelin a, en outre, à l'hospice, un dossier spécial, où sont conservés avec soin tous les actes, bulletins, lettres, documents et renseignements qui le concernent, depuis son entrée à l'hospice jusqu'à sa sortie de cet établissement ou sa majorité. Ces dossiers, classés par ordre alphabétique, sont placés sous clef.

Chapitre V. *Séjour à l'hospice et placement à la campagne.* — Art. 32. A leur arrivée à l'hospice, les enfants sont baptisés, si rien ne constate qu'ils l'aient déjà été. Ils sont, en outre, vaccinés dès que leur âge ou l'état de leur santé le permet. Enfin, ils sont allaités au sein par des nourrices sédentaires résidant dans l'établissement. — Art. 33. En attendant leur départ pour la campagne, les enfants sont placés dans des locaux particuliers où n'ont accès que les personnes chargées de les soigner ou de les surveiller. Il est interdit, *sous peine de révocation*, à tout employé ou agent de l'hospice de communiquer à qui que ce soit, *excepté aux inspecteurs généraux et à l'inspecteur départemental*, les registres d'admission et de donner la moindre indication sur le lieu de placement des enfants. — Art. 34. Les enfants que le médecin de l'hospice a reconnu pouvoir être placés sans danger pour leur santé ou celle des nourrices sont, dans le plus bref délai possible, envoyés à la campagne. Ils sont, de préférence, placés dans les localités communiquant facilement avec le chef-lieu de la commune, afin de pouvoir en toute saison fréquenter les églises et les écoles. Toutefois, en ce qui touche les enfants trouvés, ces placements doivent être opérés aussi loin que possible du lieu connu ou présumé de l'origine de ceux-ci. — Art. 35. Les frères ou sœurs doivent, toutes les fois que cela est possible, être placés chez les mêmes nourriciers ou au moins dans les mêmes communes. — Art. 36. Il est apposé aux enfants âgés de moins de 4 ans un collier garni d'une petite médaille en argent portant la désignation de l'hospice dépositaire et le numéro sous lequel ils y sont inscrits. Ce collier, lorsqu'il a été apposé avant cet âge, est enlevé dès le commencement de la 5ᵉ année. — Art. 37. Toute femme qui désire se charger d'un élève de l'hospice doit produire un certificat du Maire de sa commune attestant qu'elle est mariée ou veuve; qu'elle présente des garanties d'aisance et de moralité; que son habitation est salubre et, si elle a déjà eu des élèves des hospices, qu'elle les a bien soignés. S'il s'agit d'un enfant non sevré, elle doit présenter, en outre, un certificat médical constatant qu'elle n'est pas enceinte; qu'elle n'allaite pas ou que l'enfant qu'elle nourrit est en état d'être sevré; enfin, que son lait est abondant et de bonne qualité. Ces certificats peuvent être adressés à l'inspecteur, par l'intermédiaire des Maires ou autrement, et les nourrices agréées sont inscrites sur un registre spécial et appelées dans l'ordre d'inscription. S'il s'agit d'un enfant à allaiter, elles doivent se soumettre à la contre-visite du médecin de l'établissement. — Art. 38. Toute femme qui, se sachant enceinte, a demandé et obtenu un enfant à allaiter; celle qui, en cas de grossesse survenue depuis, n'a pas fait connaître son état à l'inspecteur, se verra retirer l'enfant, et pourra, en outre, être privée de tout ou partie du salaire échu. — Art. 39. La personne qui obtient un élève de l'hospice s'oblige, sous les peines énoncées en l'article précédent : 1° à le tenir en état constant de propreté; 2° à avoir un lit pour le coucher seul et, s'il est jeune, un garde-feu pour le préserver d'accident; 3° dans le cas où il n'est pas sevré, à le nourrir au sein jusqu'à l'âge de douze mois, à moins d'une dispense de l'administration;

4° à le faire vacciner dans les six mois du placement, s'il ne l'a pas été à l'hospice dépositaire ; à le traiter avec douceur et à veiller constamment sur lui tant en santé qu'en maladie ; 5° à entretenir en bon état ses layettes et vêtures, et à ne pas les détourner, même momentanément, de leur destination ; 6° à ne remettre l'élève à aucune autre personne, comme aussi à ne se charger d'aucun autre enfant sans avoir obtenu par écrit l'autorisation de l'administration ou, en cas d'urgence, celle du Maire ; 7° à représenter, toutes les fois qu'elle en est requise, l'enfant, ses vêtements et son livret aux délégués de l'autorité et notamment au Maire, à l'effet d'obtenir de lui, à l'expiration de chaque trimestre, le certificat de vie nécessaire pour la confection des états de paiement ; 8° à ramener l'enfant à l'hospice dans le délai qui lui est assigné ; et, si c'est elle qui ne veut pas le garder, à ne l'y reconduire qu'après en avoir, huit jours à l'avance, donné avis à l'administration ; 9° à ne le laisser ni mendier ni marauder, et à l'envoyer aux églises et à l'école communale, ainsi qu'il sera dit aux articles 55 et 62 ci-après ; 10° à lui donner de bonne heure le goût du travail, en ne l'employant toutefois qu'à des travaux en rapport avec son âge et ses forces ; 11° en cas d'évasion, à faire toutes les démarches propres à le retrouver et à en prévenir sans délai le Maire, qui en informe l'inspecteur ; 12° en cas de décès, à le déclarer immédiatement au Maire, qui, après l'avoir inscrit sur les registres de l'état civil, en fait mention sur le livret et en donne avis à l'administration ; 13° en cas de rappel, d'évasion considérée comme définitive, ou de décès de l'enfant, à renvoyer à l'hospice le collier et les objets de vêture autres que ceux qui ont servi à l'inhumation, et le livret après le paiement des sommes dues ; 14° à exécuter ponctuellement les conditions ci-dessus, sous toute peine de droit et même de dommages-intérêts au profit de l'enfant, en cas de défaut de soins, de mauvais traitements ou de préjudice quelconque. — Art. 40. A son départ de l'hospice, la personne qui a obtenu un enfant reçoit un livret qui relate le numéro matricule, les noms, l'âge et la date de placement de cet enfant ; les noms et domicile du dépositaire ; les devoirs et obligations imposés à ce dernier ; le prix de pension et autres allocations en argent auxquelles il a droit ; le nombre, la composition et les époques de délivrance des layettes et vêtures ; deux tableaux destinés à constater, l'un les paiements et l'autre la délivrance du vestiaire ; la formule des certificats de vaccination et de décès ; enfin des intervalles en blanc pour recevoir, le cas échéant, les observations de l'inspecteur. — Art. 41. A son retour dans la commune, la nourrice présente au Maire l'élève de l'hospice. Ce fonctionnaire en fait mention sur le livret et inscrit l'enfant sur le registre mentionné en l'article 75 ci-après. — Art. 42. Dans l'intérêt des enfants au-dessous de douze ans, l'administration se réserve le droit de les déplacer à son gré. Toutefois, elle se fait un devoir de remplacer par un autre l'enfant qu'elle a repris, lorsque ce retrait n'est fondé sur aucun motif défavorable au nourricier.

CHAPITRE VI. *Prix de pension et indemnités.* — Art. 43. Le prix de pension demeure fixé ainsi qu'il suit : pour la 1re année, 10 fr. par mois ; 2° année, 8 fr. ; 3° et 4° années, 6 fr. ; 5° et 6° années, 5 fr. ; 7°, 8°, 9°, 10°, 11° et 12° années, 4 fr. Il est accordé des prix exceptionnels à l'égard des enfants atteints d'infirmités. — Art. 44. Le prix de pension, de même que le taux des secours temporaires, ne décroît qu'à l'expiration du mois pendant lequel l'enfant a passé d'un âge à un autre. — Art. 45. En vue de faciliter les placements et de rendre meilleure la condition des nourriciers et des enfants, il sera accordé aux premiers : 1° une prime de 18 fr. payable lorsque l'enfant, pris par eux à la crèche de l'hospice dépositaire de ...., dans les quatre premiers mois de sa naissance, aura atteint l'âge de six ans, et qu'ils l'auront constamment bien soigné et bien traité dans ce laps de temps, et l'auront fait vacciner, s'il ne l'a pas été à l'hospice dépositaire ; 2° une prime de 100 fr. qui leur sera acquise, savoir : 25 fr. à l'expiration de la douzième année, si l'enfant a été envoyé à l'école communale pendant l'hiver, au moins durant la période de huit à douze ans ; s'il sait lire et écrire, et s'il a fréquenté les instructions religieuses et fait sa première communion ; 75 fr. lorsque, à seize ans révolus, il se trouvera capable d'exercer un état ou une profession qui lui permette de pourvoir désormais à ses besoins. Il sera justifié des conditions prescrites pour l'obtention de ces primes par des certificats conformes aux modèles n°s 1, 2 et 3, lesquels seront imprimés à la suite du présent arrêté. — Art. 46. Il est alloué, tant à l'aller qu'au retour, une indemnité de 10 centimes par kilomètre aux nourrices qui, par notre ordre ou d'après notre autorisation, viennent chercher ou ramènent un enfant à l'hospice. Enfin une prime de 5 fr. peut être accordée, sur les fonds départementaux, aux sages-femmes ou médecins, par chaque nourrice remplissant les conditions voulues qu'ils auront procurée à l'hospice. — Art. 47. Les frais d'inhumation sont fixés à 5 fr. par enfant.

CHAPITRE VII. — *Layettes et vêtures.* — Art. 48. L'hospice dépositaire fournit, toutes confectionnées, les layettes et vêtures dont la désignation suit :

Layettes pour les enfants d'un jour à un an. — 4 chemises en toile, prix : 2 fr. 40c. ; 2 brassières en laine, 1,35 ; 6 couches ou drapeaux en toile, 4,20 ; langes ou bourrasses en laine, 3,50 ; 2 langes ou bourrasses en cretonne, 1,76 ; 2 béguins en calicot, 0,16 ; 2 bonnets d'indienne, doublés, 0,20 ; 2 demi-fichus, 0,50 ; 1 couverture de laine, 3,00 ; 2 paillasses, largeur double, 1,70 ; 2 taies d'oreiller en cretonne, 0,54 ; 1 couvre-berceau en indienne, 1,05 ; total, 20 fr. 36 c.

1re Vêture, de 1 an à 2 ans. — 3 chemises en toile, prix : 1 fr. 95 c. ; 2 couches ou drapeaux en toile, 1,60 ; 2 langes ou bourrasses en cretonne, 1,40 ; 2 béguins en calicot, 0,16 ; 2 bonnets d'indienne, doublés, 0, 40 ; 2 demi-fichus, 0,50 ; 1 robe de cretonne, 2, 00 ; 1 robe de laine, 3,00 ; 2 paires de bas en laine et 2 paires de bas en coton, 1,60 ; 1 paire de souliers, 1,75 ; total, 20 fr. 36 c.

2e Vêture, de 2 à 3 ans. — 3 chemises entières, en toile, prix : 2 fr. 15 c. ; 2 couches ou drapeaux en toile, 1,60 ; 2 bonnets doublés, 2,00 ; 1 lange en laine, 0,40 ; 2 demi-fichus, 0,50 ; 1 robe en laine doublée au corsage, 3,00 ; 1 robe en cotonnade doublée au corsage, 1,70 ; 1 jupon en cretonne, 0,95 ; 1 doublure pour la robe et le jupon, 0,40 ; 1 tablier en cretonne, doublé au corsage, de 0 m. 50 sur 0 m. 97, 0,45 ; 2 mouchoirs de poche, 0,35 ; 2 paires de bas en laine et 2 paires de bas de coton, 1,60 ; 1 paire de souliers, 1,75 ; total, 16 fr. 85 c.

3e Vêture, de 3 ans à 4 ans. — 3 chemises en toile (garçons et filles)', 2 fr. 55 c. Filles : 1 robe en laine doublée au corsage, 3,40 ; 1 robe en cotonnade, *idem*, 1,75 ; 1 jupon, 0,95 ; doublure pour la robe et le jupon, 0,45 ; 2 mouchoirs de poche (garçons et filles), 0,35 ; 2 fichus simples (filles), 0,50 ; 2 bonnets doublés (filles), 0,50 ; 1 tablier (filles), 0,45 ; 2 paires de bas en laine et 2 paires de bas en coton (garçons et filles), 1,80 ; 1 paire de souliers (garçons et filles), 1,75 ; 1 paire de sabots (garçons et filles), 0,30 ; 2 paires de chaussons en laine doublés au talon (garçons et filles), 0,60. Garçons : 1 veste en laine doublée, 3,65 ; une veste en cotonnade bleue, 0,70 ; 1 gilet en laine doublé en finette grise, 1,20 ; 1 pantalon en laine, 0 m. 60, 1,80 ; doublure en finette grise pour la veste, le gilet et le pantalon, 0,64 ; 1 pantalon de cotonnade, 0,70 ; 1 blouse en cotonnade bleue, 1,00 ; 2 cravates simples, 0,50 ; 2 bonnets, 0,60 ; 1 casquette en velours de coton avec visière en cuir, 0,75. Totaux : garçons, 18 fr. 89 c. ; filles, 15 fr. 35 c.

4e Vêture, de 4 ans à 5 ans. — 3 chemises en toile (garçons et filles), prix : 3 fr. 00 c. Filles : 1 robe en laine, corsage doublé, 1 m. 75 sur 0 m. 97, 4,15 ; 1 robe en cretonne, *id.*, 1,95 ; 1 jupon en cretonne, 1,00 ; doublure en finette grise, 0,50 ; 2 demi-fichus d'indienne, 0,50 ; 2 bonnets doublés en indienne, 0,60 ; 1 tablier de cotonnade, 0,50 ; 2 mouchoirs de poche (garçons et filles), 0,35 ; 2 paires de bas de laine et 2 paires de bas de coton (garçons et filles), 2,10 ; 1 paire de souliers à la mesure (garçons et filles), 1,75 ; 2 paires de chaussons de laine, doublés au talon (garçons et filles), 0,60 ; 1 paire de sabots à la mesure (garçons et filles), 1,75. Garçons : 1 gilet en laine, doublé à finette grise,

0 m. 40, 1,45; 1 pantalon en laine de 0 m. 70, 2,10; un pantalon en cotonnade, 0,70; 1 veste en laine, 4,20; 1 veste en cotonnade bleue, 0,70; doublure pour le tout, 0,64; 1 blouse de cotonnade bleue, 1,10; 2 cravates, 0,50; 2 bonnets blancs, 0,80; 1 casquette en velours coton avec visière en cuir, 0,80. Totaux pour les garçons, 21 fr. 14 c.; pour les les filles, 17 fr. 35 c.

5ᵉ *Vêture, de 5 ans à 6 ans.* — 3 chemises en toile, garçons 3 fr., filles 4 fr. Filles : 1 robe en laine, corsage doublé, 4,50; 1 robe en cretonne, 2,10; 1 jupon en cretonne, 1,15; doublure en finette grise, 0,55; 2 demi-fichus d'indienne doublés, 1,00; 2 bonnets d'indienne doublées, 0,70; 1 tablier de cotonade, 0,50; 2 mouchoirs de poche (garçons et filles), 0,35; 2 paires de bas de laine et 2 paires de bas de coton, 2,50; 1 paire de souliers à la mesure, 3,00; 2 paires de chaussons en laine, doublés au talon, 0,65; 1 paire de sabots à la mesure, 0,35. Garçons : 1 gilet en molleton doublé à finette grise, 1,50; 1 pantalon en laine, 2,40; 1 pantalon en cotonnade, 0,75; 1 veste en laine doublée de 1 mètre, 4,25; 1 veste en cotonnade bleue, 1,15; doublure pour le tout, 0,75; 1 blouse de cotonnade bleue, 1,20; 2 cravates, 0,50; 2 bonnets, 0,80; 1 casquette en drap avec visière en cuir, 1,25; totaux pour les garçons, 25 fr.; pour les filles, 21 fr. 35 c.

6ᵉ *Vêture, de 6 ans à 7 ans.* — 3 chemises en toile (garçons et filles), 4 fr. 50 c. Filles : 1 robe en laine, corsage doublé, 4,50; 1 robe en cretonne, 2,25; 1 jupon en cretonne, 2,00; doublure en finette grise, 0,60; 2 demi-fichus d'indienne, 1,00; 2 bonnets d'indienne doublés, 0,80; 1 tablier de cotonnade, 0,50; 2 mouchoirs de poche (garçons et filles), 0,55; 2 paires de bas de laine, et 2 paires de bas de coton, 2,50; 1 paire de souliers à la mesure, 3,00; 1 paire de sabots à la mesure, 0,35; 2 paires de chaussons de laine doublés au talon, 0,65. Garçons : 1 gilet de laine doublé à finette grise, 2,00; 1 pantalon en laine, 3,30; 1 pantalon en cotonnade, 0,85; 1 veste en laine doublée, 4,75; 1 veste en cotonnade bleue, 1,25; doublure pour le tout, 0,75; 1 blouse en cotonnade bleue, 1,30; 2 cravates, 0,50; 2 bonnets, 1,00; 1 casquette en drap avec visière en cuir, 1,25; totaux pour les garçons, 28 fr. 50 c.; pour les filles, 23 fr. 20 c.

7ᵉ *Vêture, de 7 ans à 8 ans.* — 3 chemises en toile (garçons et filles), 4 fr. 25 c. Filles : 1 robe en laine, corsage doublé, 4,50; 1 robe en cretonne, 2 75; 1 jupon en cretonne, 2,00; doublure en finette grise, 0,65; 2 demi-fichus d'indienne, 1,00; 2 bonnets d'indienne doublés, 0,90; 1 tablier de cotonnade, 0,60; 2 mouchoirs de poche (garçons et filles), 0,55; 2 paires de bas de laine et 2 paires de bas de coton, 2,50; 1 paire de souliers à la mesure, 3,00; 2 paires de chaussons de laine doublés au talon, 0,70; 1 paire de sabots à la mesure, 0,35. Garçons : 1 gilet en laine doublé à finette grise, 2,10; 1 pantalon en laine, 3,90; 1 pantalon en cotonnade, 0,90; 1 veste en laine doublée, 5,50; 1 veste en cotonnade bleue, 1,40; doublure pour le tout, 0,80; 1 blouse en cotonnade bleue, 1,45; 2 cravates, 0,50; 2 bonnets, 1,00; 1 casquette en drap avec visière en cuir, 1,25; totaux pour les garçons, 30 fr. 15 c.; pour les filles, 24 fr. 45 c.

8ᵉ *Vêture, de 8 ans à 9 ans.* — 3 chemises en toile (garçons), 4 fr. 80 c., filles, 5 fr. 10 c.; Filles : 1 robe en laine corsage doublé, 5,00; 1 robe en cretonne, 2,80; 1 jupon en cretonne, 2,00; doublure en finette grise, 0,79; 2 demi-fichus d'indienne, 1,00; 2 bonnets d'indienne, doublés 0,90; 1 tablier de cotonnade, 0,60; 2 mouchoirs de poche (garçons et filles), 0,55; 2 paires de bas de laine et 2 paires de bas de coton, 3,00; 1 paire de souliers à la mesure, 3,75; 2 paires de chaussons de laine, doublés au talon; 0,70; 1 paire de sabots à la mesure, 0,35. Garçons : 1 gilet de laine, doublé à finette grise, 2,10; 1 pantalon en laine, 4,00; 1 pantalon en cotonnade, 0,90; 1 veste en laine doublée, 6,00; 1 veste en cotonnade bleue, 1,50; doublure pour le tout, 0,80; 1 blouse en cotonnade bleue, 1,55; 2 cravates, 0,50; 2 bonnets, 1,00; 1 casquette en drap avec visière en cuir, 1,25; totaux pour les garçons, 32 fr. 75 c.; pour les filles, 26 fr. 45 c.

9e *Véture, de 9 ans à 10 ans*. — 8 chemises en toile (garçons), 5 fr. 50 c. (filles), 6 fr. Filles : 1 robe en laine, corsage doublé, 5,25 ; 1 robe en cretonne, 2,75 ; 1 jupon en cretonne, 2,25 ; doublure en finette grise, 0,75 ; 2 demi-fichus d'indienne, 1,00 ; 2 bonnets d'indienne, doublés, 0,90 ; 1 tablier de cotonnade, 0,60 ; 2 mouchoirs de poche (garçons et filles), 0,55 ; 2 paires de bas de laine et 2 paires de bas de coton, 3,50 ; 1 paire de souliers à la mesure, 3,75 ; 2 paires de chaussons de laine doublés au talon, 0,70 ; 1 paire de sabots à la mesure, 0,35. Garçons : 1 gilet de laine doublé à finette grise, 2,30 ; 1 pantalon en laine, 4,25 ; 1 pantalon en cotonnade, 1,00 ; 1 veste de laine doublée, 6,25 ; 1 veste en cotonnade bleue, 1,60 ; doublure pour le tout, 0,80 ; 1 blouse en cotonnade bleue, 1,65 ; 2 cravates, 0,50 ; 2 bonnets, 1,00 ; 1 casquette en drap avec visière en cuir, 1 25 ; totaux pour les garçons, 34 fr. 95 c. ; pour les filles, 28 fr. 25 c.

10e *Véture, de 10 ans*. — 3 chemises en toile (garçons), 5 fr. 50 c. ; filles, 6 fr. Filles : 1 robe en laine, corsage doublé, 5,75 ; 1 robe cretonne, 2,75 ; 1 jupon cretonne, 2,25 ; doublure en finette grise, 0,75 ; 2 demi-fichus, 1,00 ; 2 bonnets d'indienne doublés, 0,90 ; 1 tablier de cotonnade, 0,60 ; 2 mouchoirs de poche (garçons et filles), 0,55 ; 2 paires de bas de laine et 2 paires de bas de coton, 3,40 ; 1 paire de souliers à la mesure, 3,75 ; 2 paires de chaussons de laine doublés au talon, 0,70. Garçons : 1 paire de sabots à la mesure, 0,40 ; 1 gilet en laine doublé à finette grise, 2,40 ; 1 pantalon en laine, 4,50 ; 1 pantalon en cotonnade, 1,00 ; 1 veste en laine doublée, 6,25 ; 1 veste en cotonnade bleue, 1,60 ; doublure pour le tout, 0,80 ; 1 blouse en cotonnade bleue, 1,65 ; 2 cravates, 0,50 ; 2 bonnets, 1 00 ; 1 casquette en drap avec visière en cuir, 1 25 ; totaux pour les garçons, 35 fr. 25 c. ; pour les filles, 28 fr. 35 c.

11e *Véture, de 11 ans*. — 3 chemises en toile, garçons, 5 fr. 65 c. ; filles, 6 fr. 65 c. ; Filles : 1 robe en laine, corsage doublé, 6,00 ; 1 robe d'indienne doublée, 3,00 ; 1 jupon en cretonne, 2,45 ; doublure en finette grise, 1,00 ; 2 demi-fichus d'indienne, 1,00 ; 2 bonnets d'indienne doublés, 0,90 ; 1 tablier de cotonnade, 0,60 ; 2 mouchoirs de poche (garçons et filles), 0,60 ; 2 paires de bas de laine et 2 paires de bas de coton, 3,60 ; 1 paire de souliers à la mesure, 3,75 ; 2 paires de chaussons de laine doublés au talon, 0,70 ; 1 paire de sabots à la mesure, 0,40. Garçons : 1 gilet en laine doublé à finette grise, 2,40 ; 1 pantalon en laine, 5,00 ; 1 pantalon en cotonnade, 1,25 ; 1 veste en laine doublée, 6,75 ; 1 veste en cotonnade bleue, 2,00 ; doublure pour le tout, 0,80 ; 1 blouse en cotonnade bleue, 2,00 ; 2 cravates, 0,50 ; 2 bonnets, 1,00 ; 1 casquette en drap avec visière en cuir, 1,25 ; totaux pour les garçons, 37 fr. 65 c. ; pour les filles, 30 fr. 65 c.

12e *Véture, de 12 ans*. — 3 chemises en toile, garçons, 6 fr. 00 c. ; filles, 6 fr. 65 c. Filles : 1 robe en laine, corsage doublé, 6,45 ; 1 robe en cretonne, 3,85 ; 1 jupon en cretonne, 3,00 ; doublure en finette grise, 1,00 ; 2 demi-fichus d'indienne, 1,00 ; 2 bonnets d'indienne, 0,90 ; 1 tablier en cotonnade, 0,60 ; 2 mouchoirs de poche (garçons et filles), 0,60 ; 2 paires de bas de laine et 2 paires de bas de coton, 3,60 ; 1 paire de souliers à la mesure, 4,00 ; 2 paires de chaussons de laine doublés au talon, 0,70 ; 1 paire de sabots à la mesure, 0,40. Garçons : 1 gilet en laine doublé à finette grise, 2,40 ; 1 pantalon en laine, 5,60 ; 1 pantalon en cotonnade, 1,25 ; 1 veste en laine doublée, 7,25 ; 1 veste en cotonnade bleue, 2,00 ; doublure pour le tout, 0,80 ; 1 blouse en cotonnade bleue, 2,00 ; 2 cravates, 0,50 ; 2 bonnets, 1,00 ; 1 casquette en drap avec visière en cuir, 1,25 ; totaux pour les garçons, 39 fr. 85 c. ; pour les filles, 32 fr. 75 c.

Art. 49. Les layettes et vêtures sont marquées au timbre de l'hospice, et, lorsqu'elles n'ont pas été remises avec l'enfant, elles sont adressées aux frais de l'hospice dépositaire, au domicile des mères, nourrices et gardiens. Ceux-ci sont responsables, et, en cas de retrait, d'évasion considérée comme définitive ou de décès de l'enfant, ils doivent en faire le renvoi. A défaut de ce renvoi, ils sont passibles d'une somme égale à la valeur approximative des objets retenus, et cette somme est imputée sur les salaires dus ou réclamés en la forme ordinaire. Toutefois, il n'y a lieu à aucune restitution s'il s'agit d'objets dont l'usage remonte à plus de sept mois. — Art. 50. Dans le cas où, à sa douzième année, un enfant a encore des linges et hardes qui ne sont plus à sa taille, il peut les échanger à l'hospice dépositaire contre d'autres d'une dimension plus convenable.

CHAPITRE VIII. *Service médical.* — Art. 51. Les enfants assistés ont, comme indigents, droit aux soins et aux médicaments déterminés par l'arrêté préfectoral du ... sur le service de la médecine gratuite. — Art. 52. Le bénéfice de l'assistance médicale gratuite est également acquis aux enfants placés hors de notre département, suivant le mode établi dans celui où ils résident. Si les enfants sont placés dans une commune du département de ... ou d'un autre département qui ne soit pas comprise dans l'organisation du service de la médecine gratuite, les nourriciers auront à leur procurer les soins et les médicaments nécessaires, et la dépense en sera remboursée par nous sur les crédits du sous-chapitre VIII du budget de notre département. — Art. 53. Les enfants atteints de maladies qui exigent des soins particuliers sont, selon les circonstances, conduits dans un hospice voisin ou ramenés à l'hospice dépositaire. — Art. 54. Les dispositions qui précèdent sont applicables aux enfants secourus temporairement pendant la durée du secours.

CHAPITRE IX. *Éducation religieuse et intellectuelle.* — Art. 55. Les nourriciers sont tenus d'envoyer régulièrement aux écoles primaires les enfants qui ont accompli leur sixième année. Les enfants de cet âge doivent, en conséquence, être inscrits sur la liste de gratuité déterminée par le décret du 13 décembre 1855. Les nourriciers n'ont aucune rétri-bution scolaire à acquitter à leur égard. Si, par suite d'omission ou de changement de rési-dence, l'enfant n'est pas inscrit sur la liste, le maire y supplée par un billet d'admission.— Art. 56. Les enfants qui résident à une trop grande distance de l'école communale peuvent être autorisés par l'inspecteur à fréquenter l'école d'une localité plus voisine. — Art. 57. Les instituteurs et institutrices sont chargés de fournir à ces enfants les livres, papier, crayons, plumes et autres objets nécessaires à l'utile fréquentation des classes; comme aussi, à défaut de la commune, de pourvoir, en ce qui les concerne, au chauffage de la classe dans la saison où cela est nécessaire. Ils reçoivent à cet effet : pour les enfants de six à huit ans, 0 fr. 50 c. par mois; pour les enfants de huit à douze ans, 0 fr. 75 c. par mois. — Art. 58. Dans les communes qui n'ont pas d'école mixte ou d'école spéciale de filles, les Maires traitent, à des conditions modérées, pour l'admission, dans les écoles pri-vées, des filles élèves des hospices. Ils nous rendent immédiatement compte des arrange-ments intervenus à ce sujet. — Art. 59. L'abonnement pour fournitures scolaires et les mois d'école dus aux établissements privés sont acquittés en la même forme et aux mêmes époques que le prix de pension, sur la production d'un état nominatif des élèves, indiquant le nombre de journées que chacun d'eux a passées à l'école durant le trimestre. Ces états, établis en double, sont visés par les autorités locales et transmis à notre Préfecture dans la huitaine qui suit l'expiration du trimestre. — Art. 60. L'abonnement n'est dû intégrale-ment qu'autant que l'enfant a assisté, chaque mois, aux classes pendant quinze jours au moins, non compris les jours de congé. — Art. 61. Les directeurs ou directrices des salles d'asile publiques sont tenus de recevoir dans ces établissements les enfants secourus tem-porairement et les élèves de l'hospice. — Art. 62. Les enfants doivent assister aux offices divins, notamment à la messe du dimanche et des jours fériés, et, lorsque l'âge en est venu, aux exercices du catéchisme. — Art. 63. Les obstacles qui, à cet égard, comme pour la fréquentation des écoles, résultent de l'état de santé des enfants, de la distance à parcourir ou de la rigueur de la température, doivent être constatés à la diligence des nourriciers, sous peine, pour ceux-ci, d'être privés de tout ou partie de leurs salaires et même de se voir retirer les enfants. — Art. 64. Les dispositions relatives à la gratuité de l'instruction primaire s'appliquent aux enfants secourus temporairement qui seraient en âge de fré-quenter les écoles.

CHAPITRE X. *Mise en apprentissage.* — Art. 65. Les enfants qui ont accompli leur douzième année cessent d'être à la charge du budget départemental. Par les soins réunis du tuteur légal et de l'inspecteur, ils sont placés, en qualité de domestiques ou d'apprentis, chez des cultivateurs, et, à défaut, chez des artisans. A conditions égales, ils doivent être laissés chez les personnes qui les ont élevés. — Art. 66. Si quelques-uns manifestent le désir de s'attacher au service maritime, l'inspecteur peut, avec le consentement du conseil de tutelle et notre approbation, les faire embarquer à bord des vaisseaux de l'Etat ou sur des bâtiments de commerce. — Art. 67. Les maîtres ou patrons s'engagent à entretenir les enfants en santé comme en maladie, sauf, dans ce dernier cas et selon les circonstances, les secours de la médecine gratuite ou le retour à l'hospice dépositaire ; à les traiter avec douceur et à se conduire envers eux en bon père de famille ; à les élever dans les principes de morale et de religion ; à leur apprendre la profession convenue et à les mettre ainsi à même de gagner promptement un salaire. Ils ne peuvent les renvoyer que pour des motifs graves et après s'être préalablement concertés avec l'administration. Enfin, ils s'engagent à ne pas les confier à des tiers, sans en avoir obtenu l'autorisation ; et, en cas d'évasion, ils doivent faire les recherches et déclarations indiquées à l'article 39, n° 11.—Art. 68. Les contrats d'apprentissage, préparés par l'inspecteur, sont soumis à notre approbation. Ils ne peuvent engager l'enfant au-delà de sa seizième année. A l'expiration de cet engagement, il en est contracté un nouveau, qui stipule en faveur de l'enfant des avantages proportionnés à son âge et aux services qu'il peut rendre. — Art. 69. A défaut de stipulations particulières, les salaires sont perçus aux époques fixées par l'usage local, et les sommes qui ne sont pas nécessaires aux besoins des enfants sont placées, en leur nom, à la caisse d'épargne la plus voisine. — Art. 70. L'inspecteur veille à ce que les conditions des contrats soient exactement observées de part et d'autre, et si, par une cause quelconque, elles ne peuvent l'être, les enfants rentrent à l'hospice jusqu'à ce qu'il soit possible de les replacer.— Art. 71. Les enfants qui, par suite d'infirmités, ne peuvent, même moyennant un prix de pension, être placés ou maintenus à la campagne, sont conservés ou réintégrés à l'hospice et restent à la charge de cet établissement. Ils y sont employés à des travaux en rapport avec leurs forces et leur aptitude. — Art. 72. Ceux qu'à raison d'insubordination ou d'inclination vicieuse, il est impossible de maintenir en domesticité ou en apprentissage, sont ramenés à l'hospice, séparés des autres enfants et soumis à une ferme discipline. Ils peuvent aussi être renvoyés dans des établissements spéciaux, aux frais du budget départemental.

CHAPITRE XI. *Surveillance. — Inspection. — Tutelle.* — Art. 73. En cas d'exposition ou d'abandon dans une commune, le Maire ou le commissaire de police se conforme aux dispositions de l'article 10 du présent règlement. En exécution des lois en vigueur, ces fonctionnaires dressent procès-verbal contre toute personne qui n'a pas fait la déclaration de naissance à elle imposée par l'article 56 du Code Napoléon. Ce procès-verbal nous est adressé, et, après en avoir pris connaissance, nous le transmettons au procureur impérial de l'arrondissement où le délit a été commis. — Art. 74. Si le Maire a lieu de penser que, nonobstant la déclaration faite à l'état civil, des femmes domiciliées ou résidant temporairement dans la commune ont l'intention d'exposer leurs enfants, il nous en donne avis sans retard, afin que nous puissions prendre les mesures indiquées par les circonstances. Il nous fait connaître également le nom et la résidence connus ou présumés des femmes qui, par suite de grossesse, se sont éloignées de leur domicile. — Art. 75. Le maire porte sur un registre spécial tous les enfants assistés placés dans sa commune, y compris les enfants secourus temporairement. — Art. 76. Ce registre indique le numéro matricule, le sexe, le nom et l'âge de l'enfant, les noms et demeure des mères, nourriciers ou patrons, et, dans la colonne d'observations, les divers changements survenus dans la situation des enfants. — Art. 77. Le Maire engage les nourrices dont les ressources et la moralité lui sont connus à se charger des élèves de l'hospice, et rappelle fréquemment aux cultivateurs les avantages qu'ils trouveraient à prendre ces enfants lorsqu'ils accomplissent leur douzième année. — Art. 78. Il s'assure par de fréquentes visites si les enfants de tout âge reçoivent une nourriture convenable et sont l'objet de bons soins ; s'ils sont vaccinés et obtiennent dans leur maladie les soins et les médicaments nécessaires ; s'il ne se livrent pas à la mendicité ; s'ils ont de bons exemples sous les yeux, enfin, si, à l'âge indiqué par les règlements, ils sont envoyés et admis gratuitement aux salles d'asile et aux écoles publiques. — Art. 79. Au dernier jour de chaque trimestre, le Maire se fait représenter les enfants d'une manière toute spéciale et s'assure de leur identité. Il refuse le certificat de vie lorsque l'enfant ne lui est pas représenté ou lorsque le collier a été, sans motif fondé, enlevé avant l'époque règlementaire. Enfin, il veille à ce que les enfants ne quittent pas la commune sans l'autorisation de l'administration, et, lorsqu'il n'a pu empêcher leur départ, il mentionne au registre tous les renseignements qu'il s'est procurés sur leur nouvelle résidence. — Art. 80. Le Maire tient la main à ce que le décès des élèves de l'hospice lui soit déclaré immédiatement, et il transmet à l'administration hospitalière une copie de l'acte mortuaire. Il mentionne, en outre, le décès sur le livret de la nourrice. Enfin, en cas de mort des mères, nourriciers et patrons, il nous en informe immédiatement et prend d'urgence les mesures que réclame l'intérêt des enfants. — Art. 81. Des comités de patronage sont institués en faveur des enfants assistés. — Art. 82. Ces comités se composent : dans les communes chefs-lieux de canton : 1° du Maire, président ; 2° du curé ; 3° du juge de paix ; et, dans les communes rurales : 1° du Maire, président ; 2' du curé ou desservant ; 3° de l'instituteur ou de l'institutrice. Les comités ainsi composés peuvent s'adjoindre deux personnes recommandables de l'un ou l'autre sexe. — Art. 83. Ce comité entre de plein droit en fonction dès qu'il existe dans la commune un élève de l'hospice ou un enfant secouru temporairement. Sa mission est d'exercer une surveillance constante sur les mères, nourriciers ou patrons, ainsi que sur les enfants ; de donner aux uns et aux autres des conseils et des avertissements et de porter à la connaissance de l'autorité supérieure tout ce qui importe au bien-être physique ou moral des enfants de tout âge. — Art. 84. Le comité s'assemble tous les trois mois, ou plus souvent s'il est besoin, et, autant que possible, à l'époque du passage de l'inspecteur. Il est convoqué par le président soit d'office, soit sur la demande motivée d'un de ses membres. Au président appartient la signature et incombe le soin de rédiger les rapports. Il est tenu d'adresser tous les trois mois à l'inspecteur départemental, sous notre couvert, un bulletin de renseignements concernant chaque patroné. Sauf les cas exceptionnels, il ne doit correspondre qu'avec ce fonctionnaire, lequel, à son tour, centralise les communications des comités, et, après y avoir répondu, lorsqu'il y a lieu, en mentionne la substance sur les registres de placement ou de tutelle et les classe, pour les résumer ensuite dans son rapport annuel. — Art. 85. L'inspecteur départemental est placé sous notre autorité immédiate, et reçoit toutes nos instructions. — Art. 86. Il visite deux fois par année, et plus souvent s'il est besoin, les enfants secourus temporairement et les élèves de l'hospice de un jour à vingt-un ans. Ses tournées sont fixées par nous. Elles ont lieu à des époques indéterminées et toujours inopinément. Il s'assure, tant par lui-même qu'au moyen de ses relations avec les Maires, curés ou desservants et autres personnes recommandables de chaque localité, si les mères, nourriciers ou patrons remplissent les obligations rappelées dans le cours du présent règlement, et, dans le cas contraire, il requiert la suppression du secours temporaire ou pourvoit au déplacement des enfants. — Art. 87. Toutes les fois qu'il n'en doit pas résulter du retard dans l'expédition des affaires, il est appelé à donner son avis sur les demandes d'admission aux secours temporaires ou à l'hospice. Il recherche l'origine et la filiation des enfants, et provoque, à l'égard de ceux qui ont été abandonnés sans motifs suffisants, ou sont étrangers, la mise à la charge des familles ou du département d'origine. Il contrôle les états d'émargement et veille à ce qu'ils soient acquittés dans le délai prescrit. Enfin, il exerce sur toutes les parties du service une active et constante surveillance. — Art. 88. L'inspecteur nous rend compte par écrit de chacune de ses tournées ou visites et nous soumet telles propositions qu'il juge convenables. Indépendamment de ses rapports spéciaux, il nous adresse, dans le courant de juillet de chaque année, un rapport général embrassant l'ensemble du service pendant les douze mois écoulés et les six premiers de l'année courante. — Art. 89. Ce rapport est divisé en deux parties comprenant, l'une les enfants au dessous de douze ans, et l'autre ceux de douze à vingt-un ans. La première relate, pour l'année expirée, les résultats du service de maternité, les états de mouvement et de dépenses déterminées par la circulaire ministérielle du 7 août 1855 ; les causes de la diminution ou de l'augmentation que présentent ces documents comparativement à la période antérieure, les circonstances auxquelles il y a lieu d'attribuer la diminution ou l'accroissement du chiffre de la mortalité ; le nombre des expositions sur la voie publique ; celui des accusations d'avortement ou d'infanticides, en distinguant, dans ce dernier cas, les infanticides volontaires de ceux qui sont le résultat de l'imprudence. L'inspecteur indique, en outre, si les enfants sont convenablement nourris, vêtus et traités, s'ils reçoivent dans leurs maladies les soins et les médicaments nécessaires ; s'ils fréquentent régulièrement les églises et les écoles et ne sont employés qu'à des travaux en rapport avec leurs forces. Il signale le plus ou le moins de difficultés que présente le recrutement des nourrices, gardiens et patrons, et apprécie, aux divers points de vue du service et sous le rapport de l'intérêt des enfants, l'influence des secours temporaires. La seconde partie énonce le nombre respectif des enfants conservés dans les établissements charitables ou placés, en qualité de domestiques ou d'apprentis, chez les cultivateurs ou artisans ; de ceux qui, par suite d'inconduite, ont été ramenés à l'hospice, envoyés dans des établissements spéciaux ou atteints de condamnations judiciaires ; les stipulations générales des contrats ; la moyenne des salaires et celles des économies placées à la caisse d'épargne ; enfin le nombre des élèves appelés à prendre part au tirage et la proportion dans laquelle, relativement aux autres jeunes gens, ils ont été reconnus aptes ou impropres au service militaire. Ce rapport est mis sous les yeux des membres du Conseil général, et transmis ensuite à M. le Ministre de l'Intérieur avec les observations auxquelles il a donné lieu dans le sein de cette assemblée. — Art. 90. L'inspecteur veille, chaque année, à ce que les élèves de l'hospice soumis au recrutement soient inscrits sur les tableaux de recensement de la commune où ils résident. Il fait porter sur les mêmes tableaux les enfants qui y auraient été omis l'année précédente, si, à raison de leur âge, ils sont encore sous sa surveillance. — Art. 91. Par le fait de leur admission à l'hospice dépositaire, les enfants sont placés de plein droit jusqu'à leur émancipation ou leur majorité, sous la tutelle de la commission administrative de cet établissement. La partie de cette tutelle qui consiste dans le placement, la surveillance et le déplacement des enfants, est déléguée à l'inspecteur. — Art. 92. Dans la première séance de chaque année, la commission hospitalière désigne celui de ses membres qui remplira les fonctions de tuteur légal. Cette désignation est soumise à notre approbation. Les autres membres forment le conseil de tutelle. — Art. 93. Lorsqu'un enfant est placé en apprentissage dans un lieu éloigné de l'hospice auquel il appartient, la commission administrative de cet établissement peut, en vertu d'un simple acte visé par nous, déléguer la tutelle à la commission hospitalière du lieu le plus voisin de la résidence de l'enfant. — Art. 94. La tutelle s'applique à la personne comme aux biens de l'enfant. Elle n'emporte aucune hypothèque sur les biens de l'un ou de l'autre tuteur, le cautionnement du receveur servant de garantie à l'enfant. Aux termes de la loi, ce comptable demeure chargé de l'administration des immeubles et de la manutention des deniers du pupille. — Art. 95. Conformément aux dispositions de l'article 361 du Code Napoléon, les enfants peuvent être confiés par le conseil de tutelle aux personnes offrant les garanties convenables qui désirent se les attacher par les liens de la tutelle officieuse. — Art. 96. Les enfants qui, par leur bonne conduite et leur amour du travail, paraissent mériter cette faveur, peuvent être émancipés sur l'avis du conseil de tutelle et celui de l'inspecteur. Cette émancipation est faite par le tuteur légal qui, seul, se présente à cet effet, devant le juge de paix de la situation de l'hospice. Elle a lieu sans frais. Elle est, lorsqu'il y a lieu, révoquée dans la même forme. Le receveur remplit, sous la surveillance du conseil de tutelle, les fonctions de curateur à l'égard de l'enfant émancipé. - Art. 87. Le mineur. élève de l'hospice, ne peut contracter mariage sans le consentement du conseil de tutelle. Il doit soumettre à l'approbation du même conseil le projet du contrat par lequel il croirait devoir régler les conditions civiles de son union. Pour obtenir l'autorisation de se marier, il produit : 1° un certificat du Maire de la commune où il réside, constatant qu'il est de bonnes vie et mœurs ; 2° un certificat du curé attestant qu'il s'est présenté à lui et qu'il est dans l'intention de contracter mariage à l'église ; 3° un certificat du Maire de la commune qu'habite la personne qu'il doit épouser, indiquant les nom et prénoms de celle-ci, son âge, sa profession, sa moralité et sa position de fortune. — Art. 98. Les revenus mobiliers et immobiliers d'un enfant, autres que les salaires par lui gagnés, sont acquis à l'hospice et au département jusqu'à concurrence de leurs avances. Le surplus de ces revenus est, selon son importance, placé à la caisse d'épargnes ou en rentes sur l'Etat au nom dudit enfant. — Art. 99. Les officiers ministériels, les fonctionnaires publics et toutes autres personnes sont tenus de donner connaissance au tuteur légal, à l'inspecteur ou à nous des biens et valeurs qui appartiennent aux élèves de l'hospice, ainsi que des successions qui s'ouvrent à leur profit. — Art. 100. Lorsqu'un enfant décède avant sa sortie de l'hospice ou sa majorité et qu'aucun héritier ne se présente, les biens qui lui appartenaient sont dévolus à l'hospice, lequel est envoyé en possession, à la diligence du receveur, dûment autorisé à cet effet. Les héritiers qui surviennent ensuite ne peuvent répéter les fruits que du jour de la demande, et si les fruits jusque-là perçus par l'hospice sont insuffisants pour désintéresser cet établissement et le département, les héritiers doivent tenir compte de la différence sur les capitaux mobiliers ou immobiliers. — Art. 101. Les comptes de tutelle qu'il y a lieu de rendre peuvent être établis sans l'intervention des notaires. Dans ce cas, ils sont approuvés par nous en Conseil de préfecture.

CHAPITRE XII. — *Dépenses.* — Art. 102. Les dépenses sont intérieures ou extérieures. — Art. 103. Les dépenses intérieures comprennent : 1° les frais de toute nature occasionnés par le séjour des enfants à l'hospice ; 2° la dépense des nourrices sédentaires et les frais de séjour des nourrices externes ; 3° les layettes et vêtures ; 4° l'achat des registres et autres pièces concernant le service intérieur. — Art. 104. Les dépenses extérieures comprennent : 1° les secours temporaires destinés à prévenir ou à faire cesser les abandons ; 2° les prix des pensions et les autres allocations en argent concernant les enfants placés à la campagne ou dans des établissements spéciaux ; 3° les frais de déplacement et, au besoin, ceux du recrutement des nourrices ; 4° l'abonnement pour fournitures scolaires et les mois d'école dus aux établissements privés ; 5° les frais de colliers, de maladie et d'inhumation ; 6° les imprimés et autres pièces concernant le service extérieur ; 7° enfin le traitement et les frais de tournée de l'inspecteur. — Art. 105. Les dépenses intérieures sont supportées par l'hospice dépositaire, sauf la subvention que le Conseil général croirait devoir accorder à cet établissement. Les dépenses extérieures sont acquittées par le département, sauf le produit des amendes de police correctionnelle et le contingent des communes. — Art. 106. Les dépenses extérieures sont liquidées et payées par trimestre, terme échu. A cet effet, dans les dix jours qui suivront l'expiration du trimestre, l'administration des hospices fera parvenir, à la préfecture, des états d'émargement des sommes dues aux nourrices ou dépositaires. Ces états, qui seront dressés par commune de placement, porteront : 1° le numéro d'ordre de l'état; 2° le numéro d'ordre assigné à chaque enfant dans l'état; 3° le numéro d'inscription au registre de liquidation; 4° le numéro du registre matricule; 5° les nom et prénoms de l'enfant; 6° les nom et prénoms de la nourrice ou du dépositaire; 7° le décompte des sommes liquidées (nombre de mois, de jours, prix par mois, montant par catégorie d'âge, total); 8° le montant des réductions et annulations; 9° l'indication des sommes payées pour chaque enfant; 10° la date du paiement; 11° la signature de la partie prenante; 12° la signature de deux témoins, quand la partie prenante ne sait pas signer; 13° une colonne d'observations. Les colonnes destinées aux mentions énoncées sous les n°s 8 à 13 seront en blanc et devront être remplies par les soins des percepteurs. A chacun de ces états seront jointes des formules de certificats de vie en nombre égal à celui des enfants compris dans l'état. L'envoi des états sera complété par un tableau récapitulatif, portant, dans l'ordre des départements, arrondissements et communes, les mentions ci-après : 1° numéro d'ordre des états; 2° leur date; 3° la commune; 4° l'arrondissement; 5° le département; 6° le nombre d'enfants contenu dans chaque état; 7° le montant de chaque état; 8° la date du mandatement; 9° le montant des réductions ou annulations; 10° le numéro d'inscription sur le registre des réductions; 11° une colonne d'observations. — Art. 107. Les états de paiements certifiés par un des administrateurs sont arrêtés par nous pour le montant en être mandaté au nom du Trésorier-payeur général, qui fait acquitter les pensions et frais accessoires par les percepteurs ailleurs qu'à ..., où les paiements auront lieu par les soins du Receveur de l'hospice agissant, comme les percepteurs, à titre de simple intermédiaire. Après paiement, la totalité des pièces est rattachée à la comptabilité du Payeur du département. — Art. 108. Dès que les Percepteurs ont reçu les états d'émargement, ils font connaître aux Maires les jours auxquels ils se rendront dans leurs communes, et ceux-ci en informent les parties intéressées, afin qu'elles puissent aller toucher au bureau de perception les sommes auxquelles elles ont droit. — Art. 109. Les agents chargés du paiement ne doivent l'effectuer que sur la production du livret. Ils y annotent la date du paiement, la somme payée et le trimestre auquel elle s'applique. A défaut de cette annotation, ils s'exposeraient, en cas de réclamation des nourriciers, à payer une seconde fois. — Art. 110. Si l'un ou l'autre de ces agents a lieu de croire que quelqu'une des personnes indiquées dans les décomptes n'a pas droit aux sommes liquidées à son profit, il en suspend le paiement en indiquant dans la colonne d'observations les motifs qui l'ont déterminé à ne pas payer. Il nous rend immédiatement compte de cet incident. — Art. 111. Tout ayant droit qui n'a pas fait, en temps utile, les justifications nécessaires pour être porté sur les états d'émargement ou qui, y étant inscrit, ne s'est pas présenté dans le délai indiqué, est renvoyé au trimestre suivant. — Art. 112. Les secours temporaires, salaires et indemnités sont incessibles et insaisissables. En conséquence, le Receveur et les Percepteurs ne peuvent acquitter, entre les mains des créanciers opposants, aucune des sommes dues à un des titres ci-dessus. Les Percepteurs ne peuvent, de leur côté, les retenir sans le consentement des nourriciers en paiement des contributions dues par eux.

    CHAPITRE XIII. — *Maisons d'accouchement.* — Art. 113. Sont considérées comme maisons d'accouchement les établissements dans lesquels les femmes sont, moyennant paiement, admises à faire leurs couches. — Art. 114. A l'avenir, aucune maison de ce genre ne pourra être ouverte que par une personne âgée de vingt-un ans au moins et munie d'un titre médical. A défaut de ce titre, cette personne est tenue de s'adjoindre un médecin, un officier de santé ou une sage-femme, qui devra demeurer dans l'établissement. — Art. 115. La personne qui se propose d'établir une Maison d'accouchement est assujettie à en faire la déclaration au Maire du lieu de l'établissement projeté et à notre préfecture. — Elle doit produire à l'appui : — 1° son acte de naissance; 2° son diplôme médical ou celui de la personne dont elle s'est assuré le concours, à moins que l'un ou l'autre ne soit déjà inscrit sur les listes officielles du corps médical du département ; 3° un certificat de moralité délivré par le Maire de la commune ou de chacune des communes où elle a résidé depuis trois ans ; enfin un certificat de même nature pour la personne chargée du service médical. — L'ouverture de la maison d'accouchement ne peut avoir lieu avant les trente jours qui suivent le dépôt à la préfecture de la déclaration et des pièces ci-dessus énoncées. — Art. 116. La double déclaration mentionnée en l'article précédent indique le nombre de pensionnaires que l'établissement est destiné à contenir, et ce nombre ne peut être augmenté sans une nouvelle déclaration. — Art. 117. Les personnes actuellement placées à la tête d'une maison d'accouchement ont un délai de trois mois pour se conformer aux dispositions qui précèdent. — Faute par elles de s'y soumettre, leur établissement sera fermé et ne pourra être rouvert qu'après l'accomplissement des conditions indiquées. — Art. 118. Il est interdit aux directeurs des maisons d'accouchement d'opérer, soit par eux-mêmes, soit par des intermédiaires, aucune exposition d'enfants. Il leur est également interdit de solliciter, sans l'assentiment de la mère, l'admission d'un enfant aux secours ou à l'hospice. — Cet assentiment doit être donné par écrit, et, si la mère ne sait écrire ou signer, il est exprimé devant le Maire, le commissaire de police ou deux témoins. — Art. 119. Lors de la déclaration d'un enfant né dans une maison d'accouchement, l'officier de l'état civil peut se transporter auprès de la mère, à l'effet de l'engager à reconnaître son enfant et à remplir envers lui les autres devoirs de la maternité. — Art. 120. En cas de déclaration d'un enfant mort-né, il peut charger un homme de l'art de vérifier s'il existe quelque trace de crime ou de délit.

CHAPITRE XIV. — *Reconnaissance et réclamation des enfants.* — Art. 121. Il est donné des nouvelles des enfants aux parents qui en réclament. Ces nouvelles se bornent à la simple indication de l'existence ou du décès, de l'état de santé ou de maladie de l'enfant. Elles sont renouvelées tous les trois mois, si la demande en est faite. Les mêmes nouvelles peuvent être fournies aux personnes non parentes dont la demande s'appuie sur des motifs légitimes. Dans l'un et l'autre cas, ces communications sont gratuites. — Art. 122. Les demandes en retrait d'enfants nous sont adressées. Il est statué par nous autant que possible sur l'avis du conseil de tutelle et de l'inspecteur. — Art. 123. Si les réclamants déclarent n'être pas à même de rembourser la dépense de l'enfant, et que celui-ci paraisse avoir son domicile de secours dans un département étranger, nous ne prendrons, sauf le cas d'urgence, de décision qu'après en avoir référé à notre collègue. — Art. 124. Les réclamants doivent fournir toutes les indications propres à constater l'identité de l'enfant dont ils sollicitent la remise. Ils ont, en outre, à produire un certificat du Maire de leur commune constatant leur moralité et les ressources qu'ils possèdent, soit pour rembourser la dépense de l'enfant, soit pour pourvoir, à l'avenir, à ses besoins. Nous nous réservons de faire remise de tout ou partie des sommes dues. — Art. 125. Si l'enfant est placé en vertu d'un traité, les réclamants ne peuvent le retirer qu'après avoir obtenu l'annulation régulière de ce traité. — Art. 126. Les arrêtés préfectoraux antérieurs sur le service des enfants assistés sont rapportés. — Art. 127. Les membres de la commission hospitalière, les Maires, les commissaires de police et l'inspecteur sont chargés, chacun en ce qui le concerne, de l'exécution du présent arrêté, qui a été approuvé par M. le Ministre de l'Intérieur, et sera inséré au *Recueil des actes administratifs* de notre préfecture.

CERTIFICAT MODÈLE, N° 1, POUR LA PRIME DE 18 FR.

Le soussigné, Maire de la commune de ..., canton de ... arrondissement de ..., certifie que le nommé ..., né le ..., élève de l'hospice dépositaire de ..., où ... est enregistré sous le n° ... du registre matricule des enfants trouvés, abandonnés et orphelins pauvres, placé le ... chez les nommés (*inscrire les noms, professions et domicile des pères et mères nourriciers*), lui a été présenté bien portant, et qu'il est à sa connaissance que depuis le jour du placement jusqu'à ce jour, les dénommés ci-dessus ont constamment bien soigné et bien traité cet enfant. A ... le ... 186 . (Sceau de la Mairie).... *Le Maire*

Le soussigné, Curé de la paroisse de ..., certifie que l'enfant dénommé au certificat de M. le Maire est élevé dans de bons principes de morale et de religion par ses parents nourriciers, qui en ont toujours eu le plus grand soin. A ... le ... 186 . *Vu par nous Sous-préfet de l'arrondissement de ....* A ... le ... 186 .

CERTIFICAT MODÈLE N° 2 POUR LA PRIME DE 25 FR.

Le soussigné, Maire de la commune de ..., canton de ..., arrondissement de ..., certifie que le nommé ..., né le ..., élève de l'hospice dépositaire de ..., où ... est enregistré sous le n° ... du registre matricule des enfants trouvés, abandonnés et orphelins pauvres placé le ... chez les nommés (*noms, prénoms et domicile des nourriciers*) lui a été présenté bien portant, qu'il est à sa connaissance que cet adolescent a reçu, durant la période de 8 à 12 ans, les bienfaits de l'instruction primaire dans l'école communale, et qu'il sait lire e écrire. A ... le ... 18.. (*Sceau de la Mairie*) ... *Le Maire* .

Le soussigné, curé de la paroisse d ... certifie que l'adolescent dénommé au certificat de M. le Maire est élevé dans de bons principes de morale et de religion, qu'il sait lire et écrire, et qu'il a fait la première communion. Fait à ... le ... 18..

L'instituteur communal de ... certifie que l'élève dénommé ci-dessus a suivi les cours de son école depuis l'âge de 8 ans jusqu'à 12 ans et qu'il sait lire et écrire. A ... le ... 18.. *Vu par nous Sous-Préfet de ...* A ... le ... 18..

CERTIFICAT MODÈLE N° 3, POUR LA PRIME DE 75 FR.

Le soussigné, Maire de la commune de ..., canton de ..., arrondissement de ..., certifie que le nommé ..., né le ..., élève de l'hospice dépositaire de ..., où ... est enregistré sous le n° ... du registre matricule des enfants trouvés, abandonnés et orphelins pauvres, placé le ... chez les nommés (*inscrire les noms, profession et domicile des personnes chez lesquelles l'adolescent est en pension*), lui a été présenté bien portant; que ses parents d'adoption lui ont enseigné (ou fait enseigner) la profession de ...; qu'il exerce réellement cette profession, son apprentissage étant fini, et qu'il est en état de pourvoir à sa subsistance par le travail. A ... le ... 18.. (*Sceau de la Mairie*) ... *Le Maire* ...

Le soussigné, curé de la paroisse de ..., certifie que l'élève dénommé au certificat de M. le Maire a été élevé jusqu'à ce jour dans de bons principes de morale et de religion et qu'il est à sa connaissance personnelle qu'il exerce la profession de ... A ... le ... 18.. *Vu par nous Sous-Préfet de ...* A ... le ... 18..

Enquête sur projets communaux. — Le Préfet, — Vu la délibération, en date du ..., par laquelle le Conseil municipal de ..., vote l... de ...; — le plan et le procès-verbal descriptif et estimatif de l'immeuble à (*acquérir, aliéner, échanger*); — Vu ..., etc.; — l'ordonnance du 23 août 1835; — la loi du 18 juillet 1837 et le décret du 25 mars 1852, — Arrête : — Art. 1. Une enquête *de commodo et incommodo* sera ouverte le dimanche ... 186 , et close le dimanche suivant dans la commune de ..., sur le projet dont il s'agit. A cet effet, les pièces ci-dessus visées seront déposées pendant les huit jours que durera l'enquête, au secrétariat de la mairie, pour y être communiquées, sans déplacement, aux intéressés. — Art. 2. L'avis de cette enquête et des jours et heures auxquelles elle aura lieu sera annoncé le jour de l'ouverture et celui de la clôture, à l'issue de la messe paroissiale, par voie de publication et d'affiche, dans les formes accoutumées. — Art. 3. M. ..., domicilié à ..., est nommé commissaire-enquêteur, à l'effet d'entendre et de recevoir les déclarations qui seraient produites pour ou contre le projet. Les déclarations verbales seront textuellement transcrites sur le registre d'enquête. Les déclarations écrites seront annexées audit registre avec mention, à leur ordre de réception, de leur annexion. — Art. 4. Les déclarations seront individuelles, inscrites successivement, et signées par les déclarants, ou certifiées conformes à la déposition orale par la signature du commissaire-enquêteur chargé de les recevoir. Lors même que les déclarations seront identiques, elles devront être consignées séparément dans le procès-verbal, et, autant que possible, dans les termes propres aux déclarants. — Art. 5. M. le commissaire-enquêteur exprimera son avis motivé à la suite du registre d'enquête, tant sur la valeur des oppositions que sur la suite à donner au projet. — Art. 6. Dans le cas où il serait consigné au procès-verbal quelques oppositions contre le projet, le Conseil municipal devra être appelé à en délibérer. — Art. 7. Le procès-verbal d'enquête et les pièces composant le dossier nous seront ensuite immédiatement adressés avec la nouvelle délibération du Conseil municipal. — Art. 8. M. le Maire de ... et M. le Commissaire-enquêteur sont chargés, chacun en ce qui le concerne, de l'exécution du présent arrêté.

(Suit le registre d'enquête).

DÉPARTEMENT

DE

ARRONDISSEMENT

d

COMMUNE

d

REGISTRE D'ENQUÊTE

Ouvert le _____________186 .
Fermé le _____________186 .

Projet d' [d'Acquisition, d'Aliénation, d'Échange] ...

BORDEREAU

DES PIÈCES QUI COMPOSENT LE DOSSIER DE L'ENQUÊTE :

1° Délibération, en date du _____________18   , par laquelle le Conseil municipal a voté l____

(1) Acquérir, aliéner, etc.

2° Plan et procès-verbal descriptif et estimatif de l'immeuble à (1) _________

3°____

NOTA. — Les pièces de l'enquête doivent être déposées au secrétariat de la Mairie, et non ailleurs : elles doivent être communiquées, sans déplacement, aux intéressés.

PROCÈS-VERBAL D'ENQUÊTE

NOTA. — Les intéressés doivent inscrire ou faire inscrire leurs observations sur cette feuille, et, s'il y a lieu, sur des feuilles intercalaires de même dimension. — Les observations qui auront été apportées à la mairie, rédigées sur des feuilles séparées, devront être réunies et annexées au présent registre. — Les observations doivent être *individuelles* et non *collectives* ; elles doivent être signées par ceux qui les formulent ; s'ils sont illettrés, le commissaire-enquêteur reçoit et certifie les observations. — Le nom des signataires doit être reproduit d'une manière lisible sur la marge, en regard des observations qu'ils ont présentées.

L'AN MIL HUIT CENT SOIXANTE_________   _   , et le   .   du mois d _________ , NOUS, __________________ _ .   . ____ __

domicilié à   ___ ______ , nommé COMMISSAIRE-ENQUÊTEUR à l'effet de recevoir les déclarations des intéressés sur le projet d_ ___ ___   ___

avons ouvert, à cet effet, conformément à la loi, le présent registre d'enquête, lequel contient_____ __ feuillets que nous avons cotés et paraphés.

Après lecture faite aux personnes présentes, tant du préambule ci-dessus que des pièces de l'enquête, nous avons annoncé que nous allions procéder individuellement et successivement à la réception des déclarations des personnes intéressées audit projet.

(1) Nom, prénoms, profession, âge, domicile.

S'est présenté M. (1) ___ . .   ________

lequel a déclaré

L'heure fixée pour la clôture de l'enquête étant arrivée, nous avons arrêté le présent

(1) Necontient aucune protestation ou contient (en indiquer le nombre) protestations et ( ) adhésions au projet registre, lequel (1)   contient   protestation

A_________ en la mairie, le __________ 186 .

Le Commissaire-enquêteur,

AVIS DU COMMISSAIRE-ENQUÊTEUR

Le Commissaire-enquêteur soussigné est d'avis que

AVIS DU MAIRE

Le Maire de la commune d   , soussigné, est d'avis que

CERTIFICAT DE PUBLICATIONS ET D'AFFICHES

Le Maire de la commune d _____ __ _____, soussigné, certifie que l'enquête dont il s'agit a été publiée et affichée aux lieux et dans les formes accoutumées, les ______ _______ , et que les habitants ont été invités à présenter, dans les délais prescrits, leurs observations pour ou contre le projet.

A__________, le ________ 186 .

(Cachet de la Mairie)

— sur demande en distraction de commune. — Le Préfet, — Vu la demande formée par M. le curé de..., et tendant à ce que l'église, le presbytère et le cimetière de cette paroisse soient distraits de la commune de..., canton de..., et réunis à celle de..., canton de...; — la loi du 18 juillet 1837, — Arrête : — Art. 1. Une enquête de *commodo* et *incommodo* sera ouverte du ... au ... prochain dans la commune de ..., etc. — Art. 2. Il sera créé, en même temps, une commission syndicale composée de cinq membres, qui seront élus à la majorité relative par les électeurs de la commune. — Art. 3. Cette commission nommera son président, examinera les déclarations contenues dans le cahier d'enquête, et, après avoir apprécié les avantages ou les inconvénients qui lui paraîtraient résulter de la modification projetée, elle émettra son avis détaillé et motivé. L'affaire sera, en cet état, soumise par le Maire au Conseil municipal assisté des plus imposés, en nombre égal à celui de ses membres, pour qu'il émette aussi son avis. — Art. 4. Le dossier de cette affaire nous sera ensuite adressé pour être soumis aux délibérations du Conseil d'arrondissement de..., et du Conseil général. — Art. 5. Le présent arrêté sera publié et affiché dans la commune de....

Enquête sur la demande en extension de concession de mines. — PREMIER AVIS. — Par une pétition en date du ..., M. ..., directeur du réseau central de la Compagnie ..., domicilié à [Paris, place Vendôme, 16,] sollicite, au nom de cette compagnie, une extension de la concession des mines de fer de ... qu'elle possède dans les communes de ... et de ..., arrondissement de ... Cette extension comprendrait une étendue superficielle de ... kilomètres carrés ... hectares, située sur le territoire des communes de ... et de... et délimitée ainsi qu'il suit : *Au nord*, par la limite sud de la concession de ..., allant de l'angle nord de... à l'angle est du château de ... *A l'est*, par une ligne droite partant de l'angle est du château de ... et aboutissant à l'extrémité sud du ..., puits naturel situé dans la parcelle n' ..., section ... du plan cadastral de la commune de ... *Au sud*, par une ligne droite partant de l'extrémité sud du ... et aboutissant à l'angle sud de la ..., située dans la parcelle n° ..., section ... du plan cadastral de la commune de ... *A l'ouest*, par une ligne droite partant de l'angle sud de la ... et aboutissant à l'angle nord de ..., point de départ. Pour satisfaire aux dispositions des articles 6 et 42 de la loi du 21 avril 1810, la Compagnie offre aux propriétaires des terrains compris dans l'extension demandée une redevance annuelle de dix centimes par hectare, égale à celle fixée par l'article 6 du décret du 18 août 1853 qui institue la concession de ..., indépendamment de l'indemnité qui pourra leur être due pour dégâts ou occupation de terrains, laquelle sera réglée conformément aux articles 43 et 44 de la même loi. Elle s'engage, en outre, à payer les redevances fixes et proportionnelles dues à l'État et à se soumettre au mode d'exploitation déterminé par l'administration. A la demande sont annexés : 1° un plan régulier, en triple expédition, à l'échelle de 1 à 10,000, de la concession de ... et de l'extension sollicitée ; 2° un extrait du rôle des impositions constatant que la cote de la Compagnie est de ... fr. ... c. dans les communes de ... et de ... pour l'année 186 . La pétition et les plans sont déposés à la préfecture, où le public pourra en prendre connaissance pendant la durée du présent avis. Les demandes en concurrence et les oppositions seront admises devant le Préfet jusqu'au dernier jour du quatrième mois, à compter de la date de l'affiche. Elles seront notifiées par acte extra-judiciaire à la préfecture, où elles seront enregistrées sur le registre spécial des mines, qui sera ouvert à tous ceux qui en demanderont communication. Elles seront notifiées aux parties intéressées. Jusqu'à l'émission du décret impérial, qui statuera définitivement sur la présente demande en extension, toute demande en concurrence ou opposition sera admissible devant le Ministre de l'Agriculture, du Commerce et des Travaux publics ou le secrétaire général du conseil d'État. Dans ce dernier cas, elle aura lieu par une requête signée par un avocat au conseil d'État. Dans tous les cas, elle sera notifiée aux parties intéressées. Conformément à l'article 23 de la loi précitée, le présent avis sera affiché pendant quatre mois : A Paris (12ᵉ arrondissement), lieu du domicile du demandeur; à ..., chef-lieu du département et de l'arrondissement; à ..., ... et ..., communes sur lesquelles s'étend la concession modifiée. Il sera inséré dans le journal officiel du département de ... Conformément à l'article 24, il sera publié devant la porte de la maison commune et de l'église, à la diligence des Maires, à l'issue de l'office, un jour de dimanche et au moins une fois par mois pendant la durée des affiches. A l'expiration du délai de quatre mois, les Maires des communes ci-dessus désignées adresseront à la préfecture, par l'intermédiaire du Sous-Préfet, les certificats constatant que ces appositions d'affiches et publications ont eu lieu. Fait et proposé à ..., le ... 186. L'Ingénieur en chef des mines, *signé :* ...

Arrêté d'enquête. — Le Préfet, — Vu la demande de M. le directeur du réseau central de la Compagnie de ..., mentionnée dans l'avis ci-dessus; — les pièces produites à l'appui de cette demande; — la loi du 21 avril 1810, le décret du 18 novembre suivant, les instructions ministérielles des 3 août 1810 et 10 décembre 1863, — Arrête : — Art. L'avis ci-dessus sera affiché pendant quatre mois dans les communes de ..., et ... Il sera inséré à la même époque dans le journal officiel du département. Il sera, en outre, adressé au Préfet de la Seine, qui est prié de le faire également afficher, pendant le même délai, à Paris, où est situé le domicile du demandeur. Enfin, il sera publié, par les soins des Maires, une fois par mois, pendant la durée des affiches dans les communes ci-dessus désignées. — Art. 2. A l'expiration de ce délai de quatre mois, les Maires adresseront à la préfecture, par l'intermédiaire du Sous-Préfet, les certificats constatant que les formalités ci-dessus prescrites ont été exactement remplies. A... le... le Préfet, *signé :* ...

— sur un projet d'acquisition d'immeubles par une congrégation religieuse. — Le Préfet, — Vu la délibération en date du ..., par laquelle le conseil d'administration de la congrégation des sœurs de ..., de..., demande l'autorisation d'acquérir de ..., propriétaire, demeurant à ..., commune de ..., une [maison avec cour et jardin, d'une contenance totale de 30 ares 20 centiares] pour y établir une communauté du même ordre; — les procès-verbaux d'expertise dudit immeuble; — l'acte de vente passé le ..., devant Mᵉ ..., notaire à ...; — l'état de l'actif et du passif de la congrégation de ...; — le procès-verbal de l'enquête à laquelle cette demande a été soumise à ... (*lieu de la maison mère*), du ... au ... dernier, ensemble les autres pièces de l'enquête; — la loi du 24 mai 1825, et la circulaire ministérielle du 29 janvier 1831; — Arrête : — Art. 1. Une enquête de *commodo* et *incommodo* sera ouverte dans la commune de ..., (*lieu de l'établissement à créer*), le dimanche ... courant, et sera close le dimanche suivant, sur le projet d'acquisition dont il s'agit. A cet effet, les pièces ci-dessus visées seront déposées pendant les huit jours que durera l'enquête, au secrétariat de la mairie pour y être communiquées sans déplacement aux intéressés. — Art. 2. L'enquête sera annoncée le jour de l'ouverture et le jour de la clôture, à l'issue de la messe paroissiale, par voie de publication et d'affiches. L'accomplissement de cette formalité sera constaté par un certificat signé du Maire, qui sera joint au dossier. — Art. 3. Le dimanche ..., M. ..., Juge de paix du canton de ..., désigné pour remplir les fonctions de commissaire-enquêteur, se rendra au secrétariat de la mairie de ... et s'y tiendra toute la journée à partir de l'issue de la messe paroissiale, à l'effet de recevoir et de consigner sur un registre qu'il ouvrira dans ce but les observations des habitants sur l'opportunité ou l'inopportunité du projet. Les observations verbales seront textuellement transcrites sur le registre d'enquête, et celles qui seraient présentées par écrit resteront annexées audit registre. — Art. 4. Le commissaire-enquêteur donnera séparément son avis motivé, tant sur la valeur des observations soulevées pendant l'enquête que sur la suite à donner au projet. — Art. 5. M. le Maire de ... et M. le Juge de paix de ... sont chargés, chacun en ce qui le concerne, de l'exécution du présent arrêté.

— pour l'amodiation de biens communaux. — Le Préfet, — Vu la délibération en date du ..., par laquelle le Conseil municipal de ... a voté l'amodiation, par voie d'allotissement ou de partage entre les habitants, et pour une période de [27] ans, de [450] hectares de biens communaux, à la charge par les copartageants de les mettre en culture et de payer à la commune une redevance dont la quotité sera ultérieurement déterminée, ainsi que les contributions assises sur ces biens ; — les oppositions à cette mesure présentées par MM. ...; — l'arrêté consulaire du 7 germinal an IX ; — l'ordonnance des 7 octobre 1818 et 18 décembre 1838 ; — la loi du 18 juillet 1837 ; — le décret du 25 mars 1852 ; — la circulaire ministérielle du 20 août 1825, — Arrête : Art. 1. Il sera procédé, dans les formes prescrites par la circulaire ministérielle précitée, à une information de *commodo* et *incommodo* sur les avantages ou les inconvénients de l'amodiation, par voie de partage ou d'allotissement, de 450 hectares de biens communaux proposée par le Conseil municipal de .... — Art. 2. Cette enquête sera faite par ..., etc.

— pour l'ouverture d'un chemin de grande (ou de moyenne) communication. — Le Préfet, — Vu la délibération du ..., par laquelle le Conseil général du département de ..., a classé comme ligne de [grande] communication, sous le n° ..., un chemin vicinal allant de ... à ... ; — l'avant projet des travaux de construction et de rectification dudit chemin ; — les lois des 21 mai 1836 et du 3 mai 1841, l'ordonnance du 18 février 1834, celle du 23 août 1835, et l'arrêté règlementaire du ... ; — Arrête : — Art. 1. Il sera procédé à une enquête dans les formes ci-après, au sujet de l'ouverture du chemin de [grande] communication, n° ..., de ... à ..., avec embranchement sur .... Art. 2. Les plans et devis seront déposés pendant 20 jours, à partir du ... à la préfecture et à la sous-préfecture de ..., où tous les intéressés seront admis à consigner, sur des registres ouverts à cet effet, leurs observations pour ou contre le projet. — Art. 3. A l'expiration de ce délai, les pièces du projet et de l'enquête seront soumises à une commission, composée de MM. .... — Art. 4. Cette commission examinera les déclarations consignées aux registres de l'enquête ; elle entendra les agents de la vicinalité, et, après avoir recueilli tous les renseignements qu'elle croira utiles à consulter, elle donnera son avis motivé, tant sur l'utilité de l'entreprise que sur les diverses questions qui auront été posées par l'administration. — Art. 5. Les Conseils municipaux des communes de ..., sur le territoire desquelles le chemin doit être ouvert, seront appelés à délibérer, sur le projet en lui-même et sur les réclamations que l'enquête aura pu faire naitre. — Art. 6. Le présent arrêté sera imprimé en placards et inséré au *Recueil des actes administratifs* de la préfecture. Des expéditions en seront adressées aux divers fonctionnaires qui concourront à son exécution.

— pour règlement d'eau. — Le Préfet, — Vu ... (*viser les pièces*) ; — les lois des 12-20 août 1790, 6 octobre 1791, et l'arrêté du gouvernement du 19 ventôse an VI ; — l'instruction ministérielle du 19 thermidor an VI et les circulaires du 16 novembre 1834 et du 23 octobre 1851 ; — Arrête : — Art. 1. Pendant [...] jours, du ... au ..., les pièces ci-dessus visées resteront déposées au secrétariat de la mairie de la commune de ... ainsi qu'un registre destiné à recevoir les observations des parties intéressées. — Art. 2. Pendant la même durée, le présent arrêté restera affiché dans les communes de ..., tant à la principale porte de l'église qu'à celle de la mairie. Il sera, en outre, publié à son de caisse ou de trompe. — Art. 3. A l'expiration du délai ci-dessus fixé, MM. les Maires nous renverront le présent arrêté, après avoir rempli le certificat d'autre part. M. le Maire de ... y joindra, en outre, toutes les pièces de l'enquête.

Établissements insalubres, dangereux ou incommodes, — Instructions. Depuis la promulgation du décret du 25 mars 1852, il appartient aux Préfets de statuer sur les demandes tendant à obtenir l'autorisation de créer des établissements insalubres, dangereux ou incommodes *de première classe*, dans les formes déterminées, pour cette nature d'établissements, et avec les recours existant pour les ateliers de deuxième classe. — Le Conseil de préfecture doit être consulté, comme par le passé, sur les *oppositions* qui se produiraient dans le cours de l'instruction, tout en conservant sa juridiction, pour le cas où les opposants croiraient devoir y recourir après la décision d'autorisation. — La suppression d'un établissement, par application de l'art. 12 du décret du 15 octobre 1810, ne peut être prononcée que par un décret impérial, après avis du conseil d'Etat : à cet égard, le décret du 25 mars 1852 n'a rien décentralisé.

Pendant que notre *Formulaire* s'imprime, des changements ont lieu dans la classification de ces sortes d'établissements.

Nous donnons ci-après le texte d'un rapport fait à l'Empereur par M. Béhic, ministre de l'Agriculture, du Commerce et des Travaux publics : — « Sire, La formation des établissements industriels, considérés au point de vue de leur nocuité, est soumise à un régime dont les bases sont fixées par le décret du 15 octobre 1810, l'ordonnance royale du 14 janvier 1815, et le décret de décentralisation du 25 mars 1852. Sous ce régime, qui a pour but de sauvegarder les intérêts du voisinage sans exposer les industriels à ce qu'il y aurait de trop incertain et de trop variable dans l'action de la police locale, des décrets délibérés en conseil d'Etat arrêtent la nomenclature des ateliers réputés insalubres, dangereux ou incommodes, qui ne peuvent, à ce titre, être formés sans une autorisation administrative, et cette autorisation indique, s'il y a lieu, les conditions jugées nécessaires pour prévenir tout sérieux inconvénient. Les établissements sont divisés en trois classes, dont la première se compose de ceux dont les inconvénients sont assez graves pour qu'ils doivent être indispensablement éloignés des habitations. La permission, en ce qui les concerne, ne pouvait d'abord être accordée que par décret rendu en conseil d'Etat ; mais elle est, depuis 1852, dans les attributions des Préfets, qui prononcent sur les demandes après apposition d'affiches, pendant un mois, dans un rayon de 5 kilomètres, enquête de *commodo et incommodo*, et, s'il y a des oppositions, après avis du Conseil de préfecture. Quant aux ateliers rangés dans la deuxième et la troisième classe, ils sont autorisés, les premiers, par les Préfets, sans l'obligation des affiches, mais après enquête, et les derniers par les Sous-Préfets, sans nécessité d'affiche ni d'enquête. Les demandeurs et les voisins peuvent, du reste, attaquer, par la voie contentieuse, les décisions intervenues, et ceux-ci ont même le droit, s'ils se prétendent lésés, d'agir en dommages-intérêts devant les tribunaux ordinaires. Les tableaux annexés au décret du 15 octobre 1810 et à l'ordonnance royale du 14 janvier 1815 contenaient une nomenclature d'établissements industriels répartis dans les trois classes. Depuis lors, des ordonnances royales ou des décrets y ont ajouté beaucoup d'autres industries, et plusieurs tableaux complémentaires ont été publiés successivement. Enfin, des décisions préfectorales ou ministérielles, rendues conformément à l'avis du Comité des arts et manufactures, ont opéré pour des industries nouvelles un assez grand nombre de classements provisoires, en vertu du pouvoir que l'ordonnance du 14 janvier 1815 donne à l'administration, et il était d'autant plus utile et opportun d'en user, que l'industrie traversait une période de rapide transformation pendant laquelle des classements définitifs eussent été souvent impossibles à déterminer convenablement, au moins pour un certain temps. Mais il m'a paru, Sire, qu'après les progrès si considérables accomplis aujourd'hui dans les sciences appliquées à l'industrie, un grand nombre d'ateliers pourraient, sans danger, être descendus de classe ou même dispensés de l'autorisation, et que, dans leur ensemble, les classements actuels pourraient être améliorés, en même temps qu'ils seraient fondus dans une nomenclature générale ; j'ai chargé, en conséquence, le Comité consultatif des arts et manufactures de procéder à une révision pour laquelle ce conseil offre toutes les garanties désirables. Le Comité a examiné avec le plus grand soin l'état actuel de toutes les industries, sous le rapport de leurs inconvénients pour le voisinage. Il n'a pas hésité à reconnaître que, par des causes diverses, les perfectionnements ntroduits ont eu pour résultat d'atténuer ou même d'annuler dans beaucoup de cas, la nocuité qui, à l'origine, avait déterminé les classements, et que la situation opposée se présente très-rarement. Il a dressé un tableau général destiné à remplacer tous les classements définitifs ou provisoires antérieurement admis, en s'attachant à n'y comprendre que les industries qui, dans l'état actuel des choses, sont réellement insalubres, dangereuses ou incommodes, et ce projet a été renvoyé au conseil d'Etat, qui a fait lui-même un examen approfondi des diverses questions qu'il soulève. La nouvelle nomenclature des établissements insalubres, dangereux ou incommodes que j'ai l'honneur de vous soumettre rentrera, Sire, j'ose l'espérer, dans les vues de Votre Majesté. Il a été possible, en effet, sans compromettre aucun intérêt, de supprimer les classements définitifs ou provisoires pour plus de cent industries, et d'en descendre de classe près de quatre-vingts, tandis que quelques-unes seulement ont dû être introduites dans la nomenclature ou relevées de classe. La mesure projetée aura ainsi l'avantage de diminuer le nombre des cas dans lesquels les industries ont besoin de recourir à l'autorité, et, dans les circonstances où une autorisation préalable a paru justifiée, de réduire souvent les formalités et les délais. Enfin, la réunion dans un tableau de tous les classements en rendra la connaissance plus facile aux intéressés. La mesure dont il s'agit n'aura donc, à tous les points de vue, que des résultats utiles pour l'industrie, et j'ai l'honneur, en conséquence, de présenter avec confiance à la signature de Votre Majesté le décret destiné à la réaliser. »

Ce rapport a été suivi d'un décret impérial en date du 31 décembre 1866, qui a divisé en trois classes, conformément au tableau ci-après, les établissements réputés insalubres, dangereux ou incommodes. Cette division devra, à l'avenir, servir de règle toutes les fois qu'il sera question de prononcer sur les demandes en formation de ces établissements. Nous faisons suivre le nouveau tableau de formules applicables à divers cas.

Nomenclature des établissements insalubres, dangereux ou incommodes.

Tableau de classement par ordre alphabétique.

N. B. — Ce tableau indique : 1° la désignation des industries; 2° les inconvénients qu'elles présentent; 3° la classe dans laquelle elles sont rangées.

ABATTOIRS PUBLICS. — Odeur et altération des eaux (1re classe).

ABSINTHE. (Voir *Distillerie*.)

ACIDE ARSÉNIQUE (Fabrication de l') au moyen de l'acide arsénieux et de l'acide azotique. — 1° Quand les produits nitreux ne sont pas absorbés, vapeurs nuisibles (1re classe); 2° quand ils sont absorbés, vapeurs nuisibles (2e classe).

ACIDE CHLORHYDRIQUE (Production de l') par décomposition des chlorures de magnésium, d'aluminium et autres. — 1° Quand l'acide n'est pas condensé, émanations nuisibles (1re classe); 2° quand l'acide est condensé, émanations accidentelles (2e classe).

ACIDE MURIATIQUE. (Voir *Acide chlorhydrique*).

ACIDE NITRIQUE. — Emanations nuisibles (3e classe).

ACIDE OXALIQUE (Fabrication de l'). — 1° Par l'acide nitrique : a. Sans destruction des gaz nuisibles, fumée (1re classe). b. Avec destruction des gaz nuisibles, fumée accidentelle (3e classe); 2° par la sciure de bois et la potasse, fumée (2e classe).

ACIDE PICRIQUE. — 1° Quand les gaz nuisibles ne sont pas brûlés, vapeurs nuisibles (1re classe); 2° avec destruction des gaz nuisibles, vapeurs nuisibles (3e classe).

ACIDE PYROLIGNEUX (Fabrication de l'). — 1° Quand les produits gazeux ne sont pas brûlés, fumée et odeur (2e classe); 2° quand les produits gazeux sont brûlés, fumée et odeur (3e classe).

ACIDE PYROLIGNEUX (Purification de l'). — Odeur (2ᵉ classe).

ACIDE STÉARIQUE (Fabrication de l'). — 1° Par distillation, odeur et danger d'incendie (1ʳᵉ classe) ; 2° par saponification, odeur et danger d'incendie (2ᵉ classe).

ACIDE SULFURIQUE (Fabrication de l'). — 1° Par combustion du soufre et des pyrites, émanations nuisibles (1ʳᵉ classe); 2° de Nordhausen par la décomposition du sulfate de fer, émanations nuisibles (3ᵉ classe).

ACIDE URIQUE. (Voir *Murexide*).

ACIER (Fabrication de l'). — Fumée (3ᵉ classe).

AFFINAGE DE L'OR ET DE L'ARGENT PAR LES ACIDES. — Émanations nuisibles (1ʳᵉ classe).

AFFINAGE DES MÉTAUX AU FOURNEAU. (Voir *Grillage des minerais*).

ALBUMINE (Fabrication de l') au moyen du sérum frais du sang. — Odeur (3ᵉ classe).

ALCALI VOLATIL. (Voir *Ammoniaque*.)

ALCOOLS AUTRES QUE LE VIN, SANS TRAVAIL DE RECTIFICATION. — Altération des eaux (3ᵉ classe).

ALCOOLS AUTRES QUE LE VIN, SANS TRAVAIL DE RECTIFICATION (Distillerie agricole). — Altération des eaux (3ᵉ classe).

ALCOOL (Rectification de l'). — Danger d'incendie (2ᵉ classe).

AGGLOMÉRÉS OU BRIQUETTES DE HOUILLE (Fabrication des). — 1° Au brai gras, odeur, danger d'incendie (2ᵉ classe); 2° au brai sec, odeur (3ᵉ classe).

ALDÉHYDE (Fabrication de l'). — Danger d'incendie (1ʳᵉ classe).

ALLUMETTES (Fabrication des) avec matières détonnantes et fulminantes. — Danger d'explosion et d'incendie (1ʳᵉ classe).

ALUN. (Voir *Sulfate d'alumine*).

AMIDONNERIES. — 1° Par fermentation, odeur, émanations nuisibles et altération des eaux (1ʳᵉ classe) ; 2° par séparation du gluten et sans fermentation, altération des eaux (2ᵉ classe).

AMMONIAQUE (Fabrication en grand de l') par la décomposition des sels ammoniacaux. — Odeur (3ᵉ classe).

AMORCES FULMINANTES (Fabrication des). — Danger d'explosion (1ʳᵉ classe).

APPAREILS DE RÉFRIGÉRATION. — 1° A ammoniaque, odeur (3ᵉ classe); 2° à éther ou autres liquides volatils et combustibles, danger d'explosion et d'incendie (3ᵉ classe).

ARCANSONS OU RÉSINES DE PIN. (Voir *Résines, etc.*)

ARGENTURE SUR MÉTAUX. (Voir *Dorure et argenture.*)

ARSÉNIATE DE POTASSE (Fabrication de l') au moyen du salpêtre. 1° Quand les vapeurs ne sont pas absorbées. — Émanations nuisibles (1ʳᵉ classe) ; 2° quand les vapeurs sont absorbées. — Émanations accidentelles (2ᵉ classe).

ARTIFICES (Fabrication des pièces d'). — Danger d'incendie et d'explosion (1ʳᵉ classe).

ASPHALTES, BITUMES, BRAIS ET MATIÈRES BITUMINEUSES SOLIDES (Dépôts d'). — Odeur, danger d'incendie (3ᵉ classe).

ASPHALTES ET BITUMES (Travail des) à feu nu. — Odeur, danger d'incendie (2ᵉ classe).

ATELIERS DE CONSTRUCTION DE MACHINES ET WAGONS. (Voir *Machines et wagons.*)

BACHES IMPERMÉABLES (Fabrication des) : 1° Avec cuisson des huiles. — Danger d'incendie (1ʳᵉ classe) ; 2° sans cuisson des huiles. — Danger d'incendie (2ᵉ classe).

BALEINE (Travail des fanons de). (Voir *Fanons de baleine.*)

BARYTE (Sulfate de) (Décoloration du), au moyen de l'acide chlorhydrique à vases ouverts. — Émanations nuisibles (2ᵉ classe).

BATTAGE, CARDAGE ET ÉPURATION DES LAINES, CRINS ET PLUMES DE LITERIE. — Odeur et poussière (3ᵉ classe).

BATTAGE DES CUIRS (Marteaux pour le). — Bruit et ébranlement (3ᵉ classe).

BATTAGE ET LAVAGE (Ateliers spéciaux pour les) des fils de laine, bourres et déchets de filature de laine et de soie dans les villes. — Bruit et poussière (3e classe).

BATTAGE DES TAPIS EN GRAND. — Bruit et poussière (2e classe).

BATTEURS D'OR ET D'ARGENT. — Bruit (3e classe).

BATTOIR A ÉCORCES DANS LES VILLES. — Bruit et poussière (3e classe).

BENZINE (Fabrication et dépôts de). (Voir *Huiles de pétrole, de schiste, etc.*)

BITUMES ET ASPHALTES (Fabrication et dépôts). (Voir *Asphaltes, bitumes, etc.*)

BLANC DE PLOMB. (Voir *Céruse.*)

BLANC DE ZINC (Fabrication de) par la combustion du métal. — Fumées métalliques (3e classe).

BLANCHIMENT. 1° Des fils, des toiles et de la pâte à papier par le chlore.— Odeur, émanations nuisibles (2e classe); 2° des fils et tissus de lin, de chanvre et de coton par les chlorures (hypochlorites) alcalins. — Odeur, altération des eaux (3e classe); 3° des fils et tissus de laine et de soie par l'acide sulfureux. Emanations nuisibles (2e classe).

BLEU DE PRUSSE (Fabrication de). (Voir *Cyanure de potassium.*)

BOUES ET IMMONDICES (Dépôts de) et voiries. — Odeur (1re classe).

BOUGIES DE PARAFFINE ET AUTRES D'ORIGINE MINÉRALE (Moulage des). — Odeur, danger d'incendie (3e classe).

BOUGIES ET AUTRES OBJETS EN CIRE ET EN ACIDE STÉARIQUE. — Danger d'incendie (3e classe).

BOUILLON DE BIÈRE (Distillation de). (Voir *Distillerie.*)

BOURRE. (Voir *Battage.*)

BOUTONNIERS ET AUTRES EMBOUTISSEURS DE MÉTAUX par moyens mécaniques. — Bruit (3e classe).

BOYAUDERIES. (Travail des boyaux frais pour tous usages.) — Odeur, émanations nuisibles (1re classe).

BOYAUX ET PIEDS D'ANIMAUX ABATTUS (Dépôts de). (Voir *Chairs et débris.*)

BRASSERIES. — Odeur (3e classe).

BRIQUETERIES AVEC FOURS NON FUMIVORES. — Fumée (3e classe).

BRIQUETTES OU AGGLOMÉRÉS DE HOUILLE. (Voir *Agglomérés.*)

BRULERIES DES GALONS ET TISSUS D'OR OU D'ARGENT. (Voir *Galons*).

BUANDERIES. — Altération des eaux (3e classe).

CAFÉ (Torréfaction en grand du). Odeur et fumée (3e classe).

CAILLETTES ET CAILLONS POUR LA CONFECTION DES FROMAGES. (Voir *Chairs et débris, etc.*)

CAILLOUX (Fours pour la calcination des). — Fumée (3e classe).

CALCINATION DES CAILLOUX. (Voir *Cailloux*).

CARBONISATION DU BOIS. — 1° A l'air libre dans des établissements permanents et autre part qu'en forêt, odeur et fumée (2e classe); 2° en vase clos : avec dégagement dans l'air des produits gazeux de la distillation, odeur et fumée (2e classe); avec combustion des produits gazeux de la distillation, odeur et fumée (3e classe).

CARBONISATION DES MATIÈRES ANIMALES EN GÉNÉRAL. — Odeur (1re classe).

CAOUTCHOUC (Travail du) avec emploi d'huiles essentielles ou de sulfure de carbone. — Odeur, danger d'incendie (2e classe).

CAOUTCHOUC (Application des enduits du). — Danger d'incendie (2e classe).

CARTONNIERS. — Odeur (3e classe).

CENDRES D'ORFÉVRE (Traitement des) par le plomb. — Fumées métalliques (3e classe).

CENDRES GRAVELÉES. 1° Avec dégagement de la fumée au dehors, fumée et odeur (1re classe); 2° avec combustion ou condensation des fumées, fumée et odeur (2e classe).

CÉRUSE OU BLANC DE PLOMB (Fabrication de la). — Emanations nuisibles (3ᵉ classe).

CHAIRS, DÉBRIS ET ISSUES (Déptôs de) provenant de l'abatage des animaux. — Odeur (1ʳᵉ classe).

CHAMOISERIES. — Odeur (2ᵉ classe).

CHANDELLES (Fabrication des). — Odeur, danger d'incendie (3ᵉ classe).

CHANTIERS DE BOIS A BRULER DANS LES VILLES. — Emanations nuisibles, danger d'incendie (3ᵉ classe).

CHANVRE (Teillage et rouissage du) en grand. (Voir aux mots *Teillage* ou *Rouissage*.)

CHANVRE IMPERMÉABLE. (Voir *Feutre goudronné*.)

CHAPEAUX DE FEUTRE (Fabrication de). — Odeur et poussière (3ᵉ classe).

CHAPEAUX DE SOIE OU AUTRES PRÉPARÉS AU MOYEN D'UN VERNIS (Fabrication de). — Danger d'incendie (2ᵉ classe).

CHARBONS AGGLOMÉRÉS. (Voir *Agglomérés*.)

CHARBON ANIMAL (Fabrication ou révivification du.) (Voir *Carbonisation des matières animales*.)

CHARBON DE BOIS DANS LES VILLES (Dépôts ou magasins de.) — Danger d'incendie (3ᵉ classe).

CHARBONS DE TERRE. (Voir *Houille* et *Coke*.)

CHAUDRONNERIE. (Voir *Forges de grosses œuvres*.)

CHAUX (Fours à). — 1° Permanents, fumée, poussière (2ᵉ classe); 2° ne travaillant pas plus d'un mois par an, fumée, poussière (3ᵉ classe).

CHIENS (Infirmeries de). — Odeur et bruit (1ʳᵉ classe).

CHIFFONS (Dépôts de). — Odeur (3ᵉ classe).

CHLORE (Fabrication du). — Odeur (2ᵉ classe).

CHLORURE DE CHAUX (Fabrication du). — 1° En grand, odeur (2ᵉ classe); 2° dans les ateliers fabriquant au plus 300 kilogrammes par jour, odeur (3ᵉ classe).

CHLORURES ALCALINS, EAU DE JAVELLE (Fabrication des). — Odeur (2ᵉ classe).

CHROMATE DE POTASSE (Fabrication du). — Odeur (3ᵉ classe).

CHRYSALIDES (Ateliers pour l'extraction des parties soyeuses des). — Odeur (1ʳᵉ classe).

CIRE A CACHETER (Fabrication de la). — Danger d'incendie (3ᵉ classe).

COCHENILLE AMMONIACALE (Fabrication de la). — Odeur (3ᵉ classe).

COCONS. — 1° Traitement des frisons de cocons, altération des eaux (2ᵉ classe); 2° filature de cocons. (Voir *Filature*).

COKE (Fabrication du). — 1° En plein air ou en fours non fumivores, fumée et poussière (1ʳᵉ classe); 2° en fours fumivores, poussière (2ᵉ classe).

COLLE FORTE (Fabrication de la). — Odeur, altération des eaux (1ʳᵉ classe).

COMBUSTION DES PLANTES MARINES DANS LES ÉTABLISSEMENTS PERMANENTS. — Odeur et fumée (1ʳᵉ classe).

CONSTRUCTION (Ateliers de). (Voir *Machines et wagons*.)

CORDES A INSTRUMENTS EN BOYAUX (Fabrication de). (Voir *Boyauderies*.)

CORROIERIES. — Odeur (2ᵉ classe).

COTON ET COTON GRAS (Blanchisserie des déchets de). — Altération des eaux (3ᵉ classe).

CRETONS (Fabrication de). — Odeur et danger d'incendie (1ʳᵉ classe).

CRINS (Teinture des). (Voir *Teintureries*.)

CRINS ET SOIES DE PORC (Préparation des) sans fermentation. — Odeur et poussière (Voir aussi *Soies de porc par fermentation*) (2ᵉ classe).

CRISTAUX (Fabrication de). (Voir *Verreries*, etc.)

CUIRS VERNIS (Fabrication de). — Odeur et danger d'incendie (1ʳᵉ classe).

CUIRS VERTS ET PEAUX FRAICHES (Dépôts de). — Odeur (2ᵉ classe).

CUIVRE (Dérochage du) par les acides. — Odeur, émanations nuisibles (3ᵉ classe).

Cuivre (Fonte du). (Voir *Fonderies*, etc.)

Cyanure de potassium et bleu de Prusse (Fabrication de) : — 1° par la calcination directe des matières animales avec la potasse, odeur (1re classe); 2° par l'emploi de matières préalablement carbonisées en vases clos, odeur (2e classe).

Cyanure rouge de potassium ou prussiate rouge de potasse. — Émanations nuisibles (3e classe).

Débris d'animaux. (Dépôts de). (Voir *Chairs*, etc.)

Déchets de matières filamenteuses (Dépôts de) en grand dans les villes. — Danger d'incendie (3e classe).

Dégras ou huile épaisse a l'usage des chamoiseurs et corroyeurs (Fabrication de). — Odeur, danger d'incendie (1re classe).

Dégraissage des tissus et déchets de laine par les huiles de pétrole et autres hydrocarbures. — Danger d'incendie (1re classe).

Dérochage du cuivre. (Voir *Cuivre*.)

Distilleries en général, eau-de-vie, genièvre, kirsch, absinthe et autres liqueurs alcooliques. — Danger d'incendie (3e classe).

Dorure et argenture sur métaux. — Émanations nuisibles (3e classe).

Eau de Javelle. (Voir *Chlorures alcalins*.)

Eau-de-vie (Voir *Distilleries*.)

Eau-forte. (Voir *Acide nitrique*.)

Eaux grasses (Extraction pour la fabrication du savon et autres usages, des huiles contenues dans les) : — 1° en vases ouverts, odeur, danger d'incendie (1re classe); 2° en vases clos, odeur, danger d'incendie (2e classe).

Eaux savonneuses des fabriques. (Voir *Huiles extraites des débris d'animaux*.)

Échaudoirs : — 1° pour la préparation industrielle des débris d'animaux, odeur (1re classe); 2° pour la préparation des parties d'animaux propres à l'alimentation, odeur (3e classe).

Émail (Application de l') sur les métaux. — Fumée (3e classe).

Émaux (Fabrication d') avec fours non fumivores. — Fumée (3e classe).

Encre d'imprimerie (Fabrique d'). — Odeur, danger d'incendie (1re classe).

Engrais (Fabrication des) au moyen des matières animales. — Odeur (1re classe).

Engrais (Dépôts d') au moyen des matières provenant de vidanges ou de débris d'animaux : — 1° non préparés ou en magasin non couvert, odeur (1re classe); 2° desséchés ou désinfectés et en magasin couvert, quand la quantité excède 25,000 kilogrammes, odeur (2e classe); 3° les mêmes, quand la quantité est inférieure à 25,000 kilogrammes, odeur (3e classe).

Engraissement des volailles dans les villes (Établissement pour l'.) — Odeur (3e classe).

Éponges (Lavage et séchage des). — Odeur et altération des eaux (3e classe).

Équarrissage des animaux. — Odeur, émanations nuisibles (1re classe).

Étamage des glaces. — Émanations nuisibles (3e classe).

Éther (Fabrication et dépôts d'). — Danger d'incendie et d'explosion (1re classe).

Étoupilles (Fabrication d') avec matières explosives. — Danger d'explosion et d'incendie (1re classe).

Faience (Fabrique de) : — 1° avec fours non fumivores, fumée (2e classe); 2° avec fours fumivores, fumée accidentelle (3e classe).

Fanons de baleine (Travail des). — Émanations incommodes (3e classe).

Farines (Moulins à). (Voir *Moulins*).

Féculeries. — Odeur, altération des eaux (3e classe).

Fer-blanc (Fabrication du). — Fumée (3e classe).

FEUTRES ET VISIÈRES VERNIS (Fabrication de).—Odeur, danger d'incendie (1re classe).

FEUTRE GOUDRONNÉ (Fabrication du). — Odeur, danger d'incendie (2e classe).

FILATURE DES COCONS (Ateliers dans lesquels la) s'opère en grand, c'est-à-dire employant au moins six tours. — Odeur, altération des eaux (3e classe).

FONDERIE DE CUIVRE, LAITON ET BRONZE. — Fumées métalliques (3e classe).

FONDERIES EN DEUXIÈME FUSION. — Fumée (3e classe).

FONTE ET LAMINAGE DU PLOMB, DU ZINC ET DU CUIVRE. —Bruit, fumée (3e classe).

FORGES ET CHAUDRONNERIES DE GROSSES ŒUVRES EMPLOYANT DES MARTEAUX MÉCANIQUES. — Fumée, bruit (2e classe).

FORMES EN TOLE POUR RAFFINERIE. (Voir *Tôles vernies*).

FOURNEAUX A CHARBON DE BOIS. (Voir *Carbonisation du bois*).

FOURNEAUX (Hauts). — Fumée et poussière (2e classe).

FOURS POUR LA CALCINATION DES CAILLOUX. (Voir *Cailloux*).

FOURS A PLATRE ET FOURS A CHAUX. (Voir *Plâtre, Chaux*).

FROMAGES (Dépôts de dans les villes). — Odeur (3e classe).

FULMINATE DE MERCURE (Fabrication du).—Danger d'explosion et d'incendie (2e classe).

GALIPOTS OU RÉSINES DE PIN. (Voir *Résines*).

GALONS ET TISSUS D'OR ET D'ARGENT (Brûleries en grand des) dans les villes. — Odeur (2e classe).

GAZ, GOUDRONS DES USINES. (Voir *Goudrons*).

GAZ D'ÉCLAIRAGE ET DE CHAUFFAGE (Fabrication du) : — 1° pour l'usage public, odeur, danger d'incendie (2e classe); 2° pour l'usage particulier, odeur, danger d'incendie (3e classe).

GAZOMÈTRES POUR L'USAGE PARTICULIER, NON ATTENANTS AUX USINES DE FABRICATION — Odeur, danger d'incendie (3e classe).

GÉLATINE ALIMENTAIRE ET GÉLATINES PROVENANT DE PEAUX BLANCHES ET DE PEAUX FRAICHES NON TANNÉES (Fabrication de la). — Odeur (3e classe).

GÉNÉRATEURS A VAPEUR. (Régime spécial.)

GENIÈVRE. (Voir *Distilleries*).

GLACES (Étamage des). (Voir *Étamage*).

GLACE. (Voir *Appareils de réfrigération*).

GOUDRONS (Usines spéciales pour l'élaboration des) d'origines diverses. —Odeur, danger d'incendie (1re classe).

GOUDRONS (Traitement des) dans les usines où ils se produisent. — Odeur, danger d'incendie (1re classe).

GOUDRONS ET MATIÈRES BITUMINEUSES FLUIDES (Dépôts de). — Odeur, danger d'incendie (2e classe).

GOUDRONS ET BRAIS VÉGÉTAUX D'ORIGINES DIVERSES (Élaboration des). — Odeur, danger d'incendie (1re classe).

GRAISSES A FEU NU (Fonte des). — Odeur, danger d'incendie (1re classe).

GRAISSES POUR VOITURES (Fabrication des). — Odeur, danger d'incendie (1re classe).

GRILLAGE DES MINERAIS SULFUREUX. — Fumée, émanations nuisibles (1re classe).

GUANO (Dépôts de). — 1° Quand l'approvisionnement excède 25,000 kilogrammes, odeur (1re classe); 2° pour la vente au détail, odeur (3e classe.)

HARENGS (Saurage des). — Odeur (3e classe).

HONGROIERIES. — Odeur (3e classe).

HOUILLE (Agglomérés de). (Voir *Agglomérés*).

HUILES DE BERGUES (Fabrique d'). (Voir *Dégras*).

HUILES DE PÉTROLE, DE SCHISTE ET DE GOUDRON, ESSENCES ET AUTRES HYDROCARBURES EMPLOYÉS POUR L'ÉCLAIRAGE, LE CHAUFFAGE, LA FABRICATION DES COULEURS ET VERNIS,

LE DÉGRAISSAGE DES ÉTOFFES ET AUTRES USAGES : — 1° Fabrication, distillation et travail en grand, odeur et danger d'incendie (1re classe); 2° dépôts : *A*. Substances très-inflammables, c'est-à-dire émettant des vapeurs susceptibles de prendre feu (1) à une température de moins de 35 degrés : — 1° si la quantité emmagasinée est, même temporairement, de 1,050 litres (2) ou plus, odeur et danger d'incendie (1re classe); 2° si la quantité, supérieure à 150 litres, n'atteint pas 1,050 litres, odeur et danger d'incendie (2e classe). — *B*. Substances moins inflammables, c'est-à-dire n'émettant de vapeurs susceptibles de prendre feu (1) qu'à une température de 35 degrés et au dessus : — 1° si la quantité est, même temporairement, de 10,500 litres au plus, odeur et danger d'incendie (1re classe); 2° si la quantité emmagasinée, supérieure à 1,050 litres, n'atteint pas 10,500 litres, odeur et danger d'incendie (2e classe).

HUILE DE PIEDS DE BŒUF (Fabrication d'). — 1° Avec emploi de matières en putréfaction, odeur (1re classe); 2° quand les matières employées ne sont pas putréfiées, odeur (2e classe).

HUILES DE POISSON (Fabrique d'). — Odeur, danger d'incendie (1re classe).

HUILE ÉPAISSE OU DÉGRAS. (Voir *Dégras*.)

HUILES DE RÉSINE (Fabrication des). — Odeur, danger d'incendie (1re classe).

HUILERIES OU MOULINS A HUILE. — Odeur, danger d'incendie (3e classe).

HUILES (Épuration des). — Odeur, danger d'incendie (3e classe).

HUILES ESSENTIELLES OU ESSENCES DE TÉRÉBENTHINE, D'ASPIC ET AUTRES. (Voir *Huiles de pétrole, de schiste, etc.*)

HUILES ET AUTRES CORPS GRAS EXTRAITS DES DÉBRIS DES MATIÈRES ANIMALES (Extraction des). — Odeur, danger d'incendie (1re classe).

HUILES EXTRAITES DES SCHISTES BITUMINEUX. (Voir *Huiles de pétrole, de schiste, etc.*)

HUILES (Mélange à chaud ou cuisson des) : — 1° En vases ouverts, odeur, danger d'incendie (1re classe); 2° en vases clos, odeur, danger d'incendie (2e classe).

HUILES ROUSSES (Fabrication des) par extraction des cretons et débris de graisse à haute température. — Odeur, danger d'incendie (1re classe).

IMPRESSIONS SUR ÉTOFFES. (Voir *Toiles peintes*.)

JUTE (Teillage du). (Voir *Teillage*.)

KIRSCH. (Voir *Distilleries*.)

LAINE. (Voir *Battage*.)

LAITERIES EN GRAND DANS LES VILLES. — Odeur (2e classe).

LARD (Ateliers à enfumer le). — Odeur et fumée (3e classe).

LAVAGE DES COCONS. (Voir *Cocons*.)

LAVAGE ET SÉCHAGE DES ÉPONGES. (Voir *Éponges*.)

LAVOIRS A HOUILLE. — Altération des eaux (3e classe).

LAVOIRS A LAINE. — Altération des eaux (3e classe).

LIGNITES (Incinération des). — Fumée, émanations nuisibles (1re classe).

LIN (Teillage en grand du). (Voir *Teillage*.)

LIN (Rouissage du). (Voir *Rouissage*.)

LIQUIDES POUR L'ÉCLAIRAGE (Dépôts de) au moyen de l'alcool et des huiles essentielles. — Danger d'incendie et d'explosion (2e classe).

LIQUEURS ALCOOLIQUES. (Voir *Distilleries*.)

LITHARGE (Fabrication de). — Poussière nuisible (3e classe).

---

(1) Au contact d'une allumette enflammée.

(1) Au contact d'une allumette enflammée.

(2) Le fût généralement adopté par le commerce pour les pétroles est de 150 litres ; 1,050 litres représentent donc sept desdits fûts.

MACHINES ET WAGONS (Ateliers de construction de). — Bruit, fumée (2ᵉ classe).

MACHINES A VAPEUR. (Voir *Générateurs*.)

MAROQUINERIES. — Odeur (3ᵉ classe).

MASSICOT (Fabrication du). — Émanations nuisibles (3ᵉ classe).

MÉGISSERIES. — Odeur (3ᵉ classe).

MÉLANGES D'HUILES. (Voir *Huiles, mélanges, etc.*)

MÉNAGERIES. — Danger des animaux (1ʳᵉ classe).

MÉTAUX (Ateliers de) pour construction de machines et appareils. (Voir *Machines*.)

MINIUM (Fabrication du). — Émanations nuisibles (3ᵉ classe).

MORUES (Sécheries des). — Odeur (2ᵉ classe).

MOULINS A BROYER LE PLATRE, LA CHAUX, LES CAILLOUX ET LES POUZZOLANES. — Poussière (3ᵉ classe).

MOULINS A HUILE. (Voir *Huileries*.)

MUREXIDE (Fabrication de la) en vases clos par la réaction de l'acide azotique et de l'acide urique du guano. — Émanations nuisibles (2ᵉ classe).

NITRATE DE FER (Fabrication du). — 1° Lorsque les vapeurs nuisibles ne sont pas absorbées ou décomposées, émanations nuisibles (1ʳᵉ classe); 2° dans le cas contraire, émanations nuisibles (3ᵉ classe).

NITRO-BENZINE, ANILINE ET MATIÈRES DÉRIVANT DE LA BENZINE (Fabrication de la). — Odeur, émanations nuisibles et danger d'incendie (2ᵉ classe).

NOIR DES RAFFINERIES ET DES SUCRERIES (Révivification du). — Émanations nuisibles, odeur (2ᵉ classe).

NOIR DE FUMÉE (Fabrication du) par la distillation de la houille, des goudrons, bitumes, etc. — Fumée, odeur (2ᵉ classe).

NOIR D'IVOIRE ET NOIR ANIMAL (Distillation des os ou fabrication du). — 1° Lorsqu'on n'y brûle pas les gaz, odeur (1ʳᵉ classe); 2° lorsque les gaz sont brûlés, odeur (2ᵉ classe).

NOIR MINÉRAL (Fabrication du) par le broyage des résidus de la distillation des schistes bitumineux. — Odeur et poussière (3ᵉ classe).

OIGNONS (Dessiccation des) dans les villes. — Odeur (2ᵉ classe).

OLIVES (Confiserie des). — Altération des eaux (3ᵉ classe).

OLIVES (Tourteaux d'). (Voir *Tourteaux*.)

ORSEILLE (Fabrication de l'). — 1° En vases ouverts, odeur (1ʳᵉ classe); 2° en vases clos et employant de l'ammoniaque à l'exclusion de l'urine, odeur (3ᵉ classe).

OS (Torréfaction des) pour engrais. — 1° Lorsque les gaz ne sont pas brûlés, odeur et danger d'incendie (1ʳᵉ classe); 2° lorsque les gaz sont brûlés, odeur et danger d'incendie (2ᵉ classe).

OS D'ANIMAUX (Calcination des). (Voir *Carbonisation des matières animales*.)

OS FRAIS (Dépôts d') en grand. — Odeur, émanations nuisibles (1ʳᵉ classe).

OUATES (Fabrication des). — Poussière et danger d'incendie (3ᵉ classe).

PAPIERS (Fabrication de). — Danger d'incendie (3 classe).

PATE A PAPIER (Préparation de la) au moyen de la paille et autres matières combustibles. — Altération des eaux (2 classe).

PARCHEMINERIES. — Odeur (3ᵉ classe).

PEAUX DE LIÈVRES ET DE LAPINS. (Voir *Secrétage*.

PEAUX DE MOUTONS (Séchage des). — Odeur et poussière (3ᵉ classe).

PEAUX FRAICHES. (Voir *Cuirs verts*.)

PERCHLORURE DE FER PAR DISSOLUTION DE PEROXYDE DE FER (Fabrication de). — Émanations nuisibles (3ᵉ classe).

PÉTROLE. (Voir *Huiles de pétrole, etc*).

PHOSPHORE (Fabrication de). — Danger d'incendie (1ʳᵉ classe).

PILERIES MÉCANIQUES DES DROGUES. — Bruit et poussière (3' classe).

PIPES A FUMER (Fabrication des). — 1° Avec fours non fumivores, fumée (2° classe); 2° avec fours fumivores, fumée accidentelle (3' classe).

PLANTES MARINES. (Voir *Combustion des plantes marines*).

PLÂTRE (Fours à). — 1° Permanents, fumée et poussière (2' classe); 2° ne travaillant pas plus d'un mois, fumée et poussière (3° classe).

PLOMB (Fonte et laminage du). (Voir *Fonte, etc*).

POÊLIERS FOURNALISTES, POÊLES ET FOURNEAUX EN FAÏENCE ET TERRE CUITE. (Voir *Faïence*.)

POILS DE LIÈVRE ET DE LAPIN. (Voir *Secrétage*)

POISSONS SALÉS (Dépôts de). — Odeur incommode (2° classe).

PORCELAINE (Fabrication de). — 1° Avec fours non fumivores, fumée (2° classe); 2' avec fours fumivores, fumée accidentelle (3° classe).

PORCHERIES. — Odeur, bruit (1re classe.)

POTASSE (Fabrication de) par calcination des résidus de mélasse. — Fumée et odeur (2° classe).

POTASSE. (Voir *Chromate de potasse*).

POTERIES DE TERRE (Fabrication de) avec fours non fumivores. — Fumée 3° classe).

POUDRES ET MATIÈRES FULMINANTES (Fabrication de). (Voir aussi *Fulminate de mercure*).

POUDRETTE (Fabrication de) et autres engrais au moyen de matières animales. — Odeur et altération des eaux (1re classe).

POUDRETTE (Dépôts de). (Voir *Engrais*).

POUZZOLANE ARTIFICIELLE (Fours à). — Fumée (3° classe).

PROTOCHLORURE D'ÉTAIN OU SEL D'ÉTAIN (Fabrication du). — Émanations nuisibles (2 classe).

PRUSSIATE DE POTASSE. (Voir *Cyanure de potassium*).

PULPES DE POMMES DE TERRE. (Voir *Fécules*.)

RAFFINERIES ET FABRIQUES DE SUCRE. — Fumée, odeur (2° classe).

RÉSINES, GALIPOTS ET ARCANSONS (Travail en grand pour la fonte et l'épuration des). — Odeur, danger d'incendie (1re classe).

ROGUES (Dépôt de salaisons liquides connues sous le nom de). — Odeur (2' classe).

ROUGE DE PRUSSE ET D'ANGLETERRE. — Émanations nuisibles (1re classe).

ROUISSAGE EN GRAND DU CHANVRE ET DU LIN. — Émanations nuisibles et altération des eaux (1re classe).

ROUISSAGE EN GRAND DU CHANVRE ET DU LIN PAR L'ACTION DES ACIDES, DE L'EAU CHAUDE ET DE LA VAPEUR. — Émanations nuisibles et altération des eaux (2 classe).

SABOTS (Ateliers à enfumer les) par la combustion de la corne ou d'autres manières animales dans les villes. — Odeur et fumée (1re classe).

SALAISON ET PRÉPARATION DES VIANDES. — Odeur (3° classe).

SALAISONS (Ateliers pour les) et le saurage des poissons. — Odeur (2° classe).

SALAISONS (Dépôts de) dans les villes. — Odeur (3° classe).

SANG. — 1° Ateliers pour la séparation de la fibrine, de l'albumine, etc., odeur (1re classe); 2' (dépôts de) pour la fabrication du bleu de Prusse et autres industries, odeur (1re classe); 3' (fabrique de poudre de) pour la clarification des vins, odeur (1re classe).

SARDINES (Fabriques de conserves de) dans les villes. — Odeur (2' classe).

SAUCISSONS (Fabrication en grand de). — Odeur (2° classe).

SAURAGE DES HARENGS (Voir *Harengs*).

SAVONNERIES. — Odeur (3° classe).

SCHISTES BITUMINEUX (Voir *Huiles de pétrole, de schiste*, etc.).

SÉCHAGE DES ÉPONGES (Voir *Éponges*).

SÉCHERIES DES MORUES (Voir *Morues*).

SECRÉTAGE DES PEAUX OU POILS DE LIÈVRE ET DE LAPIN. — Odeur (2ᵉ classe).

SEL AMMONIAC ET SULFATE D'AMMONIAQUE (Fabrication du) par l'emploi des matières animales. — Odeur, émanations nuisibles (2ᵉ classe).

SEL AMMONIAC EXTRAIT DES EAUX D'ÉPURATION DU GAZ (Fabrique spéciale de), — Odeur (2ᵉ classe).

SEL DE SOUDE (Fabrication du) avec le sulfate de soude. — Fumée, émanations nuisibles (3ᵉ classe).

SEL D'ÉTAIN (Voir *Protochlorure d'étain*).

SIROPS DE FÉCULE ET GLUCOSE (Fabrication des). — Odeur (3ᵉ classe).

SOIE (Voir *Chapeaux*).

SOIE (Voir *Filature*).

SOIES DE PORC (Préparation des). — 1° Par fermentation, odeur (1ʳᵉ classe); 2° sans fermentation (Voir *Crins et soies de porcs*).

SOUDE (Voir *Sulfate de soude*)

SOUDES BRUTES DE VARECH (Fabrication des) dans les établissements permanents. — Odeur et fumée (1ʳ classe).

SOUFRE (Fusion ou distillation du). — Emanations nuisibles, danger d'incendie (2ᵉ classe).

SOUFRE (Pulvérisation et blutage du). — Poussières, danger d'incendie (3ᵉ classe).

SUCRE (Voir *Raffineries et fabriques de sucre*).

SUIF BRUN (Fabrication du). — Odeur, danger d'incendie (1ʳᵉ classe).

SUIF EN BRANCHES (Fonderies de). — 1° A feu nu, odeur, danger d'incendie (1ʳᵉ classe); 2° au bain-marie ou à la vapeur, odeur (2ᵉ classe).

SUIF D'OS (Fabrication du). — Odeur, altération des eaux, danger d'incendie (1ʳᵉ classe).

SULFATE D'AMMONIAQUE. (Fabrication du) par le moyen de la distillation des matières animales. — Odeur (1ʳᵉ classe).

SULFATE DE BARYTE (Voir *Baryte*).

SULFATE DE CUIVRE (Fabrication de) au moyen du grillage des pyrites. — Emanations nuisibles et fumée (1ʳᵉ classe).

SULFATE DE MERCURE (Fabrication du). — 1° Quand les vapeurs ne sont pas absorbées, émanations nuisibles (1ʳ classe); 2° quand les vapeurs sont absorbées, émanations moindres (2ᵉ classe).

SULFATE DE PEROXYDE DE FER (Fabrication du) par le sulfate de protoxyde de fer et l'acide nitrique (nitro-sulfate de fer). — Emanations nuisibles (2ᵉ classe).

SULFATE DE PROTOXYDE DE FER OU COUPEROSE VERTE PAR L'ACTION DE L'ACIDE SULFURIQUE SUR LA FERRAILLE (Fabrication en grand du). — Fumée, émanations nuisibles (3ᵉ classe).

SULFATE DE SOUDE (Fabrication du). — 1° Par la décomposition du sel marin par l'acide sulfurique sans condensation de l'acide chlorhydrique, émanations nuisibles (1ʳᵉ classe); 2° avec condensation complète de l'acide chlorhydrique, émanations nuisibles (2ᵉ classe).

SULFATE DE FER, D'ALUMINE ET ALUN (Fabrication, par le lavage des terres pyriteuses et alumineuses grillées, du). — Fumée et altération des eaux (3ᵉ classe).

SULFURE DE CARBONE (Fabrication du). — Odeur, danger d'incendie (1ʳᵉ classe).

SULFURE DE CARBONE (Manufactures dans lesquelles on emploie en grand le). — Danger d'incendie (1ʳᵉ classe).

SULFURE DE CARBONE. (Dépôts de). (Suivent le régime des huiles de pétrole).

SULFURES MÉTALLIQUES (Voir *Grillage des minerais sulfureux*).

TABACS (Manufacture de). — Odeur et poussière (2ᵉ classe).

TABAC (Incinération des côtes de). — Odeur et fumée (1ʳᵉ classe).

TABATIÈRES EN CARTON (Fabrication des). — Odeur et danger d'incendie (3ᵉ classe).

TAFFETAS ET TOILES VERNIS OU CIRÉS (Fabrication de). — Odeur et danger d'incendie (1re classe).

TAN (Moulins à). — Bruit et poussière (3e classe).

TANNERIES. — Odeur (2e classe).

TEINTURERIES. — Odeur et altération des eaux (3e classe).

TEINTURERIES DE PEAUX. — Odeur (3e classe).

TERRES ÉMAILLÉES (Fabrication de). — 1° Avec fours non fumivores, fumée (2e classe); 2° avec fours fumivores, fumée accidentelle (3e classe).

TERRES PYRITEUSES ET ALUMINEUSES (Grillage des). — Fumée, émanations nuisibles (1re classe).

TEILLAGE DU LIN, DU CHANVRE ET DU JUTE EN GRAND. — Poussière et bruit (2e classe).

TÉRÉBENTHINE (Distillation et travail en grand de la). (Voir *Huiles de pétrole, de schiste*, etc.).

TISSUS D'OR ET D'ARGENT (Brûleries en grand des. (Voir *Galons*).

TOILES CIRÉES (Voir *Taffetas et toiles vernis*).

TOILES (Blanchiment des). (Voir *Blanchiment.*)

TOILES GRASSES POUR EMBALLAGE, TISSUS, CORDES GOUDRONNÉES, PAPIERS GOUDRONNÉS CARTONS ET TUYAUX BITUMÉS (Fabrique de). — 1° Travail à chaud, odeur, danger d'incendie (2e classe); 2° travail à froid, odeur, danger d'incendie (3e classe).

TOILES PEINTES (Fabrique de.) — Odeur (3e classe).

TOILES VERNIES (Fabriques de.) (Voir *Taffetas et toiles vernis*).

TOILES ET MÉTAUX VERNIS. — Odeur, danger d'incendie (3e classe).

TONNELLERIE EN GRAND OPÉRANT SUR DES FUTS IMPRÉGNÉS DE MATIÈRES GRASSES ET PUTRESCIBLES. — Bruit, odeur et fumée (2e classe).

TORCHES RÉSINEUSES (Fabrication de). — Odeur et danger du feu (2e classe).

TOURBE (Carbonisation de la). — 1° A vases ouverts, odeur et fumée; (1re classe); 2° en vases clos, odeur (2e classe).

TOURTEAUX D'OLIVE (Traitement des) par le sulfure de carbone. — Danger d'incendie

TRÉFILERIES. — Bruit et fumée (3e classe).

TRIPERIES ANNEXES DES ABATTOIRS. — Odeur et altération des eaux (1re classe).

TUERIES D'ANIMAUX. (Voir aussi *Abattoirs publics*). — Danger des animaux et odeur (2e classe).

TUILERIES AVEC FOURS NON FUMIVORES. — Fumée (3e classe).

URATE (Fabrique d'). (Voir *Engrais préparés*).

VACHERIES DANS LES VILLES DE PLUS DE 5,000 HABITANTS. — Odeur et écoulement des urines (3e classe).

VARECH. (Voir *Soudes de varech*).

VERNIS GRAS (Fabrique de). — Odeur et danger d'incendie (1re classe).

VERNIS A L'ESPRIT-DE-VIN (Fabrique de). — Odeur et danger d'incendie (2e classe).

VERNIS (Ateliers où l'on applique le) sur les cuirs, feutres, taffetas, toiles, chapeaux. (Voir ces mots).

VERRERIE, CRISTALLERIES ET MANUFACTURES DE GLACES. — 1° Avec fours non fumivores, fumée et danger d'incendie (2e classe); 2° avec fours fumivores, danger d'incendie (3e classe).

VIANDES (Salaisons des). (Voir *Salaisons*).

VISIÈRES ET FEUTRES GARNIS (Fabrique de). (Voir *Feutres et visières*).

VOIRIES. (Voir *Boues et immondices*).

WAGONS ET MACHINES (Construction de). (Voir *Machines*, etc.)

Conditions à insérer dans les arrêtés d'autorisation de certains établissements.

§ 1. *Fabriques d'acide sulfurique.* — 1° Élever la cheminée de l'usine servant au dégagement du gaz à une hauteur convenable, qui sera déterminée d'après l'examen de la localité ; 2° condenser complètement les vapeurs ou gaz odorants ou nuisibles.

§ 2. *Fabriques d'allumettes chimiques.* — 1° N'employer dans la confection des allumettes ni chlorate de potasse, ni aucun autre sel rendant les mélanges explosibles ; 2° broyer à sec et séparément les matières premières dont on fait usage ; 3° ne jamais préparer à la fois au-delà d'un litre de matières mélangées de phosphore, lesquelles devront être conservées à la cave, dans un vase plongé dans l'eau ; 4° se livrer à cette fabrication dans un atelier légèrement construit, plafonné et non planchéié, et isolé de toute construction ; 5° recouvrir en plâtre tous les bois apparents dans les pièces où l'on confectionne les allumettes ; 6° déposer les objets fabriqués dans un local séparé qui ne présente aucun danger sous le rapport du feu ; 7° opérer le transport des allumettes fabriquées dans des boîtes en métal, tel que fer-blanc, zinc, etc. Se conformer en outre à toutes les dispositions des règlements existants, et à toutes celles qui pourraient être prescrites ultérieurement sur le fait des fabriques d'allumettes chimiques.

N. B. L'autorisation devra être limitée à cinq ans.

§ 3. *Fabriques d'amorces fulminantes.* — Se conformer à toutes les dispositions prescrites par les ordonnances des 25 juin 1823 et 30 décembre 1836 pour les fabriques de poudre ou matières fulminantes ; 2° construire le séchoir et l'atelier de tamisage en matériaux légers, et la poudrière en maçonnerie ; séparer les diverses parties de l'établissement par des talus en terre de trois mètres de hauteur ; 3° établir, en dehors des talus, les fourneaux du séchoir, pour l'élévation de la température duquel il ne sera employé que la vapeur ou l'eau chaude.

N. B. L'autorisation devra être limitée à cinq ans.

§ 4. *Artificiers.* — 1° Établir la poudrière au-dessus du niveau du sol, et la couvrir d'une toiture légère ; 2° ne jamais avoir en dépôt plus de quatre à cinq kilogrammes de poudre à la fois pour les besoins de la fabrication.

N. B. L'autorisation devra être limitée à cinq ans.

§ 5. *Boyauderies.* — 1° Tenir l'atelier dans un grand état de propreté, au moyen de fréquents lavages, soit à l'eau pure, soit à l'eau chlorurée ; 2° ne recevoir que des menus convenablement préparés ou nettoyés ; 3° ne conserver aucun des résidus susceptibles de fermenter ou de se putréfier ; 5° donner un écoulement rapide aux eaux de lavage.

§ 6. *Calcination des os.* — 1° Clore l'établissement de murs ; apporter les os dans l'établissement complètement décharnés, et limiter les approvisionnements aux besoins de la fabrication ; 3° opérer la calcination des os à vase clos, et diriger la fumée des fours dans une cheminée commune, construite en brique et élevée de dix mètres au dessus du sol.

§ 7. *Ateliers d'équarrissages et de cuisson de débris d'animaux.* — 1° Clore l'établissement de murs et l'entourer d'arbres ; 2° paver les cours intérieures ; daller les caves à abattre les animaux, et y opérer de fréquents lavages ; 3° garnir de dalles cimentées à la chaux hydraulique jusqu'à un mètre de hauteur, le pourtour de l'atelier d'abattage et celui des ateliers de cuisson ; 4° recevoir les matières liquides résultant du travail de l'équarrissage dans des citernes voûtées et closes ; soumettre les chairs et les autres matières animales à une dessication suffisante pour qu'elles ne soient plus sujettes à se corrompre; 5° ne faire dans l'établissement aucune accumulation d'os ou de résidus; 6° faire la cuisson des chairs à vase clos, dans les vingt-quatre heures de l'abatage; 7° ne transporter les animaux morts à l'équarrissage que dans des voitures couvertes et munies d'une plaque indiquant leur destination.

§ 8. *Dépôts d'engrais, de poudrette, etc.* — 1° Désinfecter les matières fécales dans les fosses d'aisance, et les transporter au moyen de tonneaux hermétiquement fermés; 2° déposer les matières dans des fosses recouvertes de hangars, et les couvrir de charbon, afin d'éviter toute émanation désagréable; 3° construire les fosses destinées à recevoir les matières fécales en maçonnerie, et les cimenter de façon à empêcher le liquide de filtrer à travers les terres, et d'infecter les puits ou citernes; 4 déposer sous les hangars, et à l'abri de l'humidité, les matières converties en engrais.

§ 9. *Fonderies de suif.* — 1° Recouvrir la chaudière dans laquelle la graisse est mise en fusion d'une hotte, en planches, parfaitement jointes; 2° mettre cette hotte en communication avec la cheminée de tirage, et luter les joints de manière à forcer les vapeurs de se rendre dans le tuyau d'appel.

§ 10. *Gaz d'éclairage.* — Se reporter aux conditions prescrites par l'ordonnance du 27 janvier 1846, contenant règlement sur les usines et les établissements d'éclairage par le gaz.

N. B. L'extension que prennent la plupart de ces usines exige *qu'elles soient éloignées le plus possible des habitations, et même qu'elles soient établies hors des villes.*

§ 11. *Fabrique de toiles cirées, de cuirs vernis et de vernis.* — 1° Faire construire l'étuve en matériaux incombustibles; construire en plâtre et moellons le local où l'on fait cuire les huiles, et surmonter les chaudières d'une hotte avec un tuyau pour le dégagement des vapeurs.

§ 12. *Triperies.* — N'amener dans la triperie que des matières fraîches, parfaitement lavées et prêtes à être soumises à la cuisson.

— **Usine à gaz** (1). — (*Deuxième classe.*) — Le Préfet. — Vu la demande formée le ..., par M. ..., ingénieur civil, à ... et M. ... négociant [à Lyon], à l'effet d'obtenir l'autorisation d'établir pour l'éclairage de la ville de ..., une usine à gaz, sur le terrain communal compris entre la digue de ... et la route impériale n° ..., à une distance de 100 mètres au moins des maisons les plus rapprochées; — les plans détaillés des lieux et des constructions projetées pour cet établissement; — notre décision du ... portant approbation du traité passé, à cet effet, entre la ville et les pétitionnaires; — le procès-verbal de l'enquête à laquelle il a été procédé; — les avis favorables: 1 de M. le Maire de ..., commissaire-enquêteur; 2 de M. l'ingénieur en chef des ponts et chaussés, et ses propositions en ce qui concerne la voirie; 3° du conseil d'hygiène et de salubrité publique de l'arrondissement de ..., — le décret du 15 octobre 1810; — l'ordonnance du 27 janvier 1846, contenant règlement sur les établissements d'éclairage par le gaz hydrogène; — le décret du 25 mars 1852, tableau B, § 8; — les instructions ministérielles concernant les établissements dangereux, insalubres ou incommodes, notamment celles des 6 avril et 15 décembre 1852; — Arrête. — Art. 1er MM. ... et ... sont autorisés, sous la réserve des droits des tiers, à construire pour l'éclairage de la ville de ..., une usine à gaz, sur une parcelle de terrain communal comprise entre la digue de ... et la route impériale n° ..., à cent mètres de distance, au moins, des maisons les plus rapprochées de l'emplacement. — Art. 2. Cette autorisation est accordée aux conditions suivantes: 1° l'usine et ses dépendances devront être séparées de la route impériale, n° ..., par une cour et par un mur

---

(1) Le décret du 31 décembre 1866 a rangé dans la 2e classe les usines à gaz. Ces établissements étaient précédemment rangés dans la 1re classe.

de clôture. Elles seront éloignées d'au moins 5 mètres de l'arête extérieure de l'accotement de la route; 2° la cheminée de l'usine sera placée à une distance de 15 mètres au moins de l'arête susdésignée; elle aura une élévation de 20 mètres au moins au-dessus du sol de la promenade publique; 3° afin de masquer, le plus possible, aux voitures, la vue de l'établissement, il ne sera fait aucune ouverture au mur de clôture, dont l'un longera la route, et l'autre sera transversal, et disposé en amont de l'usine. Ces murs auront chacun 2 mètres d'élévation au-dessus du sol de la route; 4° les ateliers de distillation de l'usine, tous les bâtiments attenants à ces ateliers et les magasins de charbon, lors même qu'ils ne seraient pas attenants auxdits ateliers, seront construits et couverts en matériaux incombustibles; 5° il sera établi à la partie supérieure du toit des ateliers, pour la sortie des vapeurs, une ou plusieurs ouvertures, surmontées de tuyaux ou cheminées d'une hauteur de 2 mètres au moins; 6° aucune matière animale ne pourra être employée pour la fabrication du gaz; 7° le coke sera éteint à la sortie des cornues; 8° les appareils de condensation devront être établis en plein air, ou dans des bâtiments ventilés à la partie supérieure, à moins que la condensation ne s'opère dans les tuyaux enfouis sous le sol; 9° les appareils d'épuration devront être placés dans des bâtiments ventilés au moyen d'une cheminée spéciale établie sur la partie supérieure du comble, et dont la hauteur est ci-dessus fixée. Le gaz ne sera jamais conduit des cornues dans le gazomètre sans passer par les dépurateurs; 10° tout mode d'éclairage autre que celui des lampes de sûreté est formellement interdit, dans le service des appareils de condensation et d'épuration, ainsi que dans l'intérieur, et aux environs des bâtiments renfermant des gazomètres; 11° les eaux ammoniacales et les goudrons, produits par la distillation, qu'on n'enlèverait pas immédiatement, seront déposées dans des citernes, exactement closes et étanches, et dont la capacité ne devra pas excéder 4 mètres cubes. Les citernes seront construites en pierres ou briques, à bain de mortier hydraulique; elles seront placées sous des bâtiments couverts; 12° les goudrons, les eaux ammoniacales, et les laits de chaux, ainsi que la chaux solide sortant des ateliers d'épuration, seront enlevés immédiatement, dans des vases ou dans des tombereaux hermétiquement fermés; 13° les résidus aqueux ne pourront être évaporés, et les goudrons brûlés dans les coudriers et dans les fourneaux, qu'autant qu'il n'en résultera, à l'extérieur, ni odeur, ni fumée; 14° l'usine aura au moins 2 gazomètres, disposés de telle sorte qu'en cas de chômage de l'un, l'autre puisse suffire aux besoins du service; 15° les bassins dans lesquels plongeront les gazomètres seront complètement étanches; ils seront construits en pierres ou briques, à bain de mortier hydraulique, ou en bois. Si les bassins sont en bois, ils devront être placés dans une fosse en maçonnerie. Si les murs s'élèvent au-dessus du sol, ils auront une épaisseur égale à la moitié de leur hauteur. Les cuves ou bassins au niveau du sol seront entourés d'une balustrade; 16° la cloche de chaque gazomètre sera maintenue par des guides fixes, de manière à ne pouvoir jamais, dans son mouvement, s'écarter de la verticale. Elle sera, en outre, disposée de manière que la force élastique du gaz dans l'intérieur du gazomètre soit supérieure à la pression atmosphérique. La pression intérieure du gaz sera indiquée par un gazomètre; 17° si les gazomètres ont, chacun, plus de 10 mètres cubes de capacité, ils seront complètement isolés des bâtiments de l'usine et des habitations voisines, et préservés par des paratonnerres dont la tige aura une hauteur, au moins égale, à la moitié du diamètre du gazomètre; 18° dans le cas où les gazomètres seraient situés dans un bâtiment, ce bâtiment serait ventilé au moyen d'ouvertures pratiquées dans la partie supérieure, de manière à éviter l'accumulation du gaz en cas de fuite. Il sera, en outre, pratiqué dans son pourtour plusieurs ouvertures qui devront être revêtues de persiennes; 19° un tube de trop plein, destiné à porter le gaz au-dessus du toit sera adapté à chaque gazomètre établi dans un bâtiment. Si le gazomètre est en plein air, le tube pourra être remplacé par 4 ouvertures de 1 ou 2 centimètres de diamètre, placées à 8 ou 10 centimètres de son bord inférieur, à égale distance les unes des autres ; 20° le premier remplissage des gazomètres n'aura lieu qu'après vérification faite de leur construction et en présence d'un agent délégué par l'autorité municipale ; 21° si l'on fait usage dans l'usine, de récipients portatifs, pour le gaz comprimé, ils seront en cuivre ou en tôle de fer ; ils seront essayés à une pression double de ce qu'ils doivent supporter dans l'usage journalier ; 22° le gaz qui sera fourni aux consommateurs sera complètement épuré ; 23° l'usine de MM. ... et ... pourra, en outre, être assujettie aux mesures de précaution, et aux dispositions qui seraient reconnues utiles dans l'intérêt de la sûreté ou de la salubrité publique. — Art. 3. Avant de commencer les travaux de construction de l'usine projetée, les pétitionnaires se pourvoiront d'une autorisation, en ce qui concerne l'alignement du mur de clôture à construire sur le bord de la route et de l'établissement des conduites de gaz à placer dans les chaussées des routes impériales n^{os} ... et ... — Art. 4. M. le Sous-Préfet de ... est chargé de l'exécution du présent arrêté, dont une expédition, sur papier timbré, sera remise par ses soins, aux permissionnaires. Une autre copie devra être déposée aux archives de la mairie de ... pour être communiquée à toutes personnes intéressées, sur leur demande.

Modèle de traité pour l'éclairage au gaz d'une localité. — Entre les soussignés : M ..., Maire de la Ville de ..., agissant en cette qualité, en vertu de la délibération spéciale du Conseil municipal de ladite ville de ..., en date du ... (*mettre les dates en toutes lettres*), d'une part ; et M. ... (*qualités*), demeurant à ..., agissant en qualité de seul gérant responsable de la société constituée pour l'éclairage au gaz de la ville de ... et dont le siége social est à ..., d'autre part ; il a été expliqué et convenu ce qui suit : — Art. 1. La ville de ... concède à nouveau, à M. ..., ès-qualités, l'entreprise de l'éclairage au gaz de la ville, pendant [cinquante] années consécutives qui commenceront à courir, à partir du jour de l'approbation du présent traité par l'autorité supérieure. M. ... accepte, moyennant le prix de 42 millièmes de francs par heure d'éclairage, et par chaque bec, dit bec entier, consommant de cent quarante à cent cinquante litres de gaz par heure ; [vingt huit millièmes] de franc par heure d'éclairage pour chaque bec dit demi-bec, consommant soixante-dix litres de gaz par heure ; quarante centimes par chaque mètre cube de gaz consommé au compteur par les établissements publics. Le prix de l'éclairage public, sera réglé mensuellement par la caisse municipale, dans les dix jours qui suivront le mois écoulé, sur un mandat de M. le Maire, d'après le compte fourni par le concessionnaire. — Art. 2. En outre des rues et places actuellement éclairées par le gaz, le concessionnaire s'engage à placer à ses frais des conduites de gaz sur tous les points qui lui seront indiqués par M. le Maire, sous la condition que la distance moyenne des lanternes ne pourra pas être de plus de cinquante mètres, que la proportion entre les becs et les demi-becs à établir sera la même qu'actuellement, c'est-à-dire que le nombre des demi-becs ne pourra, en aucun cas, s'élever à plus de deux cinquièmes du nombre total des becs. Dans le cas où la commune jugerait utile de placer des lanternes à une distance de plus de cinquante mètres, les frais de canalisation, au-delà de cette distance, seront à sa charge. — Art. 3. Parmi les modèles actuellement existants, ou ceux de même valeur que présentera le concessionnaire, M. le Maire se réserve le choix du modèle des consoles à établir, ainsi que des nouveaux candélabres à placer pour l'éclairage des promenades du foiral et des boulevards, mais dont le nombre ne pourra être de plus de trente aux frais du concessionnaire. Cependant, si, trois ans après la signature du présent traité, il convenait à la ville d'augmenter le nombre de ses becs de gaz, la compagnie serait tenue de fournir sans augmentation de prix, des candélabres pour supporter les nouvelles lanternes qui lui seraient demandées, mais seulement dans la proportion de dix pour cent du nombre des nouveaux becs à établir alors. — Art. 4. Seront à la charge du concessionnaire, tous les frais d'allumage, nettoyage et entretien des appareils de l'éclairage public.

— Art. 5. Toutes les lanternes porteront un numéro d'ordre et un chiffre indicatif des becs et des demi-becs. Le concessionnaire sera tenu, sur la demande de l'administration municipale, de changer d'emplacement les lanternes pour lesquelles des endroits plus convenables seraient indiqués ; mais les frais occasionnés par ces modifications seront supportés par la commune. Toutefois, si par suite de l'exécution successive du plan d'alignement de la ville, il était nécessaire de déplacer certains appareils de l'éclairage public, les dépenses qui en résulteraient pour le concessionnaire seraient à sa charge. — Art. 6. L'éclairage aura lieu tous les jours de l'année, sans aucune interruption et dans toutes les saisons, conformément au tableau annexé au présent traité et indiquant les heures auxquelles devront commencer l'allumage, ainsi que l'extinction. Ce tableau, destiné à servir pendant toute la durée de la concession, pourra néanmoins être modifié par l'administration municipale, pourvu que le nombre d'heures d'éclairage ne soit pas diminué ; que l'allumage de toutes les lanternes ait lieu en une seule fois, et que par nuit il n'y ait pas plus de deux heures différentes pour l'extinction des becs. — Art. 7. Si la ville désire un éclairage extraordinaire à l'occasion de fêtes publiques ou pour tout autre motif, les frais de nouveaux appareils et tout ce qui en dépendra seront à sa charge ; le gaz fourni par le concessionnaire dans ces circonstances lui sera payé aux conditions fixées par l'art. 1. — Art. 8. Dans le cas prévu par l'article précédent, et sur l'avis qui lui en aura été donné au moins trois jours à l'avance si la durée de l'éclairage supplémentaire devait être de plus de trois heures, le concessionnaire sera tenu de satisfaire au surcroît de dépense de gaz qui lui aura été indiqué. — Art. 9. L'intensité de la lumière produite par un bec entier de gaz sera égale à celle produite par un faisceau de sept bougies de l'Étoile des cinq au demi-kilogramme. Ce bec devra donner une flamme de dix centimètres de largeur sur cinq de hauteur. — Art. 10. Si l'intensité de la lumière n'était pas conforme aux prescriptions de l'article précédent, après constation du fait par les agents de l'administration municipale, il sera fait à la Compagnie par chaque bec en contravention une retenue égale au prix de son éclairage pendant un jour. Tout bec qui ne serait pas allumé une demi-heure après l'heure prescrite au tableau, ou qui serait éteint par les employés de l'usine avant l'heure fixée donnera lieu à une retenue équivalente au prix de deux becs. Cette retenue sera du prix de cinq becs, pour tout bec qui n'aurait pas été allumé. Une retenue de deux francs sera également supportée par le concessionnaire, dans le cas où il n'aurait pas fermé dans les vingt-quatre heures toute fuite qui lui serait signalée par les agents de l'administration. Il est bien entendu que les peines édictées ci-dessus ne sont pas applicables au cas de force majeure. — Art. 11. M. le Maire aura le droit d'employer tel moyen de surveillance qu'il jugera convenable pour s'assurer que le service se fait avec exactitude et conformément aux prescriptions du présent traité. En cas d'infraction, les rapports dressés par les agents de l'administration municipale seront communiqués au concessionnaire ou à son représentant dans les vingt-quatre heures de leur date ; ces rapports feront foi, jusqu'à preuve contraire, de tous les faits matériels relatifs aux contraventions qu'ils constateront ; l'autorité municipale prononcera les retenues en présence dudit concessionnaire, qui devra s'y conformer sans recours ni appel. Le concessionnaire ou son représentant devra se conformer aux ordres de M. le Maire pour tout ce qui concerne la régularité du service ; il devra toujours employer de bons ouvriers, et, dans le cas de négligence ou de mauvaise conduite de leur part, l'administration municipale se réserve le droit, après constatation du fait, d'exiger leur renvoi. Le Maire ou son délégué auront le droit de visiter l'usine toutes les fois qu'ils le jugeront convenable, pour s'assurer qu'elle fonctionne dans toutes ses parties, de manière à satisfaire à toutes les prescriptions insérées au présent traité. — Art. 12. Le concessionnaire fera jouir tous les établissements dépendant de l'administration publique, du prix de faveur de 40 centimes par mètre cube de gaz fixé par l'art. 1. La dénomination d'établissement dépendant de l'administration publique, s'entendra de ceux dont l'éclairage est directement à la charge de la commune ou du Trésor public, et, par extension, du lycée, des hospices et de l'institution des sourds-muets. — Art. 13. Le gaz à employer sera produit au moyen de la houille et de ses combinés, ou suivant tout autre procédé qui serait agréé par l'administration municipale. Le gaz sera constamment tenu, pendant les heures d'éclairage public sous une pression suffisante pour assurer un bon service; cette pression sera de trois centimètres au manomètre établi à l'hôtel de ville aux frais du concession-naire. — Art. 14. Tous les appareils employés à la fabrication du gaz seront parfaite-ment clos et devront être entretenus dans un état qui ne permette aucune émana-tion de gaz dans l'atmosphère; les opérations de vidange seront faites, autant que possible, de manière à éviter les émanations insalubres. — Art. 15. Le concessionnaire pourra se servir, pour canaliser, de telle sorte de tuyaux qu'il jugera convenable, à la charge, toute-fois, d'en faire approuver l'emploi par M. le Maire. — Art. 16. Pendant toute la durée du présent traité, aucun entrepreneur d'éclairage autre que le concessionnaire ne pourra poser, dans la ville de ..., des tuyaux ou des conduites destinés à l'éclairage-public ou particulier, ce droit étant le privilége exclusif du concessionnaire. — Art. 17. Dans le cas où de nouveaux procédés consacrés par l'expérience auraient pour résultat un abaisse-ment notable dans le prix de revient du gaz, ou si, par suite d'une nouvelle découverte, un mode d'éclairage plus parfait, aussi commode et plus économique que le gaz était mis en usage dans un certain nombre de villes de France, telles que Paris, Lyon, Marseille, Toulouse, Bordeaux, Nantes, Rouen et Lille, la Compagnie s'engage à faire profiter la ville de ... des avantages et de l'économie qui en seraient la conséquence. Dans ce cas, un tiers des 25 premiers p. % de la valeur de cette économie et moitié des 75 p. % restant profite-ront à la ville de ..., le surplus appartiendra à la Compagnie. Les particuliers et les éta-blissements publics auront le droit d'obtenir une diminution égale à celle de la commune. — Art. 18. Le concessionnaire prend l'engagement, pour toute la durée du présent traité, de fournir du gaz, à partir du tuyau principal de canalisation, aux particuliers qui en demanderont l'usage en se conformant aux prescriptions de la police d'abonnement, sans qu'il puisse être exigé d'eux un prix supérieur à celui de cinquante centimes par mètre cube de gaz par eux consommé. Le prix du gaz fourni par tout autre mode que le compteur sera réglé de gré à gré entre les parties. Le concessionnaire pourra exiger toutes les garan-ties de paiement qu'il jugera nécessaires. — Art. 19. Le concessionnaire aura seul le droit de fournir les tuyaux et les compteurs destinés à mesurer le gaz, lesquels compteurs devront être vérifiés et poinçonnés par l'autorité compétente, de poser les appareils d'éclai-rage, d'entretenir et réparer le tout suivant prix convenus amiablement ou, à défaut de convention préalable, aux prix fixés par experts, lesquels prix seront à la charge desdits particuliers. — Art. 20. La ville abandonne, à titre de propriété, au concessionnaire, tout le matériel servant à l'éclairage à l'huile; toutefois le concessionnaire ne pourra disposer du matériel qui lui est abandonné qu'après la mise en activité complète de l'éclairage au gaz dans les lieux où il doit remplacer celui à l'huile. — Art. 21. Pendant toute la durée du présent traité, le concessionnaire jouira gratuitement de l'emplacement communal dit ..., situé au bas du faubourg ..., sur lequel sont établis l'usine à gaz et ses dépen-dances. Si, par une cause quelconque, le déplacement de l'usine était jugé nécessaire par la ville, celle-ci indiquerait au concessionnaire un autre emplacement équivalent, mais il serait tenu compte au concessionnaire des frais et dépenses qu'entraînerait ce change-ment. — Art. 22. A l'expiration du présent traité, si la ville ne pouvait s'entendre pour un renouvellement de traité avec le concessionnaire, celui-ci sera de droit et sans qu'il soit besoin de sa part d'une soumission nouvelle, candidat à l'adjudication que la ville présenterait pour son éclairage, et pourra, aux mêmes conditions que celles du candidat le plus favorable à la ville, profiter de la concession nouvelle. — Art. 23. Dans le cas où l'ad-ministration municipale concèderait à un autre entrepreneur que le concessionnaire actuel, à l'expiration du présent traité, l'éclairage de la ville de . . ., ce nouvel entrepreneur pourra se rendre acquéreur de l'usine à gaz, de ses dépendances, du matériel d'exploitation et des approvisionnements de toute nature, d'après l'estimation qui en sera faite aux formes de droit. Le paiement du prix fixé ainsi, sera réglé dans l'espace de deux ans, avec intérêt à quatre pour cent l'an à partir du jour de la cessation du présent traité et sera garanti au concessionnaire par la ville de . . . — Art. 24. Si à l'expiration du présent traité, la ville de . . . entendant gérer par elle-même son éclairage, voulait se rendre acquéreur de l'usine à gaz et dépendances, du matériel d'exploitation, ainsi que des approvisionnements de toute nature qui se trouveraient réunis, elle jouira de tous les droits et avantages énumérés dans l'article précédent. — Art. 25. Si la ville ou l'entrepreneur d'éclairage qui succèderait au concessionnaire actuel, à l'expiration du présent traité, renonçait au bénéfice stipulé en leur faveur par les articles 23 et 24, le concessionnaire aura le droit, aux formes indiquées par l'article 23, de se rendre acquéreur du terrain sur lequel l'usine à gaz et ses dépendances seront construites ; ce terrain sera estimé d'après la valeur qu'il avait avant la construction de l'usine. — Art. 26. Le concessionnaire ou ses ayants droit, ne pourront subroger soit en partie, soit en totalité, à qui que ce soit, l'entreprise de l'éclairage sans le consentement par écrit de l'administration municipale. — Art. 27. Tous les matériaux à l'usage de l'usine à gaz, matières employées à la fabrication du gaz ou provenant de cette fabrication, seront affranchis pendant la durée du présent traité des droits perçus par l'octroi municipal. — Art. 28. Si, par suite de l'extension du service de l'éclairage public et particulier, le terrain sur lequel seront établis l'usine à gaz et ses dépendances devenait trop exigu pour les besoins de ce service, les travaux d'agrandissement seront considérés comme travaux d'utilité publique, et la ville substituera le concessionnaire à tous les droits dont elle pourrait jouir elle-même pour l'expropriation des terrains devenus nécessaires. — Art. 29. Les fouilles et tranchées nécessaires pour le placement des tuyaux de conduite, ne pourront rester ouvertes sur le même point plus de quarante-huit heures, sauf le cas de force majeure. La ville reste chargée d'obtenir de l'autorité supérieure la permission de poser des tuyaux sous la grande voirie, ainsi que d'obtenir des propriétaires l'autorisation de placer et de fixer sur la façade de leurs maisons les consoles destinées à supporter les lanternes publiques. Tous les travaux de démolition, reconstruction, raccordement du pavé des rues, places et boulevards pour le placement des tuyaux de conduite, ainsi que l'entretien de ces mêmes pavés pendant un an restent à la charge du concessionnaire. Dans l'hypothèse prévue par l'article 17, tous les nouveaux frais de construction, de canalisation et d'appareils seraient à la charge de la Compagnie, sans que la ville pût être astreinte à lui faire raison des anciens appareils et matériaux dont la Compagnie profiterait ainsi qu'elle l'entendrait. — Art. 30. La ville autorise le concessionnaire à brancher sur la conduite des eaux de la ville la plus rapprochée de l'usine à gaz, mais à ses frais, les tuyaux nécessaires pour donner à l'usine quinze hectolitres d'eau par jour. — Art. 31. Pour l'exécution des présentes conventions, domicile est élu par M... à..., à l'usine à gaz ; en conséquence, tous actes relatifs aux clauses du présent traité, devront lui être notifiés audit domicile et toutes actions seront portées devant le tribunal de . :. — Art. 32. Les frais d'enregistrement, timbre et autres, occasionnés par le présent traité seront à la charge du concessionnaire qui les acquittera sur le règlement arrêté par M. le Maire de . . . —Art. 33. Le présent traité ne deviendra définitif qu'après l'approbation de l'autorité supérieure. Fait à . . ., le . . ., en double expédition collationnée.

Établissements insalubres. — Briqueterie avec four non fumivore (*Troisième classe*). — Le Préfet, — Vu la demande formée par le sieur . . ., demeurant à . . ., à l'effet d'obtenir l'autorisation d'établir une briqueterie, dans un terrain qu'il possède dans cette commune au lieu dit . . ., section ., n° . . ., du plan cadastral ; — le plan des lieux ; — le procès-verbal de l'enquête à laquelle il a été procédé ; ensemble les oppositions formulées par divers propriétaires voisins de l'établissement projeté ; — l'avis du Conseil central d'hygiène publique et de salubrité ; — l'engagement pris par le pétitionnaire de chauffer exclusivement le four avec du bois ; — le décret du 31 décembre 1866 ; — Considérant que les oppositions qui se sont produites dans l'enquête, sont basées sur ce que la fumée qui s'échapperait de la briqueterie, outre qu'elle incommoderait beaucoup les voisins, aurait aussi l'inconvénient de nuire à la végétation ; — que cette objection est sans fondement, et ne saurait être prise en considération, le sieur ... s'étant engagé de chauffer exclusivement au bois, le four de la briqueterie, qui se trouvera d'ailleurs située à plus de 100 mètres de toute habitation, et de la route impériale n° ... ; — que les inconvénients signalés seront, au surplus, notablement atténués, sinon complètement détruits, par les conditions à imposer à l'exploitation de l'établissement dont il s'agit ; — enfin, qu'il importe de favoriser la création des établissements destinés à accroître la prospérité et le bien-être des populations, tout en prescrivant les mesures de sûreté et de salubrité convenables ; — Arrête : — Art. 1. Le sieur ..., demeurant à ..., est autorisé à établir une briqueterie sur un terrain qu'il possède au lieu ci-dessus indiqué, le tout aux conditions suivantes : 1° le four ne sera allumé que la nuit ; 2° il sera chauffé exclusivement au bois. Ces deux conditions sont de rigueur. Dans le cas où elles seraient négligées en tout ou en partie, la présente autorisation serait comme non avenue, et l'établissement dont il s'agit serait immédiatement suspendu.

— **Fabrique de chandelles.** (*Troisième classe*). — Le Préfet, — Vu la pétition formée par le sieur ..., domicilié à ..., dans le but d'obtenir l'autorisation d'établir une fabrique de chandelles dans un jardin qu'il possède dans cette ville, au quartier de ... ; — le procès-verbal de l'enquête à laquelle il a été procédé ; — l'avis du Conseil d'hygiène publique et de salubrité ; — le décret du 31 décembre 1866 ; — Considérant que le registre d'enquête contient un nombre de déclarations à peu près égales, les unes contre et les autres favorables à la demande du pétitionnaire, et que le silence des propriétaires voisins qui ne se sont pas présentés, nonobstant la publicité donnée à cette enquête, peut être considéré comme un vote affirmatif ; — que le terrain sur lequel le sieur ... se propose de construire est situé à une distance moyenne de soixante mètres des maisons habitées ou possédées par les opposants, et qu'il existe dans le quartier où l'établissement de cette usine est projeté d'autres établissements non moins incommodes qu'une fabrique de chandelles ; — qu'il convient de favoriser autant que possible le développement du commerce et de l'industrie. — Arrête : — Art. 1. Le sieur ..., demeurant à ..., est autorisé à construire une fabrique de chandelles dans le jardin qu'il possède dans cette ville, au quartier de ... Il sera tenu de se conformer à toutes les mesures de police dont l'expérience ferait reconnaître la nécessité, et que l'administration pourrait prescrire ultérieurement.

— **Fonderies de suif non épuré. — Interdiction dans l'intérieur de la ville. — Fonderies existantes. — Mesures de police. — Arrêtés de M. le Préfet de l'Aveyron portant interdiction des fonderies de suif non épuré dans la ville de Rodez et réglementant les fabriques de chandelles.**

1° Nous, Préfet du département de l'Aveyron, — Vu les plaintes qui nous sont parvenues au sujet des fabriques de chandelles établies dans la ville de Rodez et dans ses faubourgs, notamment les plaintes portées contre la fabrique du sieur Mazars par la demoiselle de Camboulas et par les sieurs Bonnefé et Barral ; — les arrêtés préfectoraux des 22 mars 1832 et 30 juin 1850 relatifs à la fabrique dudit Mazars ; — le rapport du commissaire de police de Rodez, en date du 15 1857 décembre ; la délibération prise, le 8 janvier 1858, par le conseil d'hygiène de l'arrondissement de Rodez, à l'effet de nommer une commission qui aurait mandat de visiter les divers établissements de l'espèce sus-mentionnée et d'en faire connaître la véritable situation, ainsi que leurs procédés de fabrication ; — le rapport de cette commission, à la date du 28 janvier 1858 ; — l'avis émis, à la suite de ce rapport, par le conseil d'hygiène, dans sa séance du 2 février ; — les lois et règlements relatifs à la matière ; — Considérant que le sieur Mazars ne fut autorisé, par l'arrêté préfectoral du 22 mars 1832, qu'à établir, sur l'emplacement qu'il occupe aujourd'hui, *une fabrique de chandelles, cierges et bougies,* avec cette double condition : 1° *qu'il ne pourrait fondre que du suif épuré et non du suif brut et en branches ; 2*° qu'il serait tenu de donner à la cheminée de son fourneau *une hauteur suffisante pour que les voisins n'en fussent point incommodés ;* — que la fabrique ayant été détruite par un incendie, l'arrêté du 30 juin 1856, qui l'autorisa *à la rétablir*, ne lui conféra pas plus de droits que le premier ; — qu'il est même à remarquer que cette seconde autorisation ne lui fut accordée que sous la condition expresse *de se conformer à toutes les mesures de police dont l'expérience ferait sentir la nécessité et que l'administration pourrait prescrire ultérieurement ;* — que cette condition, du reste, est toujours sous entendue en pareil cas ; — que l'autorisation précédemment accordée au sieur Béteille n'est pas d'autre nature ni plus étendue que celle du sieur Mazars ; — que les autres fabricants de chandelles établis à Rodez, (Roux et Turq) n'ont pu justifier d'aucun titre ; — considérant en fait, que le sieur Mazars et les autres fabricants sus désignés, ne se bornent pas à fondre du suif épuré, mais qu'il fondent du suif brut, en rame ou en branche ; — qu'ils négligent même les précautions les plus ordinaires ; — qu'il en résulte des exhalaisons malsaines, et très-incommodes pour leurs voisins ; — que les plaintes sus-mentionnées sont donc fondées, et qu'il est juste d'y faire droit ; — qu'il importe en même temps de prévenir, par une mesure générale, tous les abus du même genre, en conciliant, autant que possible, les intérêts du commerce et de l'industrie avec ceux de la sûreté et de la salubrité publique, — Arrêtons : — Art. 1. Toute fonderie de *suif brut en rame ou en branches,* quel que soit le procédé employé, est interdite dans la ville de Rodez ou ses faubourgs et dans le rayon de deux kilomètres, à dater du jour de la publication du présent arrêté. — Art. 2. Aucun établissement de ce genre ne pourra être créé ou rétabli en dehors de ce rayon sans une autorisaion spéciale accordée en la forme de droit. — Art. 3. Les fabriques de chandelles actuellement existantes dans la ville de Rodez ou ses faubourgs ne sont maintenues qu'à la condition formelle de ne fondre que du suif épuré et de se conformer exactement aux prescriptions suivantes : 1° le fourneau devra être isolé de tous murs mitoyens ; 2° l'ouverture du foyer et celle du cendrier seront placées en dehors de la pièce où se trouvera la chaudière ; 3° le tuyau de la cheminée dépassera de deux mètres au moins les faîtages voisins les plus élevés ; 4° la chaudière sera recouverte d'une hotte en tôle, débordant de 20 centimètres au moins, et communiquant avec le tuyau de la cheminée par une ouverture de 20 à 25 centimètres carrés ; 5° aucun dépôt de suif brut en rame ou en branches ne sera admis, sous quelque prétexte que ce soit, dans lesdites fabriques ou leurs dépendances ; 6° enfin, aucune presse à creton n'y sera établie ou remisée quel que puisse être encore le prétexte. — Art. 4. Il est accordé un délai de deux mois, à dater de la publication du présent arrêté, à tous les fabricants de chandelles de la ville de Rodez, pour se conformer aux prescriptions de l'article précédent. — Art. 5. Passé ce délai, tout contrevenant sera poursuivi devant les tribunaux compétents et puni conformément à la loi. Sa fabrique pourra, en outre, être fermée par mesure administrative. — Art. 6. Le présent arrêté sera communiqué à M. le Maire de Rodez qui est chargé de le faire publier et d'en assurer l'exécution. Il sera aussi inséré au *Recueil des actes administratifs.* — Fait à Rodez, le 18 février 1857. Le Préfet, *signé :* Baragnon.

2° Nous, Préfet du département de l'Aveyron, — Vu notre précédent arrêté du 18 février 1857 ; — la décision ministérielle du 21 janvier 1859, intervenue sur les pourvois des sieurs Roux, Turq et Mazars ; — Considérant qu'il y a lieu, d'après la décision ministérielle précitée, de modifier sur quelques points l'arrêté préfectoral du 18 février 1857 et d'en assurer l'exécution pour le surplus ; — Arrêtons : — Art. 1. Il est de plus fort enjoint aux sieurs Mazars et Béteille, fabricants de chandelles à Rodez, de ne fondre, dans leur établissement, que du suif épuré. En conséquence, aucun dépôt de suif brut, en rame ou en branche, ne sera admis, sous quelque prétexte que ce soit, dans lesdites fabriques ou leurs dépendances. — Art. 2. Toutes les fabriques de chandelles, actuellement existantes dans la ville de Rodez ou ses faubourgs, *sans exception*, sont et demeurent soumises aux mesures de police suivantes : 1° le fourneau devra être isolé de tous murs mitoyens ; 2° l'ouverture du cendrier sera placée en dehors de la pièce où se trouvera la chaudière ; 3° le tuyau de la cheminée dépassera de deux mètres au moins les faîtages voisins les plus élevés ; 4° La chaudière sera recouverte d'une hotte en tôle débordant de vingt centimètres au moins et communiquant avec le tuyau de la cheminée par une ouverture de vingt à vingt-cinq centimètres carrés. — Art. 3. Il est accordé à tous les fabricants de chandelles un nouveau délai de deux mois, à dater de ce jour, pour se conformer aux prescriptions de l'article précédent. — Art. 4. Toute contravention aux dispositions du présent arrêté sera immédiatement constatée en la forme de droit et poursuivie devant les tribunaux compétents. La fabrique du contrevenant pourra, en outre, être fermée par mesure administrative. — Art. 5. Le présent arrêté sera communiqué à M. le Maire de ... et au commissaire de police, qui demeurent chargés de le notifier aux parties intéressées et d'en assurer l'exécution, chacun pour ce qui le concerne. Il sera inséré, en outre, au *Recueil des Actes administratifs*. — Fait à Rodez, le 16 mars 1859. Le Préfet, *signé :* Baragnon.

N.-B. Ces deux arrêtés ont été souvent cités dans les Recueils de jurisprudence. Ils ont contribué à former la doctrine sur cette matière si délicate de la réglementation de l'industrie. C'est pour ce motif que nous les reproduisons ici, textuellement.

— **Four à chaux non permanent** (*Troisième classe*). — Le Préfet, — Vu la demande formée par le sieur ..., chaufournier, demeurant à ..., dans le but d'obtenir l'autorisation d'établir un four à chaux, *non permanent*, dans une vigne qu'il possède au lieu dit..., section..., n° ..., du plan cadastral de ladite commune ; — le plan des lieux ; — le procès-verbal de l'enquête à laquelle il a été procédé ; — l'avis du Conseil d'hygiène publique et de salubrité ; — le décret du 31 décembre 1866 ; — Considérant que l'établissement projeté n'a rencontré aucune opposition, et que, de l'avis du Conseil d'hygiène publique et de salubrité, il ne peut occasionner aucun préjudice pour les voisins ; — qu'il convient de favoriser, autant que possible, l'industrie ; — que le pétitionnaire ne demande l'autorisation que d'un four à chaux *non permanent*, et que dès lors, il y a lieu de fixer la durée pendant laquelle ce four pourra rester allumé. — Arrête : — Art. 1. Le sieur ..., est autorisé à établir, dans la vigne située à ..., un four à chaux *non permanent*, sous les conditions suivantes : 1° que ce four ne sera allumé que le ..., et qu'il sera éteint le ... de chaque année ; 2° que l'impétrant sera tenu de se conformer à toutes les mesures de police, dont l'expérience ferait reconnaître la nécessité et que l'administration pourrait prescrire ultérieurement.

— **Moulin à tan** (*Troisième classe*). — Le Préfet, — Vu les demandes formées par les sieurs ..., négociants, demeurant à ..., à l'effet d'obtenir l'autorisation d'établir [deux] moulins à tan dans les bâtiments qu'ils possèdent en dehors du village de ... ; — les procès-verbaux d'enquête ; — l'avis du Conseil d'hygiène publique et de salubrité ; — le décret du 31 décembre 1866 ; — Considérant qu'il existe déjà dans l'intérieur du village de ... plusieurs moulins à tan, et que l'expérience a démontré que, moyennant certaines précautions, la population de cette localité ne saurait être incommodée de l'établissement de ces usines ; que dès lors, il n'y a pas lieu de s'arrêter aux réclamations recueillies pendant l'enquête ; — Considérant qu'il est du devoir de l'administration de favoriser autant qu'il est en elle la création d'établissements destinés à accroître la prospérité et le bien-être des populations, alors surtout qu'ils ne sont pas de nature à compromettre la salubrité pubique ni les intérêts privés. — Arrête : — Art. 1. La construction des moulins à tan ci-dessus désignés est autorisée aux conditions suivantes, lesquelles sont de rigueur : 1° établissement à toutes les ouvertures desdites usines, de châssis en toile, d'un tissu tel que la poussière, dite *farine folle*, ne puisse se volatiliser en dehors et incommoder les voisins; 2° établissement d'un tambour imperméable à cette poussière, qui recouvre les meules et le timbre. Ces conditions devront être remplies avant que les moulins commencent à fonctionner. Dans le cas où elles seraient négligées en tout ou en partie, l'autorisation serait comme non avenue, et les moulins dont il s'agit seraient immédiatement fermés.

    — Transfèrement. — Le Préfet, — Vu la demande en date du ..., par laquelle le sieur..., fabricant de ..., à ..., sollicite l'autorisation de transférer son établissement actuellement situé dans cette ville, au quartier dit ..., section ..., n° ... du plan cadastral, dans un jardin qu'il possède au même quartier, n° ... de ladite section ; — le plan des lieux ; — le procès-verbal de l'enquête à laquelle il a été procédé; — l'avis du Conseil d'hygiène publique et de salubrité ; — le décret du 31 décembre 1866 ; — Considérant que cette demande n'a donné lieu, pendant et depuis l'enquête, à aucune réclamation ; — que la fabrique de..., exploitée actuellement par le sieur..., est éloignée de toute habitation, et que le transfèrement demandé aura pour résultat de l'en éloigner encore davantage ; — Arrête : — Art. 1. Le sieur ..., est autorisé à transférer, dans un jardin qu'il possède au quartier de ..., à ..., la fabrique de ... qu'il exploite actuellement dans cette ville, à la condition de se conformer à toutes les mesures de police dont l'expérience ferait reconnaître la nécessité et que l'administration pourrait prescrire ultérieurement.

    — Interdiction. — Le Préfet, — Vu les plaintes qui nous ont été adressées par les habitants du quartier de ..., de la ville de ..., au sujet des inconvénients qui résultent pour eux, d'une [teinturerie de peaux] située dans ce quartier, et appartenant au sieur ... lesdites plaintes tendant à la suppression de l'exploitation de cette teinturerie qui n'est d'ailleurs point autorisée; — le décret du 31 décembre 1866; — Considérant qu'il résulte des informations prises que la teinture se fait, dans cet établissement, par l'emploi d'une grande quantité d'urines, et qu'il se dégage constamment des chaudières des vapeurs nauséabondes qui sont très-incommodes et même insalubres pour les habitants du quartier, — Arrête : — Art. 1. L'exploitation de la teinturerie de peaux désignée ci-dessus est suspendue. Cet établissement sera immédiatement fermé.

    N. B. C'est aux Préfets qu'il appartient de prononcer, sous l'autorité du ministre, et sauf recours au conseil d'Etat, sur les demandes en fermeture d'ateliers insalubres, soit pour cause de changements non autorisés dans la nature de l'industrie, soit pour cause d'inexécution des conditions prescrites par les arrêtés d'autorisation. Ainsi décidé par un arrêt du conseil d'Etat, du 28 janvier 1864, qui, sur le pourvoi du sieur Delmas, a annulé un arrêté du Conseil de préfecture du Tarn, du 1ᵉʳ février 1862, comme ayant excédé les limites de sa compétence, par application du décret du 22 décembre 1789, de la loi du 16-24 août 1790, du décret du 15 octobre 1810, de l'ordonnance du 15 janvier 1815, et du décret du 25 mars 1852.

    Expropriation. — Arrêté d'offres. — Le Préfet, — Vu l'arrêté pris le ..., conformément aux dispositions de l'art. 11 de la loi du 3 mai 1841, pour déterminer les parcelles de terrain devenues nécessaires pour la confection, dans la commune de ..., d'une partie du chemin de [moyenne] communication n° ..., de ... à ..., comprise entre le village de ... et le ruban ouvert dans la propriété n° ... des habitants de ..., sur le territoire de la commune de ..., appartenant à divers propriétaires de ladite commune, parmi lesquels figurent les sieurs ... et ..., tous deux demeurant à ..., à l'égard desquels il est devenu indispensable de faire remplir les formalités voulues par les titres III et IV de ladite loi du 3 mai 1841; — le jugement en date du ..., par lequel le tribunal civil de l'arrondissement de ..., a prononcé l'expropriation pour cause d'utilité publique, desdites parcelles de terrain, ledit jugement publié et affiché par extrait, dans la commune de ..., inséré dans l'un des journaux du chef-lieu d'arrondissement de la situation des biens, notifié aux propriétaires expropriés, par exploit du sieur ..., huissier des contributions, à ..., enregistré et transcrit au bureau de la conservation des hypothèques de ..., conformément aux dispositions des articles 15 et 16 de la loi précitée du 3 mai 1841;—Considérant que les délais de pourvoi sont expirés depuis longtemps, sans qu'il en ait été formé contre ledit jugement; — que ceux prescrits par l'art. 21 de la loi du 3 mai 1841, sont également écoulés sans que les propriétaires intéressés aient fait connaître, à l'administration, les fermiers, locataires ou usufruitiers desdits biens, et qu'ils demeurent, par suite, seuls passibles des indemnités qui pourraient être ultérieurement réclamées par ces derniers, en raison de l'expropriation des biens dont il s'agit; — qu'aucun autre intéressé ne s'est fait connaître à cette même administration; —qu'il y a lieu, par conséquent, de faire procéder à la notification des offres prescrites par l'art. 23 de ladite loi du 3 mai 1841, en prenant pour base des indemnités qui peuvent être dues, l'évaluation qui en a été déjà faite par les agents du service vicinal, de concert avec l'autorité locale, et qui a été approuvée par l'administration; — Arrête : — Art. 1. L'administration offre aux sieurs ... et ..., propriétaires expropriés par jugement du tribunal civil de l'arrondissement de ..., en date du ..., la somme de ..., qui se trouve répartie comme suit, savoir : 1° au sieur ..., demeurant à ..., la somme de ..., pour la valeur, y compris tous dommages, de ... ares ... centiares d'une pâture portée sous le n° ..., section ..., du plan cadastral de la commune de ..., et de ... ares .. centiares d'une terre portée sous le n° ... des mêmes plan et section ; 2° au sieur ..., demeurant à ..., la somme de ..., pour la valeur, y compris tous dommages, de .. ares .. centiares, d'une terre labourable, portée sous le n° ..., section ..., du plan cadastral de la commune de ..., et de ... ares ... centiares, d'une pâture portée sous le n° ... des mêmes plan et section. — Art. 2. Le présent arrêté sera immédiatement notifié aux sieurs ..., demeurant à ..., propriétaires expropriés, lesquels devront, dans le délai de quinzaine, à dater du jour de ladite notification, déclarer par acte signifié au Préfet, qu'ils acceptent les offres de l'administration. S'ils n'acceptent pas les offres qui leur sont faites, ils devront indiquer, de la même manière, le montant de leurs prétentions, ainsi qu'il est prescrit par les art. 24 et 25 de la loi du 3 mai 1841. — Art. 3. Une expédition du présent arrêté sera, au besoin, transmise à M. l'Agent voyer en chef, ainsi qu'à M. le Maire de la commune de ..., qui demeurent chargés, s'il y a lieu, de défendre les droits de la commune devant le jury spécial.

— Convocation des jurés et des parties. — Le Préfet, — Vu les pièces relatives au projet de construction de la partie du chemin de [moyenne] communication n° ..., de ... à ..., comprise sur le territoire de la commune de ..., entre les limites des communes de ... et de ..., aux abords de ...; — le jugement, en date du ..., par lequel le tribunal civil de l'arrondissement de ... a prononcé l'expropriation pour cause d'utilité publique, de terrains nécessaires à la construction de la partie de chemin dont il s'agit, et appartenant au sieur ... (ou aux sieurs), propriétaire, demeurant à ...; — l'exploit de signification de ce jugement, faite par ..., huissier à ..., sous la date du ...; — l'arrêté que nous avons pris le ..., pour déterminer les sommes offertes par l'administration comme indemnité due à l'exproprié; — l'exploit de notification de cet arrêté faite par le sieur ..., huissier à ..., sous la date du ...; — l'acte extra-judiciaire, en date du ..., par lequel le tribunal civil de l'arrondissement de ... a désigné les sept personnes qui doivent composer le jury spécial chargé de fixer définitivement le montant de l'indemnité due aux propriétaires expropriés; — l'avis de M. l'Agent voyer en chef, en date du ...;

— la loi du 3 mai 1841 ; — Considérant qu'il résulte des pièces de la procédure que les offres de l'administration sont suffisantes, tandis que les prétentions de l'exproprié sont exagérées ; — que, dès lors, il y a lieu de faire procéder au règlement de l'indemnité par le jury d'expropriation ; après nous être concerté avec le magistrat directeur du jury ; — Arrête : — Art. 1. MM. les jurés titulaires et supplémentaires désignés par le tribunal civil de l'arrondissement de ..., dans la séance du ..., pour régler l'indemnité due au propriétaire ci-dessus désigné, en raison des terrains dont il a été exproprié, pour la construction de la partie du chemin de [moyenne] communication n° ..., de à ..., comprise sur le territoire de la commune de ..., entre les limites des communes de ... et de ..., aux abords de ..., sont convoqués pour le ... (*jour et date*), à .. heures du matin, dans la maison commune de .... — Art. 2. Le présent arrêté, le procès-verbal de désignation du jury, ainsi que l'arrêté préfectoral du ..., contenant les offres de l'administration, seront notifiés au sieur ..., propriétaire exproprié, avec sommation d'avoir à comparaître les jour et heure ci-dessus indiqués, au lieu désigné, devant le directeur du jury, pour y voir procéder à la formation de ce jury et y présenter telles observations sommaires qu'il jugera convenable dans son intérêt. — Art. 3. Le présent arrêté, dont il sera donné avis à M.-l'Agent voyer en chef, ainsi qu'à M. le Maire de ..., sera transmis au directeur du jury, avec les pièces de la procédure.

F

Fabriques des églises. — Concession d'un banc. — Le Préfet, — Vu la délibération du Conseil de fabrique de l'église de ..., en date du ..., portant concession d'un banc à quatre places, en faveur de M. ..., et sa famille, au prix de ... payable en capital ; — le certificat constatant l'accomplissement des formalités prescrites par l'art. 69 du décret du 30 décembre 1809 ; l'avis de Monseigneur l'évêque de ..., en date du... ; — Considérant que la concession projetée sera avantageuse à la fabrique, puisque le revenu de la somme de ... sera supérieure à ce que produirait un abonnement annuel de quatre places dans l'église ; — que le projet de cette concession a reçu toute la publicité prescrite par la loi et qu'il n'a provoqué aucune opposition ; — Arrête : — Art. 1. La délibération susmentionnée est approuvée, sous la réserve que la fabrique ne pourra employer le capital de ..., qu'en achat de rentes sur l'État, après que cet établissement y aura été autorisé.

— Envoi de possession de chapelle. — Le Préfet, — Vu l'arrêté du ..., par lequel le Conseil de préfecture de ..., statuant sur une contestation existant entre la commune de P ..., et les fabriques de T ... et de B ..., au sujet de la propriété de l'église, du cimetière et de la cloche de l'ancienne annexe de G ..., a décidé que les fabriques des succursales de P ..., T ... et B ..., ont seules qualité pour revendiquer ces biens, et que le partage doit en être fait entre elles après envoi en possession préalable, proportionnellement à la population de la partie du territoire de l'ancienne chapelle de G ..., assignée à chacune de ces succursales dans leur circonscription respective ; — les délibérations en date du ..., par lesquelles les fabriques des églises de P ... et T ..., acceptant la base du partage indiquée par le Conseil de préfecture, demandent à être envoyées en possession, chacune en droit soit des biens meubles et immeubles dont il s'agit ; — la délibération en date du ..., par laquelle le Conseil de fabrique de l'église de B ..., demande au contraire que le partage soit fait en trois lots égaux ; — le rapport de M. le Directeur des domaines, en date du ..., portant que la fabrique de B ... doit être mise en demeure d'accepter purement et simplement l'arrêté du Conseil de préfecture et de porter l'affaire au conseil d'État ; — la nouvelle délibération du ..., par laquelle le Conseil de fabrique de B... adhère à cet arrêté ; — le procès-verb. l dressé le ... par les Maires, de P..., S... et N..., lequel procès-verbal indique : 1° la contenance cadastrale des immeubles et leur valeur, ainsi que celle de la cloche ; 2 la division entre les trois paroisses intéressées, de la population qui existe sur le territoire de l'ancienne annexe de G... ; — l'arrêté consulaire du 7 thermidor an XI ; — les décrets des 30 mai, 31 juillet 1806 et 30 décembre 1809 ; — l'avis du conseil d'État du 30 avril 1807 et l'ordonnance royale du 8 juillet 1818 ; — Considérant que la chapelle et le cimetière de G... ne figurent pas sur les anciens sommiers de consistance des domaines ; que, dès lors, ces immeubles, non plus que la cloche, n'ont jamais été placés sous la main de l'administration, et qu'aujourd'hui l'État ne peut plus les revendiquer ; — qu'ils doivent faire retour aux fabriques, en exécution de l'arrêté consulaire du 7 thermidor an XI, et des autres actes ci-dessus visés ; — que le Conseil de préfecture ayant décidé qu'ils doivent être partagés entre les trois fabriques de P..., T... et B..., proportionnellement à la population de l'annexe de G..., attribuée à chacune de ces succursales, il ne reste plus qu'à faire l'application de cet arrêté ; — qu'il est constaté que la population de l'ancienne annexe de G... est de 320 habitants répartis ainsi qu'il suit : succursale de P..., 105 habitants ; succursale de T..., 161 habitants ; succursale de B..., 54 habitants ; — Arrête : Art. 1. Les fabriques des églises de P..., T... et B..., sont envoyées en possession de la chapelle, du cimetière et de la cloche de l'ancienne annexe de G... ; — Art. 2. Le partage de ces biens, entre ces divers établissements, est réglé ainsi qu'il suit : la part de la fabrique de P... sera de 105/320, soit environ 1/3 ou 2/6 ; la part de la fabrique de T... sera de 161/320, soit environ la moitié ou 3/6 ; la part de la fabrique de B... sera de 54/320, soit environ 1/6 ; — Art. 3. Le présent arrêté sera soumis, avant son exécution, à l'approbation de Son Exc. le Ministre des Finances.

Foires et marchés. — Autorisation (*Même formule pour les créations de foires et marchés*). — Le Préfet, — Vu la délibération en date du ..., par laquelle le Conseil municipal de la commune de ..., demande que la foire qui, depuis [1827] se tient au village de ... le [22 octobre] de chaque année, soit légalement autorisée, et que, lorsque le 22 coïncidera avec un dimanche ou avec un jour de fête, la foire soit remise au lendemain ; — l'avis des Conseils municipaux des communes comprises dans un rayon de deux myriamètres ; — l'avis de la chambre consultative d'agriculture, ainsi que celui du Conseil d'arrondissement de ... et celui du Conseil général, session de 186 ; — le décret du 13 août 1864 et la circulaire ministérielle du 9 septembre suivant ; — Arrête : — Art. 1. La foire qui se tient au village de ..., commune de ..., arrondissement de ..., le [22 octobre] de chaque année, est autorisée. — Art. 2. Les règlements que l'autorité locale croirait devoir prendre pour la tenue de cette foire doivent être préalablement soumis à notre approbation ; — Art. 3. Le présent arrêté, dont il sera donné avis à Son Exc. le Ministre de l'Agriculture, du Commerce et des Travaux publics, sera transmis par M. le Sous-Préfet de ... à M. le Maire de ..., qui reste chargé d'en assurer l'exécution.

N. B. Le décret de décentralisation du 25 mars 1852 (tableau B, n° 1), avait accordé aux Préfets le droit d'autoriser l'ouverture des marchés, *sauf pour les bestiaux*. Le décret du 13 août 1864 a étendu, sur ce point, les attributions des Préfets. L'art. 1 dudit décret porte : « Les Préfets statuent par des arrêtés spéciaux, après les enquêtes et avis prescrits par les lois et règlements sur l'établissement, la suppression ou le changement des foires et des marchés aux bestiaux. Lorsque les enquêtes s'étendent sur le territoire d'un département voisin, le Préfet de ce département est consulté. Si ce dernier ne fait pas d'opposition, la décision est prise par le Préfet du département dans lequel se trouve la commune en instance pour obtenir la foire ou le marché aux bestiaux. Si les deux Préfets sont d'avis différents, il est statué définitivement par le Ministre de l'Agriculture, du Commerce et des Travaux publics. »

Fonctionnaire public. — La question de savoir ce qu'on doit entendre par les mots *fonctionnaire public* a été souvent agitée, et dans un débat récent (*Séance du 21 novembre 1863 du Corps législatif ; Moniteur universel, n° du 22*), qui restera célèbre dans les fastes parlementaires, les avis ont été encore très-partagés. On n'a pas su déterminer les conditions qui faisaient d'un individu un fonctionnaire public. L'illustre jurisconsulte Merlin n'a pas trouvé d'autre définition que celle-ci : « FONCTIONNAIRE PUBLIC, celui qui « exerce des fonctions publiques. » Et tous les juristes qui lui ont succédé, y compris Ledru-Rollin, son continuateur, se sont retranchés derrière l'impossibilité reconnue de donner une définition claire et précise du mot fonctionnaire public. Il n'est peut-être pas sans intérêt de reproduire ici les considérants d'un décret impérial du 6-17 avril 1857, portant qu'il y a abus dans plusieurs actes de l'administration de l'évêque de Moulins, et ordonnant la suppression desdits actes : « Considérant qu'en imposant à plusieurs curés, avant leur installation, une renonciation écrite et signée à se pourvoir devant l'autorité civile, dans le cas où il jugerait à propos de les destituer pour des causes graves et canoniques, l'évêque de Moulins a commis un excès de pouvoir, une contravention aux lois de l'Etat, et un attentat aux libertés, franchises et coutumes de l'église gallicane; Considérant que *le recours à l'autorité civile est établi pour les ecclésiastiques comme pour tous les autres citoyens, dans un intérêt de justice, de protection et d'ordre public;* qu'il doit être exercé librement et en toute sécurité de conscience ; que, dès lors, l'interdiction du recours à la puissance séculière, pour des faits qui seraient de sa compétence, sous peine d'excommunication *ipso facto* et sous intimation préalable, constitue également l'excès de pouvoir, la contravention aux lois de l'empire et l'attentat contre les libertés, franchises et coutumes de l'église gallicane. »

G

Garde champêtre. — Imposition destinée à assurer le payement de son traitement. — Le Préfet, — Vu la délibération en date du ..., par laquelle le Conseil municipal de la commune de ..., régulièrement assisté des plus imposés, a voté une imposition extraordinaire de ... francs, recouvrable en 186 , pour faire face au traitement du garde champêtre pendant ladite année; la même délibération portant vote des frais de confection d'un rôle spécial pour le recouvrement de l'imposition dont il s'agit; — la loi du 18 juillet 1837 et la circulaire de M. le Ministre de l'Intérieur, en date du 17 août suivant; — Arrête : — Art. 1. La commune de ... est autorisée à s'imposer extraordinairement en 186 , par addition au principal de ses quatre contributions directes, une somme de ..., pour salaire du garde champêtre, pendant ladite année. — Art. 2. L'imposition autorisée par l'article qui précède sera recouvrée au moyen d'un rôle spécial qui sera établi à cet effet par M. le Directeur des contributions directes. — Art. 3. Les frais de confection de ce rôle, à raison de trois centimes par article et ceux de perception à raison de 3 %, seront ajoutés au montant de ladite imposition. — Art. 4. Ampliation du présent arrêté sera adressée à M. le Directeur des contributions directes, qui demeure chargé d'en assurer l'exécution.

— **Inscription d'office, au budget, du traitement de cet agent.** — Le Préfet, séant en Conseil de préfecture, — Vu une délibération, en date du ..., par laquelle le Conseil municipal de la commune de ..., refuse de voter pour l'année 186 , le traitement du garde champêtre ; — le projet de budget primitif dudit exercice constatant d'après les prévisions du Conseil municipal, un excédant de recettes de ... ; — la loi du 18 juillet 1837, art. 30 (n° 8) et 39 et le décret du 25 mars 1852 ; — Considérant que le traitement du garde champêtre est déclaré dépense obligatoire par la loi du 18 juillet 1837 susvisée ; —que le refus du Conseil municipal n'est pas justifié et que la situation financière de la commune de ... permet d'imputer cette dépense, qui a été fixée pour 186 , à ... fr. sur les ressources ordinaires du budget, le Conseil de Préfecture entendu ; — Arrête : — Art. 1. Un crédit de la somme de ... francs est inscrit d'office au budget primitif de la commune de ..., exercice 186 , pour assurer le traitement du garde champêtre pendant ladite année. — Art. 2. M. le Trésorier-payeur général du département et M. le Maire de ... sont chargés, chacun en ce qui le concerne, d'assurer l'exécution du présent arrêté.

H

Hospice. — Admission d'un malade indigent. — Le Préfet, — Vu les pièces produites pour l'admission à l'hospice de ..., du nommé ..., malade indigent, âgé de ..., né à ..., domicilié à ... ; — l'avis de M. le [*Maire*] de ..., en date du ... ; — les articles 3 et 4 de la loi du 7 août 1851 ; — Considérant, — Arrête : — Art. 1. Le nommé ..., malade indigent, est admis pendant ... mois, à l'hospice de ..., pour y être traité et recevoir les soins qu'exige sa position. — Art. 2. La dépense d'entretien de ce malade sera supportée par ... [la commune, *ou* ...]. — Art. 3. Expédition du présent arrêté sera adressée à M. le Président de la commission administrative des hospices de ..., chargé de l'exécution.

— **Position de reposante accordée à une Sœur.** — Le Préfet, — Vu le traité passé entre la supérieure de la Congrégation des sœurs de ..., et la Commission administrative des hospices de ..., pour la desserte de ces établissements; — la délibération de cette Commission, en date du ..., tendant à obtenir le remplacement de la sœur ... dans le service de l'Hôtel-Dieu, et, en même temps, la position de reposante pour cette religieuse; — Considérant que la sœur [Eulalie] est dans les conditions règlementaires voulues pour profiter de la faveur qui est sollicitée pour elle; — Arrête : — Art. 1. La position de reposante est accordée à la sœur ..., actuellement attachée au service de l'Hôtel-Dieu à ... Elle sera, dès lors, remplacée dans ce service. — Art. 2. Le présent arrêté recevra son exécution dès qu'il aura été approuvé par Son Ex. le Ministre de l'Intérieur.

I

Imposition extraordinaire recouvrée au moyen d'un rôle général (Voir aussi aux mots : *Comptabilité, Garde champêtre, Vicaire*, etc.). — Le Préfet, — Vu la délibération en date du ..., par laquelle les membres du Conseil municipal de la commune de ..., au nombre de ..., assistés des plus imposés de la même commune, ont voté une imposition extraordinaire de la somme de [mille neuf cents] francs à recouvrer pendant les années 186 à 186 , pour être affectée : 1° jusqu'à concurrence de [400] francs à couvrir le déficit des budgets communaux antérieurs; 2° et les [1,500] francs restants, à payer diverses indemnités dues pour cession de terrain à des chemins vicinaux; — la nouvelle délibération en date du ... courant, par laquelle le même Conseil, également assisté des plus imposés, a voté une somme de [34 fr. 40 c.] pour les frais de confection d'un rôle spécial destiné au recouvrement, en 186 , de la partie de l'imposition précitée afférente audit exercice; — la loi du 18 juillet 1837, et la circulaire de M. le Ministre de l'Intérieur du 17 août suivant; — Arrête : —Art. 1. La commune de... est autorisée à s'imposer extraordinairement, par addition et au centime le franc de ses quatre contributions directes, une somme de [mille neuf cents] francs recouvrables en [trois] années, à partir de 186 , pour être le montant de ladite imposition affecté, savoir : [400] francs à couvrir le déficit des budgets antérieurs, et [1,500] francs au paiement de diverses indemnités dues pour cession de terrain aux chemins vicinaux. — Art. 2. L'imposition autorisée par l'article qui précède sera recouvrée en 186 , au moyen d'un rôle spécial sur lequel seront portés, en sus de l'annuité de l'imposition, les frais de confection votés par le Conseil municipal. Les frais de perception de ladite imposition, à raison de 3 p. %, seront également ajoutés sur chaque rôle annuel et répartis proportionnellement entre les contribuables. — Art. 3. Ampliation du présent arrêté sera adressée à M. le Directeur des contributions directes, qui demeure chargé d'en assurer l'exécution.

Instruction primaire. — Liste des élèves gratuits à admettre dans les écoles communales. — Le Préfet, — Vu la liste des enfants à admettre gratuitement dans l'école communale de ..., et dont les parents ont été reconnus hors d'état de payer la rétribution scolaire; — la délibération approbative du Conseil municipal en date du ...; — la loi du 15 mars 1850, art. 15, — Arrête : — Article unique. Les enfants inscrits sur la liste susvisée, sous les nᵒˢ ... et ..., seront admis gratuitement, pendant l'année 186 , dans l'école primaire publique de ..., dirigée par M. ....

— Rôle de la rétribution scolaire. — Nous, Préfet, — Vu le rôle dressé par M. ..., Institut... (*Instituteur* ou *Institutrice*) de la commune de ..., des rétributions dues pour le [1ᵉʳ, 2ᵉ, 3 ou 4] trimestre de l'année 186 , par les parents des élèves présents à son école et qui n'ont pas été désignés comme ne pouvant payer aucune rétribution; ledit rôle vu et vérifié par le Maire, — En arrêtons le montant à la somme de ..., laquelle sera recouvrée par le Receveur municipal, conformément aux règlements. — Enjoignons à tous les redevables dénommés audit rôle, leurs représentants ou ayants cause, d'acquitter les sommes qui y sont inscrites, à peine d'y être contraints par les voies de droit.

J

Jury (Formation de la liste du). — Le Préfet, séant en Conseil de préfecture, — Vu la loi du 4 juin 1853 sur la composition du jury; — le tableau officiel de la population du département; — Le Conseil de préfecture entendu, — Arrête : — Art. 1. Le nombre des jurés à porter sur la liste annuelle du département, pour 186 , fixé à cinq cents par la loi susvisée, est réparti entre les arrondissements et les cantons, conformément au tableau ci-après : (*suit le tableau*). — Art. 2. Du 1ᵉʳ au 8 novembre, une première commission, composée du juge de paix, président, et de tous les Maires, se réunira au chef-lieu du canton, sur la convocation spéciale de son président, pour dresser les listes cantonales préparatoires. En cas d'empêchement du juge de paix, il sera remplacé par un de ses suppléants. Ces listes devront contenir un nombre de noms triple du contingent cantonal fixé en l'article précédent. Elles seront signées séance tenante et envoyées à MM. les Sous-Préfets ou à la préfecture, suivant l'arrondissement. — Art. 3. Une seconde commission, présidé par le Préfet ou le Sous-Préfet et composée de tous les juges de paix de l'arrondissement, se réunira, sur la convocation du président, le jeudi 29 novembre, à dix heures du matin, à l'hôtel de la sous-préfecture pour les arrondissements de ... et de ..., et à l'hôtel de la préfecture pour l'arrondissement de ..., à l'effet de choisir les noms qui devront figurer sur la liste définitive. — Art. 4. Une liste préparatoire, destinée à former la liste spéciale des jurés suppléants prescrite par l'article 13 de la loi, sera dressée, à ..., par une Commission composée du juge de paix, du Maire et de ses adjoints. Cette liste, qui comprendra cent cinquante noms, sera établie et nous sera adressée dans le délai fixé à l'article 2. — Art. 5. MM. les Sous-Préfets, juges de paix et Maires sont chargés, chacun en ce qui le concerne, de l'exécution du présent arrêté.

L

Legs aux établissements publics de toute nature. — Instruction des dossiers.

N. B. — J'ai fait adopter, dans le département de l'Aveyron, la formule imprimée ci-après, dont l'emploi m'a paru faciliter la prompte instruction des dossiers de libéralités. Cette formule est adressée aux Maires, aux présidents de Conseils de fabriques, etc., en même temps qu'on leur notifie les dispositions testamentaires.

LEGS DE M

à ———————————————— *de*

—⁓⌇⌇⁓—

ÉTAT de renseignements sur le Testateur et sur ses héritiers naturels

Nom, prénoms, et situation de fortune du testateur.	
Date du testament.	
Nom, prénoms, âge et situation de famille et de fortune des ascendants *vivants* du testateur (père et mère).	
Nom, prénoms, âge et position de famille et de fortune des descendants légitimes, ou naturels reconnus (*vivants*) du testateur.	
Donner la liste exacte de tous les héritiers naturels du testateur (frères, sœurs, neveux ou nièces, etc.), en indiquant pour chacun d'eux, leur degré de parenté avec le testateur et leur position de famille et de fortune.	

Le Maire ——————————— soussigné, certifie qu'il est à sa connaissance que le testateur n'a pas laissé d'autres héritiers naturels que ceux désignés dans l'état ci-dessus.

A ————————— le   — — 186 .

Indication des pièces à fournir à l'appui de chaque dossier de libéralité

I. — Legs aux Communes

1° Expédition, sur timbre, du testament, accompagnée d'une copie sur papier libre ;

2° Acte de décès du testateur, sur timbre ;

3° Délibération du Conseil municipal sur l'acceptation du legs ;

4° *Si c'est un immeuble :* procès-verbal descriptif et estimatif (1) de l'objet légué et certificat du conservateur des hypothèques faisant connaître si cet immeuble est libre ou grevé ;

5° Adhésion ou opposition des héritiers naturels et du légataire universel à la délivrance du legs, ou du moins la preuve (2) de leur mise en demeure ;

6° Etat de renseignements (qui est celui ci-contre);

7° Copie des budgets primitif et supplémentaire de la commune.

II. — Legs aux Bureaux de bienfaisance

1°, 2°, 4°, 5° et 6°. Mêmes pièces que ci-dessus ;

7° Délibération de la Commission administrative sur l'acceptation du legs ;

8° Avis du Conseil municipal sur le même objet ;

9° Copie des budgets primitif et supplémentaire du Bureau de bienfaisance.

III. — Legs aux Fabriques des églises

1° et 2° Mêmes pièces que ci-dessus ;

3° Procès-verbal descriptif et estimatif (1) de l'objet légué (si c'est un immeuble);

4° Acceptation provisoire faite conformément à l'art. 3 de l'ordonnance du 2 avril 1817 ;

5° Délibération du conseil de fabrique de l'église sur l'acceptation du legs, et le placement, s'il y a lieu, en rentes sur l'Etat, des capitaux à provenir de la libéralité ;

6° Avis du Conseil municipal sur tout emploi de capitaux légués autre qu'un placement en rentes sur l'Etat (loi du 18 juillet 1837, art. 21);

7° Consentement ou opposition des héritiers naturels et du légataire universel à la délivrance des legs, ou du moins la preuve (2) de leur mise en demeure ;

8° Etat de renseignements (qui est celui ci-contre);

9° Budget et compte de l'établissement légataire, dûment vérifié et certifié. (Ordonnance du 14 janvier 1831, art. 5.)

---

(1) Indiquer leur contenance et leur valeur, tant en capital qu'en revenu, leur situation cadastrale, etc.

(2) L'original des actes extra-judiciaires qui ont été notifiés aux héritiers connus du testateur. — S'il n'y a pas d'héritiers connus, l'extrait du testament sera affiché de huitaine en huitaine, et à trois reprises consécutives, au chef-lieu de la mairie du domicile du testateur, et inséré dans le journal judiciaire du département ou de l'arrondissement, avec invitation aux héritiers d'adresser au Préfet, dans le même délai, les réclamations qu'ils auraient à présenter. Produire, dans ce cas, un extrait des journaux dans lesquels a eu lieu l'insertion et une copie des affiches.

Legs à une cathédrale. — Le Préfet, — Vu l'expédition authentique d'un testament (public *ou* olographe), en date du ..., aux minutes de M⁰ ..., notaire à ..., duquel il résulte que M. ... a légué à la fabrique de l'église cathédrale de ..., une somme de [1,000] francs, sous la [seule condition que son nom et celui de ... seront compris, à perpétuité, sur le Catalogue des morts nominativement recommandés, tous les dimanches, aux prières des fidèles] ; — l'acte de décès du testateur, en date du ... ; — la délibération, en date du ..., par laquelle le conseil de fabrique de l'église cathédrale de ... sollicite l'autorisation d'accepter le legs qui lui est fait par M. ... et d'en employer le montant, déduction faite de la somme nécessaire pour assurer la perpétuité de la fondation, [à l'acquisition d'un ornement pontifical] ; — l'acceptation provisoire du trésorier de la fabrique ; — le consentement des héritiers naturels de ..., à la délivrance du legs ; — le budget de l'établissement légataire ; — l'avis de Mᵍʳ l'Evêque de ..., du ... ; — les ordonnances des 2 avril 1817, 7 mai 1826 et 14 janvier 1831 ; — les décrets des 25 mars 1852, 13 avril 1861 et 15 février 1862 ; — Considérant que M. ... est mort sans laisser ni héritiers du sang, ni ascendants ; qu'il avait, par conséquent, la libre disposition de ses biens, dont il pouvait épuiser la totalité en libéralité ; — que M. ... possédait une grande fortune, et que, dès lors, le legs de [1,000] francs qu'il a fait à la fabrique de l'église cathédrale de ..., n'est point exagéré ; — que les héritiers naturels en ont consenti la délivrance ; — que la charge imposée à l'établissement légataire, n'occasionnera qu'une dépense annuelle de [6] francs ; et, qu'ainsi, en réservant, sur le montant du legs, une somme de 150 francs, et en la plaçant en rentes sur l'État, inaliénables, la perpétuité de cette fondation sera assurée ; — que par suite, le surplus du legs, soit [850] francs, peut être affectée à la dépense proposée par le Conseil de fabrique, dans sa délibération susvisée ; — Arrête : — Art. 1. Le trésorier de la fabrique de l'église cathédrale de ..., en sadite qualité, est autorisé à accepter, aux charges, clauses et conditions imposées, le legs fait à cet établissement, par M. ..., suivant son testament susvisé, du ..., et consistant en une somme capitale de [1,000] francs ; — Art. 2. Il sera prélevé sur la somme léguée, celle de [150] francs, qui sera placée en rentes sur l'État 3 %, inaliénables, pour assurer la perpétuité de la fondation qui est attachée à cette libéralité. — Art. 3. Le surplus, soit [850] francs, sera consacré à l'achat d'un ornement pontifical.

Legs à une commune. — Le Préfet, — Vu l'expédition authentique d'un testament (public *ou* olographe), en date du ..., aux minutes de M⁰ ..., notaire à ..., duquel il résulte que M. ... a légué à la commune de ... une somme de ... (*ou un immeuble*, etc.), sous la condition de ... ; — l'acte de décès du testateur, en date du ... ; — (*si c'est un immeuble*) le procès-verbal descriptif et estimatif de l'immeuble légué, constatant qu'il a une valeur de ..., et produit un revenu annuel de ... ; — la délibération en date du ..., par laquelle le Conseil municipal de ... sollicite l'autorisation d'accepter le legs dont il s'agit ; — les renseignements fournis sur la position de famille et de fortune du testateur et sur celle de ses héritiers naturels ; — le consentement de ces derniers à la délivrance du legs *ou* les actes extra-judiciaires qui leur ont été notifiés le ..., lesquels actes n'ont été suivis d'aucune protestation ou réclamation ; — la loi du 18 juillet 1837 art. 19, § 7 ; — le décret du 25 mars 1852, t. A. § 42 ; — Considérant que le legs dont il s'agit n'est pas onéreux pour la commune (*ou* : n'est grevé d'aucune charge) ; — qu'il n'est point disproportionné avec la fortune du testateur, ni avec celle de ses héritiers naturels, qui en ont, au surplus, consenti la délivrance ; — Arrête : — Art. 1. M. le Maire de ..., en sadite qualité, est autorisé à accepter, aux charges, clauses et conditions imposées, le legs fait à cette commune par M. ..., suivant son testament susvisé du ..., et consistant en ... ; — Art. 2. L'immeuble légué sera affecté à la destination qui lui a été attribuée par le testateur. *Ou s'il s'agit de valeurs mobilières :* Cette somme de ..., sera employée à l'achat d'une rente 3 % sur l'État. Mention sera faite, sur l'inscription, de la destination des arrérages.

Legs à une commune. — Difficulté d'interprétation. — Le Préfet, — Vu l'expédition authentique d'un testament [public *ou* olographe], en date du ..., aux minutes de M⁰ ..., notaire à ..., duquel il résulte que le sieur .... propriétaire à ..., a légué *2,000 francs qui seront employés à la construction de l'église du faubourg ... à ..., et remis ès mains de Mgr l'Évêque, avec cette réserve, que ladite somme, qu'il lègue pour la chapelle du faubourg, sera exigible lorsque les travaux seront repris et servira à payer ces travaux;* — l'acte de décès du sieur ..., en date du ... ; — la délibération prise à la date du ... par le Conseil municipal de ..., pour solliciter l'autorisation d'accepter le legs de 2,000 francs fait par le sieur ... pour la reconstruction de l'église du faubourg ..., et charger M. le Maire de ... de se concerter avec Mᵍʳ l'Évêque sur les moyens à prendre en vue d'achever cet édifice dont les travaux, interrompus depuis longtemps, sont à la charge de l'administration diocésaine ; — le consentement des héritiers naturels à la délivrance du legs; — l'avis de Mᵍʳ l'Évêque de ..., en date du ... concluant à ce que le legs de 2,000 francs fait par le sieur ... *n'étant pas fait au profit d'un établissement légalement reconnu,* doit être considéré comme *charge de succession laissée à la conscience des héritiers,* et, par suite, *n'a besoin d'aucune autorisation administrative;* — deux délibérations prises à la date des ... et ..., par le Conseil municipal de ..., portant vote d'un crédit de la somme de 12,000 francs moyennant laquelle, Mᵍʳ l'Évêque de ... s'est chargé de l'achèvement de l'église ... ; — l'avis interprétatif exprimé sur cette dernière libéralité par M. l'avocat ...; — l'ordonnance royale du 6 juillet 1846; — les décrets des 25 mars 1852 et 13 août 1861; — les instructions ministérielles sur la matière; — un arrêt de la cour de Douai du 11 février 1845 et celui de la cour de Bordeaux du 26 juin de la même année; — Considérant, en ce qui concerne le legs dont il s'agit, que la chapelle funéraire érigée à l'entrée du cimetière et aux abords du faubourg ..., a été commencée sous l'initiative et la direction de la municipalité de ..., avec des ressources provenant, en grande partie, d'un legs fait à cette ville par M. ...; que cet édifice repose sur un sol communal et n'a pas cessé depuis, malgré deux délibérations portant la date des ... et ..., ci-dessus visées, lesquelles sont devenues sans objet, n'ayant jamais été approuvées, de conserver un caractère essentiellement communal ; que dès lors, la ville de ... qui a l'existence légale voulue par la loi, pour posséder et recevoir des libéralités est apte et a seule droit à recueillir le legs de 2,000 francs fait manifestement en sa faveur, par le sieur ..., pour l'achèvement de ladite chapelle du faubourg ; que c'est donc à tort que Mᵍʳ l'Evêque, par l'intermédiaire duquel le sieur ... a entendu faire parvenir sa libéralité à destination, a vu, dans ce legs, une simple charge d'hérédité, dont l'exécution n'engage uniquement que la conscience des héritiers ; qu'au reste, ces derniers (héritiers universel et naturels), l'ont eux-mêmes ainsi compris, et ont à cet effet, déclaré consentir à la délivrance dudit legs de 2,000 francs, *à la commune de ...* ; que la jurisprudence des cours et tribunaux, consacrée notamment par deux arrêts, en date des 11 février et 26 juin 1845, ci-dessus visés, vient confirmer encore cette doctrine que la destination des legs suffit pour établir la qualité de légataire en faveur de la ville de .... Par ces motifs; — Arrête : — Art. 1. M. le Maire de ... est autorisé, au nom de cette ville, à accepter le legs d'une somme de 2,000 francs fait par le sieur ... pour l'achèvement de l'église ou chapelle funéraire du faubourg .... En conséquence M. le Receveur municipal de la ville de ... devra assurer en temps et lieu, et conformément aux intentions du testateur, le recouvrement de ladite somme de 2,000 francs. — Art. 3. M. le Maire de ... est chargé, en ce qui le concerne, de l'exécution du présent arrêté.

Legs à une congrégation religieuse, et à tous établissements religieux autres que les fabriques, d'une valeur de 300 fr. et au-dessous. — Le Préfet, — Vu le testament ..., etc.; — (les autres pièces exigées pour tous les legs); — la délibération, en date du ..., par laquelle le conseil d'administration des sœurs de ...

demande l'autorisation d'accepter le legs qui lui est fait par ...; — l'état de l'actif et du passif de l'établissement; — l'ordonnance du ..., qui a autorisé cette congrégation; — l'avis de Mgr l'Évêque de ...; — la loi du 2 janvier 1817 et les ordonnances des 2 avril 1817 et 14 janvier 1831; — Considérant, etc.; — Arrête : — Art. 1. La supérieure générale de la congrégation hospitalière et enseignante des sœurs de ..., existant à ..., en vertu d'une ordonnance du ..., est autorisée à accepter le legs d'une somme de ..., qui est fait à cet établissement (ou à l'établissement des sœurs de cet ordre fondé à ..., en exécution d'une ordonnance du ...) par M. ..., suivant son testament susvisé du ...; *s'il y a lieu :* Conformément à la demande du Conseil d'administration de la congrégation, cette somme de ... sera affectée aux réparations de la maison de ...

Legs à une congrégation religieuse. — Transaction avec une commune. — Le Préfet, — Vu le testament ..., en date du ..., par lequel Mlle ... a légué une somme de [30,000 francs] pour servir à l'établissement, dans la commune de ..., de religieuses cloîtrées; — le décret impérial, en date du ..., qui a autorisé la commune de ... et la supérieure de la communauté des sœurs [de la Visitation] reconnue dans la même commune, à accepter, chacun en ce qui le concerne, et aux clauses et conditions imposées, le legs précité; — le décret du ... suivant qui autorise le Maire de ... et la supérieure de ladite communauté à employer, aux réparations de la maison conventuelle et au paiement des frais de premier établissement et d'ameublement, la somme de [30,000 francs] précitée; — la délibération prise par le Conseil municipal de ..., le ...; — l'avis de M. le Trésorier-payeur général, en date du ...; — Considérant que des termes du testament susvisé, il résulte que Mlle ... a légué une somme de 30,000 francs pour l'établissement d'une communauté de religieuses cloîtrées dans la commune de ..., et qu'elle a chargé son exécuteur testamentaire de s'entendre avec une des maisons religieuses régulièrement autorisées; — que l'exécuteur testamentaire étant décédé avant d'avoir pu réaliser les intentions de la testatrice, Mgr l'Évêque de ... a été appelé, par décision ministérielle du ..., à désigner la communauté qui s'établirait à ...; — qu'en cet état de choses, c'est à la supérieure de cette communauté de recevoir et quittancer le legs de [30,000 francs], avec les intérêts légitimement courus, à la charge par elle d'en faire l'emploi sus-mentionné; — que le Conseil municipal de ... n'a été appelé à intervenir dans une transaction entre les héritiers de Mlle ... et la supérieure de ladite communauté que pour lever toute difficulté au sujet de la réduction des intérêts; — qu'il appartient seulement au Maire de surveiller l'emploi du legs dans l'intérêt de la commune, et de réclamer, le cas échéant, par les voies de droit, l'exécution des conditions imposées à la communauté légataire; — que rien n'obligeant, soit l'exécuteur testamentaire, soit les héritiers ou la communauté légataire, à verser ladite somme dans la caisse communale, la responsabilité du receveur municipal de ... et celle du receveur particulier des finances de l'arrondissement ne saurait être engagée dans cette affaire, comme l'a reconnu M. le Trésorier-payeur général dans sa lettre précitée, — Arrête : — Art. 1. La délibération du Conseil municipal de ... est approuvée. — Art. 2. En conséquence, M. le Maire de la commune de ... est autorisé à intervenir dans les actes de transaction et de quittance projetés entre les héritiers de Mlle ... et la supérieure de la communauté des religieuses [de la Visitation] aux fins ci-dessus indiquées.

Legs, à un consistoire ou à un conseil presbytéral protestant, d'une valeur de 1,000 francs et au-dessous. — Le Préfet, — Vu le testament ..., etc.; — l'acte de décès du testateur; — la délibération du [conseil presbytéral] de ..., en date du ..., portant acceptation du legs qui lui est fait par ...; ensemble l'acceptation provisoire du trésorier; — l'avis favorable émis, le ..., par le consistoire de ... *(viser les autres pièces exigées en pareil cas.)*; — la loi du 2 janvier 1817, le décret du 26 mars 1852, l'arrêté règlementaire du 20 mai 1853, portant exécution de ce décret art. 1er, § 6 *(pour les conseils presbytéraux)*, art. 6, § 5 *(pour les consistoires)*, le décret du 15 février 1862; — Considérant, etc... — Arrête : — Art. 1. Le trésorier du ... est autorisé ... etc.

Legs à un consistoire israélite. — Même procédure que ci-dessus.

Legs à un département. — Emploi des fonds. — Le Préfet, — Vu le testament olographe en date du ..., par lequel M. ... a fondé une bourse annuelle de ... fr., plus un trousseau de ... fr. pour l'entretien, à l'Ecole impériale polytechnique, d'un jeune homme du département de ..., pour la famille duquel le paiement de ces dépenses serait une gêne; — le décret du ..., qui a autorisé le département à accepter la libéralité de M. ...; — les certificats d'inscription de rente 3 p. % sur l'Etat, délivrés au nom du département et provenant du legs dont il s'agit; — les crédits ouverts au budget départemental pour l'emploi du produit de ces rentes; — la demande en concession de bourse formée par le jeune ..., de ..., reçu élève de l'Ecole polytechnique, ainsi qu'il résulte des pièces jointes à sa demande; — les renseignements fournis sur la position de fortune de la famille de ce candidat; — Considérant que, malgré la situation en apparence aisée du sieur ..., l'entretien de son fils à l'Ecole polytechnique lui occasionnerait une gêne sensible; que, dès lors, le jeune ... se trouve dans les conditions voulues pour profiter de la libéralité de M. ..., — Arrête : — Art. 1. La bourse annuelle de ... fr. fondée à l'Ecole polytechnique par M. ..., et le trousseau de ... fr. sont accordés au jeune ..., de ..., récemment admis à l'Ecole pour les années scolaires [186 à 186]. — Art. 2. Le paiement desdites sommes sera effectué, dans les formes administratives, à M. ..., pour les dépenses relatives au trousseau dont il est tenu de faire l'avance, et au nom de M. le Receveur central de la Seine, pour le prix de la pension.

Legs aux établissements de bienfaisance *(Bureaux de bienfaisance, Hospices, Monts-de-piété)*. — Le Préfet, — Vu l'expédition authentique d'un testament (public *ou* olographe), en date du ..., aux minutes de Me ..., notaire à ..., duquel il résulte que M. ... a légué à ..., une somme de ... (*ou* ...), pour servir à ...; — l'acte de décès du testateur, en date du ...; — *(si c'est un immeuble)* le procès-verbal descriptif et estimatif de l'immeuble légué, constatant qu'il a une valeur de ..., et produit un revenu annuel de ...; — la délibération en date du ..., par laquelle la Commission administrative (*ou* le conseil d'administration) de ... sollicite l'autorisation d'accepter le legs dont il s'agit; — l'avis exprimé par le Conseil municipal dans sa délibération du; — les renseignements fournis sur la position de famille et de fortune du testateur et sur celle de ses héritiers naturels; — le consentement de ces derniers à la délivrance du legs, *ou* les actes extrajudiciaires qui leur ont été notifiés, lesquels actes n'ont été suivis d'aucune protestation ou réclamation; — l'ordonnance du 6 juillet 1846, art. 4 *(pour les Bureaux de bienfaisance)*; — la loi du 7 août 1851, art. 11 *(pour les Hospices)*; — la loi du 24 juin 1851, art. 3 *(pour les Mont-de-piété)*; — le décret du 25 mars 1852, tit. A, § 42; — Considérant ..., etc., — Arrête : — Art. 1. La commission administrative [*ou* le conseil d'administration] de ... de ..., est autorisée à accepter, aux charges, clauses et conditions imposées, le legs fait à cet établissement par M. ..., suivant son testament susvisé du ..., et consistant en ... — Art. 2. L'immeuble légué sera affecté à la destination qui lui a été attribuée par le testateur. *Ou* : Cette somme de ... sera employée à l'achat d'une rente 3 p. % sur l'Etat. Mention sera faite sur l'inscription de la destination des arrérages.

Legs à une fabrique d'église. — Le Préfet, — Vu l'expédition authentique d'un testament (public *ou* olographe), en date du ..., aux minutes de Me ..., notaire à ..., duquel il résulte que M. ... a légué à la fabrique de l'église de ..., etc.; — l'acte de décès du testateur, en date du ...; — le procès-verbal descriptif et estimatif de l'immeuble légué, constatant qu'il a une valeur de ..., et produit un revenu annuel de ...; — la délibération en date du ..., par laquelle le conseil de fabrique de l'église de ... sollicite l'autorisation d'accepter le legs qui lui est fait par M. ..., ensemble l'acceptation provisoire du trésorier; — l'avis conforme (*dans certains cas*) du Conseil municipal, en date du ...; — les renseignements fournis sur la position de famille et de fortune du testateur et sur celle de ses héritiers naturels; — le consentement de ces derniers à la délivrance du legs, *ou* les actes extra-judiciaires qui leur ont été notifiés, lesquels actes n'ont été suivis d'aucune protestation ou réclamation; — l'avis de Mgr l'Evêque de ..., du ...; — les ordonnances des 2 avril 1817, 7 mai 1826 et 14 janvier 1831; les décrets des 25 mars 1852, 13 avril 1861 et 15 février 1862; — Considérant que le legs dont il s'agit n'est grevé d'aucune charge; qu'il n'est point disproportionné avec la fortune du testateur, laquelle s'élève à la somme de ...; — que le sentiment qui a dicté cette libéralité s'explique par les fonctions ecclésiastiques que remplissait le testateur; et que, du reste, ses héritiers ont donné leur adhésion entière à sa délivrance; — *ou :* Considérant que cette libéralité ne saurait, en aucun cas, être onéreuse pour la fabrique, attendu que les charges imposées à cet établissement doivent être en rapport avec les revenus du capital; — *ou :* Considérant ..., etc., — Arrête : — Art. 1. Le trésorier de la fabrique de l'église de ..., en sadite qualité, est autorisé à accepter, aux charges, clauses et conditions imposées, le legs fait à cet établissement par M. ..., suivant son testament susvisé, du ..., et consistant en ... — Art. 2. L'immeuble légué sera affecté à la destination qui lui a été attribuée par le testateur. *Ou :* Cette somme de ..., sera employée à l'achat d'une rente 3 % sur l'Etat. Mention sera faite sur l'inscription de la destination des arrérages.

Legs à une fabrique d'Église. — Refus d'acceptation [Exemple : *Legs pour messes*]. — Le Préfet, — Vu l'expédition authentique d'un testament (public *ou* olographe), en date du ..., aux minutes de M^e ..., notaire à ..., duquel il résulte que M. ... a légué à la fabrique de l'église de ..., une somme de [800 francs] pour faire dire des messes à son intention, dans l'église de ...; — l'acte de décès du testateur; — la délibération en date du ..., par laquelle le conseil de fabrique de l'église de ... déclare renoncer à poursuivre l'exécution de ce legs; ensemble, la déclaration conforme de M. le desservant de la paroisse; — les renseignements fournis sur la position de famille et de fortune du testateur et sur celle de ses héritiers naturels; — l'avis de Mgr l'Évêque de ..., du ...; — les ordonnances des 2 avril 1817, 7 mai 1826 et 14 janvier 1831; — les décrets des 25 mars 1852, 13 avril 1861 et 15 février 1862; — la circulaire de Son Exc. le Ministre de l'Instruction publique et des Cultes du 10 avril 1862; — Considérant, en principe, ..., etc.; — Considérant en ce qui concerne spécialement le legs de ... fr. pour messes que, d'après la jurisprudence suivie jusqu'à ce jour par le conseil d'État, il y aurait lieu de le considérer comme une libéralité en faveur de la fabrique de l'église de ...; attendu que l'*église est désignée;* — Considérant, toutefois, qu'il a été jugé (*Arrêt de la Cour de Douai du 30 mai 1853; Arrêt de la Cour de Bordeaux du 23 juin 1856*) que la clause d'un testament par laquelle le testateur a, comme dans l'espèce, simplement exprimé l'intention qu'il fût dit, pour le repos de son âme, un certain nombre de messes, *annuellement, et pendant un assez grand nombre d'années, dans une église désignée,* ne constitue pas un legs, ou une fondation, au profit de la fabrique de cette église, et dont cette fabrique ait le droit de poursuivre l'exécution contre les héritiers du testateur; — qu'une telle clause constitue seulement une charge de la succession; considérant encore qu'on ne saurait y voir un *legs* en faveur de la fabrique de l'église de ..., d'abord parce que cette fabrique n'est ni nommée ni désignée; ensuite, parce que le testateur ne manifeste ni explicitement ni implicitement, l'intention de *la gratifier;* que, s'il veut que les messes soient dites dans l'église de ..., c'est parce que cette église est celle de sa paroisse, ou qu'il est animé d'une dévotion particulière pour le saint auquel elle est consacrée; mais que le testateur n'a eu en vue que son intérêt spirituel et celui de ses parents; que la somme de ... francs, est *uniquement destinée* à pourvoir à cet intérêt; qu'elle doit être versée, dès lors, non dans la caisse de la fabrique, mais dans les mains des ecclésiastiques qui seront chargés de la célébration des messes, à titre de *rémunération* et non de *libéralité;* considérant sur ce dernier point, que M. le desservant de la paroisse de ..., a déclaré renoncer au bénéfice qui pourrait résulter pour lui de l'acceptation du legs de ... francs, fait par M. ..., pour la célébration de messes, et qu'on ne saurait, d'aucune façon, l'obliger à l'accepter; considérant que s'il n'est pas vrai, comme l'annonce le conseil de fabrique de l'église de ..., que le legs soit onéreux pour cet établissement; attendu que les sommes léguées *pour la simple rémunération de services religieux*, ne sont point passibles de droits de mutation par décès (V. Garnier : *Dictionnaire de l'Enregistrement,* t. II, p. 2033), il est certain, néanmoins, que l'établissement fabricien de ..., ne retirerait aucun profit de l'acceptation de la libéralité; — qu'on peut dire encore avec la cour de Bordeaux (arrêt précité) que le legs dont il s'agit ne constitue pas *une fondation*, attendu qu'il ne réunit pas les conditions de durée et d'utilité publique qui caractérisent ces sortes de fondations; qu'il y a lieu, dès lors, de leconsidérer comme une simple charge d'hérédité; — Arrêté : — Art. 1. Le trésorier du Conseil de fabrique de l'église de ... et le desservant de cette paroisse sont autorisés, chacun en ce qui le concerne, à refuser l'acceptation du legs de ... francs pour messes, fait par M. ..., suivant son testament susvisé du ....

Legs à un séminaire, d'une valeur de 300 francs et au-dessous. — Le Préfet, — Vu le testament, etc.; Vu (les autres pièces exigées pour tous les legs), — la délibération en date du ..., par laquelle le bureau d'administration du grand séminaire accepte la libéralité dont il s'agit; — l'état de l'actif et du passif de l'établissement; — l'avis de Mgr l'Évêque de ...; — la loi du 2 janvier 1817, et les ordonnances règlementaires des 2 avril 1817 et 14 janvier 1831; — Considérant que le legs dont il s'agit est avantageux, puisqu'il n'impose d'autre charge que celle d'en employer le montant en faveur d'élèves nécessiteux; — Arrête : — Art. 1. Mgr l'Évêque de ..., en sa dite qualité, est autorisé à accepter, au nom du grand séminaire de son diocèse, le legs de la somme de [300 francs] fait à cet établissement, par ..., suivant son testament du ..., susvisé. — Art. 2. Cette somme sera employée conformément à la volonté du testateur.

Legs à une société de secours mutuels, dont la valeur n'excède pas 5,000 francs. — Le Préfet, — Vu le testament, etc. (*viser les autres pièces exigées pour tous les legs*); — la délibération en date du ..., par laquelle le conseil d'administration de la société de secours mutuels de ..., sollicite l'autorisation d'accepter le legs dont il s'agit;—le décret du ..., qui a autorisé cette société;—le décret du 26 mars 1852, art. 8; — Considérant, etc.; — Arrête : — Art. 1. Le président de la société de secours mutuels de ... est autorisé, en sadite qualité, à accepter, etc.

Legs à une société protestante de prévoyance et de secours mutuels. — Même procédure que ci-dessus.

Listes électorales. — Révision. — Le Préfet, — Vu les dispositions du décret organique du 2 février 1852, portant : « I. Titre II. — Art. 12. Sont électeurs, sans condition de cens, tous les Français âgés de vingt-un ans accomplis, jouissant de leurs droits civils et politiques. — II. — Art. 13. La liste électorale est dressée, pour chaque commune, par le Maire. Elle comprend, par ordre alphabétique : 1° Tous les électeurs habitant dans la commune depuis six mois au moins (1) ; 2° ceux qui n'ayant pas atteint, lors de la formation de la liste, les conditions d'âge et d'habitation, doivent les acquérir avant la clôture définitive (31 mars de chaque année).—III.—Art. 19. Lors de la révision annuelle, et dans les délais qui seront réglés par les décrets du pouvoir exécutif, tout citoyen omis sur

---

(1) Les fonctionnaires publics et les ministres du culte peuvent, aux termes d'un arrêt de la Cour de cassation, en date du 11 mai 1858, être inscrits sur les listes électorales, sans avoir besoin de justifier d'une résidence de six mois.

la liste pourra présenter sa réclamation à la mairie. Tout électeur inscrit sur l'une des listes de la circonscription électorale pourra réclamer la radiation ou l'inscription d'un individu omis ou indûment inscrit; » — les art. 1, 2 et 5 du décret règlementaire du 2 février 1852; — l'instruction préfectorale du ..., relative à la révision des listes électorales en 186., — Arrête : — Art. 1. Il sera procédé, du 1ᵉʳ au 10 janvier 186 , dans les mairies des communes du département de ..., conformément aux dispositions des décrets ci-dessus visés, à la révision des listes électorales. — Art. 2. Des affiches, apposées le 15 janvier prochain, par les Maires, aux lieux accoutumés, feront savoir que le tableau des additions et des retranchements faits aux listes est déposé au secrétariat de chaque mairie, pour y être communiqué à chaque requérant. — Art. 3. Toute personne omise pourra, dans les dix jours, à partir de l'apposition des affiches, présenter sa réclamation à la mairie. Dans le même délai, tout électeur inscrit sur l'une des listes du département pourra réclamer la radiation de tout individu indûment inscrit, ou l'inscription de tout omis. Passé le 25 janvier, il ne sera plus reçu de réclamations. — Art. 4. Des commissions municipales seront formées dans chaque arrondissement et dans chaque commune, en exécution du décret organique du 2 février 1852, à l'effet de prononcer sur les réclamations. Elles devront clore leurs opérations le 28 janvier. — Art. 5. Les décisions des commissions seront notifiées dans les trois jours aux parties intéressées par le ministère d'agents assermentés. — Art. 6. Un tableau récapitulatif des décisions rendues par les commissions municipales sera publié le 3 février. Les parties intéressées pourront, dans les cinq jours de la notification, se pourvoir devant le juge de paix du canton. — Art. 7. Le 31 mars, un deuxième tableau comprenant les rectifications ordonnées, sera publié, et la liste électorale sera définitivement arrêtée par le Maire. — Art. 8. MM. les Sous-Préfets et les Maires sont chargés, chacun en ce qui le concerne, de l'exécution du présent arrêté, qui sera publié et affiché, et inséré au *Recueil des Actes administratifs* de la préfecture.

Loterie. — Autorisation. — Le Préfet, — Vu la demande formée par la [Conférence de saint Vincent-de-Paul] de ..., à l'effet d'être autorisée à organiser une loterie dont le produit est destiné [au soulagement des pauvres]; — la loi du 21 mai 1836, sur les loteries, et notamment l'art. 5, déterminant les exceptions qui peuvent être faites à la prohibition prononcée par cette loi; — l'ordonnance du 29 mai 1844; — les circulaires ministérielles des 22 décembre 1845, 13 novembre 1852 et 16 juin 1857; — Arrête : — Art. 1. La loterie ci-dessus est autorisée. — Art. 2. Le nombre de billets est fixé à ..., à ... fr. l'un, représentant un capital de ... francs. — Art. 3. Une commission, composée des membres du bureau de la Conférence, est chargée du placement des billets, ainsi que de toutes les autres opérations relatives à la loterie. — Art. 4. La loterie se composera de plusieurs lots, consistant en objets de fantaisie, ouvrages de broderie, tableaux, etc. Chaque billet donne une chance pour l'un de ces lots, qui seront remis, sans réduction ou diminution, aux porteurs des billets gagnants. — Art. 5. Le tirage au sort des lots aura lieu le ... prochain, à ..., dans la grande salle de l'évêché. Il sera fait par la Commission ci-dessus désignée, sous la présidence de Mᵍʳ l'Évêque, et en présence de .... —Art. 6. Les lots gagnés qui ne seraient pas réclamés dans un délai de ... mois, seront irrévocablement acquis à la loterie. Cette clause devra être expressément mentionnée sur les billets imprimés. — Art. 7. Ampliation du présent arrêté sera adressée à M. le Maire de ..., qui reste chargé d'en assurer l'exécution.

— Division en deux tirages. — Le Préfet, — Vu la demande du Comité de surveillance de la loterie de ..., tendant à ce que cette loterie soit divisée en deux tirages, dont les époques seraient fixées aux ... et ... prochains; — Considérant, ... etc. — Arrête : — Art. 1. La loterie ... est divisée en deux tirages; ils sont fixés, l'un, au .... l'autre au .... Le premier se composera des lots ci-après, savoir : (*suit la nomenclature des lots*). Le second tirage se composera des lots suivants, savoir : (*suit la nomenclature* *des lots*). — Art. 2. Les dates ci-dessus fixées sont irrévocables, quel que soit le nombre de billets émis.—Art. 3. Dans aucun cas il n'y aura lieu à réduction des lots.—Art. 4. Dix jours avant chaque tirage, les lots qui doivent en faire partie seront déposés entre les mains de M. ..., trésorier général de la loterie. — Art. 5. Les résultats de ces tirages seront publiés par la voie des journaux de ..., dans la semaine qui suivra chaque opération. — Art. 6. Le présent arrêté sera adressé à Son Exc. le Ministre de l'Intérieur et à M. le Sous-Préfet [*ou* Maire] de ..., qui reste chargé d'en assurer l'exécution.

— Prorogation du tirage. — Le Préfet, — Vu la demande formée par ..., à l'effet d'obtenir que l'époque du tirage de la loterie, autorisée par le gouvernement, au profit de ..., et qui avait été fixée par un arrêté de notre prédécesseur, en date du ..., au ..., soit prorogée d'une année ; — Considérant que [l'épidémie cholérique qui a sévi dans l'arrondissement de ... et dans les départements où les billets pouvaient être placés, en suspendant toutes les affaires, a mis obstacle à ce placement, qui est encore loin d'être terminé] ; — Arrête : — Art. 1. Le tirage de la loterie indiquée ci-dessus est prorogé d'une année et aura lieu, conséquemment, le .... — Art. 2. Rien n'est changé aux autres dispositions de l'arrêté de notre prédécesseur, concernant cette loterie. — Art. 3. M. le Sous-Préfet (*ou* Maire) de ..., est chargé d'assurer l'exécution du présent arrêté.

M

Mainlevée d'hypothèque prise au profit d'une commune ou d'une fabrique d'église. (Ordonnance du 15 juillet 1840,. applicable pour les deux cas.) — Le Préfet, séant en Conseil de préfecture, — Vu la délibération en date du ..., par laquelle le Conseil municipal (*ou* le conseil de fabrique de l'église) de ... sollicite, pour son Maire (*ou* trésorier), l'autorisation de donner mainlevée d'une inscription hypothécaire prise, le ..., sur les biens du sieur ..., de ..., pour garantie d'une somme de ..., due par ce dernier, et que ses héritiers ont, depuis, remboursée, capital et intérêts ; — le titre constitutif de la créance, en date du ... ; — le bordereau d'inscription hypothécaire, du ... ; — la quittance du ... (receveur municipal ou trésorier), en date du ... ; — l'avis de Mgr l'Évêque de ..., en date du ... (pour les fabriques) ; — l'ordonnance du 15 juillet 1840 et la lettre ministérielle du 6 septembre 1854 ; — Considérant que la levée des hypothèques est la conséquence forcée de la libération du débiteur ; — Arrête : — Art. 1. La délibération susvisée, du ..., est approuvée et rendue exécutoire.

N. B. — Voir aussi, au mot : *Remboursement de rentes*.

Mainlevée d'hypothèque prise au profit d'un établissement de bienfaisance. (*Bureau de bienfaisance, hospices*, etc.) — Aux termes du décret du 11 thermidor an XII, les *Conseils de préfecture* autorisent les établissements de bienfaisance à donner mainlevée des hypothèques prises à leur profit. L'avis du *Comité consultatif* est exigé dans ce dernier cas.

Mainlevée du séquestre mis sur les biens d'un contumax. — Le Préfet, — Vu le rapport, par lequel M. le Directeur des domaines nous propose d'autoriser la mainlevée du séquestre apposé sur les biens du nommé ..., contumax, en exécution d'une ordonnance rendue par le président de la cour d'assises de ..., le ... ; — l'expédition de l'ordonnance susvisée ; — le procès-verbal de mise sous le séquestre, et les autres pièces annexées au rapport de M. le Directeur; — l'art. 471 du Code d'instruction criminelle et les art. 28, 29 et 30 du Code Napoléon; — Considérant que l'accusé ... a été arrêté le lendemain de la mise de ses biens sous le séquestre, et condamné, par arrêt de la cour d'assises du ..., à (cinq) ans de réclusion et aux frais de la procédure liquidés à ...; qu'il n'a été fait par l'administration des domaines aucune recette pour le compte dudit ..., et que les biens séquestrés étant grevés de dettes hypothécaires supérieures à leur valeur, il n'a pas été possible d'obtenir le paiement des condamnations prononcées contre lui, non plus que des droits de timbre et d'enregistrement du procès-verbal de séquestre; Considérant au surplus, que ... ayant purgé sa contumace, il n'y a plus de motifs de maintenir le séquestre; — Arrête: — Art. 1. Il sera donné main levée du séquestre apposé, par procès-verbal du ..., sur les biens du nommé ..., cultivateur à ..., commune de .... — Art. 2. Le présent arrêté sera soumis préalablement à l'approbation de Son Exc. le Ministre des Finances.

Maison d'école. — Acquisition d'un immeuble pour servir à cette destination. — Vote d'une imposition extraordinaire. — Le Préfet, séant en Conseil de préfecture, — Vu la délibération, en date du ..., par laquelle le Conseil municipal de ... vote l'acquisition d'une maison, avec ses dépendances, pour servir de maison d'école; — le plan et le procès-verbal descriptif et estimatif des immeubles à acquérir; — l'engagement souscrit par le sieur ..., de les céder au prix de [3,000] francs; — le registre de l'enquête à laquelle ce projet d'acquisition a été soumis; ensemble l'avis du Maire, celui du commissaire enquêteur, et le certificat de publications et d'affiches de l'enquête; — la délibération prise, à la date du ..., par le Conseil municipal de ..., pour approuver le rapport de l'expert, accepter la promesse de vente, et donner son avis sur les résultats de l'enquête; — une autre délibération en date du ..., par laquelle les membres du Conseil municipal de ..., au nombre de [dix], assistés des plus imposés de la même commune au nombre de [onze], ont voté une imposition extraordinaire de [3,000] francs, recouvrable en [cinq] années, pour assurer le paiement des immeubles dont l'acquisition est projetée; — le tableau des membres du Conseil municipal en exercice et celui des plus imposés; ensemble le certificat du Maire constatant que les plus imposés ont été convoqués dans l'ordre du tableau, dix jours à l'avance, en nombre égal à celui des conseillers municipaux en exercice; — le budget communal de l'exercice courant; — le chiffre du principal des quatre contributions directes, montant à ...; — la loi du 18 juillet 1837, et le décret du 25 mars 1852; — Considérant, en principe, que la commune de ... ne possède aucun immeuble qu'elle puisse affecter à l'usage d'une maison d'école; — que celui dont elle projette l'acquisition, répond complètement à cette destination; — que le prix de vente n'est pas exagéré, et que lors de l'enquête, aucune réclamation n'a été présentée contre le projet; — Considérant, en ce qui concerne la partie financière du projet, que la voie de l'imposition est la seule qui puisse permettre à la commune de se libérer; — le Conseil de préfecture entendu, — Arrête: — Art. 1. La commune de ... est autorisée à acquérir au prix de [3,000] francs, du sieur ..., une maison et dépendances située à ..., section [B], n⁰ˢ ... et ... du plan cadastral, et à l'affecter à l'usage de maison d'école. — Art. 2. La même commune est autorisée à s'imposer extraordinairement, en [cinq ans], à partir de 186 , par addition au principal de ses quatre contributions directes, une somme totale de [3,000] francs, représentant annuellement [9 centimes additionnels 7/10] pour le paiement de l'acquisition dont il s'agit. — Art. 3. M. le Sous-Préfet de ... et M. le Directeur des contributions directes du département sont chargés, chacun en ce qui les concerne, de l'exécution du présent arrêté.

Maison d'école léguée pour cette destination. — Aliénation. — Le Préfet, séant en Conseil de préfecture, — Vu le décret impérial, en date du ..., qui autorise le trésorier de la fabrique de ..., au nom de cet établissement, et le Maire de la commune de ..., au nom de cette commune, à accepter conjointement, chacun en ce qui le concerne, aux charges clauses et conditions imposées, le legs fait à ladite fabrique par M ..., sui-vant son testament public du..., et consistant en une maison située à ..., pour servir à l'établissement d'une école qui sera dirigée par un ou plusieurs frères de la doctrine chré-tienne ; — une délibération, en date du ..., par laquelle le Conseil municipal de ... ex-pose que l'immeuble dont il s'agit est inhabitable et menace ruine, et sollicite l'autorisa-tion de le vendre aux enchères publiques, ainsi que le sol sur lequel il repose, pour le prix à provenir de cette aliénation servir ultérieurement à la construction ou à l'achat d'une maison d'école ; — l'avis favorable exprimé par le Conseil de fabrique de l'église de..., dans sa délibération du ... ; — le procès-verbal descriptif et estimatif de la maison ... et du terrain qui en dépend, constatant qu'ils ont une valeur estimative de ... ; — le re-gistre de l'enquête à laquelle ce projet a été soumis, ensemble les avis du Maire et du commissaire enquêteur et le certificat de publication et d'affiche de ladite enquête ; — la loi du 18 juillet 1837 et le décret du 25 mars 1852 ; — Considérant, en principe, que l'im-meuble dont il s'agit est en ruine et ne peut être réparé ; qu'ainsi la commune a tout avantage de l'aliéner ; et que lors de l'enquête, aucune réclamation ou protestation n'a été présentée contre ce projet ; — le Conseil de préfecture entendu ; — Arrête : — Art. 1. M. le Maire de ..., en sadite qualité, est autorisé à aliéner aux enchères publiques, sur la mise à prix de ..., l'ancienne maison d'école de cette commune et le terrain sur lequel elle est construite, le tout sous les clauses et conditions énumérées au cahier des charges ci-annexé. — Art. 2. La somme à provenir de cette aliénation sera employée à l'achat d'une rente sur l'État, 3 p. %, qui sera immatriculée sous ce titre : Fondation en faveur de l'instruction primaire (Legs ...). — Art. 3. M. le Maire de ... est chargé, en ce qui le concerne, de l'exécution du présent arrêté.

Maternité (Admission à la). — Le Préfet, — Vu les pièces produites par la nom-mée ..., âgée de ... ans, née à ..., domiciliée à ..., constatant son indigence et ayant pour objet son admission à l'hospice de la maternité ; — l'art. ... de notre arrêté en date du ... sur le service des enfants assistés ; — Arrête : — Art. 1. La nommée ..., est admise pendant ... jours, à l'hospice de la maternité de ... pour y faire ses couches aux frais de .... — Art. 2. Cette autorisation est accordée à la condition expresse qu'après ses couches, la nommée ... emportera son enfant et l'élèvera à ses frais. — Art. 3. Expédition du présent arrêté sera adressée à M. le président de la commission administrative des hospices de ..., chargé de l'exécution.

Mines. — Abonnement pour la redevance proportionnelle. — Le Préfet, — Vu la pétition en date du ..., par laquelle la régie de ..., concessionnaire de la mine de fer de ..., demande que cette concession soit abonnée pour la redevance proportion-nelle ; — le décret en date du ... portant concession des mines de fer de ... ; — la déci-sion du comité d'évaluation qui a fixé le revenu net de cette concession pour les années 186 à 186 [période de 5 ans], et l'avis de ce comité sur l'abonnement demandé par la Compagnie concessionnaire ; — l'avis du Directeur des contributions directes du ... ; — l'avis de l'Ingénieur des mines du ... ; — Considérant qu'il nous appartient, aux termes de l'art. 34 du décret du 6 mai 1841, d'approuver les abonnements inférieurs à 1,000 fr., comme chiffre de redevance à payer ; — Arrête : — Art. 1. L'abonnement de la conces-sion de ..., pour la redevance proportionnelle est approuvé et donnera lieu, pour cinq années, à partir de 186 , au paiement d'une redevance proportionnelle de ..., correspon-dant à un revenu net de ... ; — Art. 2. Le présent arrêté, dont il sera donné connais-sance à MM. les Ingénieurs des mines et à M. le Directeur des contributions directes chargés d'en faire exécuter les dispositions, sera transmis à M. le [Sous-Préfet ou Maire] de ..., pour être notifié à M. le Directeur de la régie de ...

— Refus d'abonnement. — Les Préfets étaient autrefois compétents, pour rejeter les demandes d'abonnement. Ce droit leur a été retiré. L'art. 2, § 2, du décret du 27 juin

1866, dispose en effet de ce qui suit : « Le refus d'une commission d'abonnement en pourra » .être prononcé que par une *décision ministérielle*, rendue après avis du conseil général » des mines et des sections réunies des travaux publics et des finances du conseil d'État. »

Mines et carrières. — Travaux de consolidation. — Le Préfet, — Vu la demande, en date du ..., formée par le sieur ..., tendant à obtenir une nouvelle vérification de la carrière de [gypse] qu'il possède à ..., et la modification de l'arrêté dont l'exploitation de cette carrière a été l'objet; — le rapport de M. l'Ingénieur des mines, en date du ...; — les plans et coupes de la carrière, dressée par le garde-mines; — la loi du 21 avril 1810, art. 81 et 82; — Considérant qu'il résulte du plan susvisé, des vérifications faites par l'Ingénieur ordinaire, et des considérations exposées dans son rapport du ..., 1° que, dans son état actuel, l'excavation souterraine de la carrière du sieur ... ne présente, grâce à la puissance et à la solidité de la masse de gypse où elle est creusée, aucune chance de danger imminent; 2° que le danger d'éboulement ne serait à redouter que dans le cas où l'exploitation viendrait à être poursuivie souterrainement, d'après les mêmes errements que par le passé, c'est-à-dire en agrandissant indéfiniment le chantier, sans y ménager des piliers intacts pour soutenir la voûte; 3° que la reprise et la poursuite de l'exploitation souterraine ne sauraient être autorisées qu'à la condition de construire au moins deux piliers, et, suivant un plan régulier, d'après lequel la masse à exploiter serait découpée par de longues galeries laissant subsister des piliers disposés en échiquier ou en quinconce; 4° enfin, que l'exploitation de la masse de gypse peut, sans inconvénient, être attaquée à ciel ouvert, et que, dans ce cas, on pourrait utiliser, pour l'enlèvement des produits, la galerie qui dessert l'exploitation actuelle mise en communication avec la surface au moyen d'un puits vertical; — Considérant que le sieur ... étant devenu propriétaire d'une partie de la surface, rien ne s'oppose à l'établissement d'un chantier à ciel ouvert, pour l'exploitation de la carrière; — que le projet d'arrêté rédigé par l'Ingénieur et qui termine son rapport du ... prévoit la double hypothèse de la poursuite de l'exploitation souterraine et de son abandon pour l'entreprise d'une exploitation à ciel ouvert; que les dispositions de ce projet sont de nature à concilier, dans l'un et dans l'autre cas, les intérêts de l'exploitant et ceux qui sont plus particulièrement confiés à la sollicitude de l'administration, savoir : la sûreté des ouvriers et la construction des chantiers; — Arrête : — Art. 1. L'exploitation de la carrrière souterraine de gypse, dite de ..., commune de ..., ne pourra être continuée sans qu'il y ait été construit au moins deux piliers, en bonne maçonnerie sèche, pour en soutenir le plafond. — Art. 2. Ces piliers, de 4 à 5 mètres de côté, seront placés dans la direction de la carrière et de manière à laisser entre eux et les extrémités nord-est et sud-ouest de l'excavation actuelle des intervalles égaux. Ils seront montés solidement, du sol au plafond, et, au besoin, le sol devra être entaillé à leur base, pour éviter le glissement; leurs parements seront, au besoin, reliés et assurés par des montants et des traverses en bois. — Art. 3. L'exploitation souterraine de la même carrière ne pourra être continuée sur les fronts de taille découverts que conformément aux règles suivantes : — le gypse sera exploité par des galeries de 10 mètres au plus de longueur recoupées par des voies transversales de même largeur; les unes et les autres séparées par des massifs de 5 mètres d'épaisseur. Le tout de façon qu'après l'achèvement des galeries, la masse minérale dans sa puissance exploitée, représente un échiquier ou un quinconce formé de piliers massifs de 5 mètres de côté au moins, séparés par des vides de 10 mètres au plus. Les piliers ne pourront être sapés que lorsque tout le champ à exploiter aura été divisé, comme on vient de le dire, et, après que l'administration en aura été informée, et aura prescrit des dispositions de police, de sûreté et de conservation, conformément aux art. 8 et 9 du décret du 3 janvier 1813. Dans tous les cas, le dépilage devra se faire en commençant aux piliers les plus éloignés de l'entrée, en revenant vers le jour, et en laissant les débris pour remblais dans les galeries. Les voies par lesquelles on entre dans la carrière seront constamment en bon état, et, au besoin, consolidées par des revêtements en bois ou en maçonnerie. — Art. 4. La construction des piliers en maçonnerie, indiquée par les art. 1 et 2, ne sera plus exigée, si l'exploitation souterraine est abandonnée, lors même que les travaux seraient portés à la surface. — Art. 5. Soit que l'exploitation se continue souterrainement, soit qu'elle se transporte à la surface, l'exploitant devra tenir un plan, avec coupes, et un registre figurant, avec exactitude, les travaux souterrains, l'état ou les travaux de la surface, leur disposition relative et constatant l'avancement journalier ainsi que les circonstances importantes de l'exploitation. Il devra l'exhiber aux agents de l'administration des mines dans leurs tournées. — Art. 6. Il restera soumis, d'ailleurs, aux dispositions prescrites par le susdit décret impérial et par les règlements qui viendraient à être promulgués sur la matière. — MM. les Ingénieurs des mines, les agents sous leurs ordres, et M. le Maire de ..., sont chargés, chacun en ce qui les concerne, de l'exécution du présent arrêté.

— Travaux ordonnés d'office contre le feu grisou. — Le Préfet, — Vu le rapport de M. l'Ingénieur des mines, en date du ... ; — Vu les lois et règlements sur les mines; — Considérant qu'il résulte du rapport précité que, dans la concession houillière de ..., commune de ... le *grisou* continue d'affluer dans les descenteries de la mine de ... à l'étage dit de [30] mètres, qu'on s'occupe d'assécher; — qu'il importe d'assurer la sécurité des ouvriers dans cette partie de la mine; — Arrête : — Art. 1. La galerie partant du jour actuellement en voie de percement pour aller rejoindre les descenteries où le gaz se dégage, sera poursuivie activement et sans relâche. — Art. 2. Les lampes de sûreté seront exclusivement employées dans les travaux de l'étage dit de [30] mètres jusqu'à ce que les ingénieurs, chargés de la surveillance, n'en reconnaissent plus la nécessité. — Art. 3. Un gardien sûr sera placé à l'entrée de la mine, pour assurer l'exécution de cette mesure. — Art. 4. Les maîtres mineurs devront, chaque jour, faire la visite de tous les chantiers et des galeries, avant l'entrée des ouvriers, afin de reconnaître si le gaz est entièrement enlevé par le courant d'air, et ne s'est accumulé sur aucun point. — Art. 5. Un ventilateur devra être disposé pour être prêt à fonctionner dans le cas où l'aérage naturel ne suffirait point pour entraîner le gaz. — Art. 6. Le présent arrêté, dont il sera donné avis par l'intermédiaire de M. le Sous-Préfet de ... à la compagnie concessionnaire des mines de houille de ..., dont la mine ... fait partie, sera transmise à M. l'Ingénieur en chef des mines, chargé d'en faire surveiller l'exécution,

Moulins à vent. — Distance des routes et chemins publics. — Dans les parties de la France autres que celles comprises autrefois dans la généralité de Lille et la province d'Artois, un préfet peut-il interdire aux propriétaires des moulins à vent de les placer à une distance déterminée des routes ou chemins publics ? *Résolution négative.* — D'anciens règlements applicables à la généralité de Lille et à la province d'Artois ont interdit aux propriétaires des moulins à vent, de les placer à une distance déterminée des chemins dépendant de la grande voirie ou des autres chemins publics ; mais aucune disposition de loi en vigueur *n'autorise les préfets à établir de semblables prohibitions dans les autres parties de la France.* (Arrêt du conseil d'Etat, du 9 mars 1866. *Rouillon.*)

N

Nominations. — Le Préfet nomme, dans la plupart des cas sur la présentation des chefs de service, aux emplois suivants (1) :

— **Adjoint au Maire.** — Voir au mot *Maire*.

— **Agent comptable d'un hospice,** sur la présentation de trois candidats par la commission administrative (ordonnance du 6 juin 1830).

— **Agent d'un dépôt de mendicité** (décret du 25 mars 1852, art. 5, § 6).

— **Agent intérimaire de perception.** — Le Préfet, — Vu la lettre en date du..., par laquelle M. le Trésorier-payeur général nous propose M. ..., percepteur surnuméraire, pour remplir l'intérim de la perception vacante de ...; — l'art. 1126 de l'*Instruction générale sur la comptabilité des finances*, — Arrêté : — Art. 1. M. ..., percepteur surnuméraire, est nommé agent intérimaire de la perception de .... — Art. 2. Ampliation du présent arrêté sera adressée à M. le Trésorier-payeur général, qui reste chargé d'en assurer l'exécution.

— **Agent voyer.** — Le Préfet, — Vu les propositions de M. l'Agent voyer en chef, en date du ...; — l'art. 11 de la loi du 21 mai 1836, — Arrête : — Art. 1. M. ... est nommé Agent voyer ... à ...; *ou* M. ..., Agent voyer d'arrondissement à ... est élevé à la 1re classe de son grade, au traitement de ... fr., non compris les frais de bureau et de tournée.

— **Architecte communal.** — Le Préfet, — Vu notre arrêté du ..., relatif à l'organisation d'Architectes communaux agréés, — Arrête : — Art. 1. Est nommé Architecte communal (*ou* départemental) M. .... — Art. 2. Les projets rédigés par l'Architecte du département ou par les Architectes communaux agréés, ainsi que les décomptes et métrés de travaux dressés par eux, seront tous, sans exception, et préalablement à leur approbation, soumis à l'examen de la commission des bâtiments civils du département, laquelle se réunira, à cet effet, à ..., une fois par mois, sous la présidence du Préfet ou de son délégué. — Art. 3. Sont nommés membres de cette Commission : MM. .... Le chef de la 2e division des bureaux de la préfecture remplira, auprès de cette commission, les fonctions de secrétaire.

— **Architecte départemental.** — — Le Préfet, — Vu le décret du 25 mars 1852, art. 5, § 7; — Considérant ..., etc. ; — Arrête : — Art. 1. M. ... est nommé architecte du département de ..., en remplacement de M. ... (*décédé ou démissionnaire*). — Art. 2. Il jouira, en cette qualité, d'un traitement fixe de ... fr., sur les fonds départementaux. — Art. 3. Ses attributions consisteront en ... (*les détailler avec soin*).

N. B. Même formule pour les *Architectes adjoints*, pour les *Piqueurs de travaux départementaux*, et pour tous les autres emplois de même nature.

— **Archiviste départemental** (dans les conditions déterminées par le décret du 4 février 1850). — Vu les décrets des 25 mars 1852, art. 5, § 7, et 13 avril 1861, art. 5,

---

(1) Nous avons conservé rigoureusement la désignation donnée à ces emplois par les lois et les règlements. — C'est la première fois que cette nomenclature est présentée aussi complète. — Voir au mot **Formulaire.**

§ 3; — Attendu la démission de M. ..., de ses fonctions d'archiviste du département; — Arrête : Art. 1. M. ..., ancien élève de l'école des Chartes, est nommé archiviste de la préfecture du département de ..., en remplacement de M. ..., démissionnaire. — Art. 2. M. le secrétaire général de la préfecture est chargé de l'exécution du présent arrêté.

N. B. Le décret du 4 février 1850 porte ce qui suit : « Art. 1. Les archivistes des » départements devront être choisis parmi les élèves de l'école des Chartes, et, à défaut, » parmi les personnes qui auront reçu un certificat d'aptitude délivré, après examen, par » une commission que le Ministre est chargé d'organiser. — Art. 2. Les Préfets nomme- » ront aux places vacantes d'archivistes dans leurs départements. Toutefois, cette nomi- » nation ne sera valable qu'après l'approbation du Ministre de l'Intérieur. »

— Aumônier de prison. — Le Préfet, — Vu la proposition de Monseigneur l'évêque de ..., ayant pour objet la nomination de M. l'abbé ..., aumônier des prisons de ..., en remplacement de M. l'abbé ... (*décédé, démissionnaire*, etc.); — l'art. ... du règlement général du ..., sur le service des prisons départementales ; — le décret du 13 avril 1861, art. 5, § 2 ; — Arrête : — Art. 1. M. l'abbé ... est nommé aumônier des prisons de ..., en remplacement de M. l'abbé ... — Art. 2. M. le Sous-Préfet de ... [ou M. le Directeur des prisons de...] est chargé d'assurer l'exécution du présent arrêté.

— Baliseur (Décret du 25 mars 1852, art. 15, § 26).

— Canotiers de la navigation — Le Préfet, — Vu les décrets des 25 mars 1852, art. 5, § 25, et 13 avril 1861, art. 5, § 14. — Arrête : Art. 1. Le sieur ... (*qualité*, etc.), est nommé canotier de la navigation à ..., — Art. 2. M. le Directeur des contributions indirectes du département de ... est chargé de l'exécution du présent arrêté.

— Canotier du service des ports maritimes de commerce (Décret du 25 mars 1852, art. 5, § 26).

— Cantonnier du service des routes. — Le Préfet, — Vu la loi du 21 mai 1836, et le décret du 25 mars 1852, art. 5, § 24 ; — les arrêtés règlementaires des ...; — les propositions de M. l'Agent voyer en chef, en date du ..., — Arrête : — Art. 1. Le sieur..., de ..., est nommé cantonnier de ... classe, sur le chemin de ..., du ... à ..., en remplacement du sieur ..., [décédé]. — Art. 2. Le présent arrêté sera transmis à M. l'Agent voyer en chef, qui reste chargé d'en notifier les dispositions au sieur ..., et d'en assurer l'exécution.

— Chirurgien d'un hospice, sur la présentation de trois candidats par les Commissions administratives (ordonnance du 6 juin 1830).

— Commissaire de police des villes de 6,000 âmes et au-dessous. — Le Préfet, — Vu les décrets du 28 mars 1852, art 5, § 22, et 13 avril 1861, art. 5, § 5; — Arrête : — Art. 1. M. ..., Commissaire de police à ..., est nommé Commissaire de police du canton de ..., à la résidence de ..., en remplacement de M.... [démissionnaire, décédé, etc.]. — Art. 2. M. le secrétaire général de la préfecture est chargé d'assurer l'exécution du présent arrêté.

— Commissaires de surveillance sur les chemins de grande et de moyenne communication. — Le Préfet, — Vu la loi vicinale du 21 mai 1836; — les instructions ministérielles et les règlements sur la matière ; — Considérant que les chemins de grande communication et ceux d'intérêt commun ou de moyenne communication qui sillonnent le département exigent l'application d'une surveillance active et soutenue, concurremment avec les Agents voyers, par des personnes éclairées et aimant à concourir au succès de travaux qui s'exécutent autour d'elles ; — Arrête : — Art. 1. Des Commissaires de surveillance sont institués dans le département de ..., pour le service des chemins de grande et de moyenne communication. Sont nommés Commissaires MM. ... (*nom, prénoms, domicile et étendue de chaque circonscription*). — Art. 2. Ces Commissaires auront pour mandat spécial de constater l'état des chemins ou portions de chemin dont la surveillance leur sera attribuée, de veiller à la bonne confection des travaux, de contrôler l'emploi des ressources en argent et en prestations et de s'assurer si les Agents voyers visitent régulièrement les ateliers. Ces Commissaires, lorsque nous le jugerons utile, seront appelés à donner leur avis sur les projets rédigés par les Agents voyers pour les travaux neufs et les ouvrages d'art; ils pourront être consultés sur la proposition d'après laquelle la dépense sera répartie entre les communes. Ils surveilleront les cantonniers et nous signaleront ceux qui ne rempliraient pas leur devoir. Leur surveillance s'étendant aux entreprises nuisibles et aux empiètements de la part des riverains ou autres, ils s'assureront si les agents voyers constatent les contraventions avec zèle, exactitude et impartialité. Ils seront convoqués aux adjudications, sans néanmoins que leur absence puisse empêcher les opérations. Ils assisteront à la réception des ouvrages exécutés par entreprise, ainsi qu'à celle des matériaux qui seraient fournis par des entrepreneurs ou au moyen de prestations. A cet effet, ils seront prévenus huit jours à l'avance par les agents voyers chargés de ces réceptions, du moment où elles devront avoir lieu, et les procès-verbaux de réception feront mention de leurs observations. Toutefois, il sera procédé par les agents voyers, en l'absence des Commisaires, si ceux-ci, dûment avertis, ne se présentent pas. — Art. 3. Ces Commissaires nous adresseront tous les ans, dans les premiers jours de janvier, un rapport général et détaillé sur le service des chemins placés sous leur inspection. Leurs observations auront principalement pour objet de faire connaître l'état du chemin et les améliorations les plus urgentes qu'il conviendrait d'y effectuer. — Art. 4. Indépendamment de ces rapports généraux, les Commissaires nous adresseront, toutes les fois que les circonstances l'exigeront, des rapports particuliers pour signaler notamment, soit les infractions et les négligences qu'ils auront personnellement remarquées ou dont la connaissance leur serait parvenue, soit les malfaçons ou les retards apportés dans l'exécution des travaux, ainsi que les améliorations dont ils pourraient être l'objet. Suivant l'urgence, les Sous-Préfets statueront ou nous communiqueront sans délai les rapports qui leur auront été adressés pour y être donné telle suite qui sera jugée convenable. — Art. 5. Dans chaque arrondissement, le Sous-Préfet, sur l'avis qu'il recevra du Préfet, informera chaque année les Commissaires des ressources en argent et en prestations allouées pour travaux dans l'étendue de leur inspection; il leur fera connaître également l'époque de l'ouverture des travaux et les lieux où ils devront s'exécuter. — Art. 6. Les Commissaires s'appliqueront à former des liens naturels entre les communes et les particuliers intéressés aux chemins de grande ou de moyenne communication, ainsi qu'à faire naître et entretenir l'esprit d'association, qui peut surtout amener une prompte amélioration de ces chemins. Ils provoqueront la réalisation de souscriptions en argent et en nature; ils chercheront à obtenir, autant que faire se pourra, la cession gratuite des terrains ou tout au moins le règlement amiable des indemnités; ils s'attacheront à amener les propriétaires à permettre gratuitement l'occupation temporaire de leurs terrains pour l'extraction ou le dépôt des matériaux. — Art. 7. Le concours des Commissaires ne pouvant donner droit à aucune sorte d'autorité, ces auxiliaires de l'administration s'abstiendront de prescrire directement aucune modification aux projets adoptés et de donner aux agents du service vicinal, entrepreneurs, ouvriers ou prestataires aucun ordre direct. — Art. 8. Un arrêté spécial déterminera l'étendue de chaque commissariat. — Art. 9. Le présent arrêté, dont un exemplaire sera remis à chaque Commissaire, sera inséré au *Recueil des actes administratifs*, et MM. les Sous-Préfets, Maires et agents voyers sont chargés, chacun en ce qui le concerne, d'en assurer l'exécution.

Commissaire-enquêteur (Voir au mot **Enquête.**

— **Commission municipale.** — (Voir au mot : **Membres d'une commission municipale.**

— Comptable des asiles publics d'aliénés. — Décret du 25 mars 1852, art. 5, § 4. — Voir ci-après la formule au mot : **Receveur-économe.**

— Conseil d'arrondissement. — Nomination des Président, Vice-Président et Secrétaire de ce Conseil. — Voir ci-après au mot : **Président.**

— Conservateur de musée de ville. — Décret du 25 mars 1852, art. 5, § 11.

— Débitant de poudre à feu. — Décret du 25 mars 1852, art. 5, § 14. — Voir la formule au mot : **Chasse.**

— Débitant de tabacs dont le produit ne dépasse pas 1,000 francs. — Le Préfet, — Vu les décrets des 25 mars 1852, art. 5, § 15, et 13 avril 1861, art. 5, § 12; — les propositions de M. le Directeur des contributions indirectes du département; — Arrête : — Art. 1. M. ... [*ou Madame*], est nommé débitant de tabacs, ..., en remplacement de M. ... [décédé]. — Art. 2. Le nouveau titulaire prêtera, au moment de son installation, le serment ainsi conçu : « Je jure obéissance à la Constitution et fidélité à l'Empereur. » — Art. 3. Ampliation du présent arrêté sera transmise à M. le directeur des contributions indirectes du département, afin qu'il en assure l'exécution.

— Directeur du bureau public pour le conditionnement des soies et laines. — Décret du 25 mars 1852, art. 5, § 1.

— Directeur d'un dépôt de mendicité. — Décret du 25 mars 1852, art. 5, § 6.

— Directeur d'école de dessin. — Décret du 25 mars 1852, art. 5, § 11.

— Directeur d'une école de sourds-muets. — Le Préfet, — Vu le règlement de l'école des sourds-muets de ..., en date du ...; — Arrête : — Art. 1. M. ..., (*qualité et résidence*), est nommé directeur de l'école des sourds-muets de ... Son traitement est fixé à ... francs. — Art. 2. Ampliation du présent arrêté sera adressée à M. le président de la commission administrative de l'école, qui en donnera connaissance à la commission et le notifiera à l'intéressé.

— Directeur d'une maison d'arrêt et de prison départementale (Décret du 25 mars 1852, art. 5, § 1).

N. B. Aux termes du décret du 12 août 1856, sur le personnel des maisons d'arrêt, de justice et de correction, les Directeurs des établissements *situés au chef-lieu de préfecture*, et qui administrent le service de toutes les prisons et dépôts de sûreté de la circonscription départementale, sont nommés par le Ministre. Les maisons d'arrêt d'arrondissement sont administrées par des gardiens-chefs nommés par les Préfets. Ils n'a point été dérogé à cet état de choses par le décret du 13 avril 1861.

— Directeur de mont-de-piété. — Le Préfet, — Vu la présentation du conseil d'administration à la date du ...; — la loi du 24 juin 1851; — le décret du 25 mars 1852, art. 5, n° 9; — Arrête : — M. ... (*indiquer le nom, les prénoms et la qualité*) est nommé directeur du mont-de-piété de ..., en remplacement de M. ... (*indiquer la cause de la sortie*).

— Distributeur ou Distributrice des Postes (Décret du 25 mars 1852, art. 5, § 19). — Voir la formule au mot

— Éclusier-barragiste (Décret du 25 mars 1852, art. 5, § 25).

— Élève boursier départemental. — Institution de sourds-muets. — Le Préfet, — Vu le règlement de l'institution des sourds-muets de ...; — la délibération par laquelle la commission administrative nous informe qu'une place, à bourse entière, est vacante, par suite de la sortie du nommé ...; — Arrête : — Art. 1. Le jeune ..., de la commune de ..., est nommé élève [à bourse entière] à l'institution des sourds-muets de .. , en remplacement du nommé ...; — Art. 2. — A son entrée à l'institution, cet enfant sera muni du trousseau prescrit par le règlement. La famille demeure chargée de pourvoir à l'entretien dudit trousseau; — Art. 3. Le présent arrêté sera adressé à M. le Directeur de l'institution qui est chargé d'en assurer l'exécution.

— Élève boursière départementale. — Cours d'accouchement. — Le Préfet, — Vu le règlement en date du ..., portant organisation du cours d'accouchement à ...; — la liste d'admissibilité des aspirantes aux bourses départementales créées dans cet établissement; — Arrête : Art. 1. Est nommée élève pensionnaire, Mlle ..., née à ..., le ... — Art. 2. Le cours durera jusqu'au ... prochain. — Art. 3. Le présent arrêté sera adressé en ampliation à M. le directeur du cours d'accouchement qui est chargé d'en assurer l'exécution.

— Élève boursier départemental. — Prolongation d'études. — Le Préfet, — Vu la délibération en date du ..., par laquelle la commission administrative de l'école de ... nous informe que [quatre bourses entières et une demi-bourse] sont vacantes dans cet établissement; — la demande en prolongation d'études d'une année formée en faveur du nommé ..., de ..; — Arrête : — Art. 1. Une prolongation d'études d'une année est accordée au jeune ... Il sera, conséquemment, maintenu à l'école ... jusqu'à la fin de l'année scolaire 186 . — Art. 5. Le présent arrêté sera adressé à M. le directeur de l'école, qui est chargé d'en assurer l'exécution.

— Élève interne dans un asile d'aliénés. — Le Préfet, — Vu la loi du 30 juin 1838 ; — l'ordonnance du 18 décembre 1839 concernant l'organisation des établissements publics consacrés aux aliénés ; — l'arrêté ministériel en date 20 mars 1857, portant règlement du service intérieur de ces établissements, et, notamment, l'art. 54; — Arrête : — Art. 1. M. ..., élève en médecine de la faculté de ..., est nommé élève interne à l'asile public d'aliénés de ... — Art. 2. Son traitement est fixé à la somme de ... francs. Il recevra, en outre, dans l'établissement, le logement, la nourriture, le chauffage, l'éclairage et le blanchissage. — Art. 3. M. le directeur de l'école est chargé de l'exécution du présent arrêté.

— Employé de Préfecture. — Le Préfet, — Arrête : — Art. 1. M. ... est nommé [chef, sous-chef, employé ...] de la ... division de nos bureaux. — Art. 2. Son traitement est fixé à la somme de ... fr. [ou : est élevé à la somme de ... fr].

— Essayeur d'un bureau de garantie des matières d'or et d'argent. — Le Préfet, — Vu les propositions de M. le Directeur des contributions indirectes pour la nomination d'un essayeur au bureau de garantie des matières d'or et d'argent établi à ...; — le certificat de capacité délivré le ..., à M. ..., candidat à cette fonction, par la commission de surveillance de l'hôtel des monnaies de Paris (ou de ...); — les lois des 19 brumaire et 13 germinal an VI, 5 ventôse an XII, et 1er germinal an XIII; — les arrêtés du gouvernement des 13 prairial an VII, 10 prairial an XI et 5 germinal an XII; — le décret du 28 floréal an XIII; — la loi du 5 mai 1820, art. 1; — Arrête : — Art. 1. M. ... (*qualités,* etc.) est nommé essayeur au bureau de garantie des matières d'or et d'argent établi à ... — Art. 2. M. le Directeur des contributions indirectes est chargé d'assurer l'exécution du présent arrêté et d'en notifier les dispositions à l'intéressé.

— Expert chargé de la délimitation d'un bois communal. — Le Préfet, — Vu les rapports des agents forestiers en date des ...; — la délibération prise le ... par le Conseil municipal de ...: — l'ordonnance du 1er août 1827; — Arrête : — Art. 1. M. ..., [garde général, *ou* ...] des forêts, en résidence à ..., est nommé expert pour opérer la délimitation et le bornage de .... — Art. 2. M. ... fixera le jour et l'heure de l'opération à laquelle il devra convoquer les parties intéressées. Il sera assisté du sieur .... —Art. 3. Le procès-verbal de délimitation et de bornage sera déposé au secrétariat général de la préfecture. — Art. 4. Des expéditions du présent arrêté seront adressées à M. le conservateur des forêts et à M. ..., chargés, chacun en ce qui le concerne, d'en assurer l'exécution.

— Expert de l'administration en matière de contributions directes. — Le Préfet, — Vu la demande formée par le sieur ... (*nom, prénoms et qualité*), à ...; à l'effet d'obtenir une réduction de la cote mobilière qui lui a été imposée pour ..., dans le rôle de ladite commune de ...; — les avis contraires à cette demande fournis par MM. les répartiteurs, contrôleurs et directeur des contributions directes; — la déclaration par laquelle le sieur ..., sollicite une vérification, par experts, et choisit pour son expert M. ..., expert-géomètre, demeurant à ...; — l'arrêté du 24 floréal an VIII, et l'art. 29 de la loi du 21 avril 1832, (*en matière de patentes*) et l'art. 22 de la loi du 25 avril 1844; — Arrête : — M. ..., expert-géomètre, demeurant à ..., est nommé pour procéder, concurremment avec M. ..., expert-géomètre, demeurant à ..., désigné par le sieur ..., à l'évaluation du [loyer d'habitation] formant la base de la cote mobilière de ce contribuable, par rapport aux loyers des autres habitants de la commune, déjà pris ou qui pourront être pris en comparaison. — Art. 2. Il sera procédé à cette opération dans les formes prescrites par l'arrêté du gouvernement du 21 floréal an VIII. — Art. 3. M. le directeur des contributions directes est chargé d'assurer l'exécution du présent arrêté.

N. B. Quand un Conseil de préfecture ordonne qu'il sera procédé à une expertise pour apprécier les faits exposés dans une demande en décharge ou réduction de contributions directes, il ne peut pas ordonner que les experts, avant de procéder à leurs opérations, prêteront serment entre les mains du secrétaire général de la préfecture. Les expertises auxquelles il doit être procédé en pareil cas ont été assujetties à des formes spéciales en vue d'assurer, à peu de frais, la prompte expédition des affaires, et, dans ce double but, les experts n'ont pas été astreints, par la législation de la matière, à prêter serment (Voir un arrêt du 5 janvier 1858, *Durand*). Le Conseil de préfecture ne peut pas ajouter à cette procédure spéciale une formalité qui entraîne des frais et des déplacements que la législation a voulu éviter. On ne pourrait, d'ailleurs, admettre que les experts fussent assujettis à prêter serment ou en fussent dispensés selon que le Conseil de préfecture aurait imposé cette formalité ou n'aurait pris aucune décision à cet égard. Il faut une règle uniforme pour tous les cas. (*Arrêt du Conseil d'Etat du 3 juin 1865*. Ministre des finances contre Benoît frères et Oudin.)

— Experts de l'administration chargés d'évaluer les dommages causés par les travaux d'un chemin. — Le Préfet, — Vu la pétition en date du ..., par laquelle le sieur ..., demeurant à ..., réclame le règlement de l'indemnité qu'il prétend lui être due pour dommages causés à sa maison par suite des travaux d'amélioration du chemin de [moyenne communication n° ...], de ... à ..., dans la traverse de ...; — la lettre en date du ..., par laquelle ledit ... désigne le sieur ..., de ..., pour l'expert qu'il désire charger de procéder au règlement de l'indemnité dont il s'agit, concurremment avec celui qui sera désigné par l'administration ; — les propositions de M. l'agent voyer en chef tendant à nommer expert de l'administration M. ..., agent voyer [ordinaire] de l'arrondissement de ...; — la loi du 21 mai 1836 et l'arrêté réglementaire du ...; — Arrête : — Art. 1. M. ..., agent voyer à ..., est nommé expert de l'administration pour procéder, de concert avec le sieur ..., au règlement de l'indemnité qui pourrait être due au sieur ..., pour dommages causés à sa maison par suite des travaux d'amélioration du chemin de moyenne communication n° .... — Art. 2. Avant de commencer leurs opérations, les deux experts devront prêter serment devant nous. — Art. 3. Les deux experts devront dresser de leurs opérations un procès-verbal qui devra nous être adressé immédiatement, pour être soumis au Conseil de préfecture, qui statuera ce que de droit. — Art. 4. Le présent arrêté, dont il sera donné avis au sieur ..., sera transmis à M. l'agent voyer en chef, chargé d'en assurer l'exécution.

— Experts chargés de procéder à la reconnaissance d'une propriété présumée communale. — Le Préfet, — Vu la délibération en date du ..., par laquelle le Conseil municipal de B..., expose qu'il existe dans cette commune une pâture en litige entre la section de ... et la commune de G..., inscrite au cadastre, section E., n° 41, pour une contenance de 9 hectares 50 ares 40 centiares, et demande l'autorisation,

1° de traiter à l'amiable avec la commune de G..., pour l'application des titres et le bornage; 2° de plaider, dans le cas où les deux communes ne pourraient parvenir à s'entendre; — la délibération en date du ..., par laquelle le Conseil municipal de G... propose de charger M. ..., expert-géomètre, à ..., de procéder, concurremment avec un expert nommé par la commune de B..., à la reconnaissance de la propriété en litige, et de déterminer les droits respectifs de chaque commune sur le terrain dont il s'agit; — la délibération en date du ... du même mois, par laquelle le Conseil municipal de B... adhère à cette proposition et fait choix de M. ..., expert-géomètre, pour procéder contradictoirement avec M. ...; — la loi du 18 juillet 1837 et le décret du 25 mars 1852; — Arrête : — Art. 1. M. ..., expert-géomètre à ..., et M. ..., expert-géomètre à ..., sont nommés pour procéder à la reconnaissance de la propriété inscrite au cadastre de la commune de B..., section E, n° 41, afin de déterminer les droits respectifs de la section de ... et de la commune de G..., sur cette propriété, et de fixer les limites de la portion de terrain appartenant à chaque commune ou section. — Art. 2. Les experts visiteront les lieux à l'effet d'appliquer à la parcelle dont il s'agit les matrices et plans cadastraux, et les titres produits par la commune, et s'entoureront de tous les renseignements et de tous les témoignages qu'ils jugeront utiles de recueillir. En cas de désaccord entre eux, ils sont autorisés à s'adjoindre un tiers expert à leur choix. — Art. 3. Le rapport des experts, dressé en double original, sera remis, avec le plan des lieux, tant à M. le Maire de B... qu'à M. le Maire de G...; ceux-ci le soumettront chacun à leur Conseil municipal et nous le feront parvenir ensuite avec la délibération de ce Conseil. — Art. 4. Si les deux communes sont d'accord, il sera procédé au bornage amiable. — Dans le cas contraire, les deux communes seront autorisées, s'il y a lieu, conformément aux lois, à plaider ou à transiger. — Art. 5. M. le Sous-Préfet de ... et MM. les Maires de B... et de G... sont chargés, chacun en ce qui le concerne, de l'exécution du présent arrêté.

— Experts chargés d'évaluer les dommages causés par un orage. — Le Préfet, — Vu la lettre en date du..., par laquelle M. le Maire de ..., nous expose qu'un orage, qui a éclaté le ..., a causé des dommages considérables dans cette commune, et nous propose de désigner, pour procéder à la vérification et estimation de ces dommages les sieurs ...; — l'article 26 de l'arrêté du gouvernement du 24 floréal an VIII (14 mai 1800); — Arrête : — Art. 1. Les sieurs ..., sont nommés pour vérifier et constater, en présence de M. le Maire, et conjointement avec M. le contrôleur des contributions, les dommages occasionnés par l'orage qui a éclaté le ..., sur la commune de ... — Art. 2. Ils se conformeront, dans cette opération, aux lois et règlements sur la matière. — Art. 3. M. le Directeur des contributions directes est chargé d'assurer l'exécution du présent arrêté.

— Facteur des postes. — Le Préfet, — Vu le décret du 25 mars 1852, art. 5, § 19; — la proposition de M. le Directeur des postes du département : — Arrête : — Le sieur ... est nommé, à dater du ... prochain, facteur [ou de ville ou rural] à ..., au traitement de ... fr., en remplacement du sieur ... [décédé, démissionnaire, etc.]. Il devra, avant d'entrer en fonctions, prêter le serment prescrit par l'art. 16 du sénatus-consulte du 25 décembre 1852, modificatif de l'art. 14 de la Constitution, ainsi que le serment spécifié par la loi du 29 août 1790, concernant le secret des lettres.

— Fondé de pouvoirs d'un entrepreneur de travaux publics. — Le Préfet, — Vu la lettre du ..., par laquelle le sieur ..., entrepreneur des travaux de [construction du palais de justice de ...], nous annonce que des affaires de famille le mettent dans la nécessité de s'éloigner pendant quelque temps de cette ville, et nous présente, pour le remplacer pendant son absence, M. ... (*nom et qualité*), à ..., auquel il a donné pouvoir d'agir pour lui et de faire les paiements aux ouvriers et fournisseurs; — l'avis de M. l'architecte du département, en date du ...; — l'art. ... des clauses et conditions générales imposées aux entrepreneurs de travaux publics. — Arrête : — Art. 1. M. ... est agréé par l'administration comme fondé de pouvoirs de l'entrepreneur ..., qu'il remplacera pour toutes les affaires relatives à la construction du palais de justice de .... — Art. 2. Le présent arrêté, dont il sera donné avis à M. ..., sera transmis à M. le [Sous-Préfet] de ... et à M. l'architecte du département, auprès desquels ledit M. ... sera ainsi accrédité.

— **Fondé de pouvoirs du Trésorier-payeur général.** — Le Préfet, — Vu la lettre en date du ..., par laquelle M. le Trésorier-payeur général de ..., propose à notre agrément comme fondé de pouvoirs, M. ..., né à ..., le ...; — l'art. 1393 de l'*Instruction générale sur la comptabilité des finances;* — Arrête : — M. ..., né à ..., le ..., est agréé en qualité de fondé de pouvoirs de M. le Trésorier-payeur général des finances du département de ....

N. B. — Un Trésorier-payeur général peut avoir simultanément deux fondés de pouvoirs, sous la condition que, s'ils sont autorisés à signer séparément, ils seront investis de pouvoirs parfaitement égaux, et qu'ils engagent le comptable uniformément, sans distinction d'attributions ou de circonstances éventuelles. Le nombre de ces mandataires peut-être exceptionnellement porté à trois; mais alors deux de ces mandataires doivent toujours signer ensemble et non séparément et avoir des attributions entièrement égales à celles de l'autre fondé de pouvoirs. (*Instr. gén. des finances,* art. 1393, §§ 1 et 2.) — Dans le cas d'absence dûment autorisée, comme en cas d'empêchement légitime, les *Receveurs particuliers* peuvent se faire représenter par un fondé de pouvoirs agréé par le Trésorier-payeur général et par le Sous-Préfet. (*Id.,* art. 1360.) — Les *Percepteurs* et les *Receveurs spéciaux* sont tenus d'exercer *personnellement* leurs fonctions, et ne peuvent se faire représenter par un fondé de pouvoirs *que temporairement* et dans les cas d'absence autorisée, de maladie ou d'autre empêchement légitime; le fondé de pouvoirs doit être agréé par le Receveur des finances et accrédité auprès des Maires par le Sous-Préfet. (*Id.,* art. 1268.)

— **Garde champêtre** (Arrêté tenant lieu de commission). — Le Préfet, — Vu la loi du 18 juillet 1837, art. 13; — le décret du 25 mars 1852, art. 5, § 21; — la loi du 6 octobre 1791 et le décret du 6 avril 1852; — la présentation faite, à la date du ... par M. le Maire de la commune de ..., — Arrête : — Art. 1. Le sieur ... (*nom, prénoms, qualité et résidence*), âgé de ..., est nommé garde champêtre de la commune de .... Il prêtera le serment spécial établi par la loi du 6 octobre 1791 et le serment politique établi par le décret du 6 avril 1852, devant le Juge de paix du canton, dans le délai d'un mois et avant toute installation.

N. B. — Il serait utile de faire imprimer à la suite des commissions de gardes champêtres une note dans le genre de celle ci-après : — DEVOIRS DES GARDES CHAMPÊTRES. Les gardes champêtres doivent principalement : 1° veiller de jour et de nuit à la conservation des propriétés et récoltes du finage; 2° rechercher les délits et contraventions de police qui auront porté atteinte aux propriétés rurales et aux chemins vicinaux; 3° dresser des procès-verbaux à l'effet de constater la nature, les circonstances, le temps, le lieu des délits et contraventions, ainsi que les preuves et les indices qu'ils auront pu recueillir; 4° désigner dans ces procès-verbaux les délinquants ou contrevenants par leurs noms, prénoms, surnoms, qualités et demeures; 5° suivre les choses enlevées dans les lieux où elles auront été transportées et les mettre sous séquestre, sans pouvoir néanmoins, s'introduire, dans les maisons, ateliers, bâtiments, cours adjacentes et enclos, si ce n'est en présence, soit du Juge de paix ou d'un suppléant, soit du Commissaire de police, soit du Maire du lieu ou de son Adjoint; et le procès-verbal qui devra en être dressé sera signé par celui des fonctionnaires publics en présence duquel il aura été fait; 6° arrêter et conduire devant le Juge de paix ou le Maire tout individu qu'ils auront surpris en flagrant délit ou qui sera dénoncé par la clameur publique, lorsque ce délit emportera la peine d'emprisonnement ou une peine plus grave. Ils se feront donner, pour cet effet, mainforte par le Maire ou l'Adjoint du lieu, qui ne pourra s'y refuser; 7° rechercher et constater les délits de chasse et le colportage ou la vente du gibier; 8° rechercher et constater les délits de pêche sur les rivières avec tous engins et filets défendus; 9° rechercher et constater les fraudes commises par la culture, le colportage ou la vente des tabacs, ou la fabrication clandestine des sels; 10° affirmer leurs procès-verbaux dans les vingt-quatre heures pardevant le Juge de paix, s'il réside dans la commune, ou un suppléant, s'il y demeure; à défaut, pardevant le Maire du lieu du délit, ou, en son absence, devant son Adjoint; les faire enregistrer au bureau le plus voisin, dans les quatre jours, et les remettre sans délai, savoir : au Commissaire de police ou au Maire lorsqu'il s'agira de simples délits et contraventions, et au Procureur impérial près le tribunal lorsqu'il s'agira d'un délit de nature à mériter une peine correctionnelle; 11° se conformer aux lois et règlements, et bien et fidèlement se comporter dans l'exercice de leurs fonctions.

— Garde forestier des départements, des communes, et des établissements publics. — Le Préfet, — Vu le Code forestier (art. 94, 95, 96, 97 et 98); — le décret du 25 mars 1852, art. 5, § 20; — la présentation faite par M. le conservateur des forêts, à la date du ...; — Arrête : — M. ... (*nom, prénoms, qualité*, etc.), domicilié à ..., est nommé garde forestier, en remplacement de M. ...

— Garde de navigation (Décret du 20 mars 1852, art. 5, § 25.

— Garde particulier. — Le Préfet, — Vu l'art. 40 de la loi du 3 brumaire an IV et l'art. 117 du Code forestier; — l'extrait du casier judiciaire constatant que le nommé ..., présenté comme garde particulier, n'a subi aucune condamnation. Sur la demande de M. ..., laquelle a été enregistrée à la [Préfecture *ou* Sous-Préfecture] de ..., le ...; — Arrête : — Art. 1. Le sieur ..., garde particulier des propriétés de toute nature que le réclamant ci-dessus désigné possède dans la commune [*ou* les communes] de ..., est, par le présent, commissionné pour en remplir les fonctions. — Art. 2. Le garde ci-dessus nommé sera tenu, avant d'entrer en fonctions, de faire enregistrer sa commission à la mairie de ..., commune de ..., de la situation des biens et de se présenter devant les tribunaux compétents pour y prêter le serment prescrit par la loi. Mention de l'accomplissement de cette formalité sera faite sur la commission. — Art. 3. Il devra, dans ses tournées de surveillance, porter toujours, au bras ou sur la poitrine, une plaque de métal indiquant son nom, la qualité du propriétaire dont il garde les biens et la commune où ces mêmes biens sont situés. — Art. 4. Une expédition du présent arrêté sera délivrée au sieur ..., pour lui servir de commission.

— Gardien-chef et gardien de maison d'arrêt et justice et de correction, et de prison départementale. — Le Préfet, — Vu les décrets des 25 mars 1852, art. 5, § 20, et 13 avril 1841, art. 5, § 2; — les propositions de M. le directeur des prisons; — Arrête : — Art. 1. Le sieur ..., est nommé gardien [ordinaire ou chef] de la prison [ou maison d'arrêt] de ..., en remplacement du sieur ..., admis à faire valoir ses droits à la retraite (ou révoqué, ou nommé à ...). — Art. 2. Il jouira d'un traitement annuel de ... — Art. 3. M. le directeur des prisons est chargé d'assurer l'exécution du présent arrêté.

N. B. Même formule, sauf les modifications nécessaires, pour les *surveillantes* du quartier des femmes. — Ces arrêtés doivent être approuvés par M. le Ministre de l'Intérieur.

— Gardien de salines (Décret du 13 avril 1861, art. 5, § 13).

— Gardien des phares (Décret du 25 mars 1852, art. 5, § 26).

— Géomètre du cadastre. — Le Préfet, — Vu les propositions de M. le Directeur des contributions directes pour la nomination à un emploi de géomètre du cadastre; — l'ordonnance du 10 octobre 1821; — le règlement ministériel du 15 mars 1827; — Arrête : — Art. 1. M. ... (*qualités*), est nommé géomètre du cadastre dans le département de .... — Art. 2. Ses attributions consistent en ... (*les déterminer*).

— Gérant d'un débit de tabacs simple, dont le produit ne dépasse pas 1,000 francs.—Le Préfet,—Vu la demande par laquelle M. . . . sollicite l'autorisation de faire gérer par le sieur . . ., le débit de tabacs dont il est titulaire à . . .; — l'avis favorable de M. le directeur des contributions indirectes; — les décrets des 25 mars 1852, art. 5, § 15, et 13 avril 1861, art. 5, § 12; — Arrête : — Art. 1. M. . . est autorisé à exercer la gérance du débit de M. . . . — Art. 2. Ampliation du présent arrêté sera adressée à M. le directeur des contributions indirectes chargé d'en assurer l'exécution.

— Inspecteur des pharmacies. — Le Préfet, — Vu le décret du 23 mars 1859, portant que l'inspection des pharmacies et des magasins de droguistes et épiciers sera faite, à l'avenir, dans chaque arrondissement, par trois membres pris dans le sein des Conseils d'hygiène publique et de salubrité, et désignés spécialement par le Préfet; — les circulaires ministérielles de 24 avril et 30 octobre 1859; — Arrête : — Art. 1. Les commissions qui seront chargées pendant l'année 186. , de l'inspection des officines de pharmacies et des magasins des droguistes et épiciers dans le département de. . . ., sont composées comme il suit : *Arrondissement de...*, MM...; etc. — Art. 2. Le présent arrêté sera notifié aux intéressés.

— Inspecteur du service des enfants trouvés.—Le Préfet,—Vu les instructions ministérielles des 12 mars 1859 et 12 avril 1856 ; — Arrête : — Art. 1. M. . . . (*nom et qualité*), demeurant à . . ., est nommé inspecteur des enfants assistés et des établissements de bienfaisance du département de . . ., en remplacement de M. . . . [décédé]. — Art. 2. M. . . . prendra le service à partir du . . . prochain. — Art. 3. Il lui sera alloué, à dater de la même époque, un traitement fixe et annuel de . . . fr., indépendamment des indemnités de tournée, réglées par l'art. . . . de l'arrêté réglementaire du service qui lui est confié. — Art. 4. Le présent arrêté sera adressé à M. . . . Il sera, en outre, inséré au *Recueil des actes administratifs* pour être porté à la connaissance de MM. les Maires, Sous-Préfets et commissions administratives des établissements charitables.

— Instituteur et Institutrice. — Le Préfet, — Vu l'art. 31 de la loi du 15 mars 1850; — l'art. 4 du décret du 9 mars 1852 ; — l'art. 8 de la loi du 14 juin 1854; — les propositions de M. l'inspecteur d'académie ; — Arrête : — Art. 1. Le sieur . . . est nommé instituteur à . . ., commune de . . ., arrondissement de . . ., en remplacement de . . . — Art. 2. Il jouira, en cette qualité, d'un traitement annuel de . . .

— Jury d'examen aux écoles. — Le Préfet, — Vu l'arrêté du pouvoir exécutif en date du 19 décembre 1848, qui prescrit (art. 5) la formation au chef-lieu de chaque département d'un jury spécial pour procéder, dans la première semaine du mois d'août, à l'examen des candidats aux écoles impériales d'arts-et-métiers; — Arrête : — Art. 1. Sont nommés pour faire partie du jury d'examen des candidats qui voudront concourir, pour être admis à l'école impériale de . . ., MM. . . . —Art. 2. Le jury se réunira le . . . prochain, à . . . heures du matin, dans l'une des salles de la Préfecture, pour y procéder aux examens dont il s'agit.

— Lieutenant de louveterie.—Le Préfet,—Vu le décret du 25 mars 1852, art. 5, § 17, et l'arrêté ministériel du 3 mai suivant;—les propositions de M. le conservateur des forêts, pour la nomination des lieutenants de louveterie dans le département pendant l'année 186 ; — Arrête : — Art. 1. Sont nommés lieutenants de louveterie dans le département de . . . pour l'année 186 , savoir : arrondissement de . . ., MM. . . . , etc. — Art. 2. Le présent arrêté sera adressé en ampliation à M. le conservateur des forêts qui est chargé d'en assurer l'exécution.

— Maire et adjoint. —Au nom de l'Empereur, le Préfet,—Vu la loi du 5 mai 1855 ; — le sénatus-consulte du 25 décembre 1852, — Arrête : — Art. 1. M. . . . est nommé Maire [*ou* adjoint] de la commune de . . . — Art. 2. Il entrera en fonction après avoir fait transcrire le présent arrêté sur les registres de la mairie et avoir prêté, conformément à la loi, le serment dont la teneur suit : « *Je jure obéissance à la Constitution et fidè-*

lité à l'Empereur. » — Art. 4. M. ... est chargé d'assurer l'exécution du présent arrêté.

— **Maire et adjoint. — Suspension.** — Le Préfet, — Vu la loi du 5 mai 1855, art. 2, § 7 ; — Considérant que dans une tentative d'émeute qui s'est produite à ..., MM. ... adjoints au maire de cette ville, et représentant l'autorité municipale en l'absence de M. le Maire, ont déserté leur poste au moment du danger, en ne prêtant pas leur concours aux autorités, dont l'attitude énergique et dévouée a su préserver la ville des scènes de désordres auxquelles elle était exposée ; — Considérant que MM. les adjoints ont ainsi gravement manqué à tous leurs devoirs et qu'ils ont méconnu la confiance que leur avait accordé le gouvernement de l'Empereur ; — Arrête : Art. 1. MM. ..., adjoints au maire de ... sont suspendus de leurs fonctions. — Art. 2. M. le Sous-Préfet de ... est chargé de l'exécution du présent arrêté. — Art. 3. Le présent arrêté sera adressé à M. le Ministre de l'Intérieur.

— **Médecin attaché à un dispensaire.** — Le Préfet, — Vu le règlement sur la prostitution dans la ville de ... ; — les propositions de M. le Maire de ... pour la désignation d'un médecin chargé de desservir le dispensaire ; — Arrête : — Art. 1. M. le docteur ... est désigné pour desservir le dispensaire établi à ... — Art. 2. Le présent arrêté sera adressé à M. ... qui demeure chargé d'en assurer l'exécution.

— **Médecin des eaux thermales dans un établissement privé ou communal.** Décret du 25 mars 1852, art. 5, § 5.

— **Médecin des épidémies** Décret du 13 avril 1861, art. 5, § 10.

— **Médecin d'un asile public d'aliénés.** — Le Préfet, — Vu la proposition de M. le Directeur de l'asile public d'aliénés de ..., pour la nomination d'un médecin (en chef, *ou* ...) de cet établissement ; — l'ordonnance du 18 décembre 1839, art. 19 ; — le décret du 25 mars 1852, art. 5, § 4 ; — Arrête : — Art. 1. M. ..., docteur en médecine, est nommé médecin (en chef, *ou* ...) de l'asile public d'aliénés de .... — Art. 2. Il jouira, en cette qualité, d'un traitement de ... francs. — Art. 3. Ampliations du présent arrêté seront transmises à Son Exc. M. le Ministre de l'Intérieur, à M. le docteur ..., et à M. le Directeur de l'asile public d'aliénés de ..., qui reste chargé d'en assurer l'exécution.

— **Médecin d'un hospice, sur une présentation de trois candidats, par la commission administrative.** (*Ordonnance du 6 juin 1830.*)

— **Médecin d'une maison d'arrêt, de justice et de correction.** — Décret du 13 avril 1861, article 5, § 2.

— **Membre du bureau d'assistance judiciaire.** — Le Préfet, — Vu la loi du 22 janvier 1851, sur l'assistance judiciaire ; — les propositions de M. le [Sous-Préfet] de ... ; — Arrête : — Art. 1. M. ..., avoué à ..., est délégué comme membre du bureau de l'assistance judiciaire près les tribunaux de cet arrondissement, en remplacement de M. ..., qui a changé de résidence. — Art. 2. M. le Sous-Préfet de ... et M. le procureur impérial de cet arrondissement sont chargés, chacun en ce qui le concerne, d'assurer l'exécution du présent arrêté.

— **Membre d'une chambre consultative d'agriculture.** — Décret du 25 mars 1852.

— **Membre du comité consultatif des établissements de bienfaisance.** — Le Préfet, — Vu l'arrêté du gouvernement du 7 thermidor an IX, et la circulaire ministérielle du 8 février 1823 ; — Considérant que M. ..., avocat, membre du comité consultatif des établissements de bienfaisance de l'arrondissement de ..., a changé de résidence ; — Arrête : — M. ..., avocat, est nommé membre du comité consultatif de l'arrondissement de ..., en remplacement de M. ...

— **Membre de la commission administrative des bureaux de bienfaisance.** — Le Préfet, — Vu les décrets des 23 et 25 mars 1852, art. 5, § 9, et 17 juin 1852 ; — la circulaire du 2 juillet 1852 ; — Arrête : Art. 1. M. ... (*nom, prénoms* *et qualité)* est nommé membre de la commission administrative du bureau de bienfaisance de ..., en remplacement de M. ... (*Indiquer la cause de la sortie*).—Art. 2. M. le Maire de ... est chargé de l'exécution du présent arrêté.

— **Membre d'une commmission administrative des hôpitaux et hospices**. — Le Préfet, — Vu les décrets des 23 et 25 mars 1852, art. 5, § 9 ; — Arrête : — Art. 1. M. ... (*indiquer le nom, les prénoms et la qualité*) est nommé membre de la commission administrative de l'hospice [*ou* des hospices] de ..., en remplacement de M. .... (*Indiquer la cause de la sortie*).

— **Membre de la commission administrative de l'institution des sourds-muets**. — Le Préfet, — Vu le règlement de l'institution des sourds-muets ; — Arrête : — Art. 1. M. ... est nommé membre de la Commission administrative de l'institution des sourds-muets de ..., en remplacement de M. .... — Art. 2. Le présent arrêté sera adressé, en ampliation, à M. ... et à la commission administrative de l'institution.

— **Membre d'une commission cantonale de statistique**. — Décret du 1ᵉʳ juillet 1852.

— **Membre de la commission de surveillance de l'asile d'aliénés**. — Le Préfet, — Vu le décret du 25 mars 1852, art. 5, § 4 et 9 ; — Arrête : — Art. 1. M. ... est nommé membre de la commission de surveillance de l'asile public de cette ville, en remplacement de M. ... — Art. 2. Il entrera en fonctions après avoir prêté, entre les mains du président de la commission, et en présence de la commission, réunie à cet effet, le serment dont la formule est ainsi conçue : « Je jure obéissance à la Constitution et fidélité à l'Empereur. » — Art. 3. Ampliation du présent arrêté sera adressée à M. ... et à M. le président de la commission chargé d'en assurer l'exécution.

— **Membre de la commission de surveillance des maisons d'arrêts et prisons** (décret du 25 mars 1852, art. 5, § 3) **et des maisons de justice et de correction** (décret du 13 avril 1861, art. 5, § 1.) — Le Préfet, — Vu les propositions de M. le Sous-Préfet de ...; — le décret du ..., etc. ; — Arrête : — Art. 1. M. ... est nommé membre de la Commission de surveillance de la prison de (*ou* ...) ..., en remplacement de M. ...

— **Membre de la commission de surveillance du travail des enfants dans les manufactures**. — Décret du 13 avril 1861, art. 5, § 10.

— **Membres d'une commission municipale**. — Le Préfet, — Vu les démissions [*ou* ...] des membres du Conseil municipal de ...; — la loi du 5 mai 1855, art. 13, § 4 ; — Arrête : — Art. 1. Sont nommés membres de la commission appelée à remplacer les membres démissionnaires du Conseil municipal de ..., MM. .... — Art. 2. Ils entreront en fonctions immédiatement après avoir prêté le serment prescrit par l'art. 14 de la Constitution dont la teneur suit : « Je jure obéissance à la Constitution et fidélité à l'Empereur. » — Art. 3. Il sera dressé procès-verbal de l'accomplissement de cet acte. — Art. 4. M. ... est chargé de l'exécution du présent arrêté.

— **Membre du conseil d'administration du mont-de-piété**. — Le Préfet, — Vu la loi du 24 juin 1851 et le décret du 25 mars 1852, art. 5, § 9 ; — Arrête : — M. ... est nommé membre du conseil d'administration du mont-de-piété de ..., en remplacement de M. ....

— **Membres du Conseil de discipline de la Garde nationale**. — Le Préfet (ou le Sous-Préfet), — Vu les propositions de M. le ... (*indiquer le grade du chef de corps*), de la garde nationale de ...; — la loi du 13 juin 1851 (titre 18) et le décret du 11 janvier 1852, art. 23 ; — les circulaires des 10 octobre 1851 et 24 avril 1852 ; — Arrête : — Art. 1. M. ..., est nommé (*officier, sous-officier, rapporteur ou secrétaire*), près le Conseil de discipline de la garde nationale de ... — Art. 2. Cet arrêté sera notifié à l'intéressé par M. ... (*indiquer le grade du chef de corps*), qui reste chargé d'en assurer l'exécution.

— Membre du Conseil départemental des bâtiments civils. — Le Préfet, — Vu les décrets des 25 mars 1852 et 13 avril 1861 ; — les circulaires de M. le Ministre de l'intérieur, des 5 mai 1852 et 18 mai 1861, en ce qui concerne l'institution du Conseil des bâtiments civils, par application des décrets précités ; — Considérant que ce Conseil a cessé de fonctionner dans ce département, soit par le changement de résidence, soit par le décès de plusieurs membres qui le composaient ; — qu'il convient de le réorganiser pour satisfaire aux prescriptions des circulaires ci-dessus visées ; — Arrête : — Art. 1. Le Conseil départemental des bâtiments civils est réorganisé ; sont nommés membres de ce Conseil :

MM. ..., Conseiller de préfecture ; ..., ..., membres du Conseil général ; l'Ingénieur en chef des ponts et chaussées ; l'Ingénieur ordinaire du service hydraulique du département ; l'Ingénieur ordinaire des mines du département ; ..., membre de la Société des lettres, sciences et arts du département ; l'Inspecteur d'académie ; l'Agent voyer en chef ; l'architecte du département ; l'Inspecteur des travaux des édifices diocésains. — Art. 2. Le Conseil se réunira à l'hôtel de la préfecture sous notre présidence, ou celle de M. le Secrétaire général ; que nous déléguons à cet effet ; M. l'Architecte du département remplira les fonctions de secrétaire ; les chefs de division pourront être appelés par nous dans le sein du Conseil, chacun pour les affaires de leur service ; ils prendront part à la discussion avec voix consultative seulement. — Art. 4. Le Conseil a mission de nous donner son avis, au point de vue technique, sur toutes les questions d'art et de voirie urbaine, intéressant le département et les communes, soumis à notre décision, et sur lesquelles il nous paraîtra utile de le consulter. — Art. 5. Au fur et à mesure que nous jugerons nécessaire de soumettre une affaire à l'examen du Conseil, nous transmettrons le dossier à l'un de ses membres, qui sera chargé de faire le rapport. Ce rapport peut être écrit ou verbal ; mais le rapporteur doit toujours formuler des conclusions écrites, qui seront jointes au dossier. — Art. 6. Dès que le rapporteur aura terminé l'examen de l'affaire dont nous l'aurons chargé, il fera le renvoi du dossier avec son rapport ou, au moins, avec ses conclusions écrites. — Art. 7. Après cette instruction, le Conseil sera convoqué par nous ; la lettre de convocation fixera l'ordre du jour de la séance. Il sera tenu un procès-verbal régulier de chaque séance. — Art. 8. Tous les ans, il nous sera présenté, par le Conseil, un rapport d'ensemble de ses travaux. — Art. 9. Le présent arrêté sera porté à la connaissance de MM. les Sous-Préfets et Maires du département, par la voie du *recueil des actes administratifs ;* un exemplaire de l'arrêté sera adressé à MM. les membres du Conseil des bâtiments civils.

— Membre du conseil de fabrique d'une église. — Le Préfet — Vu l'art. 6 du décret du 30 décembre 1809, et l'art 1ᵉʳ de l'ordonnance du 12 janvier 1825 ; — Arrête : — M. ... est nommé membre du conseil de fabrique de l'église [curiale *ou* paroissiale] de ....

— Membre du Conseil de surveillance d'une colonie pénitentiaire. — Le Préfet, — Vu l'arrêté préfectoral en date du ..., qui a institué, en exécution de la loi du 5 août 1850, des conseils de surveillance auprès des colonies pénitentiaires de ... et de ... ; — la délibération par laquelle le Conseil général, conformément aux dispositions de la même loi, a délégué quatre de ses membres pour compléter les conseils et a désigné, à cet effet, MM. ... pour le Conseil de ..., et MM. ... pour celui de ... ; — Arrête : — Art. 1. MM. ... et ... sont nommés membres du conseil de surveillance de la colonie de ..., et MM. ... et ..., membres de celui de la colonie de .... — Art. 2. Ampliation du présent arrêté sera adressé à chacun des membres desdits conseils.

— Membre du conseil d'hygiène publique et de salubrité. — Le Préfet,

seront simultanément et de plein droit, réduites d'un dixième ; — les circulaires de M. le Directeur général des douanes et des contributions indirectes, en date des 9 août et 12 octobre 1852, portant que cette réduction doit être calculée de telle sorte que le revenu net que les communes obtenaient de leurs octrois reste exactement ce qu'il était sous le régime du prélèvement ; — l'état dressé, en exécution de ces circulaires, par M. le Directeur des contributions indirectes du département, état duquel il résulte que les produits bruts de l'octroi de …, dont le bail expire, le 31 décembre prochain, se sont élevés pendant les années …, … et …, à la somme totale de [13,330 fr.], ce qui donne, par an, une moyenne de [4,443 fr.] ; que la moyenne des frais de perception est de [500 fr.] et qu'il reste, en produit net, une somme de [3,943 fr.] sur laquelle il a été prélevé pour le dixième revenant au trésor [394 fr.], représentant [8 fr. 87 c. p. %] du produit brut de [4,443 fr.] ; — le tarif de l'octroi de cette ville, réduit dans cette proportion par M. le Directeur des contributions indirectes ; — Considérant qu'en faisant subir aux diverses taxes portées au tarif de l'octroi de …, une réduction de [8 fr. p. %] le revenu net restera exactement le même que ce qu'il était sous le régime du prélèvement du dixième, et qu'ainsi sera rempli, conformément aux instructions de M. le Directeur général, le but de l'art. 25 du décret du 17 mars 1852 ; — attendu que l'octroi de … ne contient aucune taxe, additionnelle et temporaire, non sujette au prélèvement du dixième ; — Arrête : — Art. 1. Les taxes d'octroi, de toute nature, portées au tarif de l'octroi de la ville de …, seront réduites à partir du …, de [8 fr. 87 c. p. %]. En conséquence, le tarif, réduit dans cette proportion, par M. le Directeur des contributions indirectes et approuvé par nous, ce jourd'hui, sera applicable, à partir de ladite époque. — Art. 2. Ce nouveau tarif, imprimé à la diligence de M. le Maire de …, sera affiché à l'intérieur et à l'extérieur des bureaux de perceptions, et il nous en sera transmis sept exemplaires. — Art. 3. Le présent arrêté sera adressé à M. le Directeur des contributions indirectes et à M. le Maire de …, lesquels restent chargés, chacun en ce qui le concerne, d'en assurer l'exécution. Il sera en outre publié, dans les formes ordinaires, à la diligence de M. le Maire.

Octroi. — Droits d'entrée sur les boissons. — Élévation des tarifs. — Le Préfet, — Vu la loi du 21 avril 1816 (art. 20 et 22), la loi du 12 décembre 1830 (art. 3) et le décret du 17 mars 1852 (art. 14) qui ordonnent la perception, au profit du Trésor, dans les villes et communes ayant une population agglomérée de 4,000 âmes et au dessus, d'un droit d'entrée sur les boissons introduites ou fabriquées dans l'intérieur et destinées à la consommation du lieu ; — les tarifs annexés à ces diverses lois, et, notamment, le tableau G faisant suite au décret du 17 mars 1852, lequel indique les droits à percevoir, selon la population des communes et les classes dans lesquelles ont été rangés les départements de l'Empire ; — l'art. 171 de la loi précitée du 28 avril 1816, qui établit un droit de licence sur les débitants de boissons, et le tarif annexé, portant fixation de ces droits d'après la population des communes ; — la circulaire de Son Exc. le Ministre des Finances, du 18 mars 1817, et celle de M. le Directeur général des contributions indirectes des 2 février 1843 et 29 mars 1847, desquelles il résulte qu'il appartient aux Préfets, soit de désigner les communes qui, d'après le nombre de leurs habitants, doivent être soumises ou cesser d'être soumises aux droits d'entrée, soit d'élever ou d'abaisser les tarifs dans les villes qui, à raison des changements intervenus dans leur population, doivent cesser d'appartenir à la classe dans laquelle elles avaient été rangées ; — le décret du 11 janvier 1862, contenant approbation des tableaux de la population de l'Empire et constatant que la population agglomérée de la ville de …, qui n'était précédemment que de [8,650] habitants, est aujourd'hui de [11,250] habitants ; — la lettre de M. le Directeur des contributions indirectes, en date du … courant, tendant à faire régler les tarifs d'après lesquels doivent être perçus les droits d'entrée et le droit de licence dans la ville de … ; — Arrête : — Art. 1. Les droits d'entrée, établis au profit du Trésor public sur les boissons introduites ou fabriquées dans l'intérieur des villes et destinées à la consommation du lieu, seront désormais perçus aux entrées de la ville de ..., conformément à la taxe par hectolitre déterminée pour les communes de 10 à 15 mille âmes, dans les départements de 1ʳ. classe, par le tarif annexé au décret du 17 mars 1852. — Art. 2. Le droit de licence à payer par les débitants de boissons sera de 3 fr. par trimestre, conformément au tarif (n° 4), annexé à la loi du 28 avril 1816 et à l'art. 44 de la loi du 21 avril 1832. — Art. 3. M. le Directeur des contributions indirectes est chargé de l'exécution du présent arrêté dont une ampliation sera adressée à M. le Maire de ..., qui est invité à le porter à la connaissance de ses administrés.

Octroi. — Droit d'entrée sur les boissons. — Soumission à ce droit. — Le Préfet, — Vu les lois des 28 avril 1816 et 12 décembre 1830, et le décret du 17 mars 1852, d'après lesquels il est perçu, au profit du Trésor, dans les villes et communes ayant une population agglomérée de 4,000 âmes et au-dessus, un droit d'entrée sur les boissons introduites ou fabriquées dans l'intérieur et destinées à la consommation du lieu ; — le décret du ..., contenant approbation des tableaux de la population de l'Empire, desquels il résulte que la population totale de la ville de ..., canton de ..., arrondissement de ..., est de ... habitants, et la population agglomérée de ... habitants ; — la lettre de M. le Directeur des contributions indirectes du ... courant, tendant à ce que cette commune soit déclarée sujette au droit d'entrée ; — la circulaire ministérielle du 18 mars 1817 ; — Arrête : — Art. 1. La ville de ..., canton de ..., sera immédiatement soumise au droit d'entrée, établi au profit du Trésor public, sur les boissons introduites ou fabriquées dans l'intérieur et destinées à la consommation du lieu. — Art. 2. Ce droit sera perçu conformément à la taxe déterminée par le tarif annexé au décret du 17 mars 1852. — Art. 3. Le droit de licence à payer par les débitants de boissons sera de deux francs cinquante centimes par trimestre. — Art. 4. M. le Directeur des contributions indirectes est chargé de l'exécution du présent arrêté dont une ampliation sera adressée à M. le Maire de ... qui est invité à le porter à la connaissance de ses administrés.

Octroi. — Droit d'entrée sur les boissons. — Taxe unique. —Le Préfet, — Vu l'art. 35 de la loi du 21 avril 1832, portant que les droits de *circulation*, d'entrée et de détail sur les vins, cidres, poirés et hydromels, *ainsi que celui de licence des débitants* pourront être convertis, dans les villes de [4,000] âmes et au-dessus, en une taxe unique aux entrées ; — l'art. 18 de la loi du 25 juin 1841, qui dispose que le remplacement ne comprendra plus, à partir de 1842, que les droits d'entrée et de détail ; que celui de licence des débitants sera payé, exclusivement, par les redevables de cette classe, et que la perception des droits de circulation sera également maintenue ; — l'art. 14 du décret du 17 mars 1852, qui réduit de moitié les droits d'entrée actuellement établis sur les vins, cidres, poirés et hydromels, dans les villes de 4,000 âmes et au dessus ; l'art. 18 du même décret, qui élève le droit de 10 p. %, perçu sur le prix de vente au détail, à 15 p. %, et, enfin, l'art. 19 qui dispose que dans les villes où les droits d'entrée et de détail sur lesdites boissons sont convertis en une taxe unique aux entrées, le tarif de cette taxe unique sera révisé conformément à la loi du 21 avril 1832, et en raison combinée de la réduction du droit d'entrée et de l'augmentation du droit de détail ; — les délibérations du Conseil municipal de ... et les divers arrêtés préfectoraux qui ont établi la perception de la taxe unique aux entrées de cette ville, conformément aux lois des 21 avril 1832 et 25 juin 1841 ; — le nouveau tarif dressé par ladite ville en exécution du décret du 17 mars 1852, par M. le Directeur des contributions indirectes du département et la proposition de ce fonctionnaire, en date du 12 du courant, tendant à ce que le nouveau tarif soit mis en exécution à partir du 1ᵉʳ mai prochain. Attendu que l'art. 24 du décret du 17 mars 1852 a fixé à cette époque la perception des nouveaux droits d'entrée et de détail réglés par les articles 14, 18 et 19 ; — Arrête : — Art. 1. La taxe unique établie sur les vins, cidres, poirés et hydromels aux entrées de la ville de … pour tenir lieu des droits d'entrée et de détail, sera perçue à partir du …, conformément au tarif ci-après : Pour les vins en cercles ou en bouteilles, par hectolitre, [un franc vingt et un centimes] et pour les cidres, poirés et hydromels en cercles ou en bouteilles, aussi par hectolitre, [quarante-huit centimes].' — Art. 2. Les exercices continueront d'être supprimés dans les débits et les consommations ; les débitants et les propriétaires récoltant ne formeront qu'une seule classe et seront obligés d'acquitter les droits énoncés au tarif ci-dessus. — Art. 3. Le droit de licence des débitants et le droit de circulation continueront d'être perçus conformément aux lois. — Art. 4. Ampliation du présent arrêté sera adressée à M. le Directeur des contributious indirectes pour en assurer l'exécution et à M. le Maire de …, qui reste chargé de le porter à la connaissance de ses administrés.

P

.

Patentes. — Classement par voie d'analogie. — Le Préfet, — Vu la loi du 25 avril 1844, art. 4, portant que les commerces, industries et professions, non dénommés dans les tableaux y annexés, doivent être assujettis à la patente d'après l'analogie des opérations ou des objets de commerce, par un arrêté préfectoral, rendu sur la proposition du Directeur des contributions directes, et après avoir pris l'avis du Maire ; — le rapport, en date du …, par lequel M. …, contrôleur à …, propose d'imposer à la patente, par assimilation aux loueurs de chaises, un individu qui s'est rendu acquéreur de la perception des [*ex. : droits dus à la fabrique de l'égli e de …, pour la sonnerie des cloches*] ; — l'avis conforme de M. le Maire de … ; — la proposition de M. le Directeur des contributions directes du … ; — Arrête : — Art. 1. Les adjudicataires de [la sonnerie des cloches] seront désormais rangés dans la 5 partie du tableau C, annexé à la loi du 25 avril 1844, et assujettis à la patente par assimilation aux loueurs de chaises, indépendamment du droit proportionnel, pour un droit fixe invariable de 3 francs, plus 2 francs par 1,000 francs du prix d'adjudication, jusqu'au maximum de 100 francs. — Art. 2. M. le Directeur des contributions directes du département est chargé d'assurer, en ce qui le concerne, l'exécution du présent arrêté, dont un exemplaire sera adressé à M. le directeur général de cette administration.

Pavage. — Conversion en taxe de l'obligation imposée aux riverains, par l'usage local, de faire le premier établissement du pavage des rues ou de l'entretenir en bon état. — Le Préfet, — Vu la délibération du Conseil municipal de …, en date du … ; — les pièces de l'enquête à laquelle il a été procédé ; — l'avis de l'Ingénieur en chef du département, en date du … ; — la loi du 11 frimaire an VII, et le décret du 25 mars 1807 ; — l'art. 28 de la loi des finances (recettes) du 25 juin 1841 ; — l'ordonnance du 23 août 1835 ; — le décret du 25 mars 1852 ; — Considérant qu'il est reconnu que l'usage local dans la ville de … impose aux propriétaires riverains des rues l'obligation de faire (*en tout ou en partie*) le premier établissement du pavé (*ou de l'entretenir*) ; — que la situation financière de cette commune ne lui permet pas de subvenir, elle-même, à cette dépense, sur ses ressources ordinaires ; — qu'il est avantageux de convertir cette obligation en une taxe uniforme ; que le tarif proposé est modéré, et n'a donné lieu (*apprécier ici les résultats de l'enquête*) … ; — Arrête ; — Art. 1. Est approuvé le tarif voté par le Conseil municipal de .. , dans sa délibération du ... (1), pour les frais de premier établissement [*ou* d'entretien] du pavé des rues. que l'usage local met à la charge des propriétaires riverains, tarif d'après lequel le prix du mètre carré de pavé est fixé à (*indiquer ici le prix unique ou les divers prix, suivant les diverses rues*). . — Art. 2. Le Maire de ... est chargé ..., etc.

. Pavage (Rôle de). — Émission. — Le Préfet, — Vu l'art. 4 de la loi du 11 frimaire an VII; — l'avis du conseil d'État du 3 mars 1807, approuvé le 25 du même mois, et le décret du 7 avril 1810; — la délibération du Conseil municipal de la commune de..., en date du ..., portant règlement sur le mode de pavage des rues de ...; — le rôle indiquant les sommes à payer par les divers propriétaires des maisons riveraines; — Arrête : —Art. 1. Le montant du rôle du pavage des rues de ..., est arrêté à la somme de ..., qui sera recouvrée à la diligence du receveur municipal, par les voies autorisées pour le recouvrement des deniers publics, dans les délais et aux époques fixées par l'avis que le Maire en fera donner aux redevables, sauf au receveur municipal à recevoir pour comptant le certificat de ceux des redevables qui s'acquitteront en nature. — Art. 2. Deux expéditions de ce rôle seront adressées, avec le présent arrêté, l'une à M. le Maire de ..., pour être déposée au secrétariat de la mairie, afin qu'elle puisse être consultée, au besoin, par les propriétaires intéressés, et l'autre à M. le Trésorier-payeur général des finances du département, pour être transmise au receveur municipal, chargée d'en opérer le recouvrement.

Pêche du saumon et de la truite. — Interdiction. — Le Préfet, — Vu les arrêtés préfectoraux, en date des ..., portant règlement de l'exercice du droit de pêche sur les fleuves, rivières, canaux, ruisseaux et cours d'eau quelconques du département; — l'ordonnance du 3 novembre 1831 et le décret du 28 mars 1855, qui homologuent et rendent exécutoires ces arrêtés; — la délibération du Conseil général de ..., en date du ..., sur la proposition tendant à interdire la pêche du saumon et de la truite, dans les cours d'eau de l'Empire, du [1er octobre au 15 janvier]; — les avis de MM. les Ingénieurs en chef des ponts et chaussées attachés au service ordinaire et au service hydraulique, en date des ...; — les instructions ministérielles, notamment celle du 2 octobre 1863; — les art. 25 et 27 de la loi du 15 avril 1829, sur la pêche fluviale, et les art. 5 et 8 de l'ordonnance règlementaire du 15 novembre 1830; — le décret du 29 avril 1862, qui place dans les attributions de M. le Ministre de l'Agriculture, du Commerce et des Travaux publics, la surveillance, la police et l'exploitation de la pêche fluviale; — Considérant que les règlements précités ont fixé la durée de l'interdiction de la pêche pour les différentes espèces de poissons; — qu'en vue d'une mesure uniforme, dans l'intérêt de la conservation des espèces précieuses du *saumon* et de la *truite*, il convient de modifier l'époque fixée pour interdire la pêche des poissons de ces deux races, dans les arrêtés précités, en confirmant de nouveau les dispositions qui assurent l'accroissement de la richesse de cette branche d'industrie; —Arrête : — Art. 1. Il est interdit de pêcher ou de prendre du saumon et de la truite, de quelque manière que ce soit, dans tous les cours d'eau du département de ..., du [20 octobre au 31 janvier) inclusivement de chaque année. - Art. 2. Toutes les dispositions des règlements des ..., non contraires aux présentes, sont et demeurent maintenues. — Art. 3. MM. les Ingénieurs en chef des ponts et chaussées attachés au service ordinaire et au service hydraulique, MM. les Sous-Préfets, Maires, adjoints, commissaires de police, agents des ponts et chaussées, garde-pêches, gardes champêtres, la gendarmerie et tous officiers de police judiciaire sont chargés, chacun en ce qui le concerne, d'assurer l'exécution du présent arrêté, qui sera imprimé, publié et

(1) La délibération devra être produite par la mairie en triple expédition, comme pour les tarifs de droits de voirie.

affiché, ainsi que les règlements plus haut relatés, dans toutes les communes du département, après avoir été homologué par décret impérial.

Pêche fluviale. — Réglementation. — Le Préfet, — Vu l'ordonnance du 15 novembre 1830, portant règlement pour l'exécution des art. 25, 26, 27, 28 et 29 de la loi du 15 avril 1829, sur la pêche fluviale; — les dispositions des art. 5, 6, 7 et 8 de cette ordonnance qui chargent les Préfets de déterminer, sur l'avis des Conseils généraux : 1° les temps, saisons et heures pendant lesquels la pêche sera interdite dans les rivières et cours d'eau; 2° les filets et engins, ainsi que les procédés et modes de pêche de nature à être prohibés comme étant nuisibles au repeuplement des rivières; — la délibération prise dans sa dernière session par le Conseil général du département; — l'avis de MM. les Ingénieurs en chef chargés du service de la pêche; — Arrête : — § I ᵉʳ. *Temps, saisons et heures pendant lesquels la pêche est défendue.* — Art. 1. La pêche est interdite dans les fleuves et rivières navigables ou flottables, les canaux, ruisseaux ou cours d'eau quelconques, à toute heure de jour ou de nuit, pendant le temps de la frai, savoir : pour la truite, le saumon et toutes les autres espèces de poisson, dans les rivières et cours d'eau formant la première catégorie, où la truite est le poisson dominant, à partir de ... jusqu'à ..., depuis le [20 octobre jusqu'au 31 janvier] inclusivement; dans le surplus de la ... (*nom de la rivière*) et les autres cours d'eau, en aval dudit pont jusqu'à la limite du département de ..., formant la seconde catégorie, du [1ᵉʳ mai jusqu'au 31 juillet] inclusivement. Toutefois, cette interdiction ne s'applique pas à l'alose, à la lamproie et à l'anguille dans la partie de ... qui s'étend de la chaussée du moulin du ..., à ..., à la sortie du département. — Art. 2. Il est défendu, en toute saison, de pêcher, de quelque manière que ce soit, depuis le coucher jusqu'au lever du soleil, sauf aux arches des ponts, digues et écluses. Cependant la pêche de l'alose sera permise pendant la nuit aux lieux, jours et heures fixés par les Ingénieurs de la navigation. — Art. 3. Quiconque se livrera à la pêche dans les lieux ou pendant les temps, saisons et heures ci-dessus désignés, sera puni d'une amende de 30 à 200 fr. (Art. 27 de la loi du 15 avril 1829). — § II. *Procédés et mode de pêche prohibés.* — Art. 4. Il est défendu, sous les peines portées par l'art. 25 de la loi sur la pêche fluviale, de jeter dans les rivières et cours d'eau des substances ou appâts qui sont de nature à enivrer ou faire périr le poisson. — Art. 5. Sont prohibés tous engins ou instruments de pêche autres que les lignes, les filets composés de fils de chanvre ou de toute autre plante textile, et les nasses composées d'osier, de jonc et de toute autre plante flexible. — Art. 6. En conséquence, il est défendu de prendre le poisson en l'attaquant avec des instruments piquants ou tranchants, tels que la fouane, le trident, l'épée, le harpon et autres de la même espèce, ainsi que de le prendre à la main en plongeant. — Art. 7. Sont prohibés tous moyens autres que les amorces et appâts préparés à rassembler le poisson dans un seul lieu ou à le contraindre à donner dans les nasses et filets. — Art. 8. Il est en conséquence fait défense : 1° d'attirer le poisson en faisant des trous dans la glace et en allumant des feux, torches et brandons; 2° de le faire fuir vers les filets ou nasses, soit en remuant la vase et en troublant l'eau avec des bouilles ou rabots, soit en le pourchassant à coups de pierre ou de cailloux, soit en l'épouvantant avec des cliquettes ou de toute autre manière pour le faire donner dans les filets de toute espèce, notamment dans les grands filets tendus sur la largeur d'un cours d'eau; ce qu'on appelle faire le bazardage. — Art. 9. Une amende de 30 à 100 fr. sera prononcée contre ceux qui feront usage, en quelque temps ou sur quelque fleuve, rivière, canal ou ruisseau que ce soit, de l'un des procédés ou modes de pêche ci-dessus (Art. 28 de la loi du 15 avril 1829). — § III. *Filets, engins ou instruments de pêche nuisibles au repeuplement des rivières.* — Art. 10. Sont prohibés, sous les peines portées par l'art. 28 de la loi du 15 avril 1829, « 1° les filets traînants; 2° les filets dont les mailles carrées, sans accrues et non tendues ni tirées en losange, auraient moins de 30 millimètres (14 lignes) de chaque côté, après que les filets auront séjourné dans l'eau; 3° les bizes, nasses et autres engins

dont les verges en osier seraient écartées entre elles de moins de 30 millimètres. »
(Ordonnance du 15 novembre 1830.) — Art. 11. Sont spécialement prohibés, sauf les
exceptions ci-après, les grands filets garnis de flottes et de lest connus sous le nom
de *seine* ou *grand escave* et de *trémail*, quelles que soient les dimensions de leurs
mailles. — Art. 12. Une amende de 30 à 100 fr. sera prononcée contre ceux qui feront
usage, en quelque temps et quelque fleuve, rivière canal ou ruisseau que ce soit,
de l'un des instruments ou engins de pêche ci-dessus prohibés. (Art. 28 de la loi
du 15 avril 1829.) — § IV. *Dimensions des filets ou engins dont l'usage est permis.* —
Art. 13. Il est permis, sauf l'exception portée au 1ᵉʳ paragraphe de l'art. 10 ci-dessus,
d'employer à la pêche des poissons des grandes espèces : 1° toutes sortes de filets dont les
mailles auront 30 millimètres de chaque côté; 2° toutes espèces de bizes, nasses et autres
engins dont les verges en osier seront écartées entre elles de 30 millimètres. — Art. 14. « Sont
aussi autorisés pour la pêche du goujon, ablettes, loches, verons, vendoises et autres poissons de petite espèce, les filets dont les mailles auront 15 millimètres (7 lignes) de largeur,
et les nasses d'osier ou autres engins dont les baguettes ou verges seront écartées de 15 millimètres; les pêcheurs auront aussi la faculté de se servir de toute espèce de nasses en
jonc, à jour, quel que soit l'écartement de leurs verges. » (Ordon. du 15 novembre 1830,
art. 2.) — Art. 15. Toutefois, ces filets, nasses et autres engins, exclusivement autorisés pour
la pêche des poissons de petite espèce, ne pourront être employés chaque année que hors
le temps de la frai, c'est-à-dire depuis le [1ᵉʳ janvier jusqu'au 30 septembre] dans les cours
d'eau de la première catégorie et depuis le [1ᵉʳ août jusqu'au 30 avril] suivant dans les cours
d'eau de la deuxième catégorie. — Art. 16. Quant aux poissons de mer qui remontent dans
les fleuves et rivières, on pourra en faire la pêche avec le grand filet appelé *seine* ou *grand
escave*, si les mailles ont au moins 50 millimètres sur chacun de leurs quatre côtés, avec
le trémail si la nappe du milieu a les mailles de cette même dimension. Mais ces filets ne
pourront être employés que depuis le [1ᵉʳ février jusqu'au 1ᵉʳ août] de chaque année, et
seulement dans la rivière de ..., depuis la chaussée du moulin de ..., jusqu'à la limite
aval du département. — Art. 17. Quiconque se servira, soit pour une autre pêche, soit
dans d'autres temps et lieux que ceux désignés dans les quatre articles qui précèdent, de
filets ou nasses permis seulement pour les poissons de petite espèce ou pour le poisson de
mer, sera condamné à une amende de 30 à 100 fr., conformément à la loi sur la pêche,
art. 28, et à l'ordonnance du 15 novembre 1830, art. 3. — § V. *Dimensions des poissons
qui ne peuvent être péchés.* — Art. 18. Ne pourront être péchés et seront rejetés en rivière,
les truites, saumoneaux, ombres, barbeaux, brêmes et meuniers qui n'auront pas 162 millimètres (6 pouces), et les tanches, perches et gardons qui n'auront pas 135 millimètres
(5 pouces) entre l'œil et la naissance de la première nageoire de la queue. — Art. 19. Les
contrevenants seront condamnés à une amende de 30 à 100 fr., conformément à l'art. 3 de
l'ordonnance du 15 novembre 1830. — § VI. *Appâts défendus.* — Art. 20. Il est défendu
d'appâter les hameçons, nasses, filets et autres engins avec les poissons dénommés en l'article 18 ci-dessus, à moins qu'ils n'aient les dimensions y mentionnées. — Art. 21. Les contrevenants seront condamnés à une amende de 20 à 50 fr., et à la confiscation du poisson,
conformément à l'art. 31 de la loi sur la pêche. — Art. 22. Le présent règlement sera,
après homologation, publié et affiché dans les communes du département. Il sera, en outre,
inséré au *Recueil des actes administratifs*.

Pensions d'employés ou agents communaux.—Le Préfet,—Vu le règlement
sur les pensions de retraite des employés de la mairie [*ou de l'octroi*] de la ville de ..., ledit
règlement approuvé par (*indiquer la nature et la date de l'acte d'approbation*) ; — la
demande formée par le sieur ..., employé de ..., à l'effet d'obtenir une pension de
retraite; — le certificat délivré par ..., constatant que le sieur ... a été employé dans
la mairie [*ou dans l'octroi*] depuis ... jusqu'au ... et qu'il a joui pendant les trois (*ou*

quatre, *selon les règlements*) dernières années d'un traitement moyen de ... ; — (*S'il a des services militaires*) le certificat délivré par le Ministre de la Guerre (*ou de la Marine*), duquel il résulte que le sieur ... a servi dans l'armée depuis le ... jusqu'au ... (*indiquer la date de l'entrée au corps et de l'époque de la libération*) ; — (*Si l'employé compte, dans d'autres administrations publiques, des services admissibles*) le certificat délivré par ..., constatant que le sieur ... a été employé en qualité de ..., depuis ... jusqu'au ... ; — (*S'il s'agit d'accorder une pension pour cause d'infirmités*) le certificat délivré par le sieur ..., médecin, délégué à cet effet par (le Préfet ou le Sous-Préfet), duquel il résulte que le sieur ... est atteint de (*spécifier la nature des infirmités*) qui l'empêchent de continuer ses fonctions, et que ces infirmités sont le résultat de l'exercice desdites fonctions ; — la délibération en date du ..., par laquelle le Conseil municipal de ... a fixé à la somme de ... la pension du sieur ... ; — le décret du 25 mars 1852, tableau A, § 38 ; — Considérant que le sieur ... a consacré sa vie presque entière au service de l'administration municipale de ..., et qu'il a apporté dans l'exercice de ses fonctions un zèle et un dévouement qui ne se sont jamais démentis ; — que, d'après le certificat du médecin, ci-dessus visé, la santé du sieur ... est compromise, et le condamne à un repos absolu ; — [ou : Considérant ..., etc.] ; — Arrête : — Art. 1. Il est accordé au sieur ... (*nom, prénoms, qualité*) une pension annuelle et viagère de ... dont il jouira à partir du .... — Cette pension sera payée sur les fonds de la caisse des retraites des employés de la mairie (*ou de l'octroi*) de la ville de ...

— **Employés ou agents des établissements de bienfaisance.**—Le Préfet,— Vu le règlement sur les pensions de retraite des employés de l'hospice (*ou* du bureau de bienfaisance, *ou* du mont-de-piété) de ..., ledit règlement approuvé par (*indiquer la nature et la date de l'acte d'approbation*) ; — la demande formée par le sieur ... (*indiquer le nom et l'emploi*) ; — le certificat délivré par ..., constatant que le sieur ... a été employé dans l'hospice (le bureau de bienfaisance, *ou* le mont-de-piété) depuis ... jusqu'au ..., et qu'il a joui pendant les trois dernières années d'un traitement moyen de ... ; — (*S'il a des services militaires*) le certificat délivré par le Ministre de la Guerre (*ou de la Marine*), duquel il résulte que le sieur ... a servi dans l'armée depuis le ... jusqu'au ... (*indiquer la date de l'entrée au corps et l'époque de la libération*) ; — (*Si l'employé compte dans d'autres administrations publiques des services admissibles*) le certificat délivré par ..., constatant que le sieur ... a été employé en qualité de ... depuis le ... jusqu'au ... ; — (*S'il s'agit d'accorder une pension pour cause d'infirmités*) le certificat délivré par le sieur ..., médecin, délégué à cet effet par (le Préfet *ou* le Sous-Préfet), duquel il résulte que le sieur ... est atteint de (*spécifier la nature des infirmités*) qui l'empêchent de continuer ses fonctions, et que ces infirmités proviennent de l'exercice de ces fonctions ; — la délibération en date du ..., par laquelle la commission administrative (*ou* le conseil d'administration de ... de ... a fixé à la somme de ... la pension du sieur ... ; — l'avis du Conseil municipal en date du ... ;—le décret du 7 février 1809 ;—l'ordonnance du 6 septembre 1820 ; — le décret du 25 mars 1852, § 38 ; — Considérant ... (*discuter notamment l'exception tirée des infirmités*) ; — Arrête : — Art. 1. Il est accordé au sieur ... (*indiquer le nom, les prénoms et la qualité*), pour ... années de services, une pension annuelle et viagère de ..., qui courra à partir du ... — Cette pension sera payée sur les fonds de la caisse des retraites de l'établissement (*ou* sur les revenus ordinaires, *quand il y aura lieu*).

— **Des veuves d'employés ou agents communaux.**—Le Préfet,—Vu le règlement sur les pensions de retraite des employés de la mairie (*ou* de l'octroi) de la ville de ... approuvé par (*indiquer la nature et la date de l'acte d'approbation*) ; — la demande formée par la dame (*nom et prénoms*), veuve du sieur ..., pensionnaire de la mairie (*ou de l'octroi*) de ladite ville, à l'effet d'obtenir une pension de retraite ; — (le décret, l'ordonnance *ou* l'arrêté) en date du ..., qui accorde au sieur ... une pension de retraite de la somme de ... ; — (*Si l'employé est décédé dans l'exercice de ses fonctions, produire à l'appui de cette demande toutes les pièces indiquées dans la première formule*) : — l'extrait de l'acte de mariage du sieur ... et de la dame ..., en date du ... ; — le certificat constatant qu'il n'a pas existé de séparation de corps entre les époux ; — l'extrait de l'acte de naissance de la dame ... ; — (*S'il y a des enfants mineurs qui donnent droit à une augmentation de la pension de la mère, ajouter les actes de naissance de chacun de ces enfants*) ; — l'acte de décès du sieur ..., constatant qu'il est mort le ... ; — la délibération en date du ..., par laquelle le Conseil municipal a réglé à la somme de ... la pension réclamée par la dame ... ; — le décret du 25 mars 1852, art. 7, t. A, § 38 ; — Arrête : — Art. 1. Il est accordé à la dame (*nom et prénoms*), veuve du sieur (*nom et prénoms*), pensionnaire de la mairie (*ou de l'octroi*) de la ville de ..., une pension annuelle et viagère de la somme de ..., dont elle jouira à partir du ... — Cette pension sera payée sur les fonds de la caisse des retraites des employés de la mairie (*ou de l'octroi*) de ladite ville.

— Veuves des employés ou agents des établissements de bienfaisance. — Le Préfet, — Vu le règlement sur les pensions de retraite des employés de l'hospice de ... (*ou du bureau de bienfaisance, ou du mont-de-piété de ...*), ledit règlement approuvé par ... (*indiquer la nature et la date de l'acte d'approbation*) ; — la demande formée par la dame ... (*indiquer les nom et prénoms*), veuve du sieur ..., pensionnaire de l'hospice de ... (*ou du bureau de bienfaisance, ou du mont-de-piété de ...*), à l'effet d'obtenir une pension de retraite ; — (le décret, l'ordonnance *ou* l'arrêté) en date du ..., qui accorde au sieur ... une pension de retraite de ... ; — (*si l'employé est décédé avec droit à pension et avant que cette pension ait été liquidée, produire à l'appui de la demande toutes les pièces indiquées dans la deuxième formule*) ; — l'extrait de l'acte de mariage du sieur ... et de la dame ..., en date du ... ; — le certificat, en date du ..., constatant qu'il n'a pas existé de séparation de corps entre les époux ; — l'extrait de l'acte de naissance de la dame ... ; — (*s'il y a des enfants mineurs qui donnent droit à une augmentation de la pension de la mère, ajouter les actes de naissance de chacun de ces enfants*) ; — l'acte de décès du sieur ..., constatant qu'il est mort le ... ; — la délibération en date du ..., par laquelle la commission administrative de ... (*ou le Conseil d'administration de ...*) a réglé à la somme de ... la pension de la dame ... ; — l'avis du Conseil municipal en date du ... ; — le décret du 7 février 1809 ; — l'ordonnance du 6 septembre 1820 ; — le décret du 25 mars 1852, t. A, § 38 ; — Arrête : — Art. 1. Il est accordé à la dame ... (*indiquer le nom et les prénoms*), veuve du sieur ... (*noms et prénoms*), pensionnaire de l'hospice de ... (*ou du bureau de bienfaisance, ou du mont-de-piété*), une pension annuelle et viagère de ..., formant le quart de celle dont jouissait son mari (*ou à laquelle il avait droit, s'il n'est pas pensionnaire*). Cette pension, qui courra à partir du ..., sera payé sur les fonds de la caisse des retraites de l'établissement (*ou sur les revenus ordinaires, quand il y aura lieu*).

— Employés départementaux (employés des préfectures et des sous-préfectures, agents voyers, architectes, archivistes, etc.). — Le Préfet, — Vu l'ordonnance (*ou le décret*) du ..., qui a établi une caisse de retraite pour les employés de la préfecture, des sous-préfectures et des services rattachés à l'administration départementale de ... ; — la demande du sieur ... (*qualité et résidence*), tendant à obtenir son admission à la retraite, et la liquidation de sa pension à partir du ... ; — l'extrait de l'acte de naissance du sieur ..., constatant qu'il est né à ..., le ... ; — les états du personnel des bureaux de la préfecture (*ou toutes autres justifications*) établissant que le sieur ... a été employé à divers grades (*s'il y a interruption, le mentionner*) depuis le ... jusqu'à ce jour, et qu'il comptera, dès lors, le ..., (*nombre d'années*) ... ans, ... jours de services admissibles pour la retraite ; — Considérant que le sieur ... justifie de plus de trente années consécutives [*ou* de trente années] de services admissibles pour la retraite [*ou* d'infirmités, etc.]. — Arrête : — Art. 1. Le sieur ... (*qualité*) est admis à la retraite, à partir du ... prochain.

Pensions constituées au moyen de versements à la Caisse de retraites de la vieillesse, en faveur des gardes des bois des communes et des établissements publics. — Le Préfet, — Vu la loi du 9 juin 1853, relative aux pensions civiles ; — les lois du 18 juin 1850, 28 mai 1853 et 7 juillet 1856, et le décret règlementaire du 18 août 1853, concernant la Caisse des retraites pour la vieillesse ; — les art. 94, 98 et 99 du Code forestier, et le décret du 25 mars 1852 sur la décentralisation ; — les propositions de M. le conservateur des forêts, tendant à assurer une retraite aux préposés chargés de la surveillance des bois des communes et établissements publics ; — l'avis de M. le Trésorier-payeur général des finances ; — Considérant qu'il n'existe point de Caisse de retraite pour les gardes forestiers des communes et des établissements publics ; qu'il importe, dans l'intérêt de ces préposés, de prendre des mesures pour leur assurer une pension de retraite lorsque leur âge ou leurs infirmités ne leur permettent plus d'exercer utilement leurs fonctions ; — Considérant que la loi et les règlements forestiers ont assimilé, autant que possible, les gardes forestiers des communes à ceux de l'État ; que ces derniers sont soumis à des retenues qui leur donnent droit à une pension de retraite ; qu'il convient d'assujettir les gardes communaux à des obligations semblables, afin de leur procurer les mêmes avantages ; que si les gardes communaux ne sont pas compris dans la loi du 9 juin 1853, au nombre des agents soumis à des retenues et ayant droit à une pension de retraite, rien ne s'oppose à ce qu'on leur assure le bénéfice des lois et règlements sur la Caisse des retraites pour la vieillesse ; que le Préfet, ayant dans ses attributions la nomination et la révocation des gardes forestiers, ainsi que le règlement de leur salaire, il lui appartient aussi de prendre toute mesure ayant pour objet l'intérêt personnel de ces préposés ; que, du reste, les gardes forestiers, actuellement en fonctions, consultés, ont donné leur adhésion à cette mesure ; — Arrête : — Art. 1. A partir du ..., les brigadiers et gardes exclusivement chargés de la surveillance des bois des communes et des établissements publics, seront tenus de se constituer une pension de retraite au moyen de versements périodiques à la Caisse des retraites pour la vieillesse. Sont exceptés les préposés actuellement en fonctions, qui, à cette époque, auront atteint leur cinquantième année. — Art. 2 Le taux des versements sera établi par le conservateur des forêts, suivant les bases ci-après : *Pour les gardes en fonctions au ...* : 1° une retenue équivalente à 5 p. % du traitement annuel ; 2° une retenue équivalente au douzième de toute augmentation ultérieure. *Pour les gardes qui seront nommés après le ...* : 1° une retenue équivalente au premier douzième du traitement annuel, et au douzième de toute augmentation ultérieure ; 2 une retenue équivalente à 5 p. % du traitement annuel. — Art. 3. Ne seront point soumis à la retenue, et ne participeront pas, par conséquent, au bénéfice de la retraite, les gardes dont le traitement est inférieur à 200 francs par an. — Art. 4. Les retenues à exercer sur le traitement des gardes forestiers, seront l'objet de mandats spéciaux, délivrés au nom du chef de service forestier du département, qui sera chargé d'en suivre le recouvrement et d'en effectuer le versement à la Caisse des retraites pour la vieillesse ; — Art. 5. Si le garde est célibataire, les versements seront faits avec la condition de l'aliénation du capital versé. Si le garde est marié, les versements seront effectués par portions égales, au profit des deux conjoints, avec aliénation du capital versé en ce qui concerne le garde, et avec réserve du capital versé en ce qui concerne sa femme. — Art. 6. Les bordereaux et pièces dont la production est prescrite par le décret du 18 août 1853, seront remis, semestriellement et annuellement, par le chef de service au Trésorier-payeur général. — Art. 7. Les livrets délivrés en vertu de l'art. 9 de la loi du 18 juin 1850, seront déposés chez le chef du service forestier du département, qui sera chargé de surveiller l'exécution des formalités requises pour la régularité et la validité des versements, au moyen du visa de la préfecture. — Art. 8. A l'avenir, tout garde forestier communal sera admis à faire valoir ses droits à la retraite, lorsqu'il aura atteint sa soixantième année. — Art. 9. M. le conservateur des forêts et M. le Trésorier-payeur général sont chargés, chacun en ce qui le concerne, de l'exécution du présent arrêté.

Poids et mesures. — Tableau des assujettis. — Le Préfet, — Vu l'art. 15 de l'ordonnance du 17 avril 1838, qui confère aux Préfets le droit de dresser, chacun pour son département, le tableau des professions assujetties à la vérification périodique des poids et mesures, et de fixer l'assortiment d'instruments de pesage et de mesurage dont chacune d'elles est tenue d'être pourvue ; — l'arrêté préfectoral, en date du ..., qui établit les diverses catégories d'assujettis et détermine, pour le département de ..., le *maximum* de l'assortiment obligatoire; — la circulaire du 28 mars 1843, par laquelle M. le Ministre de l'Agriculture, du Commerce et des Travaux publics nous invite à examiner si, à raison des progrès que font chaque jour le commerce et l'industrie et en présence des irrégularités que l'inspection des finances a souvent signalées dans l'application du tarif des droits de vérification et des discordances qui se produisent non-seulement d'un département à un autre, ce qui est à peu près inévitable, mais encore d'arrondissement à arrondissement, dans l'exécution des prescriptions relatives au tableau d'assortiment, il ne conviendrait pas de remanier ce règlement; — les propositions faites à ce sujet par MM. les vérificateurs des poids et mesures des ... arrondissements, réunis en commission à la préfecture, lesquelles ont été soumises à l'appréciation du Conseil général, dans sa dernière session ; — Considérant qu'il nous est démontré que le tableau d'assortiment et des professions, annexé à l'arrêté préfectoral susvisé, présente des lacunes et d'autres défectuosités qui ont pour effet d'entraver la marche du service de la vérification et de nuire aux intérêts du commerce et de l'industrie comme à ceux du Trésor; — Arrête : — Art. 1. La nomenclature des professions assujetties, dans le département de .., à la vérification périodique des poids et mesures et le *minimum* de l'assortiment dont chacune d'elles doit être pourvue, sont et demeurent déterminés conformément aux dispositions du tableau annexé au présent. — Art. 2. A l'avenir, ce tableau servira seul de base aux rôles qui seront dressés, en exécution de l'art. 50 de l'ordonnance du 17 avril 1839, pour le recouvrement des droits de vérification des poids et mesures. — Art. 3. La révision périodique des poids et mesures aura lieu dans les villes de ... et ..., aux bureaux des vérificateurs et dans les autres communes du département dans une des salles de la mairie que l'autorité locale devra mettre à la disposition des agents de la vérification. — Art. 4. Les assujettis dont l'assortiment comprendra des balances-bascules d'une force quelconque et des romaines d'une portée excédant 20 kilogrammes seront tenus de faire transporter à leurs frais, et aux époques qui leur seront fixées par le vérificateur, ces instruments au *bureau de vérification, tous les quatre ans,* à moins qu'ils ne mettent à la disposition du vérificateur, au moment de la révision périodique, les poids étalons qui leur seront indiqués par lui ou que les mairies ne se trouvent pourvues de l'assortiment des poids étalons nécessaire pour opérer la vérification régulière des appareils de pesage dont il s'agit. — Art. 5. Les détenteurs de ponts-bascules, qui doivent, aux termes de la circulaire ministérielle du 20 juillet 1863, fournir aux agents de la vérification les moyens de procéder régulièrement au contrôle de ces appareils, seront tenus de mettre à leur disposition un assortiment de poids étalons de 300 kilogrammes au moins, pour les ponts-bascules d'une portée de 10,000 kilogrammes et au dessous, et de 500 kilogrammes pour ceux d'une force supérieure. — Art. 6. Les vérificateurs des poids et mesures auront, à toute époque de l'année, le droit de requérir le concours *gratuit* du tambour-afficheur ou du garde champêtre, dans chaque commune du département, *pour toutes les opérations relatives à leurs fonctions* et ils nous signaleront les résistances qui auraient pu être opposées à leurs invitations. Le garde-champêtre ou le tambour-afficheur devra, notamment à l'époque de la révision périodique, se mettre à la disposition du vérificateur dès l'arrivée de ce fonctionnaire à la mairie, soit pour transporter dans la salle de l'opération le matériel de la vérification, soit pour lui rendre, *toujours gratuitement,* tout autre service commandé par la circonstance. — Art. 7. L'assujetti qui se livre à plusieurs genres de commerce ou d'industrie doit être pourvu de l'assortiment de poids et de mesures fixé *pour chacun d'eux,* à moins que l'assortiment exigé par l'une des branches de son commerce ne se trouve déjà compris dans l'une des autres branches des industries qu'il exerce. — Ainsi celui qui au commerce du gros joindra le détail ou qui au débit des marchandises se vendant au poids réunira soit des liquides, soit des étoffes, etc., devra être nanti des assortiments spécifiés par chaque profession et en payer les droits de vérification. — Toutefois, les poids et mesures excédant le *minimum* obligatoire pour chaque espèce de commerce seront vérifiés et poinçonnés gratuitement. — Art. 8. L'assujetti qui, dans une même localité, ouvre au public plusieurs magasins, boutiques ou ateliers distincts et placés dans des maisons différentes et non contiguës, doit pourvoir chacun de ses magasins, boutiques ou ateliers de l'assortiment exigé pour la profession qu'il exerce. — Art. 9. L'assujetti, déjà pourvu d'une balance de magasin à *bras égaux,* jugée bonne, et au commerce duquel le tableau ci-annexé attribue l'usage d'une balance bascule, sera dispensé de se munir de ce dernier instrument, à la condition qu'il possèdera les poids nécessaires pour faire une pesée équivalant à la limite de la portée de la bascule, et que sa balance à bras égaux aura au moins la force de cette même bascule. Dans ce cas, le vérificateur calculera le montant de la taxe d'après le nombre et la nature des instruments de pesage possédés par l'assujetti, et il fera connaître cette circonstance dans un état-matrice, en inscrivant à la colonne des observations et en regard du nom de l'assujetti cette note : *Application de l'artic'e 9 de l'arrêté préfectoral du ....* — Art. 10. Lorsqu'un meunier de la troisième classe, auquel il est laissé, d'ailleurs, toute liberté à l'égard de ce qui va suivre, aura voulu substituer à la romaine prescrite par le tableau d'assortiment une balance de magasin à bras égaux ou une bascule, le vérificateur devra, selon le cas, le comprendre dans la première ou dans la seconde classe. — Art. 11. — Lorsqu'un assujetti possèdera une balance-bascule dont, à cause du système de sa fabrication, l'usage n'exigera pas tous les poids indiqués au tableau, le vérificateur établira le montant de la rétribution à raison seulement des poids qu'exigera le jeu de la bascule, et, pour rendre compte, dans son état-matrice, de cette exception, il indiquera à la colonne des observations le système auquel appartiendra l'instrument. — Art. 12. Les droits de vérification fixés au tableau d'assortiment seront réduits d'un *dixième* pour les assujettis vérifiés *tous les ans,* et de la *moitié* pour les *balances à bras égaux,* conformément aux art. 1ᵉʳ et 8 de l'ordonnance du 21 décembre 1832. — Art. 13. L'arrêté du ..., qui avait déterminé les professions assujetties et le *minimum* de l'assortiment obligatoire pour ce département sera abrogé à partir du .... — MM. les Maires, adjoints, commissaires de police et vérificateurs des poids et mesures du département demeurent chargés, chacun en ce qui le concerne, de la publication du présent arrêté, qui, après avoir reçu l'approbation ministérielle, sera inséré au *Recueil des actes* de la préfecture.

Tableau des professions assujetties à la vérification et à l'assortiment obligatoire.

N. B. Les renseignements contenus dans ce tableau indiquent : 1° le nom des professions assujetties ; 2° le détail des poids, mesures et instruments de pesage composant l'assortiment obligatoire avec l'indication, pour chacun d'eux, du taux des rétributions de vérification ; 3° en total, le montant de cette rétribution.

1. ABATTOIRS EN FERME (administration des). — 2 poids de 5 kilogrammes en fer, 0,50; 1 poids de 2 kilogrammes, 0,10; 3 poids de 1 kilogramme, 0,30; 1 pont à bascule de la force de 1,500 kilogrammes, 2. Total, 2 fr. 90.

2. ABATTOIRS EN RÉGIE (administration des). — L'assortiment exigé par les règlements (vérification gratuite).

3. ARCHITECTES. — 1 décamètre en fer, 0,25; 1 mètre, 0,10; 1 double décimètre, 0,05. Total, 0,40.

4. ARPENTEURS. — Même assortiment que le nº 3, 0,40.

5. AUBERGISTES 1ʳᵉ classe. Ceux qui logent à pied et à cheval et qui, ayant ou non une table où le prix des repas est *uniforme et réglé d'avance*, tiennent des tables où les prix des repas sont subordonnés à la quantité des objets servis. — 1 litre en métal pour les liquides, 0,15; 1 demi-litre, 0,10; 1 double décilitre, 0,10; 1 romaine de 15 à 20 kilogrammes, 0,50; 1 double décalitre pour les grains, 0,15; 1 décalitre, 0,10; 1 demi-décalitre, 0,07; 1 double litre, 0,05; 1 litre, 0,05; 1 romaine de 40 kilogrammes pour l'écurie, 0,50. Total, 1 fr. 77.

6. AUBERGISTES 2ᵉ classe. Ceux qui logent à pied et à cheval et tiennent exclusivement des tables où le prix des repas est *fixe*. — 1 double décalitre pour les grains, 0,15; 1 décalitre, 0,10; 1 demi-décalitre, 0,07; 1 double litre, 0,05; 1 litre, 0,05; 1 romaine de 40 kilogrammes pour l'écurie, 0,50. Total, 0,92.

7. AUBERGISTES, 3ᵉ classe. Ceux qui ne remisent pas les chevaux et tiennent simplement des tables où le prix de la consommation est réglé d'après la quantité des objets servis. — 1 litre en métal pour les liquides, 0,15; 1 demi-litre, 0,10; 1 double décilitre, 0,10; 1 romaine de 15 à 20 kilogrammes, 0,50. Total, 0,85.

8. BANQUE DE FRANCE (Succursale de la). — 1 poids de 5 kilogrammes, 0,25; 1 double kilogramme, 0,10; 1 kilogramme, 0,10; 1 demi-kilogramme, 0,10; 1 double hectogramme, 0,05; 1 hectogramme, 0,05; 1 demi-hectogramme, 0,05; 1 double hectogramme en cuivre divisé jusqu'au milligramme, 0,30; 1 balance de comptoir, 0,25; 1 balance dite d'essai, 0,25. Total, 1 fr. 50.

9. BANQUIERS ET ESCOMPTEURS. — Même assortiment que le nº 8, 1 fr. 50.

10. BEURRE EN DÉTAIL. — 1 double kilogramme en fer, 0,10; 1 kilogramme, 0,10; 1 demi-kilogramme, 0,10; 1 double hectogramme, 0,05; 1 hectogramme, 0,05; 1 demi-hectogramme, 0,05; 1 double décagramme en cuivre, 0,075; 1 décagramme, 0,075; 1 demi-décagramme, 0,075; 1 balance de comptoir, 0,25. Total, 0,925.

11. BIENFAISANCE (établissements de). — L'assortiment exigé par les règlements (vérification gratuite).

12. BIÈRE (fabricant de). — 1 double décalitre pour les liquides, 0,50; 1 décalitre, 0,50; 1 demi-décalitre, 0,50; 1 double litre, 0,20; 1 litre, 0,15. — Total. 1 fr. 85.

13. BIJOUTIERS. — 1 kilogramme en fer, 0,10; un demi-kilogramme en cuivre, divisé jusqu'au milligramme, 0,30; une balance de comptoir, 0,25; 1 balance d'essai, 0,25. Total, 0 fr. 90 c.

14. BLUTOIRS (fabricants de). — 1 mètre, 0,10.

15. BOIS DE CONSTRUCTION (marchands de). — 1 double mètre, 0,15; 1 mètre, 0,10. Total, 0 fr. 25 c.

16. BOIS DE CHAUFFAGE (marchands de), 1ʳ classe. Ceux qui ont un magasin et vendent exclusivement au poids. — 2 poids de 20 kilogrammes en fer, 0,50; 1 poids de 10 kilogrammes, 0,25; 1 poids de 5 kilogrammes, 0,25; 1 double kilogramme, 0,10; 1 kilogramme, 0,10; 1 demi-kilogramme, 0,10; 1 double hectogramme, 0,05; 1 hectogramme, 0,05; 1 demi-hectogramme, 0,05; 1 balance-bascule de la portée de 500 kilogrammes, au moins, 2,00. Total, 3 fr. 45 c.

17. BOIS DE CHAUFFAGE (marchands de), 2ᵉ classe. Ceux qui ont un magasin et vendent

seulement à mesure. — 1 double stère, 0,75; 1 stère, 0,75; 1 mètre, 0,10. Total, 1 fr. 60 c.

18. Bois de chauffage (marchands de), 3ᵉ classe. Ceux qui n'ont pas de magasin. — 1 stère, 0,75; 1 mètre, 0,10. Total, 0 fr. 85 c.

19. Bouchers, 1ʳᵉ classe. Ceux qui fournissent à la troupe et dont le commerce occasionne de fortes pesées. — 1 poids de 20 kilogrammes en fer, 0,25; 1 poids de 10 kilogrammes, 0,25; 1 poids de 5 kilogrammes, 0,25; 1 double kilogramme, 0,10; 1 kilogramme, 0,10; 1 demi-kilogramme, 0,10; 1 double hectogramme, 0,05; 1 hectogramme, 0,05; 1 demi-hectogramme, 0,05; un double décagramme en cuivre, 0,075; 1 décagramme, 0,075; 1 demi-décagramme, 0,075; 1 balance-bascule de la portée de 200 kilogrammes au moins, 2,00; 1 balance de comptoir, 0,25. Total, 3 fr. 67 c. 5 m.

20. Bouchers, 2ᵉ classe. Ceux qui, sans fournir à la troupe, font des pesées considérables. — 1 poids de 10 kilogrammes en fer, 0,25; 1 poids de 5 kilogrammes, 0,25; 1 double kilogramme, 0,10; 1 kilogramme, 0,10; 1 demi-kilogramme, 0,10; 1 double hectogramme, 0,05; 1 hectogramme, 0,05; 1 demi-hectogramme, 0,05; 1 double décagramme en cuivre, 0,075; 1 décagramme, 0,075; 1 demi-décagramme, 0,075; 1 balance-bascule de la portée de 100 kilogrammes au moins, 1,00; une balance de comptoir, 0,25. Total, 2 fr. 42 c. 5 m.

21. Bouchers, 3ᵉ classe. Ceux chez lesquels le débit est moins considérable que chez les précédents. — 1 poids de 5 kilogrammes en fer, 0,25; 1 double kilogramme, 0,10; 1 kilogramme, 0,10; 1 demi-kilogramme, 0,10; 1 double hectogramme, 0,05; 1 hectogramme, 0,05; 1 demi-hectogramme, 0,05; 1 double décagramme en cuivre, 0,075; 1 décagramme, 0,075; 1 demi-décagramme, 0,075; 1 balance de comptoir, 0.25. Total, 1 fr. 17 c. 5 m.

22. Bouchers, 4ᵉ classe. Ceux qui ont un magasin et vont vendre la viande dans les localités voisines. — Même assortiment que le nᵒ 21, 1,175; plus 1 romaine de 15 à 20 kilogrammes, 0,50. Total, 1 fr. 67 c. 5 m.

23. Bouchers, 5ᵉ classe. Ceux qui n'ont pas de magasin et dont l'industrie se réduit au colportage de la viande dans les localités voisines. — 1 romaine de 15 à 20 kilogrammes, 0 fr. 50 c.

24. Bougies en demi-gros (fabricant et marchand de). — Même assortiment que le nᵒ 19, 3 fr. 67 c. 5 m.

25. Bougies en détail (marchands de). — Même assortiment que le nᵒ 21, 1 fr. 17 c. 5 m.

26. Boulangers, 1ʳᵉ classe. Ceux qui vendent en gros et en détail. — Même assortiment que le nᵒ 19, 3,675; plus : 1 double décalitre pour les matières sèches, 0,15; 1 décalitre, 0,10, 1 demi-décalitre, 0,07; 1 double litre, 0,05; 1 litre, 0,05. Total, 4 fr. 09 c. 5 m.

27. Boulangers, 2ᵉ classe. Ceux qui vendent en détail et en magasin seulement. — Même assortiment que le nᵒ 20, 2,425; plus : 1 double décalitre pour les matières sèches, 0,15; 1 décalitre, 0,10; 1 demi-décalitre, 0,07; 1 double litre, 0,05; un litre 0,05. Total 2 fr. 84 c. 5 m.

28. Boulangers, 3ᵉ classe. Ceux qui vendent en détail en magasin et sous échoppe. — 1 poids de 5 kilogrammes en fer, 0,25; 1 double kilogramme, 0,10; 1 kilogramme, 0,10; 1 demi-kilogramme, 0,10; 1 double hectogramme, 0,05; 1 hectogramme, 0,05; 1 demi-hectogramme, 0,05; 1 double décagramme en cuivre, 0,075; 1 décagramme, 0,075; 1 demi-décagramme, 0,075; 1 balance de comptoir, 0,25; une romaine de 15 à 20 kilogrammes, 0,50; 1 double décalitre pour les matières sèches, 0,15; 1 décalitre, 0,10; 1 demi-décalitre, 0,07; 1 double litre, 0,05; un litre, 0,05. Total, 2 fr. 09 c. 5 m.

29. Boulangers, 4ᵉ classe. Ceux qui n'ont pas de magasin et dont l'industrie se borne à la vente foraine. — 1 romaine de 15 à 20 kilogrammes, 0 fr. 50 c.

30. Cafetiers. — 1 litre en métal pour les liquides, 0,15; 1 demi-litre, 0,10; 1 litre, 0,10. Total, 0 fr. 35 c.

31. Cantiniers dans les établissements publics. — Même assortiment que le nᵒ 10,

0,925; plus : 1 litre en métal pour les liquides, 0,15; 1 demi-litre, 0,10; 1 double déci-litre, 0,10. Total, 1 fr. 27 c. 5 m.

32. CARRIERS. — 1 mètre, 0 fr. 10 c.

33. CARROSSIERS. — 1 mètre, 0 fr. 10 c.

34. CARROSSIERS-FORGERONS. — 1 romaine de 100 kilogrammes, 1,25; 1 mètre, 0,10. Total, 1 fr. 35 c.

35. CHANDELLES EN DEMI-GROS (fabricants et marchands de). — Même assortiment que le n° 19, 3 fr. 67 c. 5 m.

36. CHANDELLES EN DÉTAIL (marchands de). — Même assortiment que le n° 21, 1 fr. 17 c. 5 m.

37. CHARBON DE BOIS EN DEMI-GROS (fabricants et marchands de). — 1 romaine de moins, 0 fr. 75 c.

39. CHARBON DE TERRE (marchands de). — 1 demi-hectolitre pour les matières sèches, 0,50; 1 double décalitre, 0,15; 1 décalitre, 0,10. Total, 0 fr. 75 c.

40. CHARCUTIERS, 1re classe. Ceux qui vendent en gros (des lards entiers) et en détail. — Même assortiment que le n° 19, 3 fr. 67 c. 5 m,

41. CHARCUTIERS, 2e classe. Ceux qui vendent en détail seulement, en boutique et sous échoppe. — Même assortiment que le n° 20, 2 fr. 42 c. 5 m.

42. CHARCUTIERS, 3e classe. Ceux qui vendent en détail et sous échoppe seulement. — Même assortiment que le n° 21, 1 fr. 17 c. 5 m.

43. CHARPENTIERS. — 1 mètre, 0 fr. 10 c.

44. CHARRONS. — 1 mètre, 0 fr. 10 c.

45. CHASUBLIERS. — Même assortiment que le n° 13, 0 fr. 90 c.

46. CHATAIGNES OU MARRONS EN GROS (marchands ou expédiants de). — 1 demi-hecto-litre pour les matières sèches, 0,50; 1 double décalitre, 0,15. Total, 0 fr. 65 c.

47. CHATAIGNES OU MARRONS EN DÉTAIL (marchands de). — 1 double décalitre pour les matières sèches, 0,15; 1 décalitre, 0,10; 1 demi-décalitre, 0,07. Total, 0 fr. 32 c.

48. CHAUDRONNIERS, 1re classe. Ceux qui fabriquent et vendent en gros et en détail en magasin. — Même assortiment que le n° 19, 3 fr. 67 c. 5 m.

49. CHAUDRONNIERS, 2e classe. Ceux qui fabriquent et vendent en détail en magasin. — Même assortiment que le n° 20, 2 fr. 42 c. 5 m.

50. CHAUDRONNIERS, 3e classe. Ceux, non fabricants, qui vendent en détail en magasin et dans les campagnes. — Même assortiment que le n° 19, 3,675; plus une romaine de 50 kilogrammes, 0,75. Total, 4 fr. 42 c. 5 m.

51. CHAUDRONNIERS, 4e classe. Ceux dont l'industrie se borne à la vente foraine. — 1 romaine de 50 kilogrammes, 0 fr. 75 c.

52. CHAUX (fabricants et marchands de). — Même assortiment que le n° 39, 0 fr. 75 c,

53. GARE DE ... ET STATION DE .... — 2 poids de 10 kilogrammes en fer, 0,50; 2 poids de 5 kilogrammes, 0,50; 2 doubles kilogrammes, 0,20, 2 kilogrammes, 0,20; 1 demi-kilogramme, 0,10; 1 kilogramme en cuivre, divisé jusqu'au gramme, 0,30; 1 pont-bascule de la force de 20,000 kilogrammes, 2,00; 1 balance-bascule de la portée de 2,000 kilogrammes, 2,00; 1 balance-bascule de la portée de 1,000 kilogrammes, 2,00; 1 balance de comptoir, 0,25. Total, 8 fr. 05 c.

54. STATION D' ... ET DE .... — 1 poids de 10 kilogrammes en fer, 0,25; 2 poids de 5 kilogrammes, 0,50; 2 poids du double kilogramme, 0,20; 2 poids du kilogramme, 0,20; 1 kilogramme en cuivre, divisé jusqu'au gramme, 0,30; 1 pont-bascule de la force de 20,000 kilogrammes, 2,00; 1 bascule de la portée de 1,000 kilogrammes, 2,00; 1 bascule de la portée de 500 kilogrammes, 2,00; 1 balance de comptoir, 0,25. Total, 7 fr. 70 c.

55. STATIONS DE ..., DU ..., DES ... ET DE .... — 2 poids de 5 kilogrammes en fer, 0,50; 2 poids du double kilogramme, 0,20; 2 poids du kilogramme, 0,20; 1 kilo-

gramme en cuivre, divisé jusqu'au gramme, 0,30; 1 balance-bascule de la portée de 1,000 kilogrammes, 2,00; une balance-bascule de la portée de 500 kilogrammes, 2,00; 1 balance de comptoir, 0,25. Total, 5 fr. 45 c.

56. Chiffons en gros (marchands de), 1ʳᵉ classe. Ceux qui achètent la marchandise aux chiffonniers de la 2ᵉ et de la 3ᵉ classe, pour l'expédier en gros aux papetiers ou à d'autres marchands de chiffons. — 2 poids de 20 kilogrammes en fer, 0,50; 1 poids de 10 kilogrammes, 0,25; 1 poids de 5 kilogrammes, 0,25; 1 double kilogramme, 0,10; 1 kilogramme, 0,10; 1 demi-kilogramme, 0,10; 1 double hectogramme, 0,05; 1 hectogramme, 0,05; 1 demi-hectogramme, 0,05; 1 double décagramme en cuivre, 0,075; 1 décagramme, 0,075; 1 balance-bascule de la portée de 500 kilogrammes, 2,00; 1 romaine de 50 kilogrammes, 0,75. Total, 4 fr. 35 c. 10 m.

57. Chiffons (marchands de), 2ᵉ classe. Ceux qui parcourent les villes et les campagnes pour acheter les chiffons, la plume, etc., et vendre de la menue mercerie, et qui emmagasinent leur marchandise pour la livrer ensuite aux marchands de chiffons de la 1ʳᵉ classe ou l'expédier plus loin. — 1 série de poids en fer depuis et compris 20 kilogrammes jusqu'au demi-hectogramme inclusivement, 1,20; 1 double décagramme et un décagramme en cuivre, 0,15; une bascule de la portée de 200 kilogrammes, 2,00; 1 romaine de 15 à 20 kilogrammes, 0,50; 1 demi-mètre, 0,10. Total, 3 fr. 95 c.

58. Chiffons (marchands de), 3ᵉ classe. Ceux qui exercent leur industrie comme les marchands de chiffons de la 2ᵉ classe, avec cette différence que ceux de la 3ᵉ classe, au lieu d'emmagasiner leur marchandise, la vendent immédiatement aux marchands de chiffons de la 1ʳᵉ classe et quelquefois à ceux de la 2ᵉ. — 1 romaine de 15 à 20 kilogrammes, 0,50; 1 demi-mètre, 0,10. Total, 0 fr. 60 c.

59. Chocolat en détail (marchands de). — Même assortiment que le n° 10, 0 fr. 92 c. 5 m.

60. Cierges en demi-gros (fabricants et marchands de). — Même assortiment que le n° 19, 3 fr. 67 c. 5 m.

61. Cierges en détail (marchands de). — Même assortiment que le n° 21, 1 fr. 17 c. 5 m.

62. Ciment en demi-gros (fabricants et marchands de). — 2 poids de 20 kilogrammes en fer, 0,50; 1 poids de 10 kilogrammes, 0,25; 1 de 5 kilogrammes, 0,25; 1 double kilogramme, 0,10; 1 kilogramme, 0,10; 1 demi-kilogramme, 0,10; 1 double hectogramme, 0,05; 1 hectogramme, 0,05; 1 demi-hectogramme, 0,05; 1 double décagramme en cuivre 0,075; 1 décagramme, 0,075; 1 balance-bascule de 500 kilogrammes, 2,00; 1 balance-bascule de 100 kilogrammes, 1,00. Total, 4 fr. 60 c.

63. Ciment en détail (marchands de). — Même assortiment que n° 20, moins la balance de comptoir, 2 fr. 17 c. 5 m.

64. Cire en demi-gros (marchands de). Ceux qui achètent la cire en foire ou chez les propriétaires pour la revendre aux fabricants de cierges ou à d'autres négociants. — Même assortiment que le n° 63, 2,175; plus une romaine de 15 à 20 kilogrammes, 0,50. Total, 2 fr. 67 c. 5 m.

65. Cire en détail (marchands de). — Même assortiment que le n° 21, 1 fr. 17 c. 5 m.

66. Clous (marchands de), 1ʳᵉ classe. Ceux qui fabriquent et vendent en gros et en détail. — Même assortiment que le n° 20, 2 fr. 42 c. 5 m.

67. Clous (marchands de), 2ᵉ classe. Ceux qui fabriquent et ne vendent qu'en détail, soit en boutique, soit dans les foires. — Même assortiment que le n° 21, 1 fr. 17 c. 5 m.

68. Clous (marchands de), 3ᵉ classe. Ceux non fabricants, qui vendent en détail, en magasin ou sous échoppe. — Même assortiment que le n° 10, 0 fr. 92 c. 5 m.

69. Comestibles (marchands de). — Même assortiment que le n° 21, 1 fr. 17 c. 5 m.

70. Commissionnaires de commerce et de roulage, 1ʳᵉ classe. Ces deux classes se distinguent par le degré d'importance de l'industrie que chacune représente. — 6 poids de 20 kilogrammes en fer, 1,50; 2 poids de 10 kilogrammes, 0,50; 2 poids de 5 kilogrammes,

0,20; 2 doubles kilogrammes, 0,20; 1 kilogramme, 0,10; 1 demi-kilogramme, 0.10; 1 double hectogramme, 0,05; 1 hectogramme, 0,05; 1 demi hectogramme, 0,05; 1 double décagramme en cuivre, 0,075; 1 décagramme, 0,075; 1 demi-décagramme, 0,75; 1 balance-bascule de 1,000 à 1,500 kilogrammes, 2,00; 1 balance de comptoir, 0,25. Total, 5 fr. 52 c. 5 m.

71. Commissionnaires de commerce et de roulage, 2ᵉ classe. Ces deux classes se distinguent par le degré d'importance de l'industrie que chacune représente. — Même assortiment que le nº 16, 2,45; plus : 1 double décagramme en cuivre, 0,075; 1 décagramme, 0,07 5, 1 demi-décagramme, 0,07 5; 1 balance de comptoir, 0,25. Total, 3 fr. 92 c. 5 m.

72. Confiseurs en détail (marchands).—Même assortiment que le nº 21, 1 fr. 17 c. 5 m.

73. Cordes (marchands de), 1ʳᵉ classe. Ce sont les fabricants qui vendent en gros et en détail.— Même assortiment que le nº 19, 3,675; plus 1 mètre, 0,10. Total, 3 fr. 77 c. 5 m.

74. Cordes (marchands de), 2ᵉ classe. Ceux, non fabricants, qui vendent en gros et en détail.—Même assortiment que le nº 20, 2,425; plus 1 mètre, 0,10. Total, 2 fr. 52 c. 5 m.

75. Cordes (marchands de), 3ᵉ classe. Ceux, non fabricants, qui vendent seulement en détail, soit en magasin, soit sous échoppe. — 1 romaine de 15 à 20 kilogrammes, 0,50; 1 mètre, 0,10. Total, 0 fr. 60 c.

76. Couturières travaillant en boutique ou a la journée. — 1 mètre, 0 fr. 10 c.

77. Couvertures (marchands de). — 1 mètre, 0 fr. 10 c.

78. Couvreurs. — 1 mètre, 0 fr. 10 c.

79. Crins en détail (marchands de). — 1 poids de 10 kilogrammes en fer, 0,25; 1 poids de 5 kilogrammes, 0,25; 1 double kilogramme, 0,10; 1 kilogramme, 0,10; 1 demi-kilogramme, 0,10; 1 double hectogramme, 0,05; 1 hectogramme, 0,05; 1 demi-hectogramme, 0,05; 1 double décagramme en cuivre, 0,075; 1 décagramme, 0,075; 1 demi-décagramme, 0,75; 1 balance de comptoir, 0,25. Total, 1 fr. 42 c. 5 m.

80. Cuirs (marchands de). — Même assortiment que le nº 19, 3 fr. 67 c. 5 m.

81. Distillateurs (marchands). — Même assortiment que le nº 12, 1 fr. 85 c.

82. Distillateurs ambulants. Ce sont des individus qui vont fabriquer l'eau-de-vie chez les particuliers, lesquels calculent le montant de leur salaire sur la *quantité* du liquide extrait. — 1 litre en métal pour les liquides, 0,15; 1 demi-litre, 0,10; 1 double décilitre, 0,10. Total, 0 fr. 35 c.

83. Dentelles (marchands de), 1ʳᵉ classe. Ceux qui ont deux ou plus de deux comptoirs. — 2 mètres, 0,20; 2 demi-mètres, 0,20. Total, 0 fr. 40 c.

84. Dentelles (marchands de), 2ᵉ classe. Ceux qui ont un seul comptoir ou vendent sous échoppe. — 1 mètre, 0,10; 1 demi-mètre, 0,10. — Total, 0 fr. 20 c.

85. Draps (marchands de), 1ʳᵉ classe. Ceux qui ont trois ou plus de trois comptoirs. — 3 mètres, 0,30; 3 demi-mètres, 0,30. Total, 0 fr. 60 c.

86. Draps (marchands de), 2ᵉ classe. Ceux qui n'ont que deux comptoirs. — 2 mètres, 0,20; 2 demi-mètres, 0,20. Total, 0 fr. 40 c.

87. Draps (marchands de), 3ᵉ classe. Ceux qui ont un seul comptoir ou vendent sous échoppe. — 1 mètre, 0,10; 1 demi-mètre, 0,10. Total, 0 fr. 20 c.

88. Droguistes (marchands). — Même assortiment que le nº 20, 2,425; plus : 1 série de mesures pour les liquides, du litre au centilitre inclusivement, 0,55. Total, 2 fr. 97 c. 5 m.

89. Eau-de-vie (débitants d'). — 1 série de mesures pour les liquides, du litre au centilitre inclusivement, 0 fr. 55 c.

99. Ébénistes. — 1 mètre, 0 fr. 10 c.

91. Éclairage (entrepreneurs d'). — Même assortiment que le nº 19, 3 fr. 67 c. 5 m.

92. Entrepreneurs de travaux publics. — 1 décamètre en fer, 0,25; 1 mètre, 0,10. Total, 0 fr. 35 c.

93. ENTREPOSEUR DES TABACS ET DES POUDRES. — L'assortiment exigé par les règlements (vérification gratuite).

94. ÉPICIERS (marchands), 1re classe. Ceux qui ne vendent qu'en gros. — Même assortiment que le n° 70, 5 fr. 52 c. 5 m.

95. ÉPICIERS (marchands), 2e classe. Ceux qui vendent en gros et en détail. — Même assortiment que le n° 19, 3,675; plus 1 seconde balance de comptoir, 0,25. Total, 3 fr. 92 c. 5 m.

96. ÉPICIERS (marchands), 3e classe. Ceux qui vendent seulement en détail. — Même assortiment que le n° 79, 1,425; plus 1 seconde balance de comptoir, 0,25. Total, 1 fr. 67 c. 5 m.

97. ÉPICIERS (marchands), 4e classe. Ceux qui vendent seulement en détail, et dont le commerce est moins important que chez ceux de la 3e classe. — Même assortiment que le n° 21, 1,175; plus 1 seconde balance de comptoir, 0,25. Total, 1 fr. 42 c. 5 m.

98. ÉPICIERS (marchands), 5e classe. Ceux qui ne vendent que sous échoppe. — Même assortiment que le n° 10, 0 fr. 92 c. 5 m.

N. B. La rétribution sera, s'il y a lieu, augmentée pour chacune des cinq classes d'épiciers, à raisons des assortiments indiqués aux n°s 89, 143 et 218.

99. ÉTOUPES (marchands d'). — 1 romaine de 50 kilogrammes au moins, 0 fr. 75 c.

100. FERS (marchands de), 1re classe. — Même assortiment que le n° 70, 5 fr. 52 c. 5 m.

101. FERS (marchands de), 2e classe. Ces deux classes se distinguent l'une de l'autre par le degré d'importance des industries auxquelles elles s'appliquent. — Même assortiment que le n° 19, 3 fr. 67 c. 5 m.

102. FERBLANTIERS. — 1 double mètre, 0,15; 1 mètre, 0,10. Total, 0 fr. 25 c.

103. FERRAILLE (marchands de). — Même assortiment que le n° 20, 2 fr. 42 c. 5 m.

104. FIL DE CHANVRE ET DE LIN EN DEMI-GROS. Ce sont les revendeurs. — Les producteurs qui vendent le fil sur les marchés, ni les tisserands qui l'achètent pour le travailler ne sont pas considérés comme marchands de fil. — Même assortiment que le n° 19, 3,670; plus, une romaine de 15 à 20 kilogrammes. Total, 4 fr. 17 c. 5 m.

105. FILASSE (marchands de), 1re classe. Ce sont les revendeurs qui vendent en magasin en gros et détail. — Même assortiment que le n° 56, 4 fr. 35 c.

106. FILASSE (marchands de), 2e classe. Les revendeurs qui vendent seulement sous échoppe. — 1 romaine de 50 kilogrammes, 0,75; 1 romaine de 15 à 20 kilogrammes, 0,50. Total, 1 fr. 25 c.

107. FILATURES ET CARDERIES DE LAINE (directeurs de). — Même assortiment que le n° 20. 2 fr. 42 c. 5 m.

108. FONDEURS EN FER ET AUTRES MÉTAUX. — Même assortiment que le n° 16, 3,45; plus une balance de magasin, 0,50. Total, 3 fr. 95 c.

109. FONDEURS EN CUIVRE EXCLUSIVEMENT. — 2 poids de 20 kilogrammes en fer, 0,50; 1 poids de 10 kilogrammes, 0,25; 1 poids de 5 kilogrammes, 0,25; 1 double kilogramme, 0,10; 1 kilogramme, 0,10; 1 demi-kilogramme, 0,10; 1 double hectogramme, 0,05; 1 hectogramme, 0,05; 1 demi-hectogramme, 0,05; 1 double décagramme en cuivre, 0,075; 1 décagramme, 0,075; 1 demi décagramme, 0,075; 1 balance-bascule de la portée de 500 kilogrammes, 2,00; 1 balance de moyenne grandeur, 0,25. Total, 3 fr. 92 c. 5 m.

110. FORGES (maîtres de). — 6 poids de 20 kilogrammes en fer, 1,50; 2 poids de 10 kilogrammes, 0,50; 2 poids de 5 kilogrammes, 0,50; 4 doubles kilogrammes, 0,40; 4 kilogrammes, 0,40; 4 demi-kilogrammes, 0,40; 2 doubles hectogrammes, 0,10; 2 hectogrammes, 0,10; 2 demi-hectogrammes, 0,10; 1 balance de magasin, 0,50; 1 balance-bascule de la portée de 500 kilogrammes, 2,00. Total, 6 fr. 50 c.

111. FORGERONS, 1re classe. Ceux qui ferrent les roues ou les vaisseaux vinaires, montent les charrues de labour et font d'autres ouvrages. — 1 romaine de 100 kilogrammes, 1,25; 1 romaine de 15 à 20 kilogrammes, 0,50; 1 mètre, 0,10. Total, 1 fr. 85 c.

112. Forgerons, 2ᵉ classe. Ceux qui ne font que de petits ouvrages. — 1 romaine de 15 à 20 kilogrammes, 0,50; 1 mètre, 0,10. Total, 0 fr. 60 c.

113. Foulonniers. — 1 mètre, 0 fr. 10 c.

114. Fourniers vendant du pain. — 1 romaine de 15 à 20 kilogrammes, 0 fr. 50 c.

115. Fourrages et paille (marchands de). — 1 romaine de 200 kilogrammes au moins, 2 fr. 50 c.

116. Fromage en demi-gros (marchands de). — Même assortiment que le n° 19, 3 fr. 67 c. 5 m.

117. Fromage en détail (marchands de). Même assortiment que le n° 21, 1 fr. 17 c. 5 m.

118. Fruits secs en gros (marchands de). On entend ici par fruits secs les cerneaux et les prunes. — Même assortiment que le n° 16, 3 fr. 45 c.

119. Fruits verts (marchands de). — Même assortiment que le n° 10, 0 fr. 92 c. 5 m.

120. Géomètres-experts. — Même assortiment que le n° 3, 0 fr. 40 c.

121. Glaces et miroirs (marchands de). — 1 mètre, 0 fr. 10 c.

122. Graine de genièvre (marchand en gros de). — Même assortiment que le n° 16, 3 fr. 45 c.

123. Graines fourragères (marchands de), 1ʳᵉ classe. Ceux qui vendent en gros et en détail. — Même assortiment que le n° 19, 3 fr. 67 c. 5 m.

124. Graines fourragères (marchands de), 2ᵉ classe. Ceux qui ne vendent qu'en détail. — Même assortiment que le n° 79, 1 fr. 42 c. 5 m.

125. Graines de toute nature (marchands de), 1ʳᵉ classe. Ceux qui vendent en gros et détail. — Même assortiment que le n° 19, 3,675; plus 1 série de mesures pour les grains, du double décalitre au demi-litre inclusivement, 0, 47. Total, 4 fr. 14 c. 5 m.

126. Graines de toute nature (marchands de), 2ᵉ classe. Ceux qui vendent en détail seulement. — Même assortiment que le n° 79, 1,425; plus 1 série de mesures pour les grains, du double décalitre au demi-litre inclusivement, 0,47. Total, 1 fr. 89 c. 5 m.

127. Grains en demi-gros (marchands de). — Même assortiment que le n° 16, 3,45; plus 1 série de mesures pour les grains, du double décalitre au litre inclusivement, 0,42; Total, 3 fr. 87 c.

128. Grains en détail (marchands de). — 1 série de mesures pour les matières sèches, du double décalitre au demi-litre inclusivement, 0 fr. 47 c.

129. Graisse et lard salé en demi-gros (marchands de). — Même assortiment que le n° 20, 2 fr. 42 c. 5 m.

130. Graisse et lard salé en détail (marchands de). — Même assortiment que le n° 79, 4 fr. 42 c. 5 m.

131. Halles en régie (administration des). — L'assortiment exigé par les règlements (vérification gratuite).

132. Halles en ferme (administration des). — 8 doubles décalitres pour les grains, 1,20; 4 décalitres, 0,40; 2 demi-décalitres, 0,14; 2 doubles litres, 0,10; 2 litres, 0,10; 2 demi-litres, 0,10. Total, 2 fr. 04 c.

133. Horlogers-bijoutiers. — Même assortiment que le n° 13, 0 fr. 90 c.

134. Hospices (administration des). — L'assortiment exigé par les règlements (vérification gratuite).

135. Huiles (marchands d'), 1ʳᵉ classe. Les marchands en gros ou fabricants qui vendent tantôt à la mesure, tantôt au poids. — Même assortiment que le n° 16, 3,45; plus 1 série de mesures pour l'huile, du double décalitre au litre inclusivement, 1,85. Total, 5 fr. 30 c.

136. Huiles (marchands d'), 2ᵉ classe. Les marchands en gros ou fabricants qui vendent exclusivement au poids. — Même assortiment que le n° 16, 3 fr. 45 c.

137. Huiles (marchands d'), 3ᵉ classe. Les marchands en gros ou fabricants qui vendent exclusivement à la mesure. — 1 série de mesures pour l'huile, du double décalitre au litre inclusivement, 1 fr. 85 c.

138. Huiles (marchands d'), 4ᵉ classe. Les marchands en gros et en détail qui vendent tantôt au poids tantôt à la mesure. — Même assortiment que le nᵒ 71, 3,925; plus 1 série de mesures en métal pour l'huile, du double décalitre au décilitre inclusivement, 2,15. Total, 6 fr. 07 c. 5 m.

139. Huiles (marchands d'), 5ᵉ classe. Les marchands en gros et en détail qui vendent exclusivement au poids. — Même assortiment que le nᵒ 71, 3 fr. 92 c. 5 m.

140. Huiles (marchands d'), 6ᵉ classe. Les marchands en gros et en détail qui vendent exclusivement à la mesure. — 1 série de mesures pour l'huile, du double décalitre au décilitre inclusivement, 2 fr. 15 c.

141. Huiles (marchands d'), 7ᵉ classe. Les marchands en détail qui vendent tantôt au poids tantôt à la mesure. — Même assortiment que le nᵒ 10, 0,925; plus une série de mesures pour l'huile, du litre au centilitre inclusivement, 0,55. Total, 1 fr. 47 c. 5 m.

142. Huiles (marchands d'), 8ᵉ classe. Les marchands en détail qui vendent exclusivement au poids. — Même assortiment que le nᵒ 10, 0 fr. 92 c. 5 m.

143. Huiles (marchands d'), 9ᵉ classe. Les marchands en détail qui vendent exclusivement à la mesure. — 1 série de mesures pour l'huile, du litre au centilitre inclusivement, 0 fr. 55 c.

144. Huiles (presseurs d'). — 1 double décalitre pour les matières sèches, 0,15; 1 décalitre, 0,10; 1 demi-décalitre, 0,07; 1 série de mesures pour l'huile, du décalitre au décilitre inclusivement, 1,65; une romaine de 100 kilogrammes, 1,25. Total, 3 fr. 22 c.

145. Laine en demi-gros (marchands de). — 1 poids de 20 kilogrammes en fer, 0,25; 1 poids de 10 kilogrammes, 0,25; 1 poids de 5 kilogrammes, 0,25; 1 double kilogramme, 0,10; 1 kilogramme, 0,10; 1 demi-kilogramme, 0,10; 1 double hectogramme, 0,05; 1 hectogramme, 0,05; 1 demi-hectogramme, 0,05; 1 double décagramme en cuivre, 0,075; 1 décagramme, 0,075; 1 balance-bascule de la portée de 200 kilogrammes, 2,00; 1 romaine de 40 à 50 kilogrammes, 0,75. Total, 4 fr. 10 c.

146. Laine en détail (marchands de). — 1 romaine de 15 à 20 kilogrammes, 0 fr. 50 c.

147. Laine ou chanvre (cardeurs ambulants de). — 1 romaine de 15 à 20 kilog., 0,50.

148. Lait (débitants de). — 1 litre en fer-blanc, 0,15; 1 demi-litre, 0,10; 1 double décilitre, 0,10; 1 demi-décilitre, 0,10. Total, 0,45.

149. Liens (marchands de). — 1 demi-mètre, 0,10.

150. Limonadiers. — Même assortiment que le nᵒ 30, 0,35.

151. Liquoristes. — Même assortiment que le nᵒ 12, 1 fr. 85.

152. Magasin de tabacs en feuilles. — L'assortiment exigé par les règlements (vérification gratuite).

153. Maçons. — 1 mètre, 0,10.

154. Marbriers. — 1 mètre, 0,10; 1 double décimètre, 0,05. Total, 0,15.

155. Marchandises (facteurs ou commissionnaires de). Ceux qui servent d'intermédiaire entre les fournisseurs et les détaillants. — Même assortiment que le nᵒ 20, 2 fr. 42 c. 5 m.

156. Mégissiers. — Même assortiment que le nᵒ 20, 2 fr. 42 c. 5 m.

157. Menuisiers. — 1 mètre, 0,10.

158. Merciers (marchands), 1ʳᵉ classe. Ceux qui vendent en gros et en détail. — Même assortiment que le nᵒ 19, 3 fr. 675; plus 1 mètre, 0,10. Total, 3 fr. 77 c. 5 m.

159. Merciers (marchands), 2ᵉ classe. Ceux qui ne vendent qu'en détail. — Même assortiment que le nᵒ 10, 0,92; plus 1 mètre, 0,10. Total, 1 fr. 02 c. 5 m.

160. Mesureurs publics de grains. — Même assortiment que le nᵒ 132, 2 fr. 04.

161. Mesures de capacité pour les matières sèches (fabricants et ajusteurs de). — 1 série de mesures pour les matières sèches, de l'hectolitre au décilitre, 1 fr. 82.

162. Mesures de capacité pour l'huile et le lait (fabricants et ajusteurs de). — 1 série de mesures en fer-blanc, du double-litre au centilitre, 0,75.

163. Mesures de capacité pour les liquides autres que l'huile et le lait (fabricants et ajusteurs de). — 1 série de mesures en métal, du demi-hectolitre au centilitre, 2 fr. 75.

164. Mesures agraires (fabricants et ajusteurs de). — 1 décamètre en fer, 0,25 ; 1 mètre, 0,10 ; 1 double décimètre, 0,05. Total, 0,40.

165. Mesures de longueur (fabricants et ajusteurs de).—1 double mètre, 0,15 ; 1 mètre, 0,10 ; 1 demi-mètre, 0,10 ; 1 double décimètre, 0,05. Total, 0,40.

166. Meules de moulin et a aiguiser (fabricants et marchands de). — 1 mètre, 0,10.

167. Meuniers, 1re classe. Ceux qui, au moment de la publication du présent arrêté, se trouveront nantis d'une balance-bascule. —2 poids de 10 kilogrammes en fer, 0,50 ; 1 poids de 5 kilogrammes, 0,25 ; 1 double kilogramme, 0,10 ; 1 kilogramme, 0,10 ; 1 demi-kilo-gramme, 0,10 ; 1 double hectogramme, 0,05 ; 1 hectogramme, 0,05 ; 1 demi-hectogramme, 0,05 ; 1 double décagramme en cuivre, 0,075 ; 1 décagramme, 0,075 ; 1 balance-bascule de la portée de 200 kilogrammes, 2 fr. ; 1 double décalitre pour les grains, 0,15 ; 1 déca-litre, 0,10 ; 1 demi-décalitre, 0,07 ; 1 double-litre, 0,05 ; 1 litre, 0,05 ; 1 demi-litre, 0,05 ; 1 double décilitre, 0,05 ; 1 demi-décilitre, 0,05. Total, 3 fr. 92.

168. Meuniers, 2e classe. Ceux qui, au moment de la publication du présent arrêté, se trouveront munis d'une balance de magasin. — 5 poids de 20 kilogrammes en fer, 1 fr. 25 ; 1 poids de 10 kilogrammes, 0,25 ; 1 poids de 5 kilogrammes, 0,25 ; 1 double kilogramme, 0,10 ; 1 kilogramme, 0,10 ; 1 demi-kilogramme, 0,10 ; 1 double hectogramme, 0,05 ; 1 hec-togramme, 0,05 ; 1 demi-hectogramme, 0,05 ; 1 balance de magasin, 0,50 ; 1 double déca-litre pour les grains, 0,15 ; 1 décalitre, 0,10 ; 1 demi-décalitre, 0,07 ; 1 double litre, 0,05 ; 1 litre, 0,05 ; 1 demi-litre, 0,05 ; 1 double-décilitre, 0,05 ; 1 demi-décilitre, 0,05.Total, 3 fr. 27.

169. Meuniers, 3e classe. Ceux qui, à la même époque ne se trouveront pas pourvus d'une balance de magasin ou d'une balance-bascule. — 1 romaine de 100 kilogrammes, 1 fr. 25 ; 1 double décalitre pour les grains, 0,15 ; 1 décalitre, 0,10 ; 1 demi-décalitre, 0,07 ; 1 double litre, 0,05 ; 1 litre, 0,05 ; 1 demi-litre, 0,05 ; 1 double décilitre, 0,05 ; 1 demi-décilitre, 0,05. Total, 1 fr. 82.

170. Minotiers. — Même assortiment que le n° 71, 3 fr. 925.

171. Modistes, 1re classe. Celles qui ont deux ou plus de deux comptoirs. — 1 mètre, 0,10 ; 1 demi-metre, 0,10. Total, 0,20.

172. Modistes, 2e classe. Celles qui ont un seul comptoir. — 1 mètre, 0,10.

173. Morue ou stocn fisch (marchands en détail). — Même assortiment que le n° 21 1 fr. 175.

170. Noix (marchands de). — 1 double décalitre, 0,15 ; 1 décalitre, 0,10 ; 1 demi-déca-litre, 0,07. Total, 0,32.

175. Nouveautés (marchands de), 1re classe. Ceux qui ont trois ou plus de trois comp-toirs. — Même assortiment que le no 85, 0,60.

176. Nouveautés (marchands de), 2e classe. Ceux qui ont deux comptoirs. — Même assortiment que le n° 86, 0, 40.

177. Nouveautés (marchands de), 3 classe. Ceux qui ont un seul comptoir. — Même assortiment que le n° 87, 0,20.

178. Octrois en régie (administration des). — L'assortiment exigé par les règlements (vérification gratuite).

Octrois en ferme (administration des). — 1 série de poids en fer depuis et compris 10 kilogrammes jusqu'au demi-hectogramme inclusivement, 0,95 ; 1 double hecto-gramme en cuivre, divisé jusqu'au gramme, 0,30 ; 1 balance-bascule de la portée de 100 kilogrammes au moins, 1 fr. ; 1 décalitre en métal pour les liquides, 0,50 ; 1 double litre, 0,20 ; 1 litre, 0,15, 1 double décalitre pour les matières sèches, 0,15 ; 1 membrure de stère, 0,75 ; 1 mètre, 0,10. Total, 4 fr. 10.

180. Orfévres. — Même assortiment que le n° 13, 0,90.

181. Pain (marchands forains ou revendeurs de).—1 romaine de 15 à 20 kilogrammes, 0,50.

182. Papiers (fabricants de). — Même assortiment que le n° 19, 3 fr. 675.

183. Parapluies (fabricants de). — 1 mètre, 0,10.

184. Passementiers (marchands). — 1 mètre, 0,10.

185. Patissiers. — Même assortiment que le n° 10, 0,025.

186. Paveurs. — 1 mètre, 0,10.

187. Peintres en batiments, 1re classe. Ceux qui fournissent les couleurs qu'ils posent. — Même assortiment que le n° 10, 0,925 ; plus 1 mètre, 0,10. Total, 1 fr. 025.

188. Peintres en batiments, 2e classe. Ceux qui ne fournissent pas des couleurs qu'ils ont à poser. — 1 mètre, 0,10.

189. Pharmaciens. — Même assortiment que le n° 13, 0,90.

190. Planches de bois (marchands de). — Même assortiment que le n° 15, 0,25.

191. Placage en ferme (administration du). — 1 mètre, 0,10.

192. Platre (marchands de). — Même assortiment que le n° 16, 3 fr. 45.

193. Platriers, 1re classe. Ceux qui fournissent le plâtre qu'ils posent. — 1 romaine de 50 kilogrammes, 0,75 ; 1 mètre, 0,10. Total, 0,85.

194. Platriers, 2 classe. Ceux qui ne fournissent pas le plâtre qu'ils ont à poser. — 1 mètre, 0,10.

195. Plomb a giboyer (marchands de). — Même assortiment que le n° 21, 1 fr. 175.

196. Plume et duvet (marchands en gros de).—Même assortiment que le n° 16, 3 fr. 45 ; 1 romaine de 15 à 20 kilogrammes, 0,50. Total, 3 fr. 95.

197. Plume et duvet en détail (marchands de). — 1 romaine de 40 à 50 kilogrammes, 0,75.

198. Poids en cuivre (ajusteurs de).—1 série de poids en cuivre, depuis celui de 10 kilogrammes jusqu'au gramme, 2 fr. 175 ; 1 balance de moyenne portée, 0,25 ; 1 balance de comptoir, 0,25. Total, 2 fr. 675.

199. Poids en fer (ajusteurs de). — 1 série de poids en fer, depuis 20 kilogrammes jusqu'au demi-hectogramme inclusivement, 1 fr. 20 ; 1 balance de magasin, 0,50 ; 1 balance de comptoir, 0,25. Total, 1 fr. 95.

200. Poissons (marchands de), 1re classe. Les pêcheurs vendant du poisson.—1 romaine de 100 kilogrammes au moins, 1 fr. 25 ; 1 romaine de 15 à 20 kilogrammes, 0,50. Total, 1 fr. 75.

201. Poissons (marchands de), 2e c'asse. Les revendeurs de poissons qui ont *habituellement* ou *accidentellement* un étalage sur la place publique. — Même assortiment que le n° 21, 1 fr. 175.

202. Poissons (marchands de), 3 classe. Les revendeuses qui n'ont jamais d'étalage sur la place publique. — 1 romaine de 15 à 20 kilogrammes, 0,50.

203. Pommes de terre (marchands de). Les revendeurs. — 1 double décalitre pour les matières sèches, 0,15 ; 1 décalitre, 0,10 ; 1 demi-décalitre, 0,07. Total, 0,32.

204. Ponts-bascules communaux en régie (administration des). — L'assortiment exigé par les règlements locaux (vérification gratuite).

205. Ponts-bascules communaux en ferme (administration des). — 5 poids de 20 kilogrammes en fer, et le reste de la série jusqu'au demi-hectogramme, 2 fr. 20 ; le pont-bascule, 2 fr. Total, 4 fr. 20.

206. Ponts-bascules publics exploités par des particuliers. — Même assortiment que le n° 205, 4 fr. 20.

207. Postes aux lettres.—L'assortiment exigé par les règlements (vérification gratuite).

208. Potiers d'étain. — Même assortiment que le n° 79, 1 fr. 425.

209. Prisons (administration des). — L'assortiment exigé par les règlements (vérification gratuite).

210. Prunes en détail (marchands de). Pour les marchands de prunes en gros, voyez *Fruits secs*. — Même assortiment que le n° 21, 1 fr. 175.

211. Quincailliers (marchands), 1re classe. Les quincailliers dans toute l'extension du sens du mot. — Même assortiment que le n° 79, 1 fr. 425.

212. Quincailliers (marchands), 2e classe. Ceux qui n'ont à peser que des pointes de fer. — Même assortiment que le n° 21, 1 fr. 175.

213. Romaines (fabricants ou ajusteurs de). — 2 poids de 20 kilogrammes en fer, le reste de la série jusqu'au demi-hectogramme, 2 fr. 20; 1 double hectogramme en cuivre, divisé jusqu'au gramme, 0,30. Total, 2 fr. 50.

214. Rubans (marchands de). — 1 mètre, 0,10.

215. Scieurs de long ou a la mécanique. — 1 mètre, 0,10.

216. Sel (marchands de), 1r classé. Les marchands en gros. — Même assortiment que le n° 71, 3 fr. 925.

217. Sel (marchands de), 2e classe. Ceux qui ne vendent qu'en détail et au poids. — Même assortiment que le n° 79, 1 fr. 425.

218. Sel (marchands de), 3e classe. Ceux qui ne vendent qu'en détail et à la mesure. — 1 série de mesures pour les matières sèches, du double décalitre au demi-litre inclusivement, 0,47.

219. Selliers harnacheurs. — 1 mètre, 0,10.

220. Serruriers. — 1 romaine de 15 à 20 kilogrammes, 0,50; 1 mètre, 0,10. Total, 0,60.

221. Son en détail (marchands de). — 1 double décalitre pour les grains, 0,15; 1 décalitre, 0,10; 1 demi-décalitre, 0,07; 1 double litre, 0,05; 1 litre, 0,05. Total, 0,42.

222. Sucre (marchands de), 1re classe. Ceux qui vendent en gros ou en détail. — Même assortiment que le n° 20, 2 fr. 425.

223. Sucre (marchands de), 2e classe. Ceux qui vendent seulement en détail. — Même assortiment que le n° 10, 0,925.

224. Sucreries (marchands de). — Même assortiment que le n° 10. 0 fr. 92 c. 5 m.

225. Tabac (débitants de), 1r classe. Ceux dont les débits sont placés dans les villes. — 1 série de poids en cuivre, du double kilogramme au demi-décagramme inclusivement, 1,00; 1 balance de comptoir, 0,25. Total, 1 fr. 25 c.

226. Tabac (débitants de), 2e classe. Ceux dont les débits sont placés dans des localités rurales. — 1 kilogramme en fer, 0,10; 1 série de poids en cuivre, du demi-kilogramme au demi-décagramme inclusivement, 0,60; 1 balance de comptoir, 0,25. Total, 0 fr. 95 c.

227. Taillandiers. — 1 romaine de 15 à 20 kilogrammes, 0 fr. 50 c.

228. Tailleurs d'habits, 1re classe. Les marchands tailleurs. — 1 mètre, 0,10; un demi-mètre, 0,10. Total, 0 fr. 20 c.

229. Tailleurs d'habits, 2e classe. Les tailleurs non marchands, travaillant *en boutique* ou *à la journée*. — 1 mètre, 0 fr. 10 c.

230. Tailleurs de pierre. — 1 mètre, 0 fr. 10 c.

231. Tailleuses de robes. — 1 mètre, 0 fr. 10 c.

232. Tan (marchands de). — Même assortiment que le n° 16, 3 fr. 45 c.

233. Tanneurs (marchands). — Même assortiment que le n° 19, 3 fr. 67 c. 5 m.

234. Tapissiers, 1re classe. Les tapissiers-marchands ou revendeurs de meubles, avec laine, plume. — Même assortiment que le n° 21, 1,175; plus, 1 mètre, 0,10. Total, 1 fr. 27 c. 5 m.

235. Tapissiers, 2e classe. Ceux qui ne vendent rien. — 1 mètre, 0 fr. 10 c.

236. Tartre (marchands de), 1re classe. Les marchands en gros non râcleurs. — Même assortiment que le n° 56. 4 fr. 35 c.

237. Tartre (marchands de), 2e classe. Les râcleurs travaillant pour leur compte. — 1 ro-

maine de 100 kilogrammes au moins, 1,25; 1 romaine de 15 à 20 kilogrammes, 0,50. Total, 1 fr. 75 c.

238. TEINTURIERS. — 1 romaine de 15 à 20 kilogrammes, 0,50; 1 mètre, 0,10. Total, 0 fr. 60 c.

239. TISSERANDS, 1re classe. Ceux qui travaillent simplement à la façon et vendent quelquefois de la toile ou des étoffes de laine. — 1 romaine de 40 kilogrammes au moins, 0,50; 2 mètres, 0,20; 1 demi-mètre, 0,10. Total, 0 fr. 80 c.

240. TISSERANDS, 2e classe. Ceux qui travaillent simplement à la façon. — 1 romaine de 40 kilogrammes au moins, 0, 50; 1 mètre, 0,10. Total, 0 fr. 60 c.

241. TISSUS (marchands de). Ceux qui, *n'étant pas marchands de draps*, vendent des toiles de coton, des indiennes, etc. — 1 mètre, 0,10; 1 demi-mètre, 0,10. Total, 0 fr. 20 c.

242. TOILES (marchands de), 1re classe. Ceux qui ont deux ou plus de deux comptoirs. — 2 mètres, 0,20; 2 demi-mètres, 0,20. Total, 0 fr. 40 c.

243. TOILES (marchands de), 2e classe. Ceux qui ont un seul comptoir ou qui vendent dans les foires. — Les marchands ambulants, sans magasin, seront compris dans cette classe. — Les marchands ambulants, déballant dans un magasin seront, selon le nombre de leurs comptoirs, rangés dans la première ou la deuxième classe. — 1 mètre, 0,10; 1 demi-mètre. 0,10. Total, 0 fr. 20 c.

244. TONNELIERS. — 1 mètre, 0 fr. 10 c.

245. TOURNEURS EN BOIS. — 1 mètre, 0 fr. 10 c.

246. TRIPIERS-BOYAUDIERS. — Même assortiment que le n° 21, 1 fr. 17 c. 5 m.

247. TRUFFES (marchands de), 1re classe. Les marchands ou expéditeurs en gros. — Même assortiment que le n° 19, 3,675; plus : 1 romaine de 20 à 40 kilogrammes, 0,50. Total, 4 fr. 17 c. 5 m.

248. TRUFFES (marchands de), 2e classe. Ceux qui vendent en détail, *en magasin*. — Même assortiment que le n° 79, 1,42 5; plus : 1 romaine de 20 à 40 kilogrammes, 0,50. Total, 1 fr. 92 c. 5 m.

249. TRUFFES (marchands de), 3e classe. Ceux dont l'industrie consiste à acheter la truffe qui n'est pas bonne à expédier pour la revendre aux gargotiers et dans les maisons particulières. — Même assortiment que le n° 10, 0 fr. 92 c. 5 m.

250. VINS (débitants de). — 1 litre en métal pour les liquides, 0,15; 1 demi-litre, 0,10. 1 double.décilitre, 0,10. Total, 0 fr. 35 c.

251. VINAIGRE (débitants de). — Même assortiment que le n° 250, 0 fr. 35 c.

252. VINS ET SPIRITUEUX EN GROS (marchands, expéditeurs ou commissionnaires de). — 1 double décalitre pour les liquides, 0,50; 1 décalitre, 0,50; 1 demi-décalitre, 0,50; 1 double litre, 0,50; 1 litre, 0,15. Total, 1 fr. 85 c.

253. VOITURES PUBLIQUES (entrepreneurs ou directeurs de), 1re classe. Pour faire la distinction de ces deux classes, les vérificateurs auront à apprécier les degrés d'importance des industries auxquelles elles s'appliquent. — 2 poids de 20 kilogrammes en fer, et le reste de la série jusqu'au demi-hectogramme inclusivement, 1,45; 1 double décagramme en cuivre, 0,075; 1 décagramme, 0,075; 1 demi-décagramme, 0,075; 1 balance-bascule de la portée de 500 kilogrammes, 2,00; 1 balance de comptoir, 0,25. Total, 3 fr. 92 c. 5 m.

254. VOITURES PUBLIQUES (entrepreneurs ou directeurs de), 2e classe. — Pour faire la distinction de ces deux classes, les vérificateurs auront à apprécier les degrés d'importance des industries auxquelles elles s'appliquent. — Même assortiment que le n° 20, 2 fr. 42 c. 5 m.

Poids et mesures. — Vérification annuelle. — Le Préfet, — Vu la loi du 4 juillet 1837, qui met en vigueur, à compter du 1er janvier 1840, les poids et mesures décimaux ; — l'ordonnance du 17 avril 1839, concernant la vérification, l'inspection des poids et mesures, et les droits de vérification ; — l'ordonnance du 16 juin 1839, concernant la forme des poids et mesures décimaux ; — l'arrêté de M. le Ministre de l'Intérieur, de l'Agriculture et du Commerce, du 16 février 1853 ; — le décret du 15 juillet 1853 ; — la circulaire de M. le Ministre de l'Agriculture et du Commerce, des 30 août et 15 septembre 1839, 20 novembre 1840, et 22 juin 1853 ; — l'arrêté du ... qui règle le minimum de l'assortiment obligatoire des poids et mesures et instruments de pesage dont chaque assujetti doit être pourvu, ledit arrêté approuvé par M. le Ministre de l'Agriculture et du Commerce, le .. du même mois ; — celui du ..., indicatif des communes du département où la vérification doit avoir lieu toutes les années ; — Considérant qu'aux termes de l'article 27 de l'ordonnance du 17 avril 1839, un arrêté préfectoral doit déterminer l'époque à laquelle la vérification périodique des instruments de pesage et de mesurage doit avoir lieu pour chaque commune du département ; — Arrête : — Art. 1. Les poids, mesures et instruments de pesage et de mesurage, dont les commerçants, industriels ou entrepreneurs font usage ou qu'ils ont en leur possession, dans le département de ..., seront, en 186 , soumis comme précédemment, à la vérification périodique. — Art. 2. La vérification aura lieu, dans les communes soumises à la vérification annuelle et dans celles non exercées en 186 , conformément à l'itinéraire arrêté pour chaque bureau de vérification, savoir : (*suit le tableau*). — Art. 3. La vérification périodique sera faite au domicile de chaque assujetti, qui devra présenter au vérificateur, non-seulement les instruments de pesage et de mesurage obligatoires d'après sa profession, mais en même temps ceux qu'il possèderait de surplus ; ces derniers seront vérifiés gratuitement. Néanmoins, les romaines à portée et à coupe, les romaines-bascules, les mesures de capacité pour les liquides et pour les grains au-dessus du litre, seront vérifiés, dans les chefs-lieux d'arrondissement, au bureau du vérificateur, et dans les autres communes, au siége des mairies. Le vérificateur prendra note des instruments qui lui seront présentés, sur un registre portatif qu'il fera émarger par l'assujetti ; et si ce dernier ne sait pas signer, ou qu'il refuse de le faire, il le constatera sur son portatif. — Art. 4. Les vérificateurs auront soin de faire constater sur leur portatif, par les Maires et Adjoints, le jour et l'heure de leur arrivée dans les communes et le jour de leur départ. — Art. 5. Dans la vérification périodique ou dans les visites imprévues, les vérificateurs pourront, s'ils le jugent convenable, se faire accompagner par l'agent de police attaché à la ville ou à la partie de la ville dont ils feront la vérification, et cela sans préjudice des réquisitions qu'ils sont obligés de faire aux fonctionnaires, dans les cas prévus par les articles 24 et 25 du présent arrêté. — Art. 6. Les marchands ambulants qui feront usage de poids et mesures, sont tenus de les présenter, dans les trois premiers mois de l'année, à l'un des bureaux de vérification du département dans le ressort duquel ils colportent leurs marchandises. A cet effet, le vérificateur, après s'être assuré que le colporteur est pourvu de l'assortiment obligatoire, règlera la rétribution dont il est redevable ; elle sera immédiatement payée chez le percepteur de la commune, qui en délivrera quittance sur le vu de laquelle le vérificateur procèdera à la vérifications des-poids et mesures pour lesquels les droits auront été acquittés. — Art. 7. Sont considérés comme marchands ambulants ou colporteurs, et devront se conformer aux prescriptions de l'article 6 du présent arrêté, tous les marchands, débitants et revendeurs vendant leurs denrées ou marchandises sur les places, halles et marchés, et tous ceux qui n'ont ni magasins, ni boutiques, ou qui ne paient point de patente. — Art. 8. Les poids et mesures dont se servent les fabricants pour s'assurer de la justesse de leurs instruments seront soumis à la vérification périodique (art. 14 de l'ordonnance du 17 avril 1839) ; mais ils seront présentés, pour cette opération, au bureau des vérificateurs. — Art. 9. Les balances, romaines et autres instruments de pesage sont soumis à la vérification primitive ; ils sont, en outre, inspectés dans leur usage et soumis à la vérification périodique. — Art. 10. Les membrures du stère et du double stère, destinés au commerce du bois de chauffage, sont, avant qu'il en soit fait usage, vérifiées et poinçonnées dans les chantiers où elles devront être employées; elles seront également soumises à la vérification périodique. — Art. 11. La vérification périodique des poids et mesures et instruments de pesage et de mesurage appartenant aux établissements publics désignés par l'art. 24 de l'ordonnance du 17 avril 1839 sera faite gratuitement; il en sera de même pour les poids, mesures et instruments de pesage présentés volontairement à la vérification par des individus non assujettis. — Art. 12. Sont soumis à l'exercice de la vérification les poids et mesures employés dans les halles, foires et marchés, et dans les étalages mobiles par les marchands forains et ambulants. — Art. 13. Les poids, mesures et instruments de pesage qui seront présentés à la vérification périodique dans un état défectueux, mais dont le rajustage aura été reconnu possible, seront laissés au propriétaire sous sa responsabilité, à la charge par lui de les renvoyer immédiatement à son ajusteur. Il en sera pris note, par le vérificateur, sur un registre à ce destiné. — Art. 14. Les poids, mesures et instruments de pesage rajustés continueront, ainsi que les poids neufs, à être présentés par les ajusteurs au bureau des vérificateurs, pour y être vérifiés et poinçonnés. (Il est expressément recommandé aux fabricants de se conformer à cette disposition). — Art. 15. Indépendamment du poinçon primitif portant pour empreinte la couronne impériale, et du numéro d'ordre du bureau du vérificateur où ce poinçon a été apposé, les poids et mesures seront marqués, pour l'année 186 , d'un poinçon portant la lettre [M]. — Art. 16. Après que la vérification aura été terminée dans chaque commune, il est interdit aux commerçants, entrepreneurs et industriels, d'employer ou de garder en leur possession des poids, mesures et instruments de pesage qui n'auraient pas été soumis à la vérification périodique et revêtus du poinçon de l'année. — Art. 17. Les vérificateurs saisiront les instruments non revêtus des marques légales de la vérification de l'année, ainsi que les poids et mesures altérés ou défectueux. — Art. 18. Il est défendu aux fabricants et aux marchands de poids et mesures, aux commissionnaires en marchandises, ferblantiers, quincailliers, ferrailleurs, opticiens et ingénieurs-mécaniciens, d'exposer en vente dans leurs boutiques, de vendre et d'expédier au dehors, des poids, mesures de longueur ou de capacité, fléaux, balances ou romaines, s'ils ne sont revêtus du nom ou de la marque du fabricant, du poinçon de la vérification primitive, et du numéro d'ordre du bureau du vérificateur de l'arrondissement de leur résidence, sous les peines portées par les art. 479, 480 et 481 du Code pénal. — Art. 19. Les fléaux, balances, romaines ou autres instruments de pesage employés dans le commerce, qui, en contravention aux art. 10 et 22 de l'ordonnance du 17 avril 1839, et 3 du décret du 15 juillet 1853, n'auraient pas été marqués du poinçon à la couronne impériale et du numéro d'ordre du vérificateur qui y a apposé ce poinçon, seront saisis. — Art. 20. Les balances en activité de service seront toujours suspendues, savoir : celles qui sont destinées aux grosses pesées, à 12 centimètres au moins du sol de la boutique ou du magasin; les balances ordinaires, à 5 centimètres du comptoir; celles de moyenne portée, à 3 centimètres, et celles de la plus petite dimension, à un centimètre. Les balances désignées comme propres aux grosses pesées sont celles dont les fléaux sont de la plus grande dimension, dont les plateaux sont suspendus par des cordes ou des chaînes, et qui se montent ordinairement sur le sol des boutiques ou arrière-boutiques, magasins et cours. Les balances ordinaires sont celles qui, montées sur les comptoirs, ont des fléaux dont la longueur a ou excède 40 centimètres. Les balances de moyenne portée sont celles dont les fléaux ont moins de 40 centimètres et plus de 20 centimètres; celles de la plus petite dimension sont celles dont les fléaux ont moins de 20 centimètres. — Art. 21. Toute balance à bras égaux non suspendue dans les halles, foires, marchés, étalages mobiles ou magasins, ou suspendue à une hauteur moindre que celle ci-dessus déterminée, sera saisie. Procès-verbal sera dressé des contraventions de cette nature, avec mention des circonstances qui les ont précédées ou accompagnées. — Art. 22. Les plateaux de toutes les balances seront suspendus à l'extrémité des fléaux au moyen de tringles ou de chaines métalliques. — Art. 23. Il est formellement interdit de suspendre, sous quelque prétexte que ce soit, aucun corps additionnel à l'une des extrémités de la balance, ou de placer, dans les plateaux, des papiers, toiles cirées, cartons ou tout autre corps étranger. — Art. 24. Les visites et exercices que les vérificateurs sont autorisés à faire chez les assujettis ne peuvent avoir lieu que pendant le jour; néanmoins, ils pourront avoir lieu, chez les marchands et débitants, pendant tout le temps que ces lieux de vente seront ouverts au public. — Art. 25. En cas de refus d'exercice de la part des marchands et débitants, et toutes les fois que les vérificateurs auront à procéder chez les débitants avant le lever et après le coucher du soleil, dans les lieux de vente ouverts au public, les vérificateurs ne pourront s'introduire dans les maisons, bâtiments et magasins qu'en présence, soit de juge de paix, soit de son suppléant, soit du Maire, de l'adjoint ou du commissaire de police. — Art. 26. Les fonctionnaires dénommés à l'article précédent, et les inspecteurs et agents de police, ne pourront se refuser à accompagner sur-le-champ les vérificateurs, lorsqu'ils en seront requis par eux, dans les cas prévus par les articles 5, 24 et 25 du présent arrêté. Les procès-verbaux seront rédigés en leur présence et signés par eux. En cas de refus, les vérificateurs en feront mention sur leurs procès-verbaux, et nous en donneront avis dans les vingt-quatre heures, ou aux Sous-Préfets dans les arrondissements, comme aussi du recours qu'ils auraient eu à une réquisition écrite en cas d'insuffisance d'une réquisition verbale. — Art. 27. Les vérificateurs saisiront, dans leurs tournées, tous les instruments de pesage et de mesurage autres que ceux maintenus par la loi du 4 juillet 1837. — Art. 28. Les objets saisis seront déposés à la Mairie. — Art. 29. Ils dresseront leurs procès-verbaux dans les vingt-quatre heures de la contravention par eux constatée; ils doivent les écrire eux-mêmes, les signer et les affirmer au plus tard le lendemain de leur clôture, par-devant le Maire ou l'adjoint, soit de la commune de leur résidence, soit de celle où l'infraction a été commise. L'affirmation est signée tant par eux que par les Maires ou Adjoints. — Art. 30. Ils mentionneront sur leur portatif la date de leurs procès-verbaux; ils relateront les noms des personnes et les contraventions qui y ont donné lieu; ils y recueilleront les circonstances qui ont accompagné, soit la possession, soit l'usage des poids et mesures dont l'emploi est interdit. — Art. 31. S'ils trouvent des mesures qui, par leur état d'oxydation, puissent nuire à la santé des citoyens, ils doivent en donner avis aux Maires et aux commissaires de police. Art. 32. Les Maires devront avoir soin, deux jours au moins avant l'arrivée du vérificateur dans leur commune, d'annoncer son arrivée par un ban publié dans les formes ordinaires, et les assujettis seront tenus d'ouvrir leurs magasins, boutiques et ateliers, et de ne plus quitter leur domicile jusqu'à ce que la vérification ait eu lieu. — Art. 33. Les assujettis seront tenus de se prêter aux exercices toutes les fois qu'auront lieu les visites prescrites par les articles 24 et 26 du présent arrêté. — Art. 34. Les Maires, adjoints, commissaires et inspecteurs de police feront, dans leurs communes et arrondissements respectifs, et plusieurs fois dans l'année, des visites dans les boutiques et magasins, dans les places publiques, foires et marchés, à l'effet de s'assurer de l'exactitude et du fidèle usage des poids et mesures. Ils surveilleront les bureaux de pesage et de mesurage dépendant de l'administration municipale. Ils s'assureront que les poids et mesures portent les marques et poinçons de la lettre M, et que, depuis la vérification, les instruments n'ont pas souffert de variation, soit accidentelle, soit frauduleuse. — Art. 35. Ils visiteront fréquemment les romaines, les balances et tous les autres instruments de pesage et de mesurage; ils s'assureront de leur justesse et de la liberté de leurs mouvements, et constateront les infractions. — Art. 36. Ils veilleront à la fidélité dans le débit des marchandises qui, étant fabriquées au moule ou à la forme, se vendent à la pièce ou au paquet, comme correspondant à un poids déterminé; ils constateront les infractions. — Art. 37. Si les affiches ou annonces contiennent des dénominations de poids et mesures autres que celles portées par le tableau annexé à la loi du 4 juillet 1837, les Maires, adjoints et commissaires de police constateront les contraventions de ce genre, et enverront immédiatement leurs procès-verbaux au Receveur de l'enregistrement, chargé d'en poursuivre la répression, conformément à l'article 5 de cette loi. Ils veilleront à ce que, dans tous les cas, et notamment sur la voie publique et dans les ventes aux enchères, les crieurs ne se servent que de ces dénominations. Les gérants de journaux qui, dans la partie de leur feuille réservée aux annonces, feront des insertions contenant d'autres dénominations de poids et mesures que celles autorisées par la loi, seront passibles des amendes qu'elle prononce. Les vérificateurs des poids et mesures sont tenus de signaler les mêmes contraventions aux tarifs annexés à l'ordonnance du 18 décembre 1825, modifiée par celles du 21 décembre 1832 et du 18 mai 1838. — Art. 39. A la fin de l'année, il sera dressé et publié des rôles supplémentaires pour les opérations qui, à raison de circonstances particulières, n'auraient pu être faites que postérieurement au 1er août prochain. — Art. 40. La perception des rôles concernant la rétribution est faite par le percepteur de la commune; le montant total de la cote établie au rôle est exigible dans la quinzaine de la publication. — Art. 41. Le présent arrêté sera inséré dans le *Recueil des Actes administratifs* de la Préfecture, et envoyé aux Sous-Préfets, Maires, commissaires de police et vérificateurs des poids et mesures.

Poids et mesures. — Fixation de l'époque d'une vérification. — Le Préfet, — Vu l'ordonnance du 17 avril 1839, sur la vérification des poids et mesures; — l'arrêté préfectoral du ..., qui désigne les communes où la vérification périodique des poids et mesures doit être annuelle, et celles où elle ne doit avoir lieu que tous les deux ans; — la lettre du .. décembre courant par laquelle les vérificateurs des poids et mesures de l'arrondissement de ..., proposent de ranger la commune de ... dans la classe de celles où la vérification doit être annuelle; — Considérant que, par suite de l'exploitation de la ligne du chemin de fer qui traverse l'arrondissement de ..., il a été établi à ..., dans la commune de ..., une gare où il existe des instruments de pesage, qui, par suite du service continuel auquel ils sont soumis, sont très-susceptibles de se déranger; qu'il est nécessaire dans l'intérêt du commerce que ces instruments soient souvent vérifiés; — que la commune de ... a, depuis quelque temps, acquis une grande importance; que le nombre des assujettis à la vérification s'y est accru; que, dès lors, cette commune peut être désignée comme devant être vérifiée tous les ans; — Arrête : — Art. 1. A partir du ..., la vérification périodique des poids et mesures, sera annuelle dans la commune de .... — Art. 2. M. le Sous-Préfet de ... et le vérificateur des poids et mesures de cet arrondissement sont chargés, chacun en ce qui le concerne, de l'exécution du présent arrêté.

Pompes funèbres (tarif des). — Le Préfet, — Vu la délibération du conseil de fabrique de l'église de ..., en date du ..., concernant le projet d'établir, dans cette ville, un service des pompes funèbres et contenant la proposition d'un tarif pour cet objet; celle du Conseil municipal de ..., en date du ... approbative des propositions du conseil de fabrique; l'avis de Mgr l'évêque de ..., en date du ..., les décrets des 23 prairial an XII, 18 mai 1806 et 23 mars 1852, t. A. § 46; — Considérant que le service des convois mortuaires, dans la paroisse de ..., laisse beaucoup à désirer et que c'est dans le but de remédier aux inconvénients qu'il présente, que la fabrique et le Conseil municipal ont projeté l'établissement d'un service régulier; — que le tarif proposé ne paraît pas exagéré; — Arrête : Est approuvé le tarif pour le service des pompes funèbres dans la ville de ..., tel qu'il a été réglé par les délibérations susvisées.

Pont suspendu. — Épreuve. — Le Préfet, — Vu la décision ministérielle du .., relative aux mesures à prescrire aux concessionnaires du pont suspendu de ..., sur le ... (*nom de la rivière*) pour qu'il soit en état de réception le ... lorsque la remise en sera faite à l'administration; — l'arrêté préfectoral du ..., prescrivant au sieur ..., concessionnaire du pont suspendu de ..., de faire découvrir les cables de retenue, pour en rendre la visite possible, faute de quoi il sera procédé à une épreuve par voie de chargement; — le certificat constatant la notification faite, de cet arrêté, au concessionnaire, le ...; — la pétition en date du..., par laquelle le sieur... nous informe que la découverte des cables de retenue ne peut se faire sans danger et demande qu'on procède le ..., à l'épreuve qui lui est imposée; — le rapport de M. l'Ingénieur de l'arrondissement de ..., en date du ...; — l'avis de M. l'Ingénieur en chef, en date du ...; — Considérant qu'il importe d'assurer l'exécution de l'arrêté précité et de prescrire les mesures propres à assurer la rapidité, l'ordre et la régularité de l'opération, comme cela est nécessaire pour prévenir toute espèce d'accident; — Arrête : — Art. 1. L'épreuve du pont suspendu de ..., sur le ..., aura lieu par changement du tablier, le ..., à raison de [200 kilogrammes] par mètre carré de surface. — Art. 2. Huit jours au moins avant l'époque ci-dessus désignée, il sera approvisionné par les soins du concessionnaire, le cube de gravier nécessaire audit chargement. Ce cube sera déterminé au moyen d'expériences contradictoires servant à fixer le poids des matériaux employés; il sera divisé en deux parties égales, disposées sur chaque rive. — Art. 3. La moitié du chargement, soit [40,000 kilogrammes] sera portée sur le pont au moyen de brouettes ou par tout autre mode indiqué par l'Ingénieur. Une fois la demi-charge ainsi transportée, aucune personne ne pourra circuler sur le pont, les ouvriers seront retirés et le chargement contenu au moyen d'un wagon, dont le modèle sera donné par l'ingénieur. A cet effet, le concessionnaire devra se pourvoir du wagon dont il s'agit, de 180 mètres courants de longueur de rails, et de deux cables de traction d'au moins 100 mètres de longueur. — Art. 4. Le concessionnaire tiendra à la disposition de l'ingénieur les objets suivants : 1° quatre fils à plomb, d'une longueur égale à celle des piles; 2° une échelle; 3° un échafaudage disposé de manière à pouvoir visiter le dessous du pont avant l'épreuve; 4° plusieurs lanternes pour l'éclairage pendant la nuit. — Art. 5. Pour assurer le passage pendant le temps de l'épreuve, le concessionnaire préparera un bac et un batelet munis de leurs agrès et d'hommes de service en nombre suffisant. — Art. 6. L'absence des rampes d'accès, ne permettant pas la circulation des voitures, le jour de l'épreuve du pont, le temps pendant lequel la circulation restera interdite, sera annoncé par voie de publications, dans les diverses communes traversées par la route n° ....— Art. 7. La circulation ou le stationnement seront interdits sur les abords du pont le long de chaque rive, sur [50 mètres] de chaque côté. Il sera établi des gardes pour l'exécution de cette prescription. — Art. 8. Faute par le concessionnaire d'avoir préparé tout ce qui vient d'être dit et dans le cas ou l'épreuve ne pourrait être faite au jour indiqué, par suite de sa négligence ou de sa mauvaise volonté, il sera, sans autre formalité, procédé à cette opération par voie de régie, par les soins de l'ingénieur et sous la surveillance du conducteur ..., nommé éventuellement régisseur à cet effet. — Art. 9. Le présent arrêté sera transmis à M. l'Ingénieur en chef, chargé d'en faire notifier les dispositions au concessionnaire et d'en assurer l'exécution.

Pont suspendu. — Limitation du poids des voitures admises à passer. — Le Préfet, — Vu la lettre, en date du ..., par laquelle les sieurs ..., gérants de la Société des ponts réunis, concessionnaires du pont suspendu de ..., sur la rivière de ..., au passage du chemin de grande communication n° ..., demandent qu'il soit fixé une limitation du poids de chargement des voitures au passage de ce pont; — les propositions, sur cette demande, de M. l'agent voyer en chef, dés ...; — les avis émis les ... par M. l'Ingénieur en chef des ponts et chaussées de ...; — la lettre de M. le Ministre de l'Intérieur, en date du ..., faisant connaitre un avis du Conseil général des ponts et chaussées, sur la limitation des chargements sur les ponts suspendus; — l'art. 2 de la loi du 30 mai 1851 sur la police du roulage, et l'art. 8 du décret du 10 août 1852; — les circulaires ministérielles des 15 mai et 25 août 1852; — Considérant en principe que les ponts suspendus, quelle qu'en soit l'origine, ont droit à une protection fondée sur le maximum du poids des chargements autorisés par l'ancienne et la nouvelle législation, pour les voitures de diverses espèces, sans distinction de la largeur des jantes; — que les limitations de chargement basées sur ce principe, et proposées par les rapports ci-dessus pour le passage du pont de ..., paraissent bien motivées et imposent le moins de gêne possible au commerce et à l'agriculture; — Arrête : — Art. 1. Le maximum de poids des voitures admises à passer sur le pont suspendu de ..., comprenant voiture, chargement, paille, corde, bâche, est fixé, savoir : pour les voitures à deux roues, à 8,400 kilogrammes; pour les chariots ou voitures à quatre roues, à 11,700 kilogrammes. — Art. 2. Les chargements seuls, déduction faite de la voiture, de la paille, de la bâche et des chevaux, ne pourront excéder : pour les voitures à deux roues, 6,700 kilogrammes; pour les chariots ou voitures à quatre roues, 9,400 kilogrammes. — Art. 3. Les rouliers ou conducteurs sont tenus, sous peine d'interdiction du passage, d'exhiber leur lettre de voiture, sur la simple réquisition du préposé au péage du pont. — Art. 4. En cas d'absence justifiée de la lettre de voiture, il sera procédé à la constatation des poids par le volume et la densité des objets transportés, en prenant les chiffres suivants pour base des chargements les plus usuels dans la contrée. (*Suit le tableau, lequel doit nécessairement varier de département à autre*). — Art. 5. Pendant la traversée du pont, les chevaux seront mis au pas, les voituriers ou rouliers tiendront les guides ou le cordeau; les conducteurs et postillons resteront sur leur siège. — Art. 6. Défense est faite aux rouliers et autres voituriers de dételer aucun de leurs chevaux pour le passage du pont. — Art. 7. Le passage simultané de deux voitures attelées de plus de trois chevaux est interdit, quand même la somme de leur chargement serait inférieure aux poids limités, fixés par les articles 1 et 2. — Art. 8. Les rouliers, les propriétaires de voitures et les compagnies de roulage seront responsables des accidents et avaries lorsqu'il sera démontré que ces accidents et avaries se sont produits à la suite du passage de chargements supérieurs aux limites fixées ci-dessus, ou du passage simultané de deux voitures attelées, contrairement aux prescriptions de l'art. 7. — Art. 9. Le présent arrêté sera publié et affiché dans la commune de ... et dans les localités voisines et aux frais des concessionnaires, à l'entrée et à la sortie du port; placardé, en outre, cet arrêté sera inséré au *Recueil des actes administratifs*. — Art. 10. Les contraventions seront constatées et poursuivies conformément aux art. 15 et 17 de la loi du 30 mai 1851; — les délinquants seront passibles de l'amende déterminée par l'art. 4 de la même loi, sans préjudice des dommages et des circonstances aggravantes, prévus par les art. 9, 10 et 11. — Art. 11. Les fonctionnaires et agents dénommés dans l'art. 5 de ladite loi, sont chargés d'assurer l'exécution du présent décret.

Poursuites en matières de contributions. — Règlement. — Le Préfet, — Vu l'art. 51 de la loi des finances du 15 mai 1818, portant que les Préfets sont autorisés à faire, dans leur département respectif, des arrêtés réglementaires sur les frais de poursuites à exercer pour le recouvrement des contributions directes, sauf à faire approuver ces arrêtés par le gouvernement;

Vu la circulaire de M. le Ministre des Finances, en date du 21 décembre 1839, et le règlement y annexé pour servir d'instruction et de base à l'arrêté qui doit être pris par les Préfets, en conformité de l'article ci-dessus relaté;

Vu une autre circulaire de M. le Ministre des Finances, en date du 30 décembre 1860, prescrivant une nouvelle publication du règlement sur les poursuites, avec les modifications résultant de l'instruction du 20 juin 1859,

Arrête :

PREMIÈRE PARTIE

OBLIGATIONS DES RECEVEURS ET DROITS DES PERCEPTEURS ANTÉRIEUREMENT
AUX POURSUITES

Art. 1. Les contributions directes sont payables en douze portions égales, dont chacune est exigible le 1er de chaque mois pour le mois précédent. — **N. B.** En ce qui concerne la contribution des patentes, la loi du 25 avril 1844, art. 24, porte ce qui suit : « Dans le cas » où le rôle n'est émis que postérieurement au 1er mars, les douzièmes échus ne sont pas » immédiatement exigibles : le recouvrement en est fait par portions égales en même » temps que celui des douzièmes non échus. » C'est-à-dire que la cote se divise pour le paiement en autant de termes qu'il reste de mois à courir. Cette disposition est applicable à la contribution personnelle-mobilière, lorsqu'elle est comprise dans le même rôle que celle des patentes. (*Décision ministérielle du 4 août 1845*). — Les contribuables compris dans les rôles supplémentaires des patentes du quatrième trimestre peuvent être admis à diviser leurs dettes en deux ou trois termes, comme les patentables compris dans les rôles du troisième trimestre (*Art. 61 de l'Instruction générale*).

Art. 2. La totalité du montant de la patente des marchands forains, colporteurs et marchands vendant en ambulance, échoppe ou étalage, est payable au moment de la délivrance vrance de ladite patente, conformément aux dispositions des articles 69 et 70 de la loi du 25 mars 1817. — **N. B.** *Art. 69 :* « Les marchands forains et colporteurs sont tenus » d'acquitter le montant total de leur patente au moment où elle leur sera délivrée. »

Art. 70 : « Les marchands vendant en ambulance, échoppe ou étalage, dans les lieux » de passage, places publiques, marchés des villes et communes, des marchandises autres » que des comestibles, seront pareillement tenus d'acquitter, au moment de la délivrance, » le montant total de la patente à laquelle ils sont assujettis par la disposition finale du » nombre 10 de l'art. 29 de la loi du 1er brumaire an VII. »

Art. 24 de la loi du 25 avril 1844 : « Les marchands forains, les colporteurs, les directeurs de troupes ambulantes, les entrepreneurs d'amusements et jeux publics non sédentaires, et tous autres patentables dont la profession n'est pas exercée à demeure fixe, » sont tenus d'acquitter le montant total de leur cote au moment où la patente est » délivrée. »

Art. 3. En cas de déménagement hors du ressort de la perception, comme en cas de décès, de faillite et de vente volontaire ou forcée, la contribution personnelle et mobilière est exigible pour la totalité de l'année courante. — Loi du 21 avril 1832, art. 21 et 22, et loi du 25 avril 1844, art. 25.

Art. 3 *bis*. La taxe des patentes ne peut, en cas de décès, être exigée que pour les termes échus et le mois courant. — Loi du 13 floréal an X.

Dans toutes les autres circonstances, déterminées par l'art. 3, la taxe des patentes est exigible pour l'année entière. — **N. B.** La disposition qui fait l'objet du premier alinéa de l'article 3 *bis* s'étend maintenant au cas de fermeture des magasins, boutiques et ateliers par suite de faillite déclarée. (*Loi du 25 avril 1844, art. 3.*)

Art. 4. Les héritiers ou légataires peuvent être poursuivis solidairement, et un pour tous, à raison des contributions de ceux dont ils ont hérité ou auxquels ils ont succédé, tant que la mutation n'a pas été opérée sur le rôle. — **N. B.** La solidarité dont parle l'art. 4 doit être entendue en ce sens, que, même après le partage de la succession, le privilége du Trésor suit, en vertu de la loi du 12 novembre 1808, les meubles, fruits et récoltes dans les mains des héritiers ou légataires à qui ils ont été attribués ; d'où il résulte que le percepteur a le droit de les faire saisir jusqu'à concurrence de la contribution privilégiée, sur tout héritier ou légataire, moins comme débiteur solidaire que comme détenteur.

Art. 5. Les receveurs des communes, hospices et autres établissements publics sont tenus au paiement des contributions dues par ces communes ou établissements. Les quittances des percepteurs leur seront allouées en compte.

Art. 6. Les contribuables en réclamation n'en sont pas moins tenus de payer les termes qui viendront à échoir pendant les trois mois qui suivront leurs réclamations. — Loi du 21 avril 1832, art. 28.

Art. 7. Nul fonctionnaire n'a le droit de surseoir au recouvrement des contributions directes, ni aux poursuites qui ont ce recouvrement pour objet ; seulement, lorsqu'il est constaté que des communes ont éprouvé des pertes résultant d'événements désastreux qui ont mis les contribuables dans l'impossibilité de payer, le Préfet en informe le Receveur général, afin de prévenir des poursuites pour des contributions qui devraient définitivement être couvertes par le fonds de non-valeurs.

Art. 8. Les percepteurs ont seuls titre pour effectuer et poursuivre le recouvrement des contributions directes appartenant au Trésor public, et celui de toutes contributions locales et spéciales, établies dans les formes voulues par la loi.

Art. 9. Les percepteurs ne peuvent exiger aucunes sommes des contribuables, s'ils ne sont porteurs d'un rôle connfectioné par le Directeur des contributions directes, rendu exécutoires par le Préfet, et publié dans chaque commune par le Maire.

Art. 10. Immédiatement après la publication des rôles, le percepteur est tenu de faire parvenir aux contribuables les avertissements dressés par le Directeur des contributions.

Lé prix de ces avertissements étant compris dans les rôles et payable comme les contributions, le percepteur ne peut rien demander de plus aux contribuables, soit pour les avertissements, soit pour les frais de leur remise.

Art. 11. Le privilége attribué au Trésor public et aux percepteurs agissant en son nom pour le recouvrement des contributions directes s'exerce avant tout autre.

Il est réglé ainsi qu'il suit :

1° Pour l'année échue et l'année courante de la contribution foncière, tant en principal qu'en centimes additionnels et supplémentaires, sur les récoltes, fruits, loyers et revenus des biens immeubles, sujets à la contribution. — **N. B.** Le privilége du Trésor affecte les récoltes, fruits, loyers et revenus, abstraction faite de toute mutation ou de tout changement de propriétaire. (*Arrêt de la cour de cassation du 6 juillet 1852.*)

2° Pour l'année échue et l'année courante des autres contributions directes générales et spéciales, sur tous les meubles et effets mobiliers appartenant aux redevables, en quelque lieu qu'ils se trouvent.

L'acquéreur d'une propriété doit, en conséquence du privilége ci-dessus, s'assurer que les contributions imposées sur cette propriété ont été payées jusqu'au jour de la vente.

Cette obligation existe également pour tous les adjudicataires d'immeubles vendus par autorité du justice.

Art. 12. Le privilége attribué au Trésor pour le recouvrement des contributions directes ne préjudicie point aux droits qu'il peut exercer sur les biens des redevables comme tout autre créancier.

Art. 12 *bis*. Lorsqu'il y a lieu à l'expropriation forcée des immeubles des redevables, elle n'est poursuivie qu'avec l'autorisation du Ministre des Finances, sur la proposition du receveur particulier et l'avis du Préfet.

Art. 13. Tous fermiers et locataires sont tenus de payer à l'acquit des propriétaires ou usufruitiers la contribution des biens qu'ils tiennent à ferme ou à loyer, et peuvent être poursuivis comme les propriétaires eux-mêmes.

Les propriétaires ou usufruitiers sont tenus de recevoir les quittances du montant de ces contributions sur le prix des fermages et loyers, à moins que les fermiers ou locataires n'en soient chargés par leur bail.

Art. 13 *bis.* Les propriétaires peuvent, dans les limites et sous les conditions fixées par l'administration, déléguer le payement de l'impôt foncier à un certain nombre de fermiers ; toutefois ils n'en restent pas moins soumis personnellement aux poursuites du percepteur, lorsque l'intérêt du recouvrement l'exige. — **N. B.** L'article 6 de la loi du 4 août 1844, qui a autorisé les propriétaires à faire des délégations sur leurs fermiers pour le payement des contributions, n'a eu pour but que de régler une mesure d'ordre ; il ne porte aucune atteinte à la responsabilité des propriétaires. (Rapport fait à la chambre des députés, le 16 juillet 1844.)

Art. 14. Tous receveurs, agents, économes, notaires, commissaires-priseurs et autres dépositaires et débiteurs de deniers provenant du chef des redevables et affectés aux priviléges du Trésor, sont tenus, sur la demande qui leur en est faite par le percepteur, de payer à l'acquit des contribuables, sur le montant et jusqu'à concurrence des fonds qu'ils doivent ou qui sont entre leurs mains, les contributions dues par ces derniers.

Les commissaires-priseurs, séquestres et autres dépositaires, sont même autorisés à payer d'office les contributions dues, avant de procéder à la délivrance des deniers. Les quittances du percepteur (pour les sommes légitimement payées) leur sont allouées en compte. — **N. B.** Lois des 5-18 août 1791, 12 novembre 1808 et 18 juin 1813, art. 1er. (Voyez les deux premières de ces lois, à la suite du règlement.)

Art. 15. Les propriétaires et principaux locataires des maisons doivent, un mois avant l'époque du déménagement de leurs locataires ou sous-locataires, se faire représenter, par ces derniers, les quittances de leur contribution personnelle et mobilière, comprenant toutes les sommes exigibles à l'époque du déménagement, et, à défaut de cette représentation, en donner immédiatement avis au percepteur sous leur responsabilité personnelle ; (*loi du 21 avril 1822, art. 22*) et en retirer une reconnaissance par écrit de cet avertissement.

Si le percepteur refuse de recevoir la déc'aration faite à l'époque prescrite et d'en délivrer une reconnaissance, elle peut lui être notifiée par le ministère d'huissier ; et, dans ce cas, les frais de l'acte sont à la charge du percepteur.

Art. 16. Dans le cas de déménagement furtif, les propriétaires, et, à leur place, les principaux locataires, sont responsables des termes échus de la contribution de leurs locataires, s'ils n'ont pas fait constater, dans les trois jours, ce déménagement, par le maire, le juge de paix ou le commissaire de police. (Loi du 21 avril 1832, art. 23.)

La remise au percepteur d'une expédition du procès-verbal de déménagement furtif, dressé dans le délai voulu, dispense le propriétaire ou principal locataire de toute garantie, si la remise est prouvée par une reconnaissance du percepteur. — **N. B.** Les obligations et la responsabilité imposées aux propriétaires et principaux locataires pour la contribution personnelle-mobilière existent également à l'égard de la contribution des patentes ; seulement la part de contribution laissée à leur charge, quand il s'agit de cette dernière contribution, ne comprend que le dernier douzième échu et le douzième courant, dus par le patentable. (*Loi du 25 avril 1844, art. 25.*)

Le percepteur exerce son privilége sur les meubles enlevés, partout où ils se trouvent, conformément à l'article 11 ci-dessus.

Art. 16 *bis.* Dans tous les cas, et nonobstant toute déclaration de leur part, les propriétaires ou principaux locataires demeurent responsables de la contribution des personnes logées par eux en garni. (Loi du 21 avril 1832, art. 23.)

Art. 17. Les droits et priviléges attribués au Trésor public pour le recouvrement des contributions directes s'étendent au recouvrement des frais dûment taxés.

Art. 18. Les percepteurs qui ont laissé passer trois années, à compter du jour où les rôles léur ont été remis, sans faire de poursuites contre un contribuable, ou qui, après avoir commencé des poursuites, les ont abandonnées pendant trois ans, sont déchus de leurs droits contre les redevables. Passé ce délai, toutes poursuites leur sont interdites. (Loi du du 3 frimaire an VII, art. 149 et 150; arrêté du 26 thermidor an VIII, art. 17.)

Art. 19. Les réclamations concernant la perception des contributions directes, et les poursuites auxquelles cette perception donne lieu, sont du ressort de l'autorité administrative. — **N. B.** Voir toutefois les art. 63 et 66, desquels il résulte que les actes dé poursuites, à partir du commandement inclusivement, sont soumis aux règles tracées par le Code de procédure, et que les contestations qui peuvent s'élever au sujet de l'observation de ces règles sont de la compétence des tribunaux ordinaires, sans préjudice du référé administratif dont il est question dans les notes sur les articles 69 et 86.

POURSUITES

Art. 20. Le contribuable qui n'a pas acquitté, au 1ᵉʳ du mois, le douzième échu pour le mois précédent, est dans le cas d'être poursuivi.

Art. 21. Le percepteur ne peut commencer les poursuites avec frais qu'après avoir prévenu le contribuable retardataire par une sommation *gratis*. *(Modèle nº 1.)*

Cette sommation gratis est donnée au domicile du redevable, s'il réside dans la commune; s'il n'y réside pas, elle est remise à son principal fermier, locataire ou régisseur, et, à défaut, à la personne qui le représente. Si personne dans la commune ne représente le contribuable, la sommation est remise au Maire. [Voyez art. 47.] Elle doit être remise huit jours avant le premier acte de poursuite qui donne lieu à des frais; mais le percepteur n'est pas tenu de la renouveler pour la contribution d'un même contribuable dans le courant de l'exercice.

Art. 21 *bis*. La date de la remise de la sommation gratis doit toujours être constatée sur le rôle.

Art. 22. Les poursuites comprennent, sans division d'exercices (voir l'article 43 *bis* et la note, au sujet des douzièmes du nouvel exercice), toutes les sommes dues par le même contribuable.

Art. 23. Aucune poursuite donnant lieu à des frais ne peut être exercée dans une commune qu'en vertu d'une contrainte décernée par le receveur particulier de l'arrondissement, visée par le Sous-Préfet, et qui désigne nominativement les contribuables à poursuivre.

Cette contrainte est dressée en double expédition, dont l'une reste entre les mains du percepteur, et l'autre est remise par lui à l'agent des poursuites.

Art. 24. Les percepteurs demandent aux receveurs d'arrondissement qu'il soit décerné des contraintes contre les contribuables en retard, toutes les fois qu'ils le jugent nécessaire pour l'exactitude du recouvrement. Néanmoins, les receveurs d'arrondissement peuvent d'office décerner ces contraintes, en se conformant à l'ordre et aux règles établis pour les degrés de poursuite.

Art. 25. La contrainte délivrée par le receveur particulier n'est point sujette au timbre : elle est décernée collectivement pour celles des communes de l'arrondissement de perception où le recouvrement est arriéré; elle ne peut être spéciale que dans le cas où une commune seule est en retard de payement. Dans aucun cas, l'effet de la contrainte décernée par le receveur particulier, ne peut, à moins qu'elle ne soit renouvelée, se prolonger, pour chaque degré de poursuites, au-delà de dix jours employés, soit consécutivement, soit alternativement, à des poursuites contre une même commune, et les agents de poursuites doivent cesser leurs opérations plus tôt, si, d'après la situation des rentrées, le percepteur leur en donne l'ordre.

Art. 25 *bis*. Le délai de dix jours fixé par l'article ci-dessus ne partira, pour chacune des communes de la même circonscription de perception, que du jour de la publication qui doit être faite de la contrainte, comme l'indique l'article 27 ci-après, laquelle publication aura lieu dans les trois jours de la date de la contrainte, ou, au plus, dans un délai calculé à raison d'un jour d'intervalle pour chacune des communes comprises dans ladite contrainte.

— **N. B.** Les dispositions des articles 25 et 25 *bis*, ayant pour objet de limiter la durée des contraintes, n'ont pas été reproduites dans l'instruction générale du 20 juin 1859 (voir l'article 99 correspondant à l'article 80 de l'Instruction de 1840). En effet, du moment où il ne peut être exercé de poursuite qu'en vertu d'un état nominatif des contribuables en retard, dûment arrêté, cette limitation resterait sans motif. (Voir, 1° les articles 23 et 24 ci-dessus; 2° la circulaire aux Préfets du 21 décembre 1839, §§ 3, 4 et 5; 3° la circulaire de la même date, aux receveurs des finances, 9ᵉ alinéa.)

Art. 26. Les percepteurs sont tenus de se rendre, à des jours déterminés, dans les communes de leur perception autres que celle où ils sont obligés de résider. Les poursuites contre les contribuables en retard coïncideront, autant que possible, avec les époques où le percepteur peut, par sa présence faciliter aux redevables le moyen de se libérer.

Art. 27. A l'arrivée d'un agent de poursuite dans une commune, le Maire ou l'Adjoint, et, à défaut, l'un des membres du Conseil municipal, devra faire publier la contrainte décernée par le receveur particulier; le jour de la publication est constaté par la date du visa du Maire apposé sur ladite contrainte.

Dans aucun cas, on ne doit proclamer ni afficher les noms des contribuables portés en tête de la contrainte.

DEUXIÈME PARTIE

AGENTS DES POURSUITES

Art. 28. Les poursuites en matière de contributions directes sont exercées par des porteurs de contraintes et par des garnisaires : les porteurs de contraintes agissent dans tous les degrés de poursuites; les garnisaires ne sont employés que pour la garnison collective ou individuelle.

Art. 29. Le nombre des porteurs de contrainte est réglé, pour chaque arrondissement, par le Préfet, sur la proposition du Receveur général.

Art. 30. Les porteurs de contraintes et garnisaires à employer dans un arrondissement sont désignés par le Sous-Préfet, sur la proposition du receveur particulier.

Les porteurs de contraintes sont commissionnés par le Préfet. Ils prêtent serment devant le Sous-Préfet.

Art. 31. Aucun des individus attachés au service des autorités administratives et à celui des receveurs et des percepteurs ne peut remplir les fonctions de porteur de contraintes ni de garnisaire.

Art. 32. Les porteurs de contraintes et les garnisaires sont à la disposition du receveur particulier des finances dans chaque arrondissement, et ne peuvent être employés par les percepteurs que d'après son ordre. Ils doivent résider dans la commune chef-lieu de l'arrondissement, sauf les exceptions autorisées par le Préfet.

Art. 33. Les porteurs de contraintes, dans l'exercice de leurs fonctions, doivent être munis de leur commission. Ils la mentionnent dans leurs actes et la représentent quand ils en sont requis (*Modèle n° 15*).

Art. 34. Les porteurs de contraintes remplissent les fonctions d'huissier pour les contributions directes, et, en cette qualité, ils font les commandements, saisies et ventes, à moins qu'il n'existe des commissaires-priseurs dans le lieu où ils exercent leurs poursuites : dans ce cas, les commissaires-priseurs sont chargés de préférence des ventes, conformément aux dispositions de l'art. 31 de la loi de finances du 23 juillet 1820, et ils sont tenus de se soumettre, pour le paiement de leurs frais, aux fixations déterminées par le Préfet. — **N. B.** *Article 31 de la loi du 23 juillet 1820* : « Les prisées et ventes publiques des » meubles des contribuables en retard seront faites par les commissaires-priseurs dans les » villes où ils sont établis : dans ce cas, comme dans tous les autres, les vacations des » commissaires-priseurs seront taxées par les tribunaux; mais si les opérations ont lieu » pour le recouvrement des contributions directes, les tribunaux se conformeront aux » règlements faits par les Préfets et arrêtés par le gouvernement. » La loi du 18 juin 1843 n'a pas abrogé l'art. 31 de celle du 23 juillet 1820, d'après lequel les frais dus aux commissaires-priseurs qui interviennent dans les ventes mobilières faites pour le recouvrement des contributions directes doivent être taxés conformément au tarif arrêté par les Préfets. (*Lettre du Garde des sceaux, du 1ᵉʳ octobre 1844.*)

Les porteurs de contraintes ne sont pas assujettis au droit de patente.

Art. 35. Dans les arrondissements où il ne se trouve pas de porteur de contraintes ayant les qualités et les connaissances nécessaires, les Sous-Préfets autorisent les receveurs des finances à se servir des huissiers près les tribunaux pour l'exécution des actes réservés aux porteurs de contraintes, en se conformant, pour les frais, aux fixations arrêtées par le Préfet.

Art. 35 *bis*. Les huissiers doivent, dans ce cas, être commissionnés porteurs de contraintes.

Art. 35 *ter*. Les huissiers ne sauraient être forcés d'accepter une commission de porteur de contraintes, mais ils peuvent être requis d'exercer contre les redevables les actes de leur ministère, et, dans ce cas, ils ont droit de demander que leurs émoluments soient fixés d'après le tarif judiciaire. — **N. B.** Avis du conseil d'Etat, du 13 août 1840, adopté par le Ministre des finances.

Art. 36. Les porteurs de contraintes et les garnisaires ne jouissent d'aucun traitement fixe, et ne sont payés qu'autant qu'ils sont employés.

Il ne leur est rien dû pour frais d'aller et de retour.

Art. 37. Les porteurs de contraintes et les garnisaires, en arrivant dans une commune, font constater par le Maire ou l'adjoint, et, à défaut, par l'un des membres du Conseil municipal, sur la contrainte ou l'ordre dont ils sont munis, le jour et l'heure de leur arrivée, et, de même en se retirant, le jour et l'heure de leur départ.

Art. 38. Les porteurs de contraintes et les garnisaires ne peuvent, dans aucun cas, ni sous aucun prétexte, recevoir aucune somme des percepteurs ni des contribuables pour leur salaire ou pour les contributions, à peine de destitution. (Voir art. 107.)

Les percepteurs qui leur remettraient des fonds en resteraient responsables, et les contribuables qui paieraient entre leurs mains, s'exposeraient à payer deux fois.

Art. 39. Les porteurs de contraintes sont assujettis à tenir un répertoire coté et parafé par le juge de paix du chef-lieu d'arrondissement, et visé gratuitement pour timbre par le receveur de l'enregistrement; ils y portent tous les actes de leur ministère sujets au timbre et à l'enregistrement, soit gratis, soit payés, sous peine d'une amende de cinq francs par chaque omission

Indépendamment des détails prescrits par l'art. 50 de la loi du 22 frimaire an VII (12 décembre 1798), ce répertoire doit contenir, dans une colonne distincte, le coût de chaque acte, d'après les fixations arrêtées par le Préfet. — **N. B.** *Art. 50 de la loi du 22 frimaire an VII :* « Chaque article du répertoire contiendra : 1° son numéro; 2 la date » de l'acte; 3° sa nature; 4° les noms et prénoms des parties et leur domicile; 5° l'indica- » tion des biens, leur situation et le prix, lorsqu'il s'agira d'actes qui auront pour objet la

» propriété, l'usufruit ou la jouissance de biens-fonds; 6° la relation de l'enregistre-
» ment. »

Dans les dix premiers jours de chaque trimestre, ce répertoire est présenté au receveur de l'enregistrement pour être revêtu de son *visa*. Le porteur de contraintes qui diffère cette présentation est puni d'une amende de dix francs par chaque dizaine de retard.

Le porteur de contraintes est tenu, en outre, de communiquer son répertoire, à toute réquisition, aux préposés de l'enregistrement qui se présentent chez lui pour le vérifier, à peine d'une amende de 50 francs en cas de refus.

Il le communique au percepteur, au Maire, au Sous-Préfet, au receveur de l'arrondissement et aux inspecteurs des finances en tournée, toutes les fois qu'il en est requis.

Art. 40. En cas d'injures ou de rebellion contre les agents de poursuite, ils se retirent auprès du Maire pour en dresser procès-verbal. Ce procès-verbal, visé par le Maire, est enregistré et envoyé au Sous-Préfet, lequel dénonce le fait aux tribunaux, s'il y a lieu.

TROISIÈME PARTIE

MOYENS ET DEGRÉS DE POURSUITES

Art. 41. Les degrés de poursuites sont établis ainsi qu'il suit,

Savoir :

1er DEGRÉ. *Garnison collective ou individuelle*
2e DEGRÉ. *Commandement.*
3e DEGRÉ. *Saisie.*
4e DEGRÉ. *Vente.*

PREMIER DEGRÉ DE POURSUITES. — *Garnison collective ou individuelle.*

Art. 42. Les poursuites par voie de garnison collective ou individuelle sont employées contre les contribuables retardataires qui ne se sont pas libérés huit jours après la sommation *gratis* mentionnée en l'art. 21 du présent.

Art. 43. Elles peuvent être employées facultativement par le percepteur s'il n'a pas d'ordre contraire du receveur particulier: c'est-à-dire que le percepteur peut d'abord employer contre un contribuable en retard la garnison collective, et ensuite la garnison individuelle, ou bien commencer par cette dernière, sans qu'il puisse revenir à la garnison collective, contre un même contribuable et pour la même dette. Toutefois, la garnison individuelle ne pourra être employée comme *premier degré de poursuites* que lorsque le retard qui y donne lieu excédera la somme de 40 francs. — **N. B.** Fixation à déterminer par les Préfets, selon les localités, et à combiner avec celle qui est indiquée à l'art. 50.

Art. 43 *bis.* Lorsqu'un contribuable qui a été soumis à la garnison devient débiteur de nouveaux douzièmes sans avoir, depuis la date du bulletin de garnison, payé intégralement la somme qui était alors exigible, le même acte de poursuites ne doit pas être répété pour ces nouveaux douzièmes; il doit être procédé, pour la totalité de la dette, par les degrés de poursuite subséquents, à moins qu'il ne s'agisse de douzièmes appartenant à l'exercice suivant; il en est de même pour les poursuites des autres degrés qu'il y aurait à exercer ultérieurement. — **N. B.** Lorsqu'un contribuable, poursuivi pour des contributions d'anciens exercices, devient débiteur sur un rôle nouvellement émis, il convient de laisser les poursuites commencées en l'état où elles se trouvent (sauf, s'il y avait lieu de craindre la disparition du gage du Trésor, à les pousser, exceptionnellement, jusqu'à la saisie), et de recommencer tous les degrés de poursuites pour la nouvelle dette, en comprenant toutefois l'ancienne dette dans les actes à signifier.

Le prix de chaque bulletin est fixé conformément au tarif ci-annexé.

Garnison collective

Art. 44. La garnison est collective lorsqu'elle a lieu, à la fois, contre plusieurs redevables par un seul garnisaire.

Elle peut être exercée contre tous les contribuables retardataires, sans distinction du montant des cotes.

Art. 45. La poursuite par garnison collective peut être employée huit jours après la délivrance de la sommation gratis, ainsi qu'il a déjà été dit à l'article 42.

Art. 46. Cette poursuite est notifiée à chacun des redevables par un acte ou bulletin imprimé et rédigé dans la forme du *modèle n° 3*, d'après un état nominatif dressé par le percepteur, remis à l'agent de poursuites, et au pied duquel la contrainte est décernée (*modèle n° 2*). — **N. B.** Il est expressément recommandé aux agents de poursuites de présenter, aussi souvent que possible, leurs contraintes aux percepteurs, afin que les contribuables qui se seraient libérées puissent en être rayés; dans les villes et, en général, dans les localités qui le permettent, les porteurs de contraintes doivent remplir cette formalité *chaque jour* avant d'aller en tournée. (*Art. 100 de l'Instruction générale.*)

Art. 47. Les agents de poursuite remettent entre les mains des Maires, qui en donnent récépissé sur la contrainte, les bulletins qui n'auraient pas pu être signifiés par suite de l'absence du contribuable et de toute autre personne apte à les recevoir.

Le salaire de l'agent de poursuite employé à la garnison collective consiste en une somme *fixe*, par bulletin de garnison.

Garnison individuelle

Art. 49. La garnison est individuelle lorsqu'elle a lieu contre un seul redevable, par un garnisaire à domicile.

Elle ne doit être exercée que trois jours après la garnison collective. Cependant, si le percepteur commence ses poursuites contre un contribuable retardataire par la garnison individuelle (art. 43), cette dernière ne peut avoir lieu, comme la garnison collective, que huit jours après la sommation *gratis*.

Art. 50. La garnison ne peut être établie à domicile chez un contribuable, si ses contributions ne s'élèvent en totalité à 120 francs, et si les termes ne montent au moins à 10 francs. — **N. B.** Fixation à déterminer par les préfets, qui pourront néanmoins, s'ils le jugent convenable, se dispenser de fixer un *minimum;* il suffit, pour permettre la garnison individuelle, que le montant de la contribution ne soit pas au-dessous de 40 francs.

Art. 51. Le garnisaire ne peut rester plus de deux jours chez un redevabable. Il délivre à celui chez lequel il s'établit, en vertu de l'état qui lui a été remis par le percepteur (*modèle n° 2*), un bulletin imprimé conforme au modèle n° 4.

Pendant la durée de la garnison individuelle, l'agent ne doit exercer aucun autre acte de poursuites.

Art. 52. Si le contribuable se libère le jour même où il reçoit le garnisaire, le percepteur ordonne à celui-ci de se retirer, et le contribuable ne doit que les frais d'une journée, avec vivres et logement, ou la représentation.

Art. 53. Le prix de la journée de garnison à domicile est fixé conformément au tarif ci-annexé.

Art. 54. Les frais de garnison individuelle sont présentés pár journée dans un état particulier, arrêté par le percepteur, et transmis au receveur particulier, pour être arrêté par le Sous-Préfet, ainsi qu'il est indiqué ci-après, article 102, chapitre de la justification des frais.

DEUXIÈME DEGRÉ DE POURSUITE. — Commandement

Art. 55. Le commandement n'a lieu que trois jours après l'exercice de la contrainte par garnison individuelle, ou trois jours après la garnison collective, si la garnison individuelle n'a pas eu lieu.

Art. 56. Aucun contribuable retardataire ne peut être poursuivi par voie de commandement qu'en vertu d'une contrainte qui le désigne nominativement.

Cette contrainte est décernée à la suite d'un état envoyé préalablement par le percepteur, ou dressé par le receveur particulier, d'après l'inspection des rôles et la situation des poursuites. (Modèle n° 5.)

La contrainte comprend l'ordre de procéder à la saisie, si le contribuable ne se libère pas dans le délai de trois jours, à compter de la signification du commandement.—**N. B.** Lorsqu'un contribuable veut faire des offres réelles au percepteur, il peut les signifier au domicile élu dans le commandement ; mais il ne peut les réaliser par le paiement qu'au domicile réel du comptable, ou entre ses mains dans le lieu où il se trouve en tournée, c'est-à-dire au lieu où doit se faire le paiement de l'impôt.

Art. 57. Les commandements sont faits et délivrés par les porteurs de contraintes, sur des imprimés conformes au modèle n° 6. — **N. B.** Les formalités prescrites par le Code de procédure doivent être exactement observées dans la rédaction ainsi que dans l'exécution des commandements et actes de poursuites subséquents. (Circulaire des 31 mars et 10 octobre 1831.) [Voir la note sur l'article 19.] — Les actes sont signés conformément à l'article 68 dudit code, ainsi conçu :

« Tous exploits seront faits à personne ou domicile ; mais si l'huissier ne trouve au
» domicile ni la partie ni aucun de ses parents ou serviteurs, il remettra de suite la copie
» à un voisin, qui signera à l'original ; si ce voisin ne peut ou ne veut signer, l'huissier
» remettra la copie au Maire ou adjoint de la commune, lequel visera l'original sans frais.
» L'huissier fera mention du tout, tant sur l'original que sur la copie. »

Art. 58. Le prix du commandement est fixé uniformément pour l'original et la copie signifiés, tous frais de timbre et de transport compris, et indépendamment du droit d'enregistrement, lorsqu'il y a lieu à ce droit, conformément au tarif ci-annexé.

L'original du commandement est collectif pour tous les contribuables poursuivis le même jour dans la même commune (modèle n° 7). — **N. B.** Il n'y a pas d'obstacle à ce que des contribuables de plusieurs communes soient compris dans le même original de commandement.

Art. 59. Lorsqu'un contribuable retardataire est domicilié hors du département dans lequel il est imposé, sans y être représenté par un fermier, locataire ou régisseur, il peut être procédé immédiatement contre lui par voie de commandement. Pour l'exécution de cette poursuite, le receveur particulier de l'arrondissement où le rôle a été mis en recouvrement décerne, à la requête du percepteur, une contrainte qui, après avoir été visée par le Sous-Préfet, est transmise par le receveur général à son collègue du département où le contribuable a son domicile, afin qu'après l'avoir fait viser par le Préfet de ce département, il en fasse suivre l'exécution par un porteur de contraintes et en fasse opérer le recouvrement par le percepteur de la résidence du débiteur. Cette contrainte est accompagnée d'un extrait du rôle comprenant les articles dus par le contribuable. — **N. B.** Les contraintes extérieures (modèle n° 5 bis) ne sont délivrées qu'en simple expédition, et il ne doit être porté qu'un seul contribuable sur celles de ces contraintes qui doivent être mises à exécution dans le département de la Seine ainsi que dans les grandes villes divisées en plusieurs arrondissements de perception. Les extraits de rôles (*modèle n° 5 ter*) à joindre aux contraintes extérieures sont rédigés en deux expéditions, dont l'une est destinée au redevable et lui est envoyée, à titre d'avis et avec invitation de se libérer, par le percepteur chargé du recouvrement.

Art. 60. Lorsque le contribuable est domicilié dans le département, mais hors de l'arrondissement de sous-préfecture où il est imposé, la contrainte, visée par le Sous-Préfet, est envoyée par le receveur général, avec l'extrait du rôle au receveur particulier de l'arrondissement où réside le contribuable.

Art. 61. Les contraintes et extraits de rôles mentionnés aux deux articles précédents sont remis au percepteur de la résidence du contribuable, pour diriger les poursuites requises et effectuer le recouvrement des contributions exigibles.

Les frais relatifs à ces poursuites sont taxés par le Sous-Préfet, avancés au porteur de contraintes par le receveur particulier, et remboursés par le percepteur de la résidence du contribuable. Ces frais entrent dans sa comptabilité comme ceux des poursuites qu'il exerce pour le recouvrement des sommes imposées sur ses rôles.

Art. 62. Le contribuable domicilié, soit hors du département, soit hors de l'arrondissement où il est imposé, et qui, s'étant mis dans le cas d'être poursuivi de la manière indiquée aux articles précédents, vient à se libérer dans l'intervalle de l'expédition de la contrainte à la signification du commandement, ou des autres poursuites dirigées contre lui, n'est pas pour cela exempt du paiement des frais encourus.

TROISIÈME DEGRÉ DE POURSUITES. — *Saisie*

Art. 63. La saisie des meubles et effets, ou celle des fruits pendants par racines, est toujours précédée d'un commandement : elle ne peut avoir lieu que trois jours après la signification dudit commandement; elle est effectuée en exécution de la même contrainte. — **N. B.** Pour la saisie-arrêt, qui, étant un acte purement conservatoire, n'exige ni contrainte ni autorisation préalable, comme pour tous les actes postérieurs au commandement, lesquels sont faits en vertu de la contrainte décernée pour ce dernier acte, le percepteur remet au porteur de contraintes un état présentant la situation des contribuables en retard et portant injonction à cet agent de faire les diligences nécessaires. Le modèle de l'état est donné sous le n° 8. (*Art. 99 de l'Instruction générale.*)

Art. 64. Il ne peut être procédé à la saisie des fruits pendants par racines ou à la saisie-brandon que dans les six semaines qui précèdent l'époque ordinaire de la maturité des fruits.

Art. 65. La saisie est faite pour tous les termes échus des contributions, et pour ceux qui seront devenus exigibles au jour de la vente, quoique le commandement ait exprimé une somme moindre.

Art. 66. Les saisies s'exécutent d'après les formes prescrites pour les saisies judiciaires, titre VIII, livre V, du Code de procédure civile. — **N. B.** Voyez à la suite du règlement, pages 177 et suivantes pour la saisie-exécution, et page 186 pour la saisie-brandon, des extraits du Code de procédure. La saisie-brandon est régie par le titre IX de ce code. — Voir aussi la note de l'art. 57.

Art. 67. La saisie est exécutée nonobstant toute opposition, sauf à l'opposant à se pourvoir, par-devant le Sous-Préfet, contre le requérant. — **N. B.** La décision du Sous-Préfet ne ferait pas obstacle à ce que la partie se pourvût devant le président du tribunal, si l'opposition était de nature à être jugée en référé par ce magistrat; si, par exemple, elle était fondée sur une irrégularité de forme. (Voir d'ailleurs la 2° note sur l'art. 69.)

Art. 68. Si, au moment où le porteur de contraintes vient à effectuer une saisie dans l'étendue de la commune du chef-lieu de perception, le contribuable retardataire demande à se libérer chez le percepteur, l'agent de poursuites doit, sur la déclaration écrite du contribuable, suspendre la saisie, et, sur le vu de la quittance du percepteur, il inscrit dans son procès-verbal le motif qui lui a fait suspendre son opération. Dans ce cas, le contribuable doit seulement le prix du timbre du procès-verbal, et, pour les vacations du porteur de contraintes, le prix d'une journée de garnison individuelle, ainsi que le salaire des assistants, d'après le tarif arrêté par le Préfet. — **N. B.** Si le contribuable ne savait ou ne pouvait pas écrire, il devrait le déclarer, en même temps qu'il exprimerait l'intention d'aller se libérer chez le percepteur. Cette double déclaration serait inscrite par le porteur de contraintes dans le procès-verbal signé de lui et des assistants, avec la mention que le contribuable a déclaré ne savoir ou ne pouvoir signer.

Si la saisie a lieu dans une commune autre que celle du chef-lieu de perception, et que le contribuable demande également à se libérer chez le percepteur, le porteur de contraintes s'établit en qualité de garnisaire au domicile du retardataire pendant tout le temps que celui-ci emploie à effectuer sa libération, et, sur le vu de la quittance du percepteur, il inscrit dans son procès-verbal, comme il a été précédemment indiqué, le motif qui lui a fait discontinuer la saisie. Dans le second cas, le contribuable ne doit au porteur de contraintes, savoir :

S'il justifie de la quittance du percepteur dans la première journée de l'opération, que le prix d'une journée de garnison individuelle et le salaire des assistants;

Et si cette justification ne peut être donnée que dans la journée du lendemain, que deux journées de garnison individuelle. — **N. B.** Voir, pour le coût de la garnison individuelle en cas de saisie interrompue, les §§ 7 et 8 du tarif.

Dans les cas précités, le porteur de contraintes est tenu de faire mention, à la suite du procès-verbal de suspension de saisie, de la date de la quittance du percepteur et de la somme pour laquelle elle a été délivrée.

A la fin de la seconde journée, si le contribuable retardataire n'a pas opéré sa libération ou n'en justifie pas, le porteur de contraintes exécute la saisie; alors le contribuable doit, indépendamment des frais de la saisie, deux journées de garnison individuelle. — **N. B.** Si le contribuable qui a demandé à se libérer n'apporte au percepteur qu'un à-compte sur les termes échus, et que ce comptable juge à propos de lui accorder un délai pour le surplus, il doit néanmoins donner ordre au porteur de contraintes d'achever la saisie, sauf à constituer le saisi comme gardien et à assigner pour la vente un jour éloigné.

Art. 69. En cas de revendication des meubles et effets saisis, l'opposition n'est portée devant les tribunaux qu'après avoir été, conformément aux lois des 5 novembre 1790 et 12 novembre 1809, déférée à l'autorité administrative. En conséquence, le percepteur se pourvoit auprès du Sous-Préfet, par l'intermédiaire du receveur particulier, pour qu'il y soit statué par le Préfet, sous le plus bref délai. — **N. B.** Le référé administratif qui est prescrit par l'art. 69 est spécial à l'action en revendication de meubles saisis, et à la demande en distraction de meubles, également saisis, mais déclarés insaisissables. (*Arrêt du conseil d'État du 29 août 1809.*) Il peut être formé soit par le percepteur, soit par l'opposant. (*Art. 4 de la loi du 12 novembre 1808.*) — (Voir à la suite du règlement, page 186.) Mais le référé formé par le percepteur ne dispense pas la partie opposante de la remise du mémoire prescrit par la loi du 5 novembre 1791. — Voir cette loi ci-après, page 187, ainsi que l'avis du conseil d'État, du 28 août 1823, indiquant les formalités relatives à ce mémoire. — Quant aux autres contestations qui surgiraient dans le cours des poursuites, le référé administratif n'est obligatoire que pour le percepteur.

Art. 70. Le porteur de contraintes qui, se présentant pour saisir, trouve une saisie déjà faite, se borne à procéder au récolement des meubles et effets saisis; et, s'il y a lieu, pro-

voque la vente, ainsi qu'il est prescrit par les art. 611 et 612 du Code de procédure civile.
— **N. B.** Voyez.à la suite du règlement, un extrait du Code de procédure civile.

Art. 71. Lorsque le porteur de contraintes ne peut exécuter sa commission parce que les portes sont fermées ou que l'ouverture en est refusée, il a le droit d'établir un gardien aux portes pour empêcher le divertissement.

Il se retire sur-le-champ devant le Maire ou l'adjoint, lequel autorise l'ouverture des portes, y assiste, et reste présent à la saisie des meubles et effets.

L'ouverture des portes et la saisie sont constatées par un seul procès-verbal dressé par le porteur de contraintes, et signé en outre par le Maire ou son adjoint. — **N. B.** L'art. 587 du Code de procédure mentionne d'abord le juge de paix et le commissaire de police. (Voir la note sur l'art. 57.)

Art. 72. Le procès-verbal de saisie fait mention de la réquisition faite au saisi de présenter un gardien volontaire. Le porteur de contraintes est tenu d'admettre ce gardien, sur l'attestation de solvabilité donnée par le Maire de la commune.

Art. 73. Si le saisi ne présente pas de gardien, le porteur de contraintes en établit un d'office, en observant les prohibitions portées par l'art. 598 du Code de procédure civile.

Art. 74. Il ne peut être établi qu'un seul gardien. Dans le cas où la nature des objets saisis en exigerait un plus grand nombre, il y serait pourvu sur l'avis du Maire de la commune.

Art. 75. Les gardiens à la saisie sont contraignables par corps pour la représentation des objets saisis.

Art. 76. Si le gardien d'effets mobiliers saisis ne les représente pas, le percepteur se pourvoit auprès du Sous-Préfet en autorisation de poursuivre ce gardien devant le tribunal civil, à l'effet de le faire condamner par corps au paiement des contributions dues et des frais de poursuites, conformément aux art. 2060, 2065 et 2067 du Code civil, et à la loi du 17 avril 1832, sur la contrainte par corps. — **N. B.** *Art. 2060 du Code Napoléon :* « La » contrainte par corps a lieu pareillement :

» 1° Pour dépôt nécessaire ;

» 2° En cas de réintégrande, pour le délaissement, ordonné par justice, d'un fonds dont » le propriétaire a été dépouillé par voies de fait, pour la restitution des fruits qui ont été » perçus pendant l'induc possession, et pour le paiement des dommages et intérêts adjugés » au propriétaire ;

» 3° Pour répétition de deniers consignés entre les mains de personnes publiques éta- » blies à cet effet ;

» 4° *Pour la représentation des choses déposées aux séquestres, commissaires et autres » gardiens ;*

» 5° Contre les cautions judiciaires et cautions des contraignables par corps, lesquelles » se sont soumises à cette contrainte ;

» 6° Contre tous officiers publics, pour la représentation de leurs minutes, quand elle » est ordonnée ;

» 7° Contre les notaires, les avoués et les huissiers, pour la restitution des titres à eux » confiés, et des deniers par eux reçus pour leurs clients, par suite de leurs fonctions. »

Art. 2065 du même code : « La contrainte par corps en matière civile ne peut être pro- » noncée pour une somme moindre de trois cents francs. »

Art. 2067 : « La contrainte par corps dans le cas même où elle est prononcée par la » loi, ne peut être appliquée qu'en vertu d'un jugement. »

Art. 76 *bis.* En cas de soustraction frauduleuse, les gardiens d'objets saisis, autres que le saisi lui-même, peuvent être poursuivis par la voie criminelle.

Le contribuable qui aura détruit, détourné ou tenté de détourner les objets saisis sur lui et confiés à sa garde, est passible des peines portées à l'art. 406 du Code pénal. Il est passible des peines portées à l'art. 401, si la garde des objets saisis et par lui détruits ou détournés avait été confiée à un tiers.

Art. 77. Ne peuvent être saisis pour contributions arriérées et frais faits à ce sujet :

Les lits et vêtements nécessaires au contribuable et à sa famille ;

Les outils et métiers à travailler ;

Les chevaux, bœufs, mulets et autres bêtes de somme ou de trait servant au la tour — **N. B.** L'art. 254 du Code Napoléon dit : *les animaux attachés à la culture.*

Outre les objets détaillés dans l'art. 77 du règlement, le Code de procédure, par son art. 592, désigne comme étant insaisissables :

1° Les objets que la loi déclare immeubles par destination ;

2° Les farines et menues denrées nécessaires à la consommation du saisi et de sa famille pendant un mois ;

Les charrues, charrettes, ustensiles et instruments aratoires, harnais de bêtes de labourage ;

Les livres relatifs à la profession du saisi, jusqu'à la somme de trois cents francs, à son choix ;

Les machines et instruments servant à l'enseignement pratique ou exercice des sciences et arts, jusqu'à concurrence de la même somme, et au choix du saisi ;

Les équipements des militaires, suivant l'ordonnance et le grade ;

Il est laissé au contribuable saisi une vache à lait, ou deux chèvres, ou trois brebis, à son choix, avec les pailles, fourrages et grains nécessaires pour la nourriture et la litière de ces animaux pendant un mois, plus la quantité de grains ou de graines nécessaires à l'ensemencement ordinaire des terres.

Les abeilles, les vers à soie, les feuilles de mûrier, ne sont saisissables que dans les temps déterminés par les lois et usages ruraux.

Les porteurs de contraintes qui contreviennent à ces dispositions sont passibles d'une amende de cent francs.

Art. 78. A défaut d'objets saisissables, et lorsqu'il sera constant qu'il n'existe aucun moyen d'obtenir le paiement de la cote d'un contribuable, il est dressé sur papier libre un procès-verbal de carence, en présence de deux témoins. Ce procès-verbal doit être certifié par le Maire.

Le Préfet décide, selon les différents cas d'insolvabilité, s'il y a lieu de mettre les frais de ce procès-verbal à la charge du percepteur, ou s'ils sont susceptibles d'être imputés, comme la cote elle-même, sur le fonds de non-valeurs.

Art. 78 *bis.* L'insolvabilité des contribuables sera constatée de la manière suivante :

1° Pour les retardataires qui auraient *primitivement* été réputés solvables, et contre lesquels une saisie, précédée de commandement aurait été intentée, il sera fait usage des procès-verbaux de carence prescrits par l'art. 78 ; ces procès-verbaux seront individuels ou collectifs, suivant le nombre des contribuables insolvables contre lesquels la saisie aurait été dirigée dans le même jour ;

2° Pour les contribuables dont l'insolvabilité serait notoire, les percepteurs devront se borner, au moment où ils reconnaîtront cette insolvabilité, à obtenir (en exécution de l'arrêté du Gouvernement du 6 messidor an X) des certificats des Maires contatant l'indigence desdits contribuables.

Ces comptables conserveront les certificats pour justifier du non-recouvrement des cotes, et pour former, en fin d'exercice, leurs états de cotes irrecouvrables.

Quand aux procès-verbaux de carence, ils seront rédigés en double original et sur papier libre. L'un des doubles restera entre les mains des percepteurs, pour être joint, comme pièce justificative, à l'appui des états des cotes irrecouvrables ; l'autre double sera mis à l'appui des états de paiement du salaire des porteurs de contraintes, pour rester ensuite à la recette particulière.

Le salaire des porteurs de contraintes et des témoins, pour les procès-verbaux de carence, est fixé par le tarif annexé au présent.

Dans le cas où les témoins auraient été pris hors de la commune, leur salaire serait alloué comme si la saisie avait été effectuée, et conformément à la taxe réglée par ce dernier acte.

QUATRIÈME DEGRÉ DES POURSUITES — *Vente*

Art. 79. Aucune vente ne peut s'effectuer qu'en vertu d'une autorisation spéciale du Sous-Préfet, accordée sur la demande expresse du percepteur, par l'intermédiaire du receveur particulier.

L'avis du receveur particulier et l'autorisation du Sous-Préfet seront placés à la suite de la demande du percepteur.

Art. 80. Il n'est procédé à la vente des meubles et effets saisis, et des fruits pendants par racines, que huit jours après la clôture du procès-verbal de saisie. — **N. B.** Pour la saisie-brandon, le délai de huitaine ne court qu'à partir de la date du procès-verbal constatant l'apposition des affiches. (*Art. 629 du Code de procédure,* ci-après, page 186.)

Néanmoins, ce délai peut être abrégé, avec l'autorisation du Sous-Préfet, lorsqu'il y a lieu de craindre le dépérissement des objets saisis. — **N. B.** Le délai de huit jours, *au moins,* entre la signification de la saisie au débiteur et la vente, ayant été fixé par le Code de procédure, art. 613 (voir ci-après, page 184), il convient de ne l'abréger qu'avec l'autorisation du tribunal, outre celle du Sous-Préfet. (Voir la note sur l'art. 37. — Voyez aussi art. 34.)

Art. 81. Les ventes de meubles sont faites par les commissaires-priseurs dans les villes où ils sont établis. (Art. 31 de la loi du 23 juillet 1820.)

Toutes autres ventes seront faites par les porteurs de contraintes, dans les formes usitées pour celles qui ont lieu par autorité de justice. (Titres VIII et IX, livre V, du Code de procédure civile.)

Les porteurs de contraintes et commissaires-priseurs sont tenus, sous leur responsabilité, de discontinuer la vente aussitôt que son produit est suffisant pour solder le montant des contributions dues et les frais de poursuites. — **N. B.** Il faut y ajouter le montant des créances pour lesquelles des oppositions auraient été formées sur le produit de la vente. (*Art. 622 du Code de procédure.*) (Voir la note sur l'art. 85, au sujet de la remise des fonds aux créanciers opposants, ainsi que la note sur l'art. 86.)

Art. 82. La vente doit avoir lieu dans la commune où s'opère la saisie. Il ne peut être dérogé à cette règle que d'après l'autorisation du Maire. Dans ce dernier cas, la vente s'opère au marché le plus voisin, ou à celui qui est jugé le plus avantageux. — **N. B.** L'autorisation du tribunal est en outre nécessaire (*Art. 617 du Code de procédure.*)

Les frais de transport des meubles et objets saisis sont réglés par le Sous-Préfet. — **N. B.** Lorsque le porteur de contraintes se présente pour procéder au récolement et à l'enlèvement des meubles pour la vente, et qu'ayant trouvé les portes fermées il s'est vainement adressé, pour en obtenir l'ouverture, soit au juge de paix, soit, à son défaut, au commissaire de police, soit aux autres fonctionnaires désignés par l'art. 587 du Code de procédure (voir, ci-dessus, l'art. 71 du règlement), cet agent doit se borner à consigner le fait dans son procès-verbal et à en rendre compte au percepteur: de son côté, ce comptable en réfère au receveur des finances, et celui-ci se concerte avec l'autorité judiciaire sur les mesures à prendre, conformément aux art. 607 et 806 du Code de procédure.

Si l'un des fonctionnaires répond à l'appel qui lui est fait, il requiert, pour procéder à l'ouverture, un serrurier ou tout autre ouvrier, et celui-ci est tenu de déférer à cette réquisition, sous peine d'être traduit devant le tribunal de simple police, pour s'y voir condamner à l'amende portée par l'art. 475, n° 12, du Code pénal.

Si le débiteur saisi était en même temps gardien des meubles qu'il refuserait de livrer, en tenant les portes fermées, ou en résistant à l'injonction de les ouvrir, cette résistance serait dénoncée au procureur impérial pour être poursuivie d'office, en exécution de l'art. 400 du Code pénal, comme si le saisi s'était rendu coupable de détournement ou d'abus de confiance.

Art. 83. Il est défendu aux porteurs de contraintes et percepteurs de s'adjuger ou faire adjuger aucun des objets vendus en conséquence des poursuites faites ou dirigées par eux, sous peine de destitution.

Art. 84. Le percepteur doit être présent à la vente ou s'y faire représenter pour en recevoir les deniers. Il est responsable desdits deniers.

Art. 85. Immédiatement après avoir reçu le produit de la vente, le percepteur émarge les rôles, jusqu'à concurrence des sommes dues par le saisi, et lui en délivre quittance à souche.

Il conserve en ses mains le surplus du produit de la vente jusques après la taxe des frais, et délivre au contribuable une reconnaissance portant obligation de lui en rendre compte, et de lui restituer l'excédant, s'il y a lieu. Ce compte est rendu à la réception de l'état des frais, régulièrement taxés, inscrits à la suite du procès-verbal de vente, et signé contradictoirement par le contribuable et le percepteur. — **N. B.** Les règlements exigent aujourd'hui qu'il soit délivré au contribuable une quittance détachée du journal à souche. — En attendant, le reliquat est porté au compte des excédants de versements, dont il est question à l'art. 1487 de l'Instruction générale.

Dans le cas prévu par la dernière note sur l'article 81, la somme excédant ce qui était dû au Trésor et les frais taxés est remise, sur le consentement écrit du saisi aux créanciers opposants. En cas de contestation, cet excédant, après avoir été constaté au compte désigné dans l'alinéa précédent, est versé à la Caisse des dépôts et consignations.

Art. 86. En cas de contestation sur la légalité de la vente et d'opposition sur les fonds en provenant, le percepteur procède ainsi qu'il est prescrit à l'article 69 du présent règlement. — **N. B.** Il s'agit ici d'oppositions entièrement contentieuses, ayant pour but d'empêcher le percepteur soit de faire procéder à la vente, soit de s'en approprier le produit. Ces oppositions diffèrent essentiellement de celles dont il est question dans les notes sur les articles 81 et 85. Ces dernières n'ont d'autre objet que de mettre les opposants en mesure de profiter des deniers de la vente après prélèvement des contributions dues et des frais faits. Le percepteur doit faire, suivant le cas, les distinctions indiquées dans la 2ᵉ note de l'article 69, relativement au référé administratif.

Art. 87. Toute vente faite contrairement aux formalités prescrites par les lois donne lieu à des poursuites contre ceux qui y ont procédé, et les frais faits restent à leur charge.

Moyens conservatoires.

Art. 88. A défaut de paiement des contributions par un receveur, agent, économe, notaire, commissaire-priseur, ou autre dépositaire et débiteur de deniers provenant d'un redevable, le percepteur fait, entre les mains desdits dépositaires et débiteurs de deniers, une saisie-arrêt ou opposition.

Art. 89. La saisie-arrêt ou opposition s'opère à la requête du percepteur, par le ministère d'un huissier ou d'un porteur de contraintes, sans autre diligence, et sans qu'il soit besoin d'autorisation préalable, suivant les formes réglées par le titre VII, livre V du Code de procédure civile; il en suit l'effet conformément aux dispositions de ce code.

La saisie-arrêt n'est pas nécessaire lorsque le percepteur a fait constater sa demande ou sa saisie-arrêt dans un procès-verbal-de vente de récolte ou d'effets mobiliers, dressé par un officier ministériel.

Art. 90. Lorsque la saisie-arrêt ou opposition doit être faite entre les mains d'un receveur ou de tout autre dépositaire de deniers publics, le porteur de contraintes se conforme aux formalités prescrites par le décret du 18 août 1807.

Art. 91. Lorsqu'un percepteur est informé d'un commencement d'enlèvement furtif de meubles ou de fruits, et qu'il y a lieu de craindre la disparition du gage de la contribution, il a droit, s'il y a déjà eu un commandement, de faire procéder immédiatement et sans autre ordre ni autorisation, à la saisie-exécution par un porteur de contraintes, et à son défaut, par un huissier des tribunaux.

Art. 92. Si le commandement n'a pas été fait, le percepteur établit d'office, soit au domicile du contribuable, soit dans le lieu où existe le gage de l'impôt, un gardien chargé de veiller à sa conservation, en attendant qu'il puisse être procédé aux poursuites ultérieures, qui commenceront sous trois jours, au plus tard.

Art. 93. Lorsqu'il y a lieu d'appliquer les dispositions autorisées par les articles 91 et 92 ci-dessus, le percepteur en informe le maire de la commune du contribuable, et en rend compte au receveur particulier, en lui demandant ses instructions.

Dans tous les cas, la vente ne peut être faite que dans la forme ordinaire.

DISPOSITIONS COMMUNES AUX POURSUITES DE DIVERS DEGRÉS

Art. 94. Les bulletins de garnison collective ou individuelle ne sont sujets ni au timbre ni à l'enregistrement.

Art. 95. Les actes de commandement, saisie-arrêt, saisie-exécution, vente, et tous les autres actes y relatifs, doivent être sur papier timbré et enregistrés dans les quatre jours, non compris celui de la date.

Art. 95 *bis*. Les originaux de commandements collectifs peuvent être rédigés sur la même feuille de papier timbré.

Art. 96. Les frais de sommation à des tiers, de saisie-arrêt, saisie-exécution, saisie-brandon, vente, et de tous les actes qui s'y rapportent, sont fixés conformément au tarif ci-annexé.

Art. 97. Seront enregistrés gratis les actes de poursuites et tous autres actes, tant en action qu'en défense, ayant pour objet le recouvrement des contributions publiques et de toutes autres sommes dues à l'État, ainsi que des contributions locales, lorsqu'il s'agira de cotes, droits ou créances, non excédant en total la somme de cent francs. (Art. 6 de la loi du 16 juin 1824. — **N. B.** Cette disposition doit être entendue en ce sens, que le droit est dû lorsque les contributions *d'un même exercice dans une même commune* s'élèvent à plus de 100 francs, et qu'il ne l'est pas quand la somme de 100 francs n'est dépassée que par la réunion des contributions de plusieurs exercices ou de plusieurs communes. (*Instruction de l'administration de l'enregistrement, du 25 mars 1850; circulaire ministérielle du 7 août suivant; autre circulaire du 12 juillet 1853.*) — Quel que soit le nombre des exercices, il n'est dû, dans le premier cas, qu'un seul droit.

Art. 98. Lorsque, dans le délai de quatre jours mentionné à l'article 95, les contribuables se seront libérés intégralement, tous les actes de poursuites, les procès-verbaux de vente exceptés, non encore présentés à l'enregistrement, peuvent, quoique ayant pour objet le recouvrement de cotes excédant 100 francs, être admis à la formalité *gratis*. Dans ce cas, indépendamment de l'annotation sur le répertoire, déjà prescrite par la décision du 28 juin 1822, les porteurs de contraintes doivent faire mention, sur l'acte de poursuite, de la libération intégrale du redevable, et faire certifier cette déclaration par le percepteur.

Art. 99. Chacun des actes de poursuites délivrés par les porteurs de contraintes et garnisaires relate le prix auquel il a été taxé, sous peine de nullité.

Art. 100. Les fixations déterminées pour les prix des divers actes de poursuites seront affichées dans chaque bureau de perception et à la mairie de chaque commune.

Art. 101. Les receveurs particuliers des finances font imprimer et fournissent aux porteurs de contraintes et garnisaires, dans leurs arrondissements respectifs, les formules de bulletin de garnison collective, ceux de garnison individuelle et de commandement, indiqués aux articles 46, 51 et 57, les états de frais dont il sera question à l'article 102, et généralement tous les modèles d'actes et de procès-verbaux relatifs aux poursuites.

Les actes de tous les degrés, sans exception, à distribuer aux contribuables, devront être imprimés sur un papier de couleur différente pour chaque degré de poursuite. Les couleurs seront les mêmes dans tous les départements. — **N. B.** Pour l'exécution de cette disposition, les préfets doivent, dans leurs arrêtés, déterminer ainsi qu'il suit la couleur du papier sur lequel les différents actes de poursuites devront être imprimés :

Sommations sans frais, sur papier vert; bulletins de garnison collective, sur papier jaune; bulletins de garnison individuelle, sur papier lilas; commandements, sur papier bleu; saisies, sur papier rouge; ventes, sur papier gris; actes conservatoires, sur papier blanc.

Chaque formule d'acte sera revêtue du cachet du receveur particulier apposé à la main, et remise en compte, par ce dernier, aux agents de poursuite.

Les frais d'impression déterminés d'avance par le Préfet, sur la proposition du receveur général, sont payés par les receveurs particuliers, et supportés, soit par les agents de poursuites, soit par les percepteurs, soit enfin par les receveurs eux-mêmes, ainsi qu'il est réglé pour chaque nature de frais, par la décision ministérielle du 23 juillet 1822, notifiée aux receveurs des finances par la circulaire du 2 août 1822. Il ne peut y avoir lieu à aucune répétition contre les contribuables pour le prix de ces imprimés.

Art. 101 *bis*. Tous ces imprimés (*à partir du commandement inclusivement*) devront être timbrés à l'extraordinaire, par les soins des receveurs généraux, qui feront l'avance des frais de timbre pour ce qui concerne l'arrondissement du chef-lieu, et qui se feront tenir compte, par les receveurs particuliers, de ce qu'ils auront auront avancé momentanément pour les autres arrondissements.

QUATRIÈME PARTIE.

JUSTIFICATION, RÈGLEMENT ET RECOUVREMENT DES FRAIS DE POURSUITES.

Art. 102. Les listes nominatives constatant les poursuites exercées par voie de garnison, l'état des commandements signifiés et le bordereau des frais résultant de tous autres actes seront dressés en double expédition, (*lorsqu'il s'agit du recouvrement des produits communaux, l'état de frais est fait en simple expédition*), certifiés par les agents de poursuites, signés par le percepteur, et adressés au receveur particulier, qui, après les avoir vérifiés, en arrêtera provisoirement le montant, et les remettra au Sous-Préfet avec les pièces dont ils doivent être accompagnés. Ces listes, états et bordereaux ne devront comprendre que les frais résultant de la contrainte qui aura prescrit les poursuites. Ils indiqueront les noms des retardataires, la somme pour laquelle chacun d'eux aura été poursuivi, la date des actes, le prix de chaque acte de poursuite, d'après les fixations arrêtées par le Préfet (*Modèles n°s 9, 10, 11, 12 et 13.*)

Les porteurs de contrainte joindront à l'appui les originaux des actes de commandement, saisie et vente, et la contrainte ou autorisation en vertu de laquelle ils auront agi.

Art. 103. Le Sous-Préfet, après vérification, arrêtera et rendra exécutoires les états de frais. Il en tiendra registre et renverra sans retard les deux expéditions au receveur particulier. — **N. B.** Le montant et la date de la taxe seront indiqués sur les contraintes pour les poursuites par garnison et par commandement, et sur l'état n° 8 (voir art. 53) pour les autres natures de poursuites.

Art. 104. Lorsque le receveur particulier, en vérifiant l'état des frais de poursuites, reconnaîtra des abus dans l'application des tarifs, il proposera au Sous-Préfet de réduire les frais à ce qui sera légitimement dû à l'agent des poursuites. Le Sous-Préfet peut opérer d'office cette réduction quand il le juge nécessaire.

Art. 105. Seront rejetés et mis à la charge de l'agent qui les aura exécutés, ou du comptable qui les aura provoqués :

1° Les frais de poursuites sujets à l'enregistrement, non constatés par la production des actes originaux ;

2° Les frais à l'appui desquels ne sera pas rapportée la contrainte ou l'autorisation spéciale du receveur particulier ;

3° Tous frais faits contre des contribuables notoirement insolvables, à l'époque où ils ont été poursuivis, ou pour des taxes résultant d'erreurs évidentes sur les rôles, dont le percepteur aurait négligé de demander la rectification ;

4° Les poursuites de toute nature exercées arbitrairement ou dans un ordre contraire à à celui qui est tracé par le présent règlement.

Art. 106. Les originaux des actes de poursuites et autres pièces produites à l'appui resteront déposés à la recette particulière, pour y avoir recours au besoin.

Art. 107. Le salaire et le prix des actes dus au porteur de contrainte et aux garnisaires seront payés par le receveur particulier, sur la quittance de ces agents, mise au pied d'une des expéditions des états définitivement arrêtés par le Sous-Préfet.

Il est expressément défendu aux percepteurs de payer directement les salaires et actes de poursuites aux porteurs de contraintes ou garnisaires.

Art. 108. Les receveurs particuliers seront tenus de constater dans leurs écritures, à deux comptes spéciaux, la totalité des sommes payées par eux pour frais de poursuites, et des remboursements qui leur en seront faits par les percepteurs.

Ils enverront successivement à la recette générale une des expéditions des états de frais acquittés par les agents de poursuites. Ces pièces seront produites à la Cour des comptes par le receveur général, à l'appui de son compte annuel.

Art. 109. La seconde expédition des états de frais rendus exécutoires par le Sous-Préfet sera remise par le receveur particulier au percepteur, qui en deviendra comptable envers le receveur particulier, et sera chargé d'en suivre le recouvrement sur les contribuables y dénommés.

Art. 110. Le percepteur est tenu d'émarger sur lesdits états les payements qui lui seront faits pour remboursement de frais, et d'en donner quittance de la même manière que pour les contributions directes.

Art. 110 *bis*. Si le contribuable poursuivi veut se libérer des frais sans attendre la taxe, il est admis à en consigner le montant entre les mains du percepteur, qui lui en donne une quittance détachée de son livre à souche, et émarge le payement sur le double de la contrainte restée en ses mains. (Art. 23.)

A la réception de l'état des frais taxés, le percepteur y émarge, jusqu'à concurrence des frais à la charge du contribuable, la somme provisoirement consignée par ce dernier. — Si elle excède, il tient compte de cet excédant au contribuable de la manière prescrite pour les excédants provenant des contributions directes. — Si, au contraire, la somme consignée ne couvre pas le montant des frais taxés, il suit le remboursement du surplus conformément à ce qui est prescrit par l'article 109.

Dans tous les cas, en transportant au rôle les états de frais taxés, il émarge les sommes versées sur ces frais par les contribuables.

Art. 111. Tout contribuable taxé est en droit d'exiger du percepteur la communication de l'état de frais sur lequel il est porté.

Art. 112. Le percepteur prévenu d'avoir frauduleusement, soit avant, soit après la taxe, exigé des frais pour une somme plus forte que celle qui est fixée par le tarif, ou arrêtée dans l'état des frais, sera traduit devant les tribunaux pour y être jugé comme concussionnaire.

Art. 113. A la fin de chaque trimestre, les receveurs particuliers remettront au Sous-Préfet un état présentant, par nature de poursuites, les frais faits contre les contribuables en retard. Cet état sera transmis au Préfet par le Sous-Préfet : les receveurs particuliers en adresseront un double, visé par ce dernier, au receveur général du département, qui le transmettra au ministère, après en avoir reconnu la conformité avec ses écritures. (*Modèle n* 14.)

Art. 114. Indépendamment de la surveillance qui doit être exercée par l'autorité administrative sur les poursuites et les frais auxquels elles donne lieu, le receveur général et les receveurs particuliers des finances sont tenus de prendre des informations sur la conduite des percepteurs, des porteurs de contraintes et des garnisaires, dans l'exercice des poursuites effectuées contre les contribuables; de s'assurer que lesdites poursuites ne sont faites que dans les cas prévus, dans les formes voulues et suivant les tarifs arrêtés, et de provoquer des mesures de répression contre les abus qui parviendraient à leur connaissance. — **N. B.** Art. 25 et 26 de l'arrêté du 16 thermidor an VIII; arrêt du conseil d'État du 8 janvier 1813.

Le présent arrêté sera soumis à l'approbation de M. le Ministre des Finances, et sera exécutoire, à partir du ..., dans le département de ....

Tarif général des frais de poursuites en matière de contributions directes, formant annexe au règlement sur les poursuites.

N. B. Ce tableau indique la valeur des actes et frais qui en résultent. La lettre S mise en regard d'un chiffre signifie : somme allouée pour salaire; la lettre T, timbre; la lettre E, enregistrement.

§ 1er. GARNISON COLLECTIVE. — Prix fixe pour chaque bulletin remis aux contribuables en retard, savoir : dans les villes chefs-lieux du département et d'arrondissement, S. 0,20; dans les autres communes du département, S. 0,20; et pour toute cote de 1 fr. et au-dessous (cette somme est la même dans tous les départements), S. 0,10.

§ 2. GARNISON A DOMICILE OU INDIVIDUELLE. — Chaque journée, avec vivres et logement, S. 1 fr.; *idem,* avec la représentation en numéraire des vivres et du logement, S. 2 fr.

§ 3. COMMANDEMENT. — Prix fixe pour l'original simple ou collectif et chaque copie signifié, *tous frais de timbre et de transport* compris, savoir : dans les villes chefs-lieux de département et d'arrondissement, S. 1 fr.; dans les autres communes du département, S. 1 fr. (Indépendamment du droit d'enregistrement pour les cotes qui en sont passibles.— Voir l'article 97.)

§ 4. SAISIE ARRÊT OU OPPOSITION. — Pour une opposition (original et copie au tiers saisi, S. 1 fr., T. 0,70, E. 1,10; dénonciation au saisi avec assignation en validité (original et copie), S. 0,75, T. 0,70, E. 1,10, dénonciation au tiers saisi de l'assignation en validité au débiteur (original et copie), S. 0,75, T. 0,70, E. 1,10; assignation au tiers saisi en en déclaration affirmative (original et copie), S. 0,50, T. 0,70, E. 1,10.

§ 5. SAISIE-EXÉCUTION. — Procès-verbal de saisie (original), S. 2 fr., T. 0,35, E. 1,10; copie au saisi, ou, en cas d'absence, au Maire, S. 0,50, T. 0,35; copie au gardien, quand ce n'est pas le saisi, S. 0,50, T. 0,35; salaire de deux témoins, à 0,75 pour chacun, S. 1,50.

Ajouter le prix de deux journées de garnison individuelle en cas d'interruption de saisie non suivie de libération (art. 68 du règlement et les §§ 7 et 8 ci-après), ci, S. 4 fr.

§ 6. SAISIE-BRANDON. — Procès-verbal (original), S. 2 fr., T. 0,35, E. 2,20; copie à la partie, S. 0,50, T. 0,35; copie au gardien du séquestre, S. 0,50, T. 0,35; copie au Maire, S. 0,50, T. 0,35.

§ 7. SAISIE-EXÉCUTION INTERROMPUE POUR CAUSE DE LIBÉRATION. (Art. 68 du règlement. — Dans tous les cas prévus par l'art. 68 du règlement sur les poursuites, le prix de la journée de garnison individuelle (y compris la représentation des vivres et du logement en numéraire) sera réduit à 2,50, si le contribuable se libère dans la première journée, et à 2 fr., s'il ne se libère que le second jour; de manière que le coût de la saisie interrompue pour cause de libération soit ainsi fixé, savoir : une journée de garnison individuelle; deux journées de garnison individuelle; salaire de deux témoins à 0,75 c. l'un; timbre du procès-verbal de saisie interrompue. (*Circulaire du 5 octobre 1844.*)

§ 8. SAISIE-BRANDON INTERROMPUE POUR CAUSE DE LIBÉRATION. (Art. 68 du règlement. — Même taxe que ci-dessus, moins le salaire des deux témoins.

§ 9. FRAIS DE GARDIEN POUR LA SAISIE-EXÉCUTION. — Huit premiers jours à 0,50 chacun; jours suivants à 0,25 chacun.

§ 10. FRAIS DE GARDIEN POUR LA SAISIE-BRANDON. — Garde champêtre à 0,25 par jour; toute autre personne à 0,40 par jour.

§ 11. PROCÈS-VERBAL DE CARENCE. — Porteur de contraintes, S. 0,80; deux témoins, S. 0,70.

§ 12. FRAIS DE VENTE À LA SUITE DE LA SAISIE-EXÉCUTION. — Procès-verbal de récolement avant la vente (original seulement), S. 1 fr., T. 0,35, E. 1,10; salaire de deux témoins, S. 1,50; procès-verbal d'apposition d'affiches auquel sera joint l'original de l'affiche, S. 0,50, T. 0,35, E. 1,10; original d'affiche et placards manuscrits, S. 0,50, T. 0,35; quatre affiches lorsque la vente aura lieu dans la commune, à 0,25 chacune, S. 1 fr., T. 1,40; un cinquième lorsque la vente se fera ailleurs, S. 0,25, T. 0,35; insertion de la vente au journal (s'il en existe), *mémoire;* extrait de la déclaration de vente au receveur d'enregistrement et timbre, S. 0,50, T. 0,35; transport des effets saisis au lieu de la vente (à régler par le Préfet, sur certificat du Maire indiquant les prix locaux), *mémoire;* procès-verbal de vente, vacation par jour (original seulement), la copie ou signification ne devant être délivrée que sur la demande de la partie, S. 3 fr., T. 0,35, E. 2,20; copie lorsqu'elle sera demandée, S. 0,50, T. 0,35. — **N. B.** Outre les frais dont le détail précède, il peut y avoir lieu de payer ceux d'annonce de la vente à son de caisse. Les procès-verbaux de vente doivent, comme tous les autres actes relatifs au recouvrement des contributions publiques, être enregistrés gratis quand il s'agit de cotes, droits ou créances non excédant 100 fr. (Voir l'art. 97 et la note.) Quand la cote est supérieure à 100 fr., il doit être perçu un droit fixe de 1,10, décime compris. (Instruction de l'administration de l'enregistrement du 21 février 1846, et circulaire ministérielle du 24 juillet suivant.)

§ 13. FRAIS DE VENTE A LA SUITE DE LA SAISIE-BRANDON. — Ils sont les mêmes que ceux de la vente sur saisie-exécution, excepté qu'il n'y a pas de témoins à salarier, S. 7,25, T. 3,85, E. 4,40.

ACTES EXTRAORDINAIRES

§ 14. Sommation à un propriétaire ou à un principal locataire de payer la contribution due par le locataire en cas de déménagement (original et copie), S. 2 fr., T. 0,70, E. 1,10.

§ 15. Sommation à un débiteur de deniers affectés au privilége du Trésor (original et copie), S. 2 fr., T. 0,70, E. 1,10.

§ 16. Procès-verbal de récolement en cas de saisie-exécution antérieure, contenant sommation au premier saisissant de vendre (original), S. 1 fr., T. 0,35, E. 1,10; copie au saisi, S. 0,50, T. 0,35; copie au gardien, S. 0,50, T. 0,35; salaire de deux témoins, à 0,75 chaque, S. 1,50.

§ 17. Même procès-verbal de récolement en cas de saisie-brandon antérieure, contenant sommation au premier saisissant de vendre (original), S. 1 fr., T. 0,35, E. 2,20; copie au saisi, S. 0,50, T. 0,35; copie au gardien, S. 0,50, T. 0,35; copie au Maire, S. 0,50, T. 0,35.

§ 18. Procès-verbal de défaut de vente ou de renvoi (saisie-exécution) original, S. 1 fr., T. 0,35, E. 1,10; copie à la partie, S. 0,50, T. 0,35; copie au gardien, S. 0,50, T. 0,35.

§ 19. Procès-verbal de défaut de vente ou de renvoi (saisie-brandon) original, S. 1 fr., T. 0,35, E. 1,10; copie à la partie, S. 0,50, T. 0,35; copie au gardien, S. 0,50, T. 0,35; copie au maire, S. 0,50, T. 0,35.

§ 20. Sommation à la partie saisie, non domiciliée dans la commune où la saisie a lieu, ou absente, de se trouver à la vente le jour indiqué au procès-verbal de renvoi, S. 0,50, T. 0,35.

§ 21. Procès-verbal constatant la non-représentation des objets saisis (original sans copie), S. 1 fr., T. 0,35, E. 1,10; salaire des deux témoins à 0,75 c. chacun, S. 1,50.

§ 22. Sommation au saisissant, par le percepteur opposant de faire vendre dans la huitaine (original et copie), S. 1,50, T. 0,70, E. 1,10.

§ 23. Exploit d'opposition, sur le prix d'une vente à la requête de tiers (original), S. 1 fr., T. 0,35, E. 1,10; copie au saisissant, S. 0,50, T. 0,35; copie à l'huisier, S. 0,50, T. 0,35.

§ 24. Procès-verbal de rebellion (à régler spécialement par le Préfet sur l'avis des Maires et Sous-Préfets).

Arrêté le présent tarif par nous Préfet du département de ... A ..., le ..., *signé*. Approuvé : Le Ministre secrétaire d'État des Finances, *signé* : ...

N. B. *Extrait du règlement général sur les poursuites, en date du 21 décembre 1839.* (Voir la circulaire du 21 décembre 1839, § 6, 4ᵉ alinéa). « Art. 110 *bis*. Si le contribuable poursuivi veut se libérer des frais sans attendre la taxe, il est admis à en consigner le montant entre les mains du percepteur, qui lui en donne une quittance détachée de son livre à souche, et émarge le payement sur le double de la contrainte restée entre ses mains (Art. 23). A la réception de l'état des frais taxés, le percepteur y émarge, jusqu'à concurrence des frais à la charge du contribuable, la somme provisoirement consignée par ce dernier. — Si elle excède, il tient compte de cet excedant au contribuable de la manière prescrite pour les excédants provenant des contributions directes. — Si, au contraire, la somme consignée ne couvre pas le montant des frais taxés, il suit le remboursement du surplus, conformément à ce qui est prescrit par l'article 109. Dans tous les cas, en transportant au rôle les frais taxés, il émarge les sommes versées sur ces frais par les contribuables. »

ANNEXES DU RÈGLEMENT SUR LES POURSUITES

§ I. — *Commission de porteur de contraintes*

Le Préfet du département de ..., sur la désignation faite par M. .., Sous-Préfet de l'arrondissement de ..., en suite de la proposition de M. ..., receveur des finances dudit arrondissement, commissionne, par ces présentes, porteur de contraintes à l'effet d'exercer les poursuites relatives au recouvrement des contributions directes dans l'arrondissement de ..., le sieur (*nom, prénoms et âge*), lequel entrera en fonctions de ce jour, tant en vertu de la présente commission que de la prestation du serment par lui faite entre les mains de M. le Sous-Préfet dudit arrondissement de .... Le sieur ... se conformera, sous les ordres du receveur des finances près duquel il est placé, aux dispositions des lois, arrêts et règlements relatifs à ses fonctions, et spécialement à celles de l'arrêté du (*date de l'arrêté de la préfecture*), sur le mode de poursuites dans le département de ....

§ II. — *Classement par ordre des différents degrés de poursuites en matière de contributions directes, et indication des agents qui doivent supporter les frais des imprimés servant à ces poursuites et dont l'emploi est prescrit par les règlements.* (Décision ministérielle du 23 juillet 1822.)

1. Sommation *gratis*. — A la charge du percepteur, vu que l'obligation en est imposée par les lois des 25 mars 1817 et 15 mai 1818.

2. Bulletin de garnison collective. — A la charge de l'agent de poursuites, lequel en est couvert par le salaire qui lui est alloué.

3. Etat des redevables à poursuivre par voie de garnison collective ou individuelle. — A la charge du percepteur, attendu que cet état est un relevé fait sur les rôles et la conséquence des devoirs du percepteur.

4. Bulletin de garnison individuelle. — A la charge de l'agent de poursuites, qui en est couvert par le salaire qui lui est alloué.

5, 5 *bis*, 5 *ter* et 8. Etats des contribuables à poursuivre par voie de commandement, de saisie-exécution et autres actes extraordinaires. — A la charge du percepteur, par les motifs donnés pour les n°s 1 et 2.

6 et 7. Originaux et copies de commandements, saisies, ventes, affiches, etc. — A la charge du porteur de contraintes, dont le salaire est réglé en conséquence.

9. Etat de paiement des frais de garnison collective ou individuelle. — A la charge du percepteur.

10. Etat de commandement. — A la charge du percepteur.

11. Etat de saisie. — A la charge du percepteur.

12. Etat de vente. — A la charge du percepteur.

13. Etat d'actes conservatoires et extraordinaires. — A la charge du percepteur.

14. Etat général et trimestriel des frais faits dans chaque arrondissement. — A la charge des receveurs particuliers, comme pièce résultant de leur gestion et de leur comptabilité.

§ 3. — **Extrait du code de procédure civile.** — TITRE VII. DES SAISIES OU OPPOSITIONS.

Art. 557. Tout créancier peut, en vertu de titres authentiques ou privés, saisir-arrêter entre les mains d'un tiers les sommes et effets appartenant à son débiteur, ou s'opposer à leur remise.

Art. 558. S'il n'y a pas de titre, le juge du domicile du débiteur; et même celui du domicile du tiers saisi, pourront, sur requête, permettre la saisie-arrêt et opposition.

Art. 559. Tout exploit de saisie-arrêt ou opposition, fait en vertu d'un titre, contiendra l'énonciation du titre et de la somme pour laquelle elle est faite : si l'exploit est fait en vertu de la permission du juge, l'ordonnance énoncera la somme pour laquelle la saisie-arrêt ou opposition est faite, et il sera donné copie de l'ordonnance en tête de l'exploit. Si la créance pour laquelle on demande la permission de saisir-arrêter n'est pas liquide, l'évaluation provisoire en sera faite par le juge. L'exploit contiendra aussi élection de domicile dans le lieu où demeure le tiers saisi, si le saisissant n'y demeure pas, le tout à peine de nullité.

Art. 560. La saisie-arrêt ou opposition entre les mains de personnes non demeurant en France sur le continent ne pourra point être faite au domicile du procureur impérial, elle devra être signifiée à personne ou à domicile.

Art. 561. La saisie-arrêt ou opposition formée entre les mains des receveurs, dépositaires ou administrateurs de caisses ou deniers publics, en cette qualité, ne sera point valable si l'exploit n'est fait à la personne préposée pour le recevoir, et s'il n'est visé par elle sur l'original, ou, en cas de refus, par le procureur impérial.

Art. 562. L'huissier qui aura signé la saisie-arrêt ou opposition sera tenu, s'il en est requis, de justifier de l'existence du saisissant à l'époque où le pouvoir de saisir a été donné, à peine d'interdiction, et des dommages et intérêts des parties.

Art. 563. Dans la huitaine de la saisie-arrêt ou opposition, outre un jour pour trois myriamètres de distance entre le domicile du tiers saisi et celui du saisissant, et un jour pour trois myriamètres de distance entre le domicile de ce dernier et celui du débiteur saisi, le saisissant sera tenu de dénoncer la saisie-arrêt ou opposition au débiteur saisi, et de l'assigner de validité.

Art. 564. Dans un pareil délai, outre celui en raison des distances, à compter du jour de la demande en validité, cette demande sera dénoncée, à la requête du saisissant, au tiers saisi, qui ne sera tenu de faire une déclaration avant que cette dénonciation lui ait été faite.

Art. 565. Faute de demande ou validité, la saisie ou opposition sera nulle : faute de dénonciation de cette demande au tiers saisi, les paiements par lui faits jusqu'à la dénonciation seront valables.

Art. 566. En aucun cas il ne sera nécessaire de faire précéder la demande en validité par une citation en conciliation.

Art. 567. La demande en validité, et la demande en mainlevée formée par la partie saisie, seront portées devant le tribunal du domicile de la partie saisie.

Art. 568. Le tiers saisi ne pourra être assigné en déclaration, s'il n'y a titre authentique, ou jugement qui ait déclaré la saisie-arrêt ou l'opposition valable.

Art. 569. Les fonctionnaires publics dont il est parlé à l'article 561 ne seront point assignés en déclaration, mais ils délivreront un certificat constatant s'il est dû à la partie saisie, en énonçant la somme, si elle est liquide.

Art. 570. Le tiers saisi sera assigné, sans citation préalable, en conciliation, devant le tribunal qui doit connaître de la saisie; sauf à lui, si la déclaration est constatée, à demander son renvoi devant son juge.

Art. 571. Le tiers saisi assigné fera sa déclaration et l'affirmera au greffe, s'il est sur les lieux ; sinon devant le juge de paix de son domicile, sans qu'il soit besoin, dans ce cas, de réitérer l'affirmation au greffe.

Art. 572. La déclaration et l'affirmation pourront être faites par procuration spéciale.

Art. 573. La déclaration énoncera les causes et le montant de la dette ; les paiements à-compte, si aucuns ont été faits ; l'acte ou les causes de libération, si le tiers-saisi n'est plus débiteur, et, dans tous les cas, les saisies-arrêts ou oppositions formées entre ses mains.

Art. 574. Les pièces justificatives de la déclaration seront annexées à cette déclaration ; le tout sera déposé au greffe, et l'acte de dépôt sera signifié par un seul acte contenant constitution d'avoué.

Art. 575. S'il survient de nouvelles saisies-arrêts ou oppositions, le tiers saisi les dénoncera à l'avoué du premier saisissant, par extrait contenant les noms et élection de domicile des saisissants, et les causes des saisies-arrêts ou oppositions.

Art. 576. Si la déclaration n'est pas contestée, il ne sera fait aucune procédure, ni de la part du tiers-saisi, ni contre lui.

Art. 577. Le tiers-saisi qui ne fera pas sa déclaration ou qui ne fera pas les justifications ordonnées par les articles ci-dessus sera déclaré débiteur pur et simple des causes de la saisie.

Art. 578. Si la saisie-arrêt ou opposition est formée sur effets mobiliers, le tiers-saisi sera tenu de joindre à sa déclaration un état détaillé desdits effets.

Art. 579. Si la saisie-arrêt ou opposition est déclarée valable, il sera procédé à la vente et distribution du prix, ainsi qu'il sera dit au titre de la distribution par contribution.

Art. 580. Les traitements et pensions dus par l'État ne pourront être saisis que pour la portion déterminée par les lois ou par les règlements et ordonnances royales.

Art. 581. Seront insaisissables : 1° les choses déclarées insaisissables par la loi ; 2° les provisions alimentaires adjugées par justice ; 3° les sommes et objets disponibles déclarés insaisissables par le testateur ou donateur ; 4° les sommes et pensions pour aliments, encore que le testament ou l'acte de donation ne les déclare pas insaisissables.

Art. 582. Les provisions alimentaires ne pourront être saisies que pour cause d'aliments ; les objets mentionnés aux n°s 3 et 4 du présent article pourront être saisis par des créanciers postérieurs à l'acte de donation ou à l'ouverture du legs, et ce en vertu de la permission du juge, et pour la portion qu'il déterminera.

TITRE VIII. — DES SAISIES-EXÉCUTIONS.

Art. 583. Toute saisie-exécution sera précédée d'un commandement à la personne ou au domicile du débiteur, fait au moins un jour avant la saisie, et contenant notification du titre, s'il n'a déjà été notifié.

Art. 584. Il contiendra élection de domicile jusqu'à la fin de la poursuite, dans la commune où doit se faire l'exécution, si le créancier n'y demeure, et le débiteur pourra faire à ce domicile élu toutes significations, même d'offres réelles et d'appel.

Art. 585. L'huissier sera assisté de deux témoins, français, majeurs, non parents ni alliés des parties ou de l'huissier, jusqu'au degré de cousin issu de germain inclusivement, ni leurs domestiques ; il énoncera sur le procès-verbal leurs noms, professions et demeures : les témoins signeront l'original et les copies. La partie poursuivante ne pourra être présente à la saisie.

Art. 586. Les formalités des exploits seront observées dans les procès-verbaux de saisie-exécution ; ils contiendront itératif commandement, si la saisie est faite en la demeure du saisi.

Art. 587. Si les portes sont fermées ou si l'ouverture en est refusée, l'huissier pourra établir gardien aux portes pour empêcher le divertissement ; il se retirera sur-le-champ, sans assignation, devant le juge de paix, ou, à son défaut, devant le commissaire de police, et, dans les communes où il n'y en a pas, devant le Maire, et, à son défaut, devant l'adjoint, en présence désquels l'ouverture des portes, même celles des meubles fermants, sera faite au fur et à mesure de la saisie. L'officier qui se transportera ne dressera point de procès-verbal, mais il signera celui de l'huissier, lequel ne pourra dresser du tout qu'un seul et même procès-verbal.

Art. 588. Le procès-verbal contiendra la désignation détaillée des objets saisis : s'il y a des marchandises, elles seront pesées, mesurées ou jaugées, suivant leur nature.

Art. 589. L'argenterie sera spécifiée par pièces et poinçons, et elle sera pesée.

Art. 590. S'il y a des deniers comptants, il sera fait mention du nombre et de la qualité des espèces ; l'huissier les déposera au lieu établi pour les consignations, à moins que le saisissant et la partie saisie, ensemble les opposants, s'il y en a, ne conviennent d'un autre dépositaire.

Art. 591. Si le saisi est absent, ou qu'il y ait refus d'ouvrir aucune pièce ou meuble, l'huissier en requerra l'ouverture, et, s'il se trouve des papiers, requerra l'apposition des scellés par l'officier appelé pour l'ouverture.

Art. 592. Ne pourront être saisis : 1° les objets que la loi déclare immeubles par destination ; 2° le coucher nécessaire des saisis, ceux de leurs enfants vivant avec eux, les habits dont les saisis sont vêtus et couverts ; 3° les livres relatifs à la profession du saisi, jusqu'à la somme de 300 francs, à son choix ; 4° les machines et instruments servant à l'enseignement pratique ou exercice des sciences et arts, jusqu'à conconcurrence de la même somme, et au choix du saisi ; 5° les équipements des militaires, suivant l'ordonnance et le grade ; 6° les outils des artisans, nécessaires à leurs occupations personnelles ; 7° les farines et menues denrées nécessaires à la consommation du saisi et de sa famille pendant un mois ; 8° enfin une vache, ou trois brebis ou deux chèvres, au choix du saisi, avec les pailles, fourrages et grains nécessaires pour la litière et la nourriture desdits animaux pendant un mois.

N. B. *Art. 254 du Code Napoléon :* — « Les objets que le propriétaire d'un fonds y a
» placés pour le service et l'exploitation de ce fonds sont immeubles par destination. —
» Ainsi, sont immeubles par destination, quand ils ont été placés par le propriétaire pour
» le service et l'exploitation de ce fonds, — les animaux attachés à la culture, — les usten-
» siles aratoires, — les semences données aux fermiers ou colons partiaires ; — les pigeons
» des colombiers ; — les lapins des garennes ; — les ruches à miel ; — les poissons des
» étangs ; — les pressoirs, chaudières, alambics, cuves et tonnes ; — les ustensiles néces-
» saires à l'exploitation des forges, papeteries et autres usines ; les pailles et engrais. —
» Sont aussi immeubles par destination, tous effets mobiliers que le propriétaire a attachés
» au fonds à perpétuelle demeure. »

Art. 525 du même code : « Le propriétaire est censé avoir attaché à son fonds des effets
» mobiliers à perpétuelle demeure, quands ils y sont scellés en plâtre ou à chaux ou à
» ciment, ou lorsqu'ils ne peuvent être détachés sans être fracturés ou détériorés, ou sans
» briser ou détériorer la partie du fonds à laquelle ils sont attachés. — Les glaces d'un
» appartement sont censées mises à perpétuelle demeure, lorsque le parquet sur lequel
» elles sont attachées fait corps avec la boiserie. — Il en est de même des tableaux et autres
» ornements. — Quand aux statues, elles sont immeubles lorsqu'elles sont placées dans
» une niche pratiquée exprès pour les recévoir, encore qu'elles puissent être enlevées sans
» fracture ou détérioration. »

Art. 593. Lesdits objets ne pourront être saisis pour aucune créance, même celles de l'Etat, si ce n'est pour aliments fournis à la partie saisie, où journées dues aux fabricants ou vendeurs desdits objets, ou à celui qui aura prêté pour les acheter, fabriquer ou répa-rer ; pour fermages et moissons des terres à la culture desquelles ils sont employés ; loyers des manufactures, moulins, pressoirs, usines dont ils dépendent, et loyers des lieux ser-vant à l'habitation personnelle du débiteur.

Les objets spécifiés sous le n° 2 du présent article ne pourront être saisis pour aucune créance.

Art. 594. En cas de saisie d'animaux et ustensiles servant à l'exploitation des terres, le juge de paix pourra, sur la demande du saisissant, le propriétaire et le saisi entendus ou appelés, établir un gérant à l'exploitation.

Art. 595. Le procès-verbal contiendra indication du jour de la vente.

Art. 596. Si la partie-saisie offre un gardien solvable, et qui se charge volontairement et sur-le-champ, il sera établi par l'huissier.

Art. 597. Si le saisi ne présente gardien solvable et de qualité requise, il en sera établi un par l'huissier.

Art. 598. Ne pourront être établis gardiens, le saisissant, son conjoint, ses parents et alliés jusqu'au degré issu de germain, inclusivement, et ses domestiques ; mais le saisi, son conjoint, ses parents, alliés et domestiques pourront être établis gardiens, de leur consentement et de celui du saisissant.

Art. 599. Le procès-verbal sera fait sans déplacer ; il sera signé par le gardien en l'original et la copie ; s'il ne sait signer, il en sera fait mention, et il lui sera laissé copie du procès-verbal.

Art. 600. Ceux qui, par voie de fait, empêcheraient l'établissement du gardien, ou qui enlèveraient ou détourneraient des effets saisis, seront poursuivis conformément au Code d'instruction criminelle.

Art. 601. Si la saisie est faite au domicile de la partie, copie lui sera laissée sur-le-champ du procès-verbal, signée des personnes qui auront signé l'original. Si la partie est absente, copie en sera remise au Maire ou adjoint, ou au magistrat, qui, en cas de refus de porte, aura fait faire ouverture, et qui visera l'original.

Art. 602. Si la saisie est faite hors du domicile et en l'absence du saisi, copie lui sera notifiée dans le jour, outre un jour pour trois myriamètres, sinon les frais de garde et le délai pour la vente ne courront que du jour de la notification.

Art. 603. Le gardien ne peut se servir des choses saisies, les louer ou prêter, à peine de privation des frais de garde et de dommages-intérêts au paiement desquels il sera contraignable par corps.

Art. 604. Si les objets saisis ont produit quelques profits ou revenus, il est tenu d'en compter, même par corps.

Art. 605. Il peut demander sa décharge, si la vente n'a pas été faite au jour indiqué par le procès-verbal, sans qu'elle ait été empêchée par quelque obstacle, et, en cas d'empêchement, la décharge peut être demandée deux mois après la saisie, sauf au saisissant à faire nommer un autre gardien.

Art. 606. La décharge sera demandée contre le saisissant et le saisi par une assignation en référé devant le juge du lieu de la saisie ; si elle est accordée, il sera préalablement procédé au récolement des effets saisis, parties appelées.

Art. 607. Il sera passé outre, nonobstant toutes réclamations de la part de la partie saisie, sur lesquelles il sera statué en référé.

Art. 608. Celui qui se prétendra propriétaire des objets saisis ou de partie d'iceux, pourra s'opposer à la vente par exploit signifié au gardien et dénoncé au saisissant et au saisi, contenant assignation libellée, et l'énonciation des preuves de propriété, à peine de nullité. Il y sera statué par le tribunal du lieu de la saisie, en matière sommaire.

Le réclamant qui succombera sera condamné, s'il y échet, aux dommages et intérêts du saisissant.

Art. 609. Les créanciers du saisi, pour quelque cause que ce soit, même pour loyers, ne pourront former opposition que sur le prix de la vente ; leurs oppositions en contiendront les causes ; elles seront signifiées au saisissant et à l'huissier ou autre officier chargé de la vente, avec élection de domicile dans le lieu où la saisie est faite, si l'opposant n'y est pas domicilié : le tout à peine de nullité des oppositions, et des dommages et intérêts contre l'huissier, s'il y a lieu.

Art. 610. Le créancier opposant ne pourra faire aucune poursuite, si ce n'est contre la partie saisie, et pour obtenir condamnation ; il n'en sera fait aucune contre lui, sauf à discuter les causes de son opposition lors de la distribution des deniers.

Art. 611. L'huissier qui, se présentant pour saisir, trouverait une saisie déjà faite et un gardien établi, ne pourra pas saisir de nouveau ; mais il pourra procéder au récolement des meubles et effets sur le procès-verbal, que le gardien sera tenu de lui représenter ; il saisira les effets omis, et fera sommation au premier saisissant de vendre le tout dans la huitaine ; le procès-verbal de récolement vaudra opposition sur les deniers de la vente.

Art. 612. Faute par le saisissant de faire vendre dans le délai ci-après fixé, tout opposant ayant titre exécutoire .pourra, sommation préalablement faite au saisissant, et sans former aucune demande en subrogation, faire procéder au récolement des effets saisis, sur la copie du procès-verbal de saisie, que le gardien sera tenu de représenter, et de suite à la vente.

Art. 613. Il y aura au moins huit jours entre la signification de la saisie au débiteur et la vente.

Art. 614. Si la vente se fait un jour autre que celui indiqué par la signification, la partie saisie sera appelée, avec un jour d'intervalle, outre un jour pour trois myriamètres en raison de la distance du domicile du saisi et du lieu où les effets seront vendus.

Art. 615. Les opposants ne seront point appelés.

Art. 616. Le procès-verbal de récolement qui précèdera la vente ne contiendra aucune énonciation des effets saisis, mais seulement de ceux en déficit, s'il y en a.

Art. 617. La vente sera faite au plus prochain marché public, aux jour et heure ordinaires des marchés, ou un jour de dimanche : pourra néanmoins le tribunal permettre de vendre les effets en un autre lieu plus avantageux. Dans tous les cas, elle sera annoncée un jour auparavant, par quatre placards au moins, affichés l'un au lieu où sont les effets, l'autre à la porte de la maison commune, le troisième au marché du lieu, et, s'il n'y en a pas, au marché voisin, le quatrième à la porte de l'auditoire de la justice de paix ; et, si la vente se fait dans un lieu autre que le marché ou le lieu où sont les effets, un cinquième placard sera apposé au lieu où se fera la vente. La vente sera en outre annoncée par la voie des journaux, dans les villes où il y en a.

Art. 618. Les placards indiqueront les lieu, jour et heure de la vente, et la nature des objets, sans détail particulier.

Art. 619. L'opposition sera constatée par exploit, auquel sera annexé un exemplaire du placard.

Art. 620. S'il s'agit de barques, chaloupes et autres bâtiments de mer, du port de dix tonneaux et au-dessous, bacs, galiotes, bateaux et autres bâtiments de rivières, moulins et autres édifices mobiles assis sur bateaux, ou autrement, il sera procédé à leur adjudication sur les ports, gares ou quais où ils se trouvent ; il sera affiché quatre placards au moins, conformément à l'article précédent, et il sera fait, à trois divers jours consécutifs, trois publications au lieu où sont les divers objets : la première publication ne sera faite que huit jours au moins après la signification de la saisie. Dans les villes où il s'imprime des journaux, il sera suppléé à ces trois publications par l'insertion, qui sera faite au journal, de l'annonce de ladite vente, laquelle annonce sera répétée trois fois dans le cours du mois précédant la vente.

Art. 621. La vaisselle d'argent, les bagues et joyaux de la valeur de 300 francs au moins ne pourront être vendus qu'après placards apposés en la forme ci-dessus, et trois expositions, soit au marché, soit dans l'endroit où sont lesdits effets, sans que néanmoins, dans aucun cas, lesdits objets puissent être vendus au-dessous de leur valeur réelle, s'il s'agit de vaisselle d'argent, ni au-dessous de l'estimation qui en aura été faite par des gens de l'art, s'il s'agit de bagues et joyaux. Dans les villes où il s'imprime des journaux, les trois publications seront suppléées comme il est dit à l'article précédent.

Art. 622. Lorsque la valeur des effets saisis excèdera le montant des causes de la saisie et des oppositions, il ne sera procédé qu'à la vente des objets suffisant à fournir une somme nécessaire pour le payement des créances et frais.

Art. 623. Le procès-verbal constatera la présence ou le défaut de comparution de la partie saisie.

Art. 624. L'adjudication sera faite au plus offrant, en payant comptant : faute de payement, l'effet sera revendu sur-le-champ, à la folle enchère de l'adjudicataire.

Art. 625. Les commissaires-priseurs et huissiers seront personnellement responsables du prix des adjudications, et feront mention, dans leurs procès-verbaux, des noms et domiciles des adjudicataires; ils ne pourront recevoir d'eux aucune somme au-dessus de l'enchère, à peine de concussion.

TITRE IX. — DE LA SAISIE DES FRUITS PENDANT PAR RACINE, OU DE LA SAISIE-BRANDON.

Art. 626. La saisie-brandon ne pourra être faite que dans les six semaines qui précèderont l'époque ordinaire de la maturité des fruits; elle sera précédée d'un commandement, avec un jour d'intervalle.

Art. 627. Le procès-verbal de saisie contiendra l'indication de chaque pièce, sa contenance et sa situation, et deux au moins de ses tenants et aboutissants, et la nature des fruits.

Art. 628. Le garde champêtre sera établi gardien, à moins qu'il ne soit compris dans l'exclusion portée par l'art. 598; s'il est présent, la saisie lui sera signifiée; il sera aussi laissé au Maire de la commune de la situation, et l'original sera visé par lui.

Si les communes sur lesquelles les biens sont situés sont contiguës ou voisines, il sera établi un seul gardien, autre néanmoins qu'un garde champêtre : le *visa* sera donné par le Maire de la commune du chef-lieu de l'exploitation; et, s'il n'y en a pas, par le Maire de la commune où est située la majeure partie des biens.

Art. 629. La vente sera annoncée par placards affichés, huitaine au moins avant la vente, à la porte du saisi, à la porte de la maison commune, et, s'il n'y en a pas, au lieu où s'apposent les actes de l'autorité publique; au principal marché du lieu, et, s'il n'y en a pas, au marché le plus voisin, et à la porte de l'auditoire de la justice de paix.

Art. 630. Les placards désigneront les jour, heure et lieu de la vente, les noms et demeure du saisi et du saisissant, la quantité d'hectares et la nature de chaque espèce de fruits, la commune où ils sont situés, sans autre désignation.

Art. 631. L'apposition des placards sera constatée ainsi qu'il est dit au titre des saisies-exécutions.

Art. 632. La vente sera faite un jour de dimanche ou de marché.

Art. 633. Elle pourra être faite sur les lieux ou sur la place de la commune où est située la majeure partie des objets saisis.

La vente pourra aussi être faite sur le marché du lieu, et, s'il n'y en a pas, sur le marché le plus voisin.

Art. 634. Seront, au surplus, observées les formalités prescrites au titre des saisies-exécutions.

Art. 635. Il sera procédé à la distribution du prix de la vente, ainsi qu'il sera dit au titre de la distribution par contribution.

§ 4. — LOI RELATIVE AU PRIVILÉGE DU TRÉSOR PUBLIC POUR LE RECOUVREMENT DES CONTRIBUTIONS DIRECTES, DU 12 NOVEMBRE 1808.

Art. 1er. Le privilége du Trésor public pour le recouvrement des contributions directes est réglé ainsi qu'il suit, et s'exerce avant tout autre :

1° Pour la contribution foncière de l'année échue et de l'année courante, sur les récoltes, fruits, loyers et revenus des biens immeubles sujets à la contribution;

2° Pour l'année échue et l'année courante des contributions mobilières, des portes et fenêtres, des patentes, et toute autre contribution directe et personnelle, sur tous les meubles et autres effets mobiliers appartenant aux redevables, en quelque lieu qu'ils se trouvent.

Art. 2. Tous fermiers, locataires, receveurs, économes, notaires, commissaires-priseurs et autres dépositaires et débiteurs de deniers provenant du chef des redevables, et affectés au privilége du Trésor public, seront tenus, sur la demande qui leur en sera faite, de payer, en l'acquit des redevables et sur le montant des fonds qu'ils doivent ou qui sont en leurs mains, jusqu'à concurrence de tout ou partie dés contributions dues par ces derniers Les quittances des percepteurs, pour les sommes légitimement dues, leur seront allouées en compte.

Art. 3. Le privilége attribué au Trésor public, pour le recouvrement des contributions directes, ne préjudicie point aux autres droits qu'il pourrait exercer sur les biens des redevables, comme tout autre créancier.

Art. 4. Lorsque, dans le cas de saisie de meubles et autres effets mobiliers pour le paiement des contributions, il s'élèvera une demande en revendication de tout ou partie desdits meubles et effets, elle ne pourra être portée devant les tribunaux ordinaires qu'après avoir été soumise, par l'une des parties intéressées, à l'autorité administrative, aux termes de la loi du 5 novembre 1790.

§ 5. — EXTRAIT DE LA LOI RELATIVE AU PAIEMENT DES SOMMES SEQUESTRÉES
ET DÉPOSÉES. — DES 5-18 AOUT 1791.

§ 1ᵉʳ. L'Assemblée nationale décrète que tous huissiers-priseurs, receveurs des consignations, commissaires aux saisies réelles, notaires, séquestres et tous autres dépositaires de deniers, ne remettront aux héritiers, créanciers et autres personnes ayant droit de toucher, les sommes séquestrées et déposées, qu'en justifiant du paiement des impositions mobilières et contributions patriotiques dues par les personnes du chef desquelles lesdites sommes seront provenues; seront même autorisés, en tant que de besoin, lesdits séquestres et dépositaires, à payer directement les contributions qui se trouveraient dues, avant de procéder à la délivrance de deniers; et les quittances desdites contributions leur seront passés en compte.

§ 6. — EXTRAIT DE LA LOI DU 5 NOVEMBRE 1790 (VOIR L'ARTICLE 69 DU RÈGLEMENT ET,
A LA SUITE DE LA PRÉSENTE LOI, L'AVIS DU CONSEIL D'ÉTAT, DU 23 AOUT 1823).

Art. 13. Toutes actions en justice, principales, incidentes ou en reprise, qui seront intentées par les corps administratifs, le seront au nom du procureur général syndic du département, poursuite et diligence du procureur syndic du district, et ceux qui voudront en intenter contre ces corps, seront tenus de les diriger contre ledit procureur général syndic.

Art. 14. Il ne pourra être intenté aucune action par le procureur général syndic qu'en suite d'un arrêté du directoire du département, pris sur l'avis du directoire du district, à peine de nullité et de responsabilité, excepté pour les objets de simple recouvrement.

Art. 15. Il ne pourra en être exercé aucune contre ledit procureur général syndic, en sadite qualité, par qui que ce soit, sans qu'au préalable on ne se soit pourvu par simple mémoire, d'abord au directoire du district, pour donner son avis, ensuite au directoire du département, pour donner une décision, aussi à peine de nullité. Les directoires de district et de département statueront sur le mémoire dans le mois, à compter du jour qu'il aura été remis, avec les pièces justificatives, au secrétariat du district, dont le secrétaire donnera son récépissé, et dont il fera mention sur le registre qu'il tiendra à cet effet. La remise et l'enregistrement du mémoire interrompront la prescription, et, dans le cas où les corps administratifs n'auraient pas statué à l'expiration du délai ci-dessus, il sera permis de se pourvoir devant les tribunaux.

Art. 16. Les frais qui seront légitimement faits par les directoires de département et de district, dans la suite du procès, passeront dans la dépense de leurs comptes.

§ 7. — AVIS DU CONSEIL D'ÉTAT, EN DATE DU 28 AOUT 1823, APPROUVÉ PAR LE MINISTRE DES FINANCES, SUR LA MARCHE A SUIVRE PAR LES PRÉFETS QUI PLAIDENT AU NOM DU CONSEIL D'ÉTAT ET PAR LES PARTICULIERS QUI PLAIDENT CONTRE LUI.

Le conseil d'État, sur le renvoi fait par Monseigneur le garde des sceaux, des questions suivantes, résultant d'une lettre adressée à Sa Grandeur par Son Excellence le Ministre des Finances, le 2 mai 1823 :

1° Si, avant d'intenter ou de soutenir des actions dans l'intérêt de l'État, les Préfets doivent y être autorisés par les conseils de préfecture, ou s'ils ne doivent pas du moins prendre leur avis;

2° Si les particuliers qui se proposent de plaider contre l'État sont obligés de remettre préalablement à l'autorité administrative un mémoire expositif de leur demande, et si ce mémoire doit être remis au Préfet ou au conseil de préfecture :

SUR LA PREMIÈRE QUESTION.

Considérant qu'aux termes de l'article 14 de la loi du 5 novembre 1790 et de l'article 13 de celle du 25 mars 1791, les procureurs généraux syndics de département, et les commissaires du gouvernement qui les ont remplacés, ne pouvaient suivre les procès qui concernent l'État sans l'autorisation des directoires de département ou des administrations centrales qui leur ont été substituées;

Que cette disposition était une conséquence d'alors, qui plaçait dans les autorités collectives l'administration tout entière, et réduisait les procureurs généraux syndics et les commissaires du gouvernement à de simples agents d'exécution, qui ne pouvaient agir qu'en vertu d'une délibération ou autorisation;

Mais que cet état de choses a été changé par la loi du 28 pluviôse an VIII, qui dispose, article 3, que le Préfet est chargé seul de l'administration, et statue, par cela même, qu'il peut seul, sans le concours d'une autorité secondaire, exercer les actions judiciaires qui le concernent en sa qualité d'administrateur;

Que d'ailleurs l'article 4 de la même loi, qui détermine les fonctions des conseils de préfecture, leur attribue la connaissance des demandes formées par les communes pour être autorisées à plaider : que cet article ni aucun autre ne soumet à leur autorisation, ni à leur examen ou avis, les procès que les Préfets doivent intenter ou soutenir;

SUR LA DEUXIÈME QUESTION.

Considérant qu'aux termes de l'article 15 de la loi du 5 novembre 1790, les particuliers qui se proposaient de former une demande contre l'État, devaient en faire connaître la nature par un mémoire qu'ils étaient tenus de remettre au directoire du département avant de se pourvoir en justice;

Que cette disposition, utile à toutes les parties en cause, puisqu'elle a pour objet de prévenir les procès ou de les concilier, s'il est possible, n'a été abrogée explicitement ni implicitement par la loi du 28 pluviôse an VIII;

Mais que le mémoire dont parle cet article doit être remis au Préfet, qui est chargé seul d'administrer et de plaider, et non au conseil de préfecture, qui n'a reçu de la loi aucune attribution à cet égard ;

Est d'avis que, 1° dans l'exercice des actions judiciaires que la loi leur confie, les Préfets doivent se conformer aux instructions qu'ils recevront du Gouvernement, et que les conseils de préfecture ne peuvent, sous aucun rapport, connaître de ces actions ;

2° Que, conformément à l'article 15 de la loi du 5 décembre 1790, nul ne peut intenter une action contre l'État, sans avoir préalablement remis à l'autorité administrative le mémoire mentionné en cet article 13.

Et que ce mémoire doit être adressé, non au Conseil de préfecture, mais au Préfet, qui statuera dans le délai fixé par la loi.

§ 8. EXTRAIT DU DÉCRET DU 18 AOUT 1807, QUI PRESCRIT DES FORMALITÉS POUR LES SAISIES-ARRÊTS OU OPPOSITIONS ENTRE LES MAINS DES RECEVEURS OU ADMINISTRATEURS DES CAISSES OU DENIERS PUBLICS.

Art. 1. Indépendamment des formalités communes à tous les exploits, tout exploit de saisie-arrêt ou opposition entre les mains des receveurs, dépositaires ou administrateurs des caisses ou des deniers publics, en cette qualité, exprimera clairement les noms et qualités de la partie saisie ; il contiendra, en outre, la désignation de l'objet saisi.

Art. 2. L'exploit énoncera pareillement la somme pour laquelle la saisie-arrêt ou opposition est faite ; il sera fourni, avec copie de l'exploit, auxdits receveurs, caissiers ou administrateurs, copie ou extrait en forme du titre du saisissant.

Art. 3. A défaut, par le saisissant, de remplir les formalités prescrites par les art. 1 et 2 ci-dessus, la saisie-arrêt ou opposition sera regardée comme non avenue.

Art. 4. La saisie-arrêt ou opposition n'aura d'effet que jusqu'à concurrence de la somme portée en l'exploit.

Art. 5. La saisie-arrêt ou opposition formée entre les mains des receveurs, dépositaires ou administrateurs de caisses ou de deniers publics, en cette qualité, ne sera point valable, si l'exploit n'est fait à la personne préposée pour le recevoir, et s'il n'est pas visé par elle sur l'original, ou, en cas de refus, par le procureur impérial près le tribunal de première instance de leur résidence, lequel en donnera de suite avis aux chefs des administrations respectives.

Art. 6. Les receveurs, dépositaires ou administrateurs seront tenus de délivrer, sur la demande du saisissant, un certificat qui tiendra lieu, en ce qui les concerne, de tous autres actes et formalités prescrits, à l'égard des tiers saisis, par le titre XX du livre III du Code de procédure civile.

S'il n'est rien dû au saisi, le certificat l'énoncera.

Si la somme due au saisi est liquide, le certificat en déclarera le montant.

Si elle n'est pas liquide, le certificat l'exprimera.

Art. 7. Dans le cas où il serait survenu des saisies-arrêts ou oppositions sur la même partie et pour le même objet, les receveurs, dépositaires ou administrateurs sont tenus, dans les certificats qui leur seront demandés, de faire mention desdites saisies-arrêts ou oppositions, et de désigner les noms et élection de domicile des saisissants, et les causes desdites saisies-arrêts ou oppositions.

Art. 8. S'il survient de nouvelles saisies-arrêts ou oppositions depuis la délivrance d'un certificat, les receveurs, dépositaires ou administrateurs seront tenus, sur la demande qui leur en sera faite, d'en fournir un extrait contenant pareillement les noms et élection de domicile des saisissants, et les causes desdites saisies-arrêts ou oppositions.

Art. 9. Tout receveur, dépositaire ou administrateur de caisses ou de deniers publics, entre les mains duquel il existera une saisie-arrêt ou opposition sur une partie prenante, ne pourra vider ses mains sans le consentement des parties intéressées, ou sans y être autorisé par justice.

Art. 10. Notre Grand Juge Ministre de la Justice et nos Ministres des Finances et du Trésor public sont chargés, chacun en ce qui le concerne, de l'exécution du présent décret.

Préfecture (Bureaux de la). — Règlement sur l'organisation des bureaux de la Préfecture et sur le classement des affaires (1). — Le Préfet de la Haute-Saône, — Vu les décrets des 22 et 28 mars 1852, et les instructions ministérielles pour leur exécution, — Arrête :

TITRE 1. — DIVISION DES BUREAUX.

Art. 1. Les bureaux de la préfecture sont divisés et leurs attributions respectives sont réglées ainsi qu'il suit :—Cabinet du Préfet. Secrétariat et bureau de police. — 1re Division. *Administration générale, organisation départementale et communale, affaires militaires.* — 2e Division. *Administration et comptabilité des communes, forêts communales, travaux communaux.* — 3e Division. *Travaux publics, chemins vicinaux, comptabilité générale et départementale, compte des communes et des établissements charitables.* — 4e Division. *Agriculture, commerce, statistique, finances, instruction publique et cultes, établissements charitables, greffe du Conseil de préfecture.*

Art. 2. M. le Commissaire départemental est chargé de la direction du bureau de police à la préfecture. Il rendra compte tous les deux jours au Préfet de la situation du service (2).

TITRE II. — SERVICE INTÉRIEUR DES BUREAUX.

Art. 3. Les attributions imparties à chaque bureau seront divisées 1° en chapitres qui comprendront chacun une matière distincte (voir ci-après, article 17, le classement général des affaires) ; 2° les chapitres seront divisés en sections ou paragraphes qui comprendront une subdivision de la matière ; 3° les paragraphes en articles qui comprendront un objet déterminé du travail administratif ; 4 les articles en dossiers qui s'appliqueront aux diverses affaires soumises à l'instruction ou à la décision préfectorale. L'objet générique des dépêches sera ainsi indiqué par la simple mention des chiffres qui correspondent aux chapitre, paragraphe et article du classement général des matières.

Art. 4. Il sera affecté à chaque chapitre, et dans le chapitre à chaque section ou paragraphe, une série particulière de cartons portant le numéro d'ordre du chapitre et de la section, et il y aura dans la série autant de cartons ou cases que la matière en comporte.

Il sera fait pour chaque article une enveloppe ou *chemise de dossiers* en papier-carte et dos en toile, portant les indications des chapitres, de la section et de l'article ; c'est dans cette chemise que seront classés les dossiers des affaires courantes. Lorsqu'une seule chemise de dossiers ne suffira pas, il en sera fait autant que la matière en comporte, avec les mêmes indications, et en y ajoutant un numéro d'ordre. Les lettres indicatives ordinaires pour le classement des matières dans les Archives, suivant le cadre prescrit par la circulaire ministérielle du 24 avril 1841, y seront en outre inscrites comme titres principaux. Toutes les pièces d'une même affaire composeront un dossier particulier qui prendra place dans la chemise ou enveloppe portant les indications auxquelles l'objet se réfère. Ainsi, les pièces

---

1. Ces arrêtés émanent de M. Dieu, Préfet de la Haute-Saône. Bien qu'ils soient d'une date relativement ancienne, nous n'hésitons pas à les reproduire, parce qu'ils sont encore, croyons-nous, les plus complets parmi ceux qui ont été faits sur cette matière.

2. Cette disposition a été abrogée par un arrêté postérieur, depuis la suppression du Commissaire départemental, et les attributions du bureau de police ont été rattachées à la 1re division.

relatives à la dissolution d'un Conseil municipal formeront un dossier qui sera classé dans l'une des chemises portant le numéro de l'article 6 du chapitre XVI, et intitulé *Suspension et dissolution de Conseils municipaux*. Cette chemise sera classée elle-même dans l'un des cartons du chapitre XVI qui est intitulé : *Conseils municipaux*, et dont la série appartient à la première division et à la lettre O des Archives. Dans les affaires qui comprennent des pièces se rapportant à plusieurs articles, la référence sera mentionnée aux divers dossiers par des bulletins imprimés, afin de pouvoir toujours les compléter les uns par les autres, à l'instant même, lorsqu'il en est besoin.

Art. 5. Les employés n'auront devant eux que trois cartons ou cases : le 1er, des affaires nouvelles; le 2e, des affaires en instruction; le 3e, des affaires réservées pour un travail d'ensemble. A chaque carton ou case se rapportera un portefeuille destiné à classer les affaires pour le travail du jour. Aucun dossier d'affaires terminées ne demeurera, même temporairement, parmi celles du travail courant; les dossiers anciens qu'il y aura lieu de consulter devront être remis sur-le-champ dans la case et la chemise où ils sont classés. Les chefs de division s'assureront, chaque jour, et le secrétaire général, deux fois par semaine, de la situation de toutes les affaires non expédiées qui se trouvent dans les portefeuilles de travail de chaque employé.

Art. 6. Aucun dossier d'affaires terminées remontant à plus de cinq ans ne devra demeurer dans les cases et cartons des divisions. Tous les ans, du 1er janvier au 1er mars au plus tard, il sera fait par chaque division versement aux Archives des dossiers d'affaires terminées qui ne sont pas de nature à être consultés, et de toutes autres ayant une date antérieure à cinq ans.

Art. 7. Les pétitions, délibérations, dépêches demandant une décision, etc., adressées à la préfecture, devront être en double exemplaire; sur l'un des deux exemplaires on inscrira par de simples notes marginales les renvois, les avis sommaires, en un mot toute l'instruction, et, à la suite, la décision rendue. Cette pièce demeurera à la préfecture comme minute, et la décision sera inscrite sur l'autre exemplaire, qui sera renvoyé à la partie ou au fonctionnaire. Cette marche abréviative, que rend nécessaire le très-grand nombre des affaires, n'est autorisée que pour celles qui sont simples et ne doivent donner lieu à aucune difficulté. Toutes les fois qu'il s'agit d'une affaire importante ou compliquée dont l'instruction et la décision exigent des détails circonstanciés, des discussions de principes, de faits et d'oppositions, ou enfin un développement des motifs, il sera fait des minutes spéciales pour tous les actes de l'instruction et pour la décision.

Art. 8. Les dépêches sont ouvertes au cabinet, classées par division dans autant de chemises distinctes que la division comprend de chapitres, d'après le classement des attributions; les chemises sont placées dans un portefeuille. Les dépêches sont revêtues d'un timbre qui indique le jour de l'arrivée, le numéro d'ordre de l'enregistrement général, le bureau, le chapitre et l'article du classement des matières (numéros du carton et de la chemise de dossiers). Les portefeuilles seront remis chaque jour au Préfet, puis au secrétaire général, qui annoteront sur les dépêches principales les solutions qu'ils croiront devoir prescrire ou les instructions et observations auxquelles les affaires donneraient lieu.

Art. 9. Les dépêches seront ensuite enregistrées au bureau du secrétariat sur deux registres tenus simultanément, l'un pour les numéros impairs, affecté à la 1re et à la 4e division, l'autre pour les numéros pairs, affecté à la 2e et à la 3e division. L'enregistrement sera fait au bureau du secrétariat par les quatre commis d'ordre attachés aux quatre divisions, en attendant l'organisation d'un personnel spécial.

Art. 10. L'enregistrement des dépêches à l'entrée et à la sortie s'opèrera dans la forme réglée pour les registres (*modèles nos 1 et 2*). L'objet principal de chaque dépêche devant être indiqué par les chiffres du chapitre et de l'article que la matière occupe dans le classement général des attributions, l'analyse ne comprendra que la désignation spéciale de l'affaire. L'enregistrement aura lieu dans l'ordre des bureaux, des chapitres et des paragraphes du classement des matières. Lorsqu'une affaire inscrite par erreur dans une division sera renvoyée à la division compétente, le n° sera biffé à l'encre rouge et inscrit de même sur l'une des feuilles de l'autre division. Il devra également être fait mention de ce changement dans la colonne 11 du répertoire d'enregistrement général.

Art. 11. Les affaires seront remises en compte à chaque chef de division par une *feuille de travail* (*modèle n° 3*), sur laquelle il indiquera le nom de l'employé à qui l'affaire a été confiée, et chaque jour la suite qu'elles ont reçue. Les dépêches seront indiquées par leur simple numéro d'ordre, et la mention de la suite donnée le sera par une des lettres initiales A, C, I, R, T, suivant que l'affaire a été Ajournée comme ne pouvant être traitée qu'à une certaine époque, Classée comme n'étant susceptible d'aucune suite, envoyée en Instruction, Réservée pour un travail d'ensemble, ou Terminée par une décision. Si l'affaire est soumise à plusieurs actes d'instruction successifs, on mettra pour chaque renvoi I^1, I^2, I^3, I^4, suivant l'ordre de ces actes d'instruction.

Art. 12. A la fin de la semaine, tous les numéros d'affaires non expédiées seront, par le chef de l'enregistrement, extraits des feuilles de travail et résumés dans une feuille dite *feuille de reports* (*modèle n° 4*) d'une semaine à l'autre. A la fin du mois, on résumera les numéros des feuilles de reports non expédiés sur une feuille dite *feuille de retard*, et la division entière aura, s'il y a lieu, à travailler extraordinairement jusqu'à l'achèvement des affaires de la feuille de retard.

Art. 13. Chaque employé dressera à la fin de la semaine le *bordereau* des affaires qu'il a traitées ou expédiées (*modèle n° 5*), et le remettra au chef de la division, qui aura à le vérifier et à le certifier exact. Les bordereaux de travail seront joints au portefeuille du samedi soir.

Art. 14. Les employés doivent être rendus dans les bureaux avant *neuf* heures du matin, et n'en peuvent sortir avant *quatre* heures du soir. La feuille de présence sera retirée exactement à neuf heures, et ne sera envoyée qu'à quatre heures pour être signée de nouveau avant la sortie. Aucun employé ne pourra s'absenter du bureau, même pour affaires de service, sans la permission du chef de division ; il en sera toujours fait mention par l'employé sur son bordereau de travail. Tout travail fait en dehors des heures indiquées dans l'article précédent sera réputé travail extraordinaire, et il en sera tenu note sur les bordereaux du travail hebdomadaire. Ces travaux seront rétribués tous les trois mois ou à la fin de l'année, s'il y a des fonds disponibles ; dans le cas contraire, il en sera fait mention sur la notice personnelle de l'employé, afin qu'il en soit tenu compte pour l'avancement.

Art. 15. Lorsqu'une division est en retard dans l'expédition des affaires, la durée du travail sera, par décision du Préfet, prolongée de deux heures chaque jour jusqu'à ce que les affaires inscrites sur la feuille de retard aient été expédiées. Lorsqu'il y aura des travaux extraordinaires et urgents à expédier, le secrétaire général indiquera les bureaux et les employés qui devront les exécuter. Les commis d'ordre demeurent dans les bureaux jusqu'à quatre heures et demie pour remettre tous les dossiers dans leurs cases, disposer les portefeuilles de la signature et des minutes, et vérifier les dépêches ou paquets préparés pour la poste.

Art. 16. Le public est admis tous les jours de *une heure* à *trois heures* au bureau de la police et du secrétariat, et dans les autres bureaux seulement les mardis, jeudis, et les jours de foire à Vesoul. Les Maires et fonctionnaires publics y sont admis tous les jours aux mêmes heures.

TITRE III. — *Classement général des attributions et des affaires.*

Art. 17. La sous-répartition des attributions entre les bureaux et le classement général des affaires sont arrêtés conformément au tableau suivant :

CABINET DU PRÉFET.

Chap. 1. — § 1. *Direction des affaires* : art. 1. ouverture, annotation et répartition des dépêches par division; 2. instructions aux bureaux; 3. feuilles de présence; 4. contrôle et suite des bordereaux de travail et des états de rappel; 5. examen des portefeuilles de travail; 6. affaires confidentielles et réservées; 7 rapports généraux sur la situation du département; 8. demandes d'audiences. — § 2. *Recueil administratif* : 1. rédaction et publication du *Recueil des actes de la préfecture*. — § 3. *Journaux* : 1. surveillance, états semestriels; 2. notes communiquées, publications à faire.

Chap. II. — § 1. *Personnel administratif* : 1. notes sur tous les fonctionnaires et agents de l'administration; 2. demandes de places; 3. formation des dossiers de candidats pour les emplois à la nomination du Préfet, savoir : directeurs et gardiens des maisons d'arrêt et des prisons départementales, membres des commissions de surveillance de ces établissements, architectes et archivistes du département, administrateurs, directeurs et receveurs des établissements de bienfaisance, percepteurs-surnuméraires, receveurs municipaux, titulaires des débits de tabac et de poudre, vérificateurs des poids et mesures, préposés des octrois, lieutenants de louveterie, directeurs et facteurs des bureaux de poste aux lettres, commissaires de police, gardes forestiers et gardes champêtres, piqueurs, cantonniers et éclusiers, etc.; 4. nominations, congés, avancements, états de service; 5. renseignements et plaintes; 6. suspensions et révocations; 7. poursuites judiciaires. — § 2. *Personnel* : 1. des Préfets; 2. Sous-Préfets; 3. et conseillers de préfecture. — § 3. *Légion-d'Honneur* : 1. instruction des demandes, avis à donner, propositions d'office; 2. médailles militaires; 3. décorations étrangères. — § 4. *Fêtes et cérémonies publiques* : 1. dispositions préparatoires, convocations, comptes-rendus; 2. rangs et préséances.

Chap. III. *Conseil général du département et Conseils d'arrondissement* : 1. centralisation du travail pour les sessions annuelles; 2. rédaction et publication du rapport du Préfet; 3. procès-verbaux des séances.

Chap. IV. *Archives et bibliothèques* : 1. surveillance des versements annuels à faire par les bureaux et les administrations; 2. relations entre les bureaux et les archives; 3. vérification des classements et des inventaires, rapports de l'archiviste; 4. abonnements et achats de livres pour la bibliothèque, leur classement dans les bureaux; 5. *Bulletin des lois, Moniteur des communes*, publications administratives.

SECRÉTARIAT ET BUREAU DE POLICE.

Chap. I. *Enregistrement général* : 1. tenue des registres d'entrée et de sortie; 2. bordereaux de distribution de la correspondance par bureaux et par natures d'affaires; 3. situation hebdomadaire et par bureaux des affaires terminées, en instruction ou qui restent à traiter; 4. feuilles de rappel et de retard; 5. renseignements au sujet des affaires réclamées; 6. tenue du registre des arrêtés du Préfet; répertoire des actes soumis à l'enregistrement.

Chap. II. *Timbres et sceaux* : 1. garde, entretien et apposition des timbres et sceaux de la préfecture; 2. timbres et sceaux des diverses administrations; 3. légalisations et visas; 4. affaires de franchise et de contreseing.

Chap. III. *Fournitures de bureaux* : 1. classement et distribution des imprimés et des fournitures de bureau; 2. commandes et règlements des mémoires de fournisseurs; 3. impressions et autographies tant au compte de l'abonnement qu'au compte des communes ou du département.

Chap. IV. — § 1. *Police générale* (1) : 1. renseignements généraux ou spéciaux; 2. centralisation et examen des rapports périodiques de la gendarmerie et des rapports mensuels des commissaires de police; 3. bruits et propos.publics; 4. compte à rendre tous les deux jours au Préfet sur l'ensemble du service de la police; 5. notices individuelles sur les hommes dangereux à surveiller. — § 2. *Police de sûreté* : 1. sociétés secrètes et associations diverses; 2. attroupements et complots; 3. cris ou emblèmes séditieux; 4. condamnés et surveillés politiques; 5. étrangers réfugiés; 6. fabrication ou détention d'armes ou de poudre; 7. poursuites, perquisitions et arrestations par ordre de l'autorité administrative. — § 3. *Police administrative* : 1. condamnés libérés en surveillance; 2. feuilles signalétiques; 3. transportation des surveillés en rupture de ban; 4. renseignements dans l'intérêt des familles; 5. passeports à l'intérieur, à l'étranger; 6. secours de route; 7. mesures répressives de la mendicité et du vagabondage; 8. loteries; 9. fléaux calamiteux, inondations, incendies, accidents et sinistres divers. — § 4. *Police des lieux publics* : 1. cercles, casinos, cafés-concerts; 2. cabarets, cafés; 3. auberges; 4. bals publics; 5. surveillance des marchés et foires; 6. fidélité du débit des denrées et marchandises; 7. commis-voyageurs et marchands forains; 8. spectacles forains, saltimbanques et baladins; 9. jeux prohibés.

Chap. V. *Police de la publicité* : 1. imprimerie et librairie : brevets et dépôt légal d'ouvrages; 2. journaux et écrits périodiques; 3. avertissements et poursuites; 4. privilége des annonces judiciaires; 5. colportage : autorisations, estampillage et catalogues; 6. afficheurs et crieurs publics; 7. perquisitions et saisie à la poste.

Chap. VI. *Police de la chasse et de la pêche* : 1. règlements; 2. surveillance; 3. délivrance des permis; 4. destruction des animaux nuisibles.

Chap. VII. *Police municipale et rurale* : 1. parcours et vaine pâture; 2. couvertures en chaume; 3. arrêtés des Maires, examen et visa de ces règlements; 4. états des jugements de simple police; 5. surveillance et discipline des gardes champêtres; 6. cantonniers-gardes; 7. gardes particuliers.

Chap. VIII. *Commissaires de police* : 1. surveillance et direction du service; 2. instructions particulières sur les difficultés locales; 3. observations sur les rapports mensuels.

1ʳᵉ DIVISION. ADMINISTRATION GÉNÉRALE, ORGANISATION DÉPARTEMENTALE ET COMMUNALE, AFFAIRES MILITAIRES.

Chap. 1. *État civil* : 1. registres annuels; 2. tables décennales; 3. naturalisations; 4. changements de nom; 5. titres honorifiques; 6. état de décès des décorés de la Légion-d'Honneur ou de la médaille militaire; 7. décès des pensionnaires de l'État.

Chap. II. — § 1. *Armée* : 1. recrutement : formation des tableaux de recensement, tirage au sort; 2. exemptions, dispenses, certificats à produire; 3. conseil de révision : itinéraire, nomination des membres, procès-verbaux, liquidation des frais; 4. sous-répartition du contingent; 5. formation et expédition des listes de tirage et du contingent départemental; 6. substitutions et remplacements; 6 *bis*. caisse de dotation de l'armée et exonération du service militaire; 7. soutiens de famille; 8. compte numérique et sommaire; 9. mise en activité; 10. enrôlements volontaires; 11. mariages des militaires; 12. insoumis et déserteurs; 13. notifications des jugements des conseils de guerre; 14. domaine militaire. — § 2. *Anciens militaires* : 1. secours et pensions aux anciens militaires; 2. *id.* aux veuves de militaires; 3. invalides. — § 3. *Marine et colonies* : 1. bois et fournitures; 2. invalides de la marine. — § 4. *Mouvements de troupes* : 1. mesures pour les passages de troupes;

____

(1) Les chapitres IV, V, VI, VII et VIII, comprenant les attributions du bureau de police, ont été rattachés à la 1ʳᵉ division par suite de la suppression du commissaire départemental, qui avait la direction de ce bureau sous l'autorité du Préfet.

2. logements militaires; 3. abonnements des villes pour frais de casernement; 4. rapports avec l'intendance militaire. — § 5. *Écoles militaires :* 1. école polytechnique; 2. école de Saint-Cyr; 3. école de La Flèche; 4. école navale. — § 6. *Gendarmerie :* 1. formation et emplacement des brigades; 2. casernement; 3. baux à loyer; 4. réparations, appropriations et entretien des casernes; 5. chambres de sûreté, mobilier et entretien.

Chap. III. — § 1. *Garde nationale :* 1. organisation en compagnies et bataillons; 2. habillement; 3. administration; 4. dicipline; 5. contentieux; 6. mobilisation; 7. armement, distribution et conservation des armes; 8. comptes ouverts aux communes; 9. réintégration des armes dans les arsenaux. — § 2. *Sapeurs-pompiers :* 1. organisation de compagnies et subdivisions de compagnies; 2. habillement; 3. administration; 4. discipline; 5. contentieux; 6. matériel; 7. caisses de secours et de retraites.

Chap. IV. *Justice civile et criminelle :* 1. rapports avec le Ministre de la Justice et les tribunaux; 2. états trimestriels des individus condamnés à l'emprisonnement; 3. menues dépenses et frais de parquet; 4. *idem* des cours et tribunaux; 5. *idem* des justices de paix; 6. bureau d'assistance judiciaire.

Chap. V. *Prisons :* 1. commissions de surveillance; 2. personnel et administration intérieure; 3. régime économique et disciplinaire; 4. matériel; 5. costume des gardiens; 6. travail des détenus, lectures édifiantes; 7. jeunes détenus; 8. transfèrement des condamnés; 9. travail annuel des grâces.

Chap. VI. *Santé publique et salubrité :* 1. conseils et commissions d'hygiène, personnel, travaux; 2. logements insalubres, mesures à prendre; 3. visites des pharmacies; 4. personnel des médecins, pharmaciens, sages-femmes, herboristes, artistes-vétérinaires; 5. jury médical; 6. cours d'accouchements; 7. médecins des épidémies et des aliénés; 8. vaccine : médecins-conservateurs, service des vaccinations et primes d'encouragement; 9. médecins cantonaux; 10. épidémies : traitement, dépenses; 11. épizooties : traitement, dépenses; 12. remèdes secrets ou autorisés; 13. mesures générales de police sanitaire.

Chap. VII. — § 1. *Régime des eaux :* 1. usage et police des eaux en général; 2. moulins et usines : autorisations; 3. règlements et partage d'eau; 4. curage, exécution du règlement de Franche-Comté; 5. élargissements et redressements des lits à l'amiable ou d'office; 6. organisation de syndicats des propriétaires riverains; 7. garde-rivières; 8. étude générale des cours d'eau pour en régler le régime, le partage et l'emploi, du confluent à la source. — § 2. *Irrigations :* 1. prise d'eau et canaux d'irrigation; 2. barrages; 3. passage des eaux; 4. sociétés et syndicats pour l'arrosage. — § 3. *Dessèchements :* 1. prairies à assainir, projets de travaux; 2. enquêtes; 3. syndicats.

Chap. VIII. — § 1. *Mines et usines métallurgiques :* 1. recherches et concessions de mines; 2. surveillance et police des exploitations; 3. établissement d'usines métallurgiques, hauts-fourneaux, forges, lavoirs, patouillets; 4. machines à vapeur dans les manufactures; 5. extraction de minerai dans les bois et terrains communaux; 6. documents statistiques sur les mines et l'industrie métallurgique; 7. rapports sur la visite des mines; 8. accidents dans les exploitations; 9. sociétés anonymes ou autres en matière de mines; 10. carrières à ouvrir; 11. tourbières à exploiter; 12. tourbage et dessèchement de marais communaux; 13. collections géologiques et minéralogiques du département; 14. carte géologique-agronomique, laboratoire de chimie; 15. école des mineurs de Saint-Étienne. — § 2. *Eaux minérales :* 1. thermes de Luxeuil, police et régime de l'établissement; 2. recherches d'eaux minérales.

Chap. IX. *Algérie :* 1. colonisation, demandes de concessions; 2. fondations de villages départementaux; 3. autorisations de passages gratuits; 4. renseignements sur les familles établies en Algérie et sur la colonisation; 5. publications à faire; 6. contentieux et correspondances générales; 7. remboursement aux communes des avances aux colons à titre de secours de route.

Chap. X. *Beaux-Arts :* 1. peinture, sculpture, architecture, encouragements aux artistes; 2. érection de monuments; 3. souscription à des monuments ou à des ouvrages d'art; 4. musées; 5. bibliothèques; 6. antiquités et monuments historiques; 7. recherches archéologiques; 8. sociétés savantes et correspondants des comités historiques; 9. théâtres : priviléges, surveillance; 10. rapports sur leur situation.

Chap. XI. *Belles actions :* 1. médailles et récompenses; 2. prix Montyon.

Chap. XII. *Listes électorales :* 1. formation et révision annuelles; 2. notification des jugements emportant privation du droit électoral; 3. contentieux des opérations; 4. correspondance générale.

Chap. XIII. *Corps législatif :* 1. élection des députés; 2. réunion des documents qui se rapportent au Corps législatif.

Chap. XIV. *Conseil général du département :* 1. élection; 2. tableau nominatif des membres; 3. nomination des présidents et secrétaires; 4. convocation pour les sessions; 5. centralisation des documents et des travaux préparatoires des sessions; 7. registre des procès-verbaux et archives du conseil; 8. analyse des vœux et des délibérations; 9. suites à donner aux votes du conseil; 10. contentieux et correspondance générale; 11. publication et distribution du procès-verbal.

Chap. XV. *Conseils d'arrondissement :* même classement des affaires que pour le Conseil général, art. 1 à 11.

Chap. XVI. *Conseils municipaux :* 1. élections; 2. tableau nominatif des conseillers municipaux; 3. convocations pour les sessions ordinaires ou extraordinaires; 4. centralisation des instructions à donner aux conseils municipaux pour les sessions ordinaires; 5. discipline générale des corps municipaux, plaintes, difficultés, démissions; 6. suspension et dissolution des conseils municipaux, formation de commissions administratives; 7. contentieux et correspondance générale.

Chap. XVII. *Maires et Adjoints :* 1. nomination des Maires et adjoints; 2. tableau nominatif de ces fonctionnaires; 3. états trimestriels des mutations dans le personnel; 4. instructions des plaintes et réclamations contre les Maires et adjoints; 5. démissions forcées, suspensions et révocations; 6. poursuites judiciaires en cas de malversation; 7. contentieux et correspondance générale; 8. secrétaires de mairies et employés des communes; 9. frais d'administration; 10. archives communales.

2ᵉ DIVISION. — ADMINISTRATION ET COMPTABILITÉ DES COMMUNES, FORÊTS COMMUNALES, TRAVAUX COMMUNAUX.

Chap. I. — § 1. *Biens communaux* (1ʳ section) : 1. état général des biens communaux de tous genres et des titres existants ; 2. acquisitions; 3. aliénations; 4. échanges; 5. acquisitions par expropriation dans un intérêt communal; 6. distraction de parties superflues de presbytères; 7. affectation d'immeubles à certaines destinations; 8. dons et legs; 9. mise en culture; 10. jouissances en nature et rôles de répartition des terrains. — § 2. *Biens communaux* (2ᵉ section) : 1. baux et amodiations; 2. concessions temporaires de terrains; 3. autorisation d'extraire des pierres, minerais, tourbes, sables et autres produits des terrains communaux; 4. exploitation des buissons et coupes d'arbres sur des terrains non soumis au régime forestier; 5. droits de voirie; 6. droits d'octroi et d'abattoir; 7. droits de place, de mesurage, de pesage et de jaugeage dans les foires et marchés; 8. concessions d'eau à prendre sur les conduits des fontaines publiques; 9. amodiations des chasses et pêches communales; 10. taxes de pâturages et marchés de pâtres communs; 11. assurances des bâtiments communaux contre l'incendie. — § 3. *Biens communaux* (3ᵉ section) : 1. travaux d'entretien et d'amélioration des biens communaux; 2. délimitation et bornage des terrains et pâtis; 3. partages et cantonnements entre communes ou avec des particuliers; 4. servitudes des premières ou secondes herbes actives ou passives; 4. anciens partages et usurpations de biens communaux ; 6. liquidation des rentes foncières, cens et anciennes redevances ; 7. contentieux des communes.

Chap. II. — § 1. *Forêts communales*. 1ʳ section (coupes ordinaires de bois et 20ᵉ forestier) : 1. exploitation directes, cahier des charges et ventes des produits ; 2. marchés de bûcheron : cahier des charges, adjudication, choix du garde-vente, etc ; 3. affouages en taillis : formation et règlement des listes d'ayants-droit ; 4. répartition des produits et numérotage ; 5. enlèvements des portions et vente des parts non retirées ; 6. établissement et paiement des taxes affouagères ; 7. affectation de parts au chauffage des classes, mairies, asiles ; 8. affectation d'arbres de l'affouage ou de chablis à divers besoins communaux ; 9. affouages en futaies ; règlement annuel et par commune du mode de jouissance (application de l'art. 105 du Code forestier et des anciens usages de Franche-Comté) ; 10. métré des bâtiments suivant l'usage local pour l'assiette de la répartition ; 11. formation et règlement des listes d'ayants-droit ; 12. répartition des produits et numérotage ; 13. établissement et paiement des taxes de la futaie ; 14. enlèvement des portions et vente des parts non retirées ; 15. délivrance aux desservants et instituteurs des futaies afférentes aux édifices publics ; 16. (en cas de vente de la futaie) délivrance préalable de bois à des particuliers, et évaluations par experts ; 17. cahiers des charges et vente de la futaie déclarée non partageable ; 18. instruction des réclamations en matière d'affouage (taillis ou futaie) et suite à donner aux décisions ; 19. établissement du vingtième forestier ; 20. délibérations et réclamations des conseils municipaux ; 21. expertise des produits, et récolement après l'abatage ; 22. propositions du Préfet. — § 2. *Forêts communales*. 2ᵉ section (coupes extraordinaires, qua.s en réserve) : 1. instructions des demandes de coupes extraordinaires ; 2. états collectifs de propositions ; 3. coupes par anticipation et affaires spéciales ; 4. suite à donner aux décisions ; 5. réunion de documents généraux ; 6. cahier des charges, affiches et procès-verbaux d'adjudication ; 7. arpentage, réarpentage et récolements ; 8. états de vente des bois domaniaux ; 9. exploitation par économie, et vente des produits façonnés ; 10. chauffage des gardes, et prélèvements sur les coupes ; 11. vente ou délivrance d'arbres de lisière et autres. — § 3. *Forêts communales*. 3ᵉ section (aménagements et produits divers) ; 1. affectation de terrains au régime forestier ; 2. délimitations ; 3. aménagements : instruction et suite à donner aux décisions ; 4. soumissions, bornage et frais de délimitation et d'aménagement ; 5. chemins, tranchées, aqueducs, fossés ; 6. prises d'eau ; 7. loges pour les gardes, construction dans le rayon prohibé de maisons, hangars, etc. ; 8. concessions de terrains vagues ; 9. acquisitions, aliénations, échanges, partages, cantonnements, servitudes actives et passives ; 10. défrichements ; 11. repeuplement et recépages ; 12. plantations faites par les gardes ; 13. nettoiement ; 14. partage ou vente des produits ; 15. écorcement, élagage, essartement ; 16. carbonisation ; 17. prorogation des délais de vidange ou de coupe ; 18. pâturage, glandée, fainée ; 19. concession de menus produits à charge de prestations ; 20. ramassage du bois mort ; 21. extraction de plants, harts, terres, sables, feuilles, herbes, pierres, et autres menus produits ; 22. délits forestiers, liquidation des dommages-intérêts ; 23. contentieux des forêts. — § 4. *Forêts des établissements charitables :* même classement que pour les forêts communales.

Chap. III. — § 1. *Travaux communaux :* 1. état général des bâtiments communaux, indiquant leur situation, le prix qu'ils ont coûté, les servitudes actives et passives, les réparations dont ils ont besoin, etc. ; 2. instruction des programmes et projets de travaux communaux, savoir : maisons communes, églises, presbytères, croix, murs et édifices des cimetières, collèges, maisons d'école, salles d'asile, fontaines, puits, lavoirs et abreuvoirs, ponts, théâtres, musées, halles, abattoirs, etc. ; 3. adjudications ; 4. surveillance à exercer durant l'exécution ; 5. devis supplémentaires, justifications à examiner ; 6. réception des travaux, et suite à donner aux injonctions ; 7. contentieux des travaux ; 8. demandes de secours pour maisons d'école, salles d'asile ; 9 *id.* pour églises et presbytères ; 10. travaux de simple entretien des édifices communaux. (Le classement de tous les dossiers de travaux neufs et de travaux d'entretien aura lieu par canton et par commune; ils seront subdivisés quand il y aura lieu en sous-dossiers, suivant les désignations qui précèdent.) 11. personnel des architectes et des entrepreneurs; 12. mesures disciplinaires à leur égard; 13. architectes inspecteurs des travaux; 14. conseil départemental des bâtiments civils. — § 2. *Travaux des établissements charitables* : même classement que pour les travaux communaux.

Chap. IV. — § 1. *Comptabilité communale.* 1re section (budgets, recettes spéciales et crédits spéciaux) : 1. réunion des documents généraux à consulter pour le règlement annuel des budgets et des chapitres additionnels; 2. taxations au receveur général sur le produit des coupes extraordinaires de bois; 3. instructions aux receveurs municipaux et aux maires concernant la formation des budgets et les articles particuliers à y inscrire; 4. vérification et règlement des budgets primitifs et des chapitres additionnels. (La correspondance et les documents concernant les *recettes* seront classés dans des sous-dossiers spéciaux par canton et par commune, sous les titres suivants : nos 1. revenus ordinaires par attribution des centimes additionnels, des patentes, des amendes, etc.; 2. produits des amodiations et des droits divers; 3. produits des coupes de bois, des taxes affouagères et des taxes de pâturage; 4. rentes et intérêts de fonds; 5. impositions spéciales; 6. rétribution scolaire; 7. menus produits divers; 8. recettes extraordinaires. — La correspondance et les documents concernant les *dépenses* et les inscriptions d'office aux budgets seront de même classés dans des sous-dossiers spéciaux, sous les titres suivants : nos 1. frais d'administration; 2. traitement des employés et agents salariés des communes; 3. dépenses pour l'exploitation des bois; 4. allocations pour l'entretien et l'amélioration des biens et édifices communaux; 5. crédits pour les chemins vicinaux, les rues, places et chemins ruraux; 6. encouragements à l'agriculture; 7. allocations pour la vaccine et les soins aux indigents; 8. dépenses pour l'instruction primaire; 9. subventions aux fabriques et dépenses du culte; 10. fêtes publiques; 11. allocations diverses; 12. ouverture et emploi des crédits pour dépenses imprévues; 13. dettes des communes et liquidation annuelle des intérêts; 14. dépenses extraordinaires.) — Art. 5. ouverture de recettes spéciales et de crédits supplémentaires ou spéciaux dans le cours de l'exercice (il en sera tenu mention sur les budgets mêmes dans un cadre spécial et donné avis au receveur général); 7. examen des comptes administratifs des Maires, du règlement des exercices clos, des états de restes à recouvrer et à payer; 7. surveillance de l'emploi des crédits ouverts, de la spécialité des dépenses, de la liquidation et du mandatement par les Maires; 8. mandatements d'office. — § II. *Comptabilité communale.* 2 section (moyens et dépenses extraordinaires) : 1. emprunts; 2. impositions extraordinaires; 3. rentes sur l'Etat, achat, vente; 4. rentes sur particuliers et rentes foncières, liquidation et remboursement; 5. caisse de service, décompte d'intérêts des fonds placés; 6. mandats de remboursement; 7. amendes de police, liquidation et répartition du produit; 8. cotisations municipales, fournitures diverses pour le compte des communes; 9. fonds de souscriptions et autres à recouvrer; 10. menues ventes de matériaux, meubles, fruits, produits d'élagage, copeaux, chablis délivrés à la commune, etc.; 12. bordereaux de situation sommaire et procès-verbaux de clôture des livres; 13. receveurs municipaux justiciables de la cour des comptes; 14. recherche et poursuites des comptabilités occultes; 15. contentieux de la comptabilité municipale.

IIIe DIVISION. — TRAVAUX PUBLICS, CHEMINS VICINAUX, COMPTABILITÉ GÉNÉRALE ET DÉPARTEMENTALE, COMPTES DES COMMUNES ET DES ÉTABLISSEMENTS CHARITABLES.

Chap. I. — § 1. *Chemins de fer* : 1. travaux d'études; 2. occupations temporaires de terrains et indemnités de dommages; 3. enquêtes d'utilité publique. — § 2. *Chemins de Saint-Dizier à Gray et de Gray à Auxonne* : 1. rapports avec la compagnie; 2. acquisitions et expropriations de terrains; réclamations sur les projets. (Cette partie du service sera ultérieurement complétée : 1° lorsque les travaux de construction seront entrepris; 2° lorsque l'exploitation sera commencée. Les autres chemins de fer, de Paris à Mulhouse, de Nancy à Gray, de Besançon à Mulhouse, donneront lieu à une nouvelle extension des mêmes attributions et à un même classement des affaires.)

Chap. II. *Routes impériales* : 1. personnel des ingénieurs, des conducteurs et des agents placés sous leurs ordres; 2. classements et déclassements de routes; 3. rectifications; 4. enquêtes d'intérêt public et d'intérêt privé; 5. plans d'alignement des traverses des villes et communes; 6. acquisitions de terrains à l'amiable ou par expropriation; 7. occupations temporaires de terrains et extractions de matériaux; 8. règlement des indemnités pour dommages; 9. travaux neufs, instruction des projets; 10. adjudication des travaux; 11. liquidation des dépenses après réception; 12. travaux d'entretien, instruction des projets; 13. baux ou marchés de fournitures; 14. décomptes des entreprises; 15. réclamations des entrepreneurs; 11. élagage des arbres de la route et de ceux des propriétés riveraines; 17. plantations; 18. aqueducs, ponceaux, etc., dans un intérêt privé; 19. alignements à donner et autorisations de rebâtir ou de réparer les bâtiments situés le long des routes; 20. contraventions à poursuivre; 21. domaine des routes; 22. contentieux, instruction des affaires et suite à donner aux décisions intervenues; 23. demandes de secours pour des ouvriers blessés; 24. comptabilité : projets de budjets, crédits, comptes annuels; 25. conseil local pour la répartition des crédits alloués. (Il y aura un carton spécial pour chaque route, et autant de chemises de dossiers distinctes que d'objets compris dans l'énumération des affaires.)

Chap. III. *Routes départementales* : même classement des affaires que pour les routes impériales, articles 1 à 24 inclusivement.

Chap. IV. *Navigation et canalisation* : même classement des affaires que pour les routes impériales, articles 1 à 24 inclusivement. De plus : 25. concession de ponts et bacs à péage; 26. règlement, tarif et surveillance; 27. amodiation des bacs et batelets de l'administration; 28. concession de bacs et batelets particuliers; 29. servitudes de halage, marche-pieds et francs bords, entretien, amodiation ou vente des produits; 30. règlement et amodiation de la pêche; 31. empoissonnement par la pisciculture; 32. police des rivières et de la navigation; 33. droits de navigation.

Chap. V. — § 1. *Chemins vicinaux* : 1. personnel des agents voyers, des piqueurs et des cantonniers; 2. concours pour l'admission de nouveaux agents voyers; 3. instructions et ordres de service généraux; 4. itinéraires des agents voyers; 5. examen des rapports mensuels sur la situation du service. — § 2. *Ressources vicinales* : 1. centimes additionnels spéciaux et prestations en nature votés ou établis d'office; 2. impositions extraordinaires; 3. confection et publication des rôles de prestation; 4. fixation des contingents communaux en nature et en argent; 5. répartition des ressources disponibles entre les chemins de grande communication, de moyenne vicinalité et des chemins ordinaires; 6. états d'indications donnés aux communes et fixation de l'époque des travaux; 7. recouvrement des sommes représentant les prestations non exécutées; 8. conversion en tâches des journées de prestation; 9. réclamations des prestations, instruction et jugement; 10. états de cotes irrecouvrables; 11. états de cotes indûment imposées; 12. domaine des chemins et servitudes; 13. contentieux des chemins vicinaux; 14. travail de l'atlas départemental par cantons. — § 3. *Chemins vicinaux de grande communication* : même classement des affaires que pour les routes impériales, articles 2 à 24. De plus : 25. élargissement et redressement des chemins; 26. exécution et surveillance des prestations en nature; 27. subventions industrielles : fixation, recouvrement, abonnement; 28. souscriptions à recouvrer; 29. répression des anticipations et dégradations. — § 4. *Chemins de moyenne vicinalité ou d'intérêt collectif* : même classement des affaires que pour les chemins de grande communication, articles 2 à 29. — § 5. *Chemins vicinaux ordinaires* : même classement des affaires que pour les chemins de grande communication, articles 2 à 29. (Les affaires seront classées par cantons dans autant de cases, et par dossiers de communes pour chaque canton.) — § 6. *Chemins ruraux* : 1. reconnaissance, classement et abornement ; 2. travaux neufs ; 3. acquisitions de terrains et cessions aux riverains ; 4. travaux d'entretien ; 5. police.

Chap. VI. *Grande voirie et voirie urbaine* : 1. plans généraux d'alignement dans les villes et communes, instruction et approbation des projets ; 2. acquisitions, aliénations ou échanges de terrains à l'amiable ou par expropriation ; 3. construction des rues et places : instruction des projets ; 4. adjudication des travaux ; 5. liquidation des dépenses après la réception ; 6. construction de trottoirs et de pavés avec taxe sur les riverains ; 7. établissement et perception de droits de voirie ; 8. ponts, aqueducs et ponceaux dans un intérêt privé ; 9. alignements partiels à donner et autorisations de rebâtir ; 10. démolitions de bâtiments menaçant ruine ; 11. contraventions de voirie à poursuivre ; 12. domaine des rues et places et servitudes actives et passives ; 13. police du roulage, contraventions ; 14. inspection des voitures publiques et autorisation de mettre en circulation ; 15. instruction des affaires portées devant le Conseil de préfecture et suite à donner aux décisions intervenues ; 16. demandes en remise d'amende.

Chap. VII. — § 1. *Administration départementale.* 1re section (bâtiments et autres propriétés) : 1. état général des bâtiments départementaux, de leurs dépendances et des autres propriétés départementales ; servitudes actives et passives, plans et titres de propriété, documents y relatifs ; 2. travaux d'entretien, de réparations et de construction neuve à l'hôtel de la préfecture ; 3. *id.* aux sous-préfectures de Gray et de Lure ; 4. *id.* aux palais de justice de Vesoul, de Gray et de Lure ; 5. *id.* aux maisons de correction et d'arrêt de Vesoul, de Gray et de Lure ; 6. *id.* aux casernes de gendarmerie de Vesoul, de Gray, de Lure, de Jussey, de Rioz ; 7. *id.* à l'école normale de Vesoul (il y aura un dossier pour chaque bâtiment) ; 8. jardins, terrains des routes départementales abandonnées et autres propriétés ; 9. loyer de l'hôtel de l'académie ; 10. assurance des bâtiments départementaux ; 11. acquisitions, aliénations, échanges, baux, dons et legs ; 12. affaires contentieuses, actions en justice, transactions. — § 2. *Administration départementale.* 2e section (mobiliers) ; 1. inventaires et récolements des mobiliers appartenant au département ; 2. acquisition, réparation et entretien du mobilier de la préfecture ; 3. des sous-préfectures de Gray et de Lure ; 4. de l'académie ; 5. des tribunaux de Vesoul, de Gray, de Lure ; 6. des prisons de Vesoul, de Gray, de Lure ; 7. de l'école normale primaire ; 8. des casernes de gendarmerie et chambres de sûreté ; 9. vente des objets mobiliers réformés. (Il y aura une chemise de dossiers pour chaque établissement subdivisée en autant de dossiers et de sous-dossiers que le comportent les matières comprises dans le classement.)— § 3. *Comptabilité départementale.* 3e section : 1. centralisation des documents pour la formation du budget départemental ; 2. état des propositions à soumettre au Ministre ; 3. formation du budget de l'exercice prochain ; 4. propositions de virements dans le budget de l'exercice courant ; 5. budget de report ; 6. *Recettes* : établissement et recouvrement des recettes de la 1re section du budget ; 7. de la 2e section ; 8. de la 3e section, impositions extraordinaires et emprunts ; 9. de la 4e section ; 10. de l'instruction primaire ; 11. du cadastre ; 12. *Dépenses* : emploi des crédits ouverts, liquidation des mémoires, contrôle des pièces justificatives et mandatement des dépenses par chapitre du budget, savoir : pour les bâtiments départementaux ; 13. pour le loyer de l'hôtel de l'académie ; 14. pour les mobiliers de la préfecture, des sous-préfectures et de l'académie ; 15. pour le casernement de la gendarmerie ; 16. pour l'administration et le régime des prisons ; 17. pour la cour d'assises, les tribunaux et les chambres d'agriculture ; 18. pour les routes départementales ; 19. pour les enfants trouvés ; 20. pour les aliénés ; 21. pour les impressions à la charge du département; 22. pour les archives départementales; 23. pour les dépenses diverses ordinaires ou facultatives; 24. pour les dettes départementales; 25. pour les encouragements et secours; 26. pour l'extinction de la mendicité; 27. pour les chemins vicinaux; 28. pour l'instruction primaire; 29. pour le cadastre; 30. *Compte :* réunion des documents ou pièces justificatives et formation du compte départemental de l'exercice clos.

Chap. VIII. *Comptabilité générale.* — § 1. *Personnel* de l'administration (receveur général, payeur, receveurs particuliers) : 1. installation, réalisation du cautionnement et remise du service; 2. percepteurs et receveurs municipaux : nominations, cautionnement, installation et remise du service; 3. suspension, changement de résidence et révocation; 4. secours aux percepteurs réformés et à leurs veuves; 5. surnuméraires-percepteurs, nomination; 6. aspirants-surnuméraires, examen et nomination; 7. congés à ces divers fonctionnaires; 8. inpection des finances, suite à donner aux rapports des inspecteurs. — § 2. *Écritures :* 1. classement et enregistrement des ordonnances de délégation; 2. sous-délégations aux ingénieurs; 3. comptes ouverts par chapitres et articles; 4. livres auxiliaires des dépenses; 5. liquidations ou droits constatés; 6. réunion, classement, examen et visa des pièces justificatives de dépenses; 7. délivrance des mandats de paiement par ministère et par service; 8. tenue du journal des mandats par ministère et par service; 9. virements, reversements et réimputations; 10. vérification et visa des situations mensuelles ou périodiques du payeur; 11. rédaction des bordereaux mensuels ou périodiques par ministères; 12. comptes de recettes et dépenses des réfugiés subventionnés; 13. comptes de toutes les dépenses à dresser en fin d'année par ministère; 14. fonds des exercices clos; 15. service de la trésorerie; 16. contrôle des versements effectués à la recette générale, enregistrement et visa des récépissés du Trésor public; 17. rentes sur l'Etat, inscriptions départementales; 18. cautionnement des comptables; 19. Caisse des dépôts et consignations; 20. surveillance des caisses publiques, vérification au 31 décembre et clôture des écritures; 21. liquidation finale des dépenses de l'instruction primaire; 22. agence judiciaire du Trésor; 23. pensions civiles; 24. caisse de retraite de la vieillese, écritures de comptabilité; 25. caisse de retraites des employés de la préfecture et des sous-préfectures; 26. compte d'emploi du fonds d'abonnement; 27. correspondance sur les affaires de la comptabilité générale; 28. contentieux de la comptabilité.

Chap. IX. *Comptes des communes et des établissements charitables :* 1. examen et vérification des comptes de gestion rendus par les receveurs municipaux et des établissements charitables; 2. préparation des arrêtés de jugement à prendre par le Conseil de préfecture; 3. expédition des arrêtés et suite à donner aux injonctions faites aux comptables; 4. demandes en révision des comptes jugés; 5. pourvois contre les arrêtés de jugements; 6. application de la pénalité en cas de retard dans la remise des comptes; 7. poursuites en cas de faux ou de concussion constatés dans les écritures.

4ᵉ DIVISION. — AGRICULTURE, COMMERCE, STATISTIQUE, FINANCES, INSTRUCTION PUBLIQUE ET CULTES, ÉTABLISSEMENTS CHARITABLES, GREFFE DU CONSEIL DE PRÉFECTURE.

Chap. I: *Agriculture.* § 1 : 1. Conseil général d'agriculture; 2. Chambres consultatives, organisation, travaux; 3. Société départementale d'agriculture; 4. congrès agricole; 5. comices agricoles; règlements, travaux; 6. concours régionaux, concours locaux, distributions de primes; 7. animaux reproducteurs, encouragements; 8. ferme-école de Saint-Remy, admission des élèves, jury de surveillance, rapports; 9. écoles vétérinaires, élèves du département; 10. crédits fonciers, rapports et correspondance; 11. drainage, mesures pour l'encourager; 12. horticulture.. — § 2. *Race chevaline :* 1. commission hippique; 2. stations d'étalons impériaux; 3. étalons départementaux et juments primées; 4. étalons particuliers approuvés et autorisés; 5. vétérinaires du département; 6. dépôt de remonte de Faverney; 7. registre des ressources chevalines; 8. mesures générales pour encourager l'élève du cheval. — § 3. *Subsistances :* 1. commissions cantonales pour constater la situation des récoltes, travaux et rapports au Ministre; pesage annuel des grains; 3. boulangeries, règlements et taxes du pain; 4. mercuriales; 5. boucheries et abattoirs, règlements et tarifs.

Chap. II. *Commerce et industrie.* §. 1. Commerce : 1. Conseil général du commerce; 2. Chambre de commerce de Gray : élections, budgets, travaux; 3. tribunal de commerce de Gray, élections; 4. liste des notables commerçants; 5. courtiers de commerce; 6. établissement de foires, marchés, entrepôts de marchandises, halles, etc. ; 7. associations de portefaix; 8. sociétés anonymes et compagnies d'assurances : avis à donner, comptes rendus et surveillance; 9. documents sur le commerce extérieur. — § 2. *Industrie :* 1. Conseil général des manufactures; 2. Chambres consultatives, demande de création; 3. Conseils de prud'hommes, demande de création; 4. expositions de l'industrie; 5. écoles des arts et métiers de Châlons, élèves du département; 6. établissements dangereux, insalubres ou incommodes : instructions des demandes, autorisations, contentieux; 7. travail des enfants dans les manufactures, inspection; 8. surveillance de l'apprentissage industriel; 9. livrets d'ouvriers; 10. brevets d'invention; 11. dessins de fabrique; 12 marques de fabrique. — § 3. *Poids et mesures :* 1. personnel des vérificateurs; 2. tournées périodiques et extraordinaires de vérifications; 3. correspondance relative aux poinçons et au poinçonnage; 4. rapports sur le service; 5. établissement et recouvrement des taxes; 6. contentieux.

Chap. III. *Statistique.* § 1 : 1. Commissions d'arrondissement et Commissions cantonales de statistique : organisation, travaux; 2. grand questionnaire quinquennal; 3. centralisation, vérification et comparaison des documents, calculs et résumés en tableaux; 4. rapport d'ensemble sur le travail de chaque commission et sur le concours de chaque membre; 5. questionnaire annuel : centralisation, vérification et comparaison des documents, calculs et résumés en tableaux; 6. rapports d'ensemble sur les opérations; 7. tableaux spéciaux de statistique pour les passeports; 8. pour les consommations et octrois; 9. pour les bureaux de bienfaisance; 10. pour les hôpitaux et hospices, situation et mouvement; 11. pour les monts-de-piété; 12. pour les établissements de bienfaisance, salles d'asile, ouvroirs, crèches; 13. pour les enfants trouvés et abandonnés; 14. pour les sociétés de secours mutuels; 15. pour les prisons, situation, mouvement; 16. pour les maisons centrales, pour les établissements d'éducation correctionnelle; 17. pour les incendies : 18. pour les épizooties; 19. pour la grêle; 20. pour les inondations; 21. pour la chasse et la destruction des animaux nuisibles; 22. pour les finances départementales; 23. pour les salaires industriels. (Il y aura une chemise de dossiers spéciale pour chaque sujet de statistique et autant de dossiers que la matière en comporte.) — § 2. *Population :* 1. mouvement annuel; 2. mesures à prendre pour faire constater la cause des décès; 3. recensement quinquennal. — § 3. *Territoire :* 1. réunions et distractions de communes ou de sections de communes.

Chap. IV. *Contributions directes.* § 1 : 1. personnel de l'administration; 2. nomination des commissaires-répartiteurs; 3. états des contingents et du mouvement de la matière imposable; 4. demandes en dégrèvement formées par les communes; 5. répartement et sous-répartement des contingents; 6. publication et mise en recouvrement des rôles; 7. taxe des poids et mesures; 8. redevance des mines, comité d'évaluation, rôles; 9. réclamations en décharge ou réduction, en remise ou modération : enregistrement, instruction, jugement, pourvois contre les décisions; 10. état des cotes indûment imposées; 11. états des cotes irrecouvrables; 12. poursuites en matière de contributions, contraintes, liquidation de frais; 13. secours pour pertes par accidents fortuits. (Il y aura, pour les réclamations, un carton spécial par nature de contribution, et, dans chaque canton, une chemise de dossiers par canton; dans chaque chemise seront classés autant de dossiers et de sous-dossiers que les affaires en comportent.) 14. recouvrements de taxes assimilées aux contributions directes, réclamations, poursuites; 14 *bis.* taxe municipale sur les chiens; 15. liquidation des frais de perception; 16. ordonnances de décharge à délivrer aux percepteurs; 17. compte d'emploi du fonds de non-valeurs et des réimpositions; 18. correspondance générale et contentieux. — § 2. *Cadastre :* 1. confection de nouveaux plans cadastraux à la demande des communes; documents sur le service en général.

Chap. V. *Contributions indirectes :* 1. personnel de l'administration et des octrois; 2. compétence du Préfet en matière de bacs; 3. de boissons; 4. de cartes; 5. de poudres à feu; 6. établissement et tarif des octrois; 7. service en général; 8. mise en ferme des octrois par adjudication ou en régie.

Chap. VI. *Domaines et enregistrement :* 1. personnel de l'administration; 2. gestion, aliénation, acquisition, échange de biens appartenant à l'État ou au domaine public, savoir : des bâtiments; 3. des bois; 4. des rivières et canaux; 5. des routes; 6. des terrains ou emplacements de routes déclassées ou dépendances du domaine public; 7. séquestres et successions en déshérence; 8. instances à suivre au nom de l'État; 9. affaires relatives à l'enregistrement des actes administratifs; 10. affaires relatives au timbre des actes administratifs; 11. bureaux de distribution de papier timbré.

Chap. VII. *Postes :* 1. personnel de l'administration; 2. postes aux chevaux; 3. demandes en création de bureaux de poste et de bureaux de distribution; 4. demandes de modification dans le service; 5. documents divers.

Chap. VIII. *Télégraphie :* 1. personnel de l'administration; 2. service en général; 3. documents divers et correspondance.

Chap. IX. *Instruction publique.* § 1 : 1. Académie et Conseil académique, rapports, statistique, correspondance générale; 2. personnel du corps enseignant. — § 2. *Instruction supérieure :* 1. écoles du gouvernement, programmes, concours, bourses. — § 3. *Instruction secondaire :* 1. lycée départemental, demande; 2. collèges communaux; 3. bourses; 4. pensionnats. — § 4. *Instruction primaire :* 1. inspection et délégation cantonale; 2. mouvement dans le personnel des instituteurs, institutrices et directrices de salles d'asile; 3. écoles normales primaires d'instituteurs et d'institutrices; 4. écoles communales : affaires concernant les instituteurs ou institutrices, les élèves ou l'enseignement, le traitement ou la rétribution scolaire, le logement, la salle de classe, le mobilier, les livres et fournitures, etc. (Il y aura une chemise de dossiers par canton, et dans la chemise autant de dossiers que de communes donnant lieu à des affaires); 5. écoles privées; 6. pensionnats primaires de jeunes garçons; 7. pensionnats primaires de filles; 8. salles d'asile; 9. rétribution scolaire, rôles primitifs et supplémentaires; 10. cotes indûment imposées, instruction et jugement des réclamations; 11. cotes irrecouvrables, instruction et décision sur les demandes en décharge; 12. délivrance aux percepteurs des ordonnances de décharge et réduction; 13 *id.* des ordonnances de remise et modération; 14. approbation des listes des indigents à admettre gratuitement aux écoles; 15. examen des décomptes finaux du traitement des instituteurs d'après les non-valeurs pour dégrèvement, remises ou sorties d'élèves, et les listes d'indigents; 16. formation du grand tableau général par commune des écoles, des ressources et des dépenses pour établir la subvention du département et de l'État; 17. caisse de retraite des instituteurs, tenue des écritures et décompte semestriel des retenues et des intérêts pour chaque instituteur.

Chap. X. *Cultes.* § 1. *Culte catholique :* 1. archevêché, correspondance générale; 2. état du personnel; 3. érections de cures, succursales, chappelles et annexes; 4. séminaires; 5. congrégations religieuses d'hommes (frères des écoles chrétiennes et frères de Marie); 6. *id.* de femmes (sœurs de divers ordres); 7. fabriques paroissiales : membres du conseil, convocations extraordinaires; 8. biens des fabriques : administration, acquisitions, aliénations, échanges, baux; 9. dons et legs aux établissements religieux et aux fabriques; 10. location de bancs et chaises; 11. remboursement et placement de capitaux; 12. subventions aux fabriques pour les dépenses du culte, comparaison des budgets et des comptes; 13. édifices du culte, instruction préalable des programmes et projets de travaux pour être remis ensuite à la 2ᵉ division ; 14. autorisations de plaider ; 15. affaires mixtes et diverses, sépultures, sonnerie, etc. ; 16. cimetières, établissement, agrandissement et translation ; 17. règlements et tarifs des concessions ; 18. vente des produits spontanés ; 19. police des cimetières. (Il y aura une chemise de dossiers par canton, et dans chaque chemise autant de dossiers ou de sous-dossiers que le comportent les matières.) — § 2. *Cultes non catholiques :* 1. état du personnel ; 2. consistoires protestants ; 3. correspondance générale ; 4. administration des biens, capitaux et revenus ; 5. subventions communales pour les dépenses du culte ; 6. affaires mixtes et diverses ; 7. consistoires israélites, correspondance générale ; 8. administration des biens, capitaux et revenus ; 9. affaires mixtes et diverses.

Chap. XI. *Établissements charitables.* Iʳᵉ section (*administration*). — § 1. *Hôpitaux et hospices :* 1. personnel des membres des commissions administratives, des sœurs, des médecins et des employés ; 2. fondation de nouveaux hôpitaux ou d'hospices ; 3. état général des biens d'hospices et des titres existants ; 4. dons et legs, fondations de lits ; 5. acquisitions ; 6. aliénations ; 7. échanges ; 8. gestion générale des biens (à l'exception des bois et des travaux de construction) ; 9. baux et amodiations ; 10. règlements sur le service intérieur et sur l'économat ; 11. fournitures : cahier des charges, adjudications et marchés ; 12. placements d'office et admissions dans les hôpitaux et hospices ; fixation des prix de journées ; 13. contentieux. — § 2. *Bureaux de bienfaisance :* même classement que pour les hôpitaux et hospices, nᵒˢ 1 à 11 inclusivement. De plus : 12. quêtes et souscriptions ; 13. distribution de secours à domicile sur les fonds de l'établissement ; 14. *id.* sur les fonds des communes, du département ou de l'État ; 15. états annuels par commune des indigents à secourir et des voies et moyens pour éteindre la mendicité ; 16. comités ou bureaux temporaires de secours ; 17. ateliers de charité ; 18. contentieux. — § 3. *Asile d'aliénés :* 1. traité avec l'asile de Maréville (Meurthe) ; 2. placements d'office, admissions et retraits ; 3. transports des aliénés ; 4. fixation et paiement des contingents du département, des communes et des familles ; 5. discussions sur le domicile de secours ; 6. recouvrement et poursuite des pensions dues par les familles ; 7. contentieux. — § 4. *Hospice des enfants trouvés :* même classement que pour l'asile d'aliénés. De plus : 8. surveillance et inspection des enfants trouvés en nourrice ou en apprentissage ; 9. patronage pendant leur adolescence. — § 5. *Institutions charitables diverses :* 1. maison Bourdault pour les orphelins, administration ; 2 *id.* admissions, pensions, bourses du département ; 3. ouvroirs pour les jeunes filles pauvres ; 4. sourds-muets : bourses du département, admissions ; 5. jeunes aveugles : bourses du département, admission ; 6. bains et lavoirs publics, création et surveillance ; 7. bureaux de placement pour les ouvriers, création et surveillance ; 8. sociétés de secours mutuels, création ; 9. *id.* direction et surveillance ; 10. *id.* statistique ; 11. sociétés de charité maternelle, crèches ; 12. caisse de retraites pour la vieillesse ; 13. caisses d'épargnes ; 14. sociétés d'assurances ; 15. organisation des secours médicaux pour les malades indigents des campagnes ; 16. extinction de la mendicité, mesures générales. — § 6. 2ᵉ section (*Comptabilité des établissements charitables*) : 1 réunion des documents généraux à consulter sur la situation financière des établissements ; 2. vérification et règlement des budgets et des chapitres additionnels. (La correspondance et les documents concernant les *recettes* seront classés dans des sous-dossiers spéciaux par canton et par commune, sous les titres suivants : nᵒ 1. loyers et fermages ; 2. rentes et intérêts de capitaux ; 3. revenus en nature ; 4. menues recettes diverses ; 5. recettes extraordinaires. — La correspondance et les documents concernant les *dépenses* seront classés de même dans des sous-dossiers spéciaux, sous les titres suivants : nᵒˢ 1. frais d'administration ; 2. allocations pour les bâtiments et le matériel ; 3. crédits pour les consommations en nature ; 4. emploi du crédit des dépenses imprévues ; 5. allocations diverses ; 6. dettes et liquidation annuelle des intérêts ; 7. dépenses extraordinaires.) — Art. 4. Ouverture de recettes spéciales et de crédits supplémentaires ou spéciaux dans le cours de l'exercice (il en sera tenu mention sur les budgets mêmes dans un cadre spécial et donné avis au receveur général) ; 5. examen des comptes administratifs des présidents, du règlement des exercices clos, des états de restes à recouvrer et à payer ; 6. surveillance de l'emploi des crédits ouverts et des comptabilités occultes ; 7. emprunts ; 8. rentes sur l'Etat : achat, vente ; 9. rentes sur particuliers et rentes foncières : liquidation et remboursement ; 10. comptes en matière des économats.

Chap. XII. *Greffe du Conseil de préfecture :* 1. enregistrement des requêtes, récépissés à délivrer ; 2. instruction des affaires ; 3. tenue du registre des délibérations du Conseil, expédition et notification des arrêtés ; 4. états annuels des décisions rendues. (Il y aura une chemise de dossiers par canton; et autant de dossiers que de communes donnant lieu à des affaires.)

Disposition transitoire. — Art. 18. Les mesures ci-dessus prescrites pour l'enregistrement des dépêches, le classement des affaires et la répartition des attributions entre les divisions seront effectuées à mesure que le permettront d'une part la disposition des locaux qui seront successivement appropriés au service ainsi réglé, et, d'autre part, les ressources du fonds d'abonnement administratif et les aptitudes des employés attachés actuellement aux divisions.

N. B. M. Dieu, l'auteur de cet arrêté, a été nommé depuis lors Préfet de la Savoie, et en a appliqué les dispositions au nouveau département qu'il était chargé d'administrer et où tout était à créer.

Préfecture (bureau de la). — Mode d'avancement. — Concours ouvert tous les ans entre les employés pour la collation des grades de sous-chefs et de rédacteurs. — Nous, Préfet de la Haute-Saône, — Vu notre arrêté du 10 mai 1853, portant règlement sur l'organisation des bureaux de la préfecture et le classement général des affaires ; — les décrets des 25 et 28 mars 1852 et les instructions ministérielles pour leur exécution ; — Considérant qu'il importe d'exciter l'émulation parmi les employés de la préfecture et des sous-préfectures, et d'encourager ceux qui se livrent avec assiduité à l'étude des lois, règlements et instructions sur l'administration ; que, si en raison de l'insuffisance du fonds d'abonnement consacré aux traitements et du petit nombre de vacances d'emplois, il n'est pas possible d'assurer à tous ceux qui s'en sont rendus dignes un avancement effectif immédiat, on y peut obvier en conférant des grades nus, sauf à conférer l'emploi correspondant au grade dès qu'il se présentera une vacance ; que, par ce moyen, le zèle pour le travail et pour l'étude sera constamment soutenu, l'aptitude appréciée, et le succès récompensé par la collation de grades qui assureront l'avancement des employés les plus capables ; — qu'en ouvrant ainsi la carrière au mérite, l'administration pourra attirer à elle des jeunes gens instruits et leur assurer une position en rapport avec leurs connaissances acquises et leur aptitude ; — Avons arrêté et arrêtons ce qui suit : — Art. 1. Il sera ouvert tous les ans, dans le mois de juin, un concours entre les employés de la préfecture et des sous-préfectures du département sur les matières de l'administration, pour la collation des grades de rédacteurs et de sous-chefs de bureau. — Art. 2. Le concours pour le grade de sous-chef de bureau de 1ᵉʳ classe comprendra toutes les matières qu'embrasse l'administration préfectorale, telles qu'elles sont exposées et classées dans notre règlement du 10 mai 1853, sur l'organisation des bureaux de la préfecture. Le concours pour le grade de sous-chef de 2ᵉ classe comprendra les deux tiers du même règlement, empruntés aux attributions de chaque division, savoir : police : chap. IV, V, VI, VII, VIII ; — 1ʳᵉ division, chap. II, VII, VIII, XII, XIII, XIV, XV, XVI, XVII ; — 2ᵉ division : chap. I, II, III ; — 3ᵉ division : chap. II, III, IV, V, VI, VII, IX ; — 4ᵉ division : chap. I, IV, IX, X, XI. — Le concours pour le grade de rédacteur de 1ʳ classe comprendra la moitié des matières du même règlement, qui seront empruntées aux attributions de chaque division, savoir : police : chap. IV, VII ; — 1ʳᵉ division : chap. II, VII, XVI, XVII ; — 2ᵉ division : chap. I, II ; — 3ᵉ division : chap. II, V, VIII ; — 4ᵉ division : chap. IV, IX, X, XI. — Le concours pour le grade de rédacteur de 2ᵉ classe comprendra le quart des matières du même règlement, qui seront de même empruntées aux attributions de chaque division, savoir : police : chap. VII ; — 1ʳᵉ division : chap. II, XVI, XVII ; — 2ᵉ division : chap. IV ; — 3ᵉ division : chap. VI, IX ; — 4ᵉ division : chap. I, IX, X. — Tous les deux ans, le programme des divers concours sera changé. Il comprendra nécessairement les matières qui n'étaient pas classées dans le programme précédent. — Art. 3. Nul ne sera admis au concours de sous-chef de 1ʳᵉ classe s'il n'a déjà le grade de sous-chef de 2ᵉ classe ; nul ne sera admis au concours de sous-chef de 2ᵉ classe s'il n'est déjà rédacteur de 1ʳᵉ classe. Tous les employés, quel que soit leur grade et leur temps de service, seront admis au concours de rédacteur de 1ʳᵉ classe sans passer par le grade inférieur. Les employés des autres préfectures et sous-préfectures pourront être admis au concours en vertu d'une décision spéciale du Préfet. — Art. 4. Le concours se composera d'une épreuve écrite et d'une épreuve orale. L'épreuve écrite consistera en quatre rapports sur des matières comprises dans le programme pour chaque division de la préfecture, et en deux opérations de comptabilité. L'épreuve orale consistera en questions sur la législation, les instructions ministérielles et la procédure administrative qui régissent les diverses matières comprises dans le programme du concours. Il sera tenu compte aux candidats des travaux importants qu'ils auront rédigés pendant l'année pour le service de l'administration. A cet effet, ils en présenteront une note et des copies certifiées avant l'ouverture des opérations du concours. — Art. 5. Les candidats qui auront répondu d'une manière satisfaisante aux deux épreuves seront pourvus du grade pour lequel ils ont concouru. Ils auront droit, suivant l'ordre d'obtention de leur grade, à tous les emplois correspondants à ce grade qui deviendront vacants. — Art. 6. Le concours sera présidé par le Préfet. Les membres du jury d'examen seront le secrétaire général, un conseiller de préfecture, et les quatre chefs de division.—Art. 7. Les employés qui auront déclaré vouloir se présenter au concours seront autorisés à prendre communication, dans les quatre divisions de la préfecture, des dossiers d'affaires, des formules de lettres ou d'imprimés, et du carton des instructions ministérielles qui se rapportent aux matières de leur examen. — Art. 8. Il sera fait une fois par mois, soit par le secrétaire général, soit par un conseiller de préfecture, une leçon ou conférence préparatoire sur les matières comprises dans le programme du concours, afin d'éclairer les candidats dans leurs études. Les chefs de division devront aussi les guider sans acception de personnes ou de bureaux, et mettre aux mains de tous les candidats les documents et instructions dont ils auraient besoin pour étudier avec fruit les diverses matières du programme.

Préfet. — Installation. — Par-devant nous, Secrétaire général faisant fonctions de Préfet, s'est présenté M. ..., nommé Préfet du département de ..., par décret impérial, en date du ..., ainsi conçu : (*suit le texte du décret.*) — Lequel a demandé à être installé dans ses fonctions, ce qui a été fait immédiatement, et il a signé, avec nous, le présent procès-verbal

Presbytère. — Acquisition d'un immeuble destiné à cet usage. — Le Préfet séant en Conseil de préfecture, — Vu l'offre faite, à la date du ..., par M. ..., de céder à la commune de ..., une maison d'habitation pour servir de presbytère à cette paroisse ; — le plan et le procès-verbal descriptif et estimatif de cet immeuble, constatant qu'il est d'une valeur de [2,300 fr.] et d'un revenu imposable de [11 fr. 73 c.] ; ensemble un certificat constatant qu'il n'est grevé d'aucune hypothèque ; — la délibération, en date du ..., par laquelle le Conseil municipal de ... vote une somme totale de [1,200 fr.], pour faire face, avec d'autres ressources déjà réalisées, à l'acquisition de l'immeuble dont il s'agit ; — une déclaration, en date du ..., de M. le président et de M. le trésorier de la fabrique de l'église de ..., constatant : 1° qu'ils ont reçu de divers habitants, une somme principale de [1,400 fr.] à titre de souscriptions dans la dépense d'acquisition du presby-tère dont il s'agit; 2° qu'ils ont à payer, avec cette somme, un à-compte de |1,200 fr.] sur le prix principal d'acquisition, qui est de [2,300 fr.] plus [16 fr.] de droits d'enregistre-ment, de mutation et autres; 3° qu'ils réservent le surplus, soit [3 fr.], au payement des intérêts du prix d'acquisition; — le registre de l'enquête à laquelle le projet d'acquisition dont il s'agit a été soumis, ensemble l'avis du Maire, du commissaire-enquêteur, et le certificat de publication et d'affiche de ladite enquête; — le budget de la commune pour l'exercice courant; — la loi du 18 juillet 1837 et le décret du 25 mars 1852; — Considé-rant que l'immeuble à acquérir répond à sa destination; que son prix de vente n'est pas exagéré; que les fonds destinés au paiement sont réalisés, et que l'enquête à laquelle le projet a été soumis, n'a soulevé aucune observation; le Conseil de préfecture entendu; — Arrête : — Art. 1. M. le Maire de ..., en sadite qualité, e_t autorisé à acquérir, au nom de sa commune et au prix fixé par l'expert, une maison sise audit lieu, pour servir de presbytère à la paroisse. — Art. 2. Le paiement de cette acquisition aura lieu au moyen des fonds réalisés par le Conseil de fabrique et de la somme votée à cet effet, par le Conseil municipal de .... — Art. 3. M. le Maire de ... est chargé, en ce qui le concerne de l'exécution du présent arrêté.

Presbytère. — Cession, par la commune, d'une parcelle de terrain pour la construction d'une cave au presbytère. — Le Préfet, séant en Conseil de préfecture. — Vu la délibération, en date du ... par laquelle le Conseil muni-cipal de ... vote la cession gratuite d'une parcelle de terrain communal pour servir à la construction d'une cave à l'extrémité nord des bâtiments actuels du presbytère de la succursale de ...; — le plan des lieux et le rapport favorable de M. l'agent voyer de l'arrondissement; — le registre de l'enquête à laquelle ce projet a été soumis, ensemble l'avis favorable du commissaire-enquêteur et le certificat de publications et d'affiches; — l'engagement pris, à la date du ... par M. l'abbé ..., desservant de la paroisse de ..., de supporter personnellement la dépense qu'occasionneront les travaux projetés; — la nou-velle délibération, en date du ..., par laquelle le Conseil municipal de ... a, sur le vu du registre d'enquête et des observations qui y sont consignées, persisté dans son précé dent vote et a renouvelé la cession gratuite, qu'il a faite du terrain nécessaire pour l'éta-blissement d'une cave au presbytère de la succursale de ...; ensemble, les observations personnelles de M. le Maire de ...; — l'avis favorable du Conseil départemental des bâtiments civils; — l'avis de Mgr l'évêque de ..., en date du ...; — la loi du 18 juillet 1837 et le décret du 25 mars 1852; — Considérant, en principe, que le presbytère de ... est dépourvu de cave; que la construction projetée, répond à sa destination, qu'elle est conforme aux prévisions de l'architecte, et n'occupera qu'une surface de terrain de peu d'étendue et qui sert aujourd'hui à déposer des matériaux; que, dès lors, les convenances et la nécessité justifient la décision prise par le Conseil municipal de ..., de céder gra-tuitement, à la fabrique de l'église de ..., propriétaire du presbytère de cette paroisse, le terrain nécessaire pour la construction projetée; considérant que les auteurs des protesta-tions consignées au registre d'enquête se bornent, l'un à demander qu'en échange de la cession de terrain dont il s'agit, le curé abandonne un petit jardin dont la jouissance lui a été concédée, et que la largeur de la cave soit réduit à 2 mètres 50 centimètres et 6 mètres de longueur; l'autre, à réclamer un libre passage pour se rendre chez lui et exploiter sa propriété;

En ce qui concerne la première protestation, considérant qu'il appartient aux Conseils municipaux, aux termes de l'art. 17 de la loi du 18 juillet 1837, de régler le mode d'admi-nistration des biens communaux, et qu'ainsi, le Conseil municipal de ... a pu, sans violer la loi, mettre à la disposition du desservant de ..., le jardin, dont l'abandon est réclamé par le sieur ...; considérant en outre, qu'il n'est pas établi que la construction projetée soit préjudiciable aux intérêts du sieur ..., dont la protestation n'est même pas motivée ;

En ce qui concerne la seconde protestation ; considérant qu'il résulte du plan des lieux joint au dossier, que le sieur ..., auteur de ladite protestation, aura les mêmes facilités que précédemment, pour l'exploitation de son héritage ; — Arrête : — Art. 1. La commune de ... est autorisée à céder gratuitement, à la fabrique de l'église de ..., une parcelle de terrain figurée au plan susvisé, pour l'établissement d'un petit bâtiment devant servir de cave à l'usage du presbytère de cette paroisse. — Art. 2. La dépense que nécessitera cette construction sera supportée en entier par M. le desservant de la paroisse de ....

Presse. — Annonces judiciaires attribuées à plusieurs journaux. — Le Préfet, — Vu l'art. 23 du décret du 17 février 1852 ; — les instructions ministérielles y relatives, — Arrête : — Art. 1. Les annonces judiciaires prescrites, en vertu ou par application de l'art. 696 du Code de procédure civile, devront être insérées en 186 , pour le département de ..., dans l'un des journaux ci-après, savoir, ... etc. Le journal d'arrondissement qui aura reçu l'annonce intégrale sera tenu d'en faire reproduire, à ses frais, un extrait dans le ... (*journal du chef-lieu du département*). Les extraits formeront, par leur étendue, le quart des annonces à reproduire. Le tarif du prix d'impression est fixé à vingt centimes par ligne de trente-quatre lettres, caractère *Gaillarde*, l'N pris pour type de justification, et à vingt-cinq centimes par ligne de quarante-cinq lettres et au-dessus. — Art. 2. Les publications exigées par les articles 42, 46, 442 et suivants du Code de commerce, relatifs aux actes de société ou aux faillites, seront obligatoires dans les journaux sus-mentionnés. Le tarif du prix d'impression est fixé à vingt centimes pour chaque ligne de trente-quatre lettres, caractère et justification indiqués en l'article précédent. Toutefois, et par exception, le tarif des insertions relatives aux jugements de faillite et aux convocations et délibérations de créanciers, est fixé à dix-huit centimes par chaque insertion faite suivant la formule usitée. — Art. 3. Toutes autres annonces et publications légales pourront être faites facultativement dans l'un ou plusieurs desdits journaux désignés aux deux articles précédents, à la condition aussi d'insérer dans le même journal ou les mêmes journaux, toutes les annonces relatives à la même affaire. Le tarif du prix d'impression est fixé comme par l'art. 2, à vingt centimes par ligne de trente-quatre lettres et au-dessus, toujours mêmes caractère et justification. — Art. 4. — Le coût d'un exemplaire légalisé est réglé, non compris le droit d'enregistrement, à vingt centimes. Néanmoins, ce prix sera réduit à dix-huit centimes en ce qui concerne les publications relatives aux faillites, dont quinze centimes pour le coût de l'exemplaire et trois centimes pour vacation à la légalisation seulement. — Art. 5. Devront être insérées gratuitement, dans les journaux susdésignés, les annonces et publications qui seraient nécessaires pour la validité et la publicité des contrats et procédures dans les affaires suivies par application de la loi des 29 nov., 7 déc. 1850 et 22 janv. 1851, sur l'assistance judiciaire. — Art. 6. Les journaux indiqués en l'art. 2 continueront d'insérer quotidiennement et gratuitement, comme par le passé, un avis ainsi conçu : « La publication légale des actes de société est obligatoire pour l'année 186 , dans les journaux suivants : ..., etc. »

— Annonces judiciaires attribuées en totalité à un journal du chef-lieu du département. — Le Préfet, — Vu l'art. 23 du décret du 17 février 1852 ; — les instructions ministérielles y relatives, — Arrête : — Art. 1. Les annonces judiciaires prescrites en vertu ou par application de l'art. 696 du Code de procédure civile, devront être insérées en 186 , pour le département de ..., dans le journal le .... Le tarif du prix d'impression est fixé à vingt centimes par ligne de trente-quatre lettres, caractère gaillarde, l'N pris pour type de justification, et à trente centimes par ligne de quarante-cinq lettres et au dessus. — Art. 2. Les publications exigées par les art. 42, 46, 442 et suivants du Code de commerce relatifs aux actes de société ou aux faillites seront obligatoires dans ledit journal. Le tarif du prix d'impression est fixé à vingt centimes pour chaque ligne de trente-quatre lettres, caractère et justification indiqués en l'article précédent. Toutefois, et par exception, le tarif des insertions relatives aux jugements de faillites et aux convocations et délibérations des créanciers, est fixé à quatre francs cinquante centimes par chaque insertion faite suivant la formule usitée. — Art. 3. Toutes autres annonces et publications légales devront être faites dans le même journal. Le tarif du prix d'impression est fixé comme par l'article 2, à vingt centimes par ligne de trente-quatre lettres et au dessus, toujours même caractère et même justification. — Art. 4. Le coût d'un exemplaire légalisé est réglé, non compris le droit d'enregistrement, à un franc cinquante centimes. Néamoins, ce prix sera réduit à un franc vingt-cinq centimes en ce qui concerne les publications relatives aux faillites, dont vingt-cinq centimes pour le coût de l'exemplaire, et un franc pour vacation à la légalisation seulement. — Art. 5. Devront être insérées gratuitement dans le journal sus-désigné, les annonces et publications qui seraient nécessaires pour la validité et la publicité des contrats et procédures dans les affaires suivies par application de la loi des 29 nov., 7 déc. 1850, et 22 janv. 1851 sur l'assistance judiciaire. — Art. 6. Le journal indiqué en l'art. 2 continuera d'insérer quotidiennement et gratuitement, comme par le passé, un avis ainsi conçu : « La publication légale des actes de société est obligatoire pour l'année 186 , dans le … » — Art. 7. Tout changement survenu dans le titre, la gérance, le taux d'abonnement ou les conditions actuelles de publicité et de périodicité du journal désigné aux articles précédents, pourra donner lieu à une nouvelle désignation de notre part. — **N. B.** Les arrêtés de cette nature doivent être soumis à l'approbation de M. le Ministre de l'Intérieur.

   — Autorisation de posséder une presse autographique. — Le Préfet, — Vu le décret du 22 mars 1852 ; — la demande formée par M. … (*nom, qualité et domicile*), à l'effet d'être autorisé à posséder une presse autographique pour son usage personnel, — Arrête : — Art. 1. La demande ci-dessus est accueillie. — Art. 2. Le présent arrêté sera adressé en ampliation à M. … et à M. le Ministre de l'Intérieur.

   Prestation de serment. — Par devant nous, Préfet du département de … , s'est présenté M. …, nommé […], à …, par [décret impérial *ou* arrêté préfectoral] en date du …, lequel a prêté, entre nos mains, conformément aux instructions ministérielles, le serment politique [et le serment professionnel], ainsi conçu : « Je jure obéissance à la Constitution et fidélité à l'Empereur ; je jure de remplir mes fonctions avec exactitude et probité. » De tout quoi nous avons dressé le présent procès-verbal, que M. … a signé avec nous.

   Primes pour la destruction des vipères. — Le Préfet, — Vu la circulaire de S. Exc. le Ministre de l'Intérieur, en date du 22 août 1863, relative aux moyens à employer pour détruire les vipères ; — la délibération par laquelle le Conseil général a établi, à titre d'essai, une prime de 50 centimes par tête de vipère détruite et a voté un crédit de … pour cet objet ; — le décret du 25 mars 1852, t. B, § 3., — Arrête : — Art. 1. Une prime de 50 centimes est allouée pour chaque tête de vipère détruite. — Art. 2. Cette prime sera payée par le percepteur sur la production, par la personne qui y aura droit, d'un certificat d'identité délivré par le Maire de la commune. — Art. 3. Les pièces constatant le paiement des primes seront comprises par les percepteurs dans leur premier versement ; elles seront ensuite centralisées à la recette générale qui devra, chaque dizaine, faire rembourser les sommes payées la dizaine précédente, sur la production d'un état dressé dans la forme du modèle ci-après et appuyé des certificats des Maires. — Art. 4. MM. les Maires, les Percepteurs et M. le Trésorier-payeur général sont chargés d'assurer l'exécution du présent arrêté, chacun en ce qui le concerne.

   Primes d'encouragement aux éleveurs de vers à soie. — Le Préfet, — Vu la délibération du Conseil général du département, du …, portant allocation d'un crédit de ..., pour encouragement à l'industrie séricicole ; — le budget départemental de 186 , où cette allocation est inscrite au sous-chapitre .., art. .,. — Arrête : — Art. 1. Des primes de 25 à 50 centimes par kilogramme seront accordées aux éleveurs de vers à soie du département qui présenteront sur le marché spécial, à ..., des cocons de la plus belle qualité. Quelle que soit la quantité des cocons portée au marché, le total des primes à décerner à un éleveur ne pourra dépasser la somme de 125 francs. — Art. 2. Nul ne pourra avoir droit aux primes s'il ne justifie, par un certificat du Maire de la commune où il a son domicile, que les cocons qu'il présente au concours proviennent d'une éducation par lui faite dans le département de ... Ce certificat devra indiquer avec précision les nom, prénoms, surnoms, profession et domicile de l'éleveur. — Art. 3. Une commission est instituée à l'effet d'apprécier les demandes pour le concours, le poids et la qualité des cocons admis à concourir, et de décerner les primes établies par l'article 1. — Art. 4. Sont nommés membres de cette Commission : MM. ... étc. — Art. 5. Les décisions de la Commission portant allocation de primes devront être rendues par trois membres au moins ; ces décisions seront constatées par des procès-verbaux. — Art 6. Le montant des primes sera mandaté au nom des ayants droits, sur la production d'un certificat délivré par le président de la Commission, et mentionnant, d'après les énonciations des procès-verbaux, les quantités de cocons admises au concours ainsi que leur poids. — Art. 7. Des mentions honorables pourront être décernées par la Commission aux éleveurs qui n'auront pas eu droit aux primes. Elles seront relatées dans les procès-verbaux. — Art. 8. Le présent arrêté sera publié et affiché dans toutes les communes du département et inséré au *Recueil des Actes administratifs.*

Primes aux vaccinateurs. — Le Préfet, — Vu les états des vaccinations pratiquées, en 186 , dans le département ; — le crédit de ... ouvert au budget départemental de la même année, pour encourager la propagation de la vaccine ; — l'arrêté préfectoral du ... et la circulaire du ... ; — les avis des Conseils d'hygiène et de salubrité, — Arrête. — Art. 1. Il est accordé, sur le crédit précité, des primes aux vaccinateurs à raison de 50 centimes par vaccination, conformément au tableau ci-après : (*suit le tableau*) — Art. 2. Les mandats de paiement des sommes ci-dessus déterminées seront délivrés immédiatement et adressés aux parties prenantes. — Art. 3. Le présent arrêté sera inséré au *Recueil des Actes administratifs.*

Prisons. — Mise aux arrêts d'un surveillant. — Le Préfet, — Vu le rapport qui nous a été adressé le ..., par ..., sur l'évasion de [deux] prisonniers détenus dans la maison d'arrêt de cette ville, et sur la négligence reprochée au gardien-chef de cette prison ; — le règlement général pour les prisons départementales du ..., notamment l'art. .. dudit règlement relatif aux punitions dont les gardiens sont passibles selon la gravité des circonstances ; — le décret du 25 mars 1852 ; — Considérant que l'évasion des [deux] prisonniers dont il s'agit ne peut être imputée qu'à la négligence du sieur ..., gardien-chef de la prison de ... ; — que l'intruction qui a eu lieu, à cette occasion, a révélé d'autres faits, très-répréhensibles de négligence et de faiblesse de la part de cet agent ; considérant néanmoins, que le sieur ... se recommande, sous d'autres rapports, à l'indulgence de l'administration, — Arrête : — Art. 1. Le sieur ... sera puni, par la mise aux arrêts, pendant [quinze] jours avec privation de traitement. — Art. 2. Le Sous-Préfet de ... est chargé de l'exécution du présent arrêté.

Prisons. — Organisation du travail. — Le Préfet, — Vu le règlement général pour les prisons départementales, en date du ... et, notamment le chapitre ..., relatif au travail des détenus ; — l'ordonnance du 2 avril 1819, qui détermine la manière dont il doit être disposé du produit du travail des prisonniers ; après avoir pris l'avis de la commission de surveillance des prisons de ... ; — Arrête : — Art. 1. Des travaux manuels seront organisés, dans les prisons de ..., de manière à ne laisser aucun détenu oisif. — Art. 2. Une sœur religieuse qui est spécialement attachée au service des prisons, est chargée de procurer du travail aux prisonniers, de le leur distribuer, d'en surveiller l'exécution et de le rendre confectionné aux personnes qui auront fourni les matières premières. — Art. 3. Tous les genres de travaux sont admis dans les prisons, pourvu toutefois qu'ils soient compatibles avec la disposition des locaux et qu'ils n'exigent pas la remise, entre les mains des prisonniers, d'outils pouvant devenir des armes dangereuses ou des moyens d'évasion. — Art. 4. Des tarifs détermineront, ultérieurement, les prix de la main-d'œuvre suivant la nature du travail. — Art. 5. Les personnes qui ont du travail à fournir font porter les matières premières aux prisons. Ces matières y sont reçues par la sœur-religieuse, dans le local affecté au service dont elle est chargée. Elle les mesure ou les pèse, et les enregistre sur un livre, au crédit de chaque fournisseur. Elle les remet ensuite aux prisonniers, qui doivent les confectionner, soit individuellement, soit par groupes. Ces opérations auront lieu en présence du gardien chef. — Art. 6. Un compte est ouvert sur un second registre spécial, à chacun des prisonniers et à chacun des groupes travaillant en commun. Ce compte est débité de la quantité des matières premières remises par les fournisseurs. — Art. 7. La sœur-religieuse reçoit le montant des prix de main-d'œuvre et elle en crédite le compte des prisonniers qui ont confectionné les objets. Un tiers de ce produit appartient à la maison ou au département, un tiers est remis au détenu ; le dernier tiers lui appartient également, mais est tenu en réserve pour lui être remis à sa sortie, à moins qu'il n'en soit autrement disposé à son profit, avec notre autorisation. Le tiers du produit du travail revenant au département sera versé tous les trois mois à la caisse du Trésorier-payeur général, par les soins de la commission de surveillance, qui nous donnera avis de l'exécution de cette disposition. — Art. 8. Des doubles de ces deux registres de comptabilité sont tenus par un des gardiens-chefs des prisons, spécialement désigné par nous, afin de faciliter les recherches et les rectifications des erreurs qui pourraient se glisser dans ceux tenus par la sœur-religieuse. — Art. 9. Il est formellement interdit aux fournisseurs de traiter directement avec les prisonniers pour le travail et de communiquer avec eux, sous ce prétexte. — Art. 10. Dans le cas ou des communications deviendraient nécessaires pour enseigner aux prisonniers quelques procédés de fabrication ou de confection d'objets, elles ne pourraient avoir lieu que sur des autorisations spéciales que nous nous réservons le droit d'accorder.

Prix moyen de la journée de travail, déterminé pour servir de base à l'application des amendes prononcées pour les contraventions aux lois sur la police rurale. — Le Préfet, — Vu la loi du 16 octobre 1791, art. 4, titre II, qui charge les administrations centrales des départements du soin de fixer, par un arrêté, le prix de la journée de travail, pour servir de base à l'application des amendes prononcées pour les contraventions aux lois sur la police rurale ; — la circulaire de M. le Ministre de l'Intérieur, du 14 messidor an VIII, qui attribue ce soin aux Préfets ; — les procès-verbaux des délibérations du Conseil général, relativement à l'évaluation en argent des journées de prestation en nature, — Arrête : — Art. 1. Le prix moyen de la journée de travail, pour servir de base à l'application des amendes prononcées pour les contraventions aux lois sur la police rurale, à compter du 1ᵉʳ janvier 186 , est fixé, pour toutes les communes du département, à la somme de [1 fr. 75 c.]. — Art. 2. Le présent arrêté sera inséré au *Recueil des Actes administratifs*, et MM. les Maires le feront publier, sans retard, à l'issue de la messe paroissiale, dans chaque chef-lieu de paroisse dépendant de leur commune. Ampliation en sera adressée à M. le Ministre de la Justice.

R

Reconnaissance et fixation des limites des biens communaux. — Le Préfet, — Vu la délibération, en date du ..., par laquelle le Conseil municipal de ... demande qu'il soit nommé une commission pour procéder à la reconnaissance et fixation des biens communaux appartenant aux diverses sections de cette commune; — la lettre de M. le Maire, en date du ..., contenant la désignation de candidats aptes à l'exécution de ce travail; — la loi du 18 juillet 1837 et le décret du 25 mars 1852; — Considérant que la mesure proposée présente un caractère d'utilité incontestable; qu'elle permettra de reconnaître les anticipations qui ont pu être commises, et préviendra, dans tous les cas, pour l'avenir, toute nouvelle usurpation; — Arrête : — Art. 1. Il est formé, pour la commune de ..., une commission de trois membres chargée de procéder à la reconnaissance et fixation des limites des biens communaux. — Art. 2. Sont nommés membres de cette commission MM. .... — Art. 3. Cette commission visitera les lieux à l'effet d'appliquer aux terrains communaux dont il s'agit les matrices et plans cadastraux et les titres produits tant par la commune ou les sections que par les propriétaires voisins. — Art. 4. La visite des lieux sera annoncée au moins quinze jours à l'avance dans la commune, par affiches placées à la porte des églises et de la mairie. Les résultats de l'expertise seront communiqués, par bulletin particulier à tous les propriétaires limitrophes des propriétés communales, avec invitation de faire connaître leurs observations. — Art. 5. Le travail de la commission et les observations des parties intéressées seront soumis au Conseil municipal et nous seront adressés avec les délibérations de ce Conseil. — Art. 6. Lorsque la commune et les propriétaires limitrophes seront d'accord, il sera procédé au bornage par voie amiable. Dans le cas contraire, s'il y a lieu, la commune sera autorisée, conformément aux lois, à plaider ou à transiger avec les propriétaires voisins. — Art. 7. M. le Sous-Préfet de ... et M. le Maire de ... sont chargés d'assurer, chacun en ce qui le concerne, l'exécution du présent arrêté.

Recrutement. — Formation des tableaux de recensement de la classe de 186 . — Le Préfet, — Vu la loi du 21 mars 1832 sur le recrutement de l'armée; — la loi du ..., qui prescrit un appel de 100,000 hommes sur la classe de 186 , et qui détermine le mode de répartition de ce contingent entre les départements et les cantons de l'Empire; — le décret impérial en date du ..., fixant les époques auxquelles devront avoir lieu, en vertu des lois susvisées, les opérations préliminaires relatives à la formation des tableaux de recensement et au tirage au sort de la classe de 186 ; — l'instruction de Son Exc. M. le Ministre de la Guerre, en date du ..., pour l'exécution de ce décret; — Arrête : — Art. 1. Les tableaux de recensement des jeunes gens de la classe de 186 seront formés à partir du 1ᵉʳ janvier 186 . — Art. 2. Les jeunes gens à inscrire sur ces tableaux sont : 1° ceux qui auraient été omis sur les classes antérieures, lors même qu'ils auraient plus de trente ans accomplis, ce dont ils devraient justifier par la production de leur acte de naissance, afin d'être rayés, s'il y a lieu; 2° ceux nés depuis et compris depuis le 1ᵉʳ janvier jusqu'au 31 décembre 184 inclusivement; 3° ceux nés en France de parents étrangers et qui auront fait, en temps utile, la déclaration prescrite par l'art. 9 du Code Napoléon, pour acquérir la qualité de Français. *Une expédition de cette déclaration sera jointe aux* *tableaux de recensement*. Pour connaître les règles qui déterminent le *domicile légal* des jeunes gens, dans certains cas spéciaux, c'est-à-dire la commune dans laquelle ils doivent être inscrits, MM. les Maires se reporteront à la circulaire préfectorale du ..., insérée au *Recueil des Actes administratifs*. Ils indiqueront, dans la colonne d'observations de leurs tableaux, la date des jugements ou arrêts qui auraient prononcé, contre les jeunes gens de la classe, des condamnations à des peines afflictives ou infamantes. Les jeunes gens qui sont en Algérie avec leur famille doivent, si leur existence est notoire, être inscrits au tableau de recensement du dernier domicile en France de leur père ou mère, conformément au § 1er de l'art. 6 de la loi du 21 mars 1832. Le jour même où l'inscription sera opérée, le Maire adressera à la préfecture ou à la sous-préfecture, selon l'arrondissement, un extrait du tableau de recensement avec un état de renseignements sur la situation de la famille. Les élèves des hospices seront inscrits sur les tableaux de recensement de la commune où ils résident au moment de la formation de ces tableaux, quel que soit l'hospice auquel ils appartiennent. Ces élèves ne devront être inscrits au domicile de leur mère que lorsqu'il y a eu reconnaissance légale par acte authentique. Tous les jeunes gens, à l'exception de ceux désignés au n° 1 r, seront inscrits dans l'ordre alphabétique de leur nom de famille. Les noms des jeunes gens doivent être orthographiés et leurs prénoms, ainsi que ceux de leurs père et mère, reproduits tels qu'ils se trouvent dans les actes de naissance. Lorsque les intéressés sont nés dans des communes autres que celle de leur domicile légal, MM. les Maires exigeront d'eux la production de leur acte de naissance. Pour les jeunes gens domiciliés hors de la commune où ils sont nés, le Maire adressera immédiatement au Sous-Préfet, pour nous être transmise, si la commune du nouveau domicile est située hors de l'arrondissement, une expédition de l'acte de naissance, relatant en marge tous les renseignements propres à faciliter la recherche et l'inscription de l'intéressé. — Art. 3. L'inscription des jeunes gens sur les tableaux de recensement sera opérée : 1° sur la déclaration qu'ils sont tenus de faire, eux, leurs parents ou tuteurs, à la mairie du domicile déterminé par l'art. 6 de la loi du 21 mars 1832, conformément à l'art. 8 de cette loi, sous les peines édictées en l'art. 38, s'il y a eu omission volontaire; 2° d'office, d'après les registres de l'état civil et tous les autres documents pour les jeunes gens absents ou éloignés de la commune et dont l'existence est notoire. Les jeunes gens qui se feront inscrire, comme les personnes qui se présenteront pour eux, devront revêtir la minute du tableau de recensement de leur signature dans la colonne à ce destinée et en regard de l'inscription; ceux qui ne sauront pas signer apposeront une croix. Pour les absents inscrits d'office, le Maire portera le mot *absent*. — Art. 4. MM. les Maires mentionneront sur les tableaux de recensement, les motifs que les jeunes gens auraient à faire valoir, soit pour être exemptés, soit pour être déduits du contingent, en vertu des art. 13 et 14 de la loi du 17 mars 1832. Les renseignements nécessaires à cet effet seront demandés aux jeunes gens ou aux personnes qui les représenteront. Les jeunes gens qui se proposent de solliciter la dispense comme livrés à l'instruction publique, seront avertis que la dispense ne pourra leur être accordée qu'autant qu'ils auront, *avant l'époque fixée pour le tirage*, contracté devant le recteur de l'académie, l'engagement de se vouer, pendant dix ans, à l'enseignement public. Pour les jeunes gens absents et qui ne seraient pas représentés, MM. les Maires s'éclaireront sur les causes d'exemption et de dispense que les intéressés peuvent avoir à invoquer, soit en consultant ceux de leurs administrés qui connaîtraient ces jeunes gens, soit par tout autre moyen qu'ils jugeront convenable. Lorsque les jeunes gens réclameront l'exemption comme ayant un frère au service, les tableaux de recensement devront indiquer exactement les prénoms de ce dernier et le corps dont il fait partie. — Art. 5. MM. les Maires s'abstiendront, conformément aux instructions, d'inscrire les jeunes gens qui prétendraient être fils d'étrangers. Ils nous adresseront sans retard, pour ces jeunes gens, les pièces indiquées ci-après : 1° la demande du réclamant à l'effet d'être rayé des tableaux de recensement;

2° l'acte de naissance du réclamant ; 3 l'acte de naissance de son père ; 4° l'acte de naissance de son aïeul ; 5' l'acte de mariage du père ; 6° l'acte de décès de l'aïeul ; 7° un certificat de la dernière commune étrangère que la famille a quittée pour venir en France, indiquant la date du départ de l'étranger ; 8' un certificat du Maire de la première commune française où ladite famille est venue se fixer en quittant le pays étranger, constatant l'époque de son arrivée en France. En cas de naturalisation, on produirait l'acte qui la constaterait. — Art. 6. MM. les Maires apporteront le plus grand soin dans la conformation de leurs tableaux, afin d'éviter des inscriptions abusives, des omissions ou des doubles emplois. Pour prévenir de semblables erreurs, le Maire du lieu du domicile légal, lorsqu'il aura inscrit des jeunes gens sur son tableau, devra en donner avis au Maire du lieu de la résidence et à celui de la naissance. Si, dans l'intervalle de la formation du tableau et du tirage, il survenait des mutations, avis en serait immédiatement donné dans les communes intéressées. — Art. 7. Les tableaux de recensement seront publiés, ainsi que le prescrit l'art 1er du décret du ..., les dimanches ... et .... — Art. 8. Le 1er février prochain au plus tard, MM. les Maires enverront à leur sous-préfecture respective, et à la préfecture pour l'arrondissement de ..., une expédition du tableau de recensement. La seconde expédition restera déposée à la mairie pour être représentée au moment du tirage au sort. — Art. 9. L'examen des tableaux de recensement et le tirage au sort commenceront dans tout le département le ... février 186 . Les opérations auront lieu, dans chaque chef-lieu de canton, aux époques qui seront ultérieurement fixées par un arrêté spécial. Les jeunes gens qui résident dans un autre département et qui désirent y être examinés par le conseil de révision, devront demander cette faveur au moment du tirage. — Art. 10. Le présent arrêté sera inséré au *Recueil des Actes de la préfecture* et imprimé en placard pour être affiché dans toutes les communes, à la diligence de MM. les Maires du département.

— **Examen des tableaux de recensement et tirage au sort.** — Le Préfet, Vu la loi du ..., relative au vote du contingent de la classe 186 ; — le décret du ... suivant qui détermine les époques auxquelles devront avoir lieu, en vertu de la loi précitée, les opérations préliminaires de l'appel de la classe de 186 , savoir : 1° l'ouverture des tableaux de recensement, le ... ; 2° leur publication, les dimanche ... et ... du même mois ; 3' le commencement de l'examen de ces tableaux et du tirage au sort, le ... suivant ; — la loi du 21 mars 1832 ; — les instructions ministérielles des 26 novembre 1845 et 31 octobre 1865, — Arrête : — Art. 1. Il sera procédé par nous, ou notre délégué, pour l'arrondissement de ..., et par MM. les Sous-Préfets, pour les autres arrondissements, à l'examen des tableaux de recensement et aux opérations du tirage au sort, pour la classe de 186 , aux jours, lieux et heures indiqués dans le tableau suivant. Les jeunes gens et MM. les Maires devront être réunis *une heure avant* celle qui est indiquée ci-après : arrondissement de ..., canton de ..., lundi ... à midi, etc., etc. — Art. 2. Le présent arrêté sera publié et affiché dans toutes les communes du département, et tiendra lieu de convocation pour les jeunes gens de la classe de 186 . — Art. 3. MM. les Sous-Préfets et Maires sont chargés, chacun en ce qui le concerne, de l'exécution des dispositions prescrites.

— **Sous-répartition du contingent.** — Le Préfet, séant en Conseil de préfecture, — Vu la loi du 21 mars 1832 et ... ; celle du ... (*portant qu'il sera fait un appel de ... hommes, sur la classe de ...*) ; — le décret du ... — Arrête : — Art. 1. La sous-répartition des ... hommes assignés au département de ..., pour la classe de 186 , demeure fixée conformément au tableau ci-après (*suit le tableau*). — Art. 2. Le présent arrêté sera publié et affiché dans toutes les communes du département, et inséré au *Recueil des Actes administratifs.*

— **Itinéraire du conseil de révision.** — Le Préfet, — Vu les lois des 21 mars 1832, 26 avril 1855 et 17 mars 1858, relatives au recrutement de l'armée ; — la loi du ... qui fixe à 100,000 hommes le contingent à appeler en 186 , sur la classe de 186 , pour le recrutement des troupes de terre et de mer; — le décret impérial du ..., relatif aux opérations des conseils de révision, ensemble l'état de répartition qui y est annexé, et duquel il résulte que le contingent assigné au département de ... est fixé à ... hommes; — notre arrêté en date du ... de ce mois, pris en Conseil de préfecture, portant sous-répartition de ce contingent,— Arrête : — Art. 1. Le conseil de révision de ... se réunira en séance publique aux lieux, jours et heures ci-après indiqués, pour vérifier les opérations du tirage au sort. entendre les réclamations auxquelles ces opérations auraient pu donner lieu, et statuer sur les causes d'exemption ou de déduction alléguées par les jeunes gens de la classe de 186 (*suit le tableau*). — Art. 2. MM. les Sous-Préfets assisteront aux séances du conseil, dans leur arrondissement respectif. MM. les Maires ou, en cas d'empêchement, MM. les adjoints devront assister aussi aux séances consacrées à leur canton, pour constater l'identité des jeunes gens et éclairer le conseil sur leurs réclamations. Ils seront revêtus de l'écharpe, marque distinctive de leurs fonctions. — Art. 3. MM. les Sous-Préfets sont chargés de formuler et de transmettre des ordres de comparaître devant le conseil de révision. Ces ordres seront notifiés sans délai aux jeunes gens appelés, ou à leurs parents, à la diligence de MM. les Maires. La veille de la réunion, ces fonctionnaires feront rappeler aux jeunes gens, par publication à son de caisse, l'obligation de se rendre au chef-lieu de canton désigné pour la révision. Ils les engageront à se présenter devant le conseil de révision dans un état de propreté convenable. — Art. 4. Les jeunes gens de la classe de 186 qui ont des droits à l'exemption ou à la dispense demeurent prévenus qu'ils doivent remettre immédiatement, et sans attendre le jour de la révision, à MM les Maires de leurs communes, les pièces justificatives de leurs droits, afin que ces derniers puissent à leur tour les faire parvenir à MM. les Sous-Préfets chargés de les viser et de les remettre au conseil de révision. — Art. 5. Le père aveugle et le frère aîné impotent, dont les infirmités seraient invoquées pour obtenir l'exemption légale, devront être présentés au conseil qui constatera si leur position donne réellement droit à l'exemption. — Art. 6. Les jeunes gens qui ne se présenteraient pas devant le conseil de révision et se laisseraient comprendre dans le contingent comme absents seront soumis à la stricte exécution des mesures prescrites par les instructions ministérielles et affectés spécialement à des corps d'infanterie employés hors du continent. Ils ne pourront être compris dans les propositions de faveur que les conseils de révision sont autorisés à présenter à l'égard des soutiens indispensables de famille. Il ne leur sera pas accordé de sursis de départ lors de la mise en route de leur classe. — Art. 7. Conformément à l'art. 3 du décret impérial du ..., la réunion des listes du contingent cantonal, .pour former la liste du contingent départemental, sera effectuée le ... prochain. A cet effet, le conseil de révision se réunira le même jour à la préfecture, à une heure après midi. — Art. 8. Les jeunes gens compris dans le contingent de la classe de 186 qui désireront obtenir, conformément à la loi du 26 avril 1855, l'exonération du service, devront former une demande spéciale signée par eux-mêmes ou par des tiers, en leur nom. Il leur sera adressé immédiatement, par l'intermédiaire des Maires, un certificat délivré par nous pour faire connaître leur position sous le rapport du recrutement. Sur la présentation de ce certificat, les jeunes gens ou représentants seront admis à verser à la caisse de M. le Trésorier payeur général ou des receveurs particuliers des finances, *dans les dix jours qui suivront la clôture des opérations du Conseil de révision* (1), le montant de la prestation individuelle, fixé à ... francs par arrêté de Son Excellence M. le Ministre de la Guerre, en date du ..., et dont il leur sera délivré récépissé. Ce récépissé, visé immédiatement à la préfecture ou à la sous-préfecture de l'arrondissement, sera produit à l'appui de la demande d'exonération, sur

1. Ce délai expirera le... à minuit.

laquelle le Conseil de révision prononcera dans une séance qui sera tenue à la préfecture, le ..., à une heure après midi. Un certificat constatant l'exonération sera adressé ensuite aux intéressés qui le réclameront. Les jeunes gens admis à titre de remplaçants ne seront pas reçus à se faire exonérer devant le conseil de révision. — Art. 9. Le conseil de révision se réunira à la Préfecture, le ..., à une heure après midi, pour statuer sur les demandes de remplacement et de substitutions de numéros dans les limites déterminées par la loi du 17 mars 1858 (entre frères, beaux-frères, oncles et neveux, cousins germains, cousins au 5ᵉ degré et cousins issus de germains). Indépendamment des extraits d'actes de l'état civil nécessaires pour constater le degré de parenté entre le remplaçant et le remplacé, le substituant et le substitué, on devra produire, *pour le remplaçant :* 1° les certificats exigés par l'art. 20 de la loi du 21 mars 1832, accompagnés d'un bulletin délivré par le greffier du tribunal civil de l'arrondissement où il est né et indiquant les renseignements inscrits à son nom sur les casiers judiciaires; 2° un certificat de trois pères de famille (modèle N) annexé au n° ... du *Recueil des Actes administratifs*, année 186 , page ... *Pour le substituant :* le certificat indiqué ci-dessus (modèle N). Le substituant et le substitué devront, comme par le passé, appartenir au même tirage et au même canton. Le substituant devra, en outre, être reconnu propre au service, et n'avoir obtenu l'exemption pour aucun des cas prévus par l'art. 13 de la loi du 21 mars 1832. — Art. 10. MM. les Maires des chefs-lieux de canton où le conseil de révision se réunira prendront les dispositions nécessaires, afin qu'un local soit convenablement disposé pour les opérations, et ils auront soin d'y faire placer les objets nécessaires pour les écritures, un double mètre et un ou plusieurs paravents, selon le besoin du local. — Art. 11. Des autorisations de rester dans leurs foyers pouvant être accordées à des jeunes soldats du contingent, soutiens indispensables de leur famille, les demandes seront remises au président du conseil de révision, accompagnées du certificat dont le modèle se trouve au *Recueil des Actes administratifs*, n° ... (année 18. , page ..) et d'un extrait du rôle des contributions. Le réclamant présentera au conseil de révision le membre de la famille sur lequel il fonde ses droits, et dont il est l'unique soutien. MM. les Maires auront soin de ne délivrer de certificat de cette nature qu'aux jeunes gens réellement dignes de la faveur qu'ils voudront solliciter. — Art. 12. M. le Chef d'escadron commandant la gendarmerie est invité à prendre des mesures, afin qu'un officier, et suivant les circonstances, une ou plusieurs brigades se trouvent aux lieux de réunion, pour y maintenir le bon ordre et prêter main forte au besoin pour l'exécution de la loi. — Art. 13. Le présent arrêté sera publié et affiché dans toutes les communes du département et inséré au *Recueil des Actes administratifs.*

Réglementation de la vente des engrais. — Plusieurs arrêts de la Cour de cassation ont décidé, en principe, que MM. les Préfets ne peuvent pas prendre d'arrêtés répressifs de la fraude en matière de vente d'engrais, et que l'autorité municipale est seule compétente à cet égard. En conformité de ces décisions, les arrêtés qui avaient été pris par MM. les Préfets de Seine-et-Oise, de la Loire-Inférieure, etc., ont été rapportés. Toutefois, M. le Préfet de la Loire-Inférieure a adressé à MM. les Maires une circulaire pour leur annoncer qu'en même temps qu'il supprimait toute réglementation, il créait, au chef-lieu du département, un laboratoire public où chaque acheteur pourrait faire faire l'analyse de la marchandise vendue.

A la suite d'un rapport remarquable de M. le Ministre de l'Agriculture, une commission fut nommée pour formuler des dispositions législatives propres à arrêter la fraude dans le commerce des engrais.

Nous trouvons, dans le *Journal d'Agriculture pratique,* une lettre adressée à ce sujet à M. le vice-Président de cette commission, et que nous croyons devoir reproduire :

« Monsieur le vice-Président,,

» Permettez-moi d'appeler votre attention sur un abus très-regrettable qui s'est produit, depuis quelques années, dans le commerce des engrais, et que la nouvelle loi que vous avez à formuler peut aisément faire disparaître.

» La fraude sur les engrais, vous le savez, s'exerce de plusieurs manières :

» Soit en livrant aux cultivateurs, comme engrais, des matières inertes;

» Soit en ajoutant à des engrais bien connus des matières sans valeur aucune, qui en augmentent inutilement le poids au détriment de l'acheteur;

» Soit, encore, en livrant des engrais dont la richesse en principes utiles (matières azotées ou ammoniacales, phosphates, sels alcalins) est inférieure à celle qu'indiquent les marchands dans leurs prospectus;

» Soit, enfin, en vendant, sous le nom d'un engrais bien connu et bien défini dans son origine et sa composition, des mélanges qui n'ont aucun rapport avec lui et qui lui sont inférieurs par leurs qualités et leur mode d'action.

» Je ne veux ici examiner que ce dernier mode de tromperie, parce que jusqu'ici on n'y a pas attaché, à mon avis, l'importance qu'il mérite.

» Ce que j'ai à dire s'applique surtout au *guano*.

» Ce nom est affecté uniquement par les naturalistes, et par suite par les agronomes, à une *espèce minéralogique* qu'on trouve en diverses localités, et qui consiste en excréments d'oiseaux entassés dans ou sur le sol depuis un temps plus ou moins long. Le type de cette espèce minéralogique est le *guano du Pérou*, qui forme des dépôts parfois très-considérables sur le littoral du Pérou, entre le 2ᵉ et le 21ᵉ degré de latitude australe.

» Le guano est donc une substance naturelle, et non un produit de l'industrie humaine. Il était connu des naturalistes et décrit par eux bien longtemps avant qu'on songeât en Europe à le faire venir de l'Amérique du Sud pour l'appliquer comme engrais à nos cultures, à l'imitation des Péruviens qui en utilisaient les propriétés fertilisantes depuis des siècles. Ce n'est, en effet, que depuis 1840 qu'on a commencé à en faire usage en Europe sous ce rapport.

» Par conséquent, le *guano* est un corps bien défini dans son origine, sa composition chimique et ses propriétés. Comme engrais, il a ses caractères propres, en un mot, son *individualité*, de même que le *fumier de mouton*, le *fumier de cheval*, le *fumier de vache*, les *varechs*, les *tourteaux de graines oléagineuses*, le *plâtre*, la *marne*, la *chaux*, autres sortes d'engrais, ont les leurs.

» Suivant qu'il provient de localités sèches ou humides, le guano présente des variations dans les proportions relatives de ses trois principes les plus actifs, à savoir : l'azote, les phosphates et la potasse, et, sous ce rapport, on doit distinguer deux variétés de cet engrais naturel :

» Les *guanos ammoniacaux*, tels que ceux du Pérou et de la Bolivie, dans lesquels il y a beaucoup de matières organiques azotées et de sels ammoniacaux tout formés; et les *guanos terreux* (Chili, Afrique, Patagonie, Équateur, Iles de Jarvis et de Baker, etc.) qui sont caractérisés par leur richesse en phosphates et leur pauvreté en matières organiques azotées, ainsi qu'en sels ammoniacaux.

» Mais les uns et les autres ont la même origine, à savoir les déjections et les dépouilles des oiseaux de mer. Suivant M. Boussingault, la disparition de l'ammoniaque dans les *guanos terreux* est due probablement à des circonstances locales, telles que l'abondance et la fréquence des pluies, qui favorisent naturellement la décomposition des substances organiques ou la dissolution des sels à base d'ammoniaque.

» Dans tous les cas, le mot *guano* a une acception spéciale; il veut dire : *excréments et dépouilles d'oiseaux, entassés en couches plus ou moins épaisses dans la terre ou dans des cavernes.*

» Est-il convenable, doit-il être permis d'appliquer ce nom, ainsi bien défini, à des substances de toute autre origine, de toute autre composition et notamment à des mélanges artificiels?

» Évidemment non; pas plus qu'on ne pourrait appliquer les mots *fumier*, *varech*, *tourteau*, *plâtre*, *marne*, *chaux*, à des substances autres que celles qu'ils servent à désigner.

» Eh bien! dans ces dernières années, où la fabrication et le commerce des engrais artificiels ont pris, à l'avantage de l'agriculture, une grande extension, beaucoup de marchands ont eu la mauvaise idée de faire du mot *guano* un terme générique, un synonyme d'*engrais;* de là les dénominations vicieuses qui ont cours aujourd'hui, telles que : *guano artificiel, guano urineux, guano indigène, guano Derrien, guano de Nantes, guano humifère, guano d'Aubervilliers, guano Fichtner, guano Abendroth, guano des Docks, guano de la Motte, guano agénois, guano de poissons, guano anglais, guano-phosphate, guano Millaud, guano animalisé, etc.*

» Les engrais désignés sous ces noms divers ne sont autre chose que des mélanges de débris organiques de toute nature, de substances salines, de sels ammoniacaux, de matières inertes, sable, terre, plâtre, calcaire, etc.; mélanges composés avec plus ou moins d'intelligence, dans l'intention de remplacer dans la culture les guanos naturels; en un mot, ce sont des engrais artificiels qui n'ont de commun avec ces derniers que le nom.

» Il est bien évident que les auteurs ou vendeurs de ces compositions n'ont adopté cette fausse nomenclature que pour donner une haute idée de leurs mélanges et en faciliter plus aisément l'écoulement; parce qu'ils savent que les cultivateurs connaissent très-bien la puissante action des guanos du Pérou.

» Il y a là un mal plus grand qu'on ne suppose, attendu que bon nombre de praticiens, trop confiants et alléchés surtout par une légère différence de prix, acceptent ces faux guanos comme guanos véritables, et ne s'aperçoivent de leur erreur que lorsqu'il n'est plus temps d'y remédier. La plupart ne savent pas encore ce que c'est que l'azote, les phosphates, les sels alcalins, et comme ils ont obtenu avec les guanos du Pérou de très-bons résultats, sans trop se préoccuper des causes qui les ont amenés, ils n'hésitent pas à acheter les faux guanos, qu'on a grand soin de leur vahter comme aussi efficaces, si ce n'est même comme identiques avec les premiers. Ils ne s'attachent qu'au mot *guano,* qui ressort en gros caractères sur les prospectus et affiches des marchands, et ils deviennent ainsi victimes de leur ignorance et de leur trop grande sécurité. De là, plus tard, lorsqu'ils sont désabusés par les insuccès qui les ont punis de leur légèreté, des procès devant les tribunaux, qui les détournent de leurs occupations, et ajoutent encore, alors même qu'ils ont gain de cause, ce qui n'a pas toujours lieu cependant, aux pertes d'argent et de temps qu'ils ont éprouvées.

» C'est parce que ces circonstances se sont présentées un grand nombre de fois, sous nos yeux, tant en Normandie qu'en Flandre, que je vous signale, monsieur le vice-Président, l'inconvénient grave qui ressort de cette confusion de noms.

» Voici, par exemple, le prix de vente et la composition d'un certain nombre d'engrais artificiels, décorés du nom de *guanos*, vendus dans le département du Nord comme pouvant remplacer le guano du Pérou :

	Azote s. 100.	Phosphates s. 100.	Eau s. 100.
Engrais complet venant de Paris	3.10	15,90	14,00
Guano anglais . . . *idem*.	3,55	43,80	9,50
Guano-phosphate . . *idem*.	2,26	57,50	17,25
Engrais azoté et phosphaté, dit guano Millaud, venant de Paris.	4,60	18,75	16,78
Engrais concentré, dit guano animalisé de la maison Bédarrides.	2,485	7,98	26,16

	Mat. organ. et sels solub.	Mat. insol., sable, argile.	Prix des 100 kil.
Engrais complet venant de Paris	48,50	13,90	38 fr.
Guano anglais. . . . *idem*.	43,10	4,60	»
Guano-phosphate. . *idem*.	23,45	1,80	»
Engrais azoté et phosphaté, dit guano Millaud, venant de Paris.	40,87	22,60	34
Engrais concentré, dit guano animalisé de la maison Bédarrides.	42,00	23,86	32

» Or, le guano du Pérou, dosant de 12 à 16 pour 100 d'azote et de 18 à 28 pour 100 de phosphates, et ne coûtant actuellement que 32 fr. 50 c. les 100 kil., il est évident qu'en livrant comme identiques ou comme équivalant à ce guano les mélanges précédents, aux prix de 32, 34 et 38 fr. les 100 kil., on a grossièrement trompé les cultivateurs sur la nature et la valeur de la marchandise, puisque ces mélanges ne peuvent étré substitués au guano du Pérou dans les mêmes doses et les mêmes conditions de prix.

» Il y a un moyen bien simple de mettre fin à cette manière d'opérer qui cause un si grand préjudice à nos cultivateurs.

» Que la nouvelle loi sur la vente des engrais interdise de se servir du mot *guano* comme terme générique et de l'appliquer aux engrais artificiels;

» Qu'elle oblige les importateurs et marchands de guanos à indiquer la provenance de chaque sorte, afin que les *guanos terreux* ne soient pas livrés comme *guanos ammoniacaux;*

» Qu'elle astreigne enfin les vendeurs à mettre sur chaque sac d'engrais, sans aucune exception, aussi bien sur les engrais artificiels que sur les diverses sortes de guano, la teneur en azote, en phosphate et en alcalis;

» Et l'agriculture française sera délivrée d'un fléau qui pèse lourdement sur elle : *la tromperie sur la nature de la marchandise.*

» La substitution des *guanos terreux* naturels aux *guanos ammoniacaux* est tout aussi dommageable que celle des engrais artificiels aux uns et aux autres de ces guanos.

» En effet, ces deux sortes de guanos, par suite de leur différence de composition, n'ont pas du tout la même action sur les plantes et ne doivent pas être employées de la même manière.

» Les *guanos terreux* ou *phosphatés*, qui deviennent de jour en jour plus communs dans le commerce européen, ont une action beaucoup moins grande, plus lente, mais aussi plus durable que les *guanos ammoniacaux*. Par cela même, ils conviennent surtout aux céréales d'hiver, et peuvent rendre de bons services dans les sols naturellement pauvres en phosphates.

» Mais dans les terres où, comme en Flandre, les noirs de raffinerie, les phosphates fossiles et les autres engrais riches en phosphates restent inertes, ainsi que cela résulte des expériences de MM. Demesmay, Corenwinder, Kuhlmann, et de la pratique journalière de nos fermiers, il n'y a que les *guanos ammoniacaux* qui peuvent servir avantageusement. Les remplacer par des *guanos terreux*, c'est s'exposer inévitablement à des mécomptes.

» Par conséquent, vendre à nos cultivateurs flamands, comme identiques aux *guanos du Pérou*, les guanos d'Afrique, de Patagonie, de Jarvis et Baker, le guano-phosphate péruvien et autres *guanos terreux*, c'est les induire en erreur; c'est leur porter un préjudice considérable en argent; c'est enfin les tromper aussi grossièrement qu'en leur vendant des engrais artificiels décorés du nom de guano.

» Je vous prie donc, M. le vice-Président, de vouloir bien soumettre les considérations qui précèdent à l'examen de la commission dont vous dirigez les travaux.

» Tous les cultivateurs et les agronomes ont applaudi à l'initiative de M. le Ministre de l'Agriculture, et ont lu avec autant d'intérêt que de reconnaissance le remarquable rapport qu'il a soumis au chef de l'État sur la nécessité de régulariser et de moraliser le commerce des engrais. Ils attendent avec confiance les résultats des délibérations d'une commission, qui ne pouvait être mieux composée sous le double rapport de la science et de l'impartialité; et c'est avec joie qu'ils ont vu placer à sa tête le savant éminent qui, dès 1851, rapporteur devant l'Assemblée législative d'un projet de loi sur la police des engrais, prononçait ces judicieuses paroles :

« C'est à la fois dans l'intérêt du cultivateur, dans celui de la science et dans celui de la » morale publique, que les amis de l'agriculture désirent qu'il soit mis un frein à des trom- » peries, qu'il soit mis un terme à des fraudes tout aussi faites pour appeler une répression » sévère que celles dont les aliments et les boissons sont l'objet, que celles qui intéressent » des matières d'or et d'argent. »

» Veuillez bien agréer, monsieur le vice-Président, etc.

» J. GIRARDIN,

» Doyen de la Faculté des sciences de Lille, professeur de
chimie appliquée, correspondant de l'Institut, etc. »

Remises d'un receveur. — Élévation du tarif. — Le Préfet, — Vu la délibération en date du ..., par laquelle le Conseil municipal [*ou* la commission administrative d ...], de ..., élève d'un dixième, à partir du commencement de l'exercice 186 , les remises du Receveur municipal [*ou* de cet établissement], sans, toutefois, qu'elles puissent dépasser annuellement la somme de ... francs ; — *quand il s'agit d'un établissement de bienfaisance :* l'avis favorable du Conseil municipal de ..., en date du ... ; — le décret impérial du 30 frimaire an XIII ; — les ordonnances des 17 avril et 23 mai 1839 ; — la circulaire du Ministre de l'Intérieur du 22 avril 1839, et les autres circulaires sur la matière ; — l'art. 1240 de l'*Instruction générale* sur le service de la comptabilité des finances ; — Considérant que l'augmentation du tarif dont il s'agit se renferme dans les limites fixées par l'ordonnance du 17 avril 1839 ; — Arrête : — Art. 1. La délibération sus-visée est approuvée pour sortir son plein et entier effet. — Art. 2. Expédition du présent arrêté sera transmise à M. le Sous-Préfet de ... et à M. le Trésorier-payeur général des finances, qui restent chargés, chacun en ce qui le concerne, d'en assurer l'exécution.

N. B. Art. 1240 de l'*Instruction générale :* — Les Conseils municipaux et les commissions administratives sont toujours appelés à délibérer, conformément au décret du 30 frimaire an XIII, sur la fixation des remises de leurs receveurs, sans toutefois, que les proportions du tarif (*établi par le même article*) puissent être élevées ou réduites de plus d'un dixième, et sauf décision de l'autorité compétente.

Rentes sur l'État. — Aliénation par une commune. — Le Préfet, — Vu une délibération en date du ..., par laquelle le Conseil municipal de ..., sollicite l'autorisation d'aliéner une rente de ... fr. 3 p. % sur l'État, non grevée de charges et fondations, pour en employer le produit au paiement de diverses dettes communales devenues exigibles ; — le registre de l'enquête à laquelle ce projet d'aliénation a été soumis ; ensemble les avis du Maire et du Commissaire-enquêteur et les certificats de publication et d'affiches de ladite enquête ; — l'avis du Conseil municipal, en date du ..., sur les résultats de l'enquête ; — la loi du 18 juillet 1837 et le décret du 25 mars 1852 ; — Considérant que la rente dont il s'agit n'est grevée d'aucune fondation ; que la seule opposition consignée au registre de l'enquête, a pour but de donner la préférence à une imposition extraordinaire ; que cette opposition n'est point justifiée, attendu que les communes doivent consacrer, en premier lieu, au paiement de leurs dettes, leurs ressources disponibles ; le Conseil de préfecture entendu, — Arrête : — Art. 1. M. le Maire de ..., au nom de cette commune, est autorisé à aliéner une rente de ... fr. 3 p. % sur l'État et à en affecter le produit au paiement de diverses dettes communales. — M. le Sous-Préfet de ... est chargé, en ce qui le concerne, de l'exécution du présent arrêté.

32

N. B. La procédure est la même pour les *établissements de bienfaisance*. Toutefois, il y a lieu de viser, supplémentairement, l'avis du Conseil municipal sur la délibération prise par la Commission administrative, et de plus l'ordonnance du 6 juillet 1816, pour les *bureaux de bienfaisance,* et celle du 7 août 1841, pour les *hospices.* Le texte du dispositif doit être aussi modifié comme il suit : *La Commission administrative ... est autorisée,* etc.

Rentes sur l'État (Conversion en) du cautionnement des caissiers des caisses d'épargne. — Le Préfet, — Vu la demande par laquelle M. le Directeur de la Caisse d'épargne de ... nous propose de convertir en rentes sur l'État, le cautionnement fixé à la somme de ... du caissier de cet établissement; — le décret du 1ᵉʳ août 1864; — Arrête : — Art. 1. Est autorisée la conversion en rentes sur l'État, du cautionnement du caissier de la Caisse d'épargne de ... Cette conversion aura lieu en 3 p. %, au taux de 75 francs, conformément à l'ordonnance du 19 juin 1825. — Art. 3. M. le Directeur de la Caisse d'épargne de ... et M. le Trésorier-payeur général sont chargés, chacun en ce qui le concerne, d'assurer l'exécution du présent arrêté.

Rentes sur particulier. — Acceptation d'un titre contenant constitution de rentes. — Le Préfet, — Vu une délibération de la Commission administrative du bureau de bienfaisance [*ou* de l'hospice de ...] en date du ..., de laquelle il résulte que M. le Curé de la paroisse est détenteur d'un titre contenant constitution d'une rente de ... fr. qui lui a été confié, au lit de mort, par M. ..., alors Maire, lequel, en présence de sa fille unique, a déclaré que ce titre était la propriété du bureau de bienfaisance [*ou* de l'hospice], ladite délibération faisant connaître également que M. le Curé de ... désire opérer, dans le plus bref délai, la remise du titre dont il s'agit entre les mains du receveur de l'établissement charitable; — la délibération prise à la date du ... par le Conseil municipal de ..., pour donner un avis favorable à la régularisation projetée de cette affaire; — la copie authentique du titre; — la loi du 18 juillet 1837 et le décret du 25 mars 1852; — Considérant que la remise du titre dont il s'agit est offerte par le détenteur et ne donne lieu à aucune réclamation de la part de l'unique héritière de M. ..., — Arrête : — Art. 1. M. le receveur du bureau de bienfaisance [*ou* de l'hospice] de ... est autorisé à retirer des mains de M. le Curé de cette paroisse, un titre de rente d'une valeur de . ., et à en donner quittance. — Art. 2. Le montant de ce billet, sera, après remboursement, placé en rentes sur l'État, 3 p. %. — Art. 3. M. le Maire de ... est chargé, en ce qui le concerne, d'assurer l'exécution du présent arrêté.

Rente sur particulier (Donation par constitution de) à une fabrique d'église, à la charge de services religieux. — Le Préfet, — Vu l'acte public, en date du . ., passé devant Mᵉ ..., notaire à ..., et duquel il résulte que Mᵐᵉ ..., veuve du sieur ..., et Mˡˡᵉ ..., sa nièce, domiciliées à ..., agissant, toutes deux, sous clause solidaire et indivise, et comme représentants de feu ..., leur mari et oncle, se déclarent, pour des motifs à elles connus, débitrices envers la fabrique de l'église de ..., d'une somme capitale de [1,000] francs, pour garantie de laquelle elles créent et établissent sur leurs biens, avec engagement hypothécaire, une rente annuelle et perpétuelle de [50] francs, qu'elles s'engagent à servir annuellement, le [1ᵉʳ avril], à ladite fabrique, sous la condition que cet établissement fera célébrer, chaque dimanche, une première messe dans l'église paroissiale; — une délibération en date du ..., par laquelle le Conseil de fabrique de l'église de ..., sollicite l'autorisation d'accepter, sous la condition imposée, le bénéfice résultant, pour cet établissement, de la rente constituée pas l'acte susvisé; — l'avis conforme du Conseil municipal, en date du ... suivant; — le certificat de vie des donatrices; — un certificat constatant que leurs propriétés ne sont grevées d'aucune hypothèque; — une lettre de M. le Maire de ..., faisant connaître que le sieur ..., mari et oncle des donatrices, n'a fait, de son vivant, aucune disposition testamentaire, mais qu'il a manifesté verbalement l'inten-

tion, pendant sa dernière maladie, d'établir, au profit de la fabrique de son église paroissiale, la rente dont il s'agit; — les renseignements produits sur la position de famille et de
fortune des donatrices; — l'avis de Mgr l'évêque de ... du ...; — le budget de la fabrique;
— les ordonnances des 2 avril 1817, 7 mai 1826, et 14 janvier 1831; — les décrets des
25 mars 1852, 13 avril 1861, et 15 février 1862; — Considérant que la constitution faite
par mesdames ... et ... au profit de la fabrique de l'église de ..., d'une rente annuelle de
[50] francs, à la charge de services religieux, n'est que la réalisation d'un désir qui leur a
été exprimé par le sieur ..., leur mari et oncle, dont elles sont les héritières universelles;
— considérant, d'autre part, que cette libéralité n'est point disproportionnée avec la fortune
des donatrices, et qu'elle ne saurait jamais être onéreuse pour l'établissement appelé à
en profiter, — Arrête : — Art. 1. Le trésorier de la fabrique de l'église de ..., en sadite
qualité, est autorisé à accepter, sous la condition imposée, la donation qui est faite à cet
établissement, par mesdames ... et ..., suivant l'acte public susvisé, du ..., et consistant
en une rente annuelle et perpétuelle de 50 francs, au capital de 1,000 francs.

**— Remboursement offert, au taux légal, à une commune, avec main-
levée d'hypothèque et placement du capital en rentes sur l'État.** — Le
Préfet de ..., séant en Conseil de préfecture, — Vu la délibération en date du ..., par
laquelle le Conseil municipal de ... sollicite l'autorisation 1° d'accepter le remboursement et
de faire remploi du capital d'une rente de ..., dû par ..., suivant obligation reçue par
M° ..., notaire à ...; 2° de consentir la mainlevée des inscriptions hypothécaires prises pour
garantir la rentrée de ce capital; — l'offre de remboursement du débiteur; — le titre
constitutif de la créance et le bordereau d'inscriptions hypothécaires; — la loi du 19 déc.
1790, l'ordonnance du 15 juillet 1840, et la loi du 18 juillet 1837; l'art 530 du Code Napoléon; — Considérant que tout débiteur a la faculté de se libérer, et que, dans l'espèce, le
remboursement est offert au taux légal; — que la mainlevée des inscriptions hypothécaires est la conséquence forcée de la libération du débiteur; — et que, d'après les règlements, le remploi des capitaux ne peut avoir lieu qu'en rentes sur l'État; — le Conseil de
préfecture entendu, — Arrête : — Art. 1. M. le Maire de ..., au nom de cette commune,
est autorisé : 1° à donner quittance de la somme de ..., due par le sieur ..., suivant ...
susvisé du ...; 2° à consentir la mainlevée des inscriptions hypothécaires prises en garantie de ce capital, sur la présentation de la quittance à souche du Receveur municipal
constatant que le débiteur a versé, à sa caisse, le capital et les intérêts échus au jour du
remboursement. — Art. 2. Le capital remboursé sera employé en acquisition de rentes sur
l'État, 3 %, par les soins et à la diligence du Receveur municipal, et le revenu sera affecté
à ... — **N. B.** Il convient toujours d'assurer la perpétuité des fondations.

— Remboursement offert avec réduction. — Le Préfet, — Vu (*mêmes pièces
que ci-dessus*); — Considérant que la rente dont il s'agit est quérable à ...; que les difficultés de la recouvrer, à raison même de son peu d'importance, du nombre et de la position précaire des personnes qui sont chargées de la servir, font un devoir d'accepter la réduction d'un cinquième proposée par les demandeurs; [*ou :* Considérant, etc., — Arrête : —
Art. 1. Est autorisé le remboursement offert, avec réduction d'un cinquième, d'une rente
de ..., constituée au capital de ..., suivant ..., etc.

N. B: Même procédure, avec les différences d'usage, pour les *bureaux de bienfaisance*
et les *hospices*.

**— Remboursement d'une rente constituée par bail emphythéotique
ou d'albergement** (Formule spéciale à la Savoie). — Le Préfet, etc., — Vu le recours,
en date du ..., présenté par le sieur ..., à l'effet d'être admis à rembourser à la ville de
..., une rente annuelle de ..., au capital de ..., constituée au profit du [collége] de ...,
qu'il doit comme détenteur des biens provenant du sieur ..., qui ont fait l'objet d'un acte
d'albergement du ...; — (*comme ci-devant*) ...; — la loi du 18 juillet 1837, l'ordonnance

du 15 juillet 1840, l'art. 530 du Code Napoléon ; — Considérant qu'aux termes du Code civil sarde et du Code Napoléon, les baux emphythéotiques sont essentiellement rachetables ; que le remboursement est offert ..., etc., — Arrête : — Art. 1. M. le Maire de ... est autorisé, etc.

— **Remboursement offert au taux légal à une fabrique d'église.** — Le Préfet, etc. (*comme ci-devant*) ; — Vu la délibération en date du .... par laquelle le Conseil de fabrique de l'église de ... sollicite l'autorisation ..., etc ; — l'avis de Mgr l'évêque de ..., en date du ... ; — l'arrêté du 7 thermidor an XI, le décret du 30 décembre 1809, l'ordonnance du 14 janvier 1831 (art. 1), et le décret du 13 avril 1861, les circulaires ministérielles des 20 août et 2 décembre 1861 ; — Considérant, etc., — Arrête ; — Art. 1. Le trésorier de la fabrique de l'église de ..., au nom de cet établissement, est autorisé, etc.

N. B. Le rachat est entièrement facultatif de la part des débiteurs de rentes. Les établissements qui en sont créanciers ne peuvent pas plus les y contraindre qu'ils ne pourraient s'y refuser, dans le cas où il serait offert aux conditions légales. Par une conséquence de ce principe, les établissements n'ont pas besoin d'une autorisation pour recevoir le remboursement de rentes offert dans ces conditions. Il suffit donc que les délibérations prises soient soumises à l'approbation du Préfet, comme simple mesure d'administration (*circulaire Intérieur du 24 septembre 1825*). — Dans la pratique, on a généralement maintenu l'usage d'autoriser, *par arrêtés*, les remboursements de rentes de toute nature, surtout quand les rentes sont grevées de charges ou fondations. Suivant un avis du conseil d'État, du 22 novembre 1808, approuvé le 21 décembre suivant, les débiteurs de rentes doivent annoncer par écrit, *un mois à l'avance,* leur intention de rembourser, afin que les comptables des communes et établissements créanciers aient le temps de placer les fonds et de requérir les autorisations nécessaires.

Réquisition au commandant de la gendarmerie. — DE PAR L'EMPEREUR. — Conformément à la loi, Nous, Préfet du département de ..., en vertu de ... (*loi, arrêté, règlement*), nous requérons (*indiquer le grade et le lieu de résidence*) de commander, faire ..., se transporter ..., arrêter ..., etc., et qu'il nous fasse part (*si c'est un officier, ou,* qu'il nous rende compte, *si c'est un sous-officier*) de l'indication de ce qui est par nous requis au nom de l'Empereur. — **N. B.** Les réquisitions ne doivent contenir aucun terme impératif, tel que : *ordonnons, voulons, enjoignons, mandons,* etc., ni aucune expression ou formule, pouvant porter atteinte à la considération de l'arme, et au rang qu'elle occupe parmi les corps de l'armée. (*Art. 97 du décret du 1er mars 1854.*)

Réquisition de paiement après refus. — Le Préfet, — Vu le budget départemental de l'exercice 186 , lequel contient à l'art. .. du sous-chapitre .., un crédit de ... sous le titre de : [Intérêts et amortissement d'emprunts départementaux.] ; — le mandat de la somme de ..., que nous avons délivré, à la date du ... dernier, par imputation sur le crédit précité, pour frais de timbre d'obligation émises pour la réalisation desdits emprunts ; — notre rapport au Conseil général, pour la session de 186 , pages .. et ..., duquel il résulte que le crédit de ..., proposé à l'art. . du sous-chapitre .. du budget départemental de 186 , était destiné au paiement des intérêts de l'emprunt départemental et du montant de l'abonnement, pour droits de timbre des obligations dudit emprunt ; — la délibération du Conseil général en date du .. août 186 , portant vote, conformément à notre demande, du crédit précité ; — la lettre, en date du .. du même mois, par laquelle M. le Trésorier-payeur général nous informe qu'il refuse, malgré la communication qui lui a été faite de notre rapport au Conseil général et de la délibération de cette assemblée, d'acquitter le mandat précité, se fondant sur ce que : « Un crédit ayant pour titre, dans le budget : *Intérêts d'emprunt et amortissement,* ne saurait concerner des frais de timbre. » — le décret sur la comptabilité publique du 31 mai 1862, art. 91, § 3 ; — Considérant que lors de l'inscription, dans un budget, des articles de recettes et de dépenses, il n'est pas possible de donner, comme semble l'exiger M. le Trésorier-payeur général, la nomenclature complète des faits qui peuvent déterminer l'imputation, et qu'on est obligé de les indiquer sous un titre général; considérant, en ce qui touche le cas qui donne lieu de la part de M. le Trésorier-payeur général, au refus de paiement du mandat susvisé, que les frais de timbre constituent une dépense accessoire de toute émission d'emprunt; et que, d'autre part, notre rapport et la délibération du Conseil général établissent, surabondamment, que le crédit ouvert au budget départemental de 186 (art. . du sous-chapitre ..) sous le titre: *Intérêts d'emprunt et amortissement*, est également applicable aux frais de timbre desdits emprunts; — Arrête : — Art. 1, M. le Trésorier-payeur général dans le département de ..., est requis, sous notre responsabilité personnelle, de passer outre, nonobstant le refus qu'il a présenté le ... dernier, au paiement du mandat délivré par nous le .. du même mois, pour la somme de ..., due à l'administration des domaines, à titre de frais de timbre d'obligations émises pour la réalisation des emprunts departementaux. — Art. 2. Ampliation du présent acte sera adressée à M. le Trésorier-payeur général, et à Son Exc. le Ministre de l'Intérieur, conformément aux dispositions de l'art. 134 du règlement du 30 novembre 1840, sur la comptabilité des dépenses publiques.

Rôles des contributions directes (foncière, personnelle-mobilière, des portes et des fenêtres et des patentes.) — Publication. — Le Préfet, — Vu la loi des Finances du ..., qui règle les contributions directes de 186 ; — le décret impérial du ..., qui fixe à .. centimes, pendant ... ans, les centimes additionnels facultatifs que le département est autorisé a s'imposer sur les deux contributions foncière et personnelle et mobilière, pour les dépenses de la deuxième section de son budget; le même décret autorisant le département de ... à s'imposer extraordinairement ... etc.; — les délibérations prises par les Conseils municipaux avec l'assistance des plus imposés, et votant les impositions communales nécessaires aux besoins de chaque commune; — les lois des 3 nivôse, 2 messidor an VII et 21 avril 1832; — la circulaire de M. le Directeur général des contributions directes, du 24 janvier 1856, relative au dégrèvement d'impôts pour perte de matière imposable, par suite de démolition et d'expropriation pour cause d'utilité publique; — les ordonnances des 21 décembre 1832, 18 mai 1838, et 18 avril 1839, sur la vérification des poids et mesures; — les délibérations du Conseil général de ... et des Conseils municipaux dûment approuvées par l'autorité compétente; — Considérant que l'administration doit ordonner, aussitôt qu'elle en a la possibilité, la publication et la mise en recouvrement des rôles; qu'il importe de faire connaître aux contribuables les délais dans lesquels ils peuvent réclamer, de leur tracer la marche à suivre pour se pourvoir en décharge ou réduction, remise ou modération, et de prescrire les mesures nécessaires pour que leurs réclamations soient instruites avec exactitude et célérité, — Arrête : — Art. 1. Les rôles des contributions directes pour 186., rendus par nous exécutoires, seront adressés par le Directeur des contributions directes au Trésorier-payeur général pour l'arrondissement chef-lieu, et aux receveurs particuliers pour les arrondissements de ... et de .... Ces comptables les remettront de suite aux percepteurs, et ceux-ci, de leur côté, devront, aussitôt que les rôles leur seront parvenus, les présenter aux Maires, afin qu'ils soient publiés. — Art. 2. Les Maires sont tenus de faire publier lesdits rôles, à l'issue de la messe paroissiale, le premier dimanche qui suivra la réception des rôles. La publication en sera faite également au moyen d'une affiche sur papier non timbré, que le Maire fera apposer à la porte principale de la mairie et aux endroits accoutumés, le dimanche qui suivra la réception du rôle. Cette affiche portera avertissement aux contribuables que le rôle, revêtu des formalités prescrites, est entre les mains du percepteur, et que chaque contribuable doit acquitter la somme pour laquelle il est porté audit rôle, dans les délais fixés par la loi, sous peine d'y être contraint. Le maire mentionnera à la suite du rôle la date précise de la publication, et le remettra immédiatement au percepteur. — Art. 3. Dès que les rôles de toutes les communes de sa circonscription lui auront été remis par les Maires, le percepteur adressera au Trésorier payeur général un état indiquant pour chaque commune, la date de publication. De son côté, le Trésorier-payeur général transmettra ces renseignements au Directeur des contributions directes. — Art. 4. Les avertissements énonceront la part de contribution revenant à l'État, la part de contribution revenant au département, à la commune et aux fonds de secours, non-valeurs et réimpositions. Ils seront distribués avec la plus grande exactitude, par les soins des percepteurs, sans aucune rétribution, sous la surveillance spéciale des Maires. Ces comptables y indiqueront la date de la publication des rôles, le lieu, le jour et l'heure de la perception. — Art. 5. Les rôles tant primitifs que supplémentaires des patentes seront publiés dans la même forme et au fur et à mesure de leur émission et de leur envoi dans les communes. — Art. 6. Les contributions directes sont payables par douzièmes, et chaque douzième commence à courir du 1ʳ de chaque mois ; mais le paiement n'en est exigible qu'après l'échéance du mois. Toutefois, les rôles des patentes n'ayant été émis que postérieurement au premier mars, les douzièmes échus ne seront pas immédiatement exigibles. Le recouvrement en sera fait par portions égales au même temps que celui des douzièmes non échus. En conséquence, des poursuites pourront être exercées contre ceux des contribuables qui ne se libéreraient pas de mois en mois dans cette proportion. Il est fait exception à cette règle, pour la contribution de la patente, à l'égard des marchands forains, des colporteurs et de tous autres contribuables dont la profession n'est pas exercée à domicile fixe, lesquels seront tenus d'acquitter le montant intégral de leur cote au moment où la patente leur sera délivrée. En cas de déménagement furtif hors du ressort de la perception, comme en cas de vente forcée ou volontaire, le paiement de la cote sera exigible en totalité. — Art. 7. Les redevances des mines, les impositions extraordinaires locales, et les taxes assimilées aux contributions directes seront recouvrables dans les mêmes délais et dans la même proportion que lesdites contributions. Les rôles y relatifs seront publiés dans la forme usitée pour les rôles généraux. — Art. 8. La rétribution pour la vérification des poids et mesures devra être acquittée dans les quinze jours de la publication des rôles. Les assujettis ne recevront point d'avertissement pour l'acquittement de cette taxe. — Art. 9. Les propriétaires et, à leur place, les principaux locataires, doivent, un mois avant l'époque du déménagement de leurs locataires ou sous-locataires, se faire représenter par ces derniers la quittance des termes échus de leurs contributions personnelle, mobilière et de celle des patentes ; à défaut de cette présentation, ils en informeront immédiatement le percepteur, et retireront une reconnaissance par écrit de cet avertissement, à peine de demeurer personnellement responsables de la contribution. S'il y a déménagement furtif de la part des locataires ou sous-locataires, le propriétaire ou principal locataire devient également responsable des termes échus des contributions ci-dessus mentionnées, s'il n'a pas fait constater, dans les trois jours, ce déménagement, par le Maire, le juge de paix ou le commissaire de police. — Art. 10. Tout propriétaire ou usufruitier ayant plusieurs fermiers dans la même commune, et qui voudra les charger de payer, à son acquit, la contribution foncière des biens qu'ils tiennent à ferme ou à loyer, devra remettre au percepteur une déclaration indiquant sommairement la division de son revenu imposable entre lui et ses fermiers. Cette déclaration sera signée par le propriétaire et par les fermiers. Si le nombre des fermiers est de plus de trois, la déclaration sera transmise au Directeur des contributions directes, qui opérera la division de la contribution, et portera dans un rôle auxiliaire la somme à payer par chaque fermier. Les frais d'impression et de confection de ce rôle seront payés, par les déclarants, à raison de cinq centimes par article. — Art. 11. Les contribuables seront admis à présenter, selon l'occurrence : 1º des réclamations en décharge, réduction ou omission d'impôt ; 2º des demandes en remise ou modération de contributions. Les réclamations en décharge, réduction ou omission peuvent être produites : 1° pour omission au rôle (seulement pour l'impôt personnel et mobilier); 2° pour cause d'indigence antérieure à la formation du rôle ; 3° pour double ou faux emploi ; 4° pour surtaxe, pour rappel à l'égalité proportionnelle sur la contribution foncière des propriétés bâties, ou sur la contribution mobilière. — Art. 12. Les réclamations seront écrites sur papier timbré lorsqu'elles auront pour objet une cote de 30 francs et au dessus, elles seront accompagnées de la quittance des termes échus et de l'avertissement, ou d'un extrait de rôle, délivré par le Directeur ou le percepteur des contributions directes. — Art. 13. Les demandes en rappel à l'égalité proportionnelle devront être appuyées de l'extrait de rôle concernant le réclamant, et d'un extrait semblable pour chacune des cotes prises en comparaison. — Art. 14. Toute réclamation pour décharge, réduction ou omission d'impôt, doit, sous peine de rejet, être présentée dans les trois mois de la publication des rôles, conformément aux prescriptions de la loi du 4 août 1844. — Art. 15. La patente des individus qui viennent à décéder ou qui se trouvent en état de faillite ouverte, n'étant exigible que pour le passé et le mois courant, les parties intéressées sont admises à réclamer la surcharge du suplus de la taxe, dans les trois mois du décès ou de la faillite. — Art 16. Les patentés qui réclameraient contre la fixation de leurs taxes, seront admis à prouver la justice de leurs réclamations par la représentation d'actes de société légalement publiés, de journaux et de livres de commerce régulièrement tenus, et par tous autres documents. En cas de cession d'établissement, la patente sera, sur la demande du cédant, transférée à son successeur. Les demandes de l'espèce doivent être présentées dans les trois mois qui suivent la cession. La mutation de cote sera réglée par arrêté préfectoral, sur la proposition du Directeur des contributions. — Art. 17. Hors le cas spécifié ci-dessus, les assujettis qui, dans le courant de l'année, auraient cessé spontanément l'exercice de leur industrie ou profession, ne pourront obtenir aucune réduction sur le montant de leur cote. — Art. 18. Le contribuable ne peut, sous prétexte de réclamation, différer le paiement des termes qui viendront à échoir pendant les trois mois qui suivent sa réclamation, et dans lesquels elle devra être définitivement jugée. — Art. 19. Les demandes en remise ou modération peuvent être formées par les contribuables dans les cas suivants : 1° pour cause de perte dans le revenu territorial ou industriel, ou de pertes de facultés mobilières, par l'effet d'incendie, grêle, inondation ou autres événements imprévus extraordinaires. Lorsque la totalité ou une grande partie des habitants d'une commune éprouveront des pertes, par suite d'un de ces événements calamiteux, le Maire présentera, sur papier libre, une demande collective de remise ou modération ; 2° pour perte de matière imposable, par suite de démolition de propriétés bâties, imposées au rôle, ou pour cause d'expropriation et d'enlèvement de terrains destinés à la voie publique ; 3° pour perte de bétail, par suite d'une épizootie générale, qui aurait affecté le produit des pâturages et se serait étendue à une ou plusieurs communes ; 4° pour vacance annuelle ou trimestrielle, totale ou partielle, des maisons destinées à la location et pour chômage de manufactures et d'usines. — Art. 20. Les demandes en remise ou modération doivent être déposées aux sous-préfectures, et à la préfecture pour l'arrondissement de ..., dans les quinze jours de l'arrivée des événements auxquels elles se rapportent. Celles pour vacances de maisons, chômages de manufactures et d'usines, pour démolition et expropriation ou enlèvement de terrains pour cause d'utilité publique, devront également y parvenir dans les quinze jours qui suivront l'expiration de la période pendant laquelle aura lieu la vacance ou le chômage, la démolition ou la prise de possession des terrains expropriés ou librement cédés. Elles seront accompagnées d'un extrait du rôle. — Art. 21. Les personnes, communes, établissements publics ou particuliers qui seraient imposés pour des propriétés qui ne leur appartiendraient pas, qu'ils auraient vendues ou échangées, devront faire leurs diligences auprès du percepteur ou du contrôleur des contributions directes, pour faire opérer les changements par voie de mutations. — Art. 22. Les réclamations relatives à la rétribution pour la vérification des poids et mesures et celles concernant les redevances des mines; seront admises dans les mêmes formes et délais que celles des contributions directes.—Art. 23. Il n'est point rédigé de feuilles d'avertissement pour la rétribution des poids et mesures; mais les percepteurs sont invités à remettre aux assujettis, des sommations sans frais qui en tiennent lieu. — Art. 24. Toute réclamation doit être individuelle, écrite lisiblement sur papier convenable et à mi-marge. Elle doit être datée et signée, contenir les noms, prénoms, la demeure, la profession du pétitionnaire, la nature de la contribution contre laquelle il réclame, les motifs sur lesquels il appuie sa demande. Chaque nature de contribution doit être l'objet d'une demande séparée. — Art. 25. Nul ne peut réclamer pour un tiers, à moins qu'il ne justifie préalablement d'une délégation spéciale à cet effet. Les contribuables illettrés doivent faire certifier par le Maire de leur commune qu'ils ne sont pas en état de signer. — Art. 26. Les réclamations seront adressées aux Sous-Préfets pour les arrondissements de ..., ... et ..., et au Préfet pour l'arrondissement de .... Les pétitions et réclamations non rédigées d'après les formes ci-dessus prescrites et qui ne seraient pas accompagnées des pièces exigées par les règlements, seront renvoyées à leurs auteurs pour qu'ils aient à les régulariser dans le délai de dix jours. — Art. 27. Dans les trois mois de la publication des rôles, les percepteurs fourniront, s'il y a lieu, pour chacune des communes de leur réunion, des états présentant par nature de contribution les cotes qui leur paraîtraient avoir été indûment imposées. Ces états seront dressés par nature de contribution et présenteront tous les renseignements propres à éclairer l'administration sur la position des parties. — Art. 28. Les percepteurs seront aussi admis à présenter des états, comprenant les cotes ou partie de cotes devenues irrecouvrables en 186., à raison d'événements survenus postérieurement à la mise en recouvrement du rôle. — Art. 29. Les états de cotes indûment imposées doivent être présentés dans les trois mois de la publication des rôles, par l'intermédiaire des receveurs des finances, qui les feront parvenir à l'administration dans un délai de dix jours à dater de la remise qui leur en sera faite par le percepteur. Tout état qui parviendrait après cette époque ne serait pas soumis à l'instruction, et les contributions qui en seraient l'objet resteraient à la charge du percepteur. Les états de cotes irrécouvrables doivent être présentés avant le premier mois de chaque année pour l'exercice écoulé. Toutefois, conformément à l'art. 16 de la loi du 5 mai 1855, les cotes indûment imposées aux rôles des contributions directes, qui n'auraient pas été comprises dans les états présentés par les percepteurs et dont l'irrecouvrabilité serait d'ailleurs constatée, pourront être portées sur les états de cotes irrecouvrables rédigés en fin d'année et être allouées en décharge par le Conseil de préfecture. Mais les percepteurs ne perdront pas de vue qu'ils ne seront plus admis à inscrire sur leurs états de fin d'année des cotes indûment imposées qui auraient été omises dans leurs premiers états et qui *concerneraient des contribuables connus et solvables*. Il importe que, lorsque les débiteurs de ces cotes offriront une notoriété ou une responsabilité suffisante, les percepteurs s'abstiennent d'agir à leur égard autrement que par des indications officieuses, et préviennent notamment, en temps utile, ceux qui auraient été imposés *par double emploi*, que les agents du recouvrement n'ayant pas qualité pour réclamer en leur lieu et place, ils doivent présenter eux-mêmes leurs réclamations dans les trois mois, soit de la publication du rôle, s'ils n'ont pas changé de résidence, soit à partir de l'époque où ils ont eu connaissance de leur double cotisation, s'ils ont transféré leur domicile dans une autre commune. — Art. 30. Indépendamment des états dont il vient d'être parlé, les percepteurs devront présenter, sous forme d'état, des demandes de rectification des erreurs qu'ils reconnaîtront dans les rôles et provenant du fait même de la confection. Ces états, dressés après la vérification des rôles, contiendront tous les renseignements propres à éclairer les faits signalés ; ils seront adressés aux Sous-Préfets, et au Préfet pour l'arrondissement de .... Ils seront ensuite instruits dans la forme accoutumée et renvoyés aux percepteurs, avec les décisions intervenues, pour être annexés aux rôles. Il est interdit aux percepteurs d'opérer eux-mêmes aucun changement sur les rôles. — Art. 31. Il sera ouvert à la préfecture et dans chaque sous-préfecture un registre pour l'inscription des réclamations. Ces réclamations seront enregistrées par ordre et aussitôt après leur présentation. Celles des arrondissements seront transmises immédiatement au Préfet. A l'expiration du délai accordé pour réclamer, ce registre sera clos, et les Sous-Préfets en adresseront une copie au Préfet. Les réclamations présentées après ce délai seront également transmises par eux au Préfet, pour faire statuer sur la question de déchéance. — Art. 32. Aussitôt que les réclamations leur seront adressées, les contrôleurs vérifieront les faits et donneront leur avis, après avoir pris celui du Maire pour la contribution des patentes, et celui du Maire et des répartiteurs pour les autres contributions. Si le directeur des contributions directes est d'avis qu'il y a lieu d'admettre la demande, il fera son rapport, et le Conseil de préfecture statuera. Dans le cas contraire, le directeur exprimera le motif de son opinion transmettra le dossier à la sous-préfecture, et invitera le réclamant à entreprendre communication et à faire connaître, dans les dix jours, s'il veut fournir de nouvelles observations ou recourir à la vérification par voie d'experts. Lorsque l'expertise sera demandée, les deux experts seront nommés, l'un par le Sous-Préfet, l'autre par le réclamant, et il sera procédé à la vérification dans les formes prescrites par l'arrêté du Gouvernement, du 24 floréal an VIII. — Art. 33. Si le Conseil de préfecture juge nécessaire d'ordonner une contre-vérification, cette opération sera faite par l'inspecteur des contributions, ou, à son défaut, par un contrôleur autre que celui qui aura procédé à la première instruction, en présence du maire ou de son délégué, et du réclamant ou de son fondé de pouvoirs. L'inspecteur dressera procès-verbal, mentionnera les observations du réclamant, celles du Maire, s'il s'agit d'une taxe pour patente, et celles du Maire et des répartiteurs, si la réclamation est relative à une autre contribution, et donnera son avis. Le Directeur fera son rapport, et le Conseil de préfecture prononcera. Le recours contre les arrêts du Conseil de préfecture sera transmis par l'intermédiaire du Préfet, et sans frais. Lorsque le pourvoi aura pour objet une cote au-dessus de 30 francs, la requête et les expéditions des pièces à produire au Conseil d'État devront être timbrées. — Art. 34. Les contrôleurs mettront la plus grande célérité dans l'instruction des réclamations, afin que les contribuables jouissent promptement des dégrèvements auxquels ils peuvent avoir droit. Il leur est recommandé de vérifier avec la plus sévère exactitude les états de cotes indûment ouvertes, de les faire disparaître par leurs états de changements, de vérifier aussi très-scrupuleusement les états de cotes irrécouvrables, et de s'assurer qu'ils sont rédigés avec fidélité. — Art. 35. Le présent arrêté sera inséré au *Recueil des Actes de la préfecture*, publié et affiché dans toutes les communes du département, à la diligence des Maires, qui en certifieront l'affiche. Des exemplaires en seront adressés aux Sous-Préfets, receveurs des finances, Directeur, inspecteurs, contrôleurs et percepteurs des contributions directes, chargés, chacun en ce qui le concerne, de concourir à son exécution. Ampliation en sera transmise au Ministre secrétaire d'État des Finances.

Rôles des prestations pour les travaux des chemins vicinaux. — Publication. — Le Préfet, — Vu la loi du 21 mai 1836, l'instruction ministérielle du 24 juin suivant et l'arrêté règlementaire du ... relatif à l'exécution de la dite loi ; — les circulaires de M. le Ministre de l'Intérieur, des 13 juin 1838 et 30 janvier 1839 ; — celles de M. le Ministre des Finances des 14 juin 1838 et 17 mai 1857 ; et celle de M. le Directeur général des contributions directes du 12 décembre 1846 ; — Considérant que les rôles des prestations de 186 pour les travaux des chemins vicinaux, sont rendus exécutoires, et que ces rôles doivent être publiés dans la même forme que ceux des contributions directes ;

— Arrête : — Art. 1. Les rôles des prestations de 186 pour les travaux des chemins vicinaux seront, ainsi que les avertissements y relatifs, transmis sans délai aux percepteurs-Receveurs municipaux, à la diligence de M. le Directeur des contributions directes, et par l'intermédiaire de MM. les receveurs des finances. — Art. 2. Les percepteurs-receveurs municipaux communiqueront sans retard ces rôles aux Maires, qui devront en faire faire la publication dans les mêmes formes que pour ceux des contributions directes. Les Maires certifieront sur les rôles mêmes que cette formalité a été remplie, et les rendront immédiatement aux percepteurs, qui enverront sans délai à M. le Directeur des contributions directes, chacun pour son arrondissement de perception, et par l'entremise du receveur des fiinances, un état, indiquant, par commune, la date de la publication. Les percepteurs indiqueront sur les avertissements, avant de les faire distribuer aux prestataires, la date de cette publication. — Art. 3. Chaque contribuable sera tenu de déclarer devant le Maire de la commune, *dans le mois de la publication du rôle*, s'il entend se libérer en argent ou en nature. Faute par lui d'avoir fait cette déclaration, sa cote sera de droit exigible en argent. — Art. 4. Le Maire, ou son adjoint, s'il l'a délégué, recevra les déclarations des contribuables sur un registre ouvert à cet effet à la mairie. *Le delai d'un mois expiré, le Maire procèdera à la clôture du registre, et le transmettra immédiatement au percepteur-receveur municipal qui annotera au rôle les déclarations faites.*—Art. 5. Dans la quinzaine qui suivra l'expiration du délai d'option, le percepteur-receveur municipal formera et adressera au Maire un relevé du rôle des prestations divisé en deux parties : la première comprendra, pour chaque contribuable, nominativement, les journées de prestations d'hommes, d'animaux et de charrois, que le contribuable aura déclaré vouloir acquitter en nature ; la seconde comprendra seulement le montant total des cotes qui seront exigibles en argent, soit parce que les contribuables auront préféré ce mode de libération, soit parce que, à défaut d'option dans le délai voulu, les cotes seront devenues exigibles en argent. Dans le même délai de quinzaine, le percepteur-receveur municipal nous adressera un état sommaire faisant connaître pour chacune des communes de sa perception, le nombre de journées de prestations de diverses espèces que les contribuables auront déclaré vouloir acquitter en nature, et le montant des cotes exigibles en argent. — Art. 6. Conformément à la délibération du Conseil général du département du ..., le tarif du rachat des journées de prestation est maintenu pour le département, savoir: A [1 franc] pour chaque journée d'homme ; a [1 franc pour chaque journée de bœuf, vache, cheval ou mulet ; a [50 centimes] pour chaque journée de charrette ou voiture non attelée. — Art. 7. Les percepteurs-receveurs municipaux resteront chargés de suivre le recouvrement des cotes payables en argent ; ils se conformeront aux règles suivies en matière de contributions directes. Les poursuites que peut exiger la rentrée de ces cotes devront être exercées conformément au mode en vigueur pour les contributions directes, et sous la surveillance des receveurs des finances. Lorsque les receveurs municipaux auront à faire des poursuites de cette nature, ils remettront aux Maires de chaque commune une liste des contribuables en retard, indicative de la somme due par chacun d'eux, soit en argent, soit en journées de travail, et ils leur demanderont l'autorisation de poursuivre par voie de garnison collective. Le Maire, après avoir engagé les contribuables à se libérer sans frais, donnera, s'il y a lieu, son autorisation au bas de l'état ; cet état, ainsi approuvé, sera présenté au receveur des finances pour la délivrance de la contrainte, laquelle sera ensuite soumise au Sous-Préfet pour être déclarée exécutoire. rLe eceveur municipal ne devra, au reste, donner cours aux poursuites qu'après les avoir fait précéder d'un avertissement gratis ou d'une nouvelle publication dans la commune. — Art. 8. Tout contribuable qui croira devoir former une demande en décharge ou réduction de sa cote, remettra sa pétition à la sous-préfecture avant le 1er avril 186 , terme de rigueur. Les demandes devront être formées sur papier libre, mais chacune d'elles devra être appuyée de l'avertissement ou d'un extrait du rôle. — Art. 9. Il sera ouvert dans chaque sous-préfecture un registre spécial destiné à l'inscription de ces demandes. — Art. 10. Les états des cotes indûment portées aux rôles, que les percep'eurs-receveurs municipaux pourront avoir à fournir, ne seront admis que jusqu'au 1er avril 186 exclusivement. Ils devront être produits en double expédition et dans la même forme que pour les contributions directes. — Art. 11. Les états des cotes ou portions de cotes devenues irrecouvrables devront être remis aux Maires avant le 1er mai 186 , conformément à la circulaire du ..., insérée au *Recueil des Actes administratifs*. — Art 21. Le présent arrêté sera inséré au *Recueil des Actes administratifs*, et imprimé en placard, pour être, à la diligence de MM. les Sous-Préfets et les Maires, publié et affiché dans chaque commune.

Rôle de la rétribution scolaire. — Voir au mot : **Instruction primaire.**

Rôles de la taxe municipale sur les chiens.—Publication.— Le Préfet,— Vu la loi du 2 mai 1855 qui a établi, à partir du 1er janvier 1856, une taxe municipale sur sur les chiens; — le décret du 4 août suivant, portant règlement d'administration publique pour l'exécution de cette loi; — les instructions ministérielles relatives à l'application de la loi et du décret, — Arrête : — Art. 1. Les rôles généraux, pour l'année 186 , de la taxe municipale établie sur les chiens, ainsi que les rôles supplémentaires qui pourront être émis dans le courant de ladite année, seront publiés par les soins des Maires, dès qu'ils leur auront été remis par les receveurs municipaux.—Art. 2. Les Maires certificront sur ces rôles la date de leur publication, et cette date sera indiquée par le receveur municipal sur les avertissements, avant la distribution qui devra en être faite sans retard aux contribuables. Cette distribution s'effectuera *gratis* à la diligence des receveurs municipaux. Immédiatement après la publication desdits rôles, les percepteurs-receveurs municipaux établiront, chacun pour son arrondissement de perception, un état indiquant, par commune, la date de leur publication. — Ces états seront transmis, sans délai, à M. le Directeur des contributions directes, par l'intermédiaire de MM. les receveurs particuliers et le Trésorier-payeur des finances. — Art. 3. Les demandes individuelles en décharge ou réduction sur la contribution mentionnée en l'art. 1er devront, sous peine de déchéance, être présentées dans les trois mois de la publication des rôles qui y donneront lieu. Elles pourront être rédigées sur *papier libre*, dans tous les cas où elles auront pour objet des cotes de moins de trente francs. Chaque demande sera accompagnée d'un extrait du rôle et de la quittance constatant le payement des termes échus. — Art. 4. Les réclamations prévues par l'article précédent seront adressées à la préfecture, pour l'arrondissement chef-lieu, et aux sous-préfectures, pour les autres arrondissements. Elles y seront enregistrées sur un registre spécial, pour être ensuite instruites et jugées de la même manière que les réclamations aux contributions directes. — Art. 5. Les receveurs municipaux pourront, s'il y a lieu, former des états de cotes indûment imposées. Ces états devront être produits dans les trois mois qui suivront la date de la publication des rôles, et par l'intermédiaire des receveurs des finances, conformément à l'article 128 de l'instruction générale du 20 juin 1859. — Ils pourront également former des états de cotes irrécouvrables; toutefois, en ce qui concerne ces derniers états, ils devront procéder comme en matière de prestation pour les chemins vicinaux. — Art. 6. MM. les Sous-Préfets, Directeur des contributions directes, receveurs des finances, Maires et percepteurs-receveurs municipaux sont chargés d'assurer, chacun en ce qui le concerne, l'exécution du présent arrêté, qui sera inséré au *Recueil des Actes administratifs*, et imprimé en placard pour être affiché dans les communes.

Rôle de la taxe représentative des droits de transmission entre vifs et par décès, due, par les départements, communes, hospices, séminaires, fabriques, congrégations religieuses, consistoires, établissements de charité, bureaux de bienfaisance, sociétés anonymes et tous

établissements légalement autorisés, conformément à la loi du 20 février 1849. (Biens de main-morte). — Le Préfet, — Vu le présent rôle de la taxe représentative des droits de transmission entre vifs et par décès, due par des établissements propriétaires de biens de main-morte situés dans la commune de .... — Après avoir procédé à la vérification, en avons arrêté le montant à la somme de ... — Le percepteur fera le recouvrement du présent rôle, et en versera le montant dans les formes prescrites pour le recouvrement de la contribution foncière. Enjoignons aux administrateurs, receveurs, régisseurs aux autres représentants des établissements, d'acquitter les sommes y contenues, à peine d'y être contraints par les voies de droits. — Fait et arrêté à ... le ... 186 .

S

Sapeurs-pompiers. — Création d'une compagnie ou subdivision de compagnie. — Le Préfet, — Vu le décret du 11 janvier 1852, sur la garde nationale, et, notamment, l'art. 3 ainsi conçu : « La garde nationale est organisée dans toutes les « communes où le gouvernement le juge nécessaire. Elle est dissoute et réorganisée « suivant que les circonstances l'exigent. Elle est formée en compagnie, bataillon ou « légion, selon les besoins du service, déterminé par l'autorité administrative, qui pourra « créer des corps de sapeurs-pompiers; » — les instructions ministérielles, sur la matière ; — les propositions de M. ..., concernant la création d'un corps de sapeurs-pompiers à ... — Arrête : — Art. 1. Une [compagnie ou subdivision de compagnie] de sapeurs-pompiers est créée à ..., arrondissement de ... — Art. 2. L'effectif de cette subdivision est fixé à ... hommes. — Art. 3. La formation des cadres s'effectuera, conformément aux dispositions des art. 18 et 19 du décret du 6 octobre 1851. — Art. 4. Le présent arrêté sera adressé à M. le ..., chargé d'en assurer l'exécution.

Service médical.— Inspection des pharmacies.— Le Préfet,—Vu les lois des 19 ventôse et 21 germinal an XI, sur l'exercice de la médecine et de la pharmacie; — les art. 42 et 46 de l'arrêté du Gouvernement du 25 thermidor an XI sur les visites à faire chez les pharmaciens, les droguistes, les épiciers et les herboristes; — l'art. 17 de la loi du 23 juillet 1820, qui dispense du paiement du droit de visite les épiciers non droguistes chez lesquels il n'est pas trouvé de drogues appartenant à l'art de la pharmacie; — l'ord. du 20 septembre 1820, ensemble l'état qui y est annexé, indiquant les substances qui sont considérées comme drogues et rendront passibles du droit de visite les épiciers chez lesquels elles sont trouvées;—l'ordonnance du 18 juin 1823, qui assujettit à la visite les dépôts d'eaux minérales naturelles ou artificielles; — la loi du 9 juillet 1845, l'ordonnance du 29 octobre 1846, et le décret du 8 juillet 1850 sur le commerce et l'emploi des substances vénéneuses;—la loi du 27 mars 1851 sur les produits falsifiés ;—le décret impérial du 23 mars 1859, qui règle le mode à suivre pour l'inspection des officines des pharmaciens et des magasins des droguistes et épiciers, en exécution de la loi sus-visée du 19 ventôse an XI; —les circulaires de Son Exc. M. le Ministre de l'Agriculture, du Commerce et des Travaux publics, en date des 24 avril et 30 octobre 1859, pour l'exécution de ce décret; — l'arrêté préfectoral déterminant les circonscriptions d'inspection de la pharmacie dans ce département,—Arrête :—Art. 1. Sont nommés inspecteurs de la pharmacie, pour l'année 186., les membres des Conseils d'hygiène publique et de salubrité ci-après désignés, savoir : (*suivent les noms*). — Art. 2. L'inspection des officines, magasins, laboratoires des Pharmaciens, des droguistes, des épiciers et des herboristes existant dans le département, aura lieu, en 186 , du ... au ... : L'inspection s'étendra : — 1° aux officiers de santé établis dans les communes où il n'y a pas de pharmacie, et autorisés par l'art. 27 de la loi du 21 germinal an XI, à fournir des médicaments simples ou composés aux personnes qu'ils soignent; 2° aux dépôts d'eaux minérales naturelles et artificielles, fabriques d'eaux gazeuses, de cafés de chicorée, de pâtes phosphorées; et 3° aux confiseurs et liquoristes vendant des sirops. — Art. 3. Les inspecteurs de la pharmacie seront assistés dans leurs visites des commissaires de police, ou, à leur défaut des Maires ou Adjoints. En cas de contravention, ces fonctionnaires dresseront procès-verbal, pour être procédé contre les délinquants, conformément aux lois. — Art. 4. Les pharmaciens, épiciers, droguistes, herboristes, etc., sont tenus de représenter aux inspecteurs de la pharmacie, les drogues, compositions ou produits qu'ils ont en leur possession. Les drogues mal préparées ou détériorées, et les produits falsifiés seront saisis à l'instant même par le fonctionnaire ou agent public qui accompagnera la commission d'inspection. — Art. 5. Outre la vérification des médicaments, la commission recherchera, avec le plus grand soin, si les pharmaciens, officiers de santé et vétérinaires se conforment exactement aux mesures d'ordre et de précaution dont la loi a entouré la vente des substances vénéneuses, et notamment si les premiers placent sur leurs fioles ou paquets contenant des médicaments toxiques destinés à l'usage externe, l'étiquette *rouge-orangé* prescrite par l'arrêté préfectoral du... — Art. 6. Les dispositions de l'ordonnance du 29 octobre 1846 sont applicables à la *pâte phosphorée* et au papier *tue-mouches* (circ. minist. des 9 avril et 31 déc. 1852); — Art. 7. Les Inspecteurs de la pharmacie s'assureront que les pharmaciens sont pourvus du nouveau Codex, ainsi qu'il est prescrit par l'ord. du 8 août 1816; qu'ils se conforment à ses formules dans la composition des médicaments, et que, contrairement à l'article 5 de la loi du 4 juillet 1837, ils n'emploient pas dans leurs préparations des dénominations de poids et de mesures autres que celles du système métrique décimal. Les pharmaciens représenteront à cet effet à la commission les ordonnances médicales qu'ils auront exécutées; — Art. 8. Les inspecteurs de la pharmacie feront constater par procès-verbal toute contravention de la part des épiciers et droguistes aux dispositions de l'art. 33 de la loi du 21 germinal an XI, qui leur défend de vendre des préparations ou compositions pharmaceutiques, et même de débiter des drogues simples au poids médical. — Art. 9. Ils vérifieront si la formule officielle du *quinium* est strictement observée (circ. du 4 juil. 1857), si l'*onguent populeum*, pour le traitement des animaux domestiques, est préparé suivant les prescriptions du Codex; si les sangsues ne sont pas gorgées, ou, en d'autres termes, si elles ne contiennent pas de sang étranger (circ. du 10 juil. 1856); si des remèdes non inscrits au Codex, et sur lesquels l'Académie impériale ne s'est pas prononcée, ne sont pas présentés dans les annonces ou prospectus en des termes propres à faire croire à une approbation de la part de cette compagnie savante, et à la légalité de l'annonce et de la vente desdits remèdes (circ. du 25 avril 1859); si les sirops débités par les liquoristes et confiseurs ne sont pas falsifiés (circ. du 10 mai 1850); si les estagnons employés pour les eaux de fleurs d'oranger sont conformes aux prescriptions de l'arrêté préfectoral du ...; si les sulfates de quinine ne contiennent pas plus de 3 p. %, de mélanges; si les cafés chicorées en grains ne donnent pas, par l'incinération, un résidu de plus de 6 p. %, et ceux en poudre un résidu de plus de 12 p. % (circul. du 9 mars 1855); si l'arrêté préfectoral du ..., relatif au coloriage des liqueurs, sucreries, dragées et pastillages, et à l'emploi des papiers coloriés servant à l'emballage des denrées alimentaires, est ponctuellement exécuté; si les recettes des diverses compositions destinées à remplacer le vinaigre de vin, fabriquées ou vendues dans le département, sont parfaitement connues; si l'emploi de ces compositions, aux doses et dans les conditions où l'on fait usage du vinaigre servant à l'alimentation, n'est pas de nature à porter préjudice à la santé (circul. du 10 oct. 1855.); si la gaze verte, le tulle vert, dit d'*Azoff*, et les feuillages artificiels destinés à la parure des dames, ne sont pas teints au moyen de l'arsénite de cuivre (circul. du 16 août 1860.); si les fabricants et commerçants se conforment aux prescriptions de l'arrêté préfectoral du ..., qui interdit l'emploi des vases et des sels de cuivre dans les préparations des conserves de fruits et de légumes destinés à l'alimentation; si les préparations alimentaires ou médicinales sont faites avec des acides sulfuriques arsenicaux dont l'emploi offre des inconvénients graves (circ. du 25 janvier 1861); — Art. 10. Un échantillon des produits falsifiés sera transmis, avec l'analyse et le procès-verbal de saisie, au procureur impérial, pour l'application de la loi du 27 mars 1851. — Art. 11. Les inspecteurs de la pharmacie s'assureront, en outre, avant de quitter la commune, qu'aucune personne n'y exerce la médecine et la chirurgie et n'y pratique l'art des accouchements ou l'état de pharmacien sans être munie d'un titre régulier, et feront dresser contre les délinquants procès-verbal de contravention aux art. 25, 36 et 37 de la loi du 21 germinal an XI, et à l'art. 35 de celle du 19 ventôse même année. — Art. 12. Ils devront mettre à profit leurs tournées pour vérifier la qualité des substances alimentaires tenues par les épiciers et les droguistes, et s'assurer si ces commerçants prennent toutes les précautions nécessaires pour mettre en vente le sulfate de cuivre ou toute autre substance notoirement dangereuse, notamment s'ils les enferment dans des vases hermétiquement clos, parfaitement distincts et suffisamment éloignés des récipients contenant des denrées alimentaires ou médicinales. (circ. du 25 décembre 1857.) Ils éclaireront sur ces divers points les autorités appelées à constater les contraventions ou à en poursuivre les auteurs; — Art. 13. A la fin de leur tournée, MM. les inspecteurs de la pharmacie nous transmettront : 1º un rapport moral sur l'ensemble et les résultats généraux de l'inspection; 2º un état nominatif, avec indication des prénoms, profession, domicile de tous les pharmaciens, épiciers, droguistes, herboristes et autres passibles du droit de visite, afin de servir à confectionner le rôle prescrit par les règlements; 3º un état des journées employées à l'inspection pour servir à la fixation des honoraires. Il sera pourvu à leur payement conformément aux lois et instructions en vigueur. — Art. 14. Les épiciers et herboristes chez lesquels il ne sera pas trouvé de drogues appartenant à l'art de la pharmacie, et spécifiées dans la nomenclature annexée à l'ordonnance du 20 septembre 1820, ne seront pas assujettis au paiement du droit de visite. — Art. 15. Indépendamment de l'assistance qu'ils prêtent aux inspecteurs de la pharmacie, les Maires et commissaires de police doivent veiller en tout temps : 1º à ce qu'il ne soit fait aucune distribution de drogues ou préparations médicamenteuses sur des théâtres ou étalages dans les places publiques, foires et marchés (art. 36 de la loi du 21 germinal an XI); 2º à ce qu'il ne soit vendu, soit par les pharmaciens soit par d'autres, aucun remède secret, et à ce qu'il ne soit fait aucune annonce de ces remèdes, sous quelque dénomination que ce soit, par voie d'affiche ou de publication quelconque (art. 32 et 36 de la même loi et décret du 18 août 1810); 3' à ce que les pharmaciens ne se livrent dans leur officine à aucun autre commerce que celui des drogues et préparations médicinales; 4º à ce qu'il ne soit pas fait emploi de préparations saturnines pour la clarification et le collage de la bière (circ. du 10 juillet 1853); 5º et à ce qu'on ne fasse pas usage de tuyaux de plomb, cuivre ou zinc et de vases métalliques pour le transvasement des boissons et les usages alimentaires (arrêtés préfectoraux des ...); — Art. 16. MM. les Sous-Préfets, Maires et commissaires de police, ainsi que MM. les Inspecteurs de la pharmacie sont chargés, chacun en ce qui le concerne, de l'exécution du présent arrêté, qui sera inséré au *Recueil des Actes administratifs de la préfecture.*

Service médical. — Malades et vieillards entretenus dans leurs familles. —Le Préfet, — Vu la loi du 7 août 1851; — la délibération du Conseil général, en

.date du ... ; — Considérant que les prescriptions de la loi précitée peuvent se concilier avec une organisation ayant pour but de procurer aux malades incurables ou aux vieillards infirmes les soins qui leur sont nécessaires, en les confiant à leurs parents ou à des familles qui leur soient attachées par des rapports d'affection ou de bon voisinage ; — que ce nouveau mode aura pour résultat inévitable de fortifier, dans nos campagnes, les liens affaiblis de la famille et de permettre de secourir, avec les mêmes ressources, un bien plus grand nombre de ces malheureux, — Arrête :

CHAPITRE I. — *Objet de l'institution.* — Art. 1. Les indigents incurables et les vieillards infirmes pourront être secourus au compte du département et des communes, au moyen du crédit ouvert, à cet effet, au budget départemental de chaque année, de ceux votés par les Conseils municipaux et au moyen des subventions qui pourraient être accordées par l'État, les bureaux de bienfaisance ou la charité privée. Ces secours consisteront à assurer, moyennant une pension, l'entretien et les soins convenables aux indigents incurables et aux vieillards infirmes, dans leurs propres familles ; à défaut, dans des familles que des liens de parenté, d'affection ou de voisinage recommanderaient au choix de l'administration ; enfin, et seulement pour quelques cas exceptionnels, dans l'hospice et dans les établissements charitables. — Art. 2. Sont réputés incurables, les indigents des deux sexes atteints d'une affection chronique rebelle aux secours de l'art, qui les empêche de subvenir à leurs besoins par le travail. Les vieillards infirmes sont ceux qui sont également réduits à l'impuissance de travailler par suite de leur âge.

CHAPITRE II. — *Conditions d'admission.* — Art. 3. Les vieillards ne pourront être admis aux secours, pour cause de caducité, s'ils n'habitent le département depuis dix ans, et avant l'âge de 70 ans révolus. Les incurables pourront être admis au-dessous de cet âge, en cas de nécessité absolue dûment établie. — Art. 4. Les placements seront prononcés par le Préfet et ne peuvent être accordés que sur la présentation des pièces ci-après : 1° une demande de la personne intéressée, ou d'un membre de sa famille, ou du Maire de la commune ; 2° l'acte de naissance du malade ou de l'infirme ; 3° un certificat du Maire de chacune des communes où le postulant aura résidé depuis dix ans, constatant la durée de son domicile dans chacune d'elles, qu'il est de bonnes vie et mœurs, ses moyens d'existence personnelle et ceux des parents auxquels des secours pourraient être réclamés en sa faveur, aux termes des articles 205 et suivants du Code Napoléon (1) ; ce certificat sera conforme au modèle ci-après, n° 1 ; 4° une délibération du Conseil municipal, modèle n° 3, faisant connaître à l'appréciation de l'assemblée sur la demande qui lui sera soumise et portant, s'il y a lieu, vote des fonds nécessaires pour la quote-part incombant à la commune, selon les prescriptions du tarif inséré dans l'arrêté susvisé du ... ; 5° un certificat du percepteur énonçant la quotité des contributions payées tant par la personne à admettre que par les membres de sa famille, désignés dans le paragraphe 3 ci-dessus ; 6° un certificat d'un médecin inscrit au tableau officiel des hommes de l'art du département, indiquant la nature de l'infirmité ou de la maladie, et constatant l'impossibilité où est le pétitionnaire d'obtenir sa guérison et de travailler pour vivre. Ce certificat fera connaître, en outre, si l'infirmité ou la maladie peuvent être soignées à domicile, ou si l'admission dans un hospice est indispensable. La signature du médecin sera légalisée par le Maire de la commune ; 7° l'avis particulier du Maire, du Juge de paix et celui du Sous-Préfet pour les arrondissements de ... et de ... — Art. 5. Toutes ces pièces seront délivrées gratuitement et sur papier libre. — Art. 6. MM. les Maires sont autorisés, par le présent, à convoquer

---

1 Art. 205. Les enfants doivent des aliments à leurs père et mère, et autres ascendants qui sont dans le besoin. — Art. 206. Les gendres et les belles-filles doivent également, et dans les mêmes circonstances, des aliments à leurs beau-père et belle-mère, mais cette obligation cesse 1° lorsque la belle-mère a convolé à de secondes noces ; 2° lorsque celui des époux qui produisait l'affinité et les enfants issus de leur union avec l'autre époux, sont décédés. — Art. 207. Les obligations résultant de ces dispositions sont réciproques.

extraordinairement les Conseils municipaux pour l'exécution du paragraphe 4 de l'article 5 ci-dessus.

CHAPITRE III. — *Des placements dans les familles.* — Art. 7. Le secours a pour objet d'améliorer l'existence du vieillard ou de l'incurable au sein de sa famille. Ce ne sera qu'à défaut de famille propre au pensionnaire que les placements pourront avoir lieu dans d'autres familles que des liens de parenté, d'affection ou de voisinage désigneront au choix de l'Administration, et qui deviendront ainsi famille d'adoption des pensionnaires. Aucun placement ne pourra avoir lieu que dans des familles offrant toutes les garanties désirables sous le rapport de la moralité et sous celui du bien-être des personnes qui leur seront confiées. A cet effet, le Maire du domicile de l'incurable ou du vieillard produira, à l'appui de toute demande de pension, des renseignements sur les nom, âge, profession, position de fortune et réputation des personnes qui consentiraient à se charger du pensionnaire. Ces renseignements feront connaître si, au double point de vue de l'étendue et de la salubrité, l'habitation proposée est propre à recevoir un incurable ou un vieillard. — Art. 8. Le prix et les conditions du placement seront réglés par des traités particuliers conformes au modèle n° 2. Ce prix est fixé à quatre-vingt francs (80 fr. 00) par an. Il pourra néanmoins, par suite de circonstances particulières et exceptionnelles, notamment de l'état sanitaire du pensionnaire, être porté à un chiffre plus élevé. Il sera payé par trimestre écoulé, sur un certificat de vie du pensionnaire délivré par le Maire de la commune. A cet effet, l'administration départementale, à l'expiration de chaque trimestre, adressera une formule de certificat au Maire, qui devra la lui renvoyer de suite, dûment remplie, de manière que le paiement n'éprouve aucun retard. — Art. 9. Les indigents secourus en vertu du présent arrêté, sont confiés à la surveillance tant de l'autorité locale que du bureau de bienfaisance et de l'inspecteur départemental de l'assistance publique. Ils seront inscrits de droit sur la liste de la médecine et de la pharmacie gratuites de la commune où ils auront leur résidence, et profiteront du bénéfice de cette œuvre. — Art. 10. La mendicité leur est formellement interdite. Toute contravention à cette disposition entraînera la suppression immédiate du secours. — Art. 11. En cas de décès, le Maire devra en informer l'administration sur-le-champ, en adressant à la préfecture une expédition sur papier libre de l'acte du décès.

CHAPITRE IV. — *Placements dans les hospices.* — Art. 12 Lorsque des vieillards ou des incurables admis aux secours ne pourront, à raison de leur état de santé, recevoir à domicile des soins convenables, leur placement pourra être ordonné dans un établissement hospitalier. — Art 13. Dans ce cas, ils seront nourris, habillés et entretenus par l'hospice, moyennant le prix déjà fixé ; ils seront tenus de se conformer en tous points aux règlements qui régissent les établissements où ils seront admis. — Art. 14. Les commissions administratives des hospices adresseront au Préfet des rapports semestriels des médecins de ces établissements sur l'état des infirmités ou des maladies des indigents admis au compte du département ou des communes. Ces commissions devront l'informer, dans le plus bref délai, de l'époque des entrées et des décès.

CHAPITRE V. — *Dispositions générales.* — Art. 15. Les indigents et les vieillards infirmes placés au compte du département et des communes, soit dans les hospices, soit dans les familles, ne pourront continuer à y être maintenus lorsque les raisons qui auront motivé ces placements auront cessé. Le Maire de la commune du domicile des indigents devra signaler au Préfet les ressources qui leur seraient survenues depuis leur admission par succession ou autrement. En cas de guérison, elle sera constatée soit par le médecin de l'hospice si le pensionnaire est placé dans un établissement charitable, soit par un médecin de la localité, commis par le Maire, si le malade a reçu un autre placement. — Art. 16. Le renvoi des incurables et des vieillards sera prononcé par arrêté du Préfet. — Art. 17. Les arrêtés d'admission ou de renvoi seront notifiés, suivant les cas, au Maire du domicile de l'indigent, à celui de la commune où le placement aura été opéré, à l'Inspecteur de l'assistance publique et à la Commission administrative de l'hospice. — Art. 18. Le présent arrêté sera exécutoire à compter du .... Les dispositions de l'arrêté du ..., qui seraient contraires aux présentes, sont et demeurent rapportées.

ANNEXE. — Modèle n° 1. Certificat d'indigence délivré à l'appui des demandes d'admission. Nous soussigné, Maire de la commune de ..., certifions : 1° que le nommé ... a habité cette commune depuis le ... jusqu'au ...; 2° qu'il est de bonne vie et mœurs; 3° que ses moyens d'existence personnels consistent uniquement dans ...; 4° qu'il n'a pour parents appelés par la loi à lui fournir des aliments que les personnes ci-après : 1° ...; 2° ...; 3° ...; 5° que les moyens d'existence des personnes ci-dessus désignées consistent dans ... Fait à ..., le ... 18.. (*Signature du Maire.*)

Modèle n° 2. *Traité.* Entre les soussignés, M. ... Maire de la commune de ..., y demeurant, agissant au nom et comme délégué de M. le Préfet de ..., d'une part; et ..., demeurant en ladite commune, agissant en son nom personnel, d'autre part; en présence des sieurs ..., comparants comme témoins du présent traité, a été arrêté et convenu ce qui suit : — Art. 1. Le sieur ... s'oblige à prendre chez lui, à titre de pensionnaire du département et à partir du jour où le présent traité aura été reçu, par M. le Maire, revêtu de l'approbation de M. le Préfet, le nommé ..., atteint de ...; s'engage à le loger, nourrir, chauffer, éclairer, blanchir, soigner d'une manière convenable, et à l'entourer de tous les égards que comporte sa situation. Cet engagement comprend, en outre, la fourniture et le raccommodage du linge, des vêtements, de la coiffure et de la chaussure du pensionnaire. — Art. 2. Le sieur ... déclare se soumettre en tous points à l'exécution des dispositions règlementaires qui régissent le service des indigents incurables et vieillards infirmes, et principalement à celles de l'art. 9 relatives à la surveillance du pensionnaire. En cas de maladie de ce dernier, le sieur ... devra appeler un des médecins de la localité la plus voisine et administrer au malade les médicaments qui auront été prescrits et qu'il pourra se procurer gratuitement chez les pharmaciens après avoir, au préalable, fait viser l'ordonnance du médecin par le Maire. — Art. 3. Le présent traité est fait moyennant la somme annuelle de ... francs, payable à la caisse du receveur municipal de ..., en quatre paiements égaux, dans le mois qui suivra l'expiration de chaque trimestre. Ces paiements auront lieu en vertu de mandats délivrés par M. le Préfet, sur la production du certificat de vie du pensionnaire fourni par le Maire, conformément aux prescriptions du § 2 de l'art. 8 du règlement. — Art. 4. A défaut d'exécution pleine et entière des obligations contractées par lui, l'administration départementale sera en droit de prononcer sur-le-champ la résiliation de ce traité. Elle demeure seule juge du mérite des rapports sur lesquels serait basée sa décision. — Art. 5. En cas de décès du sieur ..., ou s'il sortait pour une cause quelconque de la famille où il est placé, la pension ne pourra être réclamée pour le restant à courir du terme dans lequel le décès ou la sortie aura eu lieu; elle ne sera due que pour le temps couru depuis l'expiration du trimestre précédent. — Art. 6. Le présent traité ne peut engager l'administration au delà du 31 décembre 186 . Toutefois, si elle n'a pas fait connaître, un mois à l'avance, que ce traité doit cesser à ladite époque, il sera prorogé de plein droit, et par tacite reconduction, pour l'année suivante, et ainsi de suite d'année en année. Le présent ne sera définitif qu'après l'approbation de M. le Préfet. Fait double entre les parties, sous leurs signatures privées. A ..., le ... 186...Vu et approuvé par nous, Préfet de ...

Modèle n° 3. Délibération du Conseil municipal. L'an mil huit cent soixante ..., et le ..., le Conseil municipal de la commune de ... s'est réuni en séance extraordinaire, sur la convocation de M. le Maire et en vertu de l'art. 6 de l'arrêté réglementaire sur le service des infirmes ou des malades incurables, en date du ..., à l'effet de délibérer sur la demande adressée à M. le Maire par le sieur ..., tendant à être admis aux secours accordés par l'arrêté précité. Étaient présents MM. ... Le Conseil, après avoir entendu l'exposé de M. le Président, après avoir pris connaissance des pièces annexées à la demande et qui sont conformes à celles prescrites par l'art. 4 du même arrêté et après en avoir délibéré, considérant que le sieur ... est ...; qu'il ne peut plus se livrer à aucun travail et qu'il est dénué de toute espèce de ressources; que les parents qui, aux termes des art. 205, 206 et 207 du Code Napoléon, seraient tenus de lui donner des aliments, sont notoirement indigents et ne peuvent lui venir en aide, est d'avis qu'il soit établi sur la tête dudit sieur ..., un secours annuel et viager de la somme de quatre vingts francs (80 fr. 00), qui sera payable à l'expiration de chaque trimestre, à la personne qui sera chargée de le garder, et, à cet effet, vote la somme de ..., formant la quote-part de la commune, conformément au tarif annexé à l'arrêté préfectoral du ...; déclare que cette somme sera portée annuellement en dépense au budget pendant la vie dudit sieur ..., et deviendra obligatoire pendant tout ce temps. Dans le cas où ledit sieur ..., à raison de son état de santé, devrait être placé dans un établissement hospitalier, la part de dépense afférente à la commune serait établie également selon les bases fixées dans l'arrêté préfectoral du ... et portée annuellement au budget. Ainsi délibéré à ..., les jours, mois et an que dessus.

Service médical de charité. — Organisation. — Le Préfet, — Vu la circulaire de Son Exc. le Ministre de l'Intérieur en date des 3 août 1852 et 15 août 1854, relatives à l'institution des médecins cantonaux ; — la circulaire de Son Exc. le Ministre de l'Agriculture et du Commerce du 21 août 1854, relative au même objet ; — la délibération du Conseil général de ..., en date du ... ; — Considérant que les villes sont généralement dotées d'établissements charitables où l'ouvrier indigent et malade trouve les secours qui lui sont nécessaires, mais que les communes rurales n'offrent aux populations aucune ressource de ce genre ; — qu'il importe de remédier à cet affligeant état de choses ; — Arrête : — Art. 1. Il est institué dans le département de ..., à partir du ... un service médical de charité pour les communes rurales. — Art. 2. Le service médical de charité sera fait par tous les médecins du département. — Art. 3. Il sera assigné, par le Préfet, à chaque médecin, une circonscription médicale. — Art. 4. Les médecins de charité, suivant l'honorable engagement qu'ils ont pris, donneront, gratuitement, leurs soins aux familles les plus nécessiteuses de chaque commune. — Art. 5. La liste de ces familles nécessiteuses sera dressée dans chaque commune par le bureau de bienfaisance, s'il en existe un, et, à défaut de bureau de bienfaisance, par un comité composé du Maire, du curé et de trois membres du Conseil municipal choisis par le Maire. Cette liste, qui sera renfermée, autant que possible, dans la limite de [5 familles sur 100], sera adressée au Préfet par MM. les Maires, directement pour l'arrondissement chef-lieu, ou par l'intermédiaire de MM. les Sous-Préfets pour les autres arrondissements. Elle ne sera rendue définitive que lorsqu'elle aura été revêtue de l'approbation du Préfet. — Art. 6. Des médicaments seront mis à la disposition des médecins de charité. Ces médicaments seront délivrés par les pharmaciens les plus rapprochés, sur un bon signé par le médecin de charité, et visé par le Maire de la commune. Ils seront payés, à la fin de chaque année, sur un mémoire en double expédition, dont une sur papier timbré, appuyé des bons du médecin, soit au moyen d'une subvention départementale, soit au moyen d'un prélèvement de ... fr. par 7,000 fr. sur les revenus des communes. — Art. 7. Les médecins de charité se rendront, une fois par mois, au chef-lieu de chaque commune, pour y donner des consultations et des soins gratuits aux membres des familles comprises sur la liste approuvée par le Préfet. — Art. 8. Les médecins de charité auront soin de faire connaître à l'avance, à MM. les Maires, les jours et heures auxquels ils se trouveront dans leurs communes, afin que les intéressés puissent être prévenus en temps utile. — Art. 9. Dans les circonstances exceptionnelles (maladies ou accidents graves), les médecins de charité peuvent être appelés par les indigents compris dans la liste mentionnée en l'art. 5, auxquels ils veulent bien donner des soins gratuits. — Art. 10. Il sera déposé à la mairie de chaque commune, un registre sur lequel sera inscrit la date à laquelle auront eu lieu les tournées périodiques de MM. les médecins de charité. Il sera également fait mention, sur ce registre, des vistes extraordinaires qu'ils auront effectuées, gratuitement, dans la commune pendant l'année. Ce registre contiendra les noms des personnes auxquelles il aura été donné des consultations gratuites ou qui auront été soignées extraordinairement, et il sera signé et certifié par les Maires et les médecins de charité. — Art. 11. Les médecins de charité pourront être appelés, en cas d'épidémies, à donner leur soins gratuits aux personnes de leur circonscription. Dans ce cas, et toutes les fois qu'ils seront chargés par l'administration d'une mission relative aux épidémies, ils recevront du département des frais de déplacement qui seront réglés par le Préfet. — Art. 12. Chaque médecin de charité, lorsqu'il aura été chargé d'une mission concernant les épidémies, devra nous rendre compte, dans un rapport spécial, du résultat de ses observations. — Art. 13. Les médecins de charité sont aussi chargés du service de la vaccine, dans la circonscription qui leur sera assignée. Ils auront soin de dresser, annuellement, un rapport sur le service de la vaccine dans leur circonscription, ainsi qu'un état par commune qui contiendra : 1° un n° d'ordre ; 2° la date des vaccinations ; 3° les noms et prénoms des individus vaccinés; 4° leur âge; 5° leur domicile ; 6° le nombre de piqûres ; 7° la date de la deuxième visite ; 8° le nombre de boutons développés; 9° les revaccinations; 10° enfin, une colonne destinée aux observations particulières. Ils établiront, en outre, un état relatif à la variole qui présentera la date de l'invasion de la maladie, le nombre des sujets qui auront été atteints, et ceux qui en seront restés infirmes, défigurés, ou qui en seront morts. Ils devront aussi noter toutes les observations importantes que leur offrirait leur service, soit relativement aux vaccinations opérées après les vaccines qui auraient authentiquement réussi, ou après les varioles constatées, soit sous le rapport de l'influence que la vaccine leur aurait paru avoir sur le développement de telles ou telles maladies, ou les modifications qu'elle y aurait apportées, soit enfin de son effet sur la santé générale. Les rapports et les états mentionnés ci-dessus seront remis, dans le mois de janvier, à MM. les Maires, qui en certifieront l'exactitude et les transmettront au Préfet, directement pour l'arrondissement de ..., et par l'intermédiaire de MM. les Sous-Préfets pour les autres arrondissements. — Art. 14. Des primes seront données à ceux de MM. les médecins de charité, qui, proportionnellement à la population de leur circonscription, seront reconnus avoir le plus puissamment contribué à la propagation de la vaccine. Ces primes seront accordées par le Préfet, d'après l'avis des comités qui seront institués dans chaque arrondissement. — Art. 15. Tous les ans, il sera fait, par les soins de MM. les Sous-Préfets, un relevé des visites périodiques ou extraordinaires, effectués dans les communes par les médecins de charité. — Art. 16. Trois primes seront accordées aux médecins de charité qui, par le nombre de leurs visites, auront montré le plus de dévouement. Ces primes seront : la 1re de ... fr.; la 2me de ... fr. et la 3me de ... fr. — Art. 17. Ces primes, sur la demande des médecins, pourront être converties en médailles d'or de même valeur, sur lesquelles sera inscrit le témoignage de la reconnaissance du Conseil général envers les médecins qui ont fait un si noble usage de leur science et de leur temps. — Art. 18. MM. les Sous-Préfets, les Maires, les médecins de charité et les pharmaciens sont invités à assurer, chacun en ce qui le concerne, l'exécution du présent arrêté.

Service médical de charité. — Organisation *ou* **réorganisation des circonscriptions cantonales.** — Le Préfet, — Vu notre arrêté en date du ..., relatif à l'organisation du service médical gratuit dans le département; la dépêche, en date du ..., par laquelle Son Exc. M. le Ministre de l'Intérieur nous autorise à le mettre à exécution à partir du ...; sur les propositions de MM. les Sous-Préfets; — Arrête : — Art. 1. Les circonscriptions médicales de chaque canton du département, et l'organisation du personnel des médecins commissionnés pour le service médical gratuit de charité, à partir de 186 , sont fixées ainsi qu'il suit (*suit le tableau*). — Art. 2. MM. les Sous-Préfets, les Maires, etc., sont chargés de l'exécution du présent arrêté.

Service médical. — Maisons de tolérance. — Le Préfet, — Vu les lois des 16-24 août 1790, et 19-22 juillet 1791 ; — Considérant qu'il nous appartient de prendre, dans les limites de notre département, toutes les mesures générales qui intéressent l'ordre, la morale et la sûreté publique ; — Arrête : — Art. 1. Aucune maison publique, dite de tolérance, ne pourra être établie dans le département de ..., sans l'autorisation formelle de l'autorité municipale compétente. — Art. 2. Aucun établissement de ce genre ne sera autorisé dans le voisinage des églises, des séminaires, des couvents, des casernes, des écoles, pensionnats ou autres maisons d'éducation. — Art. 3. Le présent arrêté sera inséré au *Recueil des Actes administratifs* et notifié, en la forme ordinaire, à MM. les Maires et commissaires de police, qui demeurent chargés d'en assurer l'exécution.

Service médical. — Santé publique : Mouches venimeuses. — Le Préfet, — Vu la loi des 16 et 24 août 1790, titre XI, art. 3, n 5 ;

Vu la loi du 10 juillet 1837, art. 9, n° 3 ;

Vu la loi des 28 septembre et 6 octobre 1791, titre II, art. 13 ;

Vu l'arrêté du Gouvernement du 27 messidor an V ;

Vu la lettre de S. Exc. M. le Ministre de l'Intérieur en date du 14 décembre 1863 ;

Considérant que la fâcheuse habitude d'exposer à l'air libre les cadavres d'animaux morts de maladie contagieuse ou ceux d'animaux nuisibles qui ont été atteints et tués est essentiellement dangereuse et préjudiciable à la salubrité et à la santé publiques ;

Considérant que bien que la piqûre des mouches ne soit pas charbonneuse en elle-même, cependant les cas d'affections charbonneuses, provenant de piqûres de mouches ayant séjourné sur les cadavres et dépouilles d'animaux, deviennent plus fréquents ;

Considérant qu'il convient de diminuer les chances d'accidents par l'observation stricte des dispositions de la loi ;

Sur l'avis du Conseil départemental d'hygiène et de salubrité ;

ARRÊTE :

Art. 1. Tous bestiaux ou animaux morts seront immédiatement enfouis, et au moins à 1^m,30 de profondeur, par le propriétaire, dans son terrain, ou voiturés à l'endroit désigné par la municipalité, pour y être également enfouis à la profondeur indiquée.

Art. 2. Si les bestiaux ou animaux sont morts de maladies contagieuses, ils seront enfouis avec leur peau laissée intacte de tous points, dans une fosse de 2^m,60 de profondeur, et à 100 mètres au moins de toute habitation, par le propriétaire ou, à défaut, à la diligence du Maire.

Art. 3. L'exhumation de ces cadavres d'animaux et l'emploi industriel de tout ou partie de leurs corps sont sévèrement interdits.

Art. 4. Il est également interdit de laisser, sous aucun prétexte, exposés sur le sol, dans les champs ou prairies, ou pendus à des arbres, les cadavres ou dépouilles d'animaux quelconques.

Art. 5. Ces dispositions ne font pas obstacle à ce que l'autorité locale permette que les dépouilles et les débris d'animaux, spécifiés en l'article premier, soient enlevés, transportés et recueillis, avec les précautions suffisantes, dans un atelier d'équarrissage, à la condition que le transport sera effectué dans la journée.

Art. 6. Les contraventions aux dispositions qui précèdent seront constatées par des procès-verbaux et poursuivies conformément aux lois.

Art. 7. Le présent arrêté sera inséré au *Recueil des Actes administratifs* et imprimé en placard pour être, à la diligence de MM. les Maires, publié et affiché dans les communes.

MM. les Sous-Préfets, Maires et officiers de police, la gendarmerie et les gardes champêtres, sont chargés, chacun en ce qui le concerne, d'en assurer l'exécution.

SOINS INDISPENSABLES A DONNER A TOUTE PERSONNE PIQUÉE.

Examiner d'abord avec attention la petite plaie, si tant est qu'elle soit suffisamment visible. Si l'aiguillon que l'insecte pourrait avoir laissé dans la plaie est bien en évidence, chercher à l'extraire avec la plus grande précaution. Après cet examen, laver doucement, avec de l'eau fraîche, de l'eau salée, de l'eau aiguisée de jus de citron ou de vinaigre, la surface tuméfiée. Si l'on avait de l'ammoniaque liquide (alcali volatil), que, dans la campagne ou les bois, on devrait toujours avoir sous la main, il conviendrait d'en toucher légèrement la plaie. Il faudrait ensuite étendre sur la surface tuméfiée des compresses d'eau blanche ou eau de Goulard, d'eau vineuse aromatique ou non, d'eau-de-vie camphrée, de teinture d'arnica ou d'ammoniaque liquide étendu d'eau.

Enfin, il faudrait, le plus tôt possible, recourir à l'avis de l'homme de l'art pour les précautions ou moyens ultérieurs à employer. (*Extrait du rapport du Conseil départemental d'hygiène et de salubrité.*)

Service médical. — Publication de la liste générale du personnel médical. — Le Préfet, — Vu les articles 26 et 34 de la loi du 19 ventôse an XI, et 28 de la loi du 21 germinal de la même année; — l'arrêté ministériel du 22 mars 1812; — la circulaire de Son Exc. M. le Ministre de l'Agriculture, du Commerce et des Travaux publics, du 10 février 1861; — la liste générale du personnel médical publiée le ...; — Arrête : Art. 1. Le premier tableau supplémentaire et rectificatif de la liste générale des docteurs en médecine et en chirurgie, chirurgiens, officiers de santé, pharmaciens et sages-femmes exerçant dans le département de ..., dressée le ..., sera imprimé à la suite du présent arrêté, et publié dans toutes les communes du département. — Art. 2. Toute personne qui, n'étant point portée sur la liste générale mentionnée à l'art. 1 ou sur celui ci-après, exercerait l'une des professions mentionnées ci-dessus, serait immédiatement dénoncée à M. le procureur impérial, à moins qu'elle ne justifie d'un titre régulier. — Art. 3. Les diplômes des officiers de santé, des pharmaciens et des sages-femmes de 2e classe devront, pour être valables, spécifier expressément le département pour lequel ils ont été conférés. — Art. 4. MM. les Sous-Préfets, les Maires et les commissaires de police sont chargés, chacun en ce qui le concerne, d'assurer l'exécution du présent arrêté.

Société musicale et toutes autres sociétés ou réunions composées de plus de vingt personnes. — Organisation. — Le Préfet, — Vu la lettre, en date du ..., par laquelle MM ... (*nom, prénoms, qualité et résidence*) sollicitent l'autorisation de créer dans la commune de ..., une société musicale [*ou autre*] composée de ... membres, qui prendra le titre de ...; — la liste des membres fondateurs de ladite société; — les noms des personnes qui sont appelées à remplir, pour la première fois, les fonctions de président, vice-président et secrétaire; — les projets de statuts de la société; — l'avis de M. le Maire de ... — l'art. 291 du Code pénal; — le décret du 25 mars 1852, tableau B, § 6; — Considérant que le but que se propose la société musicale de ... n'a rien d'illicite; — Arrête : Art. 1. Les statuts sus visés de la société de ... sont approuvés, et ses membres sont autorisés à se réunir aux fins de leur demande. — Art. 2. M. le Maire de ... est chargé de notifier à M ... les dispositions du présent arrêté et d'en assurer l'exécution.

Société savante départementale. Organisation. — Le Préfet, — Vu l'art. 291 du Code pénal; le décret du 25 mars 1852, tableau B, § 6; — Considérant que le département possède de nombreuses richesses archéologiques; — qu'il est du devoir de l'administration d'encourager les hommes de science et d'étude qui consacrent leurs efforts à sauver de la destruction et de l'oubli ces vestiges des âges qui ne sont plus, et à agrandir ainsi le domaine de nos connaissances historiques; — Considérant, d'ailleurs, que ces monuments du passé illustrent un pays, et que le patriotisme s'inspire de ces souvenirs vivants de son histoire ; — Considérant que, sous la haute impulsion du Gouvernement et du chef de l'État, qui en donne lui-même l'exemple, une noble émulation s'est manifestée en France pour les recherches archéologiques, qui intéressent si directement nos origines et nos traditions nationales ; — Considérant, d'un autre côté, l'importance et les résultats des travaux de statistique accomplis depuis quelques années ; les encouragements que le Gouvernement donne, avec raison, au développement de cette science, qui, basée sur les faits et sur l'observation, apporte des renseignements si utiles, des documents si précieux pour l'examen et la solution des grandes questions économiques à l'ordre du jour ; — Considérant qu'une société qui concentrerait dans une action commune les efforts et les travaux individuels de tous les hommes d'intelligence voués à l'étude de l'archéologie et de la statistique, serait un puissant auxiliaire pour l'administration et permettrait au département de ..., de concourir, pour la part qu'il doit revendiquer à tant de titres, à ce grand mouvement dont notre époque s'honore ; — que les nombreuses demandes qui nous ont été adressées et les vœux manifestés à plusieurs reprises par le Conseil général témoignent suffisamment de l'opportunité de cette création et de l'accueil favorable qu'elle recevra de l'opinion publique ; — Considérant, d'ailleurs, que les fonds déjà versés par les premiers souscripteurs permettent la constitution de cette société ; — Arrête : Art. 1. Il est institué à ..., sous le nom de [Société départementale d'archéologie et de statistique, ou ...] une société dont les travaux auront pour objet l'étude et la propagation de ces deux sciences et des diverses branches qui s'y rattachent. — Art. 2. Tout sociétaire qui aura versé dans la caisse de la société une somme de cent francs et au-dessus sera de droit membre fondateur. — Art. 3. Le siège de la société sera à ..., chef-lieu du département. — Art. 4. Sont nommés membres du bureau provisoire la société : MM. .... — Art 5. Le bureau provisoire entrera immédiatement en fonctions, et préparera, pour l'organisation et la constitution définitive de la société, un projet de règlement qui sera soumis à notre approbation. La présence du quart au moins des membres du bureau est nécessaire pour la validité des opérations. — Art. 6. Sont nommés présidents honoraires de la société MM. .'. — Art. 7. Le présent arrêté sera inséré au *Recueil des Actes administratifs de la préfecture.*

Projet de règlement d'une société savante.

DÉFINITION ET BUT DE LA SOCIÉTÉ. — Art. 1. La Société a pour objet 1° de propager le goût des études archéologiques, statistiques et historiques, surtout en ce qui concerne le département de ... ; 2° de centraliser et de publier les travaux de ses membres. Ainsi, la Société sauvegarde, autant qu'il est en elle, tous ces débris précieux légués par les siècles passés, et qui, sous des formes diverses (monuments, médailles, statues, tableaux, urnes, sarcophages, armures, vitraux, ustensiles de toute espèce), font connaître l'état des arts et les usages des peuples aux différentes époques de la vie sociale. Elle recueille les chartes, les coutumes, les traditions, les chroniques, les légendes, les inscriptions, les chants populaires, et tout ce qui se rattache à l'histoire locale. Elle réunit aussi les éléments nécessaires pour composer l'histoire des villes, des localités et des hommes qui ont joué un rôle dans la contrée. Enfin, elle étudie le pays sous le rapport de son étendue, de sa population, de son agriculture, de son commerce et de tout ce qui peut concourir au développement de la prospérité publique ; en un mot, elle applique, dans sa plus large acception, cette science toute moderne qui a nom *statistique*. Le siège de la Société est à ....

COMPOSITION ET ORGANISATION. — Art. 2. Le nombre des membres est illimité ; ils sont rangés en trois classes : 1° membres fondateurs ; 2° membres titulaires ; 3° membres honoraires. La liste des membres sera publiée chaque année dans le premier *Bulletin* de la Société.

Art. 3. Tout sociétaire qui aura versé dans la caisse de la Société une somme de *cent francs* et au-dessus sera de droit *membre fondateur*. Les noms des membres fondateurs seront, chaque année, publiés en tête de la liste des membres de la Société.

Art. 4. La cotisation annuelle est de *vingt francs* pour les membres fondateurs et titulaires. Les cotisations sont payables dans le premier semestre. Elles partent du 1er janvier, et, en cas de démission, elles sont dues pour l'année courante.

Art. 5. Pour être membre de la Société, il faut être présenté par deux membres fondateurs ou titulaires, réunir la majorité des suffrages et adhérer au présent règlement.

Art. 6. L'élection d'un candidat n'a lieu que dans la séance ordinaire qui suit celle de sa présentation. Le membre élu en est immédiatement informé par une lettre du président.

Art. 7. Tous les membres de la Société sont invités à participer à ses travaux, en envoyant au moins une fois chaque année un travail sur un sujet rentrant dans ses attributions.

Art. 8. La Société est administrée par un bureau composé de : un président, trois vice-présidents, un secrétaire, un vice-secrétaire, un trésorier, un vice-trésorier, un archiviste.

Art. 9. Le Préfet de ... est président d'honneur de la Société; il préside la séance toutes les fois qu'il y assiste.

Art. 10. Le président dirige la Société et la représente dans les circonstances officielles. Il ordonnance les dépenses votées par la Société; il convoque les assemblées ordinaires et extraordinaires; il ouvre et clôt les séances, fixe l'ordre des lectures, pose les questions, résume et arrête les discussions. Lui seul accorde la parole. Il recueille les voix et fait, de concert avec le bureau, le dépouillement des scrutins; il prononce le résultat des délibérations et signe les procès-verbaux aux registres. De concert avec le bureau, il nomme les commissions ou sections et les préside lorsqu'il y assiste. Il peut déléguer l'un des vice-présidents pour le suppléer dans ses fonctions.

Art. 11. En cas d'empêchement, les vice-présidents remplacent le président suivant l'ordre d'inscription au tableau. En l'absence du président et des vice-présidents, la séance est présidée par le plus âgé des membres présents.

Art. 12. Le secrétaire rédige les procès-verbaux des séances et les contre-signe; il tient la correspondance et prépare, pour la fin de chaque année, un compte-rendu sommaire des travaux de la Société. Il est secondé et remplacé, au besoin, par le vice-secrétaire. Le trésorier est dépositaire des fonds de la Société. Il tient le livre des recettes et des dépenses. Il acquitte les dépenses sur mandats délivrés par le président. Il est également secondé et remplacé, au besoin, par le vice-trésorier. L'archiviste est chargé de la conservation des productions de la Société, des monuments archéologiques, des mémoires et ouvrages transmis ou offerts à la Société. Il conserve les publications des autres Sociétés avec lesquelles il sera établi des relations. Il en opère le classement et en dresse le catalogue. Tous les ouvrages sont estampillés par ses soins, et il tient note sur un registre ouvert à cet effet de tout ouvrage imprimé ou manuscrit prêté aux membres de la Société. L'archiviste délivre, avec autorisation préalable du président, des copies et extraits des documents confiés à sa garde.

Art. 13. Chaque année, il est dressé par les soins du trésorier un budget des recettes et des dépenses de la Société. Ce budget est discuté par le bureau et adopté en séance générale.

Art. 14. Tous les membres du Bureau sont élus pour trois ans. Ils sont rééligibles. L'élection a lieu au scrutin secret, à la majorité absolue des suffrages exprimés, dans les termes de l'art. 16. En cas de ballotage, l'élection aura lieu à la majorité relative et quel que soit le nombre des votes exprimés, dans une séance ultérieure, sur une nouvelle convocation indiquant les résultats du premier scrutin. En cas de démission ou de décès d'un membre du Bureau, il sera procédé sans retard à son remplacement.

Travaux de la Société. — Art. 15. La Société aura tous les trois mois une assemblée générale, aux jours et heures qui seront fixés au commencement de l'année.

Art. 16. Chaque séance sera ouverte par la lecture du procès-verbal de la séance précédente. Le président et le secrétaire feront à la Société les communications propres à l'intéresser. On entendra le rapport des commissions; on donnera lecture des mémoires; enfin, le président mettra en délibération les questions sur lesquelles il y aura une décision à prendre. Pour qu'une délibération soit valable, la présence du cinquième des membres composant la Société est nécessaire. Les décisions sont prises à la majorité absolue des suffrages. Tout sociétaire peut se faire représenter par un fondé de pouvoirs, membre de la Société; néanmoins, chaque sociétaire ne peut exprimer plus de six suffrages, y compris le sien.

Art. 17. Nul étranger à la Société ne pourra assister aux séances, s'il n'y a été invité par le président.

Art. 18. Le Bureau se réunira chaque fois que le président le jugera utile.

Art. 19. La Société s'interdit, dans les discussions et dans sa correspondance, toute matière étrangère aux objets de son institution. Le président ramènera à la discussion les membres qui viendraient à s'en écarter.

Art. 20. La Société déterminera les époques de ses séances publiques. Les personnes invitées par billets y seront seules admises.

Art. 21. Les mémoires destinés aux lectures publiques seront, au préalable, communiqués au bureau, et soumis, s'il le juge à propos, à l'examen d'une commission. Le programme des séances publiques sera proposé par le bureau et délibéré par la Société.

Art. 22. Le secrétaire donne connaissance à la Société de tous les travaux qui lui sont transmis. La Société les renvoie à une commission de publication. Cette commission, composée de cinq membres, sera nommée chaque année de la même manière que les membres du bureau. Le président et le secrétaire font de droit partie de cette commission, ce qui porte le nombre de ses membres à sept. La commission décide quels sont les travaux transmis qui doivent être insérés dans le *Bulletin*, soit en entier, soit par extraits ou par analyse.

Art. 23. Tout membre qui voudra faire quelque lecture devra en prévenir le secrétaire au moins dix jours à l'avance, pour qu'elle soit portée à l'ordre du jour.

Art. 24. Les mémoires, dissertations et autres travaux adressés à la Société sont enregistrés, par numéros d'ordre, à la date de leur arrivée; il en sera accusé réception par les soins du Secrétaire.

Art. 25. La Société publiera tous les trimestres, sous le nom de *Bulletin*, le résultat de ses travaux. Cette publication, du format grand in-8°, contiendra en moyenne six feuilles. La pagination sera ménagée de manière à ce que les quatre livraisons forment un volume chaque année, avec table alphabétique et analytique. Quand des mémoires auront été insérés dans les publications de la Société, il pourra en être tiré, sur la demande des auteurs, un nombre d'exemplaires déterminé, dont la remise leur sera faite sur le simple remboursement des frais.

Art. 26. L'envoi des publications de la Société sera fait gratuitement à tous les membres. Les personnes étrangères à la Société pourront se procurer les mêmes publications par voie d'abonnement annuel.

Art. 27. La Société n'entend ni adopter, ni garantir les opinions émises dans les mémoires dont elle aura autorisé ou ordonné l'impression. Cet article du règlement sera imprimé en tête de chaque volume du *Bulletin*.

Art. 28. La Société arrête chaque année, au mois de décembre, le budget de ses dépenses ordinaires, sur la proposition des membres du bureau. Elle reçoit aussi chaque année, à la même époque, les comptes du trésorier, et elle nomme, s'il y a lieu, une commission pour les examiner.

Art. 29. Un règlement d'ordre intérieur déterminera la forme et la tenue des registres des délibérations, de réception des travaux, et celle des livres de comptabilité.

Art. 30. Des diplômes seront délivrés aux trois catégories de membres composant la Société. Ces diplômes porteront un numéro d'ordre correspondant à celui de l'inscription au registre de la Société. Ils seront signés par le président et le secrétaire et revêtus du sceau de la Société.

DISPOSITIONS GÉNÉRALES. — Art. 31. Toute modification au présent règlement devra être proposée par cinq membres au moins. Les demandes de cette nature seront déposées à la dernière séance de l'année. Il sera nommé une commission pour les examiner, et il sera statué à la séance suivante. Ces modifications ne pourront être admises qu'à la majorité des trois quarts des membres présents ou représentés, formant la moitié au moins des membres composant la Société.

Art. 32. La Société, après sa constitution définitive, se mettra en instance auprès de l'autorité supérieure pour obtenir sa reconnaissance comme établissement d'utilité publique : tous pouvoirs sont donnés, à cet effet, au président et aux membres du bureau.

Art. 33. En cas de dissolution de la Société, tous les biens meubles et immeubles qu'elle aura pu acquérir ou qui lui seront advenus par legs et donations, deviendront et seront la propriété du département, pour être répartis, selon leur nature, aux archives du département, au musée et à la bibliothèque de la ville de ...

T

Tarif des droits d'abatage. — Même procédure que pour les *Droits de place*, etc. Voir à ce mot. — Nous donnons ci-après une formule applicable au cas où il y a lieu de modifier et de proroger un tarif de droits d'abatage. — Le Préfet, — Vu une délibération en date du ..., par laquelle le Conseil municipal de ..., sollicite la prorogation, pour une nouvelle période de [9 ans], du tarif actuel des droits d'abatage qui expire le 31 décembre prochain, et demande l'autorisation d'élever de [62 c. 1/2 à 65 centimes], le droit perçu jusqu'à ce jour, sur les brebis ou moutons; — l'état des dépenses faites ou à faire pour la construction ou l'achèvement de l'abattoir public de la ville de ..., constatant que ces dépenses s'élèvent à la somme totale de [26,205 fr. 24 c.], dont l'intérêt légal est de [1,310 fr. 36 c.] — l'état indiquant que les frais d'agence, d'entretien, d'assurance contre l'incendie, mettent annuellement à la charge de la commune, une somme de [610 francs]; — le tableau du produit annuel de l'abattoir, d'après le nombre d'animaux de chaque espèce abattus dans cet établissement, pendant les années 186 , 186 et 186 , lequel tableau constate que la moyenne du produit de ces trois années est de [1754 fr. 25 c.]; — le décret du 25 mars 1852 (tableau A, § 34 et 55); — le décret du 1ᵉʳ août 1864 et la circulaire de Son Exc. le Ministre de l'Intérieur du 8 septembre suivant; — Considérant en principe que, par une décision antérieure, il a été reconnu nécessaire d'établir dans la ville de ..., une taxe sur les bestiaux amenés à l'abattoir public; que le temps pendant lequel le tarif de ladite taxe devait être en vigueur est sur le point d'expirer; que les conditions d'existence de cet établissement sont toujours les mêmes; qu'ainsi, la nécessité de continuer à percevoir cette taxe est suffisamment démontrée; — Considérant, en ce qui concerne la modification proposée au tarif, qu'elle n'a pour objet que de simplifier la perception, en faisant disparaître des fractions de centimes ; que l'augmentation de recettes, qui pourra résulter de cette modification sera insignifiante, et, qu'au reste elle ne pourra jamais être suffisante pour accroître les revenus de l'abattoir, dans une mesure telle que le chiffre annuel des dépenses fut dépassé ; considérant dès-lors, que le tarif des droits à percevoir à l'abattoir public de la ville de ... a été maintenu dans les limites fixées par les règles sur la matière ; — Arrête : — Art. 1. Le tarif dont il s'agit est prorogé pour une nouvelle période de neuf ans qui prendra fin le 31 décembre 18 . — Art. 2. La délibération, ci-dessus visée, du Conseil municipal de ..., en date du ..., est approuvé pour sortir son plein et entier effet. — Art. 3. En conformité de la circulaire précitée de M. le Ministre de l'Intérieur, en date du 6 septembre 1864, il est permis, exceptionnellement, d'abattre des porcs à domicile, pour la consommation personnelle des habitants, mais dans un lieu clos et séparé de la voie publique. — Art. 4. le Sous-Préfet de ..., et M. le Maire de ..., sont chargés, chacun en ce qui le concerne, de l'exécution du présent arrêté.

Télégraphie. — Établissement d'une ligne télégraphique. — Le Préfet, Vu la demande formée par M. ..., inspecteur des lignes télégraphiques chargé de l'établissement, dans le département de ..., d'une ligne télégraphique de ... à ... — le rapport de M. l'Ingénieur en chef du département, en date du ... ; — la loi du 16 septembre 1807, le décret du 27 décembre 1851, l'arrêt de la Cour de cassation du 4 mars 1852 et l'art. 438 du Code pénal ; — Arrête : Art. 1. M. l'inspecteur des lignes télégraphiques, et les agents sous ses ordres, sont autorisés à procéder, dans la traversée du département de ..., à toutes les opérations nécessaires à l'établissement de la ligne de ... à ..., et à pénétrer dans les propriétés closes et non closes, selon que l'exigeront leurs études ou leurs travaux. — Art. 2. Les poteaux télégraphiques seront établis sur le chemin de fer en construction de ... à ... Ils pourront être également placés sur les routes, chemins ou toutes autres voies de communication croisant la voie ferrée. S'il est nécessaire de poser des poteaux sur les dépendances de la route impériale n° ..., on s'établira sur la limite de ces dépendances. Les fils électriques laisseront au moins une hauteur de 4^m,30 au-dessus de la chaussée. S'il y avait lieu de toucher aux ponts, murs de soutènement et autres ouvrages des routes, ces travaux ne pourraient être exécutés que de concert avec M. l'Ingénieur en chef du département, et en cas de contestation, que d'après une décision préfectorale. — Art. 3. Il pourra de plus être établi des appuis dans les propriétés particulières en dehors de la voie du chemin de fer et notamment au-dessus des tunnels de ... et de ... L'administration pourra y exécuter tout étalage ou abattage d'arbres nécessaires soit pour l'établissement de la ligne, soit pour assurer le parfait isolement des fils. Les indemnités en cas de dommages seront réglées à l'amiable ou devant le Conseil de préfecture. — Art. 4. Les fils électriques et tout le matériel appartenant à l'administration des lignes télégraphiques, sont mis sous la protection de MM. les Maires, de la gendarmerie, des cantonniers et autres agents de la force publique. — Art. 5. Le présent arrêté sera inséré au *Recueil des Actes administratifs de la Préfecture* et affiché en placard dans les communes traversées. — MM. les Maires, M. l'Ingénieur en chef du département, M. le commandant de gendarmerie et M. l'inspecteur des lignes télégraphiques, sont chargés d'en assurer l'exécution, chacun en ce qui le concerne.

Théâtres et spectacles de curiosité. — Aux termes de l'art. 6 du décret du 6 janvier 1864, les spectacles de curiosités, de marionnettes, les cafés dits *cafés chantants, cafés-concerts* et autres établissements du même genre, restent soumis aux règlements en vigueur. Il résulte de cette disposition que nul spectacle de curiosité ne peut s'établir dans les villes chefs-lieux de département, de 40,000 âmes et au-dessus, sans une autorisation du Préfet (Loi du 5 mai 1855.) Dans les villes de moindre importance, cette autorisation est donnée par le Maire (Décret du 8 juin 1806, art. 15, et Loi du 16-24 août 1790.) L'administration préfectorale ou municipale met à cette autorisation les conditions qu'elle juge convenables ; sa décision ne peut être attaquée par voie contentieuse : — Les spectacles de curiosité comprennent les exercices équestres, les joûtes, les dioramas et autres exercices analogues, les concerts publics (Arrêt C. Pari , 20 février 1844), les exhibitions d'animaux, les exercices de saltimbanques, etc.

Le décret du 6 janvier 1864, qui proclame la liberté des théâtres, dispose (art. 1), que tout individu peut faire construire et exploiter un théâtre, à la charge de faire une déclaration au Ministre d'État et de la Maison de l'Empereur, et à la Préfecture de police pour Paris, à la préfecture pour les départements. Les Préfets n'ont donc plus à autoriser l'établissement de ces lieux d'amusement. Toutefois, ils restent chargés d'autoriser la représentation de toute œuvre dramatique (art. 3), et d'assurer l'exécution des ordonnances, décrets et règlements concernant l'ordre, la sécurité et la salubrité publics dans les théâtres.

Nous donnons ci-après un extrait de l'ordonnance de M. le Préfet de police, du 1ᵉʳ juillet 1864, relatif à la police des théâtres dans la ville de Paris. Ce document sera très-utilement consulté dans les préfectures et pourra être donné comme modèle aux Maires qui auraient à prendre des arrêtés analogues.

Les lois à viser sont les suivantes :

Lois des 14-22 décembre 1789, art. 50 ; 16-24 août 1790, titre II, art. 3, nᵒˢ 2 et 3, et art. 4 ; 19 janvier 1791 ; 19-22 juillet 1791, titre 1ᵉʳ, art. 46 ; 26-27 juillet 1791 ; l'arrêté du Gouvernement du 1ᵉʳ germinal an VII (21 mars 1799) ; le décret du 21 frimaire an XIV ; l'ordonnance royale du 8 décembre 1824 ; la loi du 9 septembre 1835 ; la loi du 18 juillet 1837 ; la loi du 30 juillet 1850 ; le décret du 6 janvier 1864 ; la circulaire de Son Exc. le Ministre de la Maison de l'Empereur et des Beaux-Arts, du 28 avril 1864 ; le Code pénal, articles 428, 429 et 471, nᵒ 15.

CONSTRUCTION. — *Déclaration préalable*. — Art. 1. Tout individu voulant faire construire et exploiter un théâtre est tenu d'en faire la déclaration préalable. — Il sera joint à l'appui les plans détaillés, avec coupes, et l'indication du nombre des places calculé par personne, à raison de 0ᵐ80 de profondeur sur 0ᵐ45 de largeur pour les places en location, et 0ᵐ70 sur 0ᵐ45 pour les autres places. — Les travaux ne pourront être commencés que sur notre avis formel, après examen du projet. — Sauf les cas de dérogation que nous nous réservons d'admettre, les salles seront établies, construites et distribuées conformément aux prescriptions suivantes :

Mesures d'isolement. — Art. 2. L'édifice peut-être isolé ou adossé, au choix du constructeur. En cas d'isolement, il sera laissé sur tous les côtés qui ne seront pas bordés par la voie publique un espace libre ou chemin de ronde qui pourra n'être que de trois mètres de largeur si les maisons voisines n'ont pas de jour sur ledit chemin. Dans le cas contraire, la largeur serait rationnellement augmentée, eu égard notamment à l'importance et aux dispositions de l'édifice. — En cas d'adossement, il sera construit un contre-mur en briques, de 0ᵐ25 au moins d'épaisseur, pour préserver les murs mitoyens. — L'épaisseur de ce contre-mur pourra être augmentée comme la largeur du chemin de ronde ci-dessus et par les mêmes considérations.

Prescriptions concernant la grosse construction, surtout en vue des dangers d'incendie. — Art. 3. Les murs intérieurs, les murs qui séparent les loges d'acteurs et le théâtre, le mur d'avant-scène, le mur qui sépare la salle, le vestibule et les escaliers seront en maçonnerie.

Art. 4. Les portes de communication entre les loges d'acteurs et le théâtre seront en fer et battantes, de manière à être constamment fermées. — Le mur d'avant-scène qui s'élève au-dessus de la toiture ne pourra être percé que de l'ouverture de la scène et des baies de communication fermées par des portes de fer. — L'ouverture de la scène doit être fermée par un rideau en fil de fer maillé, de 0ᵐ05 au plus de maille, qui intercepte entièrement toute communication entre les parties combustibles du théâtre et de la salle.

Ce rideau doit être soutenu par des cordages incombustibles. — Les décorations fixes, dans les parties supérieures de l'ouverture d'avant-scène, doivent toujours être incombustibles.

Art. 5. Tous les escaliers, les planchers de la salle et les cloisons des corridors doivent être également en matériaux incombustibles.

Art. 6. La calotte de la salle doit être en fer et plâtre, sans boiserie.

Pompes à incendie et leur alimentation. — Art. 7. Dans l'une des parties les plus élevées du mur d'avant-scène, et sous les combles, il sera placé un appareil de secours contre l'incendie, avec colonne en charge, au poids de laquelle il sera, au besoin, ajouté une pression hydraulique assez puissante pour fournir un jet d'eau dans les parties les plus élevées du bâtiment. La capacité de l'appareil se déterminera selon l'importance du théâtre.

Art. 8. Les pompes doivent être installées au rez-de-chaussée, dans un local séparé du théâtre par des murs en maçonnerie.

Art. 9. Elles seront toujours alimentées par les eaux de la ville recueillies dans des réservoirs et par un puits, de manière que chacune des deux conduites puisse suffire au jet des pompes établies.

Art. 10. En dehors des salles de spectacles, il doit être établi des bornes-fontaines alimentées par les eaux de la ville et pouvant servir chcune au débit d'une pompe à incendie ; le nombre en est déterminé par l'autorité.

Chauffage et ventilation. — Art. 11. La salle ne peut être chauffée que par des bouches de chaleur dont le foyer est dans les caves. — Les bouches s'ouvriront à 0^m30 au-dessus du plancher.

Art. 12. Les salles de spectacle doivent être ventilées convenablement ; l'air y sera renouvelé au moyen de dispositions que l'autorité appréciera. — Des thermomètres seront placés en vue dans les corridors.

Dispositions relatives à l'établissement d'ateliers au-dessus du théâtre. — Art. 13. Aucun atelier ne peut être établi au-dessus du théâtre.

Art. 14. Des ateliers ne peuvent être établis au-dessus de la salle que pour les peintres et les tailleurs, et sous la condition que les planchers soient carrelés et lambrissés : dans le cas où l'on établirait des ateliers pour les peintres, la sorbonne, à moins que les combles ne soient en fer et plâtre, doit être enfermée dans des cloisons hourdées et enduites en plâtre, plafonnée, carrelée et fermée par une porte en tôle.

Art. 15. Aucune division ne peut être faite dans les combles que pour les ateliers désignés ci-dessus.

Corridors et escaliers de dégagement. — Art. 16. La largeur des corridors de dégagement, le nombre et la largeur des escaliers, ainsi que des portes de sortie seront proportionnés à l'importance du théâtre. — Toutefois, il doit y avoir au moins deux escaliers spécialement destinés au service de la salle et donnant issue à l'extérieur.

Magasin de décorations et machines. — Art. 17. Tout théâtre doit avoir un magasin de décorations et machines hors de son enceinte, établi dans des conditions convenables et avec notre autorisation.

Art. 18. Aucun magasin ou approvisionnement inutile de décorations, machines, accessoires, ne doit être fait sous le théâtre ou sur la scène : leur lieu de dépôt doit toujours être séparé du théâtre par un mur en maçonnerie.

Interdiction pour certaines locations ou logements. — Art. 19. Il est interdit de louer une boutique ou un magasin dépendant du théâtre à tout commerce ou industrie qui offrirait des dangers exceptionnels d'incendie, notamment par la nature de ses marchandises ou de ses produits. — Les tuyaux de cheminée des boutiques louées, s'ils traversent le théâtre ou ses dépendances, seront en maçonnerie et montés verticalement jusqu'au-dessus du comble. Ces tuyaux seront, en outre, dans la hauteur de la salle, garnis d'une enveloppe en briques.

Art. 20. Personne autre que le concierge et le garçon de caisse ne peut occuper de logement dans les salles des théâtres, ni dans aucune partie des bâtiments qui communiquent avec les salles.

EXPLOITATION. — *Réception de la salle. — Service d'ordre et de police.* — Art. 21. L'ouverture d'un théâtre ne peut avoir lieu qu'après qu'il a été constaté par nous que la salle est solidement construite et dans les conditions suffisantes de sûreté, de salubrité et de commodité. — Des modifications apportées ultérieurement dans la construction, dans la division et dans les distributions intérieures, nécessiteraient un nouvel examen avant la réouverture.

Art. 22. Les agents de l'autorité supérieure devront être mis à même d'exercer dans chaque théâtre une surveillance quotidienne, tant au point de vue de la censure dramatique que dans l'intérêt de l'ordre et de la sécurité publique.

Art. 23. Il y aura un bureau pour les officiers de police et un corps de garde.

Art. 24. Un commissaire de police est chargé de la surveillance générale de chaque théâtre. — Une place convenable lui sera assignée dans l'intérieur de la salle.

Art. 25. Tout individu arrêté, soit à la porte du théâtre, soit à l'intérieur de la salle, doit être conduit devant le commissaire de police, qui statuera.

Art. 26. La garde de police est spécialement chargée du maintien de l'ordre et de la libre circulation au dehors du théâtre, ainsi que de l'exécution des consignes relatives aux voitures. — Elle ne pénétrera dans l'intérieur de la salle que dans le cas où la sûreté publique serait compromise, ou sur la réquisition du commissaire de police.

Art. 27. Il y aura dans chaque salle de spectacle un service médical.

Art. 28. Le service des sapeurs-pompiers s'effectuera conformément à la consigne générale approuvée par nous. — Des cadrans-compteurs, servant à constater les rondes faites pendant la nuit, seront placés dans l'intérieur des théâtres, sur le point que désignera le commandant des sapeurs-pompiers.

Urinoirs. — Art. 29. Les directeurs feront établir des urinoirs fixes ou mobiles appropriés aux localités, et dans des conditions de convenance et de salubrité que l'autorité appréciera.

Affichage, billets, location, publication des prix. — Art. 30. Les affiches de spectacle ne pourront être apposées que sur les emplacements où cet affichage ne peut nuire à la circulation, et en se conformant d'ailleurs aux prescriptions générales de notre arrêté du ...

Art. 31. Est et demeure prohibée, à moins d'une autorisation et à l'exception de l'affiche du spectacle, toute apposition d'affiche ou inscription d'annonces industrielles et autres à l'intérieur des théâtres, soit sur les rideaux, soit dans les péristyles, escaliers et corridors, soit dans les foyers.

Art. 32. Il est expressément défendu aux directeurs de faire annoncer sur leurs affiches la première représentation d'un ouvrage sans avoir préalablement justifié au commissaire de police du quartier de l'approbation du manuscrit par l'autorité.

Art. 33. Les affiches obligatoires du spectacle du jour seront imprimées sur papier de format de 0 fr. 05 c. ou 0 fr. 10 c., au gré des directeurs, pourvu que la dimension ne dépasse pas $0^m,63$ de hauteur sur $0^m,43$ de largeur.

Art. 34. Ces affiches ne pourront être apposées au-dessous de $0^m,50$ ni à une élévation dépassant $2^m,50$ à partir du sol.

Art. 35. Les changements survenus dans le spectacle du jour ne pourront être annoncés que par des bandes de papier blanc appliquées sur les affiches du jour, avant l'ouverture de la salle au public. — Il est interdit aux directeurs d'annoncer ces changements par de nouvelles affiches imprimées, quelle que soit la couleur du papier.

Art. 36. Le tarif du prix des places, pour chaque représentation, devra toujours être indiqué très-ostensiblement sur les affiches, en même temps que la composition des spectacles annoncés. — Un exemplaire sera apposé au bureau du théâtre et à tous autres qui pourraient être établis comme succursales. — Ledit tarif devra être inscrit en tête de chaque feuille de location, pour que le public soit toujours utilement averti de ses variations. — Une fois annoncé, le tarif de chaque représentation ne pourra être notifié.

Art. 37. Les directeurs ne doivent émettre aucun billet indiquant plusieurs catégories de places au choix des spectateurs; réciproquement, ceux-ci ne peuvent s'installer qu'aux places portées sur leurs billets.

Art. 38. Ile ne peuvent louer à l'avance que les loges et les places converties en fauteuils ou en stalles, ou, dans tous les cas, numérotées. — La location doit cesser avant l'heure de l'introduction du public dans la salle.

Art. 39. Les places louées doivent être inscrites sur la feuille de location; l'étiquette indicative ne peut être placée que sur celles qui figurent sur ladite feuille.

Art. 40. Il est enjoint aux directeurs de faire remettre au commissaire de police de service, avant l'introduction du public, un double de la feuille de location.

Entrée. — Police extérieure. — Art. 41. La salle devra être livrée au public, et la représentation commencera aux heures indiquées par l'affiche. — Les bureaux de distribution des billets devront être ouverts au moins une demi-heure avant le lever du rideau.

Art. 42. Il est défendu d'introduire des spectateurrs dans la salle avant l'ouverture des bureaux. — Aucun spectateur n'entrera que par les portes ouvertes au public. — Les files d'attente seront établies hors de la voie publique.

Art. 43. Il est défendu de s'arrêter dans les péristyles et vestibules servant d'entrée aux théâtres et de stationner aux abords de ces établissements.

Art. 44. Il ne peut y avoir pour le service public, à l'entrée des théâtres, que des commissionnaires permissionnés par nous et porteurs de leurs insignes règlementaires.

Prohibition de vente de billets ou contremarques sur la voie publique. — Art. 45. La vente et l'offre de billets ou contremarques, et le racolage ayant ce trafic pour objet, sont formellement interdits sur la voie publique.

Art. 46. Tout individu trouvé vendant ou offrant des billets ou des contremarques sur la voie publique, ou racolant pour en procurer aux passants, sur lieu ou dans une localité quelconque, sera conduit devant le commissaire de police, qui avisera.

Dépôt des armes, cannes et parapluies au vestiaire. — Art. 47. Il est défendu d'entrer au parterre et aux amphithéâtres avec des armes, cannes et parapluies. Un vestiaire destiné à recevoir ces objets en dépôt sera établi dans chaque théâtre, de telle sorte que la circulation ne soit pas gênée. — Un exemplaire du tarif pour le prix de ce dépôt sera affiché au vestiaire.

Police intérieure de la salle de la sortie. — Art. 48. Il est enjoint aux directeurs de faire fermer, pendant le spectacle, les portes de communication de la salle aux coulisses, aux foyers particuliers et aux loges des artistes, où il ne doit être admis aucune personne étrangère au service du théâtre. — Une clef de la porte communiquant de l'intérieur de la salle à la scène sera mise, avant la représentation, à la disposition du commissaire de police de service.

Art. 49. Il est défendu de placer des siéges, chaises ou tabourets dans les passages ménagés pour la circulation, notamment des personnes se rendant à l'orchestre, au parterre, aux galeries et aux amphithéâtres.

Art. 50. Il est défendu de parler ou de circuler dans les corridors pendant la représentation, de manière à troubler le spectacle.

Art. 51. Il est également défendu, soit avant, soit après le lever du rideau, de troubler l'ordre en causant du tapage, en faisant entendre des interpéllations ou des clameurs.

Art. 52. Les spectateurs ne peuvent demander l'exécution d'un chant, morceau de musique ou récit quelconque qui n'est pas annoncée dans les affiches du jour.

Art. 53. Nul ne peut avoir le chapeau sur la tête lorsque le rideau est levé.

Art. 54. Il est défendu de fumer dans les salles de spectacle et sur la scène.

Art. 55. Toutes les fois que dans une représentation on devra faire usage d'armes à feu, le commissaire de police s'assurera qu'elles ne sont chargées qu'à poudre.

Art. 56. Il ne peut être annoncé, vendu ou distribué, dans l'intérieur comme à l'extérieur des salles de spectacle, d'autres écrits que des pièces de théâtre portant l'estampille du ministère, et les programmes de spectacle, journaux et imprimés dont la vente et la distribution ont été dûment autorisées.

Art. 57. Les objets perdus par le public et trouvés dans l'intérieur des salles de spectacle par les ouvreuses ou autres employés du théâtre, qui n'auront pu, pendant la représentation, être remis au commissaire de police de service, devront être déposés le lendemain au bureau du commissaire du quartier où est situé le théâtre.

Art. 58. A la fin du spectacle, toutes les portes latérales et autres issues seront ouvertes pour faciliter la sortie du public. — Les battants de ces portes devront s'ouvrir en dehors, et leurs abords, tant à l'intérieur qu'à l'extérieur, seront constamment libres de tout obstacle ou embarras. — Toutes les portes des loges s'ouvriront de l'intérieur et à la volonté des spectateurs.

Art. 59. Il est expressément défendu aux directeurs de faire cesser l'éclairage dans l'intérieur de la salle, dans les escaliers, corridors et vestibules, avant l'entière évacuation du théâtre.

Art. 60. Des lampes brûlant à l'huile, contenues dans des manchons de verre, allumées depuis l'entrée du public jusqu'à la sortie, seront placées en nombre suffisant, tant dans la salle que dans les corridors et escaliers, pour prévenir une complète obscurité, en cas d'extinction subite du gaz.

Heure de clôture. — Art. 61. L'heure de clôture des représentations théâtrales est fixée à MINUIT *précis* en tout temps. — Dans les cas de représentations extraordidaires ou à bénéfice, il pourra être dérogé à la règle, mais sur la demande expresse que devront nous adresser les directeurs.

Circulation des voitures. — Art. 62. Les voitures ne peuvent arriver aux différents théâtre que par les voies désignées dans les consignes. — Il est défendu aux cochers de quitter, sous quelque prétexte que ce soit, les rênes de leurs chevaux pendant que descendent et montent les personnes qui occupent la voiture.

Art. 63. Les voitures particulières ou retenues, destinées à attendre jusqu'à la fin du spectacle, doivent aller stationner sur les points désignés.

Art. 64. A la sortie du spectacle, les voitures qui auront attendu ne pourront se mettre en mouvement que lorsque la première foule se sera écoulée.

Art. 65. Les voitures de place ne chargeront qu'après le défilé des autres voitures.

Art. 66. Aucune voiture ne pourra aller qu'au pas et sur une seule file jusqu'à ce qu'elle soit sortie des rues avoisinant le théâtre.

Dispositions générales. — Art. 67. Les directeurs des théâtres subventionnés restent soumis envers l'administration aux clauses et conditions de leurs cahiers des charges. En conséquence, la présente ordonnance ne leur est applicable que sous les réserves résultant de leur situation exceptionnelle.

Art. 68. Sont astreints, comme par le passé, à notre autorisation préalable, et, par conséquent, laissés en dehors de la présente ordonnance, les *cafés-concerts* et *cafés* dits *chantants*, où les exécutions instrumentales ou vocales doivent avoir lieu en habit de ville, sans costume ni travestissement, sans décors et sans mélange de prose, de danse et de pantomime; les spectacles de curiosités, de physique, de magie; les panoramas, dioramas, tirs, feux d'artifices, expositions d'animaux, exercices équestres, spectacles forains et autres exhibitions du même genre, qui n'ont ni un emplacement durable, ni une construction solide.

Art. 69. Sont et demeurent rapportés les arrêtés précédents en contradiction ou en double emploi avec le présent.

Art. 70. Le commissaire de police et la gendarmerie sont chargés d'assurer l'exécution du présent arrêté, qui séra et demeurera constamment affiché dans le vestibule du théâtre.

Transaction intéressant une commune. — Le Préfet (l'arrêté ne doit pas être pris *en Conseil de préfecture,* nonobstant la mention de l'avis du même Conseil); — Vu la délibération en date du ..., par laquelle le Conseil municipal de ..., sollicite l'approbation de la transaction intervenue entre ...; — l'acte de transaction passé devant M⁰ ..., notaire à ..., le ...; ensemble les titres et documents relatifs au litige; — la consultation de trois avocats, en date du ..., concluant à l'approbation de la transaction; — l'avis, également favorable, du Conseil de préfecture, en date du ...; — l'arrêté du 21 frimaire an XII, la loi du 18 juillet 1837, art. 59, et le décret du 25 mars 1852, tableau A, § 43; — Considérant que par l'acte de transaction susvisé, M. ... s'engage à supporter tous les frais mis à la charge des habitants de la section de ..., moyennant l'abandon du droit de pacage reconnu à ces derniers, droit restreint et dont les effets sont loin de compenser l'offre faite par le demandeur; — que le procès auquel doit mettre fin ladite transaction, bien qu'entrepris au nom de deux habitants seulement de la section de ..., intéresse néanmoins toute cette fraction de commune, par suite d'un engagement notarié qui est intervenu entre l'universalité des habitants; que, dès lors, cet acte a réellement pour objet de donner satisfaction à un intérêt communal; — [*ou :* Considérant que la transaction dont il s'agit attribue à chaque section la propriéte des terrains communaux qui lui est légitimement due, et sauvegarde en même temps les intérêts de quelques domaines qui ont des droits acquis sur plusieurs de ces terrains; — que, par cet arrangement qui fait la part du patrimoine revenant de droit à chaque section, les habitants préviennent un procès long et onéreux, dons les frais auraient absorbé plus que la valeur des biens litigieux, et que toutes les parties intéressées obtiennent ainsi la satisfaction qui leur est due;

[*Ou :* Considérant que la nature du litige ne permet pas d'apprécier, dès à présent, la décision que prendra la Cour impériale de ..., devant laquelle l'affaire a été portée; que les frais, déjà considérables, occasionnés par cette affaire, commandent, dans l'intérêt même de la commune de ..., de ne pas s'engager plus avant dans un procès dont l'issue est douteuse, et qui, lui fût-elle favorable, ne laisserait pas que de lui être encore fort onéreux; — que les conditions du traité ci-dessus visé sont de nature à être acceptées, et mettent à l'abri de toutes contestations ultérieures les droits de la commune de ..., sur la propriété des eaux [de la fontaine dite ...]; — Arrete : — Art. 1. Est approuvée, pour sortir son plein et entier effet, la transaction consentie, suivant (acte public *ou* actes sous seings privés), en date du ..., entre la commune de... et ..., au sujet de .... Une expédition de cette transaction demeurera annexée au présent arrêté.

N. B. Quand un acte public n'aura pas été passé avant la décision, on mettra : « Il sera » passé acte public de cette transaction, dont une expédition demeurera annexée au pré- » sent arrêté. »

N. B. Actes de tutelle administrative suivis d'exécution. (*Les autorités de qui elles émanent ne peuvent pas les rapporter.*) — Le Préfet du ... a approuvé par un arrêté du 19 mai 186 , une transaction consentie entre la commune de ... et le sieur ..., au sujet des eaux d'une source, et il en a été passé acte public le 19 octobre de la même année. A la suite d'une enquête provoquée par plusieurs conseillers municipaux, il a été reconnu que la délibération municipale portant acceptation de la transaction n'avait pas été prise en présence de la majorité des membres du Conseil, comme le prescrit l'art. 17 de la loi du 5 mai 1855. La commune se fonde aujourd'hui sur cette irrégularité pour refuser d'exécuter la transaction, et elle a demandé au Préfet de rapporter son arrêté du 19 mai 186 . — Consulté par le Préfet sur cette difficulté, le Ministre de l'Intérieur a répondu : « Il est de jurisprudence que *les actes de tutelle administrative ne peuvent être rapportés par les autorités de qui elles émanent, lorsque*, comme dans l'espèce, *les opérations qu'ils autorisent ou approuvent, sont réalisées et ont donné naissance à des droits au profit de tiers.* » Le retrait de l'approbation résultant de l'arrêté du 19 mai 186 constituerait donc de la part de l'autorité préfectorale un excès de pouvoir. Cet arrêté, d'ailleurs, ne fait pas obstacle à ce que la commune poursuive, devant les tribunaux compétents, l'annulation de la transaction du 19 octobre 186 , si elle croit y avoir intérêt, et si elle en obtient l'autorisation, conformément aux dispositions des art. 49 et suivants de la loi du 18 juillet 1837 (*Décis. minist.*).

Transaction intéressant un établissement de bienfaisance. — Le Préfet (l'arrêté ne doit pas être pris *en Conseil de préfecture*, nonobstant la mention de l'avis du même Conseil), — Vu la délibération de la commission administrative de l'hospice (*ou du bureau de bienfaisance, ou* du conseil d'administration du mont-de-piété) de ..., en date du ...; — l'acte de transaction, en date du ...; — l'avis du Conseil municipal, en date du ...; — la consultation de trois avocats, en date du ..., concluant à ...; — l'avis du Conseil de préfecture, en date du ..., concluant à ...; — l'arrêté du 21 frimaire an XII; la loi du 7 août 1851 (*quand il s'agira d'hospices*); l'ordonnance du 6 juillet 1846 (*quand il s'agira de bureaux de bienfaisance*); la loi du 24 juin 1851 (*quand il s'agira de monts-de-piété*); le décret du 25 mars 1852, t. A, § 43; — Considérant que la transaction dont il s'agit met fin à un litige déjà ancien, dont l'issue judiciaire paraît douteuse, et qui pourrait occasionner à ... (hospice, bureau de bienfaisance, etc.) des dépenses bien supérieures à l'importance du terrain [*ou* ...,] objet de la contestation; [*ou* ...]; — Arrête : — Est approuvée, pour sortir son plein et entier effet, la transaction consentie, suivant acte public (*ou* acte sous seing privé), en date du ..., entre ..., au sujet de ... Une expédition de cette transaction demeurera annexée au présent arrêté.

N. B. Quand un acte public n'aura pas été passé avant l'approbation du Préfet, on mettra, à la place du dernier alinéa, la disposition suivante : « Il sera passé acte public de cette transaction, dont une copie demeurera annexée au présent arrêté. »

Travaux communaux. — Approbation de projet. — Le Préfet, — Vu la délibération en date du ..., par laquelle le Conseil municipal de ..., vote l'exécution de ... (*indiquer la nature des travaux et le montant de la dépense*), ainsi que les ressources nécessaires pour pourvoir à la dépense de ces travaux; — les plans et devis dressés par le sieur...; — l'avis (de l'ingénieur en chef du département, *ou* de l'architecte départemental, *ou* du conseil des bâtiments civils, *suivant le cas*), en date du ...; — le budget communal; — le décret du 25 mars 1852, tableau A, § 49; — Considérant, etc. (*discuter, notamment, ici, les voies et moyens affectés au paiement de la dépense*); — Arrête : — Art. 1. Sont approuvés les plans et devis adoptés par le Conseil municipal de ..., dans sa délibération susvisée, pour l'exécution de ..., etc.

Travaux communaux. — *Cas spécial* : **Construction d'une église. — Vote d'une imposition extraordinaire. — Demande de secours. — Avis d'un Sous-Préfet.** — Le Sous-Préfet de l'arrondissement de ...; — Vu les plans, devis et cahiers des charges dressés par M. l'architecte ..., pour la construction d'une église dans la commune de ...; — les registres des souscriptions en argent et en nature consenties en faveur du projet; — le plan et le procès-verbal descriptif et estimatif du terrain sur lequel la nouvelle église doit être emplacée; ensemble l'engagement souscrit à la date du ..., par le sieur ..., propriétaire dudit terrain, de le céder à la commune au prix de [2,000 fr.]; le registre de l'enquête à laquelle ce projet d'acquisition a été soumis, en suite de notre arrêté du ... ; ensemble les avis du Maire et du commissaire enquêteur, et le certificat de publication et d'affiche dudit arrêté ; — la délibération, en date du ..., par laquelle le Conseil municipal de ... : 1° approuve les plans, devis et cahiers des charges dressés pour la construction d'une église dans cette commune ; 2° accepte les souscriptions volontaires, en argent et en nature, consenties en faveur du projet ; 3° adopte les conclusions du traité passé entre M. le Maire et le sieur ... pour la cession, au prix de [2,000 fr.] du terrain sur lequel la nouvelle église sera emplacée ; 4° enfin, sollicite de la bienveillance du Gouvernement un secours de [6,710 fr. 50 c.], égal au déficit qui se produit entre les ressources réalisables et la dépense totale à effectuer ; — la délibération prise à la date du ..., par le conseil de fabrique de l'église de ..., pour exposer la situation financière de l'établissement et faire connaître qu'à raison de l'exiguïté de ses ressources, il ne pourra concourir à la dépense de reconstruction de l'église paroissiale ; — l'état des recettes et dépenses ordinaires de la commune de ..., pendant les trois derniers exercices ; — un certificat du Maire constatant que la population de la commune de ..., est de ..., habitants et que le nombre des Conseillers municipaux en exercice est de [12] ; — les budgets de la commune et ceux de la fabrique pour les exercices 186 et 186 ; — le certificat du percepteur constatant : 1° que la commune de ... n'a été autorisée à contracter aucun emprunt ; 2° qu'elle a été autorisée, par décret impérial en date du ... à s'imposer extraordinairement en [7] ans, d'une somme totale de [4,000 fr.] représentant annuellement [17 c. 19 m.] additionnels, pour servir à l'exécution des travaux de [vicinalité] ; 3° qu'elle n'a pas de dettes dont le paiement ne soit assuré ; 4° que les fonds qu'elle possède au Trésor public montant à [2,399 fr. 08 c.] ont tous une destination spéciale ; — le chiffre du principal des quatre contributions directes de la commune de ..., montant à [6,166 fr. 39 c.] ; — la loi du 18 juillet 1837, les décrets du 30 décembre 1809 et du 25 mars 1852 ;

Considérant que l'église actuelle de la commune de ..., trop petite pour les besoins de la population, se trouve dans un tel état de dégradation, qu'il n'est plus possible de la réparer convenablement ; qu'elle est, au surplus, emplacée sur le revers d'une colline et loin des habitations, ce qui en rend l'accès difficile pendant la mauvaise saison ; que le projet dressé par M. l'architecte... pour la construction d'une nouvelle église, paraît conçu dans de bonnes conditions de solidité et d'élégance ; considérant que le nouvel emplacement choisi pour la construction de l'église de ..., se trouve plus au centre de la commune et avoisine le chemin vicinal de grande communication, dit... ; — que le prix du terrain n'est pas disproportionné et que, lors de l'enquête, aucune opposition n'a été soulevée contre le choix fait par l'administration municipale du terrain du sieur ... ; considérant en ce qui concerne les voies et moyens, que le projet de reconstruction de l'église de ..., élève la dépense, y compris le prix d'acquisition du terrain sur lequel cet édifice sera emplacé, à la somme totale de [28,303 fr. 50 c.] ; — que les souscriptions volontaires, recueillies en faveur du projet représentent : savoir, en argent, [20,553 fr.] en prestations [1040 fr.] ; — que la commune de ... déjà imposée jusqu'en 186 à raison de [18 c.] additionnels, ne peut, non plus que la fabrique, dont les budgets se soldent avec un très-faible excédant de recettes, grever de nouvelles charges sa situation déjà bien embarrassée ; qu'il y a lieu, dès lors, en présence de l'empressement mis par les habitants à contribuer à la dépense de reconstruction de cet édifice, de solliciter pour elle de Son Exc. le Ministre des Cultes, un secours de [6,710 fr. 50 c.] égal au déficit qui se produit entre la dépense totale et les ressources réalisables.

Ou : Considérant que la reconstruction de l'église de ... est motivée par l'état d'insuffisance et de détérioration de l'édifice ; que la nouvelle construction paraît répondre aux besoins de la localité et que les plans et devis dressés par M. l'architecte ... n'ont donné lieu à aucune observation au point de vue architectural et économique ; considérant que le devis élève la dépense totale de cette reconstruction à la somme de [31,285fr. 78 c.]; que la commune ne peut, en vue de l'acquittement de cette dépense, prélever sur ses ressources ordinaires qu'une somme de 3,731 fr. 70 c. ; qu'en demandant l'autorisation d'employer à cette destination, pendant 10 ans, le produit, évalué 2,943 fr., de ses biens communaux, dont il lui est possible de disposer, elle acquiert ainsi des titres à la bienveillance du Gouvernement ; considérant, d'autre part, qu'aucune opposition ne s'est produite, lors de l'enquête contre le choix du terrain sur lequel la nouvelle église sera construite; que le prix de ce terrain n'est pas exagéré et que son paiement se trouve dès à présent assuré ;

Ou : Considérant que l'église actuelle de la commune de ... menace ruine et n'est plus proportionnée à l'importance de cette localité; que celle dont la construction est projetée réunira les conditions voulues de disposition et d'étendue, et assurera d'une manière plus décente le service religieux dans ladite commune de ... ; considérant, en ce qui concerne les voies et moyens, que la dépense de construction de la nouvelle église de ..., (non compris la partie supérieure du clocher et des détails d'ornementation), s'élèvera, d'après les devis dressés par M. l'architecte ..., à la somme de ... francs; que les ressources réalisables, montant à ... francs, laisseront encore subsister un déficit de [5,000 fr.]; qu'ainsi, cette commune, dont les revenus sont peu considérables et qui aura encore à s'imposer de nouveaux sacrifices pour achever les parties retranchées du devis et compléter l'ameublement de son église, paraît avoir des droits réels à obtenir de la bienveillance du Gouvernement un service égal au déficit constaté ci-dessus;

Ou, s'il y a lieu, après approbation du projet, à un accroissement de dépense : Considérant que l'accroissement de dépense occasionnée par la reconstruction de l'église de ... provient de l'augmentation qu'il a été nécessaire d'apporter aux prix des devis pour les mettre en concordance avec la valeur actuelle des matériaux, des journées d'ouvriers et autres frais accessoires ; que la somme nécessaire pour compléter les ressources déjà réalisées en vue de cette reconstruction, s'élève à [9,931 fr. 37 c.]; que le Conseil de fabrique de l'église a offert [3,500 fr.] et M. ... [1,000 fr.]; qu'il ne reste donc plus à pourvoir qu'à une somme de [4,431 fr. 37 c.] que le Conseil municipal et les plus imposés, par leur délibération susvisée du ..., proposent de recouvrer au moyen d'un impôt extraordinaire sur les années 186 , 186 et 187 ; que ce mode est le seul que puisse en ce moment employer la commune de ... qui a épuisé toutes ses autres ressources; considérant, en ce qui concerne l'offre faite par le conseil de fabrique de céder une partie du terrain dépendant du presbytère pour la construction de l'église, qu'elle est favorable aux intérêts de la commune, puisqu'elle facilitera l'accès de l'édifice et permettra de ne pas empiéter sur le chemin public qui le borde ; que les conditions imposées à cet abandon de terrain sont de nature à être acceptées ; — Est d'avis qu'il y a lieu : 1° d'approuver, avec les modifications y apportées, les devis et cahier des charges dressés pour la construction d'une nouvelle église dans la commune de ...; 2° d'approuver la délibération prise par le conseil de fabrique de l'église de ... pour concourir à la dépense de cette reconstruction pour une somme de.... et d'accepter l'offre faite par M. ..., etc. ;

Ou : Est d'avis qu'il y a lieu : 1° d'approuver les plans, devis et cahier des charges dressés par M. l'architecte ..., pour la construction d'une église dans la commune de ...; 2° d'autoriser ladite commune à acquérir du sieur ..., moyennant la somme de [2,000 fr.] un terrain de la contenance de [42 ares 40 centiares] destiné à servir d'emplacement à la nouvelle église; 3° d'approuver et de rendre exécutoire les rôles de souscriptions volontaires en argent et en prestations, consenties en faveur du projet; 4° de solliciter de la bienveillance de Son Exc. le Ministre des Cultes, un secours de [6,710 fr. 50 c.] égal au déficit que présentent sur la dépense totale les ressources réalisables.

Travaux communaux. — *Cas spécial :* **Construction d'une église, dont la circonscription paroissiale s'étend sur plusieurs communes. — Refus**

de concours opposé par un Conseil municipal. — Fixation de contingent et inscription d'office de ce contingent au budget communal. — Le Préfet, séant en Conseil de préfecture, — Vu la délibération, en date du ..., par laquelle le Conseil municipal de ..., assisté des plus imposés, a voté un emprunt de [5,000 fr.] et une imposition extraordinaire de la même somme pour subvenir, avec d'autres ressources, aux travaux de reconstruction de l'église de T..., paroisse dont le territoire embrasse une partie de ladite commune et une partie de la commune de P...; — les délibérations en date des ... et ..., par lesquelles le Conseil municipal de P... a refusé de concourir à la dépense; — le devis estimatif des travaux à effectuer; — les budgets et comptes de la fabrique de l'église de T...; — l'état des contribuables des deux sections formant la paroisse de T..., indiquant les contributions foncière et mobilière payées par chacune d'elles; — le décret du 30 décembre 1809; la loi du 14 février 1810, et les art. 30 et 39 de la loi du 18 juillet 1837; — les avis du conseil d'État des 25 novembre et 30 décembre 1858; — la décision de Son Exc. le Ministre de l'Intérieur du 12 avril 1859; — Considérant que, d'après les art. 37, 92 et suivants du décret du 30 décembre 1809, combinés avec l'art. 30 (n° 14) de la loi du 18 juillet 1837, les travaux de construction ou de reconstruction d'une église, reconnue indispensable pour les besoins du culte, constituent pour les communes, à défaut des ressources de la fabrique, une dépense obligatoire; — qu'aux termes de la loi du 14 février 1810 et de la décision ministérielle du 12 avril 1859, toutes les communes ou sections de communes réunies pour le culte sont tenues de concourir à cette dépense, et que la répartition doit en être faite, entre chaque commune ou section, au centime le franc des contributions foncière et mobilière payées par chacune d'elles; — que les Conseils municipaux de S... et de P..., ont reconnu, l'un et l'autre, la nécessité et l'urgence de la reconstruction de l'église de T...; — que les travaux sont évalués à [13,927 fr. 49 c.], mais que les ressources déjà réalisées ou qu'on est en mesure de réaliser, soit au moyen des subventions de la fabrique, soit par souscriptions volontaires, secours ou autrement, s'élèvent à [6,182 fr.] et qu'il reste à pourvoir à un déficit de [7,745 fr. 49c.], lequel doit être réparti entre les deux communes dans la proportion ci-dessus indiquée; considérant que les contributions foncière et mobilière à la charge de la paroisse de T..., s'élèvent, savoir : pour la section qui appartient à la commune de S... à [2,774 fr. 46 c.] et pour la section appartenant à la commune de P... à [1,320 fr. 12 c.]. Total, 4,094 fr. 58 c. ; — que la proportion entre cette somme et celle de [7,745 fr. 49 c.], montant du déficit à couvrir est de [1 fr. 89 c. 16 m.], et qu'en conséquence la [commune de S..., pour une contribution de [2,774 fr. 46 c.] doit payer [5,248 fr. 30 c.], et la commune de P... pour une contribution de [1,320 fr. 12 c.] doit fournir une subvention de 2,497 fr. 19 c.]; — que la commune de S... a voté, pour concourir au paiement de son contingent, qui pourra être complété au moyen des ressources qu'elle trouvera dans son budget, une imposition extraordinaire de [5,000 fr.] à recouvrer en [5] ans; mais que le Conseil municipal de P... s'est obstinément refusé, jusqu'à présent, de pourvoir aux moyens d'acquitter sa part de contribution dans la dépense; — que les motifs allégués par le Conseil municipal de cette commune ne sont pas de nature à être pris en considération en présence surtout de la jurisprudence administrative actuelle; — que si la partie de cette commune qui forme la paroisse de P..., a fait à elle seule, en 1850] les frais des travaux exécutés à l'église de P... sans que la section appartenant à la paroisse de T... y ait contribué, ce fait trouve sa justification dans la jurisprudence de cette époque, qui admettait l'établissement d'impositions extraordinaires sur les sections de communes; mais que, d'après les nouvelles règles adoptées par le conseil d'État, le contingent attribué à chaque section co-paroissiale, dans la proportion ci-dessus indiquée doit être acquitté, par la commune entière dont elle dépend, et réparti, en cas d'imposition extraordinaire, sur l'ensemble de la commune, en prenant pour base le principal des quatre contributions directes; considérant que le contingent à fournir par la commune de P... est rangé au nombre des dépenses obligatoires par l'art. 30 de la loi municipale du 18 juillet 1837, et que l'art. 39 de cette même loi autorise les Préfets à inscrire d'office ces sortes de dépenses aux budgets communaux, lorsque les Conseils municipaux ont refusé d'allouer les fonds nécessaires; — le Conseil de préfecture entendu ; — Arrête : — Art. 1. Le contingent à fournir par la commune de P..., pour les travaux de construction de l'église de T... est fixé à la somme de [deux mille quatre cent quatre vingt dix-sept francs dix-neuf centimes]. — Art. 2. Cette somme sera inscrite d'office, au budget de cette commune, pour 186., et affectée à ladite construction dans les formes prescrites par les règlements sur la comptabilité communale. — Art. 3. Ampliation du présent arrêté sera notifiée à M. le Maire de P..., qui devra convoquer le Conseil municipal, et, s'il y a lieu, les plus imposés, pour aviser aux moyens de payer la dépense dont il s'agit, à défaut de quoi il sera pourvu d'office conformément à la loi.

Travaux communaux. — *Cas spécial :* **Établissement de fontaines. — Approbation de projet. —** Le Préfet, — Vu les plans, devis et cahier des charges, dressés pour parvenir à l'établissement, depuis le lieu dit... jusqu'au chef-lieu de la commune de ..., de conduits en plomb destinés à alimenter les fontaines publiques dont l'établissement est projeté; ensemble : 1° la déclaration de cession de servitude consentie par les sieurs ... et ..., propriétaires des terrains à traverser; 2° la déclaration de la concession gratuite de la source qui doit alimenter les fontaines publiques, faite par le sieur ..., propriétaire de ladite source; — la liste des souscriptions recueillies en faveur de ces travaux, montant à ... francs; — la délibération, en date du ..., par laquelle le Conseil municipal de ... approuve les plans et devis ci-dessus visés, affecte à la dépense le crédit de ... francs, inscrit au budget supplémentaire, art. ..., sous le titre : *Fontaines publiques,* et le montant des souscriptions recueillies, et sollicite l'autorisation de faire exécuter les travaux en régie; — les budgets de la commune pour l'exercice courant; — la loi du 18 juillet 1837 et le décret du 25 mars 1852; — Considérant que les travaux projetés sont d'une utilité incontestable; — qu'ils seront exécutés sans qu'il soit besoin de recourir à l'emprunt, à l'aide des ressources budgétaires, et que la concession de la source qui doit alimenter les fontaines publiques, de même que tous droits de servitude, est faite, à titre purement gratuit, et sous la seule condition de permettre au cédant et aux propriétaires des terrains à traverser, de prendre l'eau nécessaire à leur usage dans le conduit communal; — Arrête : — Art. 1. La commune de ... est autorisée à accepter, sous les conditions stipulées en l'acte, la concession gratuite qui lui est faite, par le sieur ..., de la source d'eau existant dans la propriété de ce dernier, au lieu dit. ... ainsi que les abandons de servitude consentis également par les prénommés. — Art. 2. Sont approuvés les plans, devis et état de souscriptions ci-dessus visés. — Art. 3. Conformément à la demande du Conseil municipal, M. le Maire de ... est autorisé à faire exécuter, en régie, les travaux dont il s'agit, et à affecter, spécialement, à la dépense le produit des souscriptions volontaires consenties par les habitants, et le crédit de ... francs inscrit aux chapitres additionnels de l'exercice courant, art. ..., sous le titre : *Fontaines publiques.*

Travaux intéressant les établissements de bienfaisance. — Approbation de projet. — Le Préfet, — Vu la délibération, en date du ..., par laquelle la commission administrative de l'hospice (*ou du bureau de bienfaisance, ou le conseil d'administration du mont-de-piété*) de ... a voté l'exécution de ... (*indiquer la nature des travaux et le montant de la dépense*), ainsi que les ressources nécessaires pour pourvoir à la dépense de ces travaux; — les plans et devis; — l'avis du Conseil municipal en date du ...; — l'avis (*ou de l'architecte du département, ou du conseil des bâtiments civils, suivant le cas*) en date du ...; — la loi du 7 août 1851 (*en ce qui concerne les hospices*); — l'ordonnance du 6 juillet 1846 (*quand il s'agit d'un bureau de bienfaisance*); — la loi du 24 juin 1851 (*quand il s'agit d'un mont-de-piété*); — le décret du 25 mars 1852, tableau A, § 49 ; — Considérant, etc. (*indiquer notamment la nature et la quotité des voies et moyens affectés au paiement de la dépense*) ; — Arrête : — Sont approuvés, etc.

Travaux communaux. — Différend entre une commune et un entrepreneur. — Renvoi au Conseil de préfecture. — Le Préfet, - Vu le projet des travaux à effectuer pour la construction d'une [église] à ..., dont l'adjudication a été consentie en faveur du sieur ..., maître maçon à ..., et suivant procès-verbal en date du ..., approuvé le ... du même mois ; — la pétition, en date du ..., par laquelle le sieur ... demande la résiliation de son marché, la vérification, le mesurage, l'estimation et la réception des travaux par lui effectués ; — les observations présentées le ... par M. le Maire de ... contre la demande des entrepreneurs ; — la loi du 28 pluviôse an VIII, titre II, art. 4 ; — Considérant qu'il résulte de l'art. 4, titre II, de la loi du 28 pluviôse an VIII, qu'il appartient au Conseil de préfecture de prononcer sur les difficultés qui peuvent s'élever entre les entrepreneurs de travaux publics et l'administration ou les communes, concernant le sens et l'exécution des clauses de leurs marchés ; — Arrête : — Le différend existant entre la commune de ... et le sieur ..., au sujet des travaux de construction de l'église dudit ..., dont ces derniers ont été déclarés adjudicataires, est déféré au Conseil de préfecture.

. Travaux communaux.— Mise en adjudication publique. — Le Préfet, — Vu la délibération, en date du ..., par laquelle le Conseil municipal de ..., vote l'exécution des travaux (*indiquer la nature des travaux et le montant de la dépense*) ainsi que les ressources nécessaires pour pourvoir à la dépense de ces travaux ; — les plan, devis et cahier des charges dressés par M. ..., architecte à ..., l'avis de (l'architecte du département, *ou*, du conseil des bâtiments civils, *suivant le cas*), en date du ... ; — la loi du 18 juillet 1837 ; — l'ordonnance du 14 novembre de la même année ; — les instructions ministérielles des 9 juin 1838 et 10 février 1840 ; — le décret du 25 mars 1852, tableau A, § 49 ; — Considérant, etc. (*indiquer, notamment, la nature et la quotité des voies et moyens affectés au paiement de la dépense*). — Arrête : — Art. 1. Sont approuvés les plan, devis et cahier des charges susvisés, adoptés par le Conseil municipal de ..., dans sa délibération du ..., pour l'exécution des travaux ... — Art. 2. Lesdits travaux seront mis en adjudication publique sur la mise à prix de ..., déduction faite de la somme de ..., pour ... L'adjudication aura lieu à la [sous-] préfecture. La dépense ne pourra excéder la somme de ..., montant du devis. Tout excédant restera à la charge personnelle soit de l'architecte, soit des fonctionnaires qui auront ordonné les travaux, soit de l'entrepreneur s'il ne s'est pas fait donner par écrit l'ordre d'exécuter lesdits travaux. — Art. 3. Il sera pourvu au paiement de la dépense au moyen des ressources ci-après votées par le Conseil municipal, savoir : 1° ..., etc.

Travaux communaux. — Mise en régie. — Le Préfet, — Vu le budget primitif (*ou* supplémentaire), régulièrement approuvé, des recettes et dépenses de la commune de ..., exercice 186 , contenant, sous l'art. ..., un crédit de ... francs pour travaux ..., — la proposition de M. le Maire de ..., pour la mise en régie de ces travaux ; — Considérant que les ouvrages dont il s'agit n'ont pour objet que des travaux d'entretien ; qu'ils sont de peu d'importance, et qu'il est à peu près impossible de les apprécier d'avance, et de les faire exécuter par entreprise ; — Arrête : — Art. 1. M. le Maire de la commune de ... est autorisé à faire dépenser, par voie de régie non intéressée, et sans production préalable de devis estimatif, la somme de ..., qui est mise à sa disposition pour les travaux de réparations ci-dessus mentionnées. — Art. 2. M. ... est nommé régisseur des travaux. — Art. 3. Les états de dépenses de toute nature seront, en conséquence, certifiés par le régisseur et visés par le Maire, qui en ordonnancera le montant au nom de ce dernier, sauf justification ultérieure, conformément aux règlements sur la comptabilité communale. — Art. 4. Une copie certifiée du présent arrêté, dont les dispositions seront notifiées à M. le

Maire de ... et portées à la connaissance du régisseur par les soins de ce fonctionnaire, sera jointe à l'appui du mandat de paiement du premier à-compte délivré à ce dernier.

Travaux communaux. — Réception des travaux. — Le Préfet, — Vu le procès-verbal de réception des travaux de réparations exécutés à [la maison d'école] de ..., dressé le ..., lequel procès-verbal constate un accroissement d'œuvre de 71 francs; — la délibération approbative du Conseil municipal, en date du ...; — le décret du 13 avril 1861 et la circulaire ministérielle du 18 mai suivant; — Considérant que les travaux de la [maison d'école] de ... ont été exécutés convenablement et conformément au devis approuvé par nous, le ...; — Arrête : — Le procès-verbal susvisé est approuvé.

Travaux communaux.—Traités de gré à gré passés par les communes. — Le Préfet, — Vu la délibération du Conseil municipal de ..., en date du ... ; — le traité conclu le ..., entre le Maire et le sieur ..., pour ... (*indiquer la nature des travaux et le montant de la dépense*); — le budget communal; — l'ordonnance du 14 novembre 1837 (art. 2, § ...); —le décret du 25 mars 1852; — Considérant, etc. (*Indiquer avec soin les motifs exceptionnels qui ne permettent pas de mettre en adjudication publique.*) — Arrête : — Art. 1. Est approuvé le traité conclu le ..., entre le Maire de ... et le sieur ..., pour... (*indiquer l'objet du traité, les conditions stipulées, notamment le montant de la dépense et les voies et moyens de paiement.*) — Art. 2. La dépense ne pourra excéder la somme prévue. Toute augmentation d'œuvre restera à la charge personnelle soit de l'architecte, soit de l'ordonnateur des travaux, soit de l'entrepreneur, s'il ne s'est pas fait donner par écrit l'ordre d'exécuter les travaux qui auront occasionné l'excédant de dépense.

— Traités de gré à gré passés par les établissements de bienfaisance. Le Préfet, — Vu la délibération de la Commission administrative (*ou du Conseil d'administration*) de..., en date du ... ; — le traité conclu le ..., entre ... et le sieur ..., pour (*indiquer la nature soit des travaux, soit des fournitures, et le montant de la dépense*); — le budget de l'établissement; — l'avis du Sous-Préfet de l'arrondissement, en date du ...; —l'ordonnance du 14 novembre 1837 (art. 2, § ...); —le décret du 25 mars 1852; — Considérant, etc. (*Indiquer avec soin les motifs exceptionnels qui ne permettent pas de mettre en adjudication publique*); — Arrête : —Art. 1. Est approuvé le traité conclu le ... entre ... et le sieur ..., pour l'exécution de ... (*quand il s'agira de travaux*) ou bien pour la fourniture de ... — Art. 2. La dépense, ... (*comme dans le modèle précédent*).

N. B. Ce modèle est spécialement applicable aux bureaux de bienfaisance et aux monts-de-piété, attendu qu'aux termes de l'art. 8 de la loi du 7 août 1851, lorsqu'il s'agit d'hospices ou hôpitaux, les marchés pour fournitures et entretien dont la durée n'excède pas une année, et pour travaux qui ne dépassent pas 3,000 fr., rentrent dans la catégorie des objets qui sont *réglés* par les commissions administratives sous la simple surveillance du Préfet. Ce n'est donc que lorsque ces limites sont franchies que les Préfets ont à statuer à l'égard des hospices, dans les formes indiquées ci-dessus.

Travaux communaux et d'établissements publics. (La rédaction des projets ne peut être confiés qu'à des architectes agréés par le Préfet.) — Le Préfet, — Considérant qu'il existe dans le département un très-grand nombre de bâtiments communaux construits depuis quelques années à peine et qui exigent déjà de fortes réparations; — que cet état de choses provient de ce que ces bâtiments n'ont pas été construits sous la surveillance et la direction d'architectes capables; — qu'il y a lieu, dans l'intérêt des communes, d'organiser immédiatement un corps d'architectes agréés, en dehors du concours et de la responsabilité desquels, à l'avenir, aucune construction, aucune réparation d'édifices communaux ne sera plus autorisée, — Arrête : — Art. 1. A partir de ce jour, la rédaction et l'exécution des projets de construction ou de réparation intéressant les communes, les fabriques ou les établissements de bienfaisance ne pourront être confiés qu'à des architectes agréés par le Préfet. — Art. 2. Les honoraires de ces architectes seront calculés d'après les bases fixées par ..., sans pouvoir, dans aucun cas, dépasser un maximum de 5 p. %, déterminé par l'arrêté préfectoral du ...

N. B. *Communes. — Travaux. — Contrôle exercé par l'autorité préfectorale. — Dans quelles limites elle doit se renfermer.*

Le Préfet de ... a pris, en 1861, un arrêté portant institution d'un architecte du département et contenant la disposition suivante : « A l'avenir, tous les projets de construction » ou de réparation des édifices communaux confiés à des architectes comprendront une » remise pour honoraires calculés à 5 1/2 p. / du montant du devis, laquelle sera ainsi » répartie : 4 1/2 p. /₀ seront attribués à l'architecte de la commune; 0,75 p. %, à l'ar- » chitecte du département; 0,75 p. %, serviront à former un fonds commun sur lequel » seront imputées les dépenses du Conseil départemental d'architecture. » La ville de ... n'ayant pas voulu se soumettre à cette disposition en ce qui concerne divers projets dont les devis s'élevaient à 307,700 fr., le Préfet de ..., par un arrêté du 10 juin 1865, a mis le Conseil municipal en demeure de voter le paiement d'une somme de 769 fr. 25 c., soit 0,25 p. %, du montant du devis, pour frais de contrôle, c'est-à-dire pour contribuer aux dépenses du conseil d'architecture. Appelé à se prononcer sur cette difficulté, le Ministre de l'Intérieur a fait la réponse suivante : *c'est aux communes,* par l'organe de leurs réprésentants légaux, *qu'il appartient,* non-seulement *de choisir les architectes,* chargés de la rédaction des plans et devis et de la direction des travaux qui les intéressent, mais encore *de fixer, par des conventions librement débattues, les honoraires qu'elles doivent leur accorder.* En pareille matière, l'administration supérieure tient exclusivement de ses pouvoirs de tutelle, le droit d'intervenir, par voie de conseil et de donner ou de refuser son approbation, soit aux projets de travaux, soit aux contrats passés au nom des communes avec les entrepreneurs et les hommes de l'art. Le Préfet de ... ne pouvait donc pas imposer aux communes de son département l'obligation d'allouer aux architectes qu'elles emploient une rémunération de 4 1/2 p. %. Il a également excédé les limités de ses attributions en les déclarant passibles : 1° d'une allocation de 75 c. p. %, au profit de l'architecte du département; 2° d'une redevance de 25 p. %, pour frais de contrôle des travaux communaux. En effet, aucune disposition de loi n'ayant mis ces dépenses à la charge des communes, on doit les considérer à leur égard, comme essentiellement facultatives. Son Excellence a reconnu, en conséquence, que les deux arrêtés du Préfet de ... étaient entachés d'illégalité. Il a invité ce fonctionnaire à rapporter le second et à modifier le premier dans le sens des observations qui précèdent. (*Bulletin officiel du Ministère de l'Intérieur;* Solution.)

De même un Préfet peut adresser des *conseils* aux administrations municipales sur la rédaction des projets, la direction, la surveillance et la réception des travaux, sur le choix des architectes, le montant des honoraires à leur accorder, et les garanties de moralité et de capacité qu'ils doivent présenter, mais il ne saurait aller au-delà, et il commettrait un excès de pouvoirs en infligeant telle ou telle peine à un architecte pour infraction à ses devoirs, notamment en lui faisant défense, pour un temps déterminé, de prendre part à des travaux d'intérêt communal. (*Autre solution.*)

Travaux départementaux et communaux. — Règlement. — Organisation du service des architectes (1). — Le Préfet, Vu le décret du 25 mars 1852, sur la décentralisation administrative et la circulaire ministérielle du 5 mai même année; — le décret complémentaire du 13 avril 1861 et la circulaire ministérielle du 18 mai suivant; — Considérant que les décrets précités nous attribuent l'approbation des projets de travaux à exécuter aux bâtiments départementaux et communaux, des plans d'alignement

---

1. Voir le N. B. de l'article précédent.

des villes, etc.; que pour être en mesure d'exercer avec les garanties désirables cette autorité, il est utile de créer un conseil départemental des bâtiments civils, chargé d'examiner
les projets et d'exprimer son avis sur leur admissibilité ; — Considérant que, pour donner
satisfaction aux besoins urgents de l'administration, il doit être exécuté dans un court
délai de nombreux travaux pour lesquels l'État a mis à notre disposition des subventions
importantes ; qu'il convient en conséquence d'organiser un service d'architectes pour que
lesdits travaux soient dirigés avec habileté, activité et régularité ; — Considérant enfin
que, pour rendre facile, prompt et sûr le contrôle de ce service compliqué, il est essentiel
de déterminer la composition des projets, plans et devis, et les règles à suivre pour l'adjudication, l'exécution, la réception d'œuvre et le paiement des travaux ; — Arrête :

TITRE I. — *Organisation générale du service des architectes.* — Art 1. Les édifices et
bâtiments départementaux, communaux et des établissements de bienfaisance seront visités
chaque année par les architectes nommés ou agréés par nous. — Ces architectes nous
feront, dans la forme qui sera réglée, des rapports sur la situation de ces édifices et bâtiments et sur les travaux qu'il conviendrait d'y faire exécuter ; ils seront seuls chargés de
l'établissement des projets de grosses réparations et des travaux neufs.

Art. 2. Le service des bâtiments départementaux est confié à un architecte qui prend le
titre d'architecte départemental. Le service des bâtiments diocésains est confié à un
architecte qui prend le titre d'architecte diocésain. Le service des bâtiments communaux et des établissements de bienfaisance est confié à ... architectes agréés par nous et
qui prennent le titre d'architectes communaux. Le département est divisé en ... arrondissements, savoir : ..., etc.

TITRE II. — *Des travaux départementaux.* — Art. 3. Le service des bâtiments départementaux comprend : 1° la surveillance et la conservation des bâtiments et édifices et de
leurs dépendances, du mobilier de la préfecture, des sous-préfectures, des tribunaux, etc. ;
2° l'entretien et les réparations à y faire exécuter, le renouvellement partiel ou total et les
acquisitions à effectuer, les récollements annuels des inventaires ; 3° la vérification de
tous les mémoires et états de dépenses auxquels lesdits bâtiments et mobiliers peuvent
donner lieu.

Art. 4. L'architecte du département fait chaque année deux tournées, dans lesquelles il
constate, par un rapport, l'état des bâtiments et des mobiliers, les besoins de leur entretien ou de leur amélioration.—Il doit aussi, indépendamment des tournées règlementaires,
se rendre dans les villes où il existe des bâtiments départementaux, toutes les fois que
les besoins du service réclament sa présence.

Art. 5. L'architecte du département rédige les projets, plans et devis, tant pour les
réparations, changements ou améliorations à faire dans les bâtiments que pour les constructions neuves qui seraient ordonnées. — Les propositions de travaux doivent être
distinctes par bâtiment et être accompagnées d'un rapport justificatif. Il fait exécuter
d'après nos ordres et sans formalité préalable les réparations ordinaires dans la limite
des crédits ouverts au budget. Il dirige les travaux de construction neuve, de grosses
réparations ou d'amélioration, spécialement autorisés par nous pour être exécutés, soit par
voie d'adjudication ou de marché soit par voie de régie économique.

Art. 6. En raison du grand nombre et de l'importance des travaux à exécuter dans un
court délai pour le compte du département, l'architecte du département sera tenu d'avoir,
sous son autorité directe, des auxiliaires en nombre suffisant pour assurer la marche du
service et la surveillance régulière des entreprises.

Art. 7. Aucun travail ne pourra être exécuté ni aucune dépense faite, soit aux bâtiments
soit pour le service du mobilier, si ce n'est par les soins de l'architecte du département et
sur notre autorisation expresse. Toute dépense effectuée contrairement à cette disposition sera laissée à la charge de quiconque l'aura ordonnée. — Il est interdit à l'archi-

37

du département, sous sa responsabilité personnelle, de faire aucune dépense en dehors de nos autorisations et des crédits conformes aux allocations ouvertes par le budget départemental et mis par nous à sa disposition.

Art. 8. L'architecte du département est tenu de nous rendre compte, dans les dix premiers jours de chaque mois, des travaux exécutés et des dépenses faites pendant le mois précédent, dans un état de situation dont le modèle sera donné. Il nous transmet également chaque mois les pièces justificatives des dépenses faites, dûment vérifiées et certifiées par lui.

Art. 9. L'architecte du département jouira d'un traitement fixe de 2,500 francs par an, tant pour ses honoraires que pour tous frais personnels de voyages, de déplacement, etc., ainsi que de ceux des agents placés sous ses ordres. Il lui sera, en outre, alloué des remises proportionnelles à raison de 5 p. % sur le montant des travaux neufs, de grosses réparations, appropriations et améliorations, lorsque chacun de ces travaux donnera lieu à une dépense supérieure à 10.000 francs.

Titre III. — *Des travaux communaux et d'établissements de bienfaisance.* — Chapitre I. — *Inspection des bâtiments.* — Art. 10. Les architectes communaux visiteront, une fois par an, toutes les communes du département et nous feront un rapport sur l'état des édifices et bâtiments de chaque commune, sur les travaux d'entretien ou de grosses réparations à y exécuter, et sur le mobilier communal.

Art. 11. Il leur sera alloué à titre d'honoraires et de frais de voyage pour cette visite des bâtiments, une indemnité de 10 francs par commune, outre les honoraires auxquels ils auront droit, à raison de 5 p. % pour les travaux dont l'exécution sera ordonnée

Chapitre II. — *Établissement des projets, direction et surveillance des travaux.* —

Art. 12. Les projets de travaux ne pourront être établis que par les architectes communaux agréés par nous; ils en auront seuls la direction et la surveillance, et en feront la réception.

Art. 13. Les travaux de *simple entretien* dont la dépense ne dépasse pas 1,000 francs pourront être exécutés, sans le concours des architectes communaux, sur les devis dressés par des maîtres ouvriers, qui seront soumis à notre approbation pour l'arrondissement chef-lieu, et à celle de MM. les Sous-Préfets pour les autres arrondissements.

Art. 14. Aucun projet de réparation ou de construction ne pourra être exécuté ni mis en adjudication s'il n'a été ouvert soit au budget de la commune, soit par une délibération spéciale dûment approuvée par nous, un crédit suffisant pour faire face intégralement à la dépense, si les plans et devis n'ont été par nous approuvés et l'entreprise autorisée. — Les travaux exécutés sans cette autorisation resteront pour le compte personnel du fonctionnaire qui les aura ordonnés ou de l'entrepreneur qui les aura exécutés.

Art. 15. Chaque architecte agréé dressera les projets compris dans sa circonscription et en suivra l'exécution, à moins de décision contraire.

Chapitre III. — *Composition des projets.* — Art. 16. Les projets de travaux qui nous seront soumis se composeront : 1° d'un programme adopté par l'administration qui fait exécuter les travaux; 2 d'un plan général, sur une petite échelle, faisant connaître l'emplacement et l'ensemble du bâtiment à réparer ou à construire par rapport aux propriétés voisines, et indiquant son orientation; 3° de plans de détails, d'élévations et de coupes longitudinale et transversale, à l'échelle de dix millimètres par mètre; 4° d'un rapport explicatif indiquant le but de l'entreprise et les raisons qui auront déterminé l'auteur du projet dans le choix du style architectural; 5° d'un devis descriptif des ouvrages à exécuter, spécifiant les précautions à prendre en cours d'exécution et indiquant l'espèce, la qualité, la façon et l'emploi des divers matériaux à employer, les lieux d'exploitation des matériaux, enfin tous les procédés à suivre pour atteindre un bon résultat; 6° d'analyses de prix suffisamment développées; 7° d'un détail estimatif; 8° d'un cahier des charges, clauses et conditions à imposer à l'entrepreneur.

Art. 17. Lorsqu'il s'agira de travaux de restauration, d'appropriation ou d'agrandissement d'un édifice déjà existant, l'architecte emploiera dans ses plans les teintes conventionnelles admises en architecture, savoir : *en noir*, pour les constructions anciennes à conserver; *en rouge*, pour les constructions neuves ou à ajouter; *en jaune*, pour les constructions à démolir ou à supprimer.

Art. 18. Tous les plans devront être cotés et signés par l'architecte; ceux des coupes indiqueront l'inclinaison et les accidents de terrains. Il devra aussi être indiqué la destination de chaque pièce sur les plans de détails. Ces plans seront tous pliés à la grandeur exacte du format tellière de 21/31 centimètres. Toutes les pièces d'un projet seront numérotées dans l'ordre ci-dessus, et puis renfermées dans un bordereau ou chemise portant mention de chacune d'elles.

Art. 19. Pour les constructions importantes, on devra y joindre les détails de construction à l'échelle de 20 millimètres pour mètre. Dans ce cas, il pourra être présenté préalablement des *avant-projets*, dressés à une petite échelle, et à l'examen préparatoire desquels seront rédigés les projets détaillés aux échelles ci-dessus indiquées, ainsi que des devis.

Art. 20. Les pièces des projets devront être produites en double expédition. L'une des expéditions des plans pourra être sur papier calque.

Chapitre IV. — *Examen et approbation des projets.* — Art. 21. Lorsqu'un projet aura été établi, il sera transmis par l'architecte à M. le Maire de la commune, pour l'approbation et le vote des ressources par le Conseil municipal. Après cette première formalité, toutes les pièces nous seront adressées avec deux expéditions de la délibération qui aura été prise, directement pour l'arrondissement chef-lieu et par l'intermédiaire de MM. les Sous-Préfets pour les autres arrondissements.

Art. 22. Les projets de travaux seront soumis, toutes les fois que nous le jugerons utile, au conseil des bâtiments, dont il sera ci-après parlé, avant de recevoir notre approbation.

Chapitre V. — *Adjudications.* — Les travaux de construction, reconstructions et grosses réparations, dont le devis s'élève au-delà de 3,000 francs, ne pourront être exécutés que par voie d'adjudication. Quand l'estimation s'élèvera à 3,000 francs et au dessous, les communes pourront, *avec l'autorisation préalable du Préfet,* faire exécuter ces travaux au moyen de marchés de gré à gré passés avec des entrepreneurs ou les faire effectuer en régie, c'est-à-dire par des fournisseurs divers et des ouvriers à la journée employés sous la surveillance du Maire ou de ses délégués.

Art. 24. Il pourra également être traité de gré à gré dans les divers cas prévus par l'art. 2 de l'ordonnance du 14 novembre 1837; mais notre autorisation préalable sera toujours nécessaire.

Art. 25. Les administrations locales pourront faire exécuter en régie ou au moyen de marchés de gré à gré, ou de soumissions, sur les crédits régulièrement ouverts au budget, et sans autorisation préalable du Préfet, les travaux de réparations ordinaires et de simple entretien dont la dépense n'excèdera pas 300 francs.

Art. 26. Il sera procédé aux adjudications par le Maire, assisté de deux membres du Conseil municipal, désignés d'avance par ce Conseil ou appelés dans l'ordre du tableau, et en présence du receveur municipal. L'architecte, auteur du projet, assistera aussi à l'opération. On aura soin de se conformer à toutes les dispositions de l'ordonnance du 14 novembre 1837, rappelées dans la circulaire préfectorale du 20 juin 1861, insérée au numéro 26 du *Recueil des Actes administratifs.*

Art. 27. Lorsqu'il s'agira de travaux de quelque importance, on pourra, afin d'assurer par une concurrence plus grande, des résultats plus avantageux, passer l'adjudication au chef-lieu de la préfecture ou de la sous-préfecture. Mais, dans ce cas, l'administration municipale ne pourra être suppléée dans ses fonctions, et le Maire devra se transporter, au jour et à l'heure fixés, au chef-lieu désigné, accompagné de deux conseillers municipaux, du receveur de la commune et de l'architecte.

Art. 28. A l'heure indiquée, le président procèdera publiquement et en présence des concurrents, à l'ouverture des pièces par eux déposées, et prononcera immédiatement, en conseil, sur leur validité et leur acceptation.

Art. 29. L'administration pourra écarter, lors de l'ouverture des pièces, les entrepreneurs qui n'offriraient point les garanties suffisantes au point de vue de la capacité, de la moralité ou de la solvabilité; mais ces motifs sont les seuls sur lesquels l'élimination d'un soumissionnaire puisse être fondée. Toute autre exclusion blesserait l'équité et compromettrait la responsabilité du fonctionnaire qui l'aurait soufferte ou prescrite.

Art. 30. Toutes les difficultés qui pourraient s'élever sur les opérations préparatoires de l'adjudication, seront résolues, séance tenante, par le Maire et les deux conseillers assistants, à la majorité des voix, sauf le recours de droit.

Art. 31. Les résultats de l'adjudication seront constatés par un procès-verbal relatant toutes les circonstances de l'opération. Ce procès-verbal, dressé dans la forme et suivant le modèle donné à la suite de la circulaire du 20 juin 1861, est signé par le Maire et les assistants, l'adjudicataire et sa caution, s'il en a une, le receveur municipal et l'architecte.

Art. 32. Les adjudications sont toujours subordonnées à l'approbation du Préfet, et ne sont valables et définitives, à l'égard des communes et des établissements publics, qu'après cette approbation.

Chapitre VI. — *Exécution des travaux.* — Art. 33. Il sera tenu, au fur et à mesure de l'exécution des travaux, des attachements figurés et écrits, destinés à constater la disposition, la nature et les dimensions de tous les travaux qui ne resteraient pas visibles ou facilement accessibles. Par exemple, pour les travaux de *terrassements :* la nature du sol, les dimensions des parties de fouilles, déblais, remblais, etc. ; — pour les *fondations*, et, en général, pour toutes les constructions de maçonnerie qui peuvent être cachées ou recouvertes : la nature des matériaux et les dimensions des diverses parties, les différentes mains-d'œuvre qui ont pu être effectuées; etc. ; — pour les *planchers, pans de bois* et autres parties de charpente : la nature, la disposition et les dimensions des différentes pièces de bois; — pour les travaux de *serrurerie, plomberie,* etc. : les dimensions, les poids et les formes particulières des diverses parties de fer, plomb, cuivre et autres métaux ; — pour les travaux par *régie* ou *économie :* la nature et les quantités des fournitures diverses et les journées d'ouvriers, etc.

Art. 34. Ces attachements seront tenus contradictoirement sur un double registre, et arrêtés au jour le jour, et signés par l'architecte et l'entrepreneur ou son représentant autorisé. Le registre tenu par l'architecte devra être produit à l'appui du procès-verbal de réception qui nous sera soumis.

Art. 35. L'architecte devra visiter au moins deux fois par mois les travaux en cours d'exécution ; il dressera de chaque visite un rapport sommaire qui sera immédiatement envoyé au Préfet ou au Sous-Préfet. En cas de retard ou de lenteurs dans l'exécution des travaux, le rapport devra en faire connaître la cause et proposer, au besoin, les mesures propres à activer leur achèvement.

Art. 36. Les architectes pourront s'adjoindre, pour la direction et la surveillance des travaux, un ou plusieurs commis qui devront être agréés par le Préfet pour l'arrondissement chef-lieu, ou par les Sous-Préfets pour les autres arrondissements.

Art. 37. L'entrepreneur devra s'abstenir de faire exécuter aucun travail sur les ateliers ou dans les chantiers en dépendant, les dimanches et jours fériés, à moins qu'une autorisation régulière n'ait été accordée par des motifs que l'autorité administrative seule appréciera.

Art. 38. S'il était reconnu nécessaire d'apporter ultérieurement des modifications aux projets approuvés, ou d'y faire des additions, il devra être présenté préalablement des projets et devis modificatifs ou supplémentaires dans les mêmes formes que celles déterminées au chapitre 3. Les dépenses résultant de l'exécution des travaux non autorisés ou de changements opérés, sans autorisation préalable, à des projets approuvés, resteront à la charge de la personne qui les aura ordonnés.

Chapitre VII. *Paiement des travaux. Honoraires des architectes.* — Art. 39. Il pourra être payé des à-comptes à l'entrepreneur, au fur et à mesure de l'exécution des travaux, jusqu'à concurrence, toutefois, des quatre cinquièmes seulement du montant des travaux exécutés ou de la valeur des matériaux approvisionnés et reçus par l'architecte. Les paiements d'acomptes seront faits sur des certificats délivrés par l'architecte et conformes au modèle faisant suite au présent règlement.

Art. 40. Le paiement de solde, comprenant le cinquième retenu à titre de garantie, ne sera effectué qu'après la réception des travaux et l'approbation du procès-verbal qui aura été dressé de cette opération. A ce procès-verbal devra être joint le décompte général des travaux exécutés, dressé et certifié par l'entrepreneur, vérifié et arrêté par l'architecte.

Art. 41. Les honoraires des architectes devront toujours être compris dans les devis estimatifs et les procès-verbaux de réception. Ils sont fixés au vingtième de la dépense totale des travaux détaillés aux devis ou aux décomptes ; ils se subdivisent ainsi :

<pre>
Pour la rédaction des plans et devis de travaux *suivis d'exé-
    cution*..   1 c. 2/3.
Pour direction, surveillance et inspection..................   1   2/3.
Pour vérification, règlement et réception..................   1   2/3.
                                                              ─────────
                          Total.................   5 par fr.
</pre>

C'est d'après ces bases que seront réglés les honoraires des architectes qui auront établi des projets sans en suivre l'exécution, ou qui auront suivi l'exécution de projets établis par d'autres architectes.

Art. 42. Lorsque des projets de travaux ne seront pas suivis d'exécution, les honoraires des architectes ne seront que de 1 p. % moins le 1/20e conformément au règlement du 12 pluviôse an VIII, mais ils auront droit, en sus, à une indemnité de déplacement qui sera réglée suivant la distance parcourue.

Art. 43. Les honoraires des architectes seront toujours acquittés directement par les communes ou les établissements qui feront exécuter les travaux ; ils ne peuvent être mis à la charge des adjudicataires.

Art. 44. Les architectes pourront recevoir des à-comptes proportionnés à ceux versés aux entrepreneurs. Dans tous les cas, ils auront droit au *solde*, après l'approbation du procès-verbal de réception.

Art. 45. Il ne sera pas alloué d'honoraires aux architectes sur les travaux qui auraient été exécutés en dehors des projets approuvés. Ils pourront en outre être privés, pour un temps plus ou moins long, de travailler pour les communes, lorsqu'ils auront ordonné ou dirigé des travaux sans approbation préalable du projet ou en dehors des prévisions du devis, lorsqu'ils seront convaincus d'avoir reçu des matériaux défectueux ou des travaux mal faits, ou qu'ils n'auront pas exécuté les rectifications ou modifications prescrites par l'administration supérieure. Pour des faits graves, la peine de la révocation sera appliquée.

Art. 46. Conformément aux dispositions des articles 1792 et 2270 du Code Napoléon, les architectes et les entrepreneurs sont responsables de leurs travaux pendant *dix ans*. Ces dispositions seront rigoureusement observées, le cas échéant.

Chapitre VIII. — *Mémoires, décomptes et réception des travaux.* — Art. 47. Aussitôt l'exécution des travaux, l'entrepreneur dressera le mémoire ou décompte de ces travaux dans le même ordre et d'après le système de mesurage, d'évaluation et d'estimation consacré par les devis et cahier des charges. Ce mémoire ou décompte comprendra tous les détails métriques des diverses parties exécutées; il sera établi en double dont un sur timbre, pour être vérifié et arrêté par l'architecte et soumis ensuite à l'approbation en même temps que le procès-verbal de réception provisoire.

Art. 48. Les travaux seront soumis à deux réceptions : la première, ou réception provisoire, aura pour objet de vérifier si toutes les conditions imposées à l'entrepreneur ont été fidèlement remplies et si tous les travaux ont été régulièrement exécutés; il y sera procédé aussitôt la remise du décompte par l'entrepreneur. La seconde, ou réception définitive, sera faite un an après la première, et constatera qu'il n'est survenu aucune détérioration au bâtiment depuis la première réception, et que les travaux sont réellement en état de réception définitive, sous la réserve des garanties légales. Ces réceptions seront faites en présence du Maire, de deux conseillers municipaux, délégués à cet effet, et de l'entrepreneur, ou celui-ci dûment appelé. Toute réclamation de l'entrepreneur faite après la réception définitive ne sera plus admise.

Art. 49. Lorsqu'un procès-verbal constatera une dépense supérieure autorisée dont le chiffre n'aura pu être déterminé d'avance, l'architecte devra le remettre avec le décompte au Maire, pour être soumis au Conseil municipal, qui, s'il y a lieu, l'approuvera et votera les ressources nécessaires pour le paiement de l'excédant d'œuvre. Ces pièces nous seront ensuite adressées avec une copie certifiée et deux expéditions de la délibération qui aura été prise.

Art. 50. L'entrepreneur devra fournir ses observations ou donner son acceptation au règlement de son décompte par l'architecte, lorsque ce règlement aura fait subir au décompte quelques modifications. Lorsque l'entrepreneur contestera le règlement de l'architecte, l'affaire sera immédiatement soumise au Conseil de préfecture.

Titre III. — *Du Conseil des bâtiments civils.* — Chapitre 1. — *Création de ce Conseil. — Ses attributions.* Art. 51. Il est établi à ... un conseil des bâtiments civils.

Art. 52. Ce conseil sera chargé de l'examen et de la vérification préalables : 1° des projets présentés par les divers architectes dans l'intérêt des communes et des établissements publics du département, à quelque somme que s'élèvent ces projets; 2° des projets de travaux départementaux qui lui seront communiqués par nous. Il donnera son avis sur la convenance des travaux au point de vue de la destination des édifices à construire ou à approprier; sur la composition des projets, tant sous le double rapport de l'art et du goût, qu'en ce qui concerne la solidité des constructions, le choix des matériaux, l'économie, la bonne et exacte rédaction des devis et détails, et enfin les conditions à imposer et tous les cas à prévoir dans l'intérêt de l'administration, pour assurer la bonne exécution des travaux et la responsabilité des architectes et entrepreneurs. Il donnera également son avis sur les plans d'alignement des villes, qui seront renvoyés à son examen; sur les réclamations des architectes et des entrepreneurs au sujet des travaux ou fournitures exécutés par eux, lorsque l'administration le croira nécessaire.

Art. 53. Les architectes auteurs des projets soumis à l'examen pourront, s'il y a lieu, être entendus dans le sein du conseil, lors de la discussion de leurs projets, pour donner les explications et renseignements qui seraient nécessaires. Les membres de la commission qui seraient auteurs de projets soumis à l'examen pourront également être entendus dans le cours de la discussion, mais ils ne seront pas présents à la délibération.

Art. 54. Le conseil proposera, s'il y a lieu, la rectification des plans et devis, ou la modification des plans d'alignement. Il s'assurera si les prix portés dans les projets de travaux ne s'écartent pas de ceux admis dans le commerce; il vérifiera particulièrement la composition des sous-détails, eu égard à la provenance des matériaux et aux frais de transport. Il proposera le rejet absolu des projets qui, à raison de leur défectuosité, exigeraient une recomposition. Dans ce cas, le rédacteur n'aura droit à aucune indemnité.

Art. 55. Lorsqu'il est présenté des devis supplémentaires, le conseil constate les causes qui y ont donné lieu, s'assure si tout ou partie des ouvrages qui y sont portés ne fait pas double emploi avec les devis primitifs, et fait connaître à l'administration si les travaux et dépenses supplémentaires pouvaient ou non être prévus dans les devis et détails estimatifs originaires, et si les architectes qui les présentent doivent être rendus passibles de l'application des dispositions règlementaires qui leur refusent des honoraires sur les dépenses en augmentation.

CHAPITRE II. — *Mode de transmission des affaires.* — Art. 56. Les dossiers des affaires seront transmis, accompagnés d'un bordereau comprenant la date de l'envoi et le détail des pièces, au vice-président qui en fera la distribution aux membres du Conseil, pour qu'ils rédigent leurs rapports. Celui des membres du conseil qui sera auteur de l'un des projets soumis à l'examen de cette assemblée, ne pourra en être le rapporteur.

CHAPITRE III. — *Composition du Conseil.* — Art. 57. Le conseil, présidé par nous, et en notre absence par le vice-président, se composera : d'un conseiller de préfecture, de l'ingénieur en chef des ponts et chaussées, du commandant ou du capitaine du génie à ..., de l'ingénieur ordinaire de l'arrondissement chef-lieu, de l'agent voyer en chef, de l'architecte départemental, de l'architecte diocésain. et d'un architecte résidant à ... Le vice-président et le secrétaire seront nommés par nous.

Art. 58. Le conseil se réunira toutes les fois qu'il sera convoqué par nous.

Art. 59. Les fonctions de membre du Conseil sont gratuites.

Art. 60. Le présent règlement sera publié dans le *Recueil des actes administratifs.*

ANNEXES DU RÈGLEMENT SUR LE SERVICE DES TRAVAUX DÉPARTEMENTAUX ET COMMUNAUX.

— § 1. *Ordonnance du 14 novembre 1837.* — Art. 1. Toutes les entreprises pour travaux et fournitures au nom des communes et des établissements de bienfaisance, seront données avec concurrence et publicité, sauf les exceptions ci-après.

Art. 2. Il pourra être traité de gré à gré, sauf approbation par le Préfet, pour les travaux et fournitures dont la valeur n'excèdera pas 3,000 fr. « Il pourra être traité de gré à gré, à quelque somme que s'élèvent les travaux et fournitures, mais avec l'approbation du Ministre de l'Intérieur (1) : 1° pour les objets dont la fabrication est exclusivement attribuée à des porteurs de brevets d'invention ou d'importation ; 2° pour les objets qui n'auraient qu'un possesseur unique ; 3° pour les ouvrages et les objets d'art et de précision, dont l'exécution ne peut être confiée qu'à des artistes éprouvés ; 4 pour les exploitations, fabrications et fournitures qui ne seraient faites qu'à titre d'essai ; 5° pour les matières et denrées qui, à raison de leur nature particulière et de la spécialité de l'emploi auquel elles sont destinées, doivent être achetées et choisies sur les lieux de production, ou livrées sans intermédiaires par les producteurs eux-mêmes ; 6° pour les fournitures ou travaux qui n'auraient été l'objet d'aucune offre aux adjudications, ou à l'égard desquels il n'aurait été proposé que des prix inacceptables ; toutefois, l'administration ne devra pas dépasser le maximum arrêté conformément à l'art. 7 ; 7° pour les fournitures et travaux qui, dans le cas d'urgence absolue et dûment constatée, amenée par des circonstances imprévues, ne pourraient pas subir les délais des adjudications. »

Art. 3. Les adjudications publiques relatives à des fournitures, à des travaux, à des exploitations ou fabrications qui ne pourraient être, sans inconvénient, livrés à la concurrence illimitée, pourront être soumises à des restrictions qui n'admettront à concourir que

____

1. Le Préfet est désormais compétent pour es approbations de l'espèce (décret du 25 mars 1852).

des personnes préalablement reconnues capables par l'administration, et produisant les titres justificatifs exigés par les cahiers des charges.

Art. 4. Les cahiers des charges détermineront et la nature et l'importance des garanties que des fournisseurs ou entrepreneurs auront à produire, soit pour être admis aux adjudications, soit pour répondre de l'exécution de leurs engagements. Ils détermineront aussi l'action que l'administration exercera sur ces garanties, en cas d'inexécution de ces engagements. Il sera toujours et nécessairement stipulé que tous les ouvrages exécutés par les entrepreneurs, en dehors des autorisations régulières, demeureront à la charge personnelle de ces derniers, sans répétition contre les communes ou les établissements.

Art. 5. Les cautionnements à fournir par les adjudicataires seront réalisés à la diligence des receveurs des communes et des établissements de bienfaisance.

Art. 6. L'avis des adjudications à passer sera publié, sauf les cas d'urgence, un mois à l'avance, par la voie des affiches et par tous les moyens ordinaires de publicité. Cet avis fera connaître : 1° le lieu où l'on pourra prendre connaissance du cahier des charges ; 2° les autorités chargées de procéder à l'adjudication ; 3° le lieu, le jour et l'heure fixés pour l'adjudication.

Art. 7. Les soumissions devront toujours être remises cachetées en séance publique. Un *maximum* de prix ou un *minimum* de rabais, arrêté d'avance par l'autorité qui procède à l'adjudication, devra être déposé cacheté sur le bureau à l'ouverture de la séance.

Art. 8. Dans le cas où plusieurs soumissionnaires auraient offert le même prix, il sera procédé, séance tenante, à une adjudication entre ces soumissionnaires seulement, soit sur de nouvelles soumissions, soit à l'extinction des feux.

Art. 9. Les résultats de chaque adjudication seront constatés par un procès-verbal relatant toutes les circonstances de l'opération. Les adjudications seront toujours subordonnées à l'approbation du Préfet, et ne seront valables et définitives à l'égard des communes et des établissements, qu'après cette approbation.

§ 2. INSTRUCTION PUBLIQUE. — *Construction et appropriation de maisons d'école.* — Depuis 1833, l'État a constamment aidé les communes qui s'imposaient des sacrifices pour acquérir ou construire des maisons d'école. Les secours du Gouvernement, portés partout où leur utilité a paru bien constatée, ont excité d'heureux efforts de la part des départements et des communes en faveur de ces établissements, et il en est résulté une amélioration notable dans la situation matérielle de l'enseignement primaire. Cependant, je suis informé que, malgré vos recommandations et la surveillance exercée par les inspecteurs primaires, beaucoup de projets d'école n'ont pas été exécutés selon les plans approuvés, et laissent par conséquent à désirer sur des points essentiels. Il m'a paru nécessaire de préserver l'avenir contre les fâcheux effets de ces transformations, commandées le plus souvent par une parcimonie oublieuse des intérêts sérieux de l'instruction primaire. Dans ce but, j'ai pris un arrêté à la date du 14 juillet, aux termes duquel le paiement des secours promis par l'État serait refusé à toute commune qui n'aurait pas ponctuellement suivi, dans ses travaux, les plans adoptés. Les autres dispositions de cet arrêté indiquent les mesures préalables à prendre pour prévenir l'abus ou pour en faciliter la répression. Vous trouverez ci-joint une ampliation de cet acte dont vous voudrez bien assurer l'exécution, de concert avec M. l'inspecteur d'académie, et que je vous prie d'insérer dans le *Recueil* de vos *Actes administratifs.* A cette occasion, je crois devoir vous prier d'apporter le plus grand soin dans l'instruction des affaires relatives à la construction et l'appropriation des maisons d'école. Il m'arrive journellement des projets qui ne sont pas convenablement établis, et je me vois dans l'obligation de les rejeter, soit parce qu'ils n'assureraient pas aux nouvelles maisons une distribution appropriée, sous tous les rapports, à leur destination, soit parce qu'ils sont conçus dans des proportions exagérées. A différentes époques, les Ministres, mes prédécesseurs, préoccupés de la nécessité de pourvoir les communes d'écoles convenablement disposées, ont adressé à ce sujet des circulaires à MM. les Préfets. Mais ces instructions, déjà anciennes, sont tombées dans l'oubli, et il me paraît utile aujourd'hui d'en rappeler à votre attention, en les présentant réunis, les points les plus importants. La première chose à rechercher pour l'établissement d'une école, c'est un lieu central, d'un accès facile et bien aéré. Quant à la maison, elle doit être simple et modeste, mais commode, isolée de toute habitation bruyante ou malsaine, qui exposerait les enfants à recevoir des impressions, soit morales, soit physiques, non moins contraires à leurs mœurs qu'à leur santé. La salle de classe sera construite sur cave, planchéiée, bien éclairée, accessible aux rayons du soleil, et telle surtout que la disposition des fenêtres, garnies chacune d'un vasistas, permette de renouveler l'air facilement. Il faut, enfin, que l'habitation de l'instituteur et de sa famille soit composée de telle sorte qu'il puisse disposer de trois pièces au moins, y compris une cuisine, et d'un jardin, autant que possible. Il est aussi à désirer qu'il y ait une cour fermée ou un préau pour réunir les élèves avant la classe et les garder en récréation. Les dimensions de la classe doivent être proportionnées à la population scolaire. Cette population se détermine en prenant le nombre des enfants de sept à treize ans dans les communes où il y a des salles d'asile, et de cinq à treize ans dans toutes les autres. L'aire de la classe doit présenter, par élève, une surface de 1 mètre carré, et une hauteur de 4 mètres. L'expérience et la théorie démontrent que toute salle de classe, construite dans ces proportions, se trouvera dans de bonnes conditions hygiéniques, et offrira les dispositions les plus convenables pour la direction méthodique d'une école. On tolèrera cependant une hauteur de 3 mètres 30 centimètres dans les maisons qui ne seront pas construites à neuf. Dans les écoles mixtes, il faut veiller à ce que la classe soit divisée, par une cloison, en deux parties, l'une pour les garçons, l'autre pour les filles. Dans toutes les écoles, les latrines doivent toujours être en vue de l'estrade du maître, et divisées en deux cabinets distincts et isolés l'un de l'autre, dans les écoles réunissant les deux sexes. Vous voudrez bien M. le Préfet, tenir la main à ce que ces prescriptions soient toujours soigneusement observées par les communes qui voudront arriver à une meilleure installation de leurs écoles publiques. Lorsqu'elles auront besoin d'être aidées, vous réclamerez pour elles les secours de l'État, qui ne les leur refusera jamais quand il sera démontré qu'elles s'imposent de véritables sacrifices. Ces demandes de secours, indépendamment de votre avis motivé, devront être accompagnées, comme par le passé, des pièces suivantes : 1° plans, devis et extrait du plan cadastral faisant connaître la position de l'école relativement aux maisons environnantes ; 2° extrait de la délibération prise par le Conseil municipal pour arrêter ce devis, et faisant connaître la somme votée pour contribuer à la dépense ; 3° budget de la commune ; 4° situation financière de la commune, délivrée par le receveur municipal, et certifiée exacte ; 5° délibération du conseil départemental ; 6° avis motivé de l'inspecteur d'académie. Veuillez, Monsieur le Préfet, en m'accusant réception de cette circulaire, me faire connaître les mesures que vous aurez prises pour assurer l'exécution des prescriptions qu'elle renferme. (*Circulaire de Son Exc. le Ministre de l'Instruction publique et des Cultes, du 30 juillet 1858.*)

§ 3. CONSTRUCTION DE MAISONS D'ÉCOLE. DEMANDE DE SECOURS. (*Arrêté du 14 juillet 1858.*) — Le Ministre secrétaire d'État au département de l'Instruction publique et des Cultes, — Arrête ce qui suit : -- Art. 1. Les Conseils municipaux qui demandent des secours à l'État pour la construction, l'appropriation ou la réparation de locaux destinés à des écoles primaires ou à des salles d'asile, devront présenter, à l'appui de leur demande, indépendamment des pièces prescrites par les instructions ministérielles, un plan en double expédition des travaux à exécuter.

Art. 2. Lorsqu'il aura été statué sur la demande de secours, les deux exemplaires des plans présentés seront renvoyés aux Préfets, avec mention de l'approbation ministérielle. Un exemplaire sera remis au Maire pour l'exécution des travaux. Le second exemplaire sera déposé entre les mains de l'inspecteur d'académie.

Art. 3. Lorsque les travaux seront terminés, et lorsqu'il y aura lieu de payer, soit la totalité, soit une partie du secours promis, le Préfet en préviendra l'inspecteur d'académie, lequel remettra à l'inspecteur primaire de l'arrondissement le plan déposé entre ses mains, et lui donnera ordre de se transporter dans la commune pour y vérifier si les dispositions approuvées par le Ministre, tant pour la dimension que pour la disposition des locaux, ont été exactement observées. L'inspecteur primaire fera son rapport à l'inspecteur d'académie et lui remettra le plan du local, qui demeurera déposé aux archives de l'inspection académique. L'inspecteur d'académie délivrera, sur le vu de ce rapport, un certificat constatant, s'il y a lieu, que les plans approuvés ont été scrupuleusement exécutés, et le Préfet joindra ce certificat à l'appui de sa proposition d'ordonnancement.

Art. 4. Dans le cas où les plans approuvés par le Ministre n'auraient pas été scrupuleusement suivis dans l'exécution des travaux, le concours de l'État ne pourra être requis, et la promesse de secours faite sera considérée comme nulle et non avenue.

Art. 5. MM. les Préfets des départements et MM. les Inspecteurs d'académie sont chargés, chacun en ce qui le concerne, de l'exécution du présent arrêté. .

§ 4. — *Cahier des charges, clauses et conditions à imposer aux entrepreneurs.* — Art. 1. L'adjudication des travaux aura lieu publiquement, au rabais, sur la mise à prix qui sera fixée par le Préfet, et sur soumission cachetées faites dans la forme déterminée à l'avance par les affiches et publications. Nul ne sera admis à soumissionner s'il n'a les qualités requises pour entreprendre les travaux et en garantir le succès, et s'il n'en justifie par un certificat de capacité délivré par l'architecte ou l'ingénieur sous la direction duquel il aura travaillé. Le certificat ne devra pas avoir plus d'un an de date, et sera visé par l'architecte. L'entrepreneur fournira un cautionnement en argent ou en immeubles libres de toute hypothèque et d'une valeur égale au vingtième du prix d'estimation de l'entreprise.

Art. 2. Après avoir pris communication des plans, devis, détail estimatif et clauses générales et particulières dans les bureaux de la mairie, de la préfecture ou de la sous-préfecture où doit se faire l'adjudication, chaque entrepreneur fera ses offres par écrit sur papier timbré, et souscrira l'obligation d'exécuter les travaux moyennant le rabais par lui consenti. Il produira, à l'appui de sa soumission et dans une enveloppe séparée, le certificat de capacité désigné en l'art. 1, lequel devra être écrit sur papier timbré, et le récépissé du receveur des finances, si le cautionnement est en argent, ou le titre de propriété et le certificat du conservateur, si le cautionnement est en immeubles.

Art. 3. Si le cautionnement est fourni en numéraire, les fonds en provenant seront placés à la Caisse des dépôts et consignations et porteront intérêt à 3 p. 0/0 au profit de l'adjudicataire. Ils ne pourront être retirés de cette caisse et rendus à l'adjudicataire qu'après la réception définitive des travaux et la liquidation du compte de l'entrepreneur, sur une autorisation spéciale du Préfet. Si le cautionnement est fourni en immeubles, il devra être consenti sur des immeubles francs d'hypothèques, dans la forme authentique prescrite par l'art. 2127 du Code Napoléon, et être inscrit au bureau des hypothèques de la situation des biens grevés, suivant les dispositions de l'art. 2146 du même code. Les frais d'acte seront à la charge de l'entrepreneur.

Art. 4. Après l'ouverture des soumissions, l'entrepreneur dont la capacité et la solvabilité auront été reconnues et acceptées, et qui aura fait le rabais le plus avantageux, sera déclaré adjudicataire. L'adjudication ne sera définitive qu'après l'approbation, s'il y a lieu, de l'autorité compétente, sans que l'adjudicataire puisse prétendre à indemnité, si cette adjudication n'est pas approuvée. Le délai fixé pour l'exécution des travaux ne courra qu'à dater de cette approbation ou de l'ordre donné par l'architecte de commencer les travaux. Si, en homologuant l'adjudication, l'administration ordonne quelques changements aux projets ou aux devis, l'entrepreneur devra s'y conformer et il lui sera fait état de la valeur de ces changements, soit en plus, soit en moins, au prorata des prix de son adjudication, sans qu'il puisse, en cas de réduction, réclamer aucune indemnité à raison de prétendus bénéfices qu'il aurait pu faire sur les fournitures et la main-d'œuvre.

Art. 5. Pour que les travaux ne soient pas abandonnés à des spéculateurs inconnus ou inhabiles, l'entrepreneur ne pourra céder tout ou partie de son entreprise. L'administration ne reconnaît pas de sous-traitants, et l'entrepreneur demeurera toujours seul responsable de toutes les parties de son entreprise, quelles que soient les conventions particulières qu'il ait pu faire. Dans le cas de cession de tout ou partie de l'entreprise, l'administration aura le droit de résilier le contrat et de procéder à une nouvelle adjudication à la folle enchère de l'entrepreneur.

Art. 6. Pendant la durée de l'entreprise, l'adjudicataire ne pourra s'éloigner du lieu des travaux que pour affaires relatives à son marché et après en avoir obtenu l'autorisation de l'architecte. Dans ce cas, il choisira et fera agréer un remplaçant capable de le suppléer et auquel il aura donné pouvoir d'agir pour lui et de faire les paiements aux ouvriers, de manière qu'aucune opération ne puisse être retardée ou suspendue pour raison de l'absence de l'entrepreneur.

Art. 7. Au moyen des prix consentis et approuvés, l'entrepreneur fera l'achat, la fourniture, le transport à pied-d'œuvre, la façon, la pose et l'emploi de tous les matériaux, à moins de clause contraire dans le devis. Il soldera tous les salaires et peines des ouvriers, commis et autres agents dont il pourra avoir besoin pour assurer la bonne et solide exécution des ouvrages. Il ne pourra, sous aucun prétexte d'erreur ou omission dans la composition des prix de sous-détail et des estimations, revenir sur ceux par lui consentis, attendu qu'il a dû s'en rendre préalablement un compte exact et qu'il est censé avoir refait et vérifié tous les calculs d'appréciation. Mais il pourra réclamer, s'il y a lieu, contre les erreurs de métré ou de dimensions d'ouvrages et sur les suppléments de travaux exécutés dans les conditions et la limite des art. 10 et 17.

Art. 8. L'entrepreneur tiendra, au fur et à mesure des travaux, des attachements figurés et écrits, destinés à constater la disposition, la nature et les dimensions de tous les travaux qui ne resteraient pas visibles ou facilement accessibles. Ces attachements seront relevés sur un double registre tenu par l'entrepreneur et reconnus par l'architecte lors de sa première visite. Cette opération faite contradictoirement sera constatée par la signature de l'entrepreneur et de l'architecte. Les matériaux proviendront des lieux indiqués au devis. Ils seront de la meilleure qualité, parfaitement travaillés et mis en œuvre conformément aux règles de l'art. On ne pourra les employer qu'après qu'ils auront été visités par l'architecte. En cas de surprise, mauvaise qualité ou malfaçon, ils seront rebutés et remplacés aux frais de l'entrepreneur. Toutefois, si l'entrepreneur conteste les faits, l'architecte dressera immédiatement procès-verbal des circonstances de cette contestation : l'entrepreneur pourra consigner à la suite du procès-verbal, qui devra lui être communiqué, les observations qu'il se croira en droit de présenter. Il sera statué ensuite par l'autorité administrative ce qu'il appartiendra. Dans le cas où l'entrepreneur serait obligé de prendre les matériaux dans une carrière autre que celle désignée au devis, il lui sera fait état de la différence de prix des matériaux, de la main-d'œuvre, de la taille et des frais de transports, à charge par lui de justifier d'une autorisation valable ou d'un cas de force majeure dûment constaté.

Art. 9. Lorsque l'architecte présumera qu'il existe des vices d'exécution, il ordonnera, soit en cours d'exécution, soit avant la réception finale, la démolition des ouvrages présumés vicieux. En cas de contestation de l'entrepreneur sur les vices d'exécution, il sera procédé comme il a été dit ci-dessus, art. 8. Lorsque les vices de construction auront été constatés et reconnus, les dépenses de cette vérification seront à la charge de l'adjudicataire. S'il est reconnu qu'il n'y avait pas malfaçon, les dépenses relatives à la démolition ne seront pas à la charge de l'entrepreneur, mais imputées sur la somme à valoir, sauf recours contre l'architecte.

Art. 10. En général, tous les matériaux seront des dimensions prescrites par le devis. Si, pour des causes quelconques, l'entrepreneur leur donnait des dimensions plus fortes, il ne pourrait réclamer aucune augmentation de prix; les métrages et les pesées seront basés sur les dimensions du devis; quant aux pièces qui seraient jugées nuisibles ou difformes, elles seront enlevées et remplacées aux frais de l'entrepreneur. Dans le cas de dimensions plus faibles, les prix seront réduits en proportion, et néanmoins les pièces dont l'emploi serait reconnu contraire au goût et à la solidité seraient également enlevées et remplacées aux frais de l'entrepreneur. Dans tous les cas, l'entrepreneur ne pourra employer aucune pièce ni aucune matière n'ayant pas le poids ou les dimensions prescrites par le devis sans l'autorisation de l'architecte. Aucuns changements ou modifications au devis, aucuns travaux supplémentaires, ne pourront être exécutés sans l'assentiment de l'autorité compétente, ou sans un devis approuvé. L'entrepreneur qui les aura faits, ou l'architecte qui les aura ordonnés, demeureront responsables des travaux ainsi exécutés en dehors de ces conditions. Toutefois, cette clause n'est pas applicable aux simples et menus travaux d'appropriation ni à ceux qui seraient la conséquence nécessaire d'une bonne exécution ou d'un cas de force majeure dûment constaté; les travaux de ce genre pourront être ordonnés par l'architecte, conformément à l'art. 17.

Art. 11. Il sera accordé des à-comptes sur le prix des matériaux approvisionnés reconnus de bonne qualité, jusqu'à concurrence des 4/5 de leur valeur, lorsque la réalisation des crédits permettra ce paiement. L'entrepreneur ne pourra, sans une autorisation écrite de l'architecte, détourner pour un autre service les matériaux dont, à ses risques et périls, il restera garant jusqu'à la réception définitive de l'ouvrage entier.

Art. 12. Lorsqu'il se trouvera d'anciens ouvrages à démolir, les matériaux seront déplacés avec soin pour pouvoir être réparés et remis en place, s'il y a lieu, avec les mêmes précautions que les matériaux neufs; tout ce qui proviendra de ces sortes de démolitions et qui ne sera pas de nature à être remis en œuvre appartiendra à l'administration, s'il n'en est autrement disposé par les conditions particulières du devis

Art 13. Toutes les fois que, par des motifs d'économie ou de célérité, on croira devoir employer des matériaux neufs ou de démolition appartenant à la commune ou à un établissement public, l'entrepreneur ne sera payé que des frais de main-d'œuvre et d'emploi sans pouvoir répéter de dommages pour manque de gain sur les fournitures supprimées et non encore approvisionnées. Néanmoins, si l'entrepreneur avait effectué ses approvisionnements sans que l'administration l'eût prévenu à l'avance de ses intentions, il pourra réclamer une indemnité pour frais de transport et de dépôt des matériaux qu'il aurait fournis et dont l'emploi ne serait pas admis, sans toutefois que la présente condition puisse faire obstacle à l'application, au profit de l'entrepreneur, de l'art. 4, s'il y a lieu.

Art. 14. L'entrepreneur devra choisir pour commis, maîtres et chefs d'atelier des hommes probes et intelligents, capables de le remplacer dans la conduite et le métrage des travaux; il choisira également les ouvriers les meilleurs et les plus expérimentés, et il répondra, en son propre et privé nom, des erreurs, fraudes ou malfaçons que ses agents ou ouvriers pourront occasionner sur les fournitures, la qualité ou l'emploi des matériaux.

Art. 15. L'architecte aura le droit d'exiger le changement ou le renvoi des agents ou ouvriers de l'entrepreneur pour cause d'insubordination, incapacité ou improbité. Le nombre d'ouvriers sera toujours proportionné à la quantité de travaux à exécuter, et pour mettre l'architecte à même de s'en assurer, il lui en sera remis, toutes les semaines, une liste nominative.

Art. 16. Lorsqu'un ouvrage languira, faute de matériaux, ouvriers, etc., de manière à faire craindre qu'il ne soit pas achevé aux époques. prescrites, le Préfet pourra, sur la demande du Maire et dans un arrêté qui sera notifié à l'entrepreneur, ordonner l'établissement d'u..e régie aux frais dudit entrepreneur, si, à une époque fixée, il n'a pas satisfait aux dispositions qui lui seront prescrites. A l'expiration du dé.ai, si l'entrepreneur n'a pas obtempéré à la mise en demeure qui lui aura ainsi été faite, la régie sera organisée immédiatement sous la direction de l'architecte et sans autre formalité. Le Préfet pourra même ordonner, s'il y a lieu, une adjudication nouvelle à la folle enchère de l'entrepreneur. Dans ce cas, les excédants de prix seront prélevés sur les sommes dues à l'entrepreneur, sans préjudice des autres droits à exercer contre lui et sa caution en cas d'insuffisance. Si la régie ou l'adjudication sur folle enchère amenait, au contraire, une diminution dans les prix et les frais des ouvrages, l'entrepreneur ni sa caution ne pourront réclamer aucune part de ce bénéfice qui resterait acquis à l'administration. Dans tous les cas, lorsque les travaux ne seront pas exécutés dans le délait prescrit, l'entrepreneur, après une mise en demeure préalable, sera passible d'une retenue de 10 francs pour chaque jour de retard, à moins qu'il ne soit justifié d'une circonstance fortuite et de force majeure. Cette clause est de rigueur et ne pourra jamais être modifiée ni en plus ni en moins par aucune clause particulière de l'adjudication.

Art. 17. Lorsqu'il sera jugé nécessaire de faire des parties d'ouvrages non prévues au devis, les prix en seront réglés d'après ceux de l'adjudication et de la série de prix du détail estimatif par assimilatian aux travaux analogues, à moins d'une impossibilité absolue, cas auquel les prix seront réglés sur estimation en prenant pour base les prix courants de la contrée. Ces travaux supplémentaires pourront être ordonnés par l'architecte conformément aux conditions posées en l'art. 10, lorsqu'ils ne changeront en rien le le système général du devis. Lorsque les travaux à modifier ainsi par ordre écrit de l'architecte devront excéder le 20ᵉ du montant de l'adjudication, il en sera fait un avant-métré qui sera soumis à l'avis du Conseil municipal et à l'approbation du Qréfet. L'entrepreneur sera tenu de se conformer à cet avant-métré, à moins que le montant de la dépense à en résulter ne dépasse d'un cin,uième celui de l'adjudication, auquel cas il pourra demander la résiliatioi du marché, conformément à l'art. 28. Toute dépense supplémentaire faite sans autorisation régulière, en contravention aux dispositions qui précèdent, sera laissée à la charge de l'entrepreneur ou de l'architecte qui l'aurait ordonnée.

Art. 18. Il ne sera alloué à l'entrepreneur aucune indemnité à raison des pertes, avaries ou dommages occasionnés par négligence, imprévoyance, défaut de moyens ou fausses manœuvres. Ne sont pas compris, toutefois, dans la disposition précédente les cas de force majeure qui, dans le délai de dix jours au plus après l'événement, auraient été signalés par l'entrepreneur; dans ces cas, néanmoins, il ne pourra être rien alloué qu'avec l'approbation de l'administration. Passé le délai de dix jours, l'entrepreneur ne sera plus admis à réclamer.

Art. 19. L'entrepreneur sera tenu, soit par lui-même, soit par ses commis, de visiter les travaux aussi souvent et autant de fois que le bien du service l'exigera; il justifiera de ses visites et accompagnera l'architecte dans ses vérifications toutes les fois qu'il en sera requis.

Art. 20. L'entrepreneur exécutera ponctuellement tout ce que l'architecte lui commandera pour l'exécution de l'entreprise. Il se conformera, pendant le cours des travaux, aux changements qui lui seront ordonnés par écrit et sous la responsabilité de l'architecte, pour des motifs de convenance, d'utilité ou d'économie, et il lui en sera fait état suivant les dispositions de l'art. 4 et dans les limites des art. 10 et 17.

Art. 21. S'il survient quelques difficultés entre l'architecte et l'entrepreneur relativement à l'application des prix ou au métrage, il en sera référé au Préfet, et, à défaut de conciliation des parties par ce magistrat, ces difficultés seront jugées par le Conseil de préfecture, après rapport d'experts.

Art. 22. Toutes les dimensions d'ouvrages, tous les prix, salaires et dépenses seront calculés d'après le système métrique des poids et mesures.

Art. 23. Les métrages, états de dépenses, états de situation et certificats de réception devront être communiqués à l'entrepreneur et acceptés par lui. Il déduira, par écrit, ses motifs de refus dans les vingt jours qui suivront la notification desdites pièces, dont il sera passé acte. L'entrepreneur ne sera plus admis à élever de réclamations contre la rédaction des métrages, états de dépenses, états de situation et certificats de réceptions après le délai de vingt jours. Passé ce délai, les réceptions seront présumées acceptées par lui, quand bien même il ne les aurait pas signées. Il ne pourra être relevé de cette déchéance non plus que de celle de l'art. 18 que pour les causes autorisées par la loi et en vertu d'un arrêté du Conseil de préfecture.

Art. 24. Les paiements d'à-compte pour les ouvrages exécutés seront, à défaut de stipulations contraires, effectués à raison de l'avancement des travaux constatés par certificats de l'ingénieur, ou de l'architecte, et ce, jusqu'à concurrence de 4/5 de la dépense totale, déduction faite des à-comptes reçus sur les approvisionnements avant leur emploi, conformément à l'art. 11. Dans le cas où il serait stipulé des termes de paiement plus longs que ceux fixés pour l'achèvement des travaux, il sera alloué des intérêts à l'entrepreneur à dater de l'échéance des termes, et à défaut de stipulation de termes de paicment, les intérêts courront à dater de la réception définitive. Pour l'exécution du présent article, il sera fait mention, soit à l'arrêté d'autorisation du Préfet, soit au procès-verbal d'adjudication, soit dans les conditions particulières du devis : 1° des ressources affectées au paiement, soit des à-comptes, soit du solde des travaux; 2 du délai dans lequel ils devront être exécutés soit en partie soit en totalité; 3° des termes de paiement lorsque les ressources ne permettront pas de les solder à la réception définitive; 4° et de la stipulation des intérêts, s'il y a lieu. A défaut de cette stipulation, les intérêts seront, dans tous les cas, exigibles après une mise en demeure régulière, et lorsque l'achèvement des travaux sera dûment constaté, ainsi qu'il est dit ci-dessus.

Art. 25. Le dernier cinquième sera retenu pour garantie et ne sera payé à l'entrepreneur qu'après la réception définitive de ses travaux. Immédiatement après l'achèvement des travaux, il sera procédé à leur réception provisoire, et la réception définitive n'aura lieu qu'après l'expiration des délais ci-après fixés, savoir : un an pour les travaux d'art ; six mois pour les travaux de pavage et d'empierrement. Jusqu'à la réception définitive, l'entrepreneur demeurera garant de la conservation de ses ouvrages et sera tenu de les entretenir à ses frais. Dans le cas où ces travaux viendraient à périr en cours d'exécution et avant leur réception définitive, la perte en sera aux risques et périls de l'entrepreneur, conformément à l'art. 1788 du Code Napoléon, sans qu'il puisse invoquer aucun cas fortuit ou de force majeure, et ce, sans préjudice de la responsabilité résultant tant pour lui que pour l'architecte, soit de l'art. 1383, soit des art. 1792 et 2270 du même Code pour les gros ouvrages entrepris ou dirigés qui viendraient à périr après la réception par le vice du sol ou de la construction. La réception provisoire du gros œuvre aura lieu, d'ailleurs, dès son achèvement et indépendamment de la réception des détails qui n'impliquent pas la solidité de l'édifice.

Art. 26. Dans le cas où l'autorité compétente ordonnerait la cessation absolue ou l'ajournement indéfini des travaux adjugés, l'entrepreneur pourra requérir qu'il soit procédé de suite à la réception provisoire des travaux exécutés et à la réception définitive après le délai fixé pour cette réception. Ce délai expiré, il sera déchargé de toute garantie pour raison de son entreprise, autre que celle des art. 1792 et 2270 pour les gros ouvrages seulement.

Art. 27. Toutes les réceptions d'ouvrages seront faites contradictoirement par l'architecte en présence de l'entrepreneur, ou lui dûment appelé ou représenté. Seront également présents aux réceptions le Maire ou son adjoint assisté de deux membres du Conseil municipal pour les travaux communaux. Deux membres de l'administration des hospices, de la fabrique, du bureau de bienfaisance ou autre établissement public assisteront également aux réceptions lorsqu'il s'agira de travaux exécutés pour le compte de ces établissements. Le procès-verbal fera mention de la présence ou de l'absence des personnes appelées à la réception, et chacun pourra y faire insérer ses observations ou protestations. Le procès-verbal sera signé par toutes les parties. Pour les réceptions définitives, le procès-verbal qui en aura été dressé n'aura d'effet qu'après avoir été revêtu de l'approbation du Préfet. Il sera, en conséquence, adressé en double expédition à ce magistrat. L'une des expéditions sera sur papier timbré. Le procès-verbal de réception devra être préalablement soumis au Conseil municipal lorsqu'il constatera un excédant d'œuvre.

Art. 29. Dans le cas où, par des circonstances extraordinaires et sans changer les charges ou les prix, il serait ordonné par l'autorité compétente d'augmenter ou de diminuer la masse des travaux en cours d'exécution, l'entrepreneur sera tenu d'exécuter les nouveaux ordres sans réclamation, à moins qu'il n'ait été constaté légalement qu'il s'était approvisionné de matériaux qui demeureraient sans emploi, et pourvu que les changements en plus ou en moins n'excèdent pas le cinquième du montant de l'entreprise, auquel cas il pourra demander la résiliation des marchés.

Art. 29. Dans les cas prévus par les art. 26 et 28, l'entrepreneur ne pourra répéter d'indemnité à raison des prétendus bénéfices qu'il aurait pu faire sur les travaux supprimés, mais il pourra lui être accordé, en dédommagement, tant à raison des matériaux non employés dont l'approvisionnement au a été dûment constaté, que pour toutes les autres réclamations qu'il pourrait faire, une indemnité qui sera déterminée par le Préfet, sur la proposition de l'architecte et l'avis du Maire, et qui ne pourra dépasser le quarantième du montant des dépenses ajournées ou restant à faire en vertu de l'adjudication. Dans tous les cas, la résiliation aura lieu de plein droit et sans indemnité par suite de la faillite ou du décès de l'entrepreneur, et en cas de démence constatée ou de condamnation infamante, ou d'une durée d'emprisonnement suffisante pour empêcher l'entrepreneur d'exécuter les travaux dans les délais fixés. Si le droit à la résiliation est contesté, soit par l'administration, soit par l'entrepreneur, il en sera référé au Conseil de préfecture qui statuera.

Art. 30. Les honoraires de l'architecte, fixés au vingtième du prix total des travaux, seront payés directement par la commune à l'architecte, sur mandats particuliers. Ces honoraires seront acquittés au fur et à mesure de l'avancement des travaux, et seront, dans tous les cas, exigibles après leur réception définitive, avec l'intérêt à 5 p. % à dater de cette réception, en cas de retard dans les paiements et après mise en demeure. En cas de concours de plusieurs architectes, on suivra la règle de répartition des honoraires établie par l'arrêté préfectoral du 15 février 1863. L'adjudicataire paiera comptant, au moment de l'adjudication, les frais relatifs à ladite opération, d'après l'état qui en sera arrêté par le Préfet ou le fonctionnaire qui présidera l'adjudication. Ces frais ne pourront être que ceux d'affiches et de publications, de timbre et d'enregistrement du procès-verbal d'adjudication, des plans et devis, et ceux d'expédition desdites pièces.

Art. 31. Pour l'exécution des clauses générales ci-dessus stipulées, ainsi que des conditions particulières du devis, l'adjudicataire se soumet et s'engage à être traité comme entrepreneur de travaux publics. Il sera, en conséquence, tenu de se conformer à la circulaire de M. le Ministre de l'Intérieur du 15 décembre 1851, relative à l'interdiction du travail les dimanches et fêtes, et à l'arrêté de M. le Ministre des Travaux publics du 15 décembre 1848, en ce qui concerne les secours à accorder aux ouvriers malades ou blessés, et les retenues à exercer, à cet effet, sur le montant des travaux exécutés.

Art. 32. Toutes les conditions ci-dessus sont de rigueur et aucune d'elles ne sera réputée comminatoire. Elles ne seront pas applicables aux travaux adjugés à prix fait et sous une condition aléatoire, lesquels resteront régis par les principes du droit commun. Dans le procès-verbal d'adjudication, il sera fait une mention spéciale des présentes conditions et de la déclaration de l'entrepreneur de s'y soumettre en tout ce qui concerne l'exécution de son entreprise. Fait et arrêté à ... Vu et approuvé. A ..., le ... 186 . Le Préfet, ... L'Architecte, ...

§ 5. — Certificat pour paiement du (1er, 2e, 3e, etc.) a-compte. — Département de ... Construction de ... dans la commune de ... Nous soussigné, architecte, auteur du projet de construction d ... en cours d'exécution dans la commune d ..., — Vu l'adjudication passée le ..., au profit du sieur ..., entrepreneur, montant, déduction faite du rabais et de la somme à valoir, à la somme de ... — l'état de situation des travaux dont nous connaissons l'exactitude et dont le degré d'avancement porte la dépense faite jusqu'à ce jour à ... — le règlement préfectoral portant que les à-comptes à payer aux entrepreneurs pourront s'élever jusqu'au 4/5 des ouvrages faits ; — Attendu que les travaux sont en tous points d'une exécution satisfaisante, certifions qu'il peut être payé au sieur ... la somme de ..., et à l'architecte soussigné celle de ... A ..., le ..., l'architecte, auteur du projet, ... Vu par le Maire, ...

§ 6. — Procès-verbal de réception provisoire. — Département de ... Travaux de ... (*Indiquer la nature des travaux de l'édifice ou les édifices construits ou réparés.* — Nous ... (*nom et prénoms de l'architecte*), architectes, demeurant à ..., nous sommes rendu dans la commune de ... où, étant assisté de M. le Maire et de MM. ... ... (*nom des deux membres du Conseil municipal*), membres du Conseil municipal, nous avons procédé, en présence de l'entrepreneur, conformément aux dispositions de l'art. 48 de l'arrêté règlementaire de M. le Préfet du département, du 15 février 1863, à la reconnaissance générale et au métré des travaux, (*indiquer la nature des travaux*), dont le sieur ... (*nom et prénoms de l'entrepreneur*), demeurant à ..., a été déclaré adjudicataire, suivant procès-verbal en date du .... Après avoir vérifié attentivement lesdits travaux, nous avons reconnu qu'ils ont été exécutés conformément aux prescriptions du devis et d'après les règles de l'art. Nous avons en conséquence déclaré, de l'avis de M. le Maire de ... et de MM. les Conseillers municipaux présents, qu'il peut être fait réception provisoire de ces travaux. Nous avons constaté, en outre, que la reconnaissance partielle, faite avant qu'ils ne soient recouverts, des ouvrages qui ne sont plus apparents, a donné les résultats suivants : (*On transcrira ici les résultats indiqués sur le registre des attachements par suite de la reconnaissance partielle qui aura été faite, en vertu des dispositions de l'article 33 de l'arrêté règlementaire du 15 février 1863*). Et, après lecture, nous avons, avec M. le Maire de ..., MM. les membres du Conseil municipal et l'entrepreneur, signé le présent procès-verbal. A ..., le ...

§ 7. — Procès-verbal de réception définitive. — Département de .... Travaux de ... (*indiquer la nature des travaux et l'édifice ou les édifices construits ou réparés.*) L'an mil huit cent soixante ..., le .... Nous ... (*nom et prénoms de l'architecte*), architecte, demeurant à ..., nous sommes rendu dans la commune de ... où étant, assisté de M. le Maire et de MM. ... ... (*noms des deux membres du Conseil municipal*), membres du Conseil municipal, nous avons procédé, en présence de l'entrepreneur, conformément aux dispositions de l'art. 48 de l'arrêté règlementaire de M. le Préfet du département, du 15 février 1863, à une deuxième vérification des travaux .... (*indiquer la nature des travaux*), dont le sieur .... (*noms et prénoms de l'entrepreneur*), demeurant à ..., a été déclaré adjudicataire, suivant procès-verbal en date du ..., et dont la première vérification a eu lieu le ... ainsi qu'il résulte du procès-verbal de réception provisoire dressé ledit

jour. Cette seconde vérification nous ayant donné lieu de reconnaître que lesdits travaux
sont bien et convenablement bien exécutés, nous avons déclaré, de l'avis de M. le Maire
de ... et de MM. les Conseillers municipaux présents, qu'ils peuvent être reçus définitivement, sous réserve des droits de la commune contre l'entrepreneur, en vertu des articles 1792 et 2270 du Code Napoléon. Et après lecture, nous avons, avec M. le Maire
de ..., MM. les membres du Conseil municipal et l'entrepreneur, signé le présent procès-
verbal. A ..., le ....

Travaux publics. — Autorisation de travailler le dimanche. — Le Préfet,
— Vu le rapport, en date du ..., par lequel M. l'Ingénieur ordinaire de l'arrondissement
de ... demande l'autorisation de faire travailler les dimanches et jours de fêtes sur la route
de ... à ...; — l'avis de M. l'Ingénieur en chef, en date du ...; — les circulaires ministérielles des 20 mars 1847 et 10 novembre 1851; — Considérant que la nature du terrain
dans lequel doit être reconstruit le ponceau de ... et le mode d'exécution de cet ouvrage
d'art rendent indispensable une dérogation à la règle du repos des dimanches et jours fériés;
Vu l'urgence; — Arrête : — Art. 1. M. l'Ingénieur en chef du service ordinaire des ponts-
et-chaussées est autorisé à faire travailler, les dimanches et jours fériés, à la reconstruction du ponceau de ..., sur la route impériale n° ..., de ... à ... — Art. 2. Le présent
arrêté sera transmis à M. l'Ingénieur en chef, chargé d'en assurer l'exécution. — **N. B.** Le
Moniteur universel, n° du 6 juillet 1854, contenait, en tête de sa partie officielle la déclaration suivante : « Quelques personnes ont attribué au Gouvernement une intervention
active dans la question de l'observation du dimanche. Jamais le Gouvernement n'a eu cette
pensée; il désire que la loi religieuse soit observée; il en donne partout l'exemple; mais il
ne veut et ne doit pas faire plus : c'est là, pour chacun, une question de libre conscience
qui n'admet ni contrainte ni intimidation. »

V

Vicaire. — Traitement. — Les difficultés que font naître les questions qui se rattachent à la fixation des contingents à payer par les communes pour assurer le traitement
des vicaires, légalement institués, nous engagent à donner une série complète de formules
des arrêtés que MM. les Préfets peuvent prendre sur ces matières délicates. Nous croyons
devoir également faire précéder ces formules de quelques observations.

Aux termes d'un avis du conseil d'État, du 20 novembre 1839, et d'une circulaire ministérielle du département de l'Intérieur, du 16 janvier 1840, toujours en vigueur, un Conseil
municipal est autorisé à réclamer du président de la fabrique la production des pièces
justificatives qui accompagnent le compte du trésorier; mais sans que ses investigations,
quant aux dépenses faites et aux comptes arrêtés, puissent, disent les mêmes instructions,
« avoir pour résultat d'infirmer l'approbation qu'y aurait donnée l'autorité diocésaine, dont
» la décision doit être respectée. » — On entend par pièces justificatives toutes les pièces
qui établissent que les opérations portées au compte ont été réellement faites et qu'elles
l'ont été régulièrement. En ce qui concerne les recettes, les pièces justificatives sont, en
général, les titres mêmes de perception. Pour les dépenses, la preuve à fournir c'est que
la somme, liquidée et mandatée par l'ordonnateur, était réellement due. Par conséquent, les
pièces justificatives des dépenses sont, outre le mandat du président du bureau des mar-
guilliers, délivré sur un crédit régulièrement ouvert au budget, ou par une délibération

du conseil de fabrique, et une autorisation épiscopale ultérieures, le mémoire des fournitures et le certificat de réception par la personne désignée pour recevoir la livraison et les décomptes des livraisons; s'il s'agit de travaux, la décision approbative, les certificats d'avancement ou de réception définitive, dressés par les architectes, et autres pièces analogues pour toutes les dépenses, en raison de la nature de chacune d'elles : à ces pièces doivent être jointes les quittances des créanciers.—Il résulte des principes sur la matière : 1° qu'aucune dépense ne doit être faite par l'administration fabricienne, si elle n'a été auparavant régulièrement décidée et autorisée; 3° qu'aucune dépense ne doit être acquittée qu'autant qu'un crédit a été régulièrement ouvert pour le payer; 3° que les crédits ouverts ne peuvent être ni dépassés ni changés de destination, sauf imputation de quelques légers excédants sur le fonds des dépenses imprévues. Il en résulte aussi que l'administration de la fabrique n'est pas en droit de dépasser les sommes allouées dans certains articles du budget, quand même elle resterait au-dessous des allocations affectées à d'autres dépenses, d'une somme équivalente.

Vicaire. — Traitement d'une année laissé, en entier, à la charge d'une commune. — Le Préfet, séant en Conseil de préfecture, — Vu la délibération, en date du ..., par laquelle le conseil de fabrique de l'église de ... demande que la commune de ..., dont elle dépend, prenne à sa charge le traitement du vicaire, pour l'année 186 ; — la délibération, en date du ... suivant, par laquelle le Conseil municipal et les plus imposés de la commune de ... refusent tout concours dans cette dépense et protestent contre la décision du conseil d'État, qui met à la charge des communes une dépense qui, suivant eux, devrait peser, comme autrefois, sur les paroisses intéressées; — l'avis de Mgr l'évêque de ...; en date du ...; — les budgets et comptes de la fabrique de l'église de ..., pour l'année 186 ; — l'arrêté du ..., qui fixe pour ladite année 186 , la subvention à fournir par la commune de ...; — le décret du 30 décembre 1809 (art. 37 et 46); — la loi du 18 juillet 1837 (art. 30, n°s 14 et 39); — les avis du conseil d'État, des 25 novembre et 9 décembre 1858; — Considérant, en principe, que les communes sont tenues de payer le traitement des vicaires, en cas d'insuffisance des revenus des fabriques, justifiée par leurs comptes et budgets; que, dans l'espèce, la fabrique de l'église de ..., dont le budget se solde même en déficit, ne possède aucun fonds qu'elle puisse affecter au traitement du vicaire; que les dépenses prévues audit budget ne sont pas exagérées, ni les recettes réduites; que le Conseil municipal ne conteste pas, au reste, l'exactitude de ce budget, mais proteste simplement contre une jurisprudence qui a modifié l'ancien état de choses; que, dans ces conditions, son opposition est sans valeur, et par conséquent inadmissible; — le Conseil de préfecture entendu; — Arrête : — Art. 1. La subvention à fournir par la commune de ..., à l'effet d'acquitter le traitement du vicaire de ..., pendant l'année 186 , est fixée à la somme de [deux cent cinquante francs]. — Art. 2. Cette somme sera inscrite d'office au budget de ladite commune, exercice courant, et payée dans les formes prescrites par les règlements sur la comptabilité communale. — Art. 3. Ampliation du présent arrêté sera notifiée à M. le Maire de ..., qui devra convoquer le Conseil municipal, et, s'il y a lieu, les plus imposés, pour aviser aux moyens de payer la dépense dont il s'agit, à défaut de quoi il y sera pourvu d'office, conformément à la loi.

Vicaire. — Traitement d'une année laissé, en partie, à la charge d'une commune. — Le Préfet, séant en Conseil de préfecture, — Vu (*mêmes pièces que ci-devant*) ..., etc.; —Considérant qu'aux termes du décret du 30 décembre 1809 et de l'art. 30 (n° 14) de la loi du 18 juillet 1837, les communes sont tenues de payer le traitement des vicaires, en cas d'insuffisance des revenus des fabriques justifiée par leurs comptes et budgets; — qu'il s'agit donc d'examiner si les revenus de la fabrique de ... lui permettent de pourvoir aux frais ordinaires du culte énumérés dans l'art. 46 du décret précité, et de payer, en outre, le traitement du vicaire; considérant qu'aux termes de cet article, les objets de dépense, dans les budgets des fabriques, doivent être classés dans l'ordre suivant : 1 les frais ordinaires de la célébration du culte ; 2° les frais de réparation des ornements, meubles et ustensiles de l'église ; 3° les gages des officiers et serviteurs de l'église ; 4° les frais de réparations locatives de l'église et du cimetière, — et que la portion de revenu qui reste, après cette dépense acquittée, doit servir au traitement des vicaires ; considérant que le budget de la fabrique de ..., approuvé par Mgr l'évêque, le .. , constate que les recettes ordinaires et annuelles de cet établissement s'élèvent à la somme de [330] francs ; — que les dépenses de même nature, rentrant dans la catégorie de celles spécifiées ci-dessus, se portent à [258] francs ; et que la fabrique peut disposer annuellement d'une somme de [72] francs, pour acquitter le traitement du vicaire, ce qui réduit à [178] francs la subvention à fournir par la commune ; considérant que, d'après les avis du conseil d'État des 25 novembre et 9 décembre 1858, les dépenses, tant ordinaires qu'extraordinaires du culte, sont, en cas d'insuffisance des revenus des fabriques, une charge communale qui incombe à toute la commune, et ne peuvent être exclusivement imposées aux sections qui composent les circonscriptions paroissiales ; — que ces subventions aux fabriques sont rangées au nombre des dépenses obligatoires des communes par l'art. 30 de la loi municipale du 18 juillet 1837 ; et que l'article 39 de cette même loi autorise les Préfets à inscrire d'office ces sortes de dépenses aux budgets communaux, lorsque les Conseils municipaux ont refusé d'allouer les fonds nécessaires ; — Arrête : — Art. 1. La subvention à fournir par la commune de ..., à l'effet d'acquitter le traitement du vicaire de ..., est fixée à la somme de [178 francs]. — Art. 2. Cette somme sera inscrite d'office au budget communal de ..., et payée dans les formes prescrites par les règlements sur la comptabilité communale ; — Art. 3. Ampliation du présent arrêté sera notifiée à M. le Maire de ..., qui devra convoquer le Conseil municipal et, s'il y a lieu, les plus imposés, pour aviser aux moyens de payer la dépense dont il s'agit, à défaut de quoi il y sera pourvu d'office, conformément à la loi.

Vicaire. — Traitement d'une année laissé, en entier, à la charge d'une fabrique. — Le Préfet, séant en Conseil de préfecture, — Vu la délibération, en date du ..., par laquelle le conseil de fabrique de l'église de ... demande que la commune de ... prenne à sa charge le traitement du vicaire de cette paroisse ; — la délibération prise, le ..., par le Conseil municipal de ..., pour refuser tout concours dans cette dépense ; — le budget de la fabrique de l'église de ... pour l'année 186 ; — l'avis de Mgr l'évêque de ..., en date du ... ; — le décret du 30 septembre 1809 (art. 37 et 46) ; — la loi du 18 juillet 1837 (art. 30, n°s 14 et 39) ; — Considérant que la fabrique de l'église de ... ne justifie pas de l'insuffisance de ses ressources ; que son budget se solde, au contraire, avec un excédant de recettes de [129] francs, qui doit être employé, ainsi que les crédits inscrits aux art. 3 (dépenses extraordinaires), 8 et 9 (dépenses ordinaires), lesquels ne constituent pas des dépenses obligatoires, au paiement du traitement de M. le vicaire ; — le Conseil de préfecture entendu ; — Arrête : — Art. 1. Le traitement de M. le vicaire de la paroisse de ..., pour l'année 186 , est laissé, en entier, à la charge de la fabrique de ce nom.

Vicaire. — Traitement d'une année à payer à plusieurs vicaires par une seule commune. — Fixation des contingents. — Le Préfet, séant en Conseil de préfecture, — Vu les délibérations en date des ... par lesquelles les conseils de fabrique des églises de ... demandent à la commune de ... : la première une subvention de ... francs, la seconde une subvention de ... francs, destinées à compléter le traitement du vicaire pour l'année 186 ; — les budgets et comptes desdites fabriques ; — les délibérations en date des ... et ..., par lesquelles le Conseil municipal de la commune de ..., assisté des plus imposés, sans contester la légitimité des demandes formées par les conseils de fabrique, soutient que chaque circonscription paroissiale doit se suffire à elle-même, et refuse de voter, pour cet objet, une imposition extraordinaire sur la commune ; — le décret du 30 décembre 1809, art. 37 et 46 ; — la loi du 18 juillet 1837, art. 30 (n° 13 et 14) et 39 ; — les avis du conseil d'État des 25 novembre et 9 décembre 1858 ; — Considérant qu'aux termes du décret du 30 décembre 1809, et de l'art. 30 (n° 13 et 14) de la loi du 18 juillet 1837, les communes sont tenues de payer le traitement des vicaires, en cas d'insuffisance des revenus des fabriques justifiée par leurs comptes et budgets; — qu'il s'agit donc d'examiner si les revenus des fabriques leur permettent de pourvoir aux frais ordinaires du culte, énumérés dans l'art. 46 du décret précité, et de payer en outre, le traitement du vicaire ; — qu'à cet égard les budgets et les comptes de la fabrique de ... constatent que cet établissement a un déficit annuel de [70] francs ; — qu'il n'en est pas tout à fait de même en ce qui concerne la fabrique de ... ; que l'examen de son budget comparé à celui de la fabrique de ... démontre que l'évaluation de certaines dépenses est exagérée; qu'il est facile à cet établissement d'économiser sur chaque exercice au moins une somme de [50] francs, et que dès lors la subvention à fournir par la commune doit être réduite à [200] francs par an ; considérant que d'après les avis du conseil d'État des 25 novembre et 9 décembre 1858, les dépenses tant ordinaires qu'extraordinaires du culte sont, en cas d'insuffisance des revenus des fabriques, une charge communale qui incombe à toute la commune, et ne peut plus donner lieu à des impositions recouvrées exclusivement sur les circonscriptions paroissiales ; — que ces subventions aux fabriques sont rangées au nombre des dépenses obligatoires des communes par l'art. 30 de la loi municipale du 18 juillet 1837, et que l'art. 39 de cette même loi autorise les Préfets à inscrire d'office ces sortes de dépenses aux budgets communaux lorsque les Conseils municipaux ont refusé d'allouer les fonds nécessaires ; — Arrête : — Art. 1. La subvention à fournir par la commune de ..., aux fabriques de ... et de ..., pour compléter les dépenses ordinaires du culte en 186 , est fixée ainsi qu'il suit : fabrique de ..., ... francs ; fabrique de ..., ... francs ; — Art. 2. Ces deux sommes seront inscrites d'office, au budget de la commune de ..., et payées dans les formes prescrites par le règlement sur la comptabilité communale ; — Art. 3. Ampliation du présent arrêté sera notifiée à M. le Maire de ..., qui devra convoquer le Conseil municipal, et, s'il y a lieu, les plus imposés, pour arriver aux moyens de payer la dépense dont il s'agit, à défaut de quoi il y sera pourvu d'office, conformément à la loi.

Vicaire. — Traitements arriérés, laissés en entier à la charge d'une fabrique, et payés au moyen de ressources sans affectations spéciales. — Le Préfet, séant en Conseil de préfecture — Vu une délibération en date du ..., par laquelle le Conseil de fabrique de l'église de ..., sollicite du Conseil municipal la subvention d'usage, pour assurer le paiement du traitement de M. le vicaire de la paroisse, pendant les années [186 , 186 et 186] ; — les budgets et comptes de l'établissement fabricien ; — la délibération en réponse du Conseil municipal de ..., en date du ..., portant refus de voter la subvention demandée; ensemble diverses pièces énumérant les motifs de ce refus; — l'avis de Mᵍʳ l'évêque de ..., du ... ; — le décret du 30 décembre 1809 (art. 37 et 44) ; la loi du 18 juillet 1837 (art. 30, nᵒˢ 14 et 39) ; — Considérant qu'il résulte de l'examen des budgets de la fabrique de l'église de ..., que si aucun prélèvement ne peut être opéré en faveur du traitement du vicaire, sur les budgets des exercices [1864 et 1865], il n'en est pas de même de celui de [1866], qui accuse un excédant de recettes entièrement libres de [12] francs, non compris [18] francs pour *dépenses imprévues* ; qu'en outre, sur la somme de [12,480] francs, qui figure au même budget, sous le titre de: *Fonds réservés destinés à l'agrandissement* de l'église [4,850] francs, proviennent d'un legs, sans destination spéciale, fait en [1852], à la fabrique, par M. ..., et des intérêts capitalisés de cette libéralité; considérant, en ce qui concerne cette dernière somme, que la fabrique soutient en vain que, dans la pensée du testateur, elle était destinée à l'agrandissement de l'église; que cette affectation ne résulte d'aucun acte écrit émanant du testateur, ni de son testament public, seuls documents qui puissent faire autorité ; qu'ainsi, il y a lieu de considérer comme fonds libres et sans destination, la somme dont il s'agit, d'en déduire celle nécessaire pour assurer la perpétuité des fondations attachées à la libéralité ... et, pour la complète régularisation de l'affaire, de prescrire le placement en rentes sur l'État, du surplus de la somme de [4,850] francs dont il s'agit, après prélèvement de celle qui est nécessaire pour assurer le payement du traitement de M. le vicaire de ..., pendant les années [1864, 1865 et 1866] ; — le Conseil de préfecture entendu, — Arrête : — Art. 1. Le traitement de M. le vicaire de la paroisse de ..., pour les années [1864, 1865 et 1866], est laissé en entier à la charge de la fabrique de l'église de ce nom. — Art. 2. Le payement de ce traitement aura lieu, au moyen d'un prélèvement 1° de la somme de [30] francs sur le budget de 1866, de la fabrique de l'église de ... ; 2° d'une autre somme de [720] francs, provenant des intérêts capitalisés de la libéralité .... — Art. 3. Un autre prélèvement aura lieu sur le même fonds capital, pour l'achat d'une rente de [9] francs, sur l'État, 3 p. °/₀, destinée à assurer la perpétuité des fondations attachées à la libéralité .... Cette rente sera inaliénable. — Art. 4. Le surplus de la libéralité ..., soit environ [3,925] francs, sera immédiatement placé en rentes sur l'État, 3 p. °/. Les intérêts en provenant seront employés au payement de dépenses annuelles de la fabrique.

Vicaire. — Traitements arriérés laissés à la charge, partie de la commune, partie de la fabrique. — Le Préfet, séant en Conseil de préfecture, — Vu les délibérations en date des ..., par lesquelles le conseil de fabrique de l'église de M..., commune de C..., sollicite le concours de cette commune pour assurer le paiement du traitement de M. le Vicaire pendant les années [1865 et 1866] ; — les budgets de la fabrique pour les mêmes années ; — les délibérations prises à la date des ..., par le Conseil municipal de C... pour refuser le concours qui lui est demandé, en se fondant, notamment sur ce que le traitement du vicaire devrait être assuré, comme il l'est dans les autres paroisses, au moyen de quêtes, ou prélevé, par voie d'imposition extraordinaire, sur es seuls habitants de la paroisse intéressée ; — les avis de Mᵉʳ l'évêque de..., en date des... — le décret du 30 décembre 1809 (art. 37 et 46) ; — la loi du 18 juillet 1837 (art. 30, n° 14 et 39) ; — les avis du conseil d'État des 25 novembre et 9 décembre 1858 ; — Considérant que les dépenses tant ordinaires qu'extraordinaires du culte constituent, en cas d'insuffisance des revenus des fabriques, une charge communale qui a été classée par la loi au nombre des dépenses obligatoires ; — qu'en principe cette obligation n'est pas contestée, mais que les considérations que le Conseil municipal se borne à faire valoir pour refuser tout concours ne sauraient être accueillies, attendu que l'usage de la quête n'est point prescrit et que les impositions doivent frapper, dans l'espèce, la totalité de la commune, et non une fraction du territoire ; — qu'il ne s'agit plus dès lors que d'examiner si la fabrique de l'église de M ... peut, à l'aide de ses ressources ordinaires, assurer le paiement du traitement du vicaire attaché à cette paroisse ; considérant qu'il résulte de l'examen des budgets de ladite fabrique pour les années [1865 et 1867], qu'un prélèvement de la somme de [93] francs peut être opéré sur le premier de ces budgets (savoir 23 francs inscrits pour dépenses imprévues, 15 francs d'excédant de recettes ordinaires, 55 francs sur l'art. 5 des dépenses extraordinaires), mais qu'aucun prélèvement ne saurait frapper le budget de [1866] puisqu'il se solde sans aucun excédant de recettes ; — le Conseil de préfecture entendu, — Arrête : — Art. 1. Le contingent de la commune de C..., dans la dépense de traitement de M. le vicaire de C..., pendant l'année [1865] est fixé à la somme de [157] francs. Le surplus, soit [93] francs est laissé à la charge de la fabrique. — Art. 2. Le contingent de la commune de M..., dans la même dépense, est fixé, pour l'année [1866] à la somme de [250] francs. — Art. 3. Le Conseil municipal de C... est mis en demeure de voter, dans un délai de quinze jours, à partir de la notification qui lui sera faite dudit arrêté, le prélèvement de la première de ces sommes, sur les fonds libres du budget de [1865], et l'inscription de ln seconde somme sur le budget de [1866] et, de concert avec les plus imposés, de voter une imposition extraordinaire destinée à assurer les ressources nécessaires au paiement de cette dernière somme.

Vicaire. — Concours de plusieurs communes dans le paiement du traitement. — Fixation des contingents. — Inscription d'office aux budgets communaux. — Le Préfet, séant en Conseil de préfecture ; — Vu la délibération en date du ..., par laquelle le conseil de fabrique de l'église de V... demande que le traitement du vicaire soit, à partir de l'année [1864], laissé en totalité, à la charge des communes de A..., B... et C..., sur le territoire desquelles s'étend la paroisse de V...; — les budgets et comptes de la fabrique de l'église de V... pour les années [1864, 1865 et 1866]; — une délibération, en date du ..., par laquelle le Conseil municipal de A... refuse de voter le contingent qui lui est réclamé, se fondant sur ce que : 1° le produit des bancs et chaises, qui figure au budget, est fictif; 2° dans d'autres paroisses, le traitement du vicaire est payé au moyen de quêtes; — une délibération en date du ..., par laquelle le Conseil municipal de B... refuse, pour les mêmes motifs, de payer son contingent; — La réponse de M. le curé de V... à ces dernières observations; — une délibération, en date du ..., par laquelle le Conseil municipal de C... vote extraordinairement la somme nécessaire au paiement de son contingent; — le relevé des contributions *personnelle et mobilière* payées par les habitants des communes intéressés, résidant dans la circonscription paroissiale de V...; lequel relevé constate que le chiffre de ces contributions s'élève : pour la commune de A..., à [57,98]; pour la commune de B..., à [70,24]; pour la commune de C..., à [79,03]; — l'avis de Mgr l'évêque de ..., en date du ...; — la loi du 18 juil'et 1837, art. 30 (n° 14) et 39; — les décrets des 30 décembre 1809, art. 37 et 46, et 4 février 1810, art. 4; — Considérant, en principe, que la dette n'est point contestée; — Considérant qu'il résulte de l'examen des comptes et budgets de la fabrique de l'église de V... pour les années [1864, 1865 et 1866] que ces documents ne présentent, pour les deux 1res années, aucun excédant de recette, ni aucun crédit qui ne soit indispensable pour les besoins du culte, et que, seul, le budget de [1866] fait ressortir une somme, sans affectation, de 3 fr.; — Considérant que par suite d'un complément d'instruction, auquel ont donné lieu les observations présentées par M. le Maire de A..., et d'après les renseignements fournis à cette occasion par M. le président de la fabrique de l'église de V..., la sonnerie des cloches doit donner, pour [1866], un produit de [36] francs qui, ne figurant pas au budget de cet exercice, élèvera à [33] francs les fonds libres dudit budget; — Considérant, en ce qui concerne les réclamations des conseils municipaux de A... et de B..., qu'elles ne sont nullement fondées; qu'en effet, il n'est point justifié que la fabrique de V... perçoive, comme produit des chaises, une somme supérieure à celle inscrite aux budgets, et que l'usage des quêtes, invoqué comme moyen d'assurer le traitement du vicaire, n'est ni légal, ni conforme à la dignité des ministres du culte; — Considérant qu'aux termes de l'art. 4 de la loi du 14 février 1810, les dépenses ordinaires du culte qui ne peuvent être acquittées au moyen de ressources paroissiennes, doivent être supportées par les diverses communes intéressées, au marc le franc de la contribution personnelle et mobilière payée par les contribuables résidant dans la circonscription paroissiale; — le Conseil de préfecture entendu, — Arrête : — Art. 1. Le traitement annuel de 250 francs à payer à M. le vicaire de la paroisse de V... est laissé en entier à la charge des communes de A..., de B... et de C..., formant la circonscription paroissiale de V... pour les années [1864 et 1865]; le même traitement pour [1866] sera acquitté par lesdites communes jusqu'à concurrence de 217 francs. — Art. 2. Le contingent annuel à payer par chacune des communes désignées dans l'article qui précède, suivant les propositions et aux sommes ci-après, savoir : 1° *pour chacune des années* 1865 *et* 1866 :

$$\text{Commune de A...,} \quad \frac{57.98}{207.25} + 250 \text{ fr.} = 69.94$$

$$\text{Commune de B...,} \quad \frac{70.24}{207.25} + 250 \text{ fr.} = 84.73 \quad \left.\right\} \text{Total : 250 francs.}$$

$$\text{Commune de C...,} \quad \frac{79.03}{207.25} + 250 \text{ fr.} = 95.33$$

2° *pour l'année* 1866 :

$$\text{Commune de A...,} \quad \frac{57.98}{207.25} + 217 \text{ fr.} = 60.71$$

$$\text{Commune de B...,} \quad \frac{70.24}{207.25} + 217 \text{ fr.} = 73.54 \quad \left.\right\} \text{Total : 217 francs.}$$

$$\text{Commune de C...,} \quad \frac{79.03}{207.25} + 217 \text{ fr.} = 82.75$$

Art. 3. En conséquence des dispositions qui précèdent, une somme de 200 fr. 59 c. est inscrite d'*office* au budget primitif de [1866] de la commune de A..., pour assurer le paiement de son contingent dans la dépense du traitement de M. le vicaire de V... pendant les années [1864, 1865 et 1866]. — Art 4. Une somme de 243 francs est également inscrite d'office au budget primitif de [1866] de la commune de B..., pour assurer le paiement de son contingent dans la même dépense pendant lesdites années [1864, 1865 et 1866]; — Art. 5. Les Conseils municipaux des communes de A... et de B .. sont mis en demeure de voter, dans un délai d'un mois, à partir de la notification qui leur sera faite de cet arrêté, une imposition extraordinaire destinée, en l'absence de ressources ordinaires, à assurer le paiement de leurs contingents respectifs. — Art. 6. MM. les Maires de de A... et de B... et M. le Sous-Préfet de ... sont chargés chacun en ce qui le concerne, de l'exécution du présent arrêté.

Vicaire. — Traitement. — Inscription d'office d'un contingent sur un budget communal. — Le Préfet, séant en Conseil de préfecture, — Vu l'arrêté en date du ..., par lequel nous avons fixé le contingent à fournir par la commune de ..., pour assurer le payement du traitement de M. le Vicaire de la paroisse de ..., pendant les années [1865 et 1866] et mis le Conseil municipal en demeure de voter ce contingent; — le refus exprimé à nouveau par le Conseil municipal de ..., dans sa délibération du ...; — la loi du 18 juillet 1837; — Considérant que le contingent dont il s'agit a été convenablement fixé ; et que dès lors, le refus persistant du Conseil municipal, basé sur ses précédentes considérations, qui ont été repoussées, n'est pas justifié; — Arrête : — Art. 1. Un crédit de la somme de [157] fr. est inscrit d'office, aux chapitres additionnels de [1865] de la commune de'..., à titre de contingent dans la dépense du traitement de M. le Vicaire de la paroisse de ..., pendant la même année. — Art. 2. Un autre crédit de la somme de [250] fr. sera inscrit d'office au prochain budget primitif de [1866], de la commune de ..., pour assurer la même dépense pendant ladite année. — Art. 3. — M. le Sous-Préfet de ... est chargé, en ce qui le concerne, d'assurer l'exécution du présent arrêté.

Voirie (Grande). — Le Préfet, — Vu les lois et règlements qui ont pour objet la conservation des routes et la liberté de la circulation publique, notamment : 1° l'édit royal de décembre 1607; 2 les arrêts du conseil d'État du roi, en date des 3 mai 1720 et 17 juin 1721; 3' l'ordonnance du roi, en date du 4 août 1731; 4' les arrêts du conseil d'État du roi, en date des 16 décembre 1759, 27 février 1765 et 5 avril 1772; — l'art. 1er des 7-14 octobre 1790 et l'art 3 de la loi du 28 pluviôse an VIII, réglant la compétence des fonctionnaires administratifs en matière de grande voirie; — l'art. 29 du titre 1er de la loi des 19-22 juillet 1791 qui a confirmé les règlements alors subsistants touchant la voirie; — l'art. 43 du titre II de la loi des 28 septembre — 6 octobre 1791, la loi du 9 ventôse an XIII, le décret impérial du 16 décembre 1811 et la loi du 12 mai 1825, relative aux plantations et à l'entretien des fossés le long des routes; — les lois du 16 septembre 1807 et du 3 mai 1841, relatives aux droits et aux obligations des propriétaires riverains des routes et à l'expropriation forcée pour cause d'utilité publique; — les lois du 29 floréal an X et du 23 mars 1842, relatives à la constatation des délits de grande voirie et aux pénalités reconnues; — l'article 671 du Code Napoléon; — la loi sur le timbre, en date du 10 brumaire an VII; — Considérant qu'aux termes de ces lois, décrets et ordonnances, l'Administration est chargée d'assurer la libre circulation sur les routes, ainsi que l'uniformité dans les règles relatives aux constructions et aux plantations, de prononcer sur les diverses demandes faites par les particuliers, d'empêcher ou de poursuivre les contraventions en matière de grande voirie; — Considérant que, pour diminuer le nombre de ces contraventions et assurer la répression de celles qui seront commises, il importe de faire connaître ou rappeler au public et aux fonctionnaires administratifs les règlements adoptés pour l'exécution de ces lois, décrets et ordonnances, — Arrête.

CHAPITRE PREMIER. — *Forme des demandes.* — Art. 1. Toute demande de permission de grande voirie, ayant pour objet d'établir des constructions le long des routes, de modifier les façades de celles qui existent, de faire ou de supprimer des plantations régulières ou de former une entreprise quelconque sur le sol des voies publiques et de leurs dépendances, doit être faite sur papier timbré et adressée au Préfet ou au Sous-Préfet; elle est présentée par le propriétaire ou en son nom, et contient l'indication exacte de ses nom, prénoms et domicile. — Elle désigne la commune où les travaux doivent être entrepris, en ajoutant, dans les traverses, l'indication de la rue et du numéro de l'immeuble auquel ils se rapportent, et, hors des traverses, celle des lieuxdits, tenants et aboutissants, et des bornes kilométriques entre lesquelles ils doivent être exécutés.

CHAPITRE II. — *Constructions neuves.* — Art. 2. *Alignements par avancement.* — Lorsque la construction sur l'alignement doit avoir pour effet de réunir à la propriété riveraine une portion de la voie publique, les ingénieurs procèdent, contradictoirement avec le pétitionnaire, au métré et à l'estimation du terrain à abandonner. Le montant de l'estimation, contrôlé par les agents des domaines et arrêté par le Préfet, est acquitté par le pétitionnaire, ou en cas de contestation, déposé à la Caisse des dépôts et consignations. — Il est formellement interdit au pétitionnaire d'occuper le terrain avant d'en avoir acquitté ou consigné le prix. Le permissionnaire ne peut réclamer le tracé de son alignement s'il n'est pas en mesure de justifier de ce payement.

Art. 3. *Alignements par reculement.* — Lorsque la construction sur l'alignement aura eu pour effet de réunir à la voie publique une partie du terrain riverain, il est procédé comme ci-dessus au métré et à l'estimation qui servent de base au règlement de l'indemnité. Cette indemnité n'est exigible qu'à partir du jour où, sur la demande du permissionnaire, il aura été constaté que son terrain est définitivement réuni à la voie publique.

Art. 4. *Règlement par le jury du prix des terrains acquis ou cédés par les riverains.* — A défaut d'arrangement amiable entre l'Administration et le pétitionnaire, le prix du terrain à céder ou à acquérir est réglé conformément à la loi du 3 mai 1841 et à l'article 50 de la loi du 14 septembre 1807.

Art. 5. *Dispositions relatives au cas de reculement.* — Un mur mitoyen mis à découvert par suite du reculement d'une construction voisine est soumis aux mêmes règles qu'une façade en saillie. — Le raccordement des constructions nouvelles avec des bâtiments ou murs en saillie ne peut être effectué qu'au moyen de clôtures provisoires, don la nature et les dimensions sont réglées par l'arrêté d'autorisation. Toutefois, les épaisseurs ne peuvent dépasser, en y comprenant les enduits et ravalements : Pour les clôtures en briques, hourdées en mortier ou plâtre avec ou sans pans de bois $0^m,12$; pour les clôtures en bois, avec remplissage en plâtre et plâtras, moellons, argile ou pisé $0^m,16$; pour les clôtures en moellons, hourdées en mortier ou plâtre sans pans de bois $0^m,25$; pour les clôtures en pisé et en moellons, sans mortier ou en mortier de terre, avec enduit en terre $0^m,40$. Toutes liaisons entre les nouvelles et les anciennes maçonneries, tendant à reconforter celles-ci, sont formellement interdites.

Art. 6. *Aqueducs sur les fossés de la route.* — L'écoulement des eaux ne peut être intercepté dans les fossés de la route. Les dispositions et dimensions des aqueducs destinés à rétablir la communication entre la route et les propriétés riveraines sont fixées par l'arrêté qui autorise ces ouvrages ; ils doivent toujours être établis de manière à ne pas déformer le profil normal de la route.

Art. 7. *Haies et clôtures.* — Les haies sèches, barrières, palissades, clôtures à claire-vois ou levées en terre formant clôtures sont placées, savoir : Dans les traverses, sur l'alignement fixé pour les constructions, et hors des traverses, de manière à ne pas empiéter sur les talus de déblai et de remblai de la route. Les haies vives sont placées à $0^m,50$ en arrière de ces alignements.

Art. 8. *Avis à donner par le propriétaire et vérification des travaux.* — Tout propriétaire autorisé à faire une construction ou une clôture ou à exécuter des ouvrages sur le sol de la route, doit indiquer à l'avance, à l'ingénieur de l'arrondissement, l'époque où les travaux seront entrepris, pour qu'il puisse être procédé par le conducteur à une première vérification, ou, si le propriétaire le demande, au tracé de l'alignement. S'il s'agit d'une construction en maçonnerie, le permissionnaire prévient une seconde fois l'ingénieur dès que les premières assises au-dessus du sol sont posées. Dans tous les cas, après l'achèvement des travaux, les agents de l'administration dressent un procès-verbal de récolement en double expédition, conformément aux dispositions de l'art. 36 ci-après.

CHAPITRE III. — *Constructions en saillie sur l'alignement.* — Art. 9. *Interdiction des travaux confortatifs.* — Tous ouvrages confortatifs sont interdits dans les constructions en saillie sur l'alignement, tant aux étages supérieurs qu'au rez-de-chaussée. Sont compris notamment dans cette interdiction : les reprises en sous-œuvre ; la pose de tirants, d'ancres ou d'équerres, et tous ouvrages destinés à relier le mur de face avec les parties situées en arrière de l'alignement ; le remplacement par une grille de la partie supérieure d'un mur en mauvais état ; des changements assez nombreux pour exiger la réfection d'une partie importante de la façade.

Art. 10. *Travaux qui pourront être autorisés avec conditions spéciales.* — Peuvent être autorisés, dans les cas ou sous les conditions énoncés dans les articles 14 à 17, les ouvages suivants : les crépis ou rejointements ; l'établissement d'un poitrail ; l'exhaussement ou l'abaissement des murs et façades ; la réparation totale ou partielle du chaperon d'un mur et la pose de dalles de recouvrement ; l'établissement d'une devanture de boutique ; le revêtement des façades ; l'ouverture ou la suppression de baies.

Art. 11. *Crépis et rejointoiements, poitrails, exhaussements ou abaissement des façades, réparation des chaperons et pose de dalles de recouvrement.* — L'exécution de crépis ou rejointoiements, la pose ou le renouvellement d'un poitrail, l'abaissement ou l'exhaussement des murs et façades, la réparation des chaperons d'un mur et la pose des dalles de recouvrement ne seront permis que pour les murs et façades en bon état, qui ne présentent ni surplomb, ni crevasses profondes, et dont ces ouvrages ne puissent augmenter la solidité et la durée. Il ne pourra être fait, dans les nouveaux crépis, aucun lancis en pierres ou autres matériaux durs. Les reprises des maçonneries autour d'un poitrail ou des nouvelles baies seront faites seulement en moellons ou briques, et n'auront pas plus de 0^m,25 de largeur. L'exhaussement des façades ne pourra avoir lieu que dans le cas où le mur inférieur sera reconnu assez solide pour pouvoir supporter les nouvelles constructions. Les travaux seront exécutés de manière qu'il n'en résulte aucune consolidation du mur de face.

Art. 12. *Devantures de boutiques.* — Les devantures de boutiques se composeront d'ouvrages en menuiserie, il n'y sera employé que du bois de 0^m,10 d'équarrissage au plus. Elles seront simplement appliquées sur la façade, sans être engagées sous le poitrail et sans addition d'aucune pièce formant support pour les parties supérieures de la maison.

Art. 13. *Revêtement des façades.* — L'épaisseur des dalles, briques, bois ou carreaux employés pour les revêtements des soubassements ne dépassera pas 0^m,05. Le revêtement au-dessus des soubassements, au moyen de planches, ardoises ou feuilles métalliques, ne pourra être autorisé que pour les murs et façades en bon état.

Art. 14. *Ouvertue de baies, portes bâtardes et fenêtres.* — Les linteaux des baies de portes bâtardes ou fenêtres à ouvrir seront en bois; leur épaisseur dans le plan vertical n'excèdera pas 0^m,16, ni leur portée sur les points d'appui, 0^m,20. Le raccordement des anciennes maçonneries avec les linteaux, et les reprises autour des baies ne seront faits qu'en petits matériaux et n'auront pas plus de 0^m,25 de largeur.

Art. 15. *Portes charretières.* — Les portes charretières pratiquées dans les murs de clôture ne pourront s'appuyer que sur les anciennes maçonneries ou sur des potaux en bois. Les reprises autour des baies seront assujetties aux conditions fixées dans l'article précédent.

Art. 16. *Suppression de baies.* — La suppression des baies pourra être autorisée sans conditions pour les façdes en très-bon état; lorsque la façade sera reconnue ne pas remplir cette condition, les baies à supprimer seront fermées par une simple cloison en petits matériaux de 0^m,16 d'épaisseur au plus, dont le parement affleurera le nu intérieur du mur de face, le vide restant apparent à l'extérieur, et sans addition d'aucun montant ni support en fer ou en bois.

Art. 17. *Avis à donner par le propriétaire.* — Tout propriétaire autorisé à faire une réparation doit indiquer à l'avance, à l'ingénieur de l'arrondissement, le jour où les travaux seront entrepris. L'administration désigne, lorsqu'il y a lieu, ceux qui ne doivent être exécutés qu'en présence d'un de ses agents.

Art. 18. *Travaux à l'intérieur des propriétés.* — Il est interdit de faire, dans la partie retranchable d'une propriété, aucune construction nouvelle, lors même que le terrain serait clos par des murs ou de toute autre manière, et que l'on ne toucherait pas au mur de face. Les travaux à l'intérieur des maisons sont exécutés sous la responsabilité des propriétaires contre lesquels il est exercé des poursuites, dans le cas où ces travaux sont reconnus être confortatifs des murs de face.

CHAPITRE IV. — *Saillies.* — Art. 19. *Soubassements, colonnes, pilastres, ferrures, jalousies, persiennes, contrevents, appuis de croisées, barres de support, tuyaux de descente, cuvettes, ornemeuts en bois des devantures, grilles, enseignes, socles, petits et grands balcons, lanternes, transparents, attributs, auvents et marquises, bannes corniches d'entablement.* — La nature et la dimension maximum des saillies permises sont fixées ci-après, la mesure des saillies étant toujours prise sur l'alignement de la façade, c'est-à-dire à partir du nu du mur au-dessus de la retraite du soubassement : 1° soubassement 0^m,05 ; 2° colonnes en pierre, pilastres, ferrures de portes et fenêtres, jalousies, persiennes, contrevents, appuis de croisées, barres de support, 0^m,10 ; 3° tuyaux et cuvettes, ornements en bois des devantures, grilles de boutiques et de fenêtre des rez-de-chaussée, enseignes y compris toutes pièces accessoires, 0^m,16 ; 4° socles de devantures de boutiques, 0^m,20 ; 5° petits balcons de croisée au-dessus du rez-de-chaussée, 0^m,22 ;

6° grands balcons, lanternes, transparents, attributs, $0^m,80$: ces ouvrages ne pourront être établis qu'à $4^m,30$ au moins du sol et seulement dans les rues dont la largeur ne sera pas inférieure à 8 mètres. Toutefois, s'il y a devant la façade un trottoir de $1^m,30$ de largeur au moins, la hauteur de $4^m,30$ pourra être réduite jusqu'au minimum de $3^m,50$ pour les grands balcons, dans les rues ayant au moins 8 mètres de largeur, et au minimum de 3 mètres pour les lanternes, transparents et attributs, quelle que soit la largeur de la rue. Ces ouvrages devront d'ailleurs être supprimés sans indemnité, si l'Administration, dans un intérêt public, est conduite à exhausser ultérieurement le sol de la route; 7° auvent et marquise, $0^m,80$: ces ouvrages seront en bois ou en métal; on ne les autorisera que sur des façades devant lesquelles il existe un trottoir de $1^m,30$ de largeur au moins et à 3 mètres au moins au-dessus de ce trottoir; 8° bannes, $1^m,50$: elles ne pourront être posées que devant les les façades où il existe un trottoir. La dimension maximum fixée ci-dessus sera réduite quand ce trottoir aura moins de 2 mètres, de manière que sa largeur excède toujours $0^m,50$ au moins la saillie des bannes. Aucune partie des supports ne sera à moins de $2^m,50$ au-dessus du trottoir; 9° corniches d'entablement : leur saillie n'excèdera pas $0^m,16$ quand elles seront en plâtre, ou l'épaisseur du mur à son sommet quand elles seront en pierre ou en bois. Les dimensions fixées ci-dessus sont applicables seulement dans les portions de route ayant plus de 6 mètres de largeur effective. Lorsque cette largeur n'est pas atteinte, l'arrêté du Préfet statue, dans chaque cas particulier, sur les dimensions des saillies qu'il y a lieu d'autoriser.

Art. 20. *Occupation temporaire de la voie publique.* — Les échafaudages ou les dépôts de matériaux qu'il pourra être nécessaire de faire sur le sol de la route pour l'exécution des travaux seront éclairés pendant la nuit; leur saillie sur la voie publique sera de 2 mètres au plus, et ce maximum pourra être réduit dans les traverses étroites. Ils seront disposés de manière à ne jamais entraver l'écoulement des eaux sur la route ou ses dépendances. Dans les villes, le permissionnaire pourra être tenu de les entourer d'une clôture.

Art. 21. — Il est interdit d'établir, de remplacer ou de réparer des marches, bornes, entrées de caves ou tous ouvrages de maçonnerie, en saillie sur les alignements et placés sur le sol de la voie publique. Néanmoins, il pourra être fait exception à cette règle pour ceux des ouvrages qui seraient la conséquence de changements apportés au niveau de la route ou lorsqu'il se présenterait des circonstances exceptionnelles. Dans ce dernier cas, il devra en être référé à l'administration supérieure.

CHAPITRE V. *Dispositions concernant les baies du rez-de-chaussée et l'accès des portes charretières.* — Art. 22. *Conditions pour l'ouverture des portes et fenêtres du rez-de-chaussée.* — Aucune porte ne pourra s'ouvrir en dehors de manière à faire saillie sur la voie publique. Les fenêtres et volets du rez-de-chaussée, qui s'ouvriraient en dehors, devront se rabattre sur le mur de face, le long duquel ils seront fixés.

Art. 23. *Emplacement des accès des portes cochères.* — Sur les routes plantées, les portes charretières seront, autant que possible, placées au milieu de l'intervalle de deux arbres consécutifs. Il sera posé, devant les arbres de chaque côté du passage, des bornes en pierre dure ou en bois ou des butte-roues en fonte. Lorsqu'il existera, vis-à-vis des portes charretières, un trottoir ou une contre allée réservée à la circulation des piétons, il y sera établi, suivant leur profil en travers normal, une chaussée de 3 mètres de largeur, qui sera en pavé ou en empierrement, formé de menus matériaux. La bordure du trottoir, lorsqu'il en existera, sera baissée dans l'emplacement du passage, sur une longueur de 3 mètres, de manière à conserver $0^m,05$ de hauteur au-dessus du caniveau. Le raccordement de la partie baissée avec le reste du trottoir aura 1 mètre de longueur de chaque côté. Ces divers ouvrages sont à la charge du propriétaire riverain.

CHAPITRE VI. — *Trottoirs.* — Art. 24. *Condition d'établissement des trottoirs.* — La nature et les dimensions des matériaux à employer dans la construction des trottoirs seront fixées par l'arrêté spécial qui autorisera ces ouvrages. Les bordures, ainsi que le dessus du trottoir, seront établis suivant les points de hauteur et les alignements fixés sur le plan au pétitionnaire. Les extrémités du trottoir devront se raccorder avec les trottoirs voisins ou avec les revers, de manière à ne former aucune saillie.

Art. 25. *Suppression des bornes.* — Partout où un trottoir sera construit, le riverain est tenu d'enlever les bornes qui se trouvent en saillie sur les façades des constructions.

CHAPITRE VII. — *Écoulement des eaux.* — *Établissement d'acqueducs et de tuyaux.* — Art. 26. — Nul ne peut, sans autorisation, rejeter sur la voie publique les eaux insalubres provenant des propriétés riveraines. Les eaux pluviales, lorsqu'elles auront été recueillies dans une gouttière, ainsi que celles provenant de l'intérieur des maisons, seront conduites jusqu'au sol par des tuyaux de descente, puis jusqu'au caniveau de la route, soit par une gargouille, s'il existe un trottoir ou dès qu'il en existera un, soit par un ruisseau pavé, s'il n'existe qu'un revers.

Art. 27. *Écoulement sous la voie publique.* — Les particuliers peuvent être autorisés à établir, sous le sol des routes, des aqueducs ou conduites pour l'écoulement et la distribution des eaux ou du gaz, conformément aux dispositions spéciales qui seront réglées par l'arrêté d'autorisation et sous les conditions ci-après.

Art. 28. *Conditions générales des autorisations pour l'établissement de tuyaux ou aqueducs sous la voie publique.* — Les tranchées longitudinales ne seront ouvertes qu'au fur et à mesure de la construction de l'aqueduc ou de la pose des tuyaux, et les tranchées transversales que sur la moitié de la largeur de la voie publique, de manière que l'autre moitié reste libre pour la circulation. Les parties de tranchées, qui ne pourraient pas être comblées avant la fin de la journée, seront défendues pendant la nuit par des barrières solidement établies et suffisamment éclairées. Le remblai des tranchées, après la pose des conduites, sera fait par des couches de 0^m,20 d'épaisseur, et chaque couche sera pillonnée avec soin. On rétablira sur le remblai les pavages, chaussées d'empierrement, trottoirs et autres ouvrages qui auraient été démolis, en suppléant au déchet des vieux matériaux par des matériaux neufs de bonne qualité, et en se conformant, pour l'exécution, à toutes les règles de l'art. Ces travaux seront faits par le permissionnaire, qui devra, pendant un an, les entretenir d'une manière continue. Toute négligence apportée à l'entretien sera constatée par un procès-verbal, et déférée, par ce moyen, au Conseil de préfecture. Aussitôt après la rédaction de ce procès-verbal, l'ingénieur ordinaire fera exécuter d'office les réparations jugées nécessaires. Les dépenses seront, dans un délai de trois jours, remboursées à l'entrepreneur qui aura exécuté les travaux, et au domicile de ce dernier, par le permissionnaire, sur le vu d'un état dressé par l'ingénieur ordinaire, visé par l'ingénieur en chef, et rendu au besoin exécutoire par le Préfet. Le permissionnaire fera enlever, immédiatement après l'exécution de chaque partie du travail, les terres, graviers et immondices qui en proviendront, de manière à rendre la voie publique parfaitement libre. Il se conformera à toutes les mesures de précaution qui lui seront indiquées, soit par les ingénieurs, soit par l'autorité locale. Il devra faire les dispositions convenables pour ne porter aucun dommage aux voies d'écoulement, telles que aqueducs ou tuyaux déjà établis, soit par l'Administration, soit par les particuliers. Il ne pourra entreprendre ses travaux ni les reprendre, s'il les a suspendus, sans en avoir prévenu à l'avance l'ingénieur de l'arrondissement ou le conducteur délégué. Dans le mois qui suivra l'exécution des travaux, il déposera, au bureau de l'ingénieur ordinaire, un plan coté indiquant exactement le tracé des conduites et leurs divers embranchements, à l'échelle de 0^m,005 pour 1 mètre. Le permissionnaire ou son ayant cause devra, à toute époque, se conformer aux règlements d'administration ou de police en vigueur. Il sera tenu, sur une simple réquisition, de laisser visiter les ouvrages qui se rattachent à l'écoulement ou d'interrompre cet écoulement. Il sera tenu, en outre, si l'administration le juge nécessaire dans un intérêt de police ou de salubrité, d'ouvrir des tranchées sur les parties de conduites qui lui seraient désignées, et de rétablir ensuite la voie sans pouvoir, à raison de ces faits, réclamer aucune indemnité. L'administration conserve d'ailleurs le droit de faire changer l'emplacement des conduites ou même de les supprimer, conformément aux art. 38 et 39 ci-après.

Art. 29. *Tuyaux de conduite pour les eaux ou le gaz.* — Les tuyaux ou la distribution des eaux ou du gaz seront toujours posés à 0^m,60 au moins de profondeur.

Art. 30. *Dispositions relatives aux conduites débouchant dans un aqueduc situé sous la voie publique.* — Lorsqu'il s'agira de jeter les eaux d'une propriété riveraine dans un égout existant sous la voie publique, elles y seront amenées directement par un conduit dont les matériaux et les dispositions seront indiqués par l'arrêté d'autorisation. Le parement dans la maçonnerie du pied-droit sera réduit aux dimensions strictement indispensables. Le raccordement sera exécuté avec soin en ciment ou en bon mortier hydraulique. Le conduit sera muni, a son origine dans l'intérieur de la propriété, d'une cuvette avec grille, qui devra faire obstacle au passage des immondices. Il est interdit d'introduire dans l'égout aucun liquide qui pourrait nuire à la salubrité ou à l'égout lui-même.

CHAPITRE VIII. *Plantations.* — Art. 31. Nul ne peut exercer un acte quelconque de jouissance sur une plantation située sur le sol d'une route, sans autorisation préalable du Préfet. Cette autorisation ne sera accordée que si les particuliers justifient avoir légitimement acquis les arbres dont il s'agit à titre onéreux ou les avoir plantés à leurs frais, en exécution des anciens règlements.

Art. 32. *Abatage des plantations.* — Nul ne peut abattre des arbres faisant partie de plantations régulières situées le long des routes, sans en avoir obtenu l'autorisation. L'abatage ne sera permis que lorsque les arbres auront atteint toute leur croissance ; qu'ils seront trop rapprochés entre eux ou de la route, ou que l'Administration jugera utile de remplacer la plantation riveraine par une plantation nouvelle établie sur le sol même de la route. L'abatage ne pourra avoir lieu qu'après que les arbres auront reçu l'empreinte du marteau des ponts et chaussées. Il sera fait de manière à ne pas encombrer la voie publique. Les arbres plantés sur le sol des routes seront, aussitôt après l'abatage, rangés sur le bord des accotements ou le long des fossés, parallèlement à l'axe de la route. Les trous seront comblés immédiatement. Les arbres abattus seront enlevés huit jours au plus tard après leur chute. Les arbres des plantations riveraines seront abattus sur le terrain des propriétaires, sans emprunter en aucune façon, pour le dépôt des bois, le sol de la route.

Art. 33. Les conditions de l'élagage des haies et des plantations sont déterminées par des arrêtés spéciaux, en raison de l'essence des arbres et des circonstances locales. Les haies seront toujours conduites de manière que leur développement du côté de la voie publique ne fausse aucune saillie sur le sol appartenant à la route. On n'y tolèrera l'existence d'aucun arbre de haute tige, à moins que la haie ne se trouve à deux mètres au moins des terrains de la voie publique.

Art. 34. Les plantations nouvelles ne peuvent être exécutées que d'après un arrêté par lequel le Préfet fixe les alignements, l'espacement des arbres entre eux dans chaque rangée, leur essence, les conditions auxquelles ils doivent satisfaire et toutes les précautions à prendre pour assurer leur bonne venue.

CHAPITRE IX. *Conditions générales des autorisations.* — Art 35. *Durée des autorisations.* — Les autorisations ne sont valables que pour un an, à partir de la date des arrêtés, et sont périmées de plein droit, si l'on n'en a pas fait usage avant l'expiration de ce délai.

Art. 36. *Procès-verbaux de récolement.* — Toute permission de grande voierie donne lieu à une vérification de la part des agents de l'Administration. Si les conditions imposées au permissionnaire ont été remplies, le résultat de cette opération est constaté par un procès-verbal de récolement en double expédition, dont l'une, après avoir été visé par les ingénieurs, est remise par le Préfet au propriétaire. Dans le cas contraire il est dressé un procès-verbal de contravention, lequel est déféré au Conseil de préfecture.

Art. 37. *Réparation des dommages causés à la route.* — Aussitôt après l'achèvement de leurs travaux, les permissionnaires sont tenus d'enlever tous les décombres, terres, dépôts de matériaux, gravois et immondices, de réparer immédiatement tous les dommages qui auraient pu être causés à la route ou à ses dépendances, et de rétablir dans leur premier état les fossés, talus, accotements, chaussées ou trottoirs qui auraient été endommagés.

Art. 38. *Entretien en bon état des ouvrages situés sur le sol de la route et de ses dépendances.* — Les ouvrages établis sur le sol de la voie publique et qui intéressent la viabilité, notamment ceux mentionnés dans les articles 6, 24, 26, 27, 28, 29 et 30 du présent règlement, seront toujours entretenus en bon état et maintenus conformes aux conditions de l'autorisation ; faute de quoi cette autorisation serait révoquée, indépendamment des mesures qui pourraient être prises contre le permissionnaire pour répression de délit de grande voirie et pour la suppression de ces ouvrages.

Art 39. *Suppression des ouvrages sans indemnités.* — Les permissions de pure tolérance concernant les ouvrages mentionnés à l'article précédent peuvent toujours être modifiées ou révoquées, en tout ou en partie, lorsque l'Administration le juge utile à l'intérêt public, et le permissionnaire est tenu de se conformer à ce qui lui est prescrit à ce sujet, sans qu'il puisse s'en prévaloir pour réclamer aucune indemnité.

Art. 40. *Réserves des droits des tiers.* — Les autorisations de grande voirie ne sont données que sous toutes réserves des droits des tiers, des règlements faits par l'autorité municipale dans les limites de ses attributions, des servitudes militaires et de celles résultant du Code forestier.

Art. 41. *Réserve concernant la police de petite voirie.* — Une permission de grande voirie accordée pour une propriété qui fait l'angle d'une voie communale ne préjuge rien sur les obligations qui peuvent être imposées par l'autorité locale, en ce qui concerne la façade sur la voie communale.

Chapitre X. — *Mode de constatation des délits.* — Les contraventions sont constatées par les Maires ou adjoints, les ingénieurs, conducteurs ou agents secondaires, les commissaires et agents de police, les gendarmes, les gardes champêtres, et en général par tous les agents dûment assermentés.

Art. 43. *Publication et exécution du règlement.* — Le présent arrêté sera publié et affiché dans l'étendue du département. Le Préfet, l'ingénieur en chef des ponts et chaussées et le commandant de la gendarmerie sont chargés, chacun en ce qui le concerne, d'en surveiller et d'en assurer l'exécution.

Voierie (grande). — Dépôt de matériaux sur une route impériale. — Le Préfet, — Vu la pétition, en date du ..., par laquelle le sieur..., entrepreneur des travaux d'entretien sur la route impériale n° ..., demande l'autorisation de casser sur ladite route, des matériaux extraits des carrières indiquées par le devis, entre les bornes n°ˢ ... et ... ; — l'article ... du chapitre ... de la section ... du devis d'entretien des routes impériales ; — le rapport de M. l'Ingénieur en chef, en date du ... ; — Considérant qu'il résulte du rapport ci-dessus visé, que les carrières dont il s'agit occupent le talus de la route et ne permettent pas l'installation d'un chantier extérieur à la voie publique ; — que la longueur de la route impériale n° ... étant de [10 mètres], au droit des carrières ci-dessus mentionnées, un dépôt de 1ᵐ,50 de largeur sur 15 mètres de longueur ne saurait nuire à la circulation ; — Arrête : — Art. 1. Le sieur ... est autorisé à approvisionner sur l'accotement de la route, et pendant les années 186 et 186 les matériaux extraits pour l'entretien de la route impériale n° ..., des carrières dites de ... et de ..., situées l'une à la borne ... et l'autre à la borne .... — Art. 2. Ces matériaux pourront être cassés sur l'accotement, où ils n'occuperont jamais que 1ᵐ,50 en largeur, et 15 mètres en longueur, pour chacune des carrières. — Art. 3. L'entrepreneur sera responsable de tous les accidents que pourrait occasionner le dépôt des matériaux et leur cassage sur la voie publique. — Art. 4. Le présent arrêté sera transmis à M. l'Ingénieur en chéf, chargé d'en faire notifier les dispositions au sieur ..., et d'en assurer l'exécution.

Voirie (grande). — Travaux. — Autorisation. — Le Préfet, — Vu la pétition en date du ..., par laquelle le sieur ... demande l'autorisation : 1° ..., etc. ; — le rapport de l'ingénieur ordinaire et l'avis de l'ingénieur en chef, en date du ... ; — l'arrêté réglementaire sur les permissions de grande voirie, en date du ..., notamment les art. ... ; — Arrête : — Art. 1. Le pétitionnaire est autorisé à exécuter les travaux compris dans les paragraphes ... et ..., ci-dessus indiqués de sa demande, à charge par lui de se conformer aux dispositions de l'arrêté réglementaire ci-dessus visé, dont extr..it est ci-après transcrit, et aux conditions spéciales suivantes : .... etc. — Art. 2. Ampliation du présent arrêté sera adressée : 1° à M. le Maire de ..., pour être notifiée au sieur ... ; 2 à M. l'Ingénieur en chef des ponts et chaussées du département.

Voirie (grande). — Travaux. — Refus d'autorisation. — Le Préfet, — Vu la pétition en date du ..., par laquelle le sieur ... demande l'autorisation ... etc ; — le rapport de l'ingénieur ordinaire et l'avis de l'ingénieur en chef, en date du ... ; — l'arrêté règlementaire sur les permissions de grande voirie en date du ..., notamment ..., etc ; — Arrête : — Art. 1. La demande qui fait l'objet de la pétition ci-dessus visée, est rejetée. — Art. 2. Ampliation du présent arrêté sera adressée : 1 à M. le Maire de ..., pour être notifiée au sieur ... ; 2' à M. l'Ingénieur en chef des ponts et chaussées du département.

Voirie (petite). — Règlement général sur le service des chemins vicinaux. — Le Préfet, — Vu la loi du 21 mai 1836, et notamment l'article 21, qui charge chaque Préfet de faire un règlement pour assurer l'exécution de cette loi ; — vu l'instruction ministérielle du 24 juin 1836, et les diverses circulaires postérieures, concernant l'exécution de ladite loi ; — vu les lois des 9 ventôse an XIII, 28 juillet 1824, et l'arrêté du Gouvernement du 23 messidor an V ; — vu la loi du 3 mai 1841, sur l'expropriation pour cause d'utilité publique ; — vu les lois et règlements concernant la rédaction et le recouvrement des rôles des contributions publiques ; — vu l'ordonnance royale du 23 avril 1823, relative à la comptabilité des communes, et celles des 1er mars 1835 et 24 janvier 1843, sur la clôture de l'exercice ; — vu le titre II de la loi des 16-24 août 1790, et le titre Iᵉʳ de celle des 19-22 juillet 1791 ;

Vu l'avis du Conseil général en date du 26 août 1854.

Avons arrêté et arrêtons ce qui suit :

TITRE I. — *Dispositions relatives à l'assiette des chemins.* — CHAPITRE I. — *Maintien des classements effectués.* — Art. 1. Le classement actuel des chemins vicinaux est maintenu dans les communes où cette opération a été régulièrement opérée. La révision pourra en être ordonnée par nous, s'il y a lieu.

CHAPITRE II. — *Fixation de la largeur des chemins.* — SECTION I. — Art. 2. Le maximum de largeur des chemins vicinaux ordinaires est fixé à 6 mètres. Le maximum de largeur des chemins vicinaux de grande communication est fixé à 7 mètres. — Toutefois, ceux de ces chemins qui auraient actuellement une largeur plus considérable, la conserveront jusqu'à ce qu'il en soit autrement ordonné.

Art. 3. Ne sont pas compris dans le maximum fixé par l'article 2, les fossés, parapets, banquettes, murs de soutenement, talus de remblai ou de déblai, et autres ouvrages accessoires qu'il pourra être nécessaire d'établir en dehors de la voie livrée à la circulation, et dont nous déterminerons les dimensions suivant les besoins. — Ces ouvrages font partie intégrante du sol du chemin vicinal auquel ils se rattachent.

Art. 4. Dans le cas où, pour satisfaire les besoins de la circulation, ou pour faciliter l'entrée des villes, bourgs et villages, il y aurait nécessité de dépasser les limites du maximum fixé par l'article 2, l'excédant de largeur qu'il conviendra de donner au chemin sera déterminé par nous, sur la proposition de l'agent voyer, après délibération du Conseil municipal, et sur l'avis du Maire et du Sous-Préfet.

SECTION II. — *Règlement des indemnités.* — Art. 5. Conformément à l'article 15 de la loi du 21 mai 1836, l'arrêté qui fixe la largeur d'un chemin vicinal opère, au profit de la commune, la dépossession du propriétaire dont les terrains doivent servir à l'élargisssement du chemin. Cet arrêté devra être notifié au propriétaire, au moins huit jours avant l'occupation des terrains. A l'expiration de ce délai, la portion du sol nécessaire à l'élargissement sera immédiatement incorporée à la voie publique. — Toutefois, si cette portion était occupée par des constructions ou des plantations, il pourra être sursis à l'élargissement jusqu'à la destruction par vétusté desdites constructions ou plantations.

Art. 6. Si le propriétaire ne consent pas à faire à la commune l'abandon gratuit de la parcelle de terrain à réunir au chemin, le Maire traitera avec lui du montant de l'indemnité à accorder. S'il y a accord, les conditions de la cession, constatées par écrit, et signées par le Maire et le propriétaire, seront soumises à l'acceptation du Conseil municipal, et elles seront, s'il y a lieu, approuvées par nous, en Conseil de préfecture, par application de l'article 10 de la loi du 28 juillet 1824.

Art. 7. Si l'indemnité ne peut être réglée à l'amiable, le juge de paix sera appelé à la fixer, en exécution de l'article 15 de la loi du 21 mai 1836. A cet effet, et conformément à l'article 51 de la loi du 18 juillet 1837, le propriétaire dépossédé devra nous adresser un mémoire exposant les motifs de sa réclamation. — Si l'autorisation de défendre à l'action intentée à la commune lui est refusée, elle devra payer l'indemnité réclamée par le propriétaire. — Dans le cas, au contraire, où ladite autorisation serait accordée, le propriétaire nommera un expert et mettra la commune en demeure de désigner le sien. Si la commune se refusait à faire cette nomination, son expert sera désigné d'office par le juge de paix. Les deux experts, après avoir prêté serment, se réuniront pour faire leur rapport sur le montant de l'indemnité due. En cas de désaccord, il sera procédé à la nomination d'un tiers expert par le juge de paix, à la requête de la partie la plus diligente.

Art. 8. L'indemnité, fixée à l'amiable ou par le juge de paix, est à la charge de la commune. — Le montant de cette indemnité, dont le paiement n'est pas exigible avant l'occupation du sol, sera prélevé sur les premiers fonds disponibles. — Il pourra être précompté à la commune sur le contingent qu'elle doit fournir, s'il s'agit d'un chemin vicinal de grande communication.

CHAPITRE III. — *Abornement des chemins.* — Art. 9. Dans toutes les communes du département, il sera procédé au bornage des chemins vicinaux, soit de petite, soit de grande communication.

Art. 10. Le bornage des chemins vicinaux doit être opéré contradictoirement entre le Maire de la commune et les propriétaires des terrains situés sur les deux rives. — Le Maire sera assisté de deux membres du Conseil municipal choisis par lui, et autant que possible, d'un agent voyer; la présence de l'agent voyer sera indispensable lorsqu'il s'agira du bornage d'un chemin de grande communication.

Art. 11. Lorsqu'il y aura lieu de procéder au bornage des chemins vicinaux, le Maire donnera avis aux propriétaires riverains du jour où cette opération devra se faire, et les invitera à se trouver sur les lieux. Si ces propriétaires ne se rendent pas à cette invitation, il sera, néanmoins, passé outre à l'opération.

Art. 12. Dans toutes les parties du chemin qui auront déjà la largeur fixée par l'arrêté préfectoral, tant pour la voie livrée à la circulation que pour les fossés et ouvrages accessoires, il sera, de distance en distance, et à 100 mètres au plus, placé des bornes aux points de rencontre du sol appartenant au chemin et des propriétés particulières.

Art 13. Les bornes seront, autant que possible, en pierres dures, de 20 centimètres de côté, et saillantes hors de terre de 20 centimètres au moins. Elles seront placées vis-à-vis. l'une de l'autre, toutes les fois que le chemin aura sa largeur légale.

Art. 14. Dans les parties du chemin qui auront une largeur plus grande que celle fixée par l'arrêté, cet excédant de largeur devant être conservé jusqu'à ce qu'il en soit autrement ordonné, les bornes seront placées à l'extrême limite du sol dépendant du chemin.

Art. 15. Dans les parties du chemin qui n'auront pas encore la largeur légale, cette largeur sera donnée, autant que possible, au moment de l'abornement, et il sera procédé, à cet effet, comme il est dit au chapitre ci-dessus relatif à l'élargissement des chemins. Si la largeur légale ne peut être actuellement donnée au chemin, il ne devra pas être placé de bornes sur les côtés de la voie publique. Pour y suppléer, il sera placé, au milieu du chemin, de distance en distance, et à 50 mètres au plus, des bornes en pierres brutes, qui seront arasées au-dessus du sol du chemin de manière à ne pas gêner la circulation. Ces bornes médiaires seront entourées, au pied, de tuileaux, fragments de briques ou de charbon, destinés à leur servir de témoins. Les bornes médiaires serviront de points de repères, soit lorsque arrivera le moment de donner au chemin vicinal sa largeur légale, soit lorsqu'il y aura lieu de rechercher les usurpations qui auraient été commises depuis le placement de ces bornes.

Art. 16. Il sera dressé un procès-verbal détaillé du bornage des chemins ; dans ce procès-verbal seront spécialement indiqués : 1° tous les points où les bornes, soit apparentes, soit médiaires, auront été placés ; 2° la distance entre ces points et les indications de repère nécessaires pour les retrouver ; 3° la largeur actuelle du chemin, tant aux points abornés qu'aux endroits où il n'a pas encore la largeur légale ; 4° les noms des propriétaires riverains des endroits où le chemin n'a pas encore sa largeur légale ; 5° les lieux où le chemin a plus que la largeur légale ; 6° enfin les autres renseignements et les observations qu'il pourrait être utile de constater, dans l'intérêt de la commune.

Art. 17. Les procès-verbaux de bornage seront signés par le Maire, par les Conseillers municipaux présents à l'opération, par les propriétaires riverains qui y auront assisté, ainsi que par l'agent voyer qui y aura concouru. Si quelques propriétaires riverains s'étaient abstenus d'assister au bornage, mention en serait faite au procès-verbal ; on y consignerait également les observations de ceux qui, étant présents, refuseraient de signer.

Art. 18. Les procès-verbaux de bornage seront dressés en double expédition pour les chemins vicinaux de petite communication, et en triple expédition pour les chemins de grande communication ; ils seront aussitôt adressés au Sous-Préfet, qui nous les transmettra avec son avis, pour être approuvés par nous, s'il y a lieu. Après cette approbation, une des expéditions sera déposée dans les archives de la commune ; une autre aux archives de la sous-préfecture, enfin la troisième expédition, pour les chemins vicinaux de grande communication, restera déposée à la préfecture.

Art. 19. Les frais auxquels donnerait lieu l'opération du bornage seront imputés sur les ressources affectées au service des chemins vicinaux, soit de petite, soit de grande communication, selon la catégorie à laquelle appartiendra le chemin aborné.

Art. 20. Dans toutes les communes où les ressources le permettront, il sera dressé, aussitôt après le bornage des chemins vicinaux, un plan sur lequel seront tracés tous ces chemins, de manière à pouvoir toujours reconnaître les anticipations qui seraient faites par la suite, Des instructions ultérieures régleront la forme et l'échelle de ces plans.

CHAPITRE IV. — *Classement des chemins.* — Art. 21. Lorsque les besoins de la circulation exigeront qu'un chemin existant soit déclaré vicinal, la demande pourra en être faite, soit par le Maire de la commune sur le territoire de laquelle le chemin est situé, soit par les Maires des communes limitrophes aux communications desquelles ce chemin serait nécessaire, soit, enfin, par tout propriétaire qui aurait intérêt à ce que le chemin fût déclaré vicinal.

Art. 22. Sur le vu de cette demande, un agent voyer sera chargé de reconnaître, conjointement avec le Maire de la commune, le chemin dont le classement comme chemin vicinal est demandé. Il sera dressé de cette reconnaissance un procès-verbal contenant tous les renseignements nécessaires pour faire apprécier le degré d'utilité du chemin.

Art. 23. Le procès-verbal de reconnaissance prescrit par l'article précédent sera déposé à la mairie pendant un mois, et avis de ce dépôt sera donné aux habitants, par voie de publication et affiches, en la forme ordinaire, pour qu'ils puissent présenter leurs réclamations ou observations, s'il y a lieu.

Art. 24. A l'expiration du délai de dépôt, le Maire, après s'y être fait autoriser, réunira le Conseil municipal et l'appellera à délibérer sur la proposition de classement du chemin au nombre des chemins vicinaux de la commune. A cet effet, il mettra sous les yeux du Conseil municipal, tant le procès-verbal de reconnaissance du chemin que les réclamations et observations auxquelles le projet de classement aurait donné lieu.

Art. 25. Le Conseil municipal délibèrera tant sur le projet de classement que sur la largeur à donner au chemin et sur les réclamations mises sous ses yeux. Dans le cas où la propriété du sol du chemin à classer serait revendiquée par des tiers, le Conseil donnera ses observations et son avis. Il fera connaître, en outre, les ressources au moyen desquelles l'indemnité serait payée, si les prétentions des tiers étaient reconnues fondées.

Art. 26. Sur le vu de la délibération du Conseil municipal et des autres pièces à l'appui, il sera par nous statué sur le classement, abstraction faite de toute question de propriété et tous droits des tiers réservés.

Art. 27. Dans le cas où des indemnités représentant la valeur du sol devraient être payées à des tiers, elles seront réglées comme en matière d'élargissement, conformément aux articles 6, 7 et 8.

CHAPITRE V. — *Déclassement des chemins.* — Art. 28. Lorsqu'un chemin compris au tableau des chemins vicinaux d'une commune paraîtra n'être plus utile aux communications, ou au moins n'être plus d'un intérêt assez général pour que son entretien reste à la charge de la commune, le déclassement pourra en être demandé par le Maire.

Art. 29. S'il nous paraît devoir être donné suite à la demande de déclassement, cette demande sera renvoyée au Maire, pour être déposée, pendant un mois, à la mairie de la commune ; avis de ce dépôt sera donné aux habitants, par voie de publication et d'affiches, en la forme ordinaire. Des copies de la demande de déclassement seront transmises aux Maires des communes voisines qui pourraient être intéressées à ce que le chemin fût conservé à la circulation ; dépôt en sera également fait aux mairies de ces communes, pendant un mois, et les habitants en seront prévenus par publication et affiches.

Art. 30. A l'expiration du mois de dépôt, les Conseils municipaux, tant de la commune sur le territoire de laquelle le chemin est situé, que des communes voisines, seront appelés à délibérer sur la question de savoir s'il y a lieu ou non de rayer ce chemin du tableau des chemins vicinaux. Le Conseil municipal de la commune sur le territoire de laquelle le chemin est situé, devra exprimer, dans sa délibération, s'il est d'avis que le chemin soit conservé à la circulation comme chemin rural, ou bien s'il doit être supprimé pour le sol en être vendu au profit de la commune.

Art. 31. Les délibérations des Conseils municipaux nous seront immédiatement transmises avec l'avis du Sous-Préfet et de l'agent voyer. Si toutes les délibérations ne sont pas favorables au déclassement d'un chemin, il pourra être ouvert une enquête dans les différentes communes, afin de pouvoir mieux apprécier les véritables intérêts des localités.

Art. 32. Sur le vu des délibérations et autres documents ci-dessus indiqués, et s'il nous parait y avoir lieu au déclassement du chemin, un arrêté pris par nous déclarera que ce chemin cesse de faire partie des chemins vicinaux de la commune. Ce même arrêté déterminera si le chemin doit être conservé à la circulation, ou s'il doit être supprimé pour le sol en être vendu au profit de la commune.

Art. 33. Expédition de notre arrêté sera adressée au Maire de la commune sur le territoire de laquelle le chemin est situé, pour être publié et annexé au tableau des chemins vicinaux. Avis en sera donné aux Maires des communes dont les Conseils municipaux avaient été appelés à délibérer sur le déclassement.

CHAPITRE VI. — *Aliénation des portions de chemins inutiles.* — Art. 34. Lorsque, après l'accomplissement des formalités prescrites par les art. 28 à 33 ci-dessus, la suppression d'un chemin aura été prononcée par nous, et si le Conseil municipal de la commune sur le territoire de laquelle ce chemin est situé a voté l'aliénation du sol, cette aliénation pourra être autorisée par nous, en Conseil de préfecture.

Art. 35. Lorsque l'aliénation du sol d'un chemin aura été autorisée, le Maire de la commune en préviendra par écrit, et individuellement, chacun des propriétaires riverains du chemin. Cet avis contiendra l'invitation de déclarer, dans le délai de quinzaine, s'ils entendent user du bénéfice de l'art. 19 de la loi du 21 mai 1836 et se rendre acquéreurs du sol en en payant la valeur à dire d'expert. La notification de l'avis ci-dessus sera faite par le garde champêtre ou tout autre agent de la commune, qui devra en tirer reçu ou rédiger procès-verbal de la remise.

Art. 36. Si les propriétaires riverains du chemin font, dans la quinzaine de la notification, leur soumission de se rendre acquéreurs du sol, ils devront en même temps, nommer leur expert, conformément à l'art. 17 de la loi du 21 mai 1836, le second expert sera nommé par le Sous-Préfet. Les deux experts, après avoir prêté serment, procéderont à l'évaluation du sol. En cas de discord entre eux, il nous en sera référé, et nous provoquerons la nomination d'un tiers expert par le Conseil de préfecture. L'expertise sera soumise à notre homologation.

Art. 37. Si les propriétés situées sur les deux rives du chemin appartiennent au même propriétaire, c'est à lui seul qu'appartiendra le droit de soumissionner le sol du chemin. — Si les propriétés situées sur les deux rives du chemin appartiennent à des propriétaires différents, et que l'un d'eux, seulement, fasse sa soumission de se rendre acquéreur, c'est en faveur de ce propriétaire que se fera la concession de la totalité du sol du chemin. — Si les deux propriétaires riverains font, tous deux, leur soumission de se rendre acquéreurs, le sol sera concédé à chacun d'eux jusqu'au milieu du chemin.

Art. 38. Dans le cas où les propriétaires riverains d'un chemin supprimé déclareraient renoncer au bénéfice de l'art. 19 de la loi du 21 mai 1836, ou bien s'ils n'avaient pas fait leur soumission, dans le délai prescrit par l'art. 36 ci-dessus, le sol du chemin pourra être aliéné, dans les formes prescrites pour la vente des terrains communaux.

Art. 39. Lorsqu'un chemin vicinal aura une largeur plus grande que celle fixée par nos arrêtés, et que le Conseil municipal aura voté l'aliénation du sol qui excède la largeur légale, il sera procédé ainsi qu'il est dit aux art. 34 à 36 ci-dessus.

Art. 40. Le prix des terrains aliénés en exécution des dispositions du présent chapitre sera versé à la caisse municipale à titre de recette accidentelle.

CHAPITRE VII. *Ouverture et redressement de chemin.* — SECTION Ire. *Formalités préliminaires.* — Art. 41. Lorsque l'administration aura reconnu la nécessité d'ouvrir un nouveau chemin sur le territoire d'une ou de plusieurs communes, ou de redresser un chemin existant, il sera procédé à une enquête, conformément à l'ordonnance du 23 août 1835, et les Conseils municipaux seront appelés à délibérer tant sur l'utilité du chemin que sur les réclamations consignées au procès-verbal d'enquête. Les pièces de cette affaire nous seront ensuite transmises par le Sous-Préfet, qui y joindra son avis, ainsi que celui de l'agent voyer.

Art. 42. Sur le vu des délibérations et avis ci-dessus, un arrêté rendu par nous, s'il y a lieu, conformément à l'art. 16 de la loi du 21 mai 1836, déclarera l'utilité publique et autorisera l'ouverture du chemin.

Art. 33. Cet arrêté sera publié dans la commune ou les communes sur le territoire desquelles le nouveau chemin doit être ouvert, et aussitôt après, il sera procédé à l'accomplissement des formalités prescrites par les art. 4, 5, 6 et 7 de la loi du 3 mai 1841.

Art. 44. Sur le vu des différentes pièces de l'instruction à laquelle il aura été procédé, nous déterminerons, par un arrêté pris en Conseil de préfecture, les propriétés qui doivent être cédées, et nous indiquerons l'époque à laquelle il sera nécessaire d'en prendre possession. Cet arrêté sera soumis à l'approbation de Son Exc. le Ministre de l'Intérieur, conformément à l'art. 11 de la loi du 3 mai 1841.

SECTION II. — *Acquisition des terrains, soit à l'amiable, soit par voie d'expropriation.* Art. 45. Après l'accomplissement des formalités prescrites par les art. 41 à 44 ci-dessus, et si les propriétaires des terrains à occuper ne consentent pas à en faire l'abandon gratuit à la commune, il sera procédé, autant que possible, à l'acquisition à l'amiable de ces terrains. — A cet effet, le Maire de la commune débattra, avec les propriétaires intéressés, les conditions de l'acquisition. Ces conditions seront soumises à la délibération du Conseil municipal, et si elles nous paraissent de nature à être acceptées, l'acquisition sera autorisée par nous en Conseil de préfecture.

Art. 46. Lorsque l'acquisition à l'amiable aura été ainsi autorisée, l'acte d'acquisition en sera passé par le Maire, dans la forme des actes administratifs. Ces actes et tous ceux qui seront faits pour arriver à l'acquisition seront présentés au visa pour timbre et à l'enregistrement, ainsi qu'il est prescrit par l'art. 58 de la loi du 3 mai 1841.

Art. 47. Si l'acquisition des terrains à occuper ne peut avoir lieu à l'amiable, soit parce que les propriétaires refuseraient de consentir à l'occupation, soit parce qu'il n'aurait pas pu y avoir accord sur le prix de ces terrains, il y aura lieu de recourir à l'expropriation. A cet effet, et en conformité de l'art. 13 de la loi du 3 mai 1841, nous transmettrons au procureur impérial de l'arrondissement toutes les pièces constatant l'accomplissement des formalités prescrites, pour qu'il soit procédé, conformément aux titres III, IV et V de ladite loi, sauf les modifications qui y sont apportées par l'art. 16 de celle du 51 mai 1836. Toutefois les propriétaires pourront consentir à la cession, sauf règlement ultérieur de l'indemnité par le jury, conformément au § 2 de l'art. 14 de la loi du 3 mai 1841.

Art. 48. Le montant des indemnités dues est à la charge des communes sur le territoire desquelles les travaux d'ouverture ou de redressement ont été opérés. Il pourra être précompté aux communes, sur les contingents qui leur sont assignés, lorsqu'il s'agira d'un chemin vicinal de grande communication.

TITRE II. *Création des ressources.* — CHAPITRE I. — SECTION Ire. *Ressources communales.* — § 1er. *Délibérations des Conseils municipaux.* — Art. 49. Tous les ans, du 1^r au 15 avril, il sera fait, par le Maire ou par l'agent voyer, une appréciation sommaire des dépenses à faire sur les chemins vicinaux de la commune. Cette appréciation sera mise, dans la session de mai, sous les yeux du Conseil municipal. Le Maire fera également connaître à cette assemblée le montant des contingents qui lui sont demandés pour les chemins vicinaux de grande communication auxquels la commune a été déclarée intéressée.

Art. 50. Le Conseil municipal délibérera sur les documents qui lui auront été communiqués en vertu de l'article précédent. — En ce qui concerne les chemins vicinaux de petite communication, il déterminera ceux de ces chemins qui devront être réparés, ainsi que la nature des travaux à y faire. Il recherchera ensuite les moyens de pourvoir, tant à cette dépense qu'à celle résultant du contingent assigné à la commune, s'il y a lieu, dans le service des chemins vicinaux de grand communication. Ces délibérations ne seront exécutoires que sur notre approbation.

§ 2. — *Allocations sur les revenus communaux.* — Art. 51. Dans le cas où les revenus ordinaires de la commune seraient suffisants pour pourvoir, en tout ou en partie, aux besoins du service vicinal, le Conseil municipal affectera à ces besoins la portion de ces revenus que d'autres dépenses plus urgentes ne réclameraient pas.

§ 3. — *Insuffisance des revenus ordinaires.* — Art. 52. Dans le cas où aucune portion des revenus ordinaires de la commune ne pourrait être affectée au service des chemins vicinaux, ou bien si les prélèvements qui pourraient être faits sur ces revenus ne pouvaient suffire aux besoins de ce service, le Conseil municipal examinera comment il peut y être suppléé, et votera, soit des prestations en nature jusqu'au maximum de 3 journées, soit des centimes spéciaux jusqu'au maximum de cinq, soit enfin l'une et l'autre de ces deux ressources concurremment.

§ 4. — *Vote de la prestation en nature.* — Art. 53. Si, en cas d'insuffisance des ressources ordinaires de la commune, le Conseil municipal reconnaît la nécessité de recourir à l'emploi de la prestation en nature, il votera sans adjonction des plus imposés, des journées de prestation en nature, qui ne pourront dépasser le nombre de trois. Cette délibération sera prise pendant la session du mois de mai. Il ne sera pas voté de fraction de journée, et il ne pourra être voté qu'un nombre égal de journées sur chaque nature d'objets imposables aux termes de la loi.

Art. 54. Les délibérations prises, en conformité de l'article précédent, seront p r nous, s'il y a lieu, rendues exécutoires, et transmises au Directeur des contributions directes, pour la rédaction des rôles.

Art. 55. Dans la session de mai, les Conseils municipaux seront également appelés à fixer les bases et évaluations d'un tarif de conversion en tâches des prestations en nature votées, ou à réviser le tarif précédemment adopté, ainsi que le troisième paragraphe de l'art. 4 de la loi du 21 mai 1836. Ce tarif sera rédigé de manière que chaque journée de bras, d'animaux ou de voiture, soit représentée par une quantité déterminée de travail à exécuter ou de matériaux à extraire, à transporter, etc. Le Conseil municipal prendra pour base de ce tarif la valeur en argent des prestations, telle qu'elle aura été réglée par le Conseil général, et le prix des différentes espèces de travaux ou de transports dans le pays. Pour faciliter les opérations du Conseil municipal, l'agent voyer d'arrondissement préparera, dans le courant d'avril et pour chaque commune de sa circonscription, un tarif de conversion qui sera communiqué au Conseil par le Maire.

Art. 56. La délibération du Conseil municipal et le tarif arrêté par lui seront adressés au Sous-Préfet, qui y joindra son avis, et qui nous les transmettra pour être approuvés par nous, s'il y a lieu.

§ 5. — *Assiette de la prestation.* — Art. 57. Il sera rédigé, dans chaque commune du département, par le contrôleur des contributions directes, assisté du Maire et des répartiteurs, un état matrice des contribuables soumis à la prestation.

Art. 58. En cas de refus du Maire et des répartiteurs de prêter leur concours pour la rédaction de l'état matrice, le contrôleur, assisté du percepteur-receveur municipal, procédera à la formation de l'état matrice qui serait, dans ce cas, sur l'avis du directeur, soumis à notre approbation.

Art. 59. L'état matrice sera disposé de manière à pouvoir servir pendant trois ans; il sera révisé chaque année, à l'époque de la tournée ordinaire des contrôleurs; il sera soumis à notre approbation à chaque renouvellement intégral.

Art. 60. L'ordre des tournées des contrôleurs sera réglé par le directeur, qui nous le fera connaître. Les Maires recevront, quelque temps à l'avance, avis du jour où les contrôleurs doivent se trouver, dans leurs communes respectives, afin qu'ils puissent, en temps utile, convoquer les autres membres de la commission de répartition, et préparer les éléments du travail.

Art. 61. L'état matrice sera divisé en sections correspondant à celles du cadastre ou aux anciens états de section, dans les communes qui ne sont pas encore cadastrées. Les noms des contribuables y seront classés par ordre alphabétique. Un certain nombre d'articles sera laissé en blanc à la fin de chaque section, pour recevoir les additions qui deviendraient nécessaires, à l'époque de chaque révision annuelle.

Art. 62. L'état matrice présentera, dans chaque article : 1° les nom et prénoms de l'individu sur lequel la cote est assise ; 2° le nombre des membres ou serviteurs de la famille qui donnent lieu à imposition ; 3° le nombre des charrettes ou des voitures attelées et celui des bêtes de somme, de trait ou de selle, qui sont au service de la famille ou de l'établissement dans la commune.

Art. 63. Sont passibles de la prestation en nature, en exécution de l'art. 3 de la loi du 21 mai 1836 : 1° pour sa personne, tout habitant de la commune, qu'il soit célibataire ou marié, et quelle que soit sa profession, si, d'ailleurs, il est porté au rôle des contributions directes, mâle, valide et âgé de 18 ans au moins et de 60 ans au plus ; 2° tout habitant de la commune, qu'il soit célibataire ou marié, s'il est porté au rôle des contributions directes, mâle, valide et âgé de 18 ans au moins et de 60 ans au plus, chef de famille ou d'établissement, à titre de propriétaire, de régisseur ou de colon partiaire. Dans ce cas, il doit la prestation pour sa personne d'abord ; il la doit, en outre, pour chaque individu mâle, valide, âgé de 18 ans au moins et de 60 ans au plus, membre ou serviteur de la famille et résidant dans la commune ; il la doit encore pour chaque bête de somme, de trait ou de selle, et pour chaque charrette ou voiture attelée, au service de la famille ou de l'établissement dans la commune ; 3° tout individu, même non porté nominativement aux rôles des contributions directes, même âgé de moins de 18 ans ou de plus de 60 ans, même invalide, même du sexe féminin, même, enfin, n'habitant pas la commune, si cet individu est chef d'une famille qui habite la commune, ou si, à titre de propriétaire, de régisseur, de fermier ou de colon partiaire, il est chef d'une exploitation agricole ou d'un établissement situé dans la commune. Dans ce cas, toutefois, il ne doit pas la prestation pour sa personne, mais il la doit pour tout ce qui, personne ou chose, dans les limites de la loi, dépend de l'exploitation ou de l'établissement dont il est propriétaire ou qu'il gère à quelque titre que ce soit.

Art. 64. Le propriétaire qui a plusieurs résidences qu'il habite alternativement est passible de la prestation en nature dans la commune où il a son principal établissement ou qu'il habite le plus longtemps. S'il a, dans chacune de ces résidences, un établissement permanent en domestiques, voitures, bêtes de somme, de trait ou de selle, il doit être imposé, dans chaque commune, dans les limites de la loi, pour ce qui lui appartient dans cette commune. Si ses domestiques, ses animaux et ses voitures passent avec lui temporairement d'une résidence à une autre, il ne doit être imposé, pour ces moyens d'exploitation, que dans le lieu de son principal établissement.

Art. 65. Sont considérés comme serviteurs tous ceux qui ont, dans la maison, des fonctions subordonnées à la volonté du maître, et qui reçoivent des gages ou un salaire annuel et permanent. Sont considérés comme membres de la famille, les enfants qui habitent chez leur père, alors même qu'ils sont portés au rôle des contributions directes.

Art. 66. Ne sont pas considérés comme serviteurs : 1° les ouvriers qui travaillent à la journée ou à la tâche, ou qui ne sont employés que passagèrement pendant le temps de la moisson ou d'un travail temporaire ; 2° les employés, contre-maîtres, chefs d'atelier et maîtres ouvriers attachés à l'exploitation d'établissements industriels ; 3° les postillons titulaires des relais de poste. Les individus compris dans ces différentes catégories doivent, s'il y a lieu, être imposés à la prestation en nature pour leur propre compte, dans la commune de leur domicile ou du domicile de leur famille.

Art. 67. Ne donnent pas lieu à l'imposition de la prestation en nature, 1° les bêtes de somme, de trait ou de selle que leur âge, ou toute autre cause, ne permet pas d'assujettir au travail; 2° celles qui sont destinées à la consommation, à la reproduction, et celles qui ne sont possédées que comme objet de commerce, à moins que, nonobstant leur destination, le possesseur n'en retire un travail; 3° les chevaux des relais de poste, mais seulement dans la limite du nombre fixé pour chaque relai par les règlements de l'administration des postes; 4° les chevaux des agents du gouvernement tenus, par les règlements émanés de leur administration, de posséder un cheval pour l'accomplissement de leur service.

Art. 68. Ne doivent être considérées comme attelées et, par conséquent, donner lieu à l'imposition de la prestation en nature, que les voitures dont le propriétaire possède d'une manière permanente le nombre de chevaux ou d'animaux de trait nécessaire pour qu'elles puissent être employées simultanément.

Art. 69. Les états matrices seront, au fur et à mesure de leur confection ou de leur révision, transmis au Directeur des contributions directes qui, après les avoir additionnés et récapitulés, procédera à la rédaction des rôles et des avertissements, pour toutes les communes qui auront voté des journées de prestation ou qui auront été imposées d'office, et dont la nomenclature lui sera donnée par nous avec indication du nombre de journées à imposer.

Art. 70. Les rôles présenteront, pour chaque article : 1° le nombre de journées dues, tant pour la personne du chef de la famille ou de l'établissement que pour chacun des membres ou serviteurs de la famille, et, enfin, pour chacune des personnes attachées à l'établissement; 2° le nombre de journées dues pour les charettes ou les voitures attelées; 3° le nombre de journées dues pour les bêtes de somme, de trait ou de selle; 4° le montant en argent de la cote, d'après le tarif de conversion arrêté, pour chaque espèce de journées, par le conseil général du département. Une colone sera ménagée au rôle pour inscrire les déclarations d'option. La date de la délibération du Conseil municipal qui vote la prestation, ou de l'arrêté du Préfet qui en ordonne l'imposition d'office, devra être indiquée en tête du rôle.

Art. 71. Les avertissements aux contribuables seront également rédigés par le Directeur des contributions directes; ils devront indiquer, comme le rôle, la date de la délibération du Conseil municipal ou de l'arrêté du Préfet, contenir, pour chaque cotisation, les détails y relatifs portés au rôle, et se terminer par l'invitation aux cotisés de déclarer, dans le mois de la publication du rôle, s'ils entendent se libérer en nature ou en argent. Mention sera faite aussi sur chaque avertissement, qu'aux termes de l'article 4 de la loi du 21 mai 1836, la cote sera de droit exigible en argent, si le contribuable n'avait pas, dans ledit délai d'un mois, déclaré devant le Maire de sa commune son option d'acquitter sa prestation en nature.

Art. 72. Les rôles de prestation nous seront remis par le Directeur des contributions directes au fur et à mesure de leur rédaction, et de manière à ce que la publication puisse en avoir lieu, dans toutes les communes, dans le courant du mois de novembre antérieur à l'année à laquelle le rôle s'applique. Ils seront par nous rendus exécutoires, et transmis aux percepteurs-receveurs municipaux, par l'intermédiaire des receveurs des finances, avec les avertissements rédigés par le Directeur.

Art. 73. Les percepteurs-receveurs municipaux communiqueront immédiatement les rôles aux Maires, qui devront en faire faire la publication dans les mêmes formes que pour ceux des contributions directes. Aussitôt après cette publication, qui sera certifiée par le Maire sur le rôle même, les percepteurs-receveurs municipaux feront parvenir, sans frais, aux contribuables, les avertissements qui les concernent.

Art. 74. Les demandes en dégrèvement de la part des cotisés aux rôles de prestation devront être présentées avant le 31 mars et devront être en double expédition. Ces demandes seront instruites et jugées comme celles concernant les contributions directes; en conséquence, elles seront communiquées aux répartiteurs, vérifiées par le contrôleur et par le Directeur des contributions directes. Lorsque l'avis du directeur sera défavorable au réclamant, il sera communiqué à ce dernier pour avoir ses observations; il y sera ensuite statué par le Conseil de préfecture, sauf recours au conseil d'État. Le recours au conseil d'État pouvant, comme en matière de contributions directes, être exercé sans le ministère d'avocat, les pourvois nous seront transmis par les parties intéressées, pour y être, par nous, donné cours.

Art. 75. Les pourvois que les communes croiraient devoir former, dans leur intérêt, contre l'arrêté du Conseil de préfecture dégrevant un prestataire, peuvent être également présentés sans le ministère d'avocat. Ils seront, à cet effet, formés par les Maires, sur la seule délibération du Conseil municipal, et sans qu'il soit besoin de l'autorisation du Conseil de préfecture; ils nous seront transmis par le Maire, pour y être, par nous, donné, cours.

Art. 76. Les déclarations d'option, faites conformément à l'article 70, seront reçues par le Maire ou par l'adjoint, s'il est délégué à cet effet; elles seront, en présence des déclarants consignées sur un registre qui sera clos à l'expiration du mois, et transmis immédiatement au percepteur-receveur municipal, pour être, lesdites déclarations, annotées au rôle, en regard des noms des contribuables, dans la colonne à ce destinée.

Art. 77. Dans la quinzaine qui suivra l'expiration du délai d'option, les percepteurs-receveurs municipaux formeront et adresseront aux Maires un relevé du rôle des prestations divisé en deux parties : la première comprendra, pour chaque contribuable, nominativement, les journées de prestation d'hommes, d'animaux et de charrois que le contribuable aura déclaré vouloir acquitter en nature; la seconde comprendra seulement le montant total des cotes qui seront exigibles en argent, soit parce que les contribuables auront préféré ce mode de libération, soit parce que, à défaut d'option dans le délai voulu, les cotes seront devenus exigibles en argent. Dans le même délai de quinzaine, le percepteur-receveur municipal adressera au Préfet, par l'intermédiaire du Trésorier-payeur général, un état sommaire faisant connaître, pour chacune des communes de sa perception, le nombre de journées de prestation de diverses espèces que les contribuables ont déclaré vouloir acquitter en nature, et le montant des cotes exigibles en argent.

Art. 78. Les cotes du rôle de prestation, que les contribuables auront déclaré vouloir acquitter en argent, et celles qui seront devenues exigibles en argent, faute de déclaration d'option dans le délai voulu, seront exigibles par douzièmes, comme les contributions directes. Quant aux cotes que les contribuables auraient d'abord déclaré vouloir acquitter en nature, et dont ils auraient ensuite négligé ou refusé de se libérer de cette manière, quoiqu'ils en aient été requis, elles seront également exigibles en argent, par douzièmes. Toutefois le premier paiement qui sera fait par le contribuable devra comprendre les douzièmes échus.

Art. 79. Les poursuites à exercer pour la rentrée des cotes exigibles en argent seront faites selon le mode en vigueur pour les contributions directes, et sous la surveillance des receveurs des finances. Lorsque les percepteurs-receveurs municipaux seront dans le cas d'exercer des poursuites de cette nature, ils remettront au Maire de chaque commune une liste des contribuables en retard, indicative de la somme due par chacun d'eux, et ils lui demanderont l'autorisation de poursuivre par voie de garnison collective. Le Maire, après avoir engagé les contribuables à se libérer sans frais, donnera, s'il y a lieu, son autorisation au bas de l'état, et cet état, ainsi approuvé, sera soumis au Sous-Préfet pour être déclaré exécutoire. Le percepteur-receveur municipal ne devra, au reste, donner cours aux poursuites qu'après les avoir fait précéder d'un avertissement gratis ou d'une nouvelle publication dans la commune. Les poursuites par voie de commandement, de saisie et de vente ne pourront être exercées qu'après qu'il nous en aura été préalablement référé.

Art. 80. Les percepteurs-receveurs municipaux sont responsables envers les communes du recouvrement des rôles de prestation, comme du recouvrement de toute autre ressource communale, conformément aux règles tracées par les circulaires du ministère de l'Intérieur des 31 août 1842 et 18 novembre 1845. En conséquence, si, à l'époque de la clôture de l'exercice, ces rôles n'étaient pas entièrement soldés, les restes à recouvrer seraient reportés au budget supplémentaire de la commune pour l'exercice suivant, et le comptable s'exposerait à être forcé en recette, s'il ne prenait le soin de justifier, au moment où le compte de l'exercice clos est rendu au Conseil municipal, qu'il a fait toutes diligences pour opérer le recouvrement exact des rôles et s'il ne prouvait que la rentrée des ressources encore dues n'a été retardée que par des obstacles qu'il lui a été impossible de surmonter. Dans ce cas, il doit demander l'approbation de l'état des cotes qu'il n'a pu recouvrer. Néanmoins, ces cotes, si elles ne sont point admises en non-valeur, devront être recouvrées, pour tout délai, dans le courant de l'année de la clôture de l'exercice, et, si le recouvrement n'a pas été effectué au 31 décembre de cette même année, le comptable sera forcé en recette, à cette époque, par le receveur des finances.

Art. 81. Les contrôleurs des contributions directes recevront un centime et demi par article, pour la rédaction des états matrices et l'examen des réclamations présentées par les contribuables. Il sera alloué au Directeur des contributions directes 4 centimes par article pour la rédaction de rôles de prestation, l'expédition des avertissements et la fourniture des imprimés nécessaires, tant pour ces dernières pièces que pour les états matrices. Ces remises seront acquittées sur les ressources communales affectées aux chemins vicinaux, et leur montant sera centralisé à la caisse du receveur général, au compte du fonnds de cotisations municipales.

Art. 82. Les rôles de prestation en nature étant portés, en recette et en dépenses, aux budgets des communes, les remises dues aux percepteurs-receveurs municipaux, sur le montant total de ces rôles, seront établies conformément aux ordonnances royales des 17 avril et 23 mai 1839.

§ 6. — *Vote de centimes spéciaux.* — Art. 83. Lorsque, en raison de l'insuffisance des revenus ordinaires de la commune pour pourvoir au service des chemins vicinaux, le conseil municipal voudra user de la faculté que lui donne l'article 2 de la loi du 21 mai 1836, de voter des centimes spéciaux, la délibération sera prise sans le concours des plus imposés. Cette délibération devra être prise dans la session de mai ; elle nous sera aussitôt transmise par le Sous-Préfet, avec son avis, et après qu'elle aura été approuvée par nous, s'il y a lieu, elle sera adressée au Directeur des contributions directes, qui fera comprendre le montant de cette imposition dans le rôle de la commune.

§ 7. — *Vote de centimes extraordinaires.* — Art. 84. Dans le cas où, après avoir affecté aux dépenses des chemins vicinaux toute la portion disponible des revenus ordinaires et le maximum légal du nombre des journées de prestation et des centimes spéciaux, un Conseil municipal voudrait affecter à ce service des ressources plus considérables, le Conseil municipal pourrait, avec adjonction des plus imposés, voter une imposition extraordinaire. La délibération nous serait transmise par le Sous-Préfet, avec son avis, et par par nous adressée au ministre de l'Intérieur, pour être, s'il y a lieu, homologuée par décret impérial.

Art. 85. En aucun cas il ne sera voté de centimes extraordinaires, pour le service des chemins vicinaux, avant que le maximum des journées de prestation et des centimes spéciaux ait été voté.

§ 8. — *Impositions d'office.* — Art. 86. Dans le courant du mois de juin, les Sous-Préfets dresseront et nous feront parvenir l'état des communes dont les Conseils municipaux auraient négligé ou refusé d'affecter des ressources à la réparation et à l'entretien des chemins vicinaux. Ils accompagneront cet état d'un rapport sur l'état des chemins de ces communes, et de leur avis sur la nécessité de pourvoir à leur réparation au moyen d'impositions d'office.

Art. 87. Lorsque, soit par les rapports des Sous-Préfets, soit par l'envoi d'un agent-voyer sur les lieux, soit enfin par tout autre moyen, nous aurons reconnu la nécessité de contraindre une commune à affecter à la réparation des chemins vicinaux des ressources qu'elle aurait négligée ou refusé de voter, un arrêté motivé, pris par nous, mettra le Conseil municipal en demeure de voter ces ressources, et fixera le délai dans lequel ce Conseil devra en délibérer. Lorsqu'il s'agira du contingent à fournir par une commune pour les chemins vicinaux de grande communication, la mise en demeure résultera de la fixation du contingent à fournir, qui aura été notifiée au Conseil municipal dans sa session de mai, conformément au troisième paragraphe de l'article 49 du présent règlement.

Art. 88. Si, à l'expiration du délai fixé par l'arrêté mentionné au premier paragraphe de l'article précédent, le Conseil municipal n'avait pas voté, dans les limites de la loi, les ressources nécessaires au service vicinal, ou s'il les avait votées en partie seulement, il y sera pourvu d'office par nous, en exécution de l'article 5 de la loi du 21 mai 1836, ainsi qu'il va être dit ci-après.

Art. 89. Dans le cas où les revenus ordinaires de la commune retardataire permettraient de faire face, en tout ou en partie, aux besoins du service vicinal, l'allocation nécessaire sera inscrite au budget par un arrêté pris par nous en Conseil de préfecture.

Art. 90. Lorsque nous aurons reconnu nécessaire d'imposer d'office des journées de prestation, un arrêté pris par nous déterminera, dans les limites de la loi, le nombre de journées à imposer ; il sera immédiatement transmis au Directeur des contributions directes, avec invitation de faire rédiger le rôle. Cet arrêté sera également notifié par nous au Maire de la commune, pour être porté, par voie de publication, à la connaissance des habitants.

Art. 91. Lorsque le rôle rédigé en vertu de l'article précédent aura été par nous rendu exécutoire, il sera, en conformité de l'article 72 ci-dessus, transmis au percepteur-receveur municipal, par l'entremise du receveur des finances, pour y être publié dans la forme accoutumée. Les avertissements aux contribuables seront aussitôt distribués par les soins du percepteur-receveur municipal.

Art. 92. Si le Maire de la commune négligeait, ou si, après mise en demeure, il refusait de faire la publication du rôle rédigé d'office, un délégué nommé par nous, en vertu de l'article 15 de la loi du 18 juillet 1837, ferait faire cette publication.

. Art. 93. Lorsque nous aurons reconnu nécessaire d'imposer d'office des centimes spéciaux, un arrêté pris par nous déterminera, dans les limites de la loi, le nombre de centimes à imposer. Il sera immédiatement transmis au Directeur des contributions directes, pour, le nombre de centimes à imposer d'office, être compris au rôle des contributions directes de la commune. Cet arrêté sera également notifié par nous au Maire de la commune, pour être porté, par voie de publication, à la connaissance des habitants.

Art. 94. Dans le cas où le rôle des contributions directes de la commune serait rédigé à l'époque où le directeur recevrait l'arrêté ordonnant une imposition d'office, il serait rédigé un rôle supplémentaire comprenant le nombre de centimes portés dans cet arrêté.

SECTION II. — *Concours des propriétés de l'État et de la couronne.* — § 1er. — Art. 95. Les propriétés de l'État, productives de revenus, doivent, aux termes de l'article 13 de la loi du 21 mai 1836, contribuer aux dépenses des chemins vicinaux dans les mêmes proportions que les propriétés particulières. Dans les communes où les propriétés de l'État, productives de revenus, ne sont pas déjà classées pour mémoire dans les matrices ou états de section, les répartiteurs, assistés du contrôleur des contributions directes, rédigeront une matrice particulière dans laquelle lesdites propriétés seront évaluées dans les mêmes proportions que les autres propriétés particulieres, comme s'il s'agissait de les cotiser à la contribution foncière. Les évaluations seront, dans tous les cas, communiquées par le Directeur des contributions directes aux agents des administrations des forets et des domaines, qui présenteront telles observations qu'ils jugeront convenables. Le directeur nous adressera sur le tout un rapport motivé, et nous arréterons les bases de cotisation. Ces bases serviront tous les ans à régler la cote des propriétés de l'État dans les impositions communales ordinaires ou extraordinaires votées par les Conseils municipaux pour les chemins vicinaux, et dans les centimes départementaux votés, pour la même destination, par le Conseil général du département, en exécution des articles 2 et 8 de la loi.

Art. 96. Les cotisations seront inscrites à la fin du rôle général des contributions directes de la commune, au nom du domaine de l'État, et les avertissements d'en payer le montant seront remis par le percepteur au receveur de l'enregistrement et des domaines dans l'arrondissement duquel les propriétés sont situées.

Art. 97. Si des réclamations s'élevaient contre la cotisation des propriétés de l'État, soit de la part des communes, soit de la part des agents de l'administration des forêts ou des domaines, elles seraient portées, comme les réclamations en matière de contributions directes, devant le Conseil de préfecture.

§ 2. — Art. 98. Les propriétés de la Couronne doivent contribuer aux dépenses des chemins vicinaux dans les mêmes proportions que les propriétés particulières, ainsi qu'il résulte de l'art. 13 de la loi du 21 mai 1836 et de l'art. 12 du sénatus-consulte du 12 décembre 1852. Les réclamations contre ces cotisations seront jugées comme en matière de contributions directes.

Section III. — *Subventions spéciales pour dégradations habituelles ou temporaires.* — § 1. — Art. 99. Lorsque des exploitations de mines, de carrières, de forêts ou de toute entreprise industrielle appartenant à des particuliers, à des établissements publics, à la Couronne et à l'État, dégraderont habituellement ou temporairement un chemin vicinal entretenu à l'état de viabilité, il pourra, en exécution de l'art. 14 de la loi du 21 mai 1836, être imposé des subventions spéciales aux entrepreneurs ou aux propriétaires, suivant que l'exploitation ou les transports auront lieu pour le compte des uns ou des autres.

Art. 100. Ces subventions seront réclamées par les Maires des communes intéressées pour les chemins vicinaux ordinaires. Ces fonctionnaires pourront aussi, à notre défaut, réclamer celles qui concernent les chemins vicinaux de grande communication.

Art. 101. Il y a dégradation habituelle lorsqu'il s'agit d'une exploitation de mines, de carrières, de forêts ou de toute autre entreprise industrielle qui continue toute l'année, ou pendant la plus grande partie de l'année, par le même chemin. Il y a dégradation temporaire lorsque l'exploitation ne continue pas toute l'année, ou la plus grande partie de l'année, mais se fait seulement temporairement. Si, se continuant toute l'année, l'exploitation empruntait successivement plusieurs chemins, il y aurait lieu de la considérer comme temporaire à l'égard de chacun des chemins dont elle se sert.

Art. 102. Si l'exploitation ou les transports se font pour le compte du propriétaire de l'exploitation ou de l'établissement, c'est à ce propriétaire que la commune doit adresser sa demande. Si l'exploitation ou les transports ne se font pas pour le compte du propriétaire, si la mine ou l'entreprise industrielle est louée à un fermier, si la carrière est exploitée par un entrepreneur permanent, si la forêt est louée par bail, la demande de subvention devra être adressée, non pas au propriétaire, mais à celui qui exerce les droits du propriétaire d'une manière permanente. — Lorsqu'une exploitation de forêts ou de bois sera divisée en lots, et adjugée à divers adjudicataires, c'est au propriétaire que la commune devra s'adresser pour la subvention qui pourra lui être due.

Art. 103. Les exploitations mentionnées à l'art. 14 de la loi du 21 mai 1836 pourront être tenues à des subventions, même envers des communes autres que celles sur le territoire desquelles elles sont situées.

§ 2. — *Constatation de l'état de viabilité.* — Art. 104. Aux termes de l'art. 11 de la loi du 21 mai 1836, les chemins pour lesquels les subventions sont demandées doivent être entretenus à l'état de viabilité. Il sera procédé à la constatation de cet état de la manière suivante : tous les ans, il sera publié et affiché dans chaque commune un tableau des chemins vicinaux de petite et de grande communication entretenus à l'état de viabilité. Le tableau des chemins de la première catégorie sera arrêté par le Maire, sur une délibération du Conseil municipal; celui de la deuxième, par le Préfet, sur un rapport de l'agent voyer en chef.

Art. 105. Les propriétaires, industriels ou entrepreneurs qui se servent pour leur exploitation des chemins indiqués au tableau seront admis à présenter leurs réclamations sur l'état de viabilité desdits chemins dans la quinzaine qui suivra la publication du tableau.

Art. 106. Les chemins qui n'auront donné lieu à aucune observation seront considérés comme étant en bon état de viabilité, et pourront donner ouverture à des demandes de subventions spéciales; à l'égard de ceux dont la viabilité serait contestée, il sera procédé à une reconnaissance contradictoire de leur état entre les agents de l'administration et les parties intéressées ou leurs représentants. Le résultat de cette reconnaissance sera consigné par un procès-verbal.

§ 3. — *Constatation des dégradations.* — Art. 107. Les subventions réclamées par les communes devant être proportionnées aux dégradations causées par les exploitations ou autres entreprises industrielles, ces dégradations seront constatées par des experts nommés dans la forme prescrite par l'art. 17 de la loi du 21 mai 1836.

Art. 108. Si la partie intéressée refusait ou négligeait de nommer son expert, après l'invitation qui lui en aura été faite par le Sous-Préfet, il nous en sera rendu compte, et nous provoquerons, près du Conseil de préfecture, la nomination d'office de cet expert.

Art. 109. Avant d'opérer, les experts prêteront serment, savoir : devant le Conseil de préfecture pour l'arrondissement chef-lieu, et devant les Sous-Préfets pour les autres arrondissements. Il sera rédigé procès-verbal de la prestation de serment.

Art. 110. L'expertise se fera à la fin de l'exploitation, si cette exploitation est temporaire; elle se fera à la fin de l'année, si l'exploitation est permanente.

Art. 111. S'il y a discord entre les experts, il nous en sera rendu compte, et nous provoquerons, près du Conseil de préfecture, la nomination d'un tiers expert.

Art. 112. Les procès-verbaux de prestation de serment des experts, et ceux constatant leurs opérations. seront rédigés sur papier timbré et soumis à l'enregistrement; ils nous seront ensuite adressés.

§ 4. — *Règlement des subventions.* — Art. 113. Les procès-verbaux d'expertise seront soumis au Conseil de préfecture, qui réglera la subvention due à la commune, conformément au troisième paragraphe de l'art. 14 de la loi.

Art. 114. Les subventions seront réglées annuellement, sans que la décision rendue puisse, en aucun cas, s'étendre à plusieurs années.

§ 5. — *Recouvrement des subventions.* — Art. 115. La décision du Conseil de préfecture, qui aura déterminé le montant de la subvention, sera notifiée par le Maire ou à sa diligence au propriétaire ou à l'exploitant à la charge duquel elle sera mise. Il sera tiré, reçu ou dressé procès-verbal de cette notification. Une expédition de la décision sera, en outre, remise au percepteur-receveur municipal, pour servir de titre à ses poursuites.

Art. 116. Si la subvention concerne une forêt impériale, il sera remis une expédition de la décision au conservateur des forêts ; s'il s'agit d'une propriété de la Couronne, il en sera remis une expédition à l'inspecteur des domaines et forêts de la Couronne ; enfin, s'il s'agit d'établissements publics, l'expédition sera remise aux administrateurs ou chefs de ces établissements.

Art. 117. Les subventionnaires pouvant, aux termes du deuxième paragraphe de l'art. 14 de la loi, acquitter les subventions en argent ou en prestations en nature, à leur choix, ils devront déclarer leur option au Maire de la commune, dans le délai de quinze jours, à partir de la notification de la décision du Conseil de préfecture. Faute par les subventionnaires d'avoir opté dans ce délai, ils ne pourront plus se libérer qu'en argent.

Art. 118. Les subventions exigibles en argent seront recouvrées comme en matière de contributions directes.

Art. 119. Lorsque les subventionnaires auront déclaré vouloir acquitter leurs subventions en prestation en nature, ils seront soumis à toutes les règles relatives aux travaux de prestation dans la commune. Dans ce cas, la subvention fixée en argent par le Conseil de préfecture sera convertie soit en journées de prestation, d'après le tarif de conversion arrêté pour la commune par le Conseil général du département, soit en tâches conformément au tarif voté par le Conseil municipal. Les travaux devront être exécutés par des hommes valides, qui travailleront sous l'inspection de l'autorité locale et aux époques indiquées par elle. Des quittances régulières seront données au fur et à mesure de l'emploi des journées, afin d'opérer la libération du subventionnaire.

Art. 120. Si un subventionnaire, après avoir opté pour l'acquit de sa subvention en prestations, n'obtempérait pas aux réquisitions qui lui seraient régulièrement adressées, il serait déclaré déchu du bénéfice de son option, et le recouvrement de la subvention serait poursuivi en argent par le percepteur-receveur municipal.

Art. 121. Les subventions exigées en vertu de l'art. 14 de la loi, soit qu'elles doivent s'acquitter en nature, soit qu'elles doivent s'acquitter en argent, seront exclusivement affectées à ceux des chemins qui y auront donné lieu. Le produit en sera versé à la caisse communale, s'il s'agit d'un chemin vicinal de petite communication ; si elles s'appliquent à un chemin vicinal de grande communication, le montant en sera versé à la caisse du receveur général, pour être ajouté au crédit de ce chemin.

§ 6. — *Fixation des subventions par abonnement.* — Art. 122. Lorsqu'il y aura lieu par une commune, de réclamer les subventions prévues par l'art. 14 de la loi du 21 mai 1836, ces subventions seront, s'il est possible, réglées entre le Maire et la partie intéressée, par voie d'abonnement en argent. Les conditions de l'abonnement, signées par les parties, seront d'abord soumises par le Maire à l'approbation du Conseil municipal, qu'il est, à cet effet, autorisé à réunir toutes les fois qu'il sera nécessaire.

Ar. 123. Si le Conseil municipal est d'avis d'émettre les propositions d'abonnement, ces propositions, ainsi que la délibération à laquelle elles auront donné lieu nous seront transmises par l'intermédiaire du Sous-Préfet pour y être statué par nous, en Conseil de préfecture.

Art. 124. L'exécution des engagements souscrits sera poursuivie comme en matière des contributions directes.

Art. 125. Les abonnements, souscrits et réglés pour plusieurs années consécutives, ne continueront à être valables qu'autant que l'exploitation ne changerait pas de nature pendant le délai pour lequel ils ont été souscrits. Dans tous les cas, les abonnements devront être renouvelés tous les trois ans, afin de mettre l'administration à portée de reconnaître si les conditions sont toujours en rapport avec les dégradations que peuvent occasionner les exploitations.

Section IV. — *Offres de concours faites par des communes ou des particuliers.* — Art. 126. Lorsqu'une commune aura intérêt à faire commencer les travaux d'un chemin vicinal de grande communication, ou à hâter l'achèvement de ces travaux, le Conseil municipal pourra consacrer à leur exécution des ressources supérieures au contingent assigné à la commune. La délibération du Conseil municipal sera prise sans l'assistance des plus imposés, si le concours doit être fourni sur les revenus de la commune ; elle sera prise avec l'assistance des plus imposés, si, pour réaliser l'offre de concours, il y a nécéssité de recourir à une imposition extraordinaire. Dans aucun cas, l'offre de concours extraordinaire de pourra être réalisée au moyen de journées prestation dépassant le maximum fixé par la loi.

Art 127. Lorsque l'offre de concours d'une commune aura été régulièrement approuvée, la dépense qui en résultera sera une dépense obligatoire de la commune, et, en cas de refus de remplir l'engagement contracté, il sera procédé conformément à l'art. 39 de la loi du 28 juillet 1837.

Art. 128. Lorsque des particuliers ou des associations de particuliers offriront de concourir, soit par des travaux en nature, soit par des fournitures de matériaux, soit enfin enfin par des subventions en argent, à la construction ou à l'amélioration d'un chemin vicinal, l'acte contenant ces offres nous sera adressé directement ; il devra mentionner les conditions auxquelles les particuliers ou les associations de particuliers entendent concourir aux travaux, et la quotité de leurs offres, soit en journées de travail, soit en matériaux, soit en argent.

Art. 129. Si les offres de concours ont pour objet un chemin vicinal de grande communication, il y sera statué par nous directement. Si les offres ont pour objet un chemin vicinal de petite communication, elles seront soumises au Conseil municipal, et la délibération nous sera transmise avec l'avis du Sous-Préfet, pour être statué par nous.

Art. 130. Les sommes provenant des offres de concours ne pourront être employées qu'à la réparation ou à la construction du chemin pour lequel elles auront été offertes. Il en sera de même des offres de concours en fournitures de matériaux ou en journées de travail.

Art. 131. Si, après l'acceptation régulière d'offres de concours, la réalisation en éprouvait des difficultés, l'accomplissement des engagements pris serait poursuivi par voie administrative.

Section V. — *Spécialité de l'emploi des ressources.* — Art. 132. Les ressources affectées au service des chemins vicinaux, qu'elle que soit leur origine, et qu'elles consitent en argent ou en prestation en nature, ne peuvent, sous aucun prétexte, etre appliquées soit à des travaux étrangers à ce service, soit à la réparation de chemins qui n'auraient pas été légalement reconnus et classés comme chemins vicinaux. Tout emploi, soit de fonds, soit de prestation en nature, qui serait effectué contrairement à cette règle, sera rejeté des comptes et mis à la charge du comptable ou de l'ordonnateur, selon le cas.

Titre III. — *Dispositions relatives à l'exécution des travaux.* — Chapitre I. — *Travaux de prestation en nature.* — Section I. — *Emploi de la prestation en journées.* — § 1. — *Époque de l'emploi de la prestation.* — Art. 133. Les travaux de prestation en nature à effectuer en journées, seront exécutés à deux époques de l'année : la première du 1er janvier au 30 juin ; la seconde du 1er septembre au 31 décembre. Les Maires, après s'etre concertés avec l'agent voyer cantonnal et sous l'autorité du Sous-Préfet, détermineront, dans ce laps de temps l'époque la plus convenable à la bonne exécution des travaux, en ayant soin de fixer l'ouverture de ces travaux, de manière à ce qu'ils puissent etre achevés à l'expiration du délai indiqué.

Art. 134. Si, pour quelques communes, des époques autres que celles indiquées dans l'article précédent étaient reconnues etre, soit plus favorables à la bonne exécution des travaux, soit plus en rapport avec les besoins de l'agriculture, nous nous réservons de modifier ces époques sur la demande des Maires et l'avis des Sous-Préfets.

Art. 135. Dans tous les cas, les prestations acquittables en nature devront toujours être effectuées sinon dans l'année même pour laquelle elles auront été votées, au moins dans les délais fixés pour la clôture de l'exercice; il est expressément interdit de mettre les prestations en nature en réserve d'une année sur l'autre.

Art. 136. Les fermiers ou colons qui viendraient à quitter là commune avant d'avoir effectué les journées de prestation pour lesquelles ils sont portés au rôle, n'étant pas libérées par le seul fait de leur départ, mais ne pouvant, toutefois, que difficilement être appelés alors à exécuter ces prestations, les Maires auront soin d'appeler aux travaux avant l'époque où il est d'usage de changer de ferme, ceux d'entre ceux qui seraient à fin de bail.

§ 2. — *Ouverture et surveillance des travaux de prestation.* — Art. 137. Le Maire fixera, dans les limites déterminées par l'art. 133 ci-dessus, l'époque à laquelle devront s'ouvrir les travaux de prestation en journées. Quinze jours avant cette époque, et le dimanche, le Maire fera publier, à l'issue de la messe paroissiale, et fera afficher à la porte de la mairie, l'avis que les travaux de prestation en nature vont commencer dans la commune; cette publication sera répétée un second dimanche.

Art. 138. Cinq jours au moins avant l'époque fixée pour les travaux, le Maire fera remettre à chaque contribuable soumis à la prestation un bulletin signé de lui, portant réquisition de se rendre tel jour, à telle heure, sur tel chemin, pour y faire les travaux qui lui seront indiqués. — Ces avis porteront aussi la mention qu'à défaut, par le contribuable d'obtempérer à la réquisition qui lui est faite, sa cote deviendrait de droit exigible en argent.

Art. 139. Lorsqu'un prestataire sera empêché par maladie ou par quelque autre cause, il devra le faire connaître au Maire dans les vingt-quatre heures qui suivront la réception de la réquisition. Il pourra lui être accordé, par le Maire, un ajournement dont la durée sera basée sur la nature de l'empêchement. Dans aucun cas, cet ajournement ne pourra se prolonger au delà de l'époque fixée pour la clôture de l'exercice. Toute cote non acquittée en nature, à cette époque, sera exigible en argent.

Art. 140. Dans le cas de l'application des articles 6 et 8 de la loi du 21 mai 1836, les prestataires pourront être requis d'effectuer leurs travaux de prestation hors des limites de la commune à laquelle ils appartiennent; si les ateliers de travail étaient situés à plus de 5 kilomètres des limites de leur commune, il serait tenu compte aux prestataires du temps nécessaire pour l'aller et le retour.

Art. 141. Il ne sera requis à la fois que le nombre de travailleurs et d'attelages qui pourront être employés simultanément, sans encombrement ni perte de temps, et avec le plus d'avantage pour la bonne exécution des travaux. Les réquisitions ne seront donc envoyées que successivement et au fur et à mesure de l'avancement et du besoin des travaux; elles devront toujours parvenir aux prestataires au moins cinq jours à l'avance.

Art. 142. Si la commune est désignée comme devant fournir des journées de prestation en nature pour le service des chemins vicinaux de grande communication, le Maire n'adressera de réquisition aux prestataires dont les journées seront réservées à cet effet, que lorsque nous lui aurons fait connaître le jour où devront commencer les travaux sur ces chemins.

Art. 143. La surveillance et la direction des travaux de prestation sur les chemins vicinaux de petite communication appartiendra au Maire de la commune sur le territoire de laquelle ils seront exécutés; ce fonctionnaire devra être assisté d'un agent voyer. Le Maire pourra se faire remplacer par un membre du Conseil municipal à son choix.

Art. 144. Le Maire, sur l'avis favorable du Conseil municipal, et avec notre autorisation ou celle du Sous-Préfet, pourra choisir un chef d'atelier ou un cantonnier qui sera chargé, sous l'inspection d'un agent voyer, de la direction matérielle des travaux, et qui rendra compte au fonctionnaire chargé de la surveillance de la manière dont l'emploi des journées aura eu lieu; ce compte servira de base à la délivrance des certificats de libération. Le salaire de cet agent fera partie de la dépense des chemins vicinaux, et sera soldé sur les fonds qui sont affectés à ces travaux. Lorsqu'il s'agira d'un chef d'atelier ou d'un cantonnier chargé de la direction matérielle des travaux dans deux ou plusieurs communes, la nomitation sera faite par nous ou par le Sous-Préfet, sur la proposition de l'agent voyer cantonal et l'avis de l'agent voyer d'arrondissement.

Art. 145. Dans les communes où il existe un garde champêtre, cet agent devra se trouver sur le lieu des travaux pour exécuter les ordres du fonctionnaire chargé de les surveiller.

Art. 146. Le Maire remettra, jour par jour et d'avance, au fonctionnaire chargé de la surveillance des travaux, la liste des prestataires requis pour acquitter leurs prestations : cette liste qui fera connaître, en regard du nom de chaque prestataire, les outils dont il devra être muni, sera précédée d'une note indicative de l'heure assignée pour l'ouverture des travaux.

Art. 147. A l'heure indiquée, le surveillant fera l'appel des prestataires requis; il s'assurera qu'ils sont pourvus des outils demandés par l'avis de réquisition; il leur assignera l'atelier où ils auront à travailler et la nature de leur travail. Les prestataires arriveront sur les ateliers, porteurs du billet de réquisition; les absents seront annotés avec soin par le surveillant sur la liste qui lui aura été fournie en exécution de l'article précédent.

§ 3. — *Obligations des prestataires.* — Art. 148. Chaque prestataire devra porter, sur l'atelier dont il fera partie, les pelles, pioches et outils en sa possession qui lui auront été indiqués par l'avis du Maire; quant aux masses, brouettes et autres objets dont les prestataires ne sont pas ordinairement munis, chaque commune devra se les procurer sur les fonds des travaux. — Les bêtes de somme seront garnies de leur bât, paniers et bride; les voitures seront attelées et les bêtes de traits garnies de leur harnais. Le conducteur sera fourni par le propriétaire; il devra être muni d'une pelle en fer, et travailler avec les autres ouvriers commis au chargement de la charrette ou du tombereau. Sa journée sera imputée sur la cotisation du propriétaire portée en nom au rôle.

Art. 149. Les prestataires qui n'auraient pas les instruments nécessaires pour l'emploi de leurs prestations, et qui se trouveraient dans l'impossibilité absolue de se les procurer, seront tenus d'en avertir le Maire quarante-huit heures après la réception de leurs réquisitions.

Art. 150. Sur l'avis qui lui sera donné, conformément à l'article précédent, le Maire, s'il n'a pas à sa disposition ou ne trouve pas à se procurer tous les instruments nécessaires pour en fournir à ces travailleurs, contremandera ceux qui ne pourraient être employés utilement, et leur assignera un autre jour pour l'acquit de leurs prestations.

Art. 151. Les prestataires pourront se faire remplacer, pour leur personne et celle des membres de leur famille, par des ouvriers à leurs gages, pourvu que les remplaçants soient valides, âgés de 18 ans au moins et de moins de 60 ans; ces ouvriers devront être agréés par le Maire ou ses délégués. Les prestataires en nom ne seront d'ailleurs libérés qu'autant que le Maire sera satisfait du travail des remplaçants; et si le Maire renvoie ces derniers de l'atelier avant l'acquittement complet des journées qu'ils devaient fournir, les prestataires en nom seront tenus de la portion non acquittée.

Art. 152. Les prestataires devront se trouver sur l'atelier, savoir : du 1er avril au 1er octobre, depuis 6 heures du matin jusqu'à 6 heures du soir; le reste de l'année depuis 7 heures du matin jusqu'à 5 heures du soir. La durée totale du temps des repas et du repos ne devra pas excéder 2 heures.

Art. 153. La durée du travail pour les bêtes de somme et de trait sera de 8 heures, en deux reprises.

Art. 154. La journée de prestation est indivisible; pour en être libéré, le prestataire devra la fournir tout entière et sans interruption. En cas d'interruption de la journée par empêchements légitimes ou par le mauvais temps, les contribuables seront tenus de compléter plus tard leurs prestations.

Art. 155. La journée de prestation ne sera réputée acquittée qu'autant que le prestataire l'aura convenablement employée. En conséquence, quand un prestataire ne se sera pas rendu sur l'atelier à l'heure qui lui aura été indiquée, ou qu'il n'aura fourni qu'une partie des journées par lui dues soit en manquant aux heures de travail, soit autrement, sa cote ou le restant de sa cote sera exigible en argent.

Art. 156. Dans le cas prévu par l'article précédent, le Maire adressera au percepteur-receveur municipal le nom du prestataire récalcitrant ou retardataire, et invitera ce comptable à opérer le recouvrement en argent des journées ou portions de journées restant dues. Toutefois, le Maire restera juge des cas de force majeure, dans lesquels il y aurait lieu de modérer l'application de ces dispositions, et d'accorder au prestataire un nouveau délai pour se libérer. Ce délai ne devra jamais dépasser l'année ou au moins la durée de l'exercice.

Art. 157. La police des ateliers appartiendra, sous l'autorité du Maire ou de son délégué, aux agents préposés à la direction matérielle et à la surveillance de ces ateliers; les prestataires seront tenus de leur obéir en tout ce qu'ils leur commanderont pour la bonne exécution des travaux.

Art. 158. Tout prestataire qui ne se soumettra pas aux règles établies pour les travaux, ou qui troublera l'ordre, qui ne sera pas muni des outils exigés par sa réquisition, qui n'aura pas équipé ses bêtes de somme et disposé ses attelages de manière à servir utilement, sous les réserves portées en l'art. 149 ci-dessus, ou enfin qui ne travaillera pas comme s'il était salarié, sera renvoyé de l'atelier par le fonctionnaire chargé de la surveillance des travaux, et sa cote ou le restant de sa cote sera exigible en argent.

§ 4. — *Libération des prestataires.* — Art. 159. Le fonctionnaire chargé de la surveillance des travaux devra être muni du relevé des prestations acquittables en nature, qui aura été remis, en conformité de l'art. 146 ci-dessus. A la fin de chaque journée, ce ce fonctionnaire émargera, en regard du nom de chaque prestataire, le nombre de journées de diverses espèces que ce contribuable aura acquittées ou fait acquitter pour son compte : il délivrera en même temps au prestataire une quittance des journées fournies. Cette quittance devra être détachée d'un journal à souche dont ce fonctionnaire devra être muni.

Art. 160. Après l'exécution des travaux, le relevé, émargé comme il est dit en l'article précédent, est remis à l'agent voyer cantonal pour servir à l'émargement des journées fournies en nature sur l'extrait remis par le percepteur-receveur municipal, en conformité de l'art. 77 ci-dessus. Cet extrait, réglé et certifié par l'agent voyer cantonal, sera visé par le Maire et remis au percepteur-receveur municipal qui devra également émarger, sur le rôle de prestation, les cotes ou parties de cotes acquittées en nature. Ce comptable totalisera lesdites cotes, et en inscrira le montant, en un seul article, sur son journal à souche; le bulletin n'en sera pas détaché, mais il aura soin de le biffer en le laissant tenir à la souche.

SECTION II. — *Emploi de la prestation en tâches.* — Art. 161. Lorsque, en exécution des articles 55 et 56 du présent règlement, le Conseil municipal d'une commune aura arrêté les bases de la conversion des journées de prestation en tâches, et que cette délibération aura reçu notre approbation, le Maire décidera, en ce qui concerne les chemins vicinaux de petite communication, si les travaux de prestation en nature se feront, dans la commune, en journées ou en tâches, selon qu'il le jugera le plus utile dans l'intérêt de la réparation des chemins vicinaux. Cette décision sera obligatoire pour tous les prestataires qui auront déclaré opter pour l'acquittement de leurs cotes en nature. — La même décision sera prise par nous, pour les travaux des chemins vicinaux de grande communication et des chemins vicinaux d'intérêt commun.

Art. 162. Lorsque les travaux de prestation en nature devront être exécutés en tâches, la réquisition adressée aux prestataires, en conformité de l'art. 138 ci-dessus, en fera mention, et indiquera l'espèce et la quantité de travaux qu'ils devront effectuer, ainsi que le déldi dans lequel les tâches devront être exécutées. Les travaux à faire seront en outre indiqués sur le terrain, sil en est besoin, par le Maire ou le piqueur. Si ces travaux consistent en terrassement ou en étendage de matériaux, le chemin sera, autant que possible, piqueté par des jalons numérotés, indiquant l'étendue des tâches.

Art. 163. La réception des travaux en tâches sera faite par le Maire, le piqueur, soit au fur et à mesure de l'avancement de ces travaux, soit à l'expiration du délai fixé pour leur achèvement ; les prestataires seront responsables de ces travaux jusqu'à la réception.

Art. 164. Les travaux dont la réception sera refusée pour vice d'exécution seront refaits ou retouchés dans un délai qui n'excèdera pas quinze jours. — Des prolongations du délai fixé par la réquisition pourront être accordées dans le cas prévu par l'art. 139, et dans les limites de cet article.

Art 165. Le Maire ou son délégué acquittera, pour les tâches reçues, le bulletin de réquisition; il annotera également la libération des prestataires sur le relevé dont il est question en l'art. 77, et il remettra ce relevé au percepteur-receveur muncipal, qui émargera le rôle de prestation, comme il est dit pour l'acquittement des prestations en journées.

Section III — *Concours des entrepreneurs dans les travaux de prestation.* — Art. 166. Les prestataires, même lorsque les prestations seront converties en tâches, ne pourront jamais être tenus d'effectuer ces travaux sous le contrôle, ni pour le compte d'un adjudicataire.

Art. 167. Toutefois, lorsque les travaux à faire sur un chemin vicinal, soit de petite, soit de grande communication, seront mis en adjudication, le cahier des charges pourra obliger les adjudicataires à recevoir pour comptant, soit les journées de prestation, d'après le tarif de conversion en argent arrêté par le Conseil général du département, soit les tâches, d'après le tarif arrêté par le Conseil municipal et approuvé par nous. Dans ce cas, les prestations en nature, en journées ou en tâches, seront requises, surveillées et constatées par les agents de l'administration exclusivement, les entrepreneurs devant rester entièrement étrangers à ces différentes dispositions. Si les prestataires ne remplissaient pas leurs obligations, les entrepreneurs s'adresseraient aux Maires ou agents voyers pour obtenir l'accomplissement de ces obligations.

Section IV. — *Emploi d'office des prestations en nature.* — Art. 168. Lorsque, dans une commune, des journées de prestation auront été votées par le Conseil municipal, et que le rôle aura été rendu exécutoire, mais que les travaux n'auront pas été effectués dans le délai fixé, et au plus tard dans le dernier mois de l'année, il nous en sera rendu compte par le Sous-Préfet, afin que nous puissions ordonner l'exécution d'office des travaux, avant l'expiration de l'exercice.

Art. 169. A cet effet, un arrêté spécial, pris par nous, mettra le Maire de la commune en demeure de faire exécuter les travaux dans un délai de trente jours. Cet arrêté préviendra en outre les contribuables que, faute par eux d'avoir fourni leurs prestations en nature dans le délai fixé, leurs cotes deviendraient exigibles en argent.

Art. 170. L'arrêté de mise en demeure devra être publié dans la commune par les soins du Maire. — Si ce fonctionnaire négligeait ou refusait de faire cette publication, il y serait pourvu par nous, conformément à l'art. 15 de la loi du 18 juillet 1837.

Art. 171. Les travaux de prestation à exécuter d'office seront surveillés par un agent voyer commis à cet effet par nous ou par le Sous-Préfet de l'arrondissement. Les certificats de libération seront délivrés par le Maire, sur l'attestation de l'agent voyer. A défaut de l'intervention du Maire, les certificats de l'agent voyer opèreront la libération des prestataires.

Art. 172. Les mesures prescrites par les quatre articles qui précèdent recevront également leur application dans le cas ou les prestations non employées auraient été imposées d'office, en exécution de l'art. 5 de la loi du 21 mai 1836.

Section v. — *Spécialité de l'emploi des prestations.* — Art. 173. Aucune partie des prestations fournies en nature, ou de celles rachetées en argent, ne pourra être employée sur des chemins qui n'auraient pas été légalement déclarés vicinaux. Il ne pourra non plus en être fait emploi pour aucune espèce de travaux autres que ceux des chemins vicinaux. — Le fonctionnaire qui contreviendrait à cette défense demeurerait personnellement responsable de la valeur des prestations qu'il aurait indûment fait employer.

Chapitre II. — *Travaux à prix d'argent.* — Section I. — *Rédaction des projets et devis.* — Art. 174. Tous les travaux à exécuter à prix d'argent, sur les chemins vicinaux, devront être l'objet de projets régulièrement dressés et appuyés de devis. Toutefois, il pourra, sous l'approbation du Sous-Préfet, être fait exception à la disposition qui précède, lorsqu'il s'agira de travaux de simple réparation ou d'entretien dont la dépense ne dépasserait pas 300 francs.

Art. 175. Les projets et devis des travaux à prix d'argent devront être rédigés chaque année dans le courant de novembre. Ils seront immédiatement adressés au Sous-Préfet, qui les fera examiner par l'agent voyer d'arrondissement, et qui approuvera, s'il y a lieu, ceux dont la dépense n'excèdera pas 1,000 francs. Ceux dont la dépense dépassera 1,000 francs nous seront adressés, par le Sous-Préfet, avec son avis et celui de l'agent voyer d'arrondissement, pour être, s'il y a lieu, approuvés par nous, sur l'avis de l'agent voyer en chef.

Section II. — *Mode d'exécution des travaux.* — Art 176. Les travaux à exécuter à prix d'argent, sur les chemins vicinaux, pourront être exécutés, d'après leur importance, par voie d'adjudication, de marchés à forfait ou de régie.

Art. 177. Lorsque la dépense portée au devis ne s'élèvera pas à 300 francs, le Maire pourra faire exécuter les travaux par voie de marché ou par voie de régie, sans avoir besoin de recourir à une autorisation spéciale. Entre la limite de 300 francs à 1,000 francs, les travaux pourront encore être exécutés par voie de marchés à forfait ou de régie, mais seulement avec notre autorisation. Lorsque la dépense portée au devis excèdera 1,000 francs, les travaux devront nécessairement être mis en adjudication. Après deux tentatives infructueuses d'adjudication, il nous en sera rendu compte, et nous autoriserons, s'il y a lieu, l'exécution des travaux par voie de marché ou de régie.

Section III. — *Travaux à faire par voie d'adjudication.* — Art. 178. Les adjudications seront, autant que possible, faites à la sous-préfecture de l'arrondissement, et, à cet effet, le Sous-Préfet se concertera avec les Maires pour réunir dans une même affiche et adjuger dans une même séance, par lots distincts, les travaux à faire dans les différentes communes de l'arrondissement. Lorsque des circonstances particulières exigeront que l'adjudication des travaux ait lieu dans la commune même où ces travaux seront faits, cette exception sera autorisée par nous.

Art. 179. Le Sous-Préfet déterminera, selon la nature et l'importance des travaux, si l'adjudication aura lieu pour la totalité des travaux à exécuter dans une commune et en bloc, ou si elle se fera par nature d'ouvrages et par série de prix. Il déterminera également si l'adjudication aura lieu sur soumissions cachetées, à la criée ou à l'extinction des feux.

Art. 180. Les adjudications seront annoncées au moins quinze jours à l'avance, par des affiches placardées, tant au chef-lieu que dans les principales communes de l'arrondissement. Ces affiches indiqueront, sommairement, la nature des travaux, le montant de la dépense, les conditions et le mode de l'adjudication, le lieu, le jour et l'heure où il y sera procédé, le lieu et le moment où devra se faire le dépôt des soumissions, enfin le montant du cautionnement à fournir par le soumissionnaire déclaré adjudicataire.

Art. 181. Lorsque l'adjudication aura lieu à la sous-préfecture, le Sous-Préfet sera assisté du Maire et d'un membre du Conseil municipal de chacune des communes intéressées, du percepteur-receveur municipal et de l'agent voyer de l'arrondissement. L'absence d'un ou de plusieurs de ces fonctionnaires, eux dûment appelés, ne fera pas obstacle à ce que l'adjudication ait lieu. — Si l'adjudication a lieu sur notre autorisation, dans une commune et pour les travaux de cette seule commune, il y sera procédé, selon que nous le déciderons, soit par le Sous-Préfet de l'arrondissement, soit par le Maire de la commune, en présence de deux membres du Conseil municipal et du receveur municipal.

Art. 182. Lorsque l'adjudication aura lieu sur soumissions cachetées, il sera arrêté, pour chaque adjudication, de concert entre le Maire et le Sous-Préfet, après avoir consulté l'agent voyer et avant l'ouverture de la séance, un *minimum* de rabais qui sera déposé cacheté sur le bureau.

Art. 183. Nul ne sera admis à concourir s'il n'a les qualités requises pour entreprendre les travaux et en garantir le succès. A cet effet, le concurrent sera tenu de fournir un certificat constatant sa capacité, et de présenter un acte régulier ou au moins une promesse valable de cautionnement. Ce certificat et cet acte ou cette promesse seront joints à la soumission ; mais celle-ci sera placée sous un second cachet. Il ne sera pas exigé de certificat de capacité pour la fourniture des matériaux destinés à l'entretien des chemins. ni pour les travaux de terrassement dont l'estimation ne s'élève pas à 300 francs.

Art. 184. Les paquets seront reçus cachetés, par le Sous-Préfet ou le Maire qui présidera à l'adjudication, en présence des fonctionnaires dont il devra être assisté; ils seront immédiatement rangés sur le bureau, et recevront un numéro dans l'ordre de leur présentation.

Art. 185. A l'instant fixé pour l'ouverture des paquets, le premier cachet sera rompu publiquement, et il sera dressé un état des pièces contenues sous ce premier cachet. L'état dressé, les concurrents se retireront de la salle de l'adjudication, et le président, après avoir consulté les fonctionnaires qui l'assisteront, arrêtera la liste des concurrents agréés.

Art. 186. Immédiatement après, la séance redeviendra publique, et le président donnera connaissance de la liste des concurrents agréés. Les soumissions présentées par ces derniers seulement seront alors ouvertes publiquement. Toute soumission qui ne sera pas conforme au modèle indiqué par les affiches sera déclarée nulle. Les concurrents qui ne sauraient pas écrire pourront faire signer leur soumission par un fondé de procuration verbale, sous la condition de le déclarer, avant l'ouverture de leur soumission, au fonctionnaire qui présidera à l'adjudication.

Art. 187. Le soumissionnaire qui aura fait l'offre d'exécuter les travaux aux conditions les plus avantageuses sera déclaré adjudicataire. Toutefois, si le rabais offert dans les soumissions n'atteignait pas le minimum fixé dans le billet cacheté dont il est fait mention en l'art. 182, l'adjudication serait déclarée sans résultat et serait remise.

Art. 188. Dans le cas où plusieurs soumissionnaires auraient offert le même rabais, il sera procédé, séance tenante, à une adjudication entre ces soumissionnaires seulement, soit sur de nouvelles soumissions, soit à l'extinction des feux.

Art. 189. Pour les travaux dont l'importance ne s'élèverait pas à plus de 1,000 francs, les adjudications se feront au rabais, à la criée ou à l'extinction des feux. Le mode adopté sera toujours indiqué dans l'affffiche.

Art 190. Il sera dressé, pour chaque adjudication, soit qu'elle ait lieu par voie de soumissions cachetées, soit qu'elle ait lieu à la criée ou à l'extinction des feux, un procès-verbal qui relatera toutes les circonstances de l'opération. — La minute du procès-verbal d'adjudication sera inscrite sur papier timbré.

Art. 191. Les adjudications auxquelles nous n'aurons pas présidé nous-mêmes ne seront définitives qu'après notre approbation.

Art. 192. Dans les vingt jours de la date de l'adjudication, pour celles que nous aurons passées, dans les vingt jours de la date de notre approbation pour les autres, la minute du procès-verbal de l'adjudication sera enregistrée ; il ne pourra en être délivré ni expédition ni extrait qu'après l'accomplissement de cette formalité. ,

Art. 193. Les adjudicataires paieront les frais de timbre et d'enregistrement des procès-verbaux, ceux d'expédition sur papier timbré des devis et cahier des charges dont il leur sera fait remise, ainsi que ceux d'affiches et autres publications, s'il y a lieu. Il ne pourra être rien exigé d'eux au delà.

Art. 194. Le cautionnement à fournir par les adjudicataires sera réalisé à la diligence du receveur municipal, conformément aux dispositions de l'art. 5 de l'ordonnance royale du 14 novembre 1837.

Section IV. — *Travaux à faire par voie de marchés.* — Art. 195. Lorsque, en raison du montant des devis (art. 177), ou bien parce que deux tentatives d'adjudication seront restées infructueuses, il y aura lieu de faire exécuter les travaux par voie de marché, les marchés seront passés par le Maire, assisté de deux conseillers municipaux pris dans l'ordre du tableau. — Les marchés contiendront l'engagement, par l'entrepreneur, d'exécuter les travaux portés au devis, moyennant une somme fixe qui, dans aucun cas, ne pourra excéder le devis, et dans un délai déterminé, passé lequel le soumissionnaire s'obligera, si les travaux ne sont pas exécutés, à payer à la commune des dommages-intérêts qui seront réglés par le marché lui-même. — Les marchés seront soumis à l'approbation du Sous-Préfet pour les travaux au-dessous de 1,000 francs, et à la nôtre lorsqu'ils atteindront ce chiffre. Les dispositions des articles 182, 193, 194 leur sont applicables.

Section V. — *Surveillance et réception des travaux.* — Art. 196. Les travaux qui se feront par voie d'adjudication ou de marchés seront surveillés par le Maire de la commune, assisté, autant que faire se pourra, d'un agent voyer. — En cas d'impossibilité du concours d'un agent voyer, le Maire pourra nommer un ou plusieurs piqueurs ou cantoniers qui seront chargés de surveiller plus immédiatement l'exécution de ces travaux. Le salaire de ces agents sera prélevé sur les fonds applicables aux dépenses des chemins vicinaux.

Art. 197. En cas de retard dans l'ouverture ou l'exécution progressive des travaux confiés à un entrepreneur, le Maire lui notifiera l'ordre de les commencer ou de les continuer sans délai. Si, dans la huitaine, à dater du jour de la notification, cet ordre demeure sans effet, il nous en sera rendu compte, et nous prendrons un arrêté de mise en demeure, lequel portera que si, à une époque que nous fixerons, l'entrepreneur ne satisfait pas à ses obligations, il sera établi une régie à ses frais, ou bien que la résiliation du marché sera prononcée, et une nouvelle adjudication sur folle enchère passée aux risques et périls de l'entrepreneur retardataire.

Art. 198. En cas de résiliation, les sommes dues à l'entrepreneur pour les travaux exécutés et les matériaux fournis qui seront jugés de nature à être reçus, lui seront payées ; les mauvais ouvrages seront détruits et les mauvais matériaux seront rejetés aux frais de l'entrepreneur, en déduction des sommes qui lui seraient dues.

Art. 199. La réception définitive des travaux sera faite par le Maire, assisté de l'agent voyer, et en présence de l'adjudicataire ou lui dûment appelé. Le procès-verbal sera signé des personnes présentes ; il sera soumis à l'acceptation de l'entrepreneur, qui, s'il a des observations à présenter, devra les remettre dans les dix jours de la notification de ce document. Il sera ensuite soumis à l'approbation du Sous-Préfet pour les travaux d'une valeur de moins de 1,000 francs, et à notre approbation pour les travaux d'une valeur plus considérable.

Art. 200. Le procès-verbal de réception sera dressé en triple original : l'un sera déposé à la mairie, l'autre sera annexé à la minute de l'adjudication, le troisième sera remis à l'adjudicataire pour être produit à l'appui du dernier mandat qui lui sera délivré.

Art. 201. Les Maires pourront délivrer des mandats partiels de payement aux entrepreneurs, à raison de l'avancement des travaux ou de l'importance des approvisionnements faits. Ces mandats seront basés sur un certificat d'avancement des travaux délivré par l'agent voyer ou par le surveillant des travaux. Ce certificat sera joint au mandat.

Art. 202. Les mandats partiels ne devront jamais excéder les quatre-cinquièmes du montant des travaux effectués ou des approvisionnements faits, le dernier cinquième devant servir de garantie jusqu'à la réception définitive.

Art. 203. Le paiement total n'aura lieu, et la remise des cautionnements ne sera faite, qu'après l'achèvement, la reconnaissance et la réception définitive des travaux, et ce, sans préjudice des délais de garantie que stipulerait le cahier des charges, ou qui en résulteraient des dispositions du Code Napoléon.

Section VI. — *Travaux en régie.* — Art. 204. Lorsque, en raison du montant des devis, ou en vertu d'autorisations spéciales, les travaux des chemins vicinaux devront être faits en régie, ces travaux seront exécutés sous la surveillance du Maire ou de son délégué, avec l'assistance d'un agent voyer.

Art. 205. Le Maire pourra, avec l'autorisation du Sous-Préfet, charger de la direction effective des ateliers, un chef d'atelier ou un cantonnier, avec le concours de l'agent voyer cantonal. Le paiement des dépenses s'effectuera par les soins d'un régisseur nommé par le Maire et agréé par le Sous-Préfet. Les fonctions de régisseur sont essentiellement gratuites.

Art. 206. Le chef d'atelier ou régisseur devra tenir un carnet sur lequel seront journellement indiqués les divers ouvriers employés à l'atelier, le temps de leur présence, la nature et la quantité des travaux exécutés à la fin de chaque quinzaine. Ce carnet devra être, chaque jour, visé et paraphé par le Maire ou par son délégué.

Art. 207. Le chef d'atelier ou régisseur dressera, à l'expiration de chaque quinzaine ou de chaque mois, l'état de la dépense, en triple expédition, et en fera remise à l'agent voyer cantonal qui, après vérification et apposition de son visa sur chaque état, en adressera deux expéditions avec un certificat de paiement au Maire, qui lui-même, y apposera son visa et délivrera sur le receveur municipal, au nom du régisseur, un mandat du montant de la dépense.

Art. 208. Le régisseur opèrera le paiement des ouvriers en présence du Maire ; les états de dépense seront émargés par les parties prenantes ; lorsque celles-ci ne sauront signer, le paiement sera certifié par le Maire. L'un des doubles des états de dépense sera remis au receveur municipal pour être annexé au mandat, l'autre sera déposé à la Mairie.

Art. 209. Lorsqu'il y aura nécessité, le Maire pourra faire remettre par avance, au régisseur, les fonds nécessaires au paiement des salaires journaliers, à charge d'en rendre compte et de produire des états émargés des parties preanntes.

Section VII. — *Travaux d'entretien et nomination des cantoniers.* — Art. 210. Sur la demande des Maires et des Conseils municipaux, le rapport des agents voyers et l'avis du Sous-Préfet, nous autoriserons, s'il y a lieu, la nomination de cantoniers communaux pour l'entretien des chemins vicinaux. Deux ou plusieurs communes pourront être autorisées à se réunir pour l'entretien d'un cantonier.

Art. 211. Lorsque les cantoniers appartiendront à une seule commune, ils seront nommés par le Maire, sous l'approbation du Sous-Préfet. Lorsqu'ils appartiendront à une réunion de deux ou plusieurs communes, ils seront nommés par le Sous-Préfet, sur la présentation des Maires.

Art. 212. Le traitement des cantoniers sera fixé par les Conseils municipaux. Les délibérations prises à cet effet seront soumises à notre approbation. Toutefois, le traitement des cantoniers nommés par le Sous-Préfet sera fixé par nous.

CHAPITRE III. — *Comptabilité des recettes et des dépenses relatives aux chemins.* —
Art. 214. Les percepteurs-receveurs municipaux sont exclusivement chargés de toutes les recettes et dépenses relatives aux chemins vicinaux. Le Maire est l'ordonnateur de toutes ces dépenses, mais il ne peut en effectuer aucune par lui-même, et il lui estinterdit de disposer, autrement que par des mandats sur les percepteurs-receveurs municipaux, des fonds affectés aux travaux des chemins vicinaux, quelle que soit l'origine de ces fonds.

Art. 214. Les recettes relatives au service des chemins vicinaux seront justifiées, savoir:
1° celle du produit des centimes spéciaux et des centimes extraordinaires, par des extraits du rôle des contributions directes ou du rôle spécial, délivrés par le percepteur et visés par le maire de la csmmune ; 2° celle des prestations en nature, par le rôle même des prestations, dont le montant intégral sera porté en recette et en un seul article ; 3° celle des subventions spéciales par les arrêtés de fixation rendus par le Conseil de préfecture ou par le Préfet, selon que ces subventions auront été réglées dans la forme des expertises ou dans celle des abonnements ; 4° celle enfin provenant des fonds de souscriptions de particuliers, ou d'association de particuliers, par le titre de souscription, appuyé de l'acceptation donnée par le Préfet.

Art. 245. Les dépenses seront justifiées par la production des pièces ci-après, savoir :

1° Pour les prestations fournies en nature : — I. Le releve émargé des journées ou des tâches effectuées en nature, tel qu'il est indiqué à l'art. 77 ci-dessus, ledit relevé revêtu du certificat du Maire attestant l'exécution des travaux ; — II. Les ordonnances de décharge ou de réduction revêtues du certificat du Maire constatant leur émargement au rôle, et, s'il y a lieu, la quittance du remboursement aux prestataires des journées ou tâches qu'ils auraient indûment acquittées.

2° Pour les travaux exécutés par entreprise : — I. Une expédition du devis ou du détail estimatif ; — II. Une expédition du cahier des charges, du procès-verbal d'adjudication ou du marché, dûment approuvée ; — III. Le procès-verval de réception définitive des matériaux ou des travaux, visé par le Maire ; — IV. Les mandats du Maire dûment acquittés et accompagnés d'un certificat de paiement délivré par l'agent voyer.

3° Pour les travaux en régie : — I. L'état d'indication des travaux, ou le devis, s'il en a été fait, et le détail estimatif ; — II. L'autorisation du Sous-Préfet ou du Préfet, d'exécuter les travaux en régie, si, en raison du chiffre de la dépense, cette autorisation a dû être demandée ; — III. L'état des tâches ou des journées faites par les ouvriers salariés, lequel sera émargé par eux ou par deux témoins ; — IV. Les mémoires quittancés des fournitures de matériaux ; — V. Les mandats du Maire délivrés au nom du régisseur ou du chef d'atelier et accompagnés d'un certificat de paiement délivré par l'agent voyer.

4° Pour les indemnités relatives aux acquisitions de terrains :

S'il y a eu cession à l'amiable par les propriétaires,

I. L'arrêté préfectoral qui prescrit l'ouverture, le redressement ou l'élargissement ; — II. Une expédition de l'acte de cession à l'amiable ; — III. Un certificat de non-inscription, si l'indemnité est de 100 francs et au-dessus en matière d'élargissement, ou au dessus de 500 francs en matière d'ouverture ou de redressement ; — IV. Délibération du Conseil municipal dûment approuvée, dispensant de la purge des hypothèques, si l'indemnité est de moins de 100 francs en matière d'élargissement et de 500 francs en matière d'ouverture et de redressement ; — V. Un certificat de non-inscription si, l'indemnité n'atteignant pas les sommes ci-dessus indiquées, le Conseil municipal n'a pas cru devoir dispenser de la purge des hypothèques, ou si la délibération tendant à la dispense n'a pas été approuvée ; — VI. Les mandats du Maire dûment acquittés.

Si, à défaut de cession à l'amiable par les propriétaires des terrains nécessaires à l'élargissement, l'indemnité a été réglée par le juge de paix (art. 15 de la loi).

I. L'arrêté préfectoral qui prescrit l'élargissement ; — II. La décision du juge de paix, ou le jugement du tribunal, s'il y a eu appel de la sentence du juge de paix ; — III. Un certificat de non inscription, si l'indemnité est de 100 francs et au dessus ; — IV. Délibération du Conseil municipal, dûment approuvée, dispensant de la purge des hypothèques, si l'indemnité est de moins de 100 francs ; — V. Un certificat de non-inscription, si, l'indemnité n'atteignant pas 100 francs, le Conseil municipal n'a pas cru devoir dispenser de la purge des hypothèques, ou si la délibération tendant à la dispense n'a pas été approuvée ; — VI. Les mandats du Maire dûment acquittés.

Si, à défaut de cession à l'amiable par les propriétaires, il a fallu recourir à l'expropriation pour cause d'utilité publique (art. 16 de la loi).

I. L'arrêté préfectoral qui prescrit les travaux d'ouverture ou de redressement ; — II. Un extrait du jugement d'expropriation et de décision du jury fixant le chiffre de l'indemnité ; — III. Un certificat de non-inscription, si l'indemnité est de 500 francs et au dessus ; — IV. Délibération du Conseil municipal, dûment approuvée, dispensant de la purge des hypothèques, si l'indemnité est de moins de 500 francs ; — V. Un certificat de non-inscription, si, l'indemnité n'atteignant pas 500 francs, le Conseil municipal n'a pas cru devoir dispenser de la purge des hypothèques ou si la délibération tendant à la dispense n'a pas été approuvée ; — VI. Les mandats du Maire dûment acquittés.

Ou, enfin, si les propriétaires ont consenti à l'occupation des terrains, sauf règlement ultérieur des indemnités par le jury.

I. L'arrêté qui prescrit l'ouverture ou le redressement ; — II. L'acte par lequel les propriétaires déclarent consentir à l'occupation des terrains, sauf règlement ultérieur des indemnités ; — III. Un extrait de la décision du jury fixant le chiffre de l'indemnité ; — IV. Un certificat de non inscription si l'indemnité est de 500 francs et au dessus ; — V. Délibération du Conseil municipal, dûment approuvée, dispensant de la purge des hypothèques, si l'indemnité ne dépasse pas 500 francs ; — VI. Un certificat de non-inscription, si l'indemnité n'atteignant pas 500 francs, le Conseil municipal n'a pas cru devoir dispenser de la purge des hypothèques ou si la délibération tendant à la dispense n'a pas été approuvée ; — VII. Les mandats du Maire dûment acquittés.

5° Pour les indemnités relatives, soit à des extractions de matériaux, soit à des dépôts ou enlèvements de terre, soit à des occupations temporaires de terrains (art. 17 de la loi).

Si l'indemnité a pu être fixée à l'amiable.

I. L'arrêté préfectoral qui autorise les extractions de matériaux ou les occupations temporaires de terrains ; — II. L'accord fait entre l'administration et le propriétaire, accepté par le Conseil municipal et approuvé par le Préfet ; — III. Les mandats du Maire dûment acquittés.

Si l'indemnité n'a pu être réglée à l'amiable.

I. L'arrêté préfectoral qui autorise les extractions de matériaux ou les occupations temporaires de terrains ; — II. L'arrêté du Conseil de préfecture qui a fixé l'indemnité ; — III. Les mandats du Maire dûment acquittés.

6° Pour le contingent de la commune dans les travaux des chemins vicinaux de grande communication, si le contingent a été acquitté en argent, en tout ou partie : — I. La notification, faite par le Préfet, du montant de ce contingent ; — II. Le mandat délivré par le Maire, au profit du Trésorier-payeur général auquel sera joint le récépissé à talon de ce comptable. Le tout sans préjudice de la justification des titres des parties, suivant les cas.

Art. 216. Toutes les dépenses autres que celles énumérées en l'article précédent seront justifiées comme il est prescrit par les règlements sur la comptabilité communale.

CHAPITRE IV. — *Des chemins vicinaux d'intérêt commun.* — Art. 217. Lorsqu'un chemin vicinal sera reconnu par nous intéresser plusieurs communes, il sera classé, par un arrêté spécial, comme chemin vicinal d'intérêt commun ou de moyenne communication.

Art. 218. Un arrêté pris par nous, les Conseils municipaux des communes préalablement entendus, désignera celles de ces communes qui devront contribuer à sa construction ou à son entretien, et fixera la proportion dans laquelle chacune d'elles y contribuera.

Art. 219. Le Conseil municipal sera mis en demeure, comme en matière de chemins vicinaux de grande communication, de voter les ressources nécessaires au paiement du contingent assigné à la commune dans les limites fixées par la loi.

Art. 220. Les fonds provenant des contingents communaux et toutes les autres ressources communales applicables à ces chemins seront centralisés à la caisse du receveur des finances, au titre des cotisations municipales, conformément à la circulaire du Ministre de l'Intérieur, du 12 novembre 1847. — Les dépenses seront mandatées directement par nous sur la caisse du susdit receveur.

Art. 221. Les journées de prestation seront surveillées et exécutées suivant les règles tracées pour les chemins vicinaux de grande communication ci-après.

Art. 222. Les dispositions du présent règlement, relatives aux travaux à exécuter, par voie d'adjudication, de marché ou de régie sur les chemins vicinaux de grande communication, sont également déclarées applicables aux chemins vicinaux d'intérêt commun.

TITRE IV. — DISPOSITIONS SPÉCIALES AUX CHEMINS VICINAUX DE GRANDE COMMUNICATION. — CHAPITRE Iᵉʳ. — *Classement et déclassement des chemins vicinaux de grande communication.* — SECTION 1ʳᵉ. — *Classement.* — Art. 223. Lorsque, par suite de son importance et de son utilité pour les relations agricoles et commerciales du pays, un chemin vicinal de petite communication, déjà existant, nous paraîtra devoir être érigé en chemin vicinal de grande communication, nous chargerons l'agent voyer en chef de la rédaction du projet de restauration ou de rectification de ce chemin.

Art. 224. L'agent voyer en chef s'aidera, pour l'étude et la rédaction de ce travail, du concours des Maires des communes intéressées, soit en ce qui concerne la fixation de la direction définitive dudit chemin, soit par rapport à la largeur à y donner, à la nature et aux dimensions des ouvrages d'art qu'il y aurait lieu d'y exécuter. — Le projet indiquera, aussi approximativement que possible, la dépense de l'ensemble des travaux.

Art. 225. Le projet, ainsi rédigé, sera transmis par nous, s'il y a lieu, au Sous-Préfet de l'arrondissement, qui le fera communiquer, par extrait ou analyse, aux Conseils municipaux des communes intéressées, lesquels devront émettre leur avis tant sur le classement proposé que sur la direction du chemin à ériger, et sur la désignation des communes qui devraient contribuer à sa construction et à son entretien. Les délibérations des Conseils municipaux seront, aussitôt après qu'elles auront été prises, adressées par les Maires, et en double minute, au Sous-Préfet, qui les réunira, les examinera et les fera compléter ou régulariser, s'il y a lieu.

Art. 226. Le Sous-Préfet mettra lesdites délibérations et le projet lui-même, ainsi que tous les autres documents y relatifs, sous les yeux du Conseil d'arrondissement, lors de sa plus prochaine session, pour que ce Conseil émette également son avis sur les questions examinées par les Conseils municipaux.

Art. 227. Dès que les diverses pièces mentionnées en l'article précédent et l'avis du Sous-Préfet nous seront parvenus, nous examinerons s'il y a lieu, de notre part, de proposer au Conseil général du département le classement dudit chemin au nombre des chemins vicinaux de grande communication.

Art. 228. Sur notre proposition, le Conseil général prononcera, s'il y a lieu, le classement du chemin et. en fixera la direction. Sur le vu de la délibération prise par cette assemblée, nous fixerons, par un arrêté spécial, la largeur et les limites de ce nouveau chemin vicinal de grande communication, et nous déterminerons annuellement, ainsi qu'il sera dit ci-après (art. 234), la proportion dans laquelle chaque commune devra contribuer à la dépense des travaux.

Art. 229. Si la voie de communication à ériger en chemin vicinal de grande communication n'existait pas déjà, et qu'il y eût nécessité d'en autoriser l'ouverture, il y aurait lieu de remplir les formalités prescrites en matière d'expropriation.

Section II. — *Déclassement.* — Art. 250. Lorsqu'il nous paraîtra y avoir lieu de provoquer, près du Conseil général du département, le déclassement d'un chemin vicinal de grande communication, les Conseils municipaux de toutes les communes intéressées à ce chemin seront entendus ; le Conseil d'arrondissement sera également appelé à émettre son avis. — Toutes les délibérations intervenues nous seront transmises avec l'avis du Sous-Préfet.

Art. 231. Si l'examen des documents indiqués en l'article précédent nous paraît démontrer l'inutilité du chemin, nous soumettrons la proposition de déclassement au Conseil général.

Art. 232. Il serait procédé de même, dans le cas où un chemin vicinal n'aurait été déclaré de grande communication que sur des offres de concours qui viendraient à n'être pas réalisées.

Chapitre II. — *Création et réalisation des ressources.* — Section 1re. — *Fixation des contingents communaux.* — Art. 233. Chaque année, avant le 1er avril, l'agent voyer en chef nous remettra un état sommaire des travaux neufs et de ceux de réparation et d'entretien à exécuter dans le courant de l'année suivante sur chacun des chemins vicinaux de grande communication, ainsi que ses propositions sur la fixation du contingent à demander à chacune des communes intéressées à ces chemins.

Art. 234. Des extraits de ce travail seront envoyés par nous aux Sous-Préfets, qui les examineront et nous les renverront aussitôt avec leurs propositions. — Sur le vu de ces documents, nous répartirons la dépense à faire sur chaque chemin entre les communes intéressées à ce chemin. — Les contingents seront toujours évalués en argent, dans les limites du maximum fixé par l'art. 8 de la loi, si les communes sont obligées de recourir aux ressources spéciales créées par la loi du 21 mai 1836, mais ils pourront, aux termes du même article, être fournis, soit en argent, soit en prestations en nature, calculées suivant la valeur donnée par le Conseil général à chaque espèce de journées.

Art. 235. Un extrait de l'arrêté portant répartition du contingent sera notifié au Maire de chaque commune intéressée, pour être mis, dans la session de mai, sous les yeux du Conseil municipal, qui en délibérera et votera les ressources nécessaires à l'acquittement de ce contingent. — En cas de refus ou de négligence de la part du Conseil municipal d'obtempérer à cette obligation, il sera procédé ainsi qu'il est dit aux art. 85 à 93 ci-dessus.

Section II. — *Concours volontaire des communes et des particuliers.* — Art. 236. Lorsqu'une commune aura intérêt soit à ce que les travaux d'un chemin vicinal de grande communication soient commencés, soit à ce que ces travaux prennent une plus grande activité, et que, pour obtenir ce résultat, elle croira pouvoir offrir un concours qui dépasse le contingent qui lui aura été assigné, son offre devra être faite par délibération du Conseil municipal prise dans les formes légales. Si l'offre de concours doit être réalisée au moyen d'allocations sur les revenus communaux, les plus imposés ne devront pas être appelés à délibérer; si elle ne peut être réalisée qu'au moyen d'une imposition extraordinaire, les plus imposés devront être convoqués.

Art. 237. Lorsque des offres de concours devront être réalisées au moyen d'allocations sur les revenus communaux, la délibération sera approuvée par nous. Si les offres de concours ne peuvent être réalisées qu'au moyen d'imposit. ns extraordinaires, ces impositions ne pourront être autorisées que par décret impérial.

Art. 238. Les fonds provenant des offres de concours volontaires des communes ne pourront être employés que sur les chemins en vue desquels ils auront été offerts.

Art. 239. Lorsque les particuliers auront intérêt soit à ce que les travaux d'un chemin vicinal de grande communication soient commencés, soit à ce que ces travaux prennent une plus grande activité, et que, pour obtenir ce résultat, ils croiront devoir offrir un concours spécial, soit en argent, soit en fournitures de matériaux, soit en cession de terrains, leurs offres devront être consignées à la suite d'un mémoire qui indique, d'une manière précise, non-seulement la nature et la quotité de ces offres et les époques auxquelles elles seront réalisées, mais encore les conditions qui y seront mises.

Art. 240. Après examen des offres et des conditions auxquelles elles seront faites, nous déclarerons, s'il y a lieu, que nous acceptons les offres, et notre acceptation sera notifiée aux parties intéressées, ainsi qu'au Trésorier-payeur général du département.

Art. 241. Les sommes offertes et acceptées par nous seront recouvrées par les soins du Trésorier-payeur général du département, et encaissées au compte du chemin vicinal de grande communication en vue duquel elles ont été offertes; elles ne pourront être employées que sur ce même chemin.

Art. 243. Le recouvrement des offres faites et dûment acceptées sera poursuivi administrativement, sauf recours des parties devant le Conseil de préfecture.

Art. 243. Si les offres sont faites non par un seul particulier, mais par une réunion de propriétaires, ceux-ci devront signer individuellement les listes de souscriptions indiquant leurs offres.

SECTION III. — *Subventions départementales.* — Art. 244. Lorsque le Conseil général du département aura voté au budget départemental les fonds qu'il croira pouvoir affecter aux besoins du service vicinal, soit au moyen de prélèvements sur les centimes facultatifs, soit par le vote de centimes spéciaux, soit enfin par le vote de centimes extraordinaires ou d'un emprunt, et que le vote du Conseil général sera devenu définitif par l'approbation du budget pour les deux premières natures de ressources, et par une autorisation législative pour la troisième, nous opèrerons, aussitôt après la réception du budget approuvé, la répartition des subventions départementales entre les divers chemins vicinaux de grande communication qui devront y prendre part. Cette répartition, basée sur l'importance des travaux à exécuter dans le cours de l'année à laquelle elle s'appliquera, sera opérée en ayant égard aux ressources, aux sacrifices et aux besoins des communes, comme le veut l'article 8 de la loi. Nous prendrons également en considération, pour cette répartition, les offres de concours volontaires qui auraient été faites, tant par les communes, en dehors de leurs contingents obligatoires, que par des particuliers ou associations de particuliers.

CHAPITRE III. — *Centralisation et mandatement des ressources applicables aux chemins vicinaux de grande communication.* — Art. 245. Toutes les ressources en argent, autres que les subventions départementales, soit qu'elles proviennent de ressources ordinaires des communes, de centimes spéciaux communaux, d'impositions communales extraordinaires, de prestations converties en argent, de subventions spéciales prévues par l'article 14 de la loi, ou enfin de souscriptions volontaires de particuliers ou d'associations de particuliers, et destinées aux chemins vicinaux de grande communication, seront recouvrées par le Trésorier-payeur général du département, d'après des états rendus exécutoires par nous.

Art. 246. Ces ressources seront imputées au compte des *produits éventuels du département*, et conserveront leur spécialité sous le titre de *contingents des chemins vicinaux de grande communication*, pour les lignes auxquelles elles auront été affectées par les votes, offres ou décisions qui les auront créées ou réglées.

CHAPITRE IV. — *Exécution des travaux.* — SECTION 1re. — *Dispositions générales.* — Art. 247. Les travaux de toute nature à faire sur les chemins vicinaux de grande communication s'exécuteront sous notre autorité immédiate et la surveillance et la direction des agents voyers, sous les réserves qui seront faites ci-après à l'égard des travaux de prestation. Des décisions spéciales détermineront, lorsqu'il y aura lieu, l'action que MM. les Sous-Préfets auront à exercer sur cette partie du service.

Art. 248. Les travaux de toute nature à faire sur les chemins vicinaux de grande communication seront l'objet de projets et devis rédigés par ces agents voyers, et ne seront exécutés qu'après leur approbation par nous. Les projets et devis seront accompagnés de plans, quand l'importance des travaux l'exigera, et ils indiqueront les terrains et les carrières d'où les matériaux devront être extraits. Les projets indiqueront les parties de travaux qui pourront être exécutées au moyen de la prestation en nature, et celles qui ne pourront, en raison de leur nature, être exécutées qu'à prix d'argent.

SECTION II. — *Travaux de prestation en nature.* — Art. 249. Un arrêté rendu par nous, sur le rapport de l'agent voyer en chef, déterminera le jour de l'ouverture des travaux de prestation sur chaque chemin vicinal de grande communication. Cet arrêté sera publié dans chaque commune par les soins du Maire.

Art. 250. A l'époque fixée pour l'exécution des travaux de prestation en nature sur les chemins vicinaux de grande communication, l'agent voyer se transportera dans chaque commune, et se concertera avec le Maire qui devra lui remettre la liste nominative des prestataires qui devront fournir soit des journées, soit des tâches.

Art. 251. Aussitôt après, le Maire adressera aux prestataires les réquisitions prescrites par l'article 138 ci-dessus.

Art. 252. Les travaux de prestations sur les chemins vicinaux de grande communication, soit en journées, soit en tâches, s'exécuteront comme il est dit aux articles 139 à 173 du présent règlement, lesquels sont déclarés applicables à ces travaux. Toutefois la direction matérielle des travaux appartiendra, sous notre autorité, à l'agent voyer, qui devra se trouver présent sur les ateliers, le Maire n'ayant qu'à veiller à ce que chaque prestataire remplisse ses obligations.

Art. 253. Lorsque les travaux de prestation en nature à faire sur les chemins vicinaux de grande communication seront terminés, l'agent voyer qui aura été chargé de leur direction délivrera aux prestataires leur certificat de libération.

Art. 254. Si les travaux de prestation qu'une commune devait faire effectuer sur un chemin vicinal de grande communication n'avaient pas été exécutés dans le délai par nous fixé, ou bien s'ils n'avaient été exécutés qu'en partie et d'une manière défectueuse, il nous en serait rendu compte par l'agent voyer en chef, pour, par nous, y être avisé à ce que de droit.

Art. 255. Les prestations qu'une commune aura à fournir sur un chemin vicinal de grande communication pourront, sur la proposition du Maire et notre consentement, être converties en fournitures d'une quantité convenue de matériaux bruts ou cassés, rendus sur place, ou à prendre dans un lieu déterminé, et que le Maire fera livrer par les prestataires, conformément aux conventions ainsi arrêtées. — Dans ce cas, nous ferons connaître au Maire l'époque où la livraison devra avoir lieu assez tôt, pour que les prestataires puissent être prévenus quinze jours d'avance par publication, et huit jours d'avance par réquisition individuelle.

Art. 256. Les matériaux approvisionnés en vertu de l'article précédent pourront, sur notre autorisation, être remis à l'adjudicataire des travaux à faire à prix d'argent, lequel devra les recevoir au prix de son marché. La remise lui en sera faite par le Maire de la commune, en présence de l'agent voyer d'arrondissement, mais seulement après que ces matériaux auront été reçus des prestataires, afin d'éviter toutes difficultés entre ces derniers et l'adjudicataire. — Il sera dressé procès-verbal de cette remise, pour la décharge de la commune, et ce procès-verbal nous sera transmis pour être annexé aux pièces justificatives du compte des travaux exécutés sur le chemin.

SECTION III. — *Travaux à faire par voie d'adjudication.* — Art. 257. Les travaux à exécuter à prix d'argent sur les chemins vicinaux de grande communication devront toujours, à moins d'impossibilité absolue, être adjugés au rabais, par voie de soumission cachetée.— Toutefois, il pourra être fait exception à cette règle, soit pour les travaux d'une valeur au-dessous de 1,000 francs, soit pour ceux qui, ayant une valeur de 1,000 francs et au-dessus, auraient été l'objet de deux tentatives infructueuses d'adjudication.

Art. 258. Les travaux d'entretien pourront, dans des cas d'exception que nous déterminerons, être exécutés en régie, sous la surveillance et la direction des agents voyers.

Art. 259. Il sera dressé par nous un cahier des charges générales relatives aux adjudications de travaux concernant les travaux des chemins vicinaux de grande communication. Les clauses spéciales à chaque adjudication seront également arrêtées par nous.

Art. 260. Lorsqu'une adjudication devra comprendre tous les travaux de même nature à effectuer dans toute l'étendue du département, ou seulement dans plusieurs arrondissements, elle sera passée par nous en Conseil de préfecture, avec l'assistance de deux membres du Conseil général et celle de l'agent voyer en chef. — Lorsqu'une adjudication ne devra comprendre que les travaux à faire dans un seul arrondissement, elle sera passée par le Sous-Préfet, avec l'assistance d'un membre du Conseil d'arrondissement et celle de l'agent voyer de l'arrondissement. — Les membres du Conseil général et ceux des Conseils d'arrondissement qui seront appelés à assister aux adjudications seront désignés par nous.

Art. 261. Les adjudications se feront par ligne vicinale, sauf la division par lots dans chaque ligne, si l'importance des travaux l'exige.

Art. 262. Les adjudications seront faites dans les formes prescrites par les art. 183 à 194 du présent règlement.

SECTION IV. — *Travaux par voie de marché.* — Art. 263. Lorsque, en raison du montant des devis (art. 257), ou bien parce que deux tentatives d'adjudication seront restées infructueuses, il y aura lieu de faire exécuter les travaux par voie de marchés, les marchés seront passés par nous pour l'arrondissement chef-lieu, et par les Sous-Préfets dans les autres arrondissements.—Les marchés contiendront l'engagement, par l'entrepreneur, d'exécuter les travaux portés au devis, moyennant une somme fixée, qui, dans aucun cas, ne pourra excéder le devis, et dans un délai déterminé, passé lequel le soumissionnaire s'obligera à payer au profit de la ligne vicinale des dommages-intérêts qui seront réglés par le marché lui-même. — Ceux de ces marchés qui seront passés par les Sous-Préfets devront être soumis à notre approbation.—L'art. 195 du présent règlement est applicable aux marchés.

SECTION V.—*Surveillance et réception des travaux.*—Art. 264. Les travaux qui se feront par voie d'adjudication ou de marché seront surveillés par les agents voyers.

Art. 265. L'art. 197 du présent règlement est applicable aux travaux des chemins vicinaux de grande communication, sauf la substitution de notre autorité à celle du Maire, pour les actes à exercer contre les entrepreneurs.

Art. 266. La réception des travaux sera faite par les agents voyers, en présence de l'adjudicataire, ou lui dûment appelé. — Le procès-verbal sera signé des personnes présentes; il sera soumis à l'acceptation de l'entrepreneur, qui, s'il y a des observations à présenter, devra les remettre dans les dix jours de la notification de ce document.—Lorsque le procès-verbal aura pour objet une réception définitive, il sera soumis à notre approbation.

Art. 267. Le paiement des entrepreneurs aura lieu sur nos mandats, d'après les règles suivies pour les travaux des routes départementales.

Section VI. — *Travaux en régie.* — Art. 268. Lorsque nous aurons autorisé l'exécution des travaux en régie, le régisseur sera présenté à notre choix par l'agent voyer en chef, qui veillera, sous sa responsabilité personnelle, à l'exécution des formalités prescrites pour la justification des dépenses. — Ces formalités seront les mêmes que celles applicables au service des routes départementales.

Section VII. — *Travaux d'entretien et nomination des cantoniers.* — Art. 269. Lorsqu'un chemin vicinal de grande communication sera terminé en tout ou en partie, et mis en bon état de viabilité, il pourra être établi, pour son entretien, des cantoniers qui seront employés sous la direction et la surveillance des agents voyers.

Art. 270. Les cantoniers seront nommés et leur traitement sera fixé par nous, sur la proposition de l'agent voyer en chef. Leur salaire sera payé sur les fonds affectés au chemin, et leur service sera réglé par un arrêté spécial.

Chapitre V. — *Mandatement et justification des dépenses.* — Art. 271. Toutes les dépenses relatives au service des chemins vicinaux de grande communication seront mandatées par nous sur la caisse du payeur du département par assimilation aux dépenses départementales proprement dites. Il en sera de même pour les indemnités de terrains qui seraient, par exception, dans le cas d'être soldées sur les fonds applicables aux travaux des chemins.

Art. 272. Les dépenses relatives aux chemins vicinaux de grande communication seront justifiées dans les formes prescrites par les règlements pour celles relatives aux routes départementales.

Art. 273. Les comptes de l'emploi des ressources de toute nature, produits par les agents voyers, en fin d'exercice, pour chaque chemin vicinal de grande communication, après avoir été vérifiés et arrêtés par nous, seront soumis au Conseil général, avec un résumé de l'ensemble des travaux. — Lorsque ces comptes auront été examinés par le Conseil général, le résumé en sera imprimé et adressé aux Maires des communes intéressées, ainsi que, s'il y a lieu, aux associations de souscripteurs.

Chapitre VI. — *Commission de surveillance.* — Art. 274. Il pourra être formé par nous, soit pour chaque chemin vicinal de grande communication, soit pour les chemins vicinaux de grande communication de tout un arrondissement, une commission de surveillance composée de membres du Conseil général et du Conseil d'arrondissement, de Maires et de propriétaires et industriels les plus intéressés au bon état des chemins.

Art. 275. Lorsqu'un chemin vicinal de grande communication se trouvera situé sur deux arrondissements, ou aura une étendue trop considérable pour être facilement surveillé par une seule commission, il pourra être divisé en deux parties, qui seront confiées chacune à une commission distincte.

Art. 276. Chaque commission nommera son président et son secrétaire, et déterminera le lieu habituel des réunions. — Lorsque le Sous-Préfet assistera aux séances, il aura la présidence. — Les agents voyers en chef et d'arrondissement pourront assister aux séances avec voix consultative.

Art. 277. Les commissions, lorsque nous le jugerons utile, seront appelées à donner leur avis sur les projets rédigés par les agents voyers, pour les travaux neufs et les ouvrages d'art. — Elles pourront être consultées sur la proportion d'après laquelle la dépense sera répartie entre les communes. — Elles surveilleront les cantoniers et signaleront au Sous-Préfet ceux qui ne rempliraient pas leur devoir. — Elles désigneront un ou plusieurs de leurs membres pour assister à la réception des ouvrages exécutés par entreprise, ainsi qu'à celle des matériaux fournis par des entrepreneurs ou au moyen de prestations. Les agents voyers chagés de ces réceptions préviendront, à l'avance, les délégués de la commission du moment où elles auront lieu; ils feront mention, dans leurs procès-verbaux, des observations des commissaires, et inviteront ceux-ci à les signer. Il sera procédé, par l'agent voyer, en l'absence des commissaires, si ceux-ci, dûment avertis, ne se présentent pas.

Art. 278. Les commissions se réuniront dans les trois premiers mois de l'année pour présenter leurs observations sur l'état des chemins et sur les améliorations les plus urgentes à y faire. Ces observations seront adressées aux Sous-Préfets. — Dans cette première séance, les commissions régleront le service de l'année, en désignant les commissaires chargés spécialement de veiller à la bonne confection des ouvrages d'art et d'assister aux réceptions. Ces commissaires pourront se mettre en relation directe avec les Sous-Préfets et les agents voyers, afin de signaler plus promptement les malfaçons et les retards apportés dans l'exécution des travaux, ainsi que les améliorations dont ils pourraient être l'objet. — Les autres réunions de chacune des commissions de surveillance auront lieu aux époques qu'elle aura elle-même déterminées à l'avance ou sur la convocation du président.

Art. 729. Les commissions de surveillance s'appliqueront à former des liens naturels entre les communes et les particuliers intéressés à chaque chemin, ainsi qu'à faire naître et entretenir l'esprit d'association qui peut surtout amener une prompte amélioration des chemins vicinaux de grande communication. Elles provoqueront la réalisation de souscriptions en argent et en nature, chercheront à obtenir, autant que faire se pourra, les cessions gratuites de terrains et de matériaux nécessaires pour l'établissement et pour l'entretien des chemins confiés à leur surveillance, et useront de leur influence pour aplanir les difficultés de toute nature auxquelles pourraient donner lieu le tracé de ces chemins, leur conservation et l'exécution des travaux.

Art. 280. Les chemins vicinaux de grande communication étant placés, par l'art. 9 de la loi du 21 mai 1836, sous notre autorité, les commissions ou leurs délégués ne pourront prescrire directement aucune modification aux projets adoptés, ni donner aux agents chargés de leur exécution aucun ordre direct.

TITRE V. — DISPOSITIONS RELATIVES A LA CONSERVATION DES CHEMINS ET A LA COMMODITÉ DU PASSAGE. — CHAPITRE 1er. — *Alignements et autorisations de construire.* — Art. 281. Il est interdit de construire, de reconstruire ou réparer aucune maison, aucun bâtiment, mur ou clôture, de quelque nature que ce soit, d'ouvrir des fossés, de planter des arbres ou des haies, le long et joignant des chemins vicinaux, sans en avoir demandé et obtenu l'autorisation.

Art. 282. Toute demande d'autorisation de construire, reconstruire ou réparer une maison, un bâtiment, mur ou clôture, d'ouvrir des fossés, de planter des arbres ou des haies, le long et joignant les chemins vicinaux, devra être présentée en double expédition, dont l'une sur papier timbré.

Art. 283. Les autorisations, en ce qui concerne les chemins vicinaux ordinaires et d'intérêt commun, seront données par le Maire.

Art. 284. Dans aucun cas, les autorisations données par les Maires ne le seront verbalement; elles devront faire l'objet d'un arrêté qui sera transcrit au registre des arrêtés du Maire, et dont une expédition sera remise aux parties intéressées.

Art. 285. Les autorisations données par les Maires ne seront définitives qu'après approbation du Sous-Préfet, qui examinera si la largeur légale du chemin a été respectée. — Dans le cas où, pour déterminer l'alignement, une opération graphique serait nécessaire, l'agent voyer d'arrondissement sera préalablement consulté.

Art. 286. Les autorisations de construire, reconstruire ou réparer, le long et joignant les chemins vicinaux de grande communication, ainsi que dans les traverses des bourgs et villages qui sont la continuation de ces chemins, seront données par nous, sur le rapport des agents voyers et l'avis des Maires, du Sous-Préfet de l'arrondissement ou par le Sous-Préfet lui-même, lorsque nous lui aurons délégué pouvoir à cet effet.

Art. 287. Dans les traverses pour lesquelles il existe des plans dressés, en exécution de l'art. 52 de la loi du 16 septembre 1807, les alignements seront donnés conformément à ces plans.

Art. 288. Les agents voyers dresseront, successivement, les plans de toutes les traverses des chemins vicinaux de grande communication, autres que celles désignées en l'article précédent, et y traceront, conformément à nos instructions, un projet d'alignement général, approprié aux besoins de la localité et à ceux de la circulation. — Ces plans et projets seront déposés pendant un mois à la mairie de la commune ; les habitants seront invités, par publications et affiches, à venir en prendre connaissance ; un registre sera ouvert pendant le mois du dépôt, pour recevoir leurs réclamations et observations, le Conseil municipal en délibérera, et l'ensemble de ces documents nous sera transmis par le Sous-Préfet, avec son avis et celui de l'agent voyer d'arrondissement, pour y être statué par nous. — Les plans, approuvés par nous, serviront de base aux alignements que nous aurons à donner.

Art. 289. Lorsque les chemins vicinaux, soit de grande, soit de petite communication, auront leur largeur légale, les alignements à donner pour constructions ou reconstructions seront donnés de manière à ce que l'impétrant puisse construire sur la limite séparative de sa propriété et du chemin. — Lorsque ces chemins n'auront pas leur largeur légale, les alignements pour constructions et reconstructions seront délivrés de manière à donner aux chemins cette largeur, sauf règlement de l'indemnité due pour la valeur du sol à incorporer au chemin, si les propriétaires ne consentent pas à l'abandon gratuit de ce sol. — Lorsque les chemins auront plus que la largeur légale, les propriétaires riverains pourront être autorisés, par mesure d'alignement, à avancer leurs constructions jusqu'à l'extrême limite de cette largeur, sauf par eux à payer à la commune la valeur du sol qui leur sera ainsi concédé. Cette valeur sera réglée, soit à l'amiable entre les propriétaires et l'administration, soit à dire d'experts, par application de l'art. 19 de la loi.

Art. 290. Toutes les fois que des constructions nouvelles auront été autorisées le long et et joignant les chemins vicinaux, les portes en seront disposées de manière à ce qu'elles ne s'ouvrent pas en dehors sur le sol de la voie vicinale. Les toits devront être élevés à 4 mètres au moins du sol, afin de ne point gêner la circulation des voitures chargées. — Ces constructions pourront d'ailleurs être défendues par des bornes ayant au plus 50 centimètres de hauteur et 33 centimètres de saillie.

Art. 291. Les clôtures en terre, gazons ou pierres sèches, ne pourront être placées à moins de 50 centimètres du bord extérieur du fossé ou de la limite du chemin, afin de prévenir les éboulements qui pourraient combler les fossés ou entraver la circulation.

Art. 292. Lorsqu'une demande en autorisation de travaux à faire à des constructions existantes, le long et joignant des chemins vicinaux qui n'auront pas encore leur largeur légale, aura pour objet des réparations à faire au mur de face, dans la hauteur du rez-de-chaussée, il sera examiné si ces réparations ont pour effet de consolider ce mur de face. Dans le cas de l'affirmative, l'autorisation ne pourra être accordée qu'exceptionnellement.

Art. 293. Lorsqu'un chemin vicinal n'aura pas encore sa largeur légale, et que les propriétaires de constructions bordant ce chemin feront volontairement démolir leurs bâtiments ou murs, ou lorsqu'ils seront contraints de les démolir pour cause de vétusté et de péril, ils n'auront droit à indemnité que pour la valeur du sol qu'ils laisseront à la voie publique. Ils n'auront droit à indemnité pour la valeur des édifices ou murs que dans le cas où l'autorité en exigerait la démolition, dans le seul but de donner à la voie publique sa largeur légale.

Art. 294. Les personnes autorisées à faire des constructions le long des chemins vicinaux ne pourront, à moins de nécessité, embarrasser la voie publique du dépôt de leurs matériaux ; elles feront mention, dans leurs demandes d'autorisation, du besoin qu'elles ont d'occuper une partie du sol du chemin. La permission qui leur sera donnée prescrira de laisser libres les deux tiers au moins de la voie publique.

Art. 295. Lorsqu'une construction sise le long d'un chemin vicinal menacera ruine et que la conservation en serait dangereuse pour la voie publique, le péril sera constaté par un rapport d'un homme de l'art, qui sera communiqué au propriétaire avec injonction de démolir. Dans le cas où le propriétaire contesterait l'état de péril, il sera procédé à une expertise contradictoire, dans la forme prescrite par les déclarations du roi, en date de 1729 et 1730.—Toutefois, en cas de péril imminent, la démolition d'office des constructions pourra être ordonnée d'urgence.—Dans le cas de démolition pour cause de péril, aucune indemnité n'est due au propriétaire pour la valeur des constructions. Il n'en serait dû que pour la valeur du sol qui serait abandonné à la voie publique.

CHAPITRE II. — *Plantations*. — SECTION I. — *Plantations d'arbres*. — Art. 296. A dater de la publication du présent règlement, les propriétaires riverains des chemins vicinaux ne pourront faire aucune plantation d'arbres, même dans leurs propriétés closes, sans, au préalable, avoir demandé et obtenu alignement. — Il est fait exception à ceste règle pour les plantations que les propriétaires se proposeraient de faire, sur leurs terres, à plus de trois mètres en arrière du bord des fossés ou de la limite légale des chemins.

Art. 297. Les alignements pour plantation d'arbres seront donnés par les Maires pour les chemins vicinaux de petite communication ou d'intérêt commun, et par les Sous-Préfets pour les chemins vicinaux de grande communication.

Art. 298. Aucune plantation d'arbres ne pourra être effectuée sur le bord des chemins vicinaux qu'en observant les distances ci-après, qui seront calculées à partir de la limite intérieure, soit des chemins, soit des fossés, soit des talus qui la borderaient. — Pour les pommiers, poiriers et autres arbres formant parasol, à 3 mètres. Pour les arbres, tels qu'ormes, peupliers, etc., qui croissent en forme pyramidale, à 2 mètres. Pour les joncs marins et bois taillis, à 1 m. 50 cent.

Art. 299. La distance des arbres entre eux ne pourra être inférieure à 5 mètres; ils ne pourront être plantés en face les uns des autres, mais devront être en quinconce, et de manière à ce que chaque arbre d'une rangée corresponde au milieu des deux arbres de l'autre rangée.

Art. 300. Les plantations faites antérieurement à la publication du présent règlement, à des distances moindres que celles ci-dessus, pourront être conservées; mais elles ne pourront être renouvelées qu'à la charge d'observer les distances prescrites par les deux articles précédents.

Art. 301. Tous les chemins vicinaux qui traversent un terrain communal seront, autant que possible, plantés de chaque côté, en observant les distances ci-dessus prescrites.

Art 302. Les communes pourront faire planter des arbres sur les terrains vagues existant entre les chemins vicinaux et les propriétés particulières, ou sur les terrains qui seront distraits du sol actuel de ces chemins par leur réduction à la largeur légale, et dont l'aliénation n'aurait pas eu lieu. Les plantations de cette nature ne pourront être effectuées qu'en observant, relativement aux chemins, les distances prescrites par les articles ci-dessus, et relativement aux propriétés riveraines, les distances voulues par l'art. 671 du Code Napoléon.

Art. 303. Il est fait défense à tout propriétaire riverain des chemins vicinaux de faire aucune plantation sur le sol de ces chemins.

Art. 304. Les plantations faites par des particuliers sur le sol des chemins vicinaux avant la publication du présent règlement pourront être conservées, si les besoins de la circulation le permettent, mais elles ne pourront, dans aucun cas, être renouvelées.

Art. 305. Si l'intérêt de la viabilité exigeait la destruction des plantations existant sur le sol des chemins vicinaux, les propriétaires seraient mis en demeure d'enlever, dans le délai d'un mois, les arbres qui leur appartiendraient, sauf à eux à faire valoir le droit qu'ils croiraient avoir à une indemnité. Dans le cas où les particuliers, mis en demeure, n'auraient pas obtempéré, dans le délai fixé, à l'injonction qui leur a été faite, l'abatage des arbres sera fait d'office et à leurs frais. Ces frais seront prélevés sur le produit de la vente des arbres, qui sera versé provisoirement dans la caisse municipale et tenu à la disposition du propriétaire.

Art. 306. Les communes qui en feront la demande pourront être autorisées par nous à faire des plantations sur le sol des chemins vicinaux. Les conditions auxquelles ces plantations seront faites, l'espacement des arbres entre eux, ainsi que la distance à observer entre les plantations et les propriétés riveraines, seront déterminés par nous dans notre arrêté d'autorisation.

Section II. — *Plantations de haies.* — Art. 307. A dater de la publication du présent règlement, les propriétaires riverains des chemins vicinaux ne pourront faire aucune plantation de haies, le long de ces chemins, sans, au préalable, avoir demandé et obtenu alignement. Il est fait exception à cette obligation, pour les haies que les propriétaires se proposeraient de planter sur leurs terrains à plus de deux mètres du bord des fossés ou de la limite légale des chemins.

Art. 308. Les alignements pour plantations de haies seront donnés par les Maires, pour les chemins vicinaux de petite communication, et par les Sous-Préfets pour les chemins vicinaux de grande communication.

Art. 309. Les haies vives ne pourront être plantées à moins de 50 centimètres de la crête extérieure des fossés, ou de la limite extérieure des chemins, s'il n'y a pas de fossés.

Art. 310. La hauteur des haies ne devra jamais excéder 1 m. 50 cent,, sauf les exceptions exigées par des circonstances particulières, et pour lesquelles il sera donné des autorisations spéciales.

Art. 311. Il est interdit de laisser croître dans les haies qui bordent les chemins vicinaux aucuns baliveaux ou grands arbres.

Art. 312. Les haies plantées antérieurement à la publication du présent règlement, à des distances moindres que celles prescrites par l'art. 308, pourront être conservées, mais elles ne pourront être renouvelées qu'à la charge d'observer cette distance.

Section III. — *Élagage et recépage des arbres et des haies.* — Art. 313. Les arbres plantés le long des chemins vicinaux soit de petite, soit de grande communication, seront élagués tous les ans ou tous les deux ou trois ans. Cet élagage aura lieu jusqu'à 4 mètres de hauteur et dans tout le pourtour des arbres.

Art. 314. Les branches qui avanceraient sur le chemin, au-delà des fossés, seront coupées, quelle que soit la distance à laquelle le tronc de l'arbre se trouve du chemin. Il en sera de même des racines qui avanceraient sur le fossé.

Art. 315. Les arbres qui pencheraient sur les chemins vicinaux de manière à gêner la circulation seront abattus et enlevés à la diligence des propriétaires ou fermiers des terrains sur lesquels ils seraient plantés.

Art. 316. Les haies plantées le long des chemins vicinaux, soit de petite, soit de grande communication, seront élaguées tous les ans. La tonte des haies se fera tous les trois ans, de manière à les réduire à la hauteur prescrite par l'article 310 ci-dessus. Les racines des haies seront coupées toutes les fois qu'elles avanceront soit sur les fossés, soit sur le sol des chemins.

Art. 317. Tous les ans, les Maires publieront, dans leurs communes respectives, un arrêté prescrivant l'élagage annuel des haies, ainsi que celui des arbres qui, en vertu de l'article 313 ci-dessus, seront dans le cas d'être élagués, la tonte des haies et le recépage des racines partout où besoin sera. Cet arrêté fixera l'époque à laquelle ces diverses opérations devront être terminées.

Art. 318. A l'expiration du délai fixé par l'arrêté, les Maires, adjoints, agents voyers et gardes champêtres feront une inspection générale des chemins vicinaux de leurs ressorts respectifs, pour constater si les dispositions prescrites par l'arrêté ont été exactement exécutées.

Art. 319. Dans le cas où ils trouveraient des arbres ou des haies dont l'élagage et le recépage n'auraient pas été opérés ou ne l'auraient été qu'incomplètement, ils en dresseront procès-verbal.

Art. 320. Ce procès-verbal sera notifié aux propriétaires retardataires, avec injonction d'avoir à procéder à l'élagage et au recépage dans la huitaine, et déclaration que, faute de ce faire, il y sera pourvu d'office et à leurs frais. Si, dans le délai fixé, il n'a pas été satisfait à cette injonction, les Maires, pour les chemins vicinaux de petite communication, et les Sous-Préfets, pour les chemins vicinaux de grande communication, commettront des ouvriers de leur choix pour faire l'élagage et le recépage aux dépens des propriétaires. Ils rédigeront, en même temps, procès verbal de la contravention, et le déféreront au tribunal de police, pour, le contrevenant, y être condamné à l'amende encourue et aux frais de l'exécution des travaux.

CHAPITRE III. — *Fossés et talus.* — SECTION I. — *Établissement et conservation de fossés dépendant du chemin.* — Art. 321. Dans toutes les localités où les chemins vicinaux, soit de petite, soit de grande communication, seront établis au niveau du terrain naturel ou en déblai, ces chemins seront bordés de fossés qui en feront partie intégrante. La largeur et la profondeur de ces fossés seront réglées d'après les besoins du maintien de la viabilité ; toutefois, ces dimensions sont fixées en minimum, à 1 mètre d'ouverture en gueule, et 33 centimètres au fond ; les talus des fossés seront à l'angle de quarante-cinq degrés.

Art. 322. Les frais d'établissement des fossés creusés par les ordres de l'administration font partie des dépenses des chemins vicinaux, dont ces fossés sont une dépendance, et seront soldés sur les ressources affectées aux travaux de ces chemins.

Art. 323. Les fossés établis par l'administration le long des chemins vicinaux, soit de petite, soit de grande communication, seront curés tous les ans au moins, et plus souvent si la nécessité en est reconnue. Ce curage sera effectué sur les ordres des Maires pour ceux qui bordent les chemins vicinaux de petite communication, et d'après nos instructions pour ceux qui bordent les chemins vicinaux de grande communication.

Art. 324. Les frais de curage des fossés dépendant des chemins vicinaux font partie des dépenses des chemins vicinaux, dont ces fossés sont une dépendance, et seront soldés sur les ressources affectées aux travaux de ces chemins. Si les fossés étaient une propriété mitoyenne entre la commune et les riverains, le curage serait exécuté à frais communs entre ces derniers et l'administration.

Art. 325. Les déblais provenant du curage des fossés dépendant des chemins vicinaux pourront être, au besoin, déposés sur les propriétés riveraines. Lorsque ces déblais seront de nature à nuire, et lorsqu'il y aura réclamation, il sera statué comme en matière d'occupation temporaire de terrain. Toutefois, les déblais provenant des fossés ne pourront jamais être déposés sur les propriétés riveraines, qu'après l'enlèvement des récoltes.

Art. 326. Les propriétaires qui voudront profiter, comme engrais, du limon déposé dans les fossés dépendant des chemins vicinaux, pourront obtenir l'autorisation de l'enlever, mais sous la condition expresse de curer les fossés à vif-fond, vif-bord, de les entretenir à leur profondeur et largeur légales. Ces autorisations seront données par les Maires, pour les fossés dépendant des chemins vicinaux de petite communication, et par les Sous-Préfets pour ceux dépendant des chemins vicinaux de grande communication. Après le curage ainsi fait, les Maires, pour les chemins vicinaux de petite communication, et les agents voyers, pour les chemins vicinaux de grande communication, devront reconnaître si les propriétaires qui l'ont effectué ont observé les conditions prescrites, et rédigeront, s'il y a lieu, procès-verbal des contraventions commises.

Art. 327. Nul ne pourra, sous aucun prétexte, traverser les fossés avec voitures ou charrettes pour le service de ses propriétés. Il est également interdit de combler les fossés pour donner passage aux voitures.

Art. 328. Les propriétaires riverains pourront, pour communiquer avec leurs propriétés, être autorisés à établir, sur les fossés, des ponceaux permanents ou temporaires ; ils seront tenus de les disposer de telle sorte, que les eaux conservent le débouché qui leur est nécessaire, et les fossés, ainsi que la voie publique, toute leur largeur.

Art. 329. Les ponts et ponceaux permanents ne pourront être établis que sur l'autorisation des Maires, pour les fossés dépendant des chemins vicinaux de petite communication, et sur la nôtre pour es fossés dépendant des chemins vicinaux de grande communication. Les autorisations règleront le mode de conservation, les dimensions à donner aux ouvrages et les matériaux à employer ; elles stipuleront toujours la charge de l'entretien perpétuel par l'impétrant.

Art. 330. Toute œuvre qui tendrait à rétrécir ou à supprimer les fossés dépendant des chemins vicinaux est formellement interdite ; elle serait considérée comme une usurpation sur le sol de ces chemins, constatée et poursuivie de la même manière.

Art. 331. Il est interdit de détériorer les berges des fossés, de cultiver le fonds ou les talus de ces fossés, ou d'y faire ou laisser pâturer des bestiaux, de quelque espèce qu'ils soient. Les herbes qui croîtront spontanément dans les fossés seront la propriété des communes, et pourront être vendues à leur profit, mais sous la condition qu'elles seront coupées à la main.

Art. 332. Il est interdit de mettre rouir le chanvre dans les fossés dépendant des chemins vicinaux, d'y déposer des fumiers, terres, matériaux et autres objets de nature à les combler ou à empêcher le libre cours des eaux dans ces fossés.

Art. 333. Nul ne pourra, sans y avoir été autorisé, établir de barrages ou écluses sur les fossés dépendant des chemins vicinaux. Les autorisations seront données par les Maires pour les chemins vicinaux de petite communication, et par nous, pour les chemins vicinaux de grande communication. Elles seront toujours révocables, sans indemnité, s'il était reconnu que la faculté accordée fût nuisible à la viabilité.

Art. 334. Nulle construction, le long d'un chemin vicinal bordé de fossés, ne sera autorisée qu'à la charge d'établir à la place du fossé soit un aqueduc ayant un débouché suffisant pour l'écoulement des eaux, soit des caniveaux pavés.

SECTION II. — *Fossés appartenant à des particuliers.* — Art. 335. Lorsque l'administration n'aura pas fait ouvrir de fossés le long d'un chemin vicinal, et qu'elle n'aura pas l'intention d'en ouvrir, les propriétaires riverains pourront faire ouvrir des fossés à leurs frais et sur leurs terrains.

Art. 336. Tout propriétaire qui voudra faire ouvrir des fossés sur son terrain devra demander alignement au Maire pour les chemins vicinaux de petite communication, et au Sous-Préfet pour les chemins vicinaux de grande communication. — Ces fossés ne pourront jamais être ouverts à moins de 50 centimètres de la limite légale du chemin ou du talus, afin de prévenir tout éboulement du sol du chemin ; ils doivent avoir un talus d'un mètre de base au moins pour un mètre de hauteur.

Art. 337. Tout propriétaire qui aura fait ouvrir des fossés sur son terrain, le long d'un chemin vicinal, devra curer ces fossés, à ses frais, lorsque besoin sera, et de manière à empêcher que les eaux qui y séjourneraient ne nuisent au maintien de la viabilité du chemin.

Art. 338. Si les fossés ouverts par des particuliers, sur leur terrain, le long d'un chemin vicinal, avaient une profondeur telle qu'elle pût présenter des dangers pour les hommes ou pour les moyens de transport circulant sur ce chemin, les propriétaires de ces fossés seront tenus de les garnir de murs ou de barrières assez fortes pour prévenir tout danger ; injonction leur sera faite, à cet effet, par arrêté du Maire de la commune, et faute par eux d'y obtempérer, ils seront traduits devant le tribunal de simple police.

SECTION III. — *Talus.* — Art. 339. Lorsque les chemins vicinaux seront construits, soit en déblai, soit en remblai, le sol constituant la largeur légale de ces chemins comprendra le terrain nécessaire à l'établissement des talus, qui feront, en conséquence, partie intégrante des chemins.

Art. 340. Toute œuvre qui aurait pour effet d'anticiper sur les talus des chemins vicinaux sera considérée comme une usurpation sur le sol de ces chemins, constatée et poursuivie de la même manière.

Art. 341. Il est interdit de dégrader les talus des chemins vicinaux ou d'y faire ou laisser pâturer les bestiaux, de quelque espèce qu'ils soient. — Les herbes qui croîtront spontanément sur les talus seront la propriété des communes, et pourront être vendues à leur profit, mais sous la condition qu'elles seront coupées à la main.

CHAPITRE IV. — *Écoulement des eaux.* — SECTION Ire. — *Écoulement naturel des eaux.* — Art. 342. Les propriétés riveraines situées en contre-bas des chemins vicinaux sont assujetties, aux termes de l'art. 640 du Code Napoléon, à recevoir les eaux qui découlent naturellement de ces chemins. — Les propriétaires de ces terrains ne pourront y faire aucune œuvre qui tende à empêcher le libre écoulement des eaux qu'ils sont tenus de recevoir, à les faire séjourner dans les fossés ou refluer sur le sol du chemin.

Art. 343. Les Maires, en donnant les autorisations de construire ou reconstruire le long des chemins vicinaux, devront stipuler les réserves et conditions nécessaires pour garantir le libre écoulement des eaux, sans qu'il en puisse résulter de dommages pour ces chemins.

SECTION II. — *Dérivation des eaux.* — Lorsque les eaux qui découlent d'un chemin vicinal n'auront pas naturellement un écoulement suffisant, il pourra être établi des puits perdus de distance en distance. — L'établissement de ces puits aura lieu, autant que possible, en vertu d'accords à l'amiable avec les propriétaires des terrains sur lesquels ils devront être établis. Si le consentement de ces propriétaires ne peut être obtenu, il sera procédé à l'occupation des terrains, conformément à l'art. 16 de la loi du 21 mai 1836.

Art. 345. Lorsque, pour empêcher les eaux de séjourner sur les chemins vicinaux et de nuire à leur viabilité, il y aura nécessité de les diriger par des rigoles ou des pentes artificielles sur des propriétés qui ne sont pas naturellement obligées de les recevoir, les Maires devront, avant de les y faire passer, s'entendre avec les propriétaires pour régler à l'amiable l'indemnité qui pourrait leur être due. Si le consentement de ces propriétaires ne pouvait être obtenu, il serait procédé ainsi qu'il est dit à l'article précédent.

Art. 346. Lorsqu'un propriétaire demandera à conduire des eaux d'un côté à l'autre d'un chemin vicinal, cette autorisation pourra lui être accordée, à la charge d'établir, dans toute la largeur du chemin, un aqueduc en maçonnerie, qui devra être construit, suivant les indications qui seront données dans l'arrêté d'autorisations. — Ces autorisations seront données par les Maires, pour les chemins vicinaux de petite communication, et par nous pour les chemins vicinaux de grande communication.

Art. 347. L'autorisation de transporter les eaux d'un côté à l'autre d'un chemin vicinal ne sera donnée que sous la réserve du droit des tiers. Il y sera stipulé, pour l'administration, la faculté de faire supprimer les constructions faites, si elles étaient mal entretenues, ou si elles devenaient nuisibles à la viabilité du chemin.

CHAPITRE V. — *Extraction de matériaux et occupation temporaire de terrains.* — SECTION Ire. — *Désignation des terrains.* — Art. 348. Les devis qui seront rédigés pour la construction ou la réparation des chemins vicinaux indiqueront les carrières ou les propriétés où devra avoir lieu l'extraction des matériaux nécessaires auxdits travaux.

Art. 349. Dans le cas où, pendant le cours des travaux, il deviendrait nécessaire de désigner des terrains autres que ceux indiqués aux devis, cette désignation sera faite par nous, sur la proposition du Maire et du Sous-Préfet pour les chemins vicinaux de petite communication ; sur celle de l'agent voyer et du Sous-Préfet pour les chemins vicinaux de grande communication.

Art. 350. Les propriétés communales et le lit des rivières et ruisseaux non navigables seront choisis de préférence pour l'extraction des matériaux. A défaut seulement, les extractions pourront avoir lieu sur les propriétés particulières non fermées de murs ou autres clôtures équivalentes, d'après les usages du pays. Les lieux plantés en bois, arbres fruitiers ou vignes, seront exceptés, autant que possible. — Les propriétés particulières fermées de murs ou autres clôtures équivalentes et attenantes à une habitation, ne pourront être désignées que sur le consentement formel et préalable des propriétaires. — Les cailloux ou pierres roulantes ne pourront être ramassés à la surface des terres labourables à partir du moment de leur ensemencement jusqu'à celui de l'enlèvement des récoltes.

Section II. — *Occupation des terrains par convention amiable.* — Art. 351. Lorsqu'il sera nécessaire d'occuper temporairement des terrains, soit pour extraction ou transport de matériaux, soit pour enlèvement ou dépôt de terres, ou pour toute autre cause relative au service des chemins vicinaux, le Maire de la commune demandera d'abord le consentement du propriétaire à l'occupation sans indemnité.

Art. 352. Si le propriétaire ne consent à l'occupation que moyennant indemnité, le taux de cette indemnité sera, pour les chemins vicinaux de petite communication, réglé à l'amiable, autant que possible, entre le Maire et les propriétaires. Les conventions souscrites à ce sujet seront soumises à l'approbation du Conseil municipal, et la délibération intervenue sera homologuée par nous. — Lorsque l'occupation devra avoir lieu pour le service des chemins vicinaux de grande communication, l'accord à l'amiable conclu par le Maire et les propriétaires, sera approuvé par nous, sur le rapport de l'agent voyer et du Sous-Préfet.

Section III. — *Occupation d'office des terrains.* — Art. 353. Lorsque le propriétaire d'un terrain dont l'occupation aura été reconnue nécessaire aura refusé, soit de consentir à cette occupation, soit d'acquiescer aux offres d'indemnité qui lui auront été faites par le Maire, un arrêté sera pris par nous pour autoriser l'occupation. Cet arrêté contiendra mise en demeure du propriétaire de désigner un expert dans un délai qui ne pourra excéder quinze jours, à partir de la notification de cet acte.

Art. 354. L'arrêté mentionné en l'article précédent sera notifié par l'intermédiaire du Maire et sans frais aux parties intéressées, propriétaires, locataires ou fermiers, dix jours au moins avant l'ouverture des travaux, et la notification. Une copie de ce procès-verbal sera laissée au domicile de la partie intéressée, et la minute déposée à la mairie.

Art. 355. Le délai entre la notification et l'ouverture des travaux sera augmenté d'un jour lorsqu'il y aura trois myriamètres de distance entre la situation des lieux et le domicile desdits propriétaires, locataires ou fermiers. Il sera augmenté de deux jours lorsque la distance sera de six myriamètres, et ainsi de suite.

Art. 356. Immédiatement après l'extraction des matériaux ou l'occupation temporaire des terrains, les experts, nommés dans la forme voulue par l'article 17 de la loi du 21 mai 1836, procéderont contradictoirement à l'appréciation des dommages causés.

Art. 357. Les experts, devront préalablement à toute opération, prêter serment devant devant le Conseil de préfecture pour l'arrondissement chef-lieu, et devant le Sous-Préfet pour les autres arrondissements.

Art. 358. Si le propriétaire, locataire ou fermier avait refusé ou négligé de nommer son expert, il nous en serait rendu compte et nous provoquerions, près le Conseil de préfecture, la nomination d'office d'un expert dans l'intérêt du propriétaire.

Art. 359. Les experts rédigeront procès-verbal de l'appréciation des dommages, et indiqueront le taux de l'indemnité qui leur paraîtra être due. S'ils ne sont pas d'accord entre eux, il nous en sera rendu compte, et nous provoquerons la nomination d'un tiers expert, qui devra également prêter serment.

Art. 360. Les procès-verbaux d'appréciation des dommages nous seront transmis par l'intermédiaire du Sous-Préfet de l'arrondissement, et il sera statué sur le règlement de l'indemnité, par le Conseil de préfecture.

Art. 361. Les frais d'expertise seront taxés par le Conseil de préfecture, sur mémoire des experts, en double minute, dont une sera écrite sur papier timbré.

Art. 362. La décision du Conseil de préfecture fixant l'indemnité due pour l'occupation temporaire du terrain ou l'extraction de matériaux sera notifiée administrativement aux parties intéressées. Cette notification sera constatée, soit par un reçu des personnes auxquelles elle sera faite, soit par un procès-verbal de l'agent chargé de l'effectuer.

Art. 363. Les indemnités, réglées ainsi qu'il vient d'être dit, seront payées par les entrepreneurs de travaux, lorsque les cahiers des charges le détermineront ainsi. Elles le seront par les communes, lorsque les travaux se feront sur des chemins vicinaux de petite communication, soit par des prestataires, soit par régie ou par tâches. Elles seront acquittées sur nos mandats, et sur les fonds affectés aux travaux, lorsqu'il s'agira de chemins vicinaux de grande communication.

Art. 364. Lorsque le paiement des indemnités aura été mis à la charge de l'entrepreneur des travaux, il sera fait une retenue à cet entrepreneur pour garantie des sommes dues aux propriétaires et autres intéressés. Cette retenue cessera sur la justification que fera l'entrepreneur du paiement des indemnités convenues ou réglées ; elle cessera également par le fait de la prescription prononcée par l'art. 18 de la loi du 21 mai 1836.

Section IV. — *Dispositions diverses.* — Art. 365. A l'expiration des délais fixés en l'article 354 ci-dessus, et après la reconnaissance préalable des lieux, les propriétaires, locataires ou fermiers ne pourront, sous quelque prétexte que ce soit, apporter aucun trouble ou empêchement à l'occupation des terrains, au ramassage ou à l'extraction des matériaux. Tout trouble ou empêchement à ces travaux serait constaté par procès-verbal, qui serait transmis à M. le procureur impérial, pour y être donné telle suite que de droit.

Art. 366. Les maires et agents voyers ne feront aucune désignation de carrières à ouvrir à moins de 15 mètres du bord des chemins vicinaux, et feront défense aux entrepreneurs de pousser leurs fouilles à de moindres distances. Il serait dressé procès-verbal contre les entrepreneurs qui contreviendraient à cette défense.

Art. 367. Il est interdit aux entrepreneurs d'employer les matériaux, qu'ils auront extraits en vertu des dispositions du présent chapitre, à des travaux et sur des lieux autres que ceux désignés dans l'arrêté qui en aura autorisé l'extraction.

Art. 368. Les fouilles abandonnées devront être comblées immédiatement, de manière à permettre l'ensemencement des terrains.

Art. 369. Lorsqu'il sera nécessaire de faire opérer des extractions des matériaux dans les bois et forêts régis par l'administration des forêts, ou de faire occuper temporairement des terrains dépendant de ces bois, il sera procédé conformément aux dispositions de l'ordonnance royale du 8 août 1845. Si les terrains à occuper ou à fouiller dépendent de propriétés régies par l'administration des domaines, des mesures analogues seront concertées avec les agents de cette administration.

Chapitre VI. — *Chemins vicinaux situés sur des chaussées d'usines ou traversés par des canaux faits de main d'homme.* — Art. 370. Les propriétaires d'étangs dont les chaussées occupent le même emplacement que les chemins vicinaux, seront tenus à la réparation de tous les dégâts causés par le mouvement et l'infiltration des eaux de l'étang, de manière à ce que la largeur légale des chemins ne soit jamais diminuée du côté de l'étang.

Art. 371. Si un chemin vicinal est traversé par un canal de moulin ou d'usine, creusé de main d'homme, ou par un courant d'eau dévié par des travaux artificiels, les ponts à établir ou à réparer seront à la charge du propriétaire de l'usine ou de l'auteur des travaux.

Chapitre VII. — *Mesures de police et de conservation.* — Section I. — *Mesures ayant pour objet la conservation des chemins.* — Art. 372. Il est défendu : d'enlever du gravier, du sable, de la terre ou du gazon sur les chemins vicinaux ou dans les fossés qui en dépendent : de faire sur les chemins vicinaux ou dans les fossés aucun dépôt de pierres, terres, décombres ou autres matériaux, sauf le cas de nécessité absolue ; d'y jeter les pierres provenant de l'épierrement des champs voisins ; d'y laisser stationner aucune voiture, instruments aratoires, marchandises ou autres choses encombrantes, de manière à gêner la circulation ; de mutiler les arbres plantés sur les chemins vicinaux, de dégrader les bornes, parapets des ponts et autres ouvrages ; de dépaver les chemins vicinaux qui seraient pavés en tout ou en partie ; d'enlever aucune pierre, non plus que les fers, bois et autres matériaux destinés aux travaux desdits chemins ou déjà mis en œuvre ; de faire aucune tranchée ou ouverture quelconque dans la chaussée, les accotements, revers ou glacis des chemins vicinaux, pour quelque motif que ce soit, sans en avoir demandé et obtenu l'autorisation ; de déverser, sur les chemins vicinaux ou dans les fossés, des eaux d'irrigation où provenant des usines et fabriques, ni même les eaux pluviales ou ménagères, de manière à causer des dégradations aux chemins ou fossés ; de parcourir les chemins vicinaux avec une charrue dont le fer ne serait pas relevé ; de détériorer les berges, talus ou autres marques distinctives de la largeur des chemins vicinaux ; d'établir des fumiers sur le sol des chemins, ou d'y étendre, pour la faire macérer ou briser, aucune espèce de litière, paille, ajoncs, feuilles, lavande, bois, etc. ; de labourer le sol des chemins vicinaux dans la largeur comprise entre les fossés, ou, à défaut de fossés, dans la largeur attribuée aux chemins par les arrêtés de classement ; de faire ou de laisser paître sur les chemins vicinaux aucune espèce d'animaux, soit sous la garde d'un pâtre, soit même à la longe ou en laisse.

Art. 373. Les propriétaires des terrains supérieurs bordant les chemins vicinaux seront tenus d'empêcher leur éboulement sur lesdits chemins ou dans les fossés, et d'entretenir toujours en bon état les murs de soutènement ou de clôture de leurs possessions, de manière que ni les chemins ni les fossés ne soient embarrassés.

Art. 374. Si la circulation sur un chemin vicinal venait à être interceptée par une œuvre quelconque, le Maire y pourvoirait d'urgence. — En conséquence, avec une simple sommation administrative de faire disparaître l'œuvre faisant obstacle à la circulation, le Maire ferait, d'office, détruire les travaux et rétablir les lieux dans leur ancien état, aux frais et risques de qui il appartiendra, et sans préjudice des poursuites à exercer contre qui de droit.

Section II. — *Mesure ayant pour objet la sûreté des voyageurs.* — Art. 375. Il est interdit de pratiquer, dans le voisinage des chemins vicinaux, des excavations de quelque nature que ce soit, si ce n'est aux distances ci-après déterminées, à partir de la crête extérieure des fossés, ou, à défaut des fossés, à partir de la limite légale desdits chemins, savoir :

> Pour les carrières, marnières et galeries souterraines...... 15^m
> Les puits et citernes............................... 10
> Les argilières, sablonnières et excavations du même genre,
>   à ciel ouvert..................................... 3
> Mares publiques ou particulières...................... 3
> Caves et fossés particuliers.......................... 1

Les Maires pourront, en outre, imposer aux propriétaires de ces excavations l'obligation de les couvrir ou de les entourer, selon les cas, de clôtures propres à prévenir tout danger pour les voyageurs.

Art. 376. En aucun cas, les Maires ne pourront autoriser l'établissement de caves sous la voie publique.

Art. 377. Il est interdit d'établir des moulins à vent ou tout autre établissement mu par le vent à une distance moindre de 100 mètres des abords des chemins vicinaux.

Art. 378. Les Maires veilleront à la solidité des constructions bordant les chemins vicinaux, et prendront les mesures nécessaires pour sauvegarder la sécurité des passants.

Art. 379. Des poteaux indicateurs seront placés aux intersections des chemins vicinaux de grande communication, soit entre eux, soit avec les routes impériales ou départementales, lorsque les points d'intersection seront en dehors des lieux habités.

Art. 380. Des tableaux indicateurs seront placés sur les murs des maisons à l'entrée et à la sortie des villes, bourgs et villages.

Art. 381. La dépense relative à l'établissement des poteaux et des tableaux indicateurs sera faite sur les fonds affectés aux travaux.

Chapitre VIII. — *Poursuite et répression des contraventions.* — Section 1re. — *Contraventions dont la répression appartient aux Conseils de préfecture.* — Art. 382. Toute anticipation sur le sol des chemins vicinaux ou des fossés, berges ou talus qui en dépendent, de quelque manière quelle ait été commise, sera constatée par les Maires, adjoints, commissaires de police, agents voyers et gardes champêtres.

Art. 383. Les procès-verbaux rédigés par les fonctionnaires et agents désignés par l'article précédent devront être soumis au timbre et à l'enregistrement, en débet, dans les quatre jours de leur rédaction ; ceux rédigés par les gardes champêtres devront, préalablement, être affirmés dans la forme ordinaire et dans les vingt-quatre heures de leur rédaction.

Art. 384. Tout procès-verbal constatant une anticipation sur le sol d'un chemin vicinal, ou des fossés, berges ou talus qui en dépendent, sera, par les soins du Maire de la commune, notifié administrativement au contrevenant, avec injonction de restituer, sous huitaine, le sol anticipé. — Si, à l'expiration de la huitaine, cette restitution n'a pas eu lieu, cette circonstance sera mentionnée au procès-verbal primitivement rédigé, et ce procès-verbal nous sera immédiatement transmis, par l'intermédiaire du Sous-Préfet, pour y être statué par le Conseil de préfecture, conformément à l'art. 8 de la loi du 9 ventôse an XIII.

Art. 385. Lorsqu'un arrêté du Conseil de préfecture portera injonction de restituer le sol qu'il avait anticipé, cet arrêté pourra, pour éviter les frais, être notifié administrativement au contrevenant, sous la condition que ce dernier déclarera, par écrit, avoir reçu cette notification et la tenir pour suffisante. — Dans le cas où cette déclaration ne serait pas immédiatement donnée, le Maire ferait notifier l'arrêté par huissier.

Art. 386. Si, à l'expiration des trois jours qui suivront la notification, faite administrativement ou par ministère d'huissier, de l'arrêté du Conseil de préfecture, le contrevenant n'avait pas obéi aux injonctions de cet arrêté, le Maire y pourvoirait d'office, et ferait procéder à la reprise des terrains indûment occupés, ainsi qu'à la destruction des œuvres condamnées par ledit arrêté. — Toutefois, s'il s'agissait de la destruction de bâtiments ou autres constructions, et que le contrevant notifiât son intention de se pourvoir devant l'Empereur en son conseil d'Etat contre l'arrêté du Conseil de préfecture, et encore s'il n'y avait pas une extrême urgence à l'exécution immédiate de cet arrêté, le Maire pourrait surseoir à cette exécution jusqu'à ce qu'il ait été statué sur le pourvoi. — Il nous serait rendu compte de tout sursis ainsi accordé, afin que nous pussions, au besoin, donner les instructions nécessaires.

Art. 387. Lorsque l'arrêté du Conseil de préfecture à l'égard duquel il y aura eu pourvoi sera confirmé par le décret impérial à intervenir, le Maire veillera à ce que cet arrêté reçoive aussitôt son exécution.

Art. 388. Lorsqu'une anticipation sur le sol d'un chemin vicinal ou des fossés, berges et talus qui en dépendent, aura été déclarée constante et réprimée par le Conseil de préfecture, le procès-verbal constatant cette contravention sera ensuite déféré au tribunal de simple police, pour y être requis l'application, s'il y a lieu, de l'amende prononcée par l'article 479, n° 11, du Code pénal.

SECTION II. — *Contraventions dont la répression appartient à l'autorité judiciaire.* — Art. 389. Toutes contraventions aux dispositions du présent règlement, autres que l'anticipation du sol des chemins vicinaux et des fossés, berges et talus qui en dépendent, seront constatées par procès-verbaux des fonctionnaires et agents énumérés en l'article 382 ci-dessus, et de tous autres ayant qualité pour rédiger procès-verbal. — Les dispositions de l'article 383 ci-dessus sont applicables à ces procès-verbaux.

Art. 390. Tout procès-verbal constatant une contravention au présent règlement, autre qu'une anticipation, sera, après enregistrement et après affirmation, s'il y a lieu, transmis par le fonctionnaire ou agent qui l'a rédigé, soit au procureur impérial de l'arrondissement, soit au fonctionnaire remplissant les fonctions du ministère public près le tribunal de simple police du canton, selon que le fait constaté constituera un délit ou une simple contravention.

DISPOSITIONS FINALES

Art. 391. MM. les Sous-Préfets, maires, adjoints, commissaires de police, directeurs et contrôleurs des contributions directes, percepteurs, receveurs municipaux, agents voyers et gardes champêtres, sont chargés, chacun en ce qui le concerne, de l'exécution du présent arrêté réglementaire, qui sera inséré au *Recueil des Actes administratifs* de la préfecture, et publié, dans toutes les communes du département, aussitôt après son approbation, par M. le Ministre de l'Intérieur.

Voirie (Petite). — Règlement général sur le service du personnel des agents voyers. — Le Préfet, — Vu la loi du 21 mai 1836 et l'instruction ministérielle du 24 juin suivant; — Considérant qu'il importe de déterminer par un règlement la composition, les attributions, le mode de recrutement et les conditions d'avancement du personnel des agents voyers ; — Arrête :

COMPOSITION DU PERSONNEL. — Art. 1. Le personnel attaché au service des chemins vicinaux dans le département de... se compose : 1. d'un agent voyer en chef; 2. de 4 agents voyers d'arrondissement; 3. de 17 agents voyers cantonaux, dont 4 pour le service sédentaire ou des bureaux, 13 pour le service actif; 4. de six agents secondaires chargés du service des bureaux.

Art. 2. Le personnel ci-dessus sera complété par un certain nombre de surnuméraires dont l'admission dans le service aura lieu aux conditions déterminées ci-après (articles 49 et suivants).

Art. 3. Les six emplois de piqueurs permanents, actuellement existants, seront supprimés successivement et par voie d'extinction.

RÉSIDENCES, SERVICE DES BUREAUX. — Art. 4. L'agent voyer en chef réside au chef-lieu du département et a ses bureaux à la préfecture.

Art. 5. Il en est de même de l'arrondissement de... Les trois autres agents voyers ordinaires résident dans le chef-lieu de leurs arrondissements respectifs et ont leurs bureaux à la sous-préfecture.

Art. 6. Les agents voyers cantonaux sont placés, autant que possible, au centre de la circonscription dont le service leur est confié. Ils travaillent dans le bureau de l'agent voyer ordinaire lorsqu'ils résident au chef-lieu de l'arrondissement. Ils peuvent être chargés, sur la proposition de l'agent voyer d'arrondissement et l'avis de l'agent voyer en chef, d'opérer dans une circonscription autre que celle qui leur a été assignée.

Art. 7. Quatre employés ayant le titre d'agent voyer cantonal et un ou deux agents secondaires, sont attachés au service central, soit pour la tenue des bureaux de l'agent voyer en chef, soit pour concourir à l'expédition des affaires dans la division de la préfecture de laquelle dépend le service des chemins vicinaux.

Art. 8. Les agents voyers d'arrondissement ont chacun, dans leurs bureaux, un agent secondaire. Il leur est interdit d'y introduire aucun autre employé sans notre autorisation. Toutefois, et jusqu'à ce qu'il en soit autrement ordonné, un second agent secondaire restera adjoint au bureau de l'arrondissement de ...

Art. 9. Les agents voyers cantonaux doivent tenir eux-mêmes les écritures qui concernent le service de leurs circonscriptions. Ils pourront néanmoins, mais par exception, se faire aider par les cantoniers chefs, après en avoir reçu l'autorisation de l'agent voyer d'arrondissement, qui devra en rendre compte à l'agent voyer en chef.

ATTRIBUTIONS. — *Agent voyer en chef.* — Art. 10. L'agent voyer en chef est chargé, sous l'autorité du Préfet, du service général de la vicinalité dans le département. Tous les agents voyers ou employés quelconques, sauf ceux qui travaillent dans la division de la préfecture, sont placés sous ses ordres. Avec leur concours et tout en contrôlant leurs opérations, il pourvoit à tous les détails que comportent la comptabilité et l'exécution des travaux pour l'ouverture ou l'amélioration tant des chemins vicinaux ordinaires que des lignes de grande vicinalité ou d'intérêt commun. Il propose au Préfet, sur la présentation des agents voyers ordinaires, les candidats pour les places de cantoniers de tous grades. Il est consulté sur toutes les affaires qui peuvent surgir et assure leur instruction; il donne directement des ordres, transmet ceux qu'il reçoit, veille à la répression des contraventions et propose enfin toutes les mesures qu'il croit propres à assurer le bien du service.

Art 11. Indépendamment des tournées accidentelles que peut nécessiter l'examen des affaires particulières, l'agent voyer en chef fait chaque année deux tournées générales pour visiter les travaux en cours d'exécution, reconnaître l'état des entretiens, contrôler la tenue des bureaux et de la comptabilité; juger sur les lieux les projets dressés ou à dresser, recevoir les réclamations, se rendre compte par lui-même de la manière dont chaque agent remplit ses fonctions, s'occuper en un mot, sur place, de toutes les questions qui se rattachent à son service. Pendant ces deux tournées, qu'il n'entreprend qu'après avoir soumis son itinéraire au Préfet et qui doivent avoir lieu, l'une dans la période comprise entre le 1er avril et le 1er juillet, l'autre du 1er septembre au 1er décembre, il visite tous les cantons du département; il informe du jour de son passage les Maires des communes qu'il doit visiter, ainsi que les présidents des commissions de surveillance, et les membres du Conseil général. Après chacune de ces tournées, il adresse un rapport au Préfet, et des propositions, s'il y a lieu.

Art. 12. Outre ces comptes-rendus sommaires, il lui présente tous les ans, avant la réunion du conseil général, un rapport d'ensemble sur la situation du service dans tout le département.

Art. 13. Pendant son absence, il est remplacé, pour l'expédition des affaires courantes, par l'agent voyer de l'arrondissement de... Les affaires contentieuses demeurent réservées jusqu'à sa rentrée ; toutefois, pour éviter de trop longs ajournements, il dispose son itinéraire de manière à ne pas être plus de quinze jours de suite hors du chef-lieu du département.

Art. 14. Il tient personnellement un registre de tournées qu'il soumet au visa du Préfet toutes les fois qu'il en est requis.

Agents voyers d'arrondissement. — Les agents voyers ordinaires, sous les ordres de l'agent voyer en chef et la surveillance du Sous-Préfet, remplissent, par rapport à l'arrondissement, le même rôle que leur chef de service, par rapport au département. Ils ont autorité sur tous les agents voyers cantonaux ou employés quelconques placés dans leur arrondissement et pourvoient, par eux-mêmes ou par leurs subordonnés, à tous les besoins du service. Ils proposent les candidats aux places de cantonier, veillent au bon emploi des ressources sur les chemins vicinaux des trois catégories, tiennent note de toutes les dépenses, rédigent les devis pour la mise en adjudication des travaux dont l'exécution par voie de régie n'est autorisée que d'une manière *tout-à-fait exceptionnelle ;* ils provoquent les autorisations pour l'établissement des ateliers, donnent par écrit leurs ordres aux entrepreneurs, après les avoir soumis au visa de l'agent voyer en chef ; ils procèdent aux réceptions définitives et fournissent tous les ans, avant le 1ᵉʳ mars, des états faisant connaître la situation de chaque entreprise et celle des travaux exécutés au 31 décembre de l'année précédente sur chaque ligne de grande communication et d'intérêt commun ou sur les chemins de petite vicinalité dans chaque commune.

Art. 16. En même temps qu'ils agissent conformément aux prescriptions et autorisations de l'agent voyer en chef, ils lui proposent toutes les mesures qu'ils jugent utiles et portent à sa connaissance tous les faits qui intéressent le service.

Art. 17. Ils ne peuvent ordonner aucune dépense avant qu'elle n'ait été autorisée, si ce n'est dans des cas dont ils auront à justifier l'urgence.

Art. 18. Ils tiennent la main à ce qu'il ne se fasse aucun travail, sur aucun chemin, quel que soit son rang, qu'en vertu de plans arrêtés et approuvés d'avance. Toute déviation d'un tracé adopté, tout changement à un projet approuvé, doit être précédé d'une autorisation régulière du Préfet, transmise par l'agent voyer en chef.

Art. 19. La solution de toutes les questions se rattachant à l'ensemble du service ou aux chemins de grande communication et d'intérêt commun étant exclusivement réservée aux Préfets, les agents voyers ordinaires n'ont de rapports et de propositions à faire, en cette matière, qu'à l'agent voyer en chef chargé de les apprécier et de les soumettre au Préfet. Ils doivent néanmoins fournir au Sous-Préfet tous les renseignements qu'il peut demander sur ces questions.

Art. 20. Pour tout ce qui touche à la petite vicinalité, ils s'entendent avec le Sous-Préfet et les Maires de leur arrondissement, en tenant toujours l'agent voyer en chef au courant de tous les détails de ce service.

Art. 21. Ils inspectent, aussi fréquemment que possible, les ateliers pendant l'exécution des travaux, et se transportent sur tous les points où les besoins du service peuvent réclamer leur présence.

Art. 22. En dehors de ces déplacements accidentels, ils sont assujettis à quatre tournées générales par an. Ils en soumettent l'itinéraire à l'agent voyer en chef et au Sous-Préfet, et leur en font connaître le but et la durée. Ils donnent avis de leur passage aux Maires des communes qu'ils doivent traverser, voient ces fonctionnaires pour recevoir leurs observations et s'efforcent, avec leur concours, de régler les difficultés qui ont pu se produire. Ils cherchent à se rendre compte de ce qui a été fait et de ce qu'il convient de faire sur les chemins qu'ils parcourent. Ils apprécient le zèle et l'aptitude des divers agents ou employés. Ils portent en un mot leurs investigations sur tous les détails du service. Après chaque tournée, ils rendent compte de leurs opérations et observations dans un rapport qui est adressé à l'agent voyer en chef et au Sous-Préfet, dans les cinq premiers jours du mois qui suit le trimestre auquel la tournée se rapporte.

Art. 23. Ils inscrivent leurs tournées sur un registre qu'ils soumettent au visa de l'agent voyer en chef et du Sous-Préfet, toutes les fois que ces fonctionnaires le demandent.

Art. 24. Tous les ans, ils présentent à l'agent voyer en chef et au Sous-Préfet, avant la réunion des conseils d'arrondissement, un rapport détaillé sur la situation des chemins vicinaux des trois catégories dans l'arrondissement dont ils sont chargés. Ils ne doivent introduire dans ce travail aucune proposition sur le service général de la vicinalité, et particulièrement sur tout ce qui concerne les classements ou déviations de tracés des chemins de grande communication et d'intérêt commun.

Agents voyers cantonaux. — Art. 25. Les agents voyers cantonaux du service actif sont chargés, sous la direction de l'agent voyer ordinaire, dans l'arrondissement duquel ils se trouvent, d'une circonscription dont l'étendue peut être modifiée suivant les besoins. Ils ont autorité sur les cantoniers de tous grades ou autres employés placés dans leurs circonscriptions. Ils sont appelés, d'une manière immédiate, à appliquer les règlements, et à faire exécuter les ordres ou les instructions qu'ils reçoivent. Ils informent leur chef hiérarchique de tous les faits qui peuvent intéresser le service, et lui font toutes les propositions qu'ils jugent utiles à sa bonne gestion. Ils font les piquettements et établissent *eux-mêmes*, aux époques prescrites, tous les ateliers (quel que soit le mode d'exécution des travaux), tant sur les chemins vicinaux ordinaires que sur les lignes de grande communication et d'intérêt commun. Ils surveillent et contrôlent les travaux, font les réceptions provisoires, recueillent les premiers éléments de la comptabilité et les renseignements nécessaires au règlement des subventions industrielles et à l'instruction des diverses affaires qui concernent le service. Ils concourent aux opérations sur le terrain et à la rédaction des projets, et sont, d'une manière absolue, à la disposition de l'agent voyer en chef et des agents voyers d'arrondissement.

Art. 26. Il leur est enjoint de ne pas dépasser les crédits alloués, de ne prendre possession d'aucun terrain, de ne dévier aucun tracé sans autorisation.

Art. 27. Outre les déplacements auxquels doivent les assujettir les besoins journaliers du service, ils sont astreints, chaque mois, à une tournée générale sur les chemins de grande communication et d'intérêt commun de leur circonscription. Ces inspections mensuelles, dont l'itinéraire est porté à la connaissance de l'agent voyer d'arrondissement et de l'agent voyer en chef, dans la forme prescrite par l'article 31 ci-après, doivent être combinées de telle sorte que toutes les lignes de grande communication et d'intérêt commun soient visitées dans tout leur parcours au moins une fois par trimestre. Dans les différentes tournées, ils se mettent en rapport avec les Maires et cherchent, par leur intermédiaire, à faciliter la solution des questions pendantes, et notamment de celles qui ont rapport à la prise de possession des terrains destinés à servir d'assiette aux chemins. Ils inscrivent leurs ordres de service sur les livrets des cantoniers, donnent des notes sur leur zèle, et constatent les contraventions. Après chaque tournée, ils consignent dans le journal, dont la tenue est prescrite par l'article 30 ci-après, les observations auxquelles a pu donner lieu l'inspection des lignes parcourues; ils rendent compte de l'état de ces dernières, et proposent les réparations urgentes.

Art. 28. Ils ne doivent pas perdre de vue, dans leurs différentes opérations, qu'ils n'ont pas qualité pour préjuger les questions et prendre des engagements au nom de l'Administration.

Art. 29. Ils sont secondés dans le contrôle et la surveillance par les cantoniers-chefs, mais seulement dans la mesure qui sera ultérieurement déterminée.

Art. 30. Ils tiennent, conformément aux instructions qui leur sont données à cet égard, un registre de leurs occupations journalières et envoient, pour chaque mois, un extrait de ce registre à l'agent voyer d'arrondissement, qui transmet cette pièce à l'agent voyer en chef, après l'avoir visée et soumise au visa du Sous-Préfet. Cette expédition doit être faite dans les cinq premiers jours du mois qui suit celui auquel se rapporte le document qui vient d'être mentionné.

Art. 31. Huit jours avant l'expiration de chaque quinzaine, ils préparent un projet sommaire des opérations à faire pendant la quinzaine suivante ; ils adressent ce projet à l'agent voyer d'arrondissement qui le modifie, s'il y a lieu, et le transmet à l'agent voyer en chef. Ce dernier y note ses observations et le retourne par la voie hiérarchique à son auteur qui doit le recevoir, au moins trois jours avant sa mise à exécution. Celui-ci est tenu, dès lors, de se conformer pour son travail aux dispositions qu'il contient, à moins d'ordres contraires ou de circonstances qu'il est obligé de consigner dans son journal.

Art. 32. Tous les ans, au mois de janvier, les agents voyers cantonaux adressent par ligne et par commune, à l'agent voyer d'arrondissement, l'état de situation des travaux faits pendant l'année précédente sur les trois catégories de chemins. Ils lui envoient également, arrêtées au 31 décembre, les situations des entreprises en cours d'exécution dans leur ressort.

Art. 33. Il leur est interdit de soumettre directement au Préfet, au Sous-Préfet ou à l'agent voyer en chef, à moins d'invitation spéciale de leur part, des propositions ou des comptes rendus sur le service. Les réclamations qu'ils auraient à présenter à ces fonctionnaires doivent leur être transmises hiérarchiquement.

Absences et congés. — Art. 34. Aucun agent du service vicinal ne peut sortir de la circonscription territoriale de son service que par ordre ou en vertu d'un congé.

Art. 35. Les congés des agents voyers sont accordés par le Préfet. Ceux des agents subalternes sont accordés par l'agent voyer en chef qui en prévient le Préfet.

Art. 36. Les congés ne doivent pas dépasser trois mois. Au delà de vingt jours, ils peuvent donner lieu à une retenue qui sera fixée par le Préfet sur l'avis de l'agent voyer en chef.

Art. 37. Les agents qui excèdent les limites de leurs congés ou qui, en cas de nominations ou de mutations, ne se rendent pas à leur poste aux époques assignées, sont privés de leurs appointements pour tout le temps de leur absence, sans préjudice des mesures disciplinaires qui pourraient leur être appliquées. Si le retard excède un mois, l'agent peut être déclaré démissionnaire.

Affaires étrangères au service. — Art. 38. Les agents voyers doivent tout leur temps au service auquel ils sont attachés. Leur emploi ne peut être cumulé avec aucune autre fonction.

Art. 39. Il leur est interdit d'accepter aucune délégation des tribunaux, de se charger d'aucune affaire dans l'intérêt des particuliers ou des Compagnies.

Art. 40. Ils sont, néanmoins, obligés de remplir toutes les missions que l'Administration juge convenable de leur confier en dehors de l'exercice de leurs fonctions.

Art. 41. Ils peuvent aussi, avec l'autorisation préalable du Préfet accordée, s'il y a lieu, sur la proposition de l'agent voyer en chef, être chargés par les communes des opérations qui rentrent dans leur spécialité, de celles, par exemple, qui se rattachent à la voirie urbaine ou rurale, telles qu'alignements, constructions d'ouvrages d'art, recherches et évaluations d'anciens chemins à aliéner, etc. Dans ces différents cas, ils ont droit à des honoraires qui sont payés par les communes, après avoir été fixés par le Préfet sur l'avis des Conseils municipaux et de l'agent voyer en chef.

Peines disciplinaires. — Art. 42. Les manquements à la subordination, le mauvais vouloir, les négligences marquées, etc., sont signalés par l'agent voyer en chef et punis suivant la gravité des cas : 1. de la réprimande par le Préfet ; 2. de la suspension avec privation de tout ou partie du traitement ; 3. du changement de résidence ; 4. de la descente d'une classe ; 5. de la révocation.

DIVISION DES GRADES EN CLASSES, RÈGLES ÉTABLIES POUR LE PASSAGE D'UNE CLASSE A L'AUTRE. — Art. 43. Les fonctions d'agent voyer de tous grades et d'agent secondaire sont divisées en plusieurs classes diversement rétribuées. Celles d'agent voyer en chef et d'agent voyer ordinaire en comprennent trois et celles d'agent voyer cantonal et d'agent secondaire, quatre.

Art. 44. Le délai *minimum* d'exercice dans une classe pour passer à la classe immédiatement supérieure est fixé, savoir : à huit ans pour les fonctions d'agent voyer en chef ; à six pour celles d'agent voyer d'arrondissement ; à trois pour les agents voyers cantonaux et les agents secondaires. Toutefois, il faudra aux agents voyers cantonaux cinq ans d'exercice dans la deuxième classe pour pouvoir être appelés à la première.

Art. 45. A l'expiration des délais ci-dessus fixés, qui commenceront à courir du 1ᵉʳ janvier 186., tout agent qui se sera fait remarquer par ses bons services pourra être promu d'une classe à l'autre, sur la proposition de l'agent voyer en chef.

Art. 46. Chaque agent nouvellement introduit dans le service ou nommé par avancement à un grade supérieur recevra le traitement affecté à la dernière classe de son grade. Il pourra, néanmoins, être dérogé à cette règle en faveur des candidats déjà en exercice dans un autre département.

RECRUTEMENT DU PERSONNEL. — SURNUMÉRARIAT. — Art. 47. Les membres composant le personnel des chemins vicinaux, sous la dénomination d'agents voyers et d'agents secondaires, doivent être également aptes au service sédentaire. Ils sont dès lors tous soumis aux mêmes conditions d'admission.

Art. 48. Il ne sera désormais pourvu qu'exceptionnellement par la voie du concours aux emplois vacants du service.

Art. 49. Le mode adopté en principe pour le recrutement des derniers grades du personnel est le surnumérariat. Le nombre des surnuméraires à admettre sera déterminé selon les besoins du service ; il ne pourra être supérieur à cinq.

Art. 50. L'admission aux emplois de surnuméraire aura lieu après un examen auquel pourront se présenter tous les candidats dont l'inscription aura été autorisée par le Préfet.

Art. 51. L'agent voyer en chef pourra, avec l'agrément du Préfet, adjoindre à ses bureaux ou à ceux des agents voyers d'arrondissement, et après qu'il se sera assuré qu'ils possèdent déjà une instruction théorique suffisante, des jeunes gens âgés de 16 ans au moins et 25 ans au plus. Ces aspirants seront examinés dans le courant de l'année par une commission désignée par le Préfet, sur les matières dont le programme sera ultérieurement arrêté.

Art. 52. Les candidats qui auront subi leurs épreuves d'une manière satisfaisante recevront, dans la limite des emplois disponibles, leur commission de surnuméraire et seront mis à la disposition de l'agent voyer en chef.

Art. 53. Pendant la première année, le service des surnuméraires sera gratuit. Après ce délai, ceux qui auront montré de l'aptitude pourront recevoir des missions spéciales et être attachés par exemple à la surveillance des travaux ou appelés à concourir à la rédaction des projets. Dans ces cas ils recevront, sur les fonds du chemin qui sera l'objet de leurs opérations, une indemnité de 2 fr. 50 c. par jour, mais qui ne devra pas dépasser la somme de 600 francs pour la première année ; elle pourra ensuite être augmentée annuellement de 100 francs jusqu'à ce qu'elle atteigne le *maximum* de 900 francs. Tout surnuméraire chargé par intérim du service d'une circonscription, recevra un traitement dont le chiffre sera déterminé par décision spéciale du Préfet. Il aura droit, en outre, pendant toute la durée de son intérim, aux frais de découchers dont il est fait mention plus bas. Les émoluments des surnuméraires ne seront soumis à aucune retenue en faveur de la caisse des retraites.

Art. 54. Tous les ans, à une époque déterminée, auront lieu, devant une commission nommée par le Préfet, et d'après un programme qui sera rendu public, des examens pour l'inscription des surnuméraires sur le tableau des candidats admissibles aux fonctions d'agent voyer cantonal. Après trois épreuves négatives, les surnuméraires ne seront plus admis à concourir et seront rayés des cadres s'ils ne peuvent pas être nommés agents secondaires.

Art. 55. Les surnuméraires qui auront rempli les conditions du programme, recevront un certificat d'aptitude aux fonctions d'agent voyer cantonal; s'il n'y a point de poste vacant, ils seront admis à remplir les emplois d'agents secondaires devenus libres, mais en conservant leurs droits sur les postes d'agent voyer qui viendront à vaquer.

Art. 56. Les agents secondaires actuellement en exercice concourront avec les surnuméraires pour l'admission aux postes d'agents voyers chargés du service sédentaire, dans la proportion de la moitié des emplois vacants.

Art. 57. Les grades d'agent voyer d'arrondissement seront, sur la proposition de l'agent voyer en chef, donnés au choix aux agents voyers cantonaux, sans distinction de classe. Dans le cas où le service ne posséderait pas des sujets présentant des garanties suffisantes d'aptitude et de capacité, l'Administration prendra les mesures qu'elle jugera convenables pour combler les vides qui se produiront dans cette partie du personnel. Il en sera de même du grade d'agent voyer en chef, pour lequel le Préfet réserve toute sa liberté.

Art. 58. Les limites d'âge pour l'admission aux diverses fonctions du service sont comprises entre 16 et 30 ans pour l'emploi de surnuméraire; de 18 et 35 pour l'emploi d'agent secondaire; de 21 et 40 pour l'emploi d'agent voyer cantonal; de 25 et 45 pour l'emploi d'agent voyer d'arrondissement; de 30 et 55 pour l'emploi d'agent voyer en chef.

Art. 59. Avant d'entrer en fonctions, chaque agent prête serment devant le Préfet.

TRAITEMENTS, INDEMNITÉS DE DÉPLACEMENT, FRAIS DE DÉCOUCHERS. — Art. 60. Les traitements attachés à chaque grade et à chaque classe sont fixés aïnsi :

Agent voyer en chef, de 3e classe, traitement d'entrée en fonctions, 3,600 fr.; agent-voyer en chef de 2 classe, traitement moyen, 4,200 fr. ; agent voyer en chef de 1re classe, traitement *maximum*, 4,800 fr. agent voyer d'arrondissement de 3 classe, 2,000 fr.; agent voyer d'arrondissement de 2e classe, 2,300 fr.; agent voyer d'arrondissement de 1re classe, 2,600 fr. Agent voyer cantonal de 4^e classe, 1,300 fr.; agent voyer cantonal de 3e classe, 1,400 fr.; agent voyer cantonal de 2e classe, 1,500 fr.; agent voyer cantonal de 1re classe, 1,700 fr. Agent secondaire de 4e classe, 800 fr.; agent secondaire de 3e classe, 900 fr.; agent secondaire de 2e classe, 1,000 fr.; agent secondaire de 1re classe, 1,100 fr.

Art. 61. Indépendamment des traitements fixes spécifiés ci-dessus, l'agent voyer en chef reçoit une somme de 1,200 fr. par an pour frais de déplacement; les quatre agents voyers ordinaires reçoivent 1,600 fr. répartis entre eux suivant l'importance de l'arrondissement.

Art. 62. Il sera accordé aux agents voyers cantonaux des frais de découchers dont le *maximum* ne pourra dépasser annuellement la somme de 150 fr. pour chacun d'eux et dont le taux est fixé à 2 fr. par découcher.

Art. 63. Ils n'auront droit à ces frais que lorsqu'ils auront parcouru pour leur service une distance de plus de deux myriamètres (aller et retour) ou lorsqu'ils auront eu à s'occuper d'opérations permanentes à plus de 8 kilomètres de leur résidence.

Art. 64. Les frais de découchers seront payés trimestriellement sur mandats individuels délivrés par le Préfet d'après les certificats pour paiement de l'agent voyer en chef; ils seront imputés sur les fonds de toute nature affectés aux lignes de grande et de moyenne communication pour le service desquelles les découchers auront eu lieu.

Art. 65. Les états de frais de découchers seront présentés, sur des formules *ad hoc*, par les agents voyers cantonaux, contrôlés, et récapitulés par arrondissement et par catégorie de chemins par les agents voyers ordinaires. Ces états devront faire connaître, pour chaque agent, le montant des sommes déjà mandatées et perçues afin que le *maximum*, fixé par l'article 62 puisse être facilement constaté.

Art. 66. Sera privé des allocations auxquelles il pourrait avoir droit pour frais de découchers, tout agent voyer cantonal qui, ayant à fournir, à la suite de ses déplacements, des documents sur le service, ne les remettrait pas dans les délais prescrits ou ne les donnerait qu'incomplets ou inexacts. Il en sera de même pour tout agent voyer cantonal qui porterait, sur son état, des frais de découchers irrégulièrement établis, sans préjudice, dans ce dernier cas, des mesures disciplinaires dont il pourra être l'objet.

DISPOSITIONS FINALES. — Art. 67. Les arrêtés de nos prédécesseurs sont rapportés en ce qu'ils ont de contraire aux dispositions qui précèdent.

Art. 68. M. l'agent voyer en chef est chargé d'assurer l'exécution du présent arrêté réglementaire.

Voirie (Petite). — Alignement. — Le Préfet, — Vu la pétition en date du ..., par laquelle le sieur ..., demeurant à..., sollicite l'alignement de ...; — le rapport de M. l'agent voyer de l'arrondissement de ..., en date du ..., ensemble l'avis de M. l'agent voyer en chef du département en date du...; — Considérant que la largeur du chemin est de ... mètres, y compris les fossés qui ont chacun ...m. ... c. de largeur; — Considérant, etc.; — Arrête : — Art. 1. L'autorisation demandée par le pétitionnaire lui est accordée aux conditions suivantes : 1° l'alignement demandé sera déterminé par..., etc. Le tracé de cet alignement sera fait par un employé du service vicinal désigné par l'agent voyer de l'arrondissement ; 2° il est expressément défendu d'établir aucun ouvrage en saillie du côté du chemin; les portes et ... s'ouvriront en dedans; 3° dans tous les points où le fossé sera supprimé, il sera établi un aqueduc dont l'axe sera parallèle à celui de la chaussée et distant de ce dernier de ... m. ... cent. L'ouverture de cet aqueduc sera de ... m. de hauteur sur ... m. de largeur. La surface supérieure du radier, qui suivra la pente longitudinale du chemin, sera à ... mètres, en contre-bas de l'arête de l'accotement; le radier sera à pierres sèches et aura ... mètres d'épaisseur ; la culée sera en maçonnerie de moëllon avec mortier de chaux et sable ou mortier de terre et aura ... mètres d'épaisseur; la culée sera formée par le mur de face à construire. L'aqueduc sera recouvert de dalles jointes de ... centimètres d'épaisseur, ayant au moins ... centimètres de portée sur chaque culée et dont le dessus effleurera le niveau de l'accotement au bord du fossé ; enfin le radier et les têtes de l'aqueduc, en amont et en aval seront raccordés avec le fossé, sur une longueur de ... m. ... c., au moins, à partir de chacune des têtes, par un pavé et des perrés solidement établis, suivant les indications qui seront données par l'employé délégué par l'agent voyer. Le pétitionnaire établira le long de sa nouvelle construction un pavage de même longueur, ou un blocage, en pierres dures, suivant une zône de ... m. ... c. de de largeur, formant ruisseau en son milieu, et présentant même pente longitudinale que le chemin ; le niveau du ruisseau sera placé à ... m. ... c., en contre-bas du milieu du chemin ; les bords du pavage seront plus élevés de ... m. ... c. que le fond de ce ruisseau. Le pavé aura ... cent. d'épaisseur, et sera établi sur une couche de sable de ... centimètres d'épaisseur ; 4° l'entretien et le nettoyage desdits aqueducs, ainsi que l'entretien dudit pavage restera à perpétuité à la charge du pétitionnaire ou de ses ayants droit ; en cas de négligence de leur part, ces ouvrages seront démolis et le fossé rétabli à leurs frais dans son premier état ; le pétitionnaire ou ses ayants droit devront également les démolir à la première réquisition qui leur en sera faite par l'administration, dans l'intérêt de la viabilité, de l'industrie, du commerce ou de l'agriculture, sans que, dans aucun cas, ils puissent prétendre à une indemnité ou dédommagement quelconque; 5° les matériaux destinés à ces constructions ne pourront être déposés sur le sol de la voie publique que sur une largeur de ... m... c., à partir de l'alignement prescrit par l'arrêté d'autorisation, et pendant un délai de ..., à partir de la notification dudit arrêté. Ces dépôts devront être éclairés pendant la nuit par une lumière entretenue aux frais du pétitionnaire, qui sera en outre tenu de remettre le chemin en bon état, après l'achèvement des travaux ; 6° le pétitionnaire devra demander la vérification de l'alignement qu'il aura suivi, aussitôt que les fondations seront parvenues au niveau du sol ; faute de quoi, il encourra la démolition de sa construction si cet alignement n'est pas conforme aux indications ci-dessus données. Il sera dressé de cette opération un procès-verbal dont un double sera remis au pétitionnaire.

Art. 2. — Expédition du présent arrêté sera immédiatement transmise à M. l'agent voyer en chef, qui demeure chargé d'en assurer l'exécution.

Voirie (petite.) — Autorisation d'abattre des arbres. — Le Préfet, -- Vu la pétition par laquelle le sieur ..., propriétaire à ..., demande l'autorisation d'abattre quelques arbres qui longent sa propriété, contigue au talus de la route départementale de ...; à ...; — le rapport de M. l'ingénieur ordinaire de l'arrondissement de..., en date du..., l'avis de M. l'ingénieur en chef, en date du ... ; — considérant qu'il résulte du rapport ci-dessus visé, que les arbres dont il s'agit, ne constituent pas une plantation d'alignement : — Arrête : — Art. 1. L'autorisation demandée par le sieur ... lui est accordée.

Art. 2. — Le présent arrêté sera transmis à M. l'ingénieur en chef des ponts et chaussées, chargé d'en faire notifier les dispositions au pétitionnaire, et d'en assurer l'exécution.

Voirie (petite). — Cantoniers. — Fixation de leurs salaires. — Le Préfet — Vu le rapport de M. l'agent voyer en chef, en date du ..., sur l'insuffisance du salaire actuel des cantoniers ; — l'arrêté règlementaire du ...; — arrête : — Art. 1. Les salaires des cantoniers attachés au service des chemins vicinaux de grande et de moyenne communication sont réglés, à partir du 1er janvier 186., ainsi qu'il suit : — Brigadier cantonier, ... francs par mois ; cantoniers de 1re classe, ... francs par mois ; cantoniers de 2e classe, ... francs par mois ; cantoniers de 3e classe, ... francs par mois.

Art. 2. — Le présent arrêté sera transmis à M. l'Agent-Voyer en chef, chargé d'en faire donner avis aux intéressés, et d'en assurer l'exécution.

Voirie (petite.) — Changement de dénomination d'un chemin vicinal. — Le Préfet. — Vu le rapport de M. le Sous-Préfet de..., duquel il résulte qu'il conviendrait de changer la dénomination du chemin vicinal n°. ., dit de... à..., par le motif que le lieu de ... n'est qu'un hameau sans importance, et qu'il est complétement inconnu, bien qu'il se trouve placé à 200. mètres seulement de la station de...; — Vu la loi du 21 mai 1836. — Arrête : — Article 1. Le chemin de [grande, moyenne ou petite communication], n°..., prendra à l'avenir la dénomination de chemin de la station de... à ...

Art. 2. Le présent arrêté sera transmis à M. le Sous-Préfet de ... et à M. l'agent voyer en chef, chargés, chacun, d'en assurer l'exécution en ce qui le concerne.

Voirie (petite). — Classement d'un chemin rural en chemin vicinal. — Le Préfet, — Vu les plans et le procès-verbal de reconnaissance du chemin rural dit..., existant sur le territoire de la commune de ... ; — le registre de l'enquête à laquelle le projet de classement précité a été soumis en suite de notre arrêté ; ensemble les certificats de publication et d'affiche dudit arrêté ; — La délibération en date du ..., par laquelle le Conseil municipal de ... adopte dans tout leur contenu les conclusions du procès-verbal de reconnaissance précité ; — la loi du 21 mai 1836 et le règlement général sur le service des chemins vicinaux dans le département ; — Considérant que le chemin rural dit ... est très-fréquenté et présente tous les caractères d'utilité propres aux chemins vicinaux ; que lors de l'enquête, aucune observation ne s'est élevée contre ce projet de classement ;

Ou : Considérant que les chemins désignés au tableau de classement susvisé présentent tous les caractères d'utilité propres aux chemins vicinaux ; — Considérant, en outre, que les réclamations consignées au registre d'enquête et dans la délibération susvisée du Conseil municipal font ressortir la nécessité de donner auxdits chemins une autre direction, ou de modifier leur parcours ; mais n'ont pas pour but de s'opposer à ce qu'ils soient classés vicinaux ; qu'au surplus, M. l'agent voyer d'arrondissement, dans son rapport ci-dessus visé, déclare que lorsqu'il s'agira des projets d'amélioration desdits chemins, on pourra, suivant l'état des lieux, modifier les directions partielles, ainsi que les pentes et rampes, de manière à ce que les nouvelles voies puissent satisfaire tous les intérêts locaux ;

Ou : — Considérant que les motifs des opposants présentés lors de l'enquête qui a eu lieu dans la commune de ..., se fondent sur ce que le chemin dont on proposait le classement au rang des chemins vicinaux serait sans utilité et entraînerait dès lors pour la commune un sacrifice sans compensation ; — Considérant que la nécessité du classement est complètement démontrée par l'étendue du parcours dudit chemin et les besoins des localités habitées qu'il est appelé à desservir ; — Considérant enfin que la commune de... pourra facilement, au moyen de ses prestations annuelles, entretenir le chemin ci-dessus désigné dans un état constant de viabilité sans s'imposer aucune charge extraordinaire.; — Arrête : — Est classé au rang des chemins vicinaux de la commune de..., le chemin rural dit..., d'une longueur totale de... mètres. La largeur de ce chemin est fixée à [4 mètres] y compris un mètre de fossé.

Voirie (petite). — Fixation des époques d'ouverture et de clôture des ateliers de prestations en nature sur les chemins vicinaux. — Le Préfet, — Vu la loi du 21 mai 1836, et l'instruction ministérielle du 24 juin suivant ; — Vu le règlement général du ... sur les chemins vicinaux, art. ... et ... ; sur les propositions des agents voyers ; — Arrête : — Art. 1. Les travaux de prestations en nature à exécuter en journées seront ouverts et devront être terminés pour toutes les communes de l'arrondissement de ... aux époques déterminées par le tableau joint au présent arrêté. — Art. 2. Dans les communes intéressées à des chemins de grande communication et d'intérêt commun, les travaux seront effectués dans l'ordre suivant : 1° emploi des contingents assignés aux chemins de grande communication ; 2° emploi des contingents réservés aux chemins d'intérêt commun, ou de moyenne communication ; 3° réparations aux chemins vicinaux ordinaires. Dans les communes seulement intéressées à des chemins d'intérêt commun, l'emploi des contingents devra toujours précéder les travaux à faire sur les autres chemins. — Art. 3. M. l'agent voyer d'arrondissement est chargé de l'exécution du présent arrtoé.

Voirie (petite). — Occupation temporaire des terrains. — Nous Préfet, — Vu le rapport en date du ..., par lequel M. l'agent voyer en chef demande l'autorisation d'occuper temporairement, pour l'extraction des matériaux nécessaires à la construction d'une partie du chemin de moyenne communication, n° ..., comprise sur le territoire des communes de ... et de ..., une parcelle de la terre dite ..:, portée sous le n° ..., section ..., du plan cadastral de la commune de ..., et appartenant au sieur ..., ..., à ... ; — l'art. 17 de la loi du 21 mai 1836, et les art. ... de l'arrêté réglementaire du ... ; — Arrêtons : — Art. 1. M. l'agent voyer en chef est autorisé à occuper temporairement, pour les causes ci-dessus mentionnées, une parcelle de terre portée sous le n ..., section ... du plan cadastral de la commune de ..., dite ..., appartenant au sieur ..., ... à .... — Art. 2. Cette occupation temporaire ne pourra, néanmoins, avoir lieu que dix jours après la notification du présent arrêté à la partie intéressée, par les soins de M. le Maire de .... — Art. 3. Il sera ultérieurement statué, s'il y a lieu, par le Conseil de préfecture, sur la fixation de l'indemnité qui pourrait être due au propriétaire, dans le cas où il ne pourrait y avoir accord amiable entre ce dernier et l'agent voyer en chef ; à cet effet, le propriétaire ci-dessus désigné ou ses ayants droit sont mis en demeure de faire connaître, dans le délai de quinze jours, à partir de la notification du présent arrêté, l'expert dont ils auront fait choix. — Art. 4. Le présent arrêté sera immédiatement adressé à M. le Maire de ..., chargé d'en notifier les dispositions aux parties intéressées. Il sera également transmis à M. l'agent voyer en chef, chargé d'en assurer l'exécution en ce qui le concerne.

Voirie (petite). — Ouverture et établissement d'un chemin d'intérêt commun. — Approbation de l'avant-projet. — Vote des ressources. — Le Préfet, — Vu la délibération en date du ..., par laquelle les membres du Conseil mumunicipal de la commune de ..., au nombre de [sept], assistés des plus imposés de la commune, au nombre de [six], ont voté, en vue de réaliser le contingent de ladite commune dans la dépense d'ouverture et d'établissement d'un chemin d'intérêt commun entre ... et ..., une imposition extraordinaire de la somme de [6,000 francs], recouvrable en [quinze] ans, par parties égales, sur les quatre contributions directes; — les pièces justificatives de la dépense; — le certificat du Maire, constatant que le chiffre de la population de la commune est de ... habitants, et que le nombre des conseillers municipaux en exercice est de [8]; — la liste des plus imposés; — le certificat du Maire, constatant que les plus imposés présents dans la commune ont été convoqués, dans l'ordre du tableau, dix jours à l'avance, en nombre égal à celui des membres du Conseil municipal en exercice; — le relevé des recettes et des dépenses ordinaires de la commune de ..., pour les trois derniers exercices; — les budgets communaux de l'exercice courant; — le chiffre du principal des quatre contributions directes de la commune, montant à ... francs; — un certificat du Maire et du receveur municipal, constatant que la commune de ... n'est grevée d'aucune imposition extraordinaire; qu'elle n'a été autorisée à contracter aucun emprunt; qu'elle n'a pas contracté de dettes dont le paiement ne soit assuré, et que les fonds qu'elle possède au Trésor public, montant à ..., sont sans une destination spéciale; — la loi du 21 mai 1836; — la loi du 18 juillet 1837, et le décret du 25 mars 1852; — Considérant que l'utilité du chemin projeté de ... à ..., a été reconnue par la majorité des communes intéressées à sa création, et que le manque de ressources en a seul, jusqu'à ce jour, retardé l'exécution; — Considérant, en ce qui concerne les ressources, que la somme en argent à réaliser pour permettre l'exécution du chemin précité, sur le territoire de la commune de ..., s'élève à ...; que le Conseil municipal et les plus imposés ont voté, par leur délibération susvisée, une imposition extraordinaire de ... francs, qui, jointe à la subvention de ... francs accordée par le département, et aux souscriptions particulières offertes par quelques habitants, et qui sont estimées devoir s'élever à environ ... francs, permettra d'arriver, à peu de chose près, au chiffre de la dépense; qu'ainsi, en présence de l'intérêt qui s'attache à l'exécution du chemin de ... à ..., il y a lieu de le classer sur tout son parcours, au titre d'intermédiaire, pour faciliter dès à présent l'emploi des prestations dans les communes intéressées, et d'autoriser l'émission de l'imposition extraordinaire votée en vue des travaux, par la commune de ...; — Arrête: — Art. 1. Est approuvé l'avant-projet d'ouverture d'un chemin, à titre d'intermédiaire, entre ... et ..., par la commune de ... — Art. 2. Pour la réalisation dudit projet, la commune de ... est autorisée à s'imposer extraordinairement d'une somme de [6,000] francs, recouvrable en [quinze] années, par parties égales, sur le rôle des quatre contributions directes.

Voirie (petite). — Prolongement d'un chemin vicinal. — Le Préfet, — Vu les arrêtés préfectoraux des ... et ..., portant classement du chemin de moyenne communication, n° ..., de ... à ..., par ..., ... et ...; — le vœu émis par les Maires du canton de ..., dans la dernière conférence administrative qui a eu lieu dans ledit canton; — vu les délibérations du Conseil municipal de la commune d ..., des ... et ... dernier; — vu la loi vicinale du 21 mai 1836 et l'arrêté règlementaire du 9 septembre 1854; — Arrête: — Art. 1. Le chemin de moyenne communication n° ..., de ... à ..., sera prolongé, à travers la commune d ..., en passant par la station du chemin de fer projeté à ... jusqu'à ..., à la rencontre du chemin de grande communication n° ..., de ... à ... et prendra la dénomination de chemin de ... à ... et la station d .... — Art. 2. Le présent arrêté, dont il sera donné avis à M. le Trésorier-payeur, sera transmis à MM. les Maires des communes intéressées et à M. l'agent voyer en chef chargés, chacun en ce qui le concerne, d'en assurer l'exécution.

Plan général d'alignement de ville ou de commune. — Approbation. — Le Préfet, — Vu le projet du plan général d'alignement de la ville [*ou* de la commune] de ..., levé en exécution de l'art. 52 de la loi du 16 septembre 1807 ; — les pièces de l'enquête à laquelle il a été procédé le ..., conformément aux prescriptions de l'ordonnance royale du 23 août 1835 ; — les délibérations du Conseil municipal en date des ... ; — les lois des 16 septembre 1807 et 3 mai 1841, le décret du 25 mars 1852 ; — Arrête : — Art. 1. Les alignements (1) de la ville [*ou* de la commune] de ..., qui ne dépendent pas de la grande voirie, sont arrêtés suivant les lignes rouges du plan ci-annexé et le procès-verbal d'alignement inscrit sur le ditplan. — Art. 2. Il sera procédé conformément aux lois et règlements en vigueur, en tout ce qui pourra concerner soit les réparations d'entretien, soit la démolition, pour cause de vétusté, des bâtiments qui excèdent les alignements ainsi arrêtés, soit les terrains à occuper par la voie publique ou par les particuliers, soit enfin les indemnités qui seront dues de part et d'autre pour la cession de ces terrains. — Art. 3. (2) Toutefois, les alignements qui ont pour objet l'ouverture des rues et la création de places (*désigner ici nominativement ces rues et places*) et l'agrandisement de la place au droit des propriétés portant les n° ... du plan, ne pourront recevoir leur exécution qu'après que la ville [*ou* la commune] de ..., aura été spécialement autorisée à acquérir (3), soit à l'amiable, soit, s'il y a lieu, par voie d'expropriation pour cause d'utilité publique, conformément à la loi du 3 mai 1841, les propriétés ou portions de propriétés dont l'occupation est nécessaire. Jusque-là, lesdites propriétés ne seront point assujetties aux servitudes de voirie résultant des règlements en vigueur. — Art. 4. Le Maire de..., est chargé, etc., etc.

Voirie (petite). — Prestations. — Conversion en tâches. — Le Préfet,— Vu les tarifs de conversion en tâches des journées de prestation exigibles en nature, pen- l'année 186., pour l'entretien et la réparation des chemins vicinaux de grande communication et d'intérêt commun situés sur le territoire du département, lesdits tarifs dressés par MM. les agents voyers ; — notre circulaire du .... de la présente année, par laquelle les Conseils municipaux des communes intéressées ont été appelés à se prononcer sur la conversion en tâches des journées de prestation devenues exigibles en nature, pendant l'année 186., suivant les tarifs proposés ; — les délibérations prises, à cet effet, par les Conseils municipaux des diverses communes du département ; — le rapport et les propositions de M. l'agent voyer en chef du département, en date du ... ; — les articles 4 et 6 de la loi du 21 mai 1836 sur les chemins vicinaux, et le règlement général du 25 août 1855, pour son exécution ; — Considérant que, par notre circulaire du ... susvisée, les Conseils municipaux des communes consultées ont été invités à nous fournir leur avis avant le le 20 juin de la même année, et prévenus que leur silence serait considéré comme une adhésion aux tarifs des agents voyers ; — Arrête : — Art. 1. Les prestations exigibles en

---

(1) S'il y a lieu d'approuver des alignements modificatifs indiqués par des lignes bleues, ou ajoutera au libellé ci-dessus, les mots suivants : « sauf les modifications indiquées par des lignes bleues, lesquelles seront exécutoires à l'exclusion des tracés rouges. »

(2) Cet article sera retranché si le plan général ne contient pas des projets de création de voies nouvelles, telles que rues, places, quais, qui ne peuvent être exécutés par simple mesure de voirie.

(3) Si l'acquisition est amiable, un arrêté préfectoral suffit ; si, au contraire, il s'agit d'exproprier, un décret est indispensable, conformément aux dispositions du décret du 25 mars 1852.

nature en 186., pour l'entretien et la réparation des chemins vicinaux de grande communication et d'intérêt commun situés sur le territoire du département, seront converties en tâches, conformément aux tarifs des agents voyers approuvés, avec ou sans modifications, par délibérations des Conseils municipaux, dans les communes suivantes: (*suit le tableau.*)

Art. 2. Seront également converties en tâches, par application des tarifs proposés par MM. les agents voyers, qui demeurent approuvés, les journées de prestation exigibles en nature, pour la réparation et l'entretien des chemins vicinaux de grande communication et d'intérêt commun, pendant l'année 186., dans les communes désignées ci-après, dont les Conseils municipaux, consultés, ne nous ont pas fait parvenir leur avis dans les délais déterminés; leur silence devant, dès lors, être considéré comme une adhésion auxdits tarifs, savoir : (*suit un tableau*).

Art. 3. MM. les Sous-Préfets du département, MM. les Maires des communes susmentionnées, et MM. les agents voyers du département, sont chargés d'assurer, chacun en ce qui le concerne, l'exécution des dispositions du présent arrêté, qui sera inséré au *Recueil des Actes administratifs.*

Voirie (Petite). — Redressement et élargissement d'un chemin vicinal.—Déclaration d'utilité publique. — Le Préfet,—Vu le... contenant le classement du chemin vicinal de... communication n°... de... à...; — l'arrêté préfectoral en date du ...—qui à fixé á [7ᵐ] la largeur de ce chemin, entre les bords extérieurs des accotements ; — le plan parcellaire de la partie du susdit chemin comprise sur le territoire de la commune de...; — le rapport de M. l'Agent voyer en chef du...; — la loi vicinale du 21 mai 1836 et l'arrêté règlementaire du...; — la loi du 3 mai 1841, sur l'expropriation pour cause d'utilité publique; — Considérant qu'il résulte des plan et rapport précités que le chemin dont il s'agit ne peut être maintenu dans son assiette actuelle, entre... etc.; et qu'il est indispensable de l'élargir sur plusieurs points, et de le redresser sur d'autres; considérant que le projet d'élargissement et de redressement présenté à cet effet par MM. les agents voyers, tel qu'il est indiqué sur le plan parcellaire ci-dessus par... etc., paraît réunir toutes les conditions désirables d'une bonne viabilité, tant sous le rapport de l'art que sous celui de l'économie; que, dès lors, il y a lieu de l'approuver et de le soumettre aux formalités voulues par le titre II de la loi du 3 mai 1841; — Arrête : — Art. 1. Sont déclarés d'utilité publique les travaux de redressement et d'élargissement du chemin vicinal de... communication, n°..., de ..., à..., pour la partie comprise sur le territoire de la commune de..., entre..., et... tels qu'ils sont indiqués sur le plan parcellaire susvisé. — Art. 2. Ce plan demeurera, en conséquence, déposé, pendant huit jours, à la mairie de ..., où chacun pourra en prendre connaissance sans déplacement et sans frais. Ce délai de huitaine ne commencera à courir qu'à dater de l'avertissement qui sera donné collectivement, par les soins de M. le Maire de la commune de... aux parties intéressées, de prendre communication du plan déposé à la mairie. Cet avertissement sera publié à son trompe ou de caisse, suivant l'usage des lieux, et affiché tant à la principale porte de l'église du lieu, qu'à celle de la maison-commune. Il sera, en outre, inséré dans le journal de l'arrondissement. — Art. 3. M. le Maire certifiera ces publications et affiches; il mentionnera sur un procès-verbal qu'il ouvrira à cet effet, et que les parties comparantes seront requises de signer, les déclarations et réclamations qui lui seront faites verbalement, et il y annexera celles qui lui seront transmises par écrit. — Art. 4. A l'expiration du délai de huitaine, M. le Maire soumettra toutes les pièces de l'enquête au Conseil municipal, qu'il est autorisé à réunir extraordinairement, afin que le Conseil émette son avis sur les résultats de cette enquête, et il adressera ensuite à la Préfecture, par l'intermédiaire de M. le Sous-Préfet de l'arrondissement de ... le dossier de l'affaire, avec un extrait de la délibération du Conseil municipal, pour être ultérieurement statué ce que de droit.

Art. 5. Le présent arrêté, dont il sera donné avis à M. l'agent voyer en chef, sera transmis à M. le... — qui demeure chargé d'en assurer l'exécution.

Voirie (Petite). — Redressement et élargissement d'un chemin vicinal.. — Détermination des terrains à occuper. — Le Préfet, séant en Conseil de Préfecture,—Vu l'arrêté préfectoral en date du..., qui déclare d'utilité publique les travaux de redressement et d'élargissement du chemin vicinal de... communication, n°... de... à... dans la partie comprise, sur le territoire de la commune de..., entre..., ledit arrêté prescrivant, en même temps, l'accomplissement des formalités voulues par le titre II de la loi du 3 mai 1841; les pièces constatant l'accomplissement de ces formalités et notamment le procès-verbal d'enquête et la délibération du Conseil municipal de la commune de..., en date du...; — le rapport de M. l'agent voyer en chef, en date du...; — la loi du 21 mai 1836 et celle du 3 mai 1841; — Considérant...

[*Ou*] : Considérant que le projet de redressement et d'élargissement dont il s'agit n'a soulevé, lors de l'enquête, aucune observation ni réclamation, et que le Conseil municipal de la commune de..., lui a donné son adhésion pleine et entière; considérant, d'ailleurs, que ce projet de redressement et d'élargissement réunit toutes les conditions désirables d'une bonne viabilité, soit au point de vue de l'art, soit sous le rapport d'économie; le Conseil de préfecture entendu; — Arrête : — Art. 1. Sont définitivement approuvés les travaux de redressement et d'élargissement du chemin vicinal de... communication, n°..., de..., à..., dans la partie comprise, sur le territoire de la commune de... entre... et..., tels qu'ils sont indiqués sur le plan parcellaire qui a servi de base à l'enquête. — Art. 2. En conséquence, ces travaux auront lieu sur les propriétés particulièreset dans les proportions ci-après désignées : (*Suit un tableau*).

Art. 3. Il pourra être procédé à l'exécution des travaux de simple élargissement, immédiatement après la notification du présent arrêté, à M. le Maire de la commune de ..., sauf la rédaction préalable d'un état des lieux. Quant aux travaux en ouverture neuve, ils ne pourront être entrepris, à moins de renonciation à toute indemnité ou du consentement formel des propriétaires, qu'après le paiement des indemnités qu'il y aurait lieu de solder. — Art. 4. Le présent arrêté, dont il sera donné avis à M. l'agent voyer en chef, sera transmis à M. le ..., qui demeure chargé d'en assurer l'exécution. Il sera également transmis, par extrait, à M. le procureur impérial près le tribunal civil de ..., pour les propriétaires qui refuseraient la cession volontaire de leurs terrains et à l'égard desquels il y aurait lieu de procéder par voie d'expropriation pour cause d'utilité publique.

Voirie (petite). — Règlement d'indemnité. — Le Préfet, séant en Conseil de préfecture, — Vu le ..., contenant le classement du chemin vicinal de ..., communication, n° ..., de ... à ...; — l'arrêté préfectoral, en date du ... qui a soumis aux formalités voulues par le titre II de la loi du 3 mai 1841 le projet de redressement et d'élargissement du susdit chemin, sur le territoire de la commune de ...; — l'arrêté préfectoral, en date du ..., déterminant, après enquête, les terrains à occuper par ledit chemin, dans ladite commune de ...; — le traité provisoire intervenu entre M. le Maire de la commune de ..., et M. ..., propriétaire de cette commune, au sujet de l'indemnité revenant à ce dernier pour cession de terrains au susdit chemin; — la délibération, en date du ..., par laquelle le Conseil municipal de la commune de ..., donne son assentiment audit traité et dispense M. le Maire de l'accomplissement des formalités relatives à la purge des hypothèques; — la loi vicinale du 21 mai 1836, et l'arrêté règlementaire du 29 avril 1837; — la loi du 18 juillet 1837 et celle du 3 mai 1841; — Considérant ... etc., — Considérant que les conditions du traité dont il s'agit paraissent avantageuses à la commune de ..., et qu'elles ont reçu, d'ailleurs, l'adhésion du Conseil municipal; — le Conseil de préfecture entendu, — Arrête : — Art. 1. Le traité provisoire ci-dessus visé est [*ou* sont] approuvé . En conséquence, M. le maire de la commune de ... est autorisé à acquérir définitivement, au nom de la commune et pour l'utilité du chemin vicinal de ... communication, n° ..., ..., etc. — Art. 2. Il sera passé, à cet effet, dans la forme administrative, un acte [*ou* des actes] définitif de vente, qui sera [*ou* seront] soumis à l'approbation préfectorale avant d'être présenté à l'enregistrement, et il sera ensuite procédé au [*ou* avant le] paiement des indemnités dues au vendeur , par les soins de M. le Maire, et aux frais de la commune, à la purge des hypothèques, conformément aux articles 15 et 16 de la loi du 3 mai 1841, à moins qu'une nouvelle délibération du Conseil municipal, dûment approuvée, ne dispense de cette formalité, ou sans qu'il soit nécessaire de procéder à la purge des hypothèques. — Art. 3. Le présent arrêté sera transmis à M. le Maire de ..., qui reste chargé d'en assurer l'exécution.

— Travaux. — Construction d'une rampe (et autres travaux). — Autorisation. — Le Préfet, — Vu la pétition, en date du ..., par laquelle le sieur ..., demeurant à ..., demande l'autorisation de construire une rampe d'accès entre les bornes ... et ... de la route impériale n° ...; — le rapport de M. l'ingénieur ordinaire de l'arrondissement de ..., en date du ...; — l'avis de M. l'ingénieur en chef, en date du ...; — Considérant qu'il résulte du rapport ci-dessus visé, qu'il n'y a pas d'inconvénient à autoriser la construction de la rampe dont il s'agit; — Arrête : — Art. 1. L'autorisation demandée par le sieur ..., est accordée aux conditions suivantes, etc., etc. — Art. 2. La rampe, qui aura 2^{m}00 de largeur, sera établie au moyen de remblais appuyés sur le talus actuel de la route, et le talus de ces nouveaux remblais sera incliné à 3 m. de base pour 2 m. de hauteur. Elle se raccordera avec l'arête de l'accotement, de manière à ne pas empiéter sur le sol de la voie publique, et à ne pas entamer son talus. Pour que le bord de la route ne puisse être abaissé par le passage, il sera noyé dans les remblais une chaîne, en forts moellons, posés de champ, sur tout l'alignement de l'arête d'accotement. — Art. 3. La rampe devra être détruite à la première réquisition de l'administration, si la suppression est jugée nécessaire. — Art. 4. Le présent arrêté sera transmis à M. l'ingénieur en chef, chargé de faire notifier ces dispositions au sieur ..., et d'en assurer l'exécution.

Voirie (petite). — Travaux de conduites d'eau. — Autorisation. — Le Préfet, — Vu la pétition en date du ..., par laquelle M. ..., propriétaire et Maire de ..., expose que, par suite des rechargements successifs opérés sur la route départementale n° ..., de ... à ..., dans la traverse de ..., et par suite aussi de la construction de caniveaux, l'écoulement des eaux qui viennent de la montagne a été interrompu, ce qui a eu pour résultat de faire inonder le rez-de-chaussée d'une maison lui appartenant, et demande que des mesures soient prises pour remédier à cet inconvénient; — le rapport de M. l'Ingénieur ordinaire de l'arrondissement de ..., en date du ...; — le rapport de M. l'Ingénieur en chef, en date du ...; — Considérant qu'il existe devant la maison du pétitionnaire un petit aqueduc qui reçoit les eaux de la montagne par plusieurs conduits passant sous le rez-de-chaussée de ladite maison; que cet aqueduc, fort mal entretenu, est découvert en plusieurs endroits, et que les locataires du rez-de-chaussée en profitent pour y jeter toutes les balayures, en sorte que, ainsi que le fait observer le pétitionnaire, il s'exhale, de ce cloaque, des émanations malsaines; mais que ces inconvénients ne sauraient avoir leur cause, ni dans le rechargement de la chaussée, ni dans l'établissement du caniveau; — considérant, d'autre part, que cet aqueduc a été construit trop en contrehaut de la route; que les dalles de couronnement étaient au niveau de l'arête extérieure du caniveau, et que jamais il n'a dû écouler facilement les eaux; que le trottoir qui le termine l'indique suffisamment, vu qu'il est de construction aussi ancienne, et que, cependant, il est encore à 0^m,60 en contre-haut du caniveau; — considérant que l'administration ne saurait être tenue de contribuer, en aucune façon, aux frais que nécessitera l'établissement d'un aqueduc pour l'écoulement des eaux, mais qu'il n'y a aucun inconvénient à ce que M. ... soit autorisé à exécuter, à ses frais, les travaux dont il s'agit; — Arrête :

— Art. 1. M. ..., propriétaire à ..., est autorisé à mener les eaux de la montagne dans la rue, au moyen d'un petit aqueduc passant sous les caniveaux de la route. — Art. 2. L'ouverture de l'aqueduc à construire sera la même que celle de l'ouvrage auquel il fera suite, c'est-à-dire 0ᵐ,30 sur 0ᵐ,20. — Art. 3. Il est formellement interdit de faire communiquer les fosses d'aisance avec ledit aqueduc. — Art. 4. Le présent arrêté sera transmis à M. l'Ingénieur en chef, chargé d'en faire notifier les dispositions au pétitionnaire et d'en assurer l'exécution.

Voirie (petite). — Travaux faits. — Autorisation de les continuer. — Le Préfet, — Vu la pétition par laquelle le sieur ..., propriétaire à ..., demande l'autorisation de conserver divers ouvrages qu'il a établis en saillie sur la façade de la maison qu'il possède à l'embranchement des routes départementales nᵒˢ .. et .., dans la traverse de ...; — le plan des lieux; — le rapport de M. l'Ingénieur ordinaire de l'arrondissement de ..., en date du ...; — l'avis de M. l'Ingénieur en chef, en date du ...; — la délibération du conseil municipal de la commune de ..., en date du ...; — Considérant qu'il résulte des pièces ci-dessus visées que les ouvrages établis par le sieur ... ne gênent en rien la circulation et ne portent aucun préjudice aux voisins; que, par suite de leur exécution, le département sera dispensé de payer au pétitionnaire l'indemnité qui lui serait due si les remblais de la route obstruaient l'entrée de sa maison; — Arrête : — Art. 1. Le sieur ..., propriétaire à ..., est autorisé à conserver les ouvrages suivants, établis en saillie sur la façade de sa maison : 1. un perron de deux marches d'une saillie totale de 1 mètre; 2. deux soupiraux de cave formant une saillie de 0ᵐ,70; 3. une rampe d'accès de 1ᵐ,90 de largeur, et terminée à 1ᵐ,50 en avant de la façade de la maison. — Art. 2. Le présent arrêté sera transmis à M. le Maire, au Sous-Préfet de ..., chargé d'en faire notifier les dispositions au sieur ... Il sera également transmis à M. l'Ingénieur en chef, qui reste chargé d'en assurer l'exécution.

Voirie (petite). — Trottoirs dans les villes. — Le Préfet, — Vu le devis dressé par M. ..., pour l'établissement de trottoirs dans la rue (*exprimer le nom de la rue*), à (*nom de la ville*); — le plan d'alignement de ladite rue, approuvé (par décret du ... ou par arrêté du ...); — la délibération du Conseil municipal en date du ...; — les pièces de l'enquête *de commodo et incommodo*, à laquelle il a été procédé le ... par le sieur (*nom et qualité*) désigné à cet effet (par le Préfet *ou* le Sous-Préfet) par arrêté du ..., dans les formes prescrites par l'ordonnance du 23 août 1835; — l'avis de l'ingénieur en chef du département en date du ...; — la loi du 7 juin 1845 et le décret du 25 mars 1852; — Considérant (*indiquer notamment dans les considérants : 1. que le devis s'applique à diverses espèces de matériaux, et mentionner la nature de ces matériaux, tant pour les bordures que pour le milieu des trottoirs; 2. que les riverains ne supporteront pas plus de la moitié de la dépense; 3. les résultats de l'enquête; 4. que la ville est en état de supporter sa part contributive de la dépense*); — Arrête : — Art. 1. Est déclaré d'utilité publique l'établissement de trottoirs dans la rue de ..., à ... — Art 2. Le devis des travaux, selon les matériaux entre lesquels les propriétaires seront autorisés à faire un choix, est arrêté, et la répartition de la dépense entre la ville et les propriétaires est fixée conformément à la (*ou aux*) délibération du ... ci-annexée. — Art. 3. M. le Maire de ... est chargé de l'exécution du présent arrêté.

N. B. — Indiquer avec soin à l'art. 1 les voies publiques ou portions de voies publiques auxquelles seules l'arrêté sera applicable. — Il suffira d'annexer la [*ou* les] délibération, si elles reproduisent le devis avec assez de détail. Si, au contraire, elles se bornent à s'y référer d'une manière générale, il conviendra d'annexer également le devis. Il en sera de même du rapport des ingénieurs, s'il propose au devis des modifications qui ont été approuvées par l'administration municipale ou par le Préfet. Dans tous les cas, toute pièce à annexer devra être produite au Préfet en triple expédition. Une de ces expéditions restera annexée à la minute de l'arrêté préfectoral; la deuxième sera renvoyée au Maire, après avoir été certifiée conforme à l'original; la troisième servira à l'insertion à faire au *Bulletin administratif* de la préfecture.

N. B. — Lorsque le Conseil municipal, en votant l'établissement de trottoirs, a décidé qu'à la bordure se trouverait lié un système de caniveaux destinés à l'écoulement des eaux, les propriétaires riverains ne sont pas tenus de supporter la dépense de ces caniveaux, lors même qu'ils n'ont formé aucune opposition sur l'enquête ouverte pour l'ensemble des travaux. (*Arrêt du conseil d'État du 1er mars 1866.*)

Voitures publiques. — Expertise. — Le Préfet, — Vu la demande formée par le sieur ..., demeurant à ..., dans le but d'obtenir la vérification et l'autorisation d'une voiture qu'il se propose de mettre en circulation sur la route de ... à ...; — le décret du 10 août 1852; — Arrête : — Art. 1. Il sera immédiatement procédé à la visite de la voiture qui fait l'objet de la demande ci-dessus visée, afin de constater si elle est entièrement conforme à ce que prescrivent les art. 20 à 29 du décret du 10 août 1852. Cette visite sera faite en présence de M. le commissaire de police de ..., par le sieur ..., carrossier, que nous désignons à cet effet. Le sieur ... pourra nommer de son côté un expert pour opérer contradictoirement avec le sieur ... Les frais de l'expertise sont à la charge de l'entrepreneur. — Art. 2. M. le commissaire de police joindra son rapport au procès-verbal d'expertise, et le tout nous sera transmis par M. le Maire de ..., qui reste chargé d'assurer l'exécution du présent arrêté.

Voitures publiques. — Autorisation de mettre en circulation. — Le Préfet, — Vu la déclaration qui nous a été faite par le sieur ..., entrepreneur de voitures publiques, à l'effet d'être autorisé à mettre en circulation une voiture destinée au transport des voyageurs entre ... et ...; — le procès-verbal d'expertise dressé le ..., par M. ..., commissaire de police à ..., assisté du sieur ..., carrossier, expert désigné par nous, pour procéder à la visite de ces voitures; — le décret du 10 août 1852, sur la police du roulage; — Considérant que la voiture dont il s'agit présente les dimensions et la solidité nécessaires pour contenir douze voyageurs, outre le conducteur et le postillon, et qu'elle se trouve dans les conditions règlementaires prescrites; — Arrête : — Art. 1. Le sieur ... est autorisé à mettre en circulation, pour le service des voyageurs et des messageries, entre ... et ..., une voiture dont la description suit : 1° au coupé, trois places; à l'intérieur, six places; sur l'impériale, trois places. Le conducteur peut se mettre sur le même siége que le cocher ou postillon. 2° Elle portera les inscriptions suivantes : à droite et à gauche : *Correspondance du chemin de fer.* Sous le siége : *Malle-poste, service des dépêches.* — Art. 2. Le nombre des voyageurs que pourra contenir cette voiture est limité à douze, non compris le conducteur et le postillon, qui peuvent se placer sur le siége.

TABLE ALPHABÉTIQUE

DES MATIÈRES CONTENUES DANS LE

FORMULAIRE D'ARRÊTÉS PRÉFECTORAUX

A

Acquisition de rentes sur l'État par les communes et les Etablissements de bienfaisance, p. 1. Acquisition de rentes sur l'Etat par les fabriques des églises, au moyen de sommes sans emploi, provenant de remboursement de capitaux, 1.

Acquisition d'immeubles par une commune, 1.

Acquisition d'immeubles, faite sans autorisation, par une commune. Régularisation, 3.

Aliénation d'un terrain communal, 4. Aliénation aux occupants de terrains communaux usurpés, 4. Aliénation de biens sectionnaires, 5. Aliénation d'un droit d'usage sur les premières ou secondes herbes d'un pré communal, 5. Aliénation de droits de dépaissance appartenant à un village, 6.

Aliénés. Admission dans un asile, 6. Aliénés (asile d'). Détermination du nombre de sœurs attachées à l'établissement, 6. Aliénés. Contingent des familles, 6.

Appareils à vapeur. Autorisation, 7.

Archives communales. Visite, 8. Archives départementales. Vente de papiers inutiles, 8.

Associations syndicales. Règlementation, 9.

Assurance contre l'incendie des bâtiments communaux, 9.

B

Bateau particulier (autorisation d'établir un), 9.

Baux à donner par les communes, 10 ; par les établissements de bienfaisance, 10. Baux à prendre par les communes et les établissements de bienfaisance, 10 et 11.

Biens communaux. Amodiation par voie de partage, 11. Commission syndicale pour leur mise en valeur, 11. Jouissance en nature, lorsqu'il s'agit d'apporter des changements à un partage de jouissance devant son origine à d'anciens édits, décrets ou ordonnances royales, 12. Recherche de terrains usurpés, 12. Procès entre sections. Règlement de frais, 13. Taxe de pâturage, 14. Reconnaissance et fixation de limites, 241.

Bois communaux. Chemin d'accès rectifié par un particulier, 14. Chemin ouvert par une commune, 15. Concession de vides à charge de repeuplement, 15. Construction dans le rayon prohibé, 15. Coupes extraordinaires, 16. Ecobuage, 16 Recepage, 16. Réunion d'un bois à un triage, 17. Vidange, 17.

Bois domaniaux. Chauffage des gardes, 17. Concession de prise d'eau à titre de tolérance, 18. Concession de servitude à titre de tolérance, 19. Délimitation et bornage, 19.

Bois des particuliers. Cantonnement, 19. Oppositions au défrichement, 20.

C

Cahier des charges. Approbation d'office, 20.

Chasse. Arrêté permanent, 21. Ouverture, fermeture, 22. Annulation d'une formule de permis, 22. Autorisation de tenir un débit de poudres, 22. Battue aux loups, 22.

Chemin de fer (Etablissement d'un) sur l'accotement d'une route, 23. Passages à niveau. Classification et conditions de service, 23. Passages à niveau. Changement de classe, 23. Police des cours des gares et stations de chemins de fer. Règlement, 24. Publication d'arrêté règlementaire, 25. Mise en circulation de deux machines à vapeur, 25.